송자대전

한국고전번역원 한국문집번역총서

송자대전 14

宋子大全

송시열 지음

宋時烈

이기찬 옮김

정문채

일러두기

1. 이 책 《송자대전》은 《국역 송자대전》(1981～1988)의 미번역 부분을 포함하여 수정·번역한 완역서이다.
2. 이 책의 번역 대본은 한국고전번역원에서 간행한 한국문집총간 108～116집 소재 《송자대전(宋子大全)》으로 하였다. 번역 대본의 원문 텍스트와 원문 이미지는 한국고전종합DB(http://db.itkc.or.kr)에서 확인할 수 있다.
3. 역주는 내용이 간단하면 간주(間註)로, 길면 각주(脚註)로 처리하였다.
4. 한자는 필요한 경우 이해를 돕기 위하여 넣었으며, 운문(韻文)은 원문을 병기하였다.
5. 원문의 오류를 수정하였거나 오류가 의심되는 경우, 교감자료와 중요한 자구(字句)에서 차이가 있는 경우에는 그 내용을 각주로 밝혔다.
6. '한글 맞춤법'의 용법과 다르거나 새로 만든 문장 부호는 다음과 같다.

   「 」: ' ' 안의 재인용을 나타낼 때 사용한다.

   『 』: 「 」 안의 재인용을 나타낼 때 사용한다.

   …… : 원문의 '云云'을 처리할 때, 각주에서 긴 인용문을 처리할 때, 각주의 표제어가 네 어절 이상일 경우 생략되는 말을 처리할 때 사용한다.

   - - : 본문에서 소자(小字) 원문 주(註)의 처음과 끝에 사용한다.

   □ : 원문의 글자가 빠진 빈 난을 표기하거나 '결락과 판독 불가 글자에 대한 지침'에 따라 번역할 때 사용한다.

   ▨ : 훼손 등으로 인해 판독이 불가능한 원문을 표기할 때 사용한다.

차례

송자대전 제63권

서 書

송자대전 제64권

서 書

송자대전 제65권

서 書

송자대전 제66권

서 書

송자대전

제62권

書서

민지숙에게 답함 기유년(1669, 현종10) 1월
答閔持叔 己酉正月

정월 초하루에 보낸 편지는 이미 받아 보셨을 줄로 생각합니다. 집사께서 보내 주신 편지를 방금 받았는데 그지없이 위로가 됩니다. 말씀하신 일은 뭇 의론이 그러하다면 어찌 꼭 새길 필요가 있겠습니까. 그러나 그동안 지은 글 가운데 이런 문자가 매우 많은데 만약 일일이 숨기려고 한다면 앞으로 천 개나 백 개의 몽치를 만들어 모두 부수어 버린 후에나 가능할 것입니다. 참으로 우습습니다.

태안(泰安)에 포구(浦口)를 파자는 논의는 끝내 의견 차이가 있는 바람에 어쩔 수 없이 조창(漕倉)을 설치하는 쪽으로 진계(陳啓)하여 윤허를 받았습니다.[1] 간절히 바라건대 즉시 봉행하여 남쪽 백성을 또다시 물고기 배 속에 장사 지내는 일이 없게 해 주십시오 그리한다면 성대한 덕이 무궁하여 하늘의 보답이 반드시 이르게 될 것입니다. 지체

1 태안(泰安)에……받았습니다 : 전라도의 세곡(稅穀)을 바닷길을 통해 서울로 운반하였는데 조운선이 태안 근처를 지나다가 자주 치패(致敗)되어 사상자가 계속 발생하였다. 그러자 이를 개선하기 위하여 태안에 포구를 파서 조운선이 운행하는 길을 편리하게 하자는 논의가 1668년 9월에 일어났다. 이에 이경억(李慶億)과 민정중(閔鼎重)을 보내어 지리의 형세를 살피게 하였는데, 민정중이 포구를 파자는 의견을 강력하게 주장하였다. 반면 대사간 이경휘(李慶徽)는 지리의 형세상 그 일이 쉽지 않다는 이유로 반대하였고 영의정 정태화(鄭太和)와 훈련대장 이완(李浣) 등도 반대하였다. 그 뒤 1669년 1월 5일의 소대(召對)에서 민정중이 다시 이 문제를 제기하자, 송시열이 포구를 파는 것이 어렵다면 그곳에다 조창을 설치하자고 제의하여 안흥창 설치를 윤허받았다. 《顯宗實錄 9年 9月 9日, 10年 1月 5日·8日》《宋子大全 附錄 卷6 年譜》

하다가 다른 사람에 의해 일이 잘못될까 적이 두렵습니다.

별지

지금 이 조창을 설치하자는 논의에 대해 성상의 뜻을 가만히 살펴보면, 비용의 지출은 아까워하지 않으시고 한결같이 인명(人命)이 -원문 빠짐- 물고기 배 속에 들어가는 것을 측은히 여기는 마음을 보이고 계십니다. 비록 대신(大臣)이 불가하다고 진달해도[2] 결단코 시행하실 각오이니 살리기 좋아하는 덕이 매우 극진하다 하겠습니다. 봉행하는 신하로서는 각별히 성상의 마음을 체득하여 본받지 않아서야 되겠습니까.

예조 판서가 노고를 마다하지 않고 내려갔으니[3] 또한 감탄을 금할 수가 없습니다. 그러나 일을 만약 소홀히 하고 엉성하게 한다면 이의를 제기하는 자들이 반드시 그 틈을 노려 역공을 펼칠 것입니다. 그렇게 되면 처음에는 성공했더라도 끝에는 반드시 실패하게 될 것이니, 부디

2 대신(大臣)이 불가하다고 진달해도 : 대신은 당시 좌의정 허적(許積)을 말한다. 그는 1669년 1월 10일의 소대에서 태안의 안흥(安興)에 조창을 설치할 경우 창고를 감독하기 위해 서울에서 파견되는 관리들에 대한 주전(廚傳)의 폐단 문제, 창고의 곡식을 내고 들이는 과정에서 곡식이 감축될 수 있는 문제 등을 거론하면서, 조운선의 치패는 미곡을 도둑질하기 위한 방편이지 지세가 험하기 때문이 아니라는 이유를 들어 조창의 설치를 반대하였다.《顯宗實錄 10年 1月 10日》《宋子大全 卷13 論安興倉及貢物事仍乞遞箚, 附錄 卷6 年譜》

3 예조……내려갔으니 : 예조 판서는 김좌명(金佐明)을 말한다.《현종실록》10년 1월 8일 기사에 따르면 소대에서 송시열이 일찍이 김육(金堉)이 안흥창의 설치를 주장하였으므로 그의 아들 김좌명을 보내어 살펴보게 할 것을 청하였다. 한편《승정원일기》와《송자대전》부록 권6〈연보〉에 따르면 소대는 1월 8일이 아니라 9일에 행해졌고, 또《현종실록》에 의하면 김좌명에게 태안으로 내려가라는 명이 실제로 내려진 것은 16일이다.《顯宗實錄 10年 1月 8日, 16日》《承政院日記 顯宗 10年 1月 9日》

바라건대 마음을 다해 일을 잘 처리하여 물샐틈없게 하는 것이 어떻겠습니까.

○ 양녀(良女) 소생의 경우 모역(母役)을 따르도록 하는 법은 성상께서도 분명하게 따르셨고 지금 이미 수의(收議)를 거쳐 판하(判下)되어 행회(行會)하였으니[4] 도착하면 즉시 여러 고을에 분명하게 신칙하여 고식적으로 구습을 따르는 폐단이 없게 하는 것이 어떻겠습니까? 본관이 다르더라도 동성(同姓)일 경우에 혼인을 금하는 법[5]도 모름지기 엄중하고 분명하게 분부하여 함부로 범하는 자가 없게 한다면 오랑캐의 풍속을 바꿀 수 있을 것입니다.

4 양녀(良女)……행회(行會)하였으니 : 1669년 1월 4일의 소대에서 송시열이 양인(良人)의 소생이 모역을 따르는 법은 선조(宣祖) 때 이이(李珥)도 시행을 주장했는데 계속 행해지지 않아 양민이 날로 줄어들고 있다며 조속히 이 제도를 확정할 것을 건의하였다. 이에 현종은 대신들의 의견을 수렴해 보라고 명하였는데, 몇몇 대신들은 시행하기 어렵다고 여기거나 다른 의견을 제시하였지만 좌의정 허적이 이 법의 시행을 강력하게 주장하였으므로 현종은 1월 10일부터 바로 이 법을 시행하라고 명을 내렸다. 《顯宗實錄 10年 1月 4日, 10日》《宋子大全 附錄 卷6 年譜》

5 본관이……법 : 1669년 1월 4일의 소대에서 송시열이 동성과의 혼인을 금하는 예법이 시속에서는 잘 지켜지지 않는다면서 본관이 같지 않더라도 동성일 경우에는 혼인을 금지하는 법을 정하여 시행하기를 건의하자, 현종이 그대로 따랐다. 《顯宗實錄 10年 1月 4日》《宋子大全 附錄 卷6 年譜》

민지숙에게 보냄 기유년(1669, 현종10) 1월 12일

與閔持叔 己酉正月十二日

근래에 보면 시폐(時弊)는 전적으로 사욕(私慾)과 속된 의론 두 가지에 달려 있습니다.[6] 그래서 제가 맨 먼저 성학(聖學)을 말하였고 첫 번째로 손댈 곳이 내수사(內需司)와 궁가(宮家)들이라고 말하였던 것입니다.[7] 위에서 이 두 가지를 변화시키지 않으면 아랫사람들을 앞장서서 이끌면서 적폐를 제거할 방법이 없습니다. 근래 제가 집사의 중형(仲兄 민정중(閔鼎重))과 한두 가지 일을 논의하여 변화시키려고 하자 뭇 의론이 떠들썩하게 일어나고 있습니다.

좌상(左相)은 이에 외부 지원을 등에 업고 성상을 위협하려고 하였는데,[8] 다행스럽게도 성상께서 그의 설을 받아들이지 않으셨으므로 아

6 근래에……있습니다 : 당시의 폐단들은 국가와 백성을 위하는 마음보다는 사가(私家)와 동당(同黨)의 이익을 우선하는 사욕으로 인해 파생되었고 공론(公論)보다는 속된 의론을 따르려는 태도에서 기인한 것이라는 말이다. 《宋子大全 卷13 論安興倉及貢物事仍乞遞箚》

7 그래서……것입니다 : 이렇게 만연되어 있는 사욕과 속된 의론을 막으려면 먼저 임금의 사욕이 없어야 하므로 성학을 통한 수신(修身)과 제가(齊家)가 필요하다는 말이다. 그리고 이 두 가지를 막기 위해 제일 먼저 취할 조처로 송시열은 내수사의 공물을 줄일 것과 궁가들이 절수(折受)하던 전결(田結)을 혁파할 것을 주장하였다. 《宋子大全 卷13 論安興倉及貢物事仍乞遞箚》

8 좌상(左相)은……하였는데 : 좌상은 허적(許積)을 말한다. 그는 공물을 줄이는 일과 태안에 안흥창을 설치하는 일에 대해 모두 강력하게 반대하였다. 《顯宗實錄 10年 1月 10日》 《宋子大全 卷13 論安興倉及貢物事仍乞遞箚, 附錄 卷6 年譜》

직 뜻을 이루지는 못하였습니다만, 안 좋은 증상들은 이미 드러나고 말았습니다. 그래서 며칠 전에 제가 시골로 돌아가기를 청하는 글을 이미 올렸는데,[9] 비답을 내려 유시(諭示)하신 뜻이 더욱 간절하기에 차마 곧바로 떠나지는 못하였습니다. 그러다 보니 지금 제 마음이 시끄럽고 어지러워 절로 병이 날 지경입니다.

9 며칠……올렸는데 : 송시열은 자신이 건의한 개혁안들에 대해 반대 의견이 시끄럽게 일어나자, 1669년 1월 10일에 차자(箚子)를 올려 시골로 돌아가기를 청하였다.《宋子大全 附錄 卷6 年譜》

민지숙에게 보냄 기유년(1669, 현종10) 1월 12일

與閔持叔 己酉正月十二日

무릇 사류(士類)가 다시 한데 모이면 구습에 물든 부류들을 점차 제거할 수 있을 터인데, 오늘날 이조 판서[10]는 사람들의 기대에 벗어나 있고 사류들은 일찍부터 그를 속류들과 서로 어울리는 사람이라 여겼으니, 어찌 기꺼이 서로 협력하려고 하겠습니까. 이런 상황에서 어떻게 해야 만에 하나라도 구제할 수 있을지 잘 모르겠습니다. 옛날 사람의 이른바 "마음에 근심이 많기도 해라."[11]라는 말은 바로 이를 먼저 터득한 것이라 하겠습니다.

10 이조 판서 : 1669년 1월 3일에 이조 판서에 제수된 이경휘(李慶徽)를 말한다. 《顯宗實錄 10年 1月 3日》

11 마음에……해라 : 《시경》 〈패풍(邶風) 북문(北門)〉에 "북문으로 나오니, 마음에 근심이 많기도 해라. 종내 궁하고 가난한데도, 나의 어려움 아는 이 없구나. 그만두자, 하늘이 실로 이렇게 한 것이니, 더 말해 무엇 하랴.〔出自北門, 憂心殷殷. 終窶且貧, 莫知我艱. 已焉哉, 天實爲之, 謂之何哉?〕" 하였다. 어진 사람이 조정에 출사하여 뜻을 이루지 못했을 때의 우울한 심정을 읊은 것이다.

민지숙에게 답함 기유년(1669, 현종10) 1월 24일

答閔持叔 己酉正月二十四日

보내 주신 편지를 받으니 매우 위로됩니다. 조창(漕倉) 설치의 장단점에 대해서는 이미 예조 판서와 헤아려 보셨을 것이라 생각하는데 어떻게 귀결이 되었습니까?[12] 제가 날마다 우활한 의견을 진달하여 매번 시행할지 말지 사이에 놓이게 하면서도 아직도 남쪽 시골로 돌아가지 않고 있으니, 필시 고사(高士)들의 웃음거리가 될 것입니다.

홍양(洪陽)이 만약 양전(量田)으로 경계를 잘 획정한다면 얼마나 다행이겠습니까. 천하에는 짝이 없는 것이 없으니 홍양의 짝은 어찌 중원(中原)이 아니겠습니까. 그런데 중원이라고 불가능한 것은 아니니 자주 더욱 독려하시는 것이 어떻겠습니까?[13]

12 조창(漕倉)……되었습니까 : 조창은 태안에 설치하려는 세곡 창고인 안흥창을 말하고, 예조 판서는 그 일로 형세를 살피려고 내려간 김좌명(金佐明)을 말한다. 당시에 충청 감사였던 민유중과 함께 지리적 형세를 살펴보았으므로 그 후의 창고 설치 여부에 대해 물은 것이다. 자세한 내용은 19쪽 주1, 20쪽 주3 참조. 이후 1669년 2월 3일에 김좌명이 그곳 형세를 살펴보고 와서 보고하였는데, 창고를 작게 짓는 것이 좋겠다는 논의가 모아져 애초에 정했던 칸수에서 반을 줄여 40칸만 짓는 것으로 결정되었다. 《顯宗實錄 10年 2月 3日》

13 홍양(洪陽)이……어떻겠습니까 : 당시 민유중이 호서 균전사(湖西均田使)로서 충청도 4개 지역의 전지(田地) 경계를 획정하는 양전 업무를 맡아 진행하고 있었는데, 홍주(洪州)와 충주(忠州)가 포함되어 있었기 때문에 한 말이다. 홍양은 홍주이고, 중원은 충주이다. 홍주처럼 충주의 양전도 더욱 독려하여 잘 진행하기를 바란다는 말이다. 《承政院日記 顯宗 9年 12月 18日, 20日》《顯宗實錄 9年 11月 23日, 10年 2月 3日》

성 선생(成先生)의 비기(碑記)[14]는 이미 집사의 중형(仲兄 민정중(閔鼎重))에게 올렸습니다. 근래 김왕(金迬)의 일[15]로 탑전(榻前)에서 이조 판서의 면전에 대고 따졌는데, 이조 판서가 그 일로 인혐하고 들어갔으니[16] 매우 편치 않습니다.

○ 유윤보(兪胤甫)의 일은 차마 이루 다 말로 할 수가 없습니다.[17] 이 친구가 갑자기 이런 지경에 이를 줄은 생각지도 못하였습니다. 그의

14 성 선생(成先生)의 비기(碑記) : 1668년에 충청 감사 민유중이 성삼문(成三問)이 살았던 홍주 적동리(赤洞里)의 집이 무너진 것을 보고 유허비(遺墟碑)를 세우고자 송시열에게 지어 달라고 부탁한 글로, 《송자대전》 권171의 〈홍주 성 선생 유허비(洪州成先生遺墟碑)〉이다. 《宋子大全 卷61 答閔持叔(戊申四月)》

15 김왕(金迬)의 일 : 김왕은 본관은 의성(義城), 자는 여정(汝定), 호는 불구당(不求堂)이다. 당시 이조 판서 이경휘(李慶徽)가 김왕을 예조 정랑으로 차출하였는데, 김왕이 충청 도사(忠淸都事)로 있을 때 과장(科場)에서 과실을 저질렀던 일로 정배되기까지 한 전력을 집의 김징(金澄)이 문제 삼고 나서면서 제수의 부당함을 따졌다. 이에 이조에서는 그를 그 직임에 그대로 둘 수 없다고 아뢰어 체직시켰는데, 이 일을 말한다. 《顯宗實錄 10年 1月 20日》《承政院日記 顯宗 10年 1月 20日》《宋子大全 卷48 與李季周(戊申)》

16 탑전(榻前)에서……들어갔으니 : 송시열이 1669년 1월 20일에 입시하였다가 김왕의 일을 듣고는, 인조(仁祖) 때 심양(瀋陽)에 지원 군대를 파견하지 말도록 청했던 그의 절의를 언급하며 그를 예조 정랑에서 체직시킨 것은 잘못되었다면서 이경휘의 면전에서 대놓고 비판하였다. 이에 이경휘는 대신에게 배척당했다며 곧바로 사직을 청하였다. 《顯宗實錄 10年 1月 20日》

17 유윤보(兪胤甫)의……없습니다 : 유윤보는 유명윤(兪命胤)으로, 윤보는 그의 자이다. 시남(市南) 유계(兪棨)의 아들이다. 차마 이루 다 말로 할 수 없다는 것은 그가 부친상의 복을 벗고 겨우 1년이 지나서 다시 모친상을 당하였는데도 지성으로 상을 치르다가 결국 몸이 쇠약해져 1669년 1월 17일에 여차(廬次)에서 죽은 일을 말한다. 《明齋遺稿 卷43 吏曹正郞兪公行狀》

안사람 일은 더욱 차마 들을 수가 없는데, 그 절개 있는 행실[18]은 너무나 숭상할 만합니다. 부디 필요한 약재를 물어봐서 목숨을 구해 주시는 것이 어떻겠습니까.

18 그……행실 : 유명윤의 아내 윤씨(尹氏)가 남편의 병이 위독해지자 자신의 양쪽 손가락을 단지(斷指)하여 몇 되의 피를 받아 그에게 먹인 일을 말한다.《宋子大全 卷31 答宋明甫(己酉正月二十四日), 卷171 淑人尹氏旌閭碑》

민지숙에게 답함 기유년(1669, 현종10) 1월
答閔持叔 己酉正月

편지에서 하신 말씀을 보니 위로되고 감사한 마음이 듭니다. 태안(泰安)에 조창(漕倉)을 설치하는 일의 경우, 재정의 소모와 출혈을 면하기 어렵다는 것을 모르지는 않지만, 성상께서는 백성의 목숨이 해마다 물고기 배 속에 들어가는 것을 유독 안타깝게 여기시어 재정의 출혈을 따지지 않고 이런 거조를 행하셨으니, 신하 된 처지에서는 마땅히 뜻을 받들어 따르는 데에 겨를이 없어야지 어찌 다른 생각이 있어서야 되겠습니까.

듣건대 태안은 400리나 되는 큰 바다이기 때문에 여기서 바람을 만날 경우 혹 배가 간 곳을 모른다고도 하고, 물길이 안 좋은 것이 이보다 더한 곳이 없는 데다 그 밖에 선박이 치패(致敗)되는 것도 다 이유가 있다고들 하니, 집사가 헤아린 바와는 같지 않은 듯합니다. 이제 김예판(金禮判 김좌명(金佐明))이 그 일을 위임받아 내려갔으니 살피고 헤아리는 것이 거칠지 않으리라 생각되기에 조창을 설치하느냐 마느냐는 응당 여기에서 결정이 날 것입니다.

집사의 선조에 대한 일은 젊을 때에 저의 견문이 고루하여 전적으로 잘못 알고 있다가 이제 야사(野史)와 국사(國史)를 보고 나니 너무나 부끄럽습니다.[19] 그래서 일이 있어 아뢸 때에 성상께 그 일을 진달하였

19 집사의……부끄럽습니다 : 민유중의 선조인 민제인(閔齊仁)을 을사사화의 주동자로 잘못 알았던 것이 부끄럽다는 말이다. 을사사화 당시 민제인은 대사헌과 호조

습니다.[20] 그리고 간의대부(諫議大夫)를 지낸 두 진씨(陳氏)에 대한 논변은 주자(朱子)가 적극적으로 변론하여 지극히 합당한 결론이 난 후에 그만두었으니,[21] 의리에 대한 변론은 이미 지나간 일이라 하여 그냥 덮어 두어서는 안 되는 것입니다.

판서를 역임하며 윤임(尹任) 일파의 처단에 관여한 공로로 보익 공신(保翼功臣)에 책록되었는데, 이로 인해 을사사화를 일으키는 데 앞장섰다는 오명을 받았다. 그러나 《명종실록》 등에 따르면 민제인은 이 과정에서 오히려 사림들의 처벌에 마음 아파하며 구원해 주고자 노력하였으며, 윤원형 일파가 을사사화를 은폐하기 위해 안명세(安名世)를 죽이고 시정기(時政記)를 고치려고 할 때에도 그 불가함을 역설하다가 마침내 녹훈이 삭제된 채 공주(公州)로 유배 갔고 그곳에서 생을 마감하였다.《宋子大全 卷164 左贊成閔公神道碑銘》

20 일이……진달하였습니다 : 1669년 1월 5일 소대(召對)에서 송시열은 현종에게 을사사화 당시에 민제인이 사림들을 신구(伸救)하기 위해 노력하다가 녹훈이 삭제되고 유배된 후에 그곳에서 죽은 사실을 아뢰었다.《承政院日記 顯宗 10年 1月 5日》

21 간의대부(諫議大夫)를……그만두었으니 : 두 진씨는 송나라 때 간의대부를 지낸 진관(陳瓘)과 진사석(陳師錫)으로, 그들에 대한 논변은 주희가 1199년 8월에 진사석이 남긴 서첩(書帖)과 진관이 올린 표문(表文)을 소재로 삼아 왕안석(王安石)의 신법(新法)과 경서(經書) 해석의 문제점을 밝히며 학술 경향을 비판한 것을 말한다.《晦菴集 卷70 讀兩陳諫議遺墨》

민지숙에게 답함 기유년(1669, 현종10) 1월
答閔持叔 己酉正月

방금 24일에 보내신 편지와 몇 장의 별지를 받고 보니 기쁘고 위로되는 마음 한량이 없습니다. 처음에는 저쪽 사람들과 함께 협심하고 힘을 합쳐 나라의 형세를 잘 부지하기를 생각하였으나 이제는 크게 어그러져 그렇지 못한 점이 있기에 홀로 위태로운 자리에 서서 이익은 없고 해로움만 있게 되었으니 어찌하면 좋단 말입니까. 이것이 제가 실의에 빠져 낙이 없다 보니 돌아가려는 마음만 날로 간절해지는 이유입니다.

조창(漕倉)을 설치하는 일[22]이 끝내 이루어질 수 있다면 얼마나 다행스럽고 다행스럽겠습니까. 송나라 때 해마다 두 명의 죄수를 바다에 던지는 규정이 있었는데, 어떤 관리 한 사람이 그 규정을 혁파하기를 청하여 그렇게 되었습니다. 이렇게 그 사람은 선덕(善德)을 쌓은 결과 경사가 생겨 만년에 두 아이를 얻었습니다. 저도 국가를 위하여 많은 사내들이 복을 받는 일에 도움을 주고자 하니, 부디 바라건대 이 일을 힘껏 주장하시어 뭇 의론에 동요되는 일이 없도록 해 주시는 것이 어떻겠습니까.

제가 이미 조정에 들어온 이상 비록 한두 가지 어긋나는 것이 있더라도 어찌 가볍게 떠날 수 있겠습니까. 그러나 만약 큰 요체가 행해지지 않는다면 떠나지 않을 수 없을 것입니다.

22 조창(漕倉)을 설치하는 일 : 충청도 태안(泰安)에 안흥창을 설치하는 일을 말한다.

민지숙에게 답함 기유년(1669, 현종10) 2월

答閔持叔 己酉二月

삼가 2일에 보내신 편지를 받으니 기쁘고 후련하기 그지없습니다. 영감의 본직(本職)에 대해 김 판서가 사사로이 말하기를 "그것을 체차하지 않아서는 안 되지만 건의하여 청하기가 어렵다." 하기에 제가 신하를 부리는 의리를 가지고 권하였는데 마침내 그가 믿고 따라 주었으니[23] 참으로 존경할 만합니다. 영감께서 이후로 양전(量田)하는 일에 전념할 수 있다면 나랏일에 매우 다행일 것입니다.

최 장군(崔將軍)의 일[24]은 -원문 빠짐- 기이한데, 이는 아마도 그의 충성스러운 혼과 장한 넋이 오래될수록 더욱 사라지지 않아서 그리되었을 것입니다. 가까운 시일 안에 마땅히 글을 지어 보낼 것이니 부디 그 역사(役事)를 마치시는 것이 어떻겠습니까.[25]

23 영감의……주었으니 : 영감의 본직이란 민유중이 맡고 있는 충청 감사의 직임을 말하고, 김 판서란 예조 판서인 김좌명(金佐明)을 말한다. 당시 민유중은 충청 감사의 임기가 만료되었음에도 양전이 끝날 때까지 감사의 직임을 잉임(仍任)하라는 현종의 명으로 균전사(均田使)의 직임과 함께 본직까지 그대로 수행하고 있었다.《承政院日記 顯宗 9年 12月 18日, 20日》 그런데 병으로 인해 두 직임을 함께 수행할 수 없는 상황이 되자, 송시열이 김좌명에게 부탁하여 신하를 부리는 의리로 보아 지나치게 해서는 안 된다고 현종을 설득하도록 권하여 균전사의 직임만 전담하고 본직은 체차하게 하였다는 말이다. 김좌명이 건의한 내용은《승정원일기》현종 10년 2월 3일 기사에 보인다.

24 최 장군(崔將軍)의 일 : 최 장군은 최영(崔瑩) 장군을 말하는데, 구체적으로 그 일이 무엇인지는 분명하지 않다.

25 가까운……어떻겠습니까 : 송준길(宋浚吉)이 민유중에게 답한 편지에 "홍주(洪

요사스러운 무당의 일[26]에 대해서는 서 대감(徐大監 서필원(徐必遠))이 힘을 다해 관대하게 처리하고 장(杖)을 한 대도 치지 않은 채 가까이 옹진(甕津)에 유배하였는데, 제가 비록 온 힘을 다해 말했는데도 듣지 않은 것입니다. 지금 듣건대 유배한 것도 요사스러운 무당을 위해서라고 하니, 더욱더 지극히 통탄스럽고 놀랍습니다.

오늘날의 인심은 기해년(1659)과는 매우 다르니 이를 어찌 굳이 물을 필요가 있겠습니까. 하물며 대신(大臣)[27]이 사사건건 반드시 저지하고 좌절시키려 하니, 성상의 마음이 혹 견고하다 하더라도 어찌 흔들리지 않을 수 있겠습니까. 더구나 동료들도 성패를 좌시하고 방관만 하면서 도와줄 뜻이 전혀 없는 상황입니다. 단지 집사의 중형(仲兄)만이 온 힘을 다해 그 일을 담당하고 있으나 한 사람의 설거주(薛居州)가 혼자서 어떻게 할 수 있겠습니까.[28]

州)에 있는 성삼문(成三問)의 고택의 땅 절반은 성삼문의 고택이고 나머지 반은 최영의 고택이라 하니, 다시 자세히 조사해 보는 것이 어떻겠는가?"라는 대목이 있는데, 당시 민유중이 이것이 사실임을 확인하고 두 사람의 유허비를 세우려고 송시열에게 글을 부탁했던 것으로 보인다. 따라서 역사를 마치라는 것은 유허비를 세우는 일을 말하는 듯하다. 송시열이 지은 성삼문의 유허비 비문은 《송자대전》 권171의 〈홍주 성 선생 유허비(洪州成先生遺墟碑)〉이나, 최영 장군의 유허비는 《송자대전》에 보이지 않는다.

26 요사스러운 무당의 일 : 1668년 12월에 송시열이 차자(箚子)를 올려 경계(警戒)의 말을 아뢰면서 "외부 사람이 기생과 악대를 끼고 대궐에 출입한다는 말을 듣고 저번 상소에서도 이를 금하도록 청하였는데 이번에도 천창(賤娼) 선향(善香)과 요사스러운 무당 배덕(倍德) 등이 연줄을 타고 궁궐에 출입하였으니, 이들을 가두어 처벌하고 이런 일을 엄히 금하도록 하소서."라고 청하였다. 여기에서 외부 사람이란 복창군(福昌君) 이정(李楨) 등을 가리킨다. 《宋子大全 卷13 遇災陳戒箚(戊申十二月), 附錄 卷6 年譜》 《顯宗實錄 9年 12月 29日, 10年 1月 4日》

27 대신(大臣) : 좌의정 허적(許積) 등을 말한다. 《尤菴先生書節要集解 卷5》

이 때문에 제가 실의에 빠져 낙이 없다 보니 물러나 떠나야겠다고 자주 생각하는데, 성상께서 지성으로 만류하시는 바람에 차마 곧바로 떠나지는 못하였습니다. 그래서 사직하려 하다가 우선 머물면서 이미 한 번 상소를 올리고 지금 다시 두 번째 상소를 올렸습니다.

엊그제 조창(漕倉)을 설치하는 일로 서 대감이 상소하면서, 좌상(左相)과 김 판서가 간언하여 말리지 않는다며 곧바로 불충(不忠)이라고 지척하였는데도[29] 좌상이 노하지 않았습니다. 이를 두고 혹자는 좌상이 그렇게 하기로 약속한 것이라고 말하기도 하니, 마음이 매우 편치 않았습니다. 그래서 바야흐로 사직하는 상소에서 이를 언급하였는데 이로써 저의 돌아갈 길이 점점 열리고 있으니 마음이 매우 어수선합니다. 이만 줄입니다.

28 집사의……있겠습니까 : 설거주는 전국 시대 송나라의 어진 신하이다. 맹자(孟子)가 왕의 측근에 모두 설거주같이 선한 사람이 있다면 왕도 선한 일을 하겠지만 왕의 측근이 모두 선한 사람이 아니라면 설거주 한 사람이 혼자서 왕에게 어떻게 할 수 있겠느냐고 말한 바 있는데, 여기서는 민유중의 중형인 민정중 혼자서는 어떤 일도 제대로 도모할 수 없다는 말이다. 《孟子 滕文公下》

29 엊그제……지척하였는데도 : 1669년 2월 6일에 형조 판서 서필원이 상소하여 태안(泰安)에 조창을 설치하는 일을 중지할 것을 청하는 한편 "좌의정 허적과 예조 판서 김좌명은 그 일이 옳지 않은 줄 분명히 알면서도 간언하지 않고 규모를 줄여 설치하자는 쪽으로 결정하였으니 불충한 죄를 면할 수 없다."라고 아뢴 것을 말한다. 이는 조창의 설치를 가장 먼저 주장한 송시열의 잘못을 바로 지적하지 않고 우회적으로 다른 대신들을 탄핵한 것이다. 이에 송시열이 2월 7일에 자신으로 인해 대신들이 불충으로 배척받았다며 차자를 올려 사직을 청하였고, 현종은 2월 8일에 대신을 불충으로 탄핵한 서필원을 중하게 추고하라고 명하였다. 《顯宗實錄 10年 2月 6日, 7日, 8日》

별지

정평(正平)[30]이 상소에서 양안(量案)의 전결(田結)이 갑술년(1634, 인조12) 때보다 줄어들 것이라고 논한 것은 사실이 어떤지 모르겠습니다. 듣자니 공주(公州)의 가둔(嘉遯), 원기(遠基),-고(故) 송준남(宋俊男)의 마을입니다.- 유천(柳川), 용두(龍頭) 지역은 모두 3, 4등급이 내려갔다고 하는데, 이런 지역들은 원래 1등급이 매우 많았습니다. 대체로 공주의 감관(監官)이 처음에는 너무 높게 매겼다가 끝내는 너무 낮게 매겨서 불법을 저지른 것이 많았는데, 그것이 양전에 그치지 않는다고 합니다. 그리고 좌상이 와서 말하기를 "충주목(忠州牧)은 처음에 정승의 친족을 감관으로 삼았다가 끝내 체차하라는 윤허를 받았는데, 이것이 장차 제대로 할 수 없는 하나의 단서이다.……" 하였으니, 모름지기 엄하게 독책하는 것이 어떻겠습니까?

사오(沙塢)[31]에 사는 민임중(閔任重)[32]의 남정(南庭) 가에 밭두둑이 없는 한 수전(水田)이 1등급이라고 하는데 부디 살펴보시기 바랍니다. 그 등급이 낮아진다면 다른 지역 등급의 고하(高下)도 부실할 것이라는 점은 미루어 알 수 있습니다. 서(徐) 아무개는 본래 사대부의 신분이면서 수령에게 자기 집안 전지의 등급을 낮추어 달라고 청탁했다 하니, 어쩌면 그렇게도 기대한 것과는 다르단 말입니까.

30 정평(正平) : 김만균(金萬均, 1631~?)의 자이다. 본관은 광산(光山)이고 사계(沙溪) 김장생(金長生)의 증손이며 송시열의 문인이다.

31 사오(沙塢) : 공주 소속의 마을 이름이다.

32 민임중(閔任重) : 1623~1692. 본관은 여흥(驪興), 자는 홍숙(弘叔), 호는 동고(東皐)이다.

대략 듣기에 세력가의 전지는 비옥한 것을 척박하게 매긴 경우가 공충도(公忠道)가 더욱 심하다 하니, 이를 모름지기 통렬하게 살피셔야 할 것입니다. 그리하여 모든 사람들을 경계시킬 만한 조처가 있는 것이 좋을 듯합니다. 주자(朱子)의 천장(泉漳)에서의 일도 바로 이와 같았습니다.[33]

33 주자(朱子)의……같았습니다 : 천장에서 주희가 양전을 제대로 못했던 것과 같은 일이 벌어질 수도 있다는 말이다. 천장은 복건성(福建省) 소속의 천주(泉州)와 장주(漳州)를 말하는데, 주희가 61세에 장주 지사(漳州知事)가 되었을 때, 부호들의 토지 겸병을 막고자 경계를 다시 획정하는 양전(量田)을 실시하려 하자 부호들이 장주의 진사 오우규(吳禹圭)를 시켜 천주 출신의 재상 유정(留正)에게 상서하게 하여 토지 개혁의 부당함을 알리는 한편 주희가 분란을 일으키고 있다고 비판하였다. 이에 광종(光宗)이 조칙으로 양전을 그만두게 하는 바람에 결국 토지 개혁을 제대로 이루지 못하였다. 《朱子年譜 卷4 紹熙 1年》

민지숙에게 답함 기유년(1669, 현종10)

答閔持叔 己酉

편지가 도착하니 위로가 되고 기쁩니다. 오늘 입대(入對)에서는 비록 물러나 돌아가는 것을 허락받지 못하였습니다만, 가장 근본적인 한두 가지 일에서 쓰임을 받지 못하였으니 떠나지 않고 무엇을 기다리겠습니까. 오늘 귀향길로 머리를 돌리려고 하였으나 마침 둘째 손자[34]의 병이 심해져서 우선 이렇게 지체하고 있는데, 병이 조금 나으면 즉시 출발할 것입니다. 서필원(徐必遠)의 상소는 매우 바르지 못하다 하겠습니다. 저를 대놓고 공격하려 하지 않고 이렇게 군대를 옮겨 다른 데를 치는 전략을 취하였는데,[35] 공격하지 않는 듯 공격하는 것이 대놓고 공격하는 것보다 더욱 심한 점이 있습니다. 어쩌면 좋단 말입니까. 서책은 회덕(懷德)으로 보내 주시면 매우 다행이겠습니다. 보내 주신 열 개의 먹〔墨〕은 매우 감사합니다.

34 둘째 손자 : 송주석(宋疇錫)을 말한다.

35 저를……취하였는데 : 형조 판서 서필원이 상소하여 태안(泰安)의 조창(漕倉)을 설치하는 문제를 비판하면서, 그 일을 가장 먼저 제기한 송시열을 바로 공격하지 않고 좌의정 허적(許積)과 예조 판서 김좌명(金佐明)을 불충하다고 우회적으로 공격한 일을 말한다. 자세한 내용은 33쪽 주29 참조.

민지숙에게 답함 기유년(1669, 현종10) 2월 23일
答閔持叔 己酉二月二十三日

근래 사람들이 모두 말하기를 "권륜(權倫)이 집사에 의해 끌려 나가서 위로 올라갔다." 하기에, 저는 마음속으로 적이 의아하였습니다.[36] 그런데 지금 알려 주신 말씀을 받드니 사람들의 와전된 말이 한결같이 이런 지경에 이르렀음을 알겠습니다. 저 정가(鄭哥)와 허가(許哥) 무리를 어찌 꾸짖을 것이 있겠습니까. 단지 하나의 개백정 같은 무리일 뿐입니다. 양전(量田) 일을 살피는 데에 고생과 노고를 다하는데도 들리는 소문은 진실된 것을 찾기 어려우니 어쩌면 좋단 말입니까.

무릇 세력가들은 요행을 바라는 것이 많아 아주 몹시 가증스러우니, 어찌 한두 사람을 강력하게 징계하여 그 나머지들을 경계시키지 않을 수 있겠습니까. 바야흐로 지금 세도가들이 사류(士流)에게 이를 갈고 있습니다. 그래서 하나의 오우규(吳禹圭)를 만들어 세도가에게 가서 무함하게 함으로써 자기들의 속마음을 시원하게 풀려고 하고 있습니

36 사람들이……의아하였습니다 : 권륜은 당시 전국적으로 행해지던 양전 사업에 경기 양주(楊州)의 감관(監官)으로 참여하였는데, 일 처리를 잘하여 정릉 참봉(貞陵參奉)에 제수될 정도로 명성이 있었다. 당시 호조 판서 민정중(閔鼎重)이 1669년 2월 5일에 입시하여, 충청도의 양전에 감관들이 생소하여 일 처리에 잘못이 많으니 양전을 잘하는 인물을 뽑아 보내기를 청하였는데, 그때 권륜도 충청도의 양전 감관으로 뽑혀 파견된 상황이었다. 그런데 그런 그가 충청 감사 민유중에게 끌려 나가 서울로 올라갔다는 소문이 돌았으므로 송시열이 의아하게 여긴 것이다. 《承政院日記 顯宗 10年 1月 4日・20日, 2月 5日》

다. 이 역시 당면한 하나의 일인데, 이런 상황에서 영감께서는 주자(朱子)의 일을 다시 겪고 싶지 않으실 것입니다.[37]

오늘 아침 엄흥도(嚴興道)의 후손 엄덕룡(嚴德龍)이 행조(行朝)에서 낙담하여 돌아갈 때[38] 저를 찾아와서 만났는데 서로 대하여 서글퍼하다가 그를 보냈습니다. 아, 눈 깜짝할 사이에 일이 이미 이 지경이 되고 말았는데, 군미(君美 이경휘(李慶徽)) 대감이 세상길에 밝고 익숙한 것이 애석하기만 합니다.

37 하나의……것입니다 : 오우규에 대해서는 35쪽 주33 참조. "주자의 일을 다시 겪고 싶지 않을 것"이라는 말은 충청도에서 세도가들의 개입과 부정으로 인해 양전이 원만하게 진행되지 못할 경우, 주희가 장주에서 양전을 실패했던 것 같은 일이 벌어질 수 있다는 말이다.

38 엄흥도(嚴興道)의……때 : 엄흥도는 영월에서 단종(端宗)이 시해되었을 때 그 시신을 거두어 장례를 치러 준 인물이다. 1669년 1월 5일 송시열이 진강(進講)에 나아갔을 때, 그의 충의를 거론한 뒤 그 자손들이 영월과 괴산(槐山)에 살고 있으니 후손을 찾아 녹용(錄用)하는 은전을 베풀기를 청하였다. 이에 현종이 이조로 하여금 그 지역을 방문하여 후손을 찾아 등용하도록 하여 후손 엄덕룡을 찾아냈다. 그런데 이조 판서 이경휘가 등용하는 거조를 행하지 않았으므로 엄덕룡이 낙담하고 돌아갔다는 말이다. 한편 행조는 일반적으로 임금이 궁궐 밖으로 거둥했을 때 머무는 행궁과 동일한데 당시 현종이 창덕궁에 있는 상황에서 왜 행조라는 말을 썼는지는 분명하지 않다.《顯宗實錄 10年 1月 5日》《宋子大全隨箚 卷7》

민지숙에게 답함 기유년(1669, 현종10) 3월 25일

答閔持叔 己酉三月二十五日

일찍이 오시겠다는 뜻을 표하시어 매우 애타게 기다리다가 방금 보내주신 편지를 받으니 기쁘고 후련하기 그지없습니다. 다만 말씀하신 서원(西原)에 대한 일은 오랜 숙원이 허사로 돌아간 것이라서 서글픈 마음을 금할 수가 없습니다. 권륜(權倫)의 경우, 현재의 재상이 비록 그를 죽이더라도 나와 무슨 관계가 있습니까. 그들이 성상을 기망(欺罔)하는 데 거리낌이 없는데도 성상께서는 이를 충성이라 여기시므로 저들이 때를 틈타 의기양양해하면서 이렇게까지 하는 것이니, 크게 탄식할 일이라고 할 만합니다. 조보(朝報)는 되돌려드립니다. 이만 줄입니다.

민지숙에게 답함 기유년(1669, 현종10) 4월 11일

答閔持叔 己酉四月十一日

편지를 받고 매우 위로되었습니다. 저는 사정(私情)이 다급하여 어제 숙부를 천장(遷葬)하는 곳에 도착하였습니다.[39] 그런데 회덕현(懷德縣)에서 제가 온양(溫陽)으로 향하고 있다는 내용으로 급히 보고하였으니,[40] 형세상 마땅히 내일 상소하여 중도에서 병이 더 심해진 상황을 대략 진달하고 아울러 이경석(李景奭)의 차자(箚子)를 거론하며 죄를 청해야 할 것입니다.[41] 상소는 현재 완성하지 못하였으니 내일 봉해 올린 뒤에 말씀하신 대로 하겠습니다. 저는 스스로 등의 가려운 곳을

39 저는……도착하였습니다 : 송시열의 숙부 송방조(宋邦祚)는 처음에 영동(永同)에 장사 지냈다가 이때 청주(淸州) 마암리(馬巖里)에 부인 정씨(鄭氏)와 함께 천장되었다.《宋子大全 附錄 卷6 年譜》

40 회덕현(懷德縣)에서……보고하였으니 : 1669년 3월 15일에 당시 현종이 왕대비와 중궁, 네 명의 공주와 함께 온양의 온천에 행차하여 4월 15일까지 머물렀다. 이때 두 차례 송시열을 불렀으나 계속 병으로 나아가지 못하다가 현종의 환도(還都) 날짜가 박두하자 문안을 위해 길을 떠났으므로 회덕 현감이 이렇게 보고한 것이다.《顯宗實錄 10年 3月 15日》《承政院日記 顯宗 10年 4月 15日》《宋子大全 卷13 因留都大臣李景奭箚待罪疏(己酉四月)》

41 이경석(李景奭)의……것입니다 : 영중추부사 이경석이 서울에서 유도 대신(留都大臣)으로서 차자를 올렸는데, 행궁 가까이 있으면서 지금까지 입조(入朝)하지 않는 것은 신하의 분의(分義)에 어긋난다며 사실상 송시열을 논척하는 내용이었다. 이에 송시열로서는 소명(召命)을 따르지 않아 대신의 논척을 받았으므로 죄를 청하는 상소를 올릴 수밖에 없다는 말이다.《宋子大全 卷13 因留都大臣李景奭箚待罪疏(己酉四月), 附錄 卷6 年譜》

긁고 싶은데 단지 마고(麻姑)의 손톱이 아닌 것이 한스러울 뿐입니다.[42] 우습습니다. 중숙(重叔)이 쫓겨난 것[43]은 본래 운수소관이니 어찌하겠습니까. 제현(諸賢)이 구제해 주지 못한 것이 참으로 애석합니다. 이만 줄입니다.

42 스스로……뿐입니다 : 1668년 11월 27일에 현종이 이경석에게 궤장(几杖)을 하사했을 때, 이경석이 송시열에게 이에 대한 글을 지어 달라고 부탁하였다. 이에 송시열은 송 흠종(宋欽宗) 때 금나라에 아첨하는 글을 지은 손적(孫覿)에 빗대어 이경석이 청 태종(淸太宗)의 공적을 찬양하는 삼전도(三田渡)의 비문을 쓴 것을 풍자하였다. 이 일로 이경석이 송시열에게 큰 반감을 가지게 되었다. 그러던 차에 송시열이 우의정에서 물러나자, 이경석이 친한 사람에게 보낸 편지에서 "마고의 손톱으로 등을 긁는 것처럼 시원하다."라고 말했다고 한다. 마고의 손톱이 아닌 것이 한스럽다는 것은 마고의 손톱을 언급한 이경석의 말을 빗대어 속시원하게 되갚아 주고 싶어도 그렇게 할 수 없음을 탄식한 것이다.《宋子大全 附錄 卷6 年譜》

43 중숙(重叔)이 쫓겨난 것 : 중숙은 김만중(金萬重)의 자이다. 본관은 광산(光山), 호는 서포(西浦)이다. 그가 이때 축출당한 사실에 대해서는 근거를 찾지 못하였다.

민지숙에게 답함 기유년(1669, 현종10) 4월 22일

答閔持叔 己酉四月二十二日

방금 19일에 보내신 편지를 받으니 기쁘고 후련하기 그지없습니다. 저는 다리의 종기가 오랫동안 낫지 않는 것으로 보아 그것이 끝내 반드시 화근이 될 것이라 염려하고 있습니다. 듣자니 금산(錦山)에 송형필(宋亨弼)이라는 의원이 있다는데 내일 찾아가서 그의 산속 집에서 며칠 머물려고 작정하고 있습니다.

삼전(三田)의 일[44]에 대해서는 저는 항상 한번 지척(指斥)하여, 마음을 다해 아첨하고 기쁘게 하는 것이 추한 일임을 사람들에게 알리고 싶었습니다. 지금 비록 장자(長者)의 칭호를 얻지는 못하더라도 만약 가려운 곳을 시원하게 긁을 수만 있다면 죽어도 유감이 없겠습니다. 더구나 이로 인해 수많은 모기와 파리 들이 달려들어 앵앵대더라도 어찌 저의 터럭 하나인들 동요시킬 수 있겠습니까. 부디 저를 위해 시속 사람들을 사절해 주시기 바랍니다.

병판(兵判)이 다시 금오(金吾)가 된 것[45]은 일찍이 예상하지 못했던

44 삼전(三田)의 일 : 병자호란 때 인조가 삼전도에서 항복한 뒤에 청 태종(淸太宗)이 그곳에 자기의 공적을 자랑하기 위해 삼전도비(三田渡碑)를 세울 당시에 이경석(李景奭)이 그 비문을 쓴 일을 말한다.

45 병판(兵判)이……것 : 병조 판서는 홍중보(洪重普)를 말하는데, 그 아들 익평위(益平尉) 홍득기(洪得箕)는 효종의 딸 숙안공주(淑安公主)에게 장가들었다. 이들 부부는 효종의 잠저였던 어의궁(於義宮)에 거처하였는데, 홍중보는 이것이 온당치 못하므로 아들과 공주에게 어의궁에서 나와 거처를 옮기도록 하였다. 이에 대해 현종은 선왕

일이지만, 이는 단지 일의 정황이 올바른 데로 귀결된 것이니 어찌 피차 따질 것이 있겠습니까.

이 공주를 편하게 살게 하려고 그곳에 머물게 한 것이니 그 뜻을 따르는 것이 마땅하며, 또 선왕 생전에는 옮기지 않다가 지금 와서 옮기도록 하는 것은 옳지 않다고 반대하였다. 그런데 홍중보가 뜻을 굽히지 않았고 송시열을 비롯한 신하들도 홍중보의 처사가 옳다고 동조하자, 마음이 상한 현종은 1669년 2월 19일에 홍중보가 겸직하던 판의금부사 직임을 체차하였다. 그 후 얼마 지나지 않은 3월 10일에 다시 그를 판의금부사로 임명하였는데, 이 일을 말한다.《顯宗實錄 10年 2月 13日・14日・19日, 3月 10日》

민지숙에게 답함 기유년(1669, 현종10) 5월
答閔持叔 己酉五月

어제 의원의 집에서 돌아왔을 때 영감이 보내신 이전 편지가 이미 책상 위에 있었으나 감사의 회답을 드리지 못하는 것을 한스럽게 여기고 있었는데, 이제 다시 편지를 거듭 받으니 외로운 마음에 더욱 위로됩니다.

정숙(靜叔)[46] 같은 사람은 어디에서 얻을 수 있겠습니까. 그의 효성스럽고 우애 있는 행실은 매우 볼만하였고, 나라를 위해 정성을 다하는 모습은 평소에 쌓인 덕이었습니다. 그러나 운수가 좋지 못하여 홀연히 서거하였으니 어찌 사사로이 애통할 뿐이겠습니까.

영감은 품계가 올랐고 또 평안 감사의 직임을 받았으니[47] 어찌 매우 다행이 아니겠습니까. 다만 지금 조정에는 아첨이 풍조를 이루고 있고 사사로운 뜻과 속된 의론이 하늘 가득 칡이나 등나무 줄기가 얽힌 것과 같은 상황이니, 석가(釋迦)의 금강저(金剛杵)[48]를 가지고 휘둘러 끊더

46 정숙(靜叔) : 이태연(李泰淵, 1615~1669)의 자이다. 본관은 한산(韓山), 호는 눌재(訥齋)이다. 송시열의 처남인데 평안 감사로 있다가 1669년 4월 19일에 임지에서 죽었다. 《顯宗改修實錄 10年 4月 19日》

47 영감은……받았으니 : 민유중은 1669년 4월 21일에 평안 감사에 임명되었는데 등급을 뛰어넘어 제배(除拜)되었다. 《현종실록》 10년 4월 21일 기사에 이와 관련한 사신의 논평이 실려 있는데, "민유중이 충청 감사로서 양전(量田)을 제대로 하지 못하여 백성의 원망이 크게 일자, 대신이 부득이 원망을 피할 수 있도록 관서(關西)에 천거하여 의망하였다. 물정(物情)이 크게 놀랐지만 민유중이 당시에 명망이 있었던 까닭에 아무도 감히 말하지 못하였다."라고 하였다.

라도 제거할 수 없을 것입니다. 이런 때에 영감이 하루라도 헌납(獻納)의 자리에 서 있지 못하니 시사(時事)를 위해 한심하게 여기지 않을 수 없으며, 집사의 백씨(伯氏)에 대해서도 그렇게 생각하는 바입니다.[49]

제가 한번 망발을 하여 큰 화근을 촉발하였는데,[50] 듣자니 외간의 분위기가 매우 흉흉하다고 합니다. 그러나 삼전(三田)에 대해 공격하다가 죄를 얻는다면 비록 머리가 잘리고 가슴에 구멍이 난다 하더라도 후회하지 않을 것인데, 이보다 못한 경우야 말해 무엇 하겠습니까.[51] 당초에 만약 그 책임을 맡는 자가 있었다면 어찌 괴로이 제가 스스로 그 재앙의 함정에 빠졌겠습니까. 실로 부득이한 일이었으니 부디 저를 위하여 시속의 사람들을 사절해 주시기 바랍니다.

죽수(竹樹)의 인본(印本)은 어찌 감히 교류하는 일에 쓰는 데 조금이라도 아끼겠습니까. 뒤에 만약 희천(熙川) 사람을 만날 때 다행히 가져가서 보여 주는 것도 한 가지 의미 있는 일이 될 것입니다.[52] 영감

48 금강저(金剛杵) : 불교에서 수문 신장(守門神將)인 금강역사(金剛力士)가 들고 있는 병기를 말한다.

49 집사의……바입니다 : 집사의 백씨는 민시중(閔蓍重)으로, 그 또한 4월 25일에 경상 감사에 제수되어 내려갔기 때문에 올바른 정론을 펴서 조정의 기풍을 바로잡는 역할을 할 수 없게 되어 아쉽다는 말이다. 《顯宗實錄 10年 4月 25日》

50 제가……촉발하였는데 : 송시열이 삼전도(三田渡) 비문을 지은 이경석(李景奭)을 송 흠종(宋欽宗) 때 금나라에 아첨하는 글을 지은 손적(孫覿)에 빗대어 비난함으로써 문제를 일으킨 일을 말한다. 자세한 내용은 40쪽 주41, 41쪽 주42 참조. 《宋子大全 附錄 卷6 年譜》

51 이보다……하겠습니까 : 죽지 않고 유배 가는 정도는 기꺼이 감당할 수 있다는 말이다.

52 죽수(竹樹)의……것입니다 : 죽수는 전라도 능주(綾州)의 옛 이름인데 여기서는

이 이미 서쪽으로 갔으니 저의 집에 다시 서찰이 오는 것을 볼 수 없을 것인데, 그렇게 되면 일이 줄어들 것[53]이라는 생각은 들지만 또한 매우 서글플 것이라 여겨집니다.

죽수서원(竹樹書院)을 말한다. 조광조(趙光祖)가 능주에서 사사(賜死)되었으므로 이 서원에 제향되었다. 죽수의 인본이란 송시열이 지은 〈능주 정암 조 선생 적려 유허비(綾州靜菴趙先生謫廬遺墟碑)〉의 인쇄본을 말한다. 민유중이 5월에 송시열에게 보낸 편지에, 죽수비(竹樹碑)의 인본을 친족이 가져갔으니 다시 한 본을 보내 주어 희천 사람들에게 보여 줄 수 있게 해 달라는 내용이 있는데, 그에 대한 답변으로 이렇게 말한 것이다. 여기서 희천 사람을 언급한 것은 조광조가 어천 찰방(魚川察訪)으로 부임하는 부친을 따라가 평안도 희천에 유배 중이던 김굉필(金宏弼)에게 수학한 적이 있었는데, 이때 마침 민유중이 평안 감사로 갔기 때문인 듯하다.《文貞公遺稿 卷2 答尤菴(己酉五月日)》

53 그렇게……것 : 민유중이 멀리 평안도로 가서 거의 편지가 오지 않게 되면 답장할 일도 적을 것이라는 말이다.

민지숙에게 답함 기유년(1669, 현종10) 7월
答閔持叔 己酉七月

영감이 서쪽으로 간 뒤부터 그리운 마음이 날로 간절하였는데 홀연히 깊은 계곡 안에서 지난달 18일에 보내신 편지를 받으니 마치 얼굴을 직접 뵙는 듯하여 저의 마음이 매우 위로되었습니다. 지난번 두 통의 편지는 하나도 아직 받지 못하였는데 아마도 중간에 유실된 것이 아닐는지요.

저는 지난 5월 말쯤에 화양(華陽)으로 들어와 기거하며 날마다 아이들과 책을 보면서 겸하여 병을 요양하고 있다가 갑자기 역병의 경보(警報)로 인하여 대충 만윤(灣尹)의 재사(齋舍)[54]로 옮겼습니다. 이어 굽이굽이 돌아 서쪽으로 가서 정숙(靜叔 이태연(李泰淵)) 영감의 장례를 보려고 하였으나 어제부터 더위로 인한 설사병이 심하게 걸려 앞으로 어떻게 될지 알 수 없는 상황입니다. 마침내 여기서 갑자기 세상을 떠날 경우 맑은 시내와 흰 바위 사이에 하나의 외로운 무덤을 만드는 것도 나쁘지는 않다고 여깁니다만, 자손들이 기꺼이 그렇게 하려고 할지는 잘 모르겠습니다.

을지문덕(乙支文德)의 일은 종전에 저의 뜻이 이러했기 때문에 정숙 영감이 당시에 감히 즉시 보고하지 못하였습니다.[55] 그러나 최 문창(崔

54 만윤(灣尹)의 재사(齋舍) : 만윤은 의주 부윤(義州府尹)의 별칭이다. 《송자대전수차》 권7에 "만윤은 이경억(李慶億)을 가리키는 듯하다. 그의 재사가 화양동(華陽洞)의 동구 밖 후영촌(後穎村)에 있었다."라고 하였다.

文昌)[56]은 단지 문장 때문에 문묘(文廟)에 배향되기까지 하였으니, 이 경우도 군이 반대할 필요가 없지 않겠습니까. 결정되는 대로 맡겨 두어도 좋을 듯합니다. 보내 주신 종이 묶음과 두 가지 진미는 너무나 감사합니다. 멀리 보내는 편지에 감히 많은 말을 할 수 없기에 이만 줄입니다.

55 을지문덕(乙支文德)의……못하였습니다 : 을지문덕의 일이란 수 양제(隋煬帝)가 612년에 대군을 거느리고 고구려를 쳐들어왔을 때 을지문덕이 살수에서 격파한 일을 말한다. 《宋子大全隨箚 卷7》 평안 감사 이태연이 평양부(平壤府)에 을지문덕의 사당을 세우려는 일에 대해 송시열이 다소 신중한 태도를 취하였기 때문에 사당 건립을 청하는 보고를 즉시 하지 못했다는 말인 듯하다. 《宋子大全 卷142 平壤府乙支公祠宇記》

56 최 문창(崔文昌) : 신라 때의 문장가 최치원(崔致遠)으로, 문창은 그의 시호이다.

민지숙에게 보냄 기유년(1669, 현종10) 7월

與閔持叔 己酉七月

무더위에 비가 이렇게 심하게 내리는데 체후는 어떠하십니까? 그리운 마음 그지없습니다. 저는 더위로 인한 설사병이 심하게 걸려 집으로 돌아갈 수 없을까 두려웠으나 어제 병을 무릅쓰고 돌아와 회덕(懷德)에 도착하였는데, 남은 목숨을 연장할 수 있을지는 잘 모르겠습니다. 이전 답장은 받아 보셨습니까? 영감의 이전 두 편지는 어제 겨우 받았습니다. 약에 쓸 인삼을 보내 주시니 너무나 감사합니다.

을지문덕(乙支文德)이 적을 물리친 일[57]은 일찍이 시속에 전해지는 말을 들었으나 그 상세한 내용은 알지 못하였는데, 지금 정숙(靜叔 이태연(李泰淵)) 영감의 계본(啓本)을 보니 과연 듣던 바와 부합하였습니다. 《예기(禮記)》 〈제법(祭法)〉에 "고생하여 나라를 안정시킨 인물이면 제사 지내고, 큰 재앙을 잘 막은 인물이면 제사 지내며, 큰 환란을 제대로 막은 인물이면 제사 지낸다."라고 하였습니다. 그는 세 가지에 매우 상응하고 《주자대전(朱子大全)》의 의령묘(義靈廟)[58]가 또 매우 유사한 사례이니, 오늘날 사당을 세워 제향하는 일은 그만두어서는 안 될 듯합니다. 부디 널리 물어보고 처리하시기 바랍니다. 사당을

57 을지문덕(乙支文德)이……일 : 대본에는 '乙支事却敵事'로 되어 있는데, 의미가 통하지 않아 앞의 '事' 자를 연자(衍字)로 보고 번역하지 않았다.

58 의령묘(義靈廟) : 송나라 정강(靖康)의 난(亂)에 태주 호조(台州戶曹) 등응(滕膺)이 홀로 강한 적을 방어하여 그 지역을 온전히 지켜 냈으므로 태주 사람들이 사당을 세워 제사 지내고 조정에 청하여 '의령'이라고 사액을 받았다. 《晦菴集 卷89 義靈廟碑》

지을 때 하옥(廈屋)의 옛 제도에 대해서는 뒤이어 마땅히 기록하여 올리겠습니다만, 이는 《주자대전》에 있으니 상고해 내는 데 어려움이 없을 것입니다. 죽수서원(竹樹書院)의 비문(碑文) 역시 명하신 대로 하겠습니다. 할 말은 많으나 병을 참고 겨우 편지를 쓰느라 이만 줄입니다.

민지숙에게 답함 기유년(1669, 현종10) 10월
答閔持叔 己酉十月

홀로 빈산에 앉아서 늦가을을 보내고 어제 잠시 선영으로 돌아왔는데, 부모님을 잘 봉양해 드리지 못한 자책의 슬픔만이 간절할 뿐이었습니다. 그러다가 갑자기 호서(湖西)의 파발 편을 통해 멀리서 온 편지를 받았는데 참으로 하늘 밖 먼 곳에서 온 소식이었으니 위로되고 후련한 마음이 응당 어떠했겠습니까.

저는 금년 여름부터 하루도 병이 없는 날이 없었기에 스스로도 죽을 날이 머지않았음을 알고 있습니다. 게다가 골육들이 많이 죽은 관계로 아직 죽지 않은 이들을 대할 때마다 서글프기 짝이 없으니 저의 생도 너무나 가련하다 하겠습니다.

부묘(祔廟)의 경사[59]는 참으로 보내신 편지에서 말씀하신 바와 같습니다. 그러나 이렇게 된 것은 본래 성상의 효성이 하늘로부터 타고났고

59 부묘(祔廟)의 경사 : 신덕왕후(神德王后) 강씨(康氏)를 종묘에 부묘한 일을 말한다. 신덕왕후는 태조 이성계의 두 번째 부인이다. 이성계가 즉위하자 현비(顯妃)에 책봉되었고 자신의 아들 이방석(李芳碩)을 세자로 세우는 과정에서 이방원과 갈등을 빚으면서 이후 화병으로 사망하여 황화방(皇華坊)의 정릉(貞陵)에 묻혔다. 이방원이 즉위하자 후궁으로 격하되었고 무덤도 경기 양주(楊州), 즉 지금의 성북구 정릉동으로 이장하였다. 이후 1669년 1월 4일의 소대에서 송시열이 신덕왕후의 능을 보수하기를 청하고 아울러 종묘에 배향하기를 청하였는데, 현종은 정릉의 수리는 허락하였으나 종묘의 배향은 윤허하지 않았다. 이후로 신하들이 계속 아뢰었으나 현종이 허락하지 않다가 8월 5일에 비로소 윤허하였고 10월 1일에 종묘에 부묘하는 의식이 거행되었다. 《顯宗改修實錄 10年 1月 4日, 10月 1日》《承政院日記 顯宗 10年 8月 5日》

그 학문이 옛사람들보다 뛰어나서 조종(祖宗)과 신민(臣民) 들의 여망을 크게 위로했기 때문이지 제가 무슨 상관이 있겠습니까. 부디 이런 따위의 말씀을 다시는 하지 말아 주신다면 너무나 다행스럽겠습니다.

무열사(武烈祠)와 민충사(愍忠祠)를 개수하여 다시 복원한 것[60]은 그 성대한 뜻이 깊고도 간절하다 할 만하니, 저도 모르게 감격의 눈물이 흐릅니다. 이에 대한 사실을 기록하는 글을 만약 고루한 저에게 부탁하려 하신다면 비록 매우 분수에 넘는 일이기는 하지만 어찌 감히 우러러 부응하여 그 성대한 뜻의 만분의 일이라도 선양하지 않을 수 있겠습니까.

두 가지 약재는 저의 병에 절실한 것이었는데 보내 주시니 감사한 마음 실로 그지없습니다. 부자(附子)는 애타게 구해도 얻을 수가 없으니 부디 다음 인편에 보내 주시는 것이 어떻겠습니까. 신침(神枕)[61]이 다 만들어졌으면 그것도 함께 보내 주시기 바랍니다. 며칠 뒤에는 다시 화양(華陽)으로 들어갈 것이니 청주(淸州)로 보내 주시면 매우 다행이겠습니다.

60 무열사(武烈祠)와……것 : 무열사는 임진왜란 때 조선을 구원하러 왔던 명나라의 석성(石星), 이여송(李如松), 양원(楊元) 등의 장수들을 제향하는 사당으로 평양(平壤)에 있다. 민충사는 안주(安州)에 있는 사당으로 정묘호란 때 순절한 사람들의 위패가 봉안되어 있다. 당시 민유중이 평안 감사로서 두 사당을 개수하여 복원한 것으로 보인다.

61 신침(神枕) : 진(晉)나라 갈홍(葛洪)이 지은《신선전(神仙傳)》에 보이는 베개 방술에 신침법(神枕法)이 있는데, 한 무제(漢武帝)가 태산(太山)에서 180세 된 노인에게 전수받았다는 장수 비법이다. 잣나무를 길이 1자 2치, 높이 4치의 크기로 잘라 속을 파내고 그 안에 각종 약재를 넣어 베개를 만들어 베고 자면 앓던 병도 낫고 젊어진다고 한다.《神仙傳 卷8 太山老父》

민지숙에게 답함 경술년(1670, 현종11) 1월 12일

答閔持叔 庚戌正月十二日

지난 섣달 보름 이후에 보내 주신 편지를 받고 겸하여 붓까지 받았는데, 지금까지도 감사하게 여기고 있습니다. 신년인 요즈음에 영감의 기거는 신의 도움으로 원만하며 도(道)의 정무는 잘 정돈되고 여유로운지요?

저는 지난겨울에 설사병이 난 이후로 원기가 크게 소진되어 수습하기 어려울 듯합니다. 이는 실로 돌아가 죽기를 급하게 재촉하는 징조로서 사리와 형세상 당연한 것이니 그리 괴이할 것도 없다 하겠습니다. 멀리서 듣건대 성상의 체후가 편치 않으시어 오랫동안 회복되지 않고 계시니,[62] 먼 지방에서 걱정스럽고 애타는 마음을 뭐라 형용할 수 없습니다.

지난겨울 별지에서 하신 말씀은 삼가 모두 잘 알았습니다. 오랑캐로 오랑캐를 공격하는 것은 본래 중국(中國)의 이로움이고 성문(城門)의 불에 물고기가 재앙을 입는 것[63]은 무엇보다 약소국의 가장 깊은 근심

62 성상의……계시니 : 현종은 어릴 때부터 몸에 종기가 자주 났는데, 1669년 12월 11일에는 가슴에 담이 막혀 음식이 소화가 잘 되지 않는 바람에 구미혈(鳩尾穴)에 뜸을 떴고 12월 13일과 19일에는 풍지혈(風池穴) 옆에 난 종기를 침으로 땄으며, 그 외 여러 곳에 종기가 생겨 곪기를 기다렸다가 침으로 고름을 따고 뜸을 뜨는 일이 반복되었다. 《顯宗實錄 10年 12月 11日・19日・28日, 11年 1月 23日》

63 성문(城門)의……것 : 춘추 시대에 송나라의 성문에 불이 났는데 근처의 연못에서 물을 길어다 불을 끄느라 연못 물이 말라 물고기가 죽었다고 한다. 《呂氏春秋 必己》

이니 어찌한단 말입니까. 그러나 지금 칙사[64]가 공주(公主)의 집이 넓지 않다는 것을 공공연히 말하고 사적으로 얘기하는 하나의 큰 화젯거리로 삼고 있는데, 이는 도무지 이해할 수 없는 점입니다. 마침 칙사가 천천히 움직인다고 들었기에 대략 이렇게 안부를 여쭙는 바입니다. 이만 줄입니다.

중국 내부의 일로 인해 아무런 상관도 없는 우리나라가 피해를 보게 되었다는 말이다. 당시에 중국 내부에 무슨 일이 있어서 이런 말을 하는지는 찾지 못하였다.

64 칙사 : 당시 청나라가 전각을 중수한 일로 반사(頒赦)하기 위해 내대신(內大臣) 파앙방소(巴昂邦霄) 등을 사신으로 파견하였다.《顯宗實錄 10年 12月 27日》

민지숙에게 답함 경술년(1670, 현종11) 9월 11일

答閔持叔 庚戌九月十一日

이런 경악스러운 변고를 만나 뭇사람의 의론에 쫓긴 나머지 청주(淸州)에 도착하였는데,[65] 마침 멀리서 보내 주신 편지를 받으니 마음에 있던 깊은 시름을 모두 싹 잊게 됩니다. 이 생에서 이런 명목의 일을 여러 번 당하기는 하였으나 오늘날 다시 이런 지극한 지경에 이르게 될 줄 어찌 생각이나 했겠습니까. 다시 진천(鎭川)과 양성(陽城)의 경계에 도착하여 외람되이 상소를 올리고 돌아왔는데, 만약 산신령이 이를 안다면 필시 공치규(孔稚圭)의 글을 펼쳐 보일 것입니다.[66]

그런데 오직 성상의 은덕이 하늘처럼 두루 감싸 주어 이미 살펴서 관용을 베풀고 다시 남다른 은전을 보여 주시니, 미천한 신하인 제

65 이런……도착하였는데 : 경악스러운 변고란 이세직(李世直)의 변을 말한다. 이세직은 송시열의 먼 친척 서얼로서 잡술을 익혀 송시열이 꾸짖어 물리친 적이 있다. 1670년 9월 7일에는 종각(鐘閣)에 난입하여 종을 발로 차는 등 난동을 부리다가 형조에 체포되어 심문을 받았는데, 송시열이 충청 감사 이홍연(李弘淵) 등과 모여 역모를 꾸몄다고 거짓으로 고변하면서 충청 병사 서필원(徐必遠)과 청주 사람들을 끌어들여 무함하였다. 이 사실을 듣고 송시열은 청주의 청천현(淸川縣)에 나아가 대명(待命)하였다. 국문 결과 모두 무고임이 밝혀져 이세직은 죽음을 당하였다. 《顯宗實錄 11年 9月 15日》

66 산신령이……것입니다 : 공치규의 글이란 〈북산이문(北山移文)〉을 말한다. 이 글은 남조(南朝) 송나라 때 종산(鍾山)에 은거하던 주옹(周顒)이 결국 변절하고 세상에 나가 벼슬하다가 돌아오려 하자, 종산의 산신령이 이런 속된 사람을 받아들일 수 없다며 격분해서는 일대에 격문을 돌려 다시는 그가 산에 발을 들이지 못하게 하였다는 내용이다. 《古文眞寶 後集 卷2》 여기서는 송시열이 다시 산으로 들어가 은거하려 해도 이렇게 속세에 오염된 자신을 산신령이 받아 주지 않을 것이라는 말이다.

몸이 가루가 된다 한들 어떻게 그 은혜의 만분의 일이라도 보답할 수 있겠습니까. 형세상 이렇게 위태롭고 불안한 때에 집사의 중형(仲兄)은 이미 도성을 떠났고[67] 백씨(伯氏 민시중(閔蓍重))와 집사도 모두 맡은 직사(職事)로 편치 않으시니, 산속에 사는 백성으로서 저의 마음은 또한 깊은 근심을 이길 수가 없습니다. 할 말은 많으나 일일이 다 적지 못합니다.

67 형세상……떠났고 : 민정중이 1669년 10월에 동지사(冬至使)로 청나라에 갈 때 친구인 전라 감사 김징(金澄)에게 표피로 만든 갖옷 한 벌을 전별 선물로 받았는데, 후임 감사 오시수(吳始壽)가 1670년 6월 6일에 상소해서는 김징이 전라 감영에 있던 표피 5벌을 사사로이 썼다고 언급하였다. 그러자 민정중은 6월 29일에 상소하여 공적인 물건을 선물로 받은 것에 대해 자책하면서 사직을 청한 뒤에 바로 도성을 떠나 충추(忠州)로 낙향하였다. 이후 현종이 계속 올라오라고 불렀으나 나오지 않고 있었다. 《老峯集 卷4 待罪疏(庚戌)》《顯宗實錄 11年 6月 29日》

민지숙에게 답함 경술년(1670, 현종11) 9월 24일

答閔持叔 庚戌九月二十四日

험난한 길은 끝까지 가기 어렵다는 말[68]은 진실한 말인데 그래도 오늘날의 일[69]은 너무 심하다 하겠습니다. 여강(驪江 윤휴(尹鑴))과 해남(海南 윤선도(尹善道)) 이래로 하나의 큰 명목을 만들어 내고는 이를 점차 확대하여 드디어 천지에 용납될 수 없는 지경에까지 이르게 하고 있으니 어찌하면 좋단 말입니까.

멀리 사람을 보내어 전해 주신 안부 편지를 받으니 너무나 감사한 마음을 뭐라 형언할 수가 없습니다. 일찍이 돌아가는 인편을 통해 한 통의 편지를 부치면서 그 안에 최근의 일을 대략 말하였는데, 지금 이미 도착했을 것이라 생각됩니다. 저는 경기의 경계에서 돌아와 산중에 굳게 칩거하고 있으나 남은 두려움이 아직 진정되지 않습니다. 그리고 도성이 멀어서 국문하는 일의 마무리가 어떻게 될지도 잘 모르겠습니다. 서로의 거리가 매우 머니 무슨 수로 이곳의 정회를 토로할 수 있겠습니까. 추위가 이미 닥치고 있으니 감사(監司)로서의 체후가 더욱 건승하시기를 빕니다. 이만 줄입니다.

68 험난한……말 : 왕안석(王安石)의 시에 "말세 시속에는 높아지기 쉬워 명성 이미 떨쳤으나, 험난한 길은 끝까지 가기 어려우니 학문 반드시 강해야지.〔衰俗易高名已振, 險塗難盡學須强.〕"라고 한 구절을 주희가 인용하여 선비는 절조를 끝까지 지키면서 학문을 추구해 나가야 함을 강조하였다.《晦菴集 卷25 答鄭自明書》

69 오늘날의 일 : 송시열 자신이 최근에 겪은 이세직의 변고를 말한다. 55쪽 주65 참조.

민지숙에게 보냄 경술년(1670, 현종11) 10월

與閔持叔 庚戌十月

얼마 전에 보낸 답장은 받아 보셨습니까? 추위가 날로 심해지는 때에 기거는 어떠하십니까? 호서(湖西)의 양전(量田)이 마침내 이 지경에 이르렀으므로[70] 집사는 도의상 더욱 편치 않으실 것이니, 앞으로 힘써 사직을 청하여 반드시 얻어 낼 작정을 하고 있을 것입니다.[71]

그런데 오늘날의 의론은 전혀 의리가 없어 조금도 의지할 수가 없습니다. 주자(朱子)는 천장(泉漳)의 양전을 제대로 행하지 못했다는 이유로 힘써 호남 운사(湖南運使)를 사직하였고,[72] 비록 "장주와 호남은

70 호서(湖西)의……이르렀으므로 : 1670년 9월 18일에 집의 신명규(申命圭)가 아뢰어, 충주 목사 이하악(李河岳)이 고을의 양전을 향임(鄕任) 이만재(李萬栽)에게 맡겼는데 그가 친소에 따라 등급을 마음대로 조정하여 백성들의 원망이 자자하니 모두 치죄하고 풍년이 들기를 기다려 양전을 다시 하도록 청하였다. 이에 현종이 대신들에게 문의하자 좌의정 허적(許積)이 말하기를 "충청도의 양전은 모두 형편없는데 청주(淸州)가 더욱 심합니다. 충주만 다시 할 일이 아닙니다." 하였으므로 현종은 풍년이 들기를 기다려 충주와 청주 등 양전이 제대로 되지 않은 지역에 다시 양전을 시행하도록 하고 이하악과 이만재는 처벌하도록 명하였다. 《顯宗實錄 11年 9月 18日》

71 집사는……것입니다 : 1668년에 민유중이 충청 감사로 있을 때 양전이 시작되었는데 당시에도 양전이 제대로 행해지지 않아 백성들의 원망이 크게 일었다. 그런데 결국에는 문제가 많아 양전을 다시 해야 하는 지경이 되었으므로 민유중으로서는 도의상 현재의 평안 감사 직임을 사직해야 할 상황이었다. 《承政院日記 顯宗 9年 12月 18日, 20日》《顯宗實錄 10年 4月 21日》

72 주자(朱子)는……사직하였고 : 천장의 양전에 대해서는 35쪽 주33 참조. 주희는 1190년에 장주 지사(漳州知事)로 있다가 이듬해 9월에 형호남로 전운부사(荊湖南路轉

서로 상관이 없으니 속히 임지로 가도록 하라."라는 조명(詔命)이 있었으나 가지 않고 끝내 사관(祠官)의 자리를 청하여 돌아갔는데, 이 일이 아마도 오늘날의 본보기가 될 듯합니다.

을지문덕(乙支文德)의 사우기(祠宇記)[73]를 보내 드립니다. 〈이현사기(二賢祠記)〉[74]는 지금 바야흐로 초고를 잡고 있으니 뒤의 인편을 기다려야 할 것입니다.

運副使)에 제수되는데 장주에서 양전을 제대로 못 했다는 이유를 들어 세 차례에 걸쳐 사직장(辭職狀)을 올렸다. 《晦菴集 卷23 辭免湖南運使狀》

73 을지문덕(乙支文德)의 사우기(祠宇記) : 《송자대전》 권142의 〈평양부 을지공 사우기(平壤府乙支公祠宇記)〉이다.

74 이현사기(二賢祠記) : 《송자대전》 권142의 〈희천군 이현사 중건기(熙川郡二賢祠重建記)〉이다. 이현사는 선조(宣祖) 때 평안 감사 김계휘(金繼輝)가 평안도 희천(熙川)에 세운 사당으로 김굉필(金宏弼)과 조광조(趙光祖) 두 현인을 모신 곳이다. 그 후 민유중이 평안 감사로 있으면서 1670년에 다시 중건하면서 송시열에게 기문을 부탁한 것이다.

민지숙에게 답함 경술년(1670, 현종11) 11월 26일

答閔持叔 庚戌十一月二十六日

멀리서 온 편지를 받으니 깊이 감사하는 마음을 뭐라 쉬이 형언할 수가 없습니다. 양전(量田)의 일은 듣건대 상신(相臣)이 다시 청주(淸州)의 양전 결과를 파기하도록 하였다 하니,[75] 윤 목사(尹牧使)는 만약 죽지 않는다면 또한 구금되어 치죄받아야 할 것입니다.[76] 듣기에 호족(豪族)들이 간악하기 그지없어 이에 도리어 거짓말을 하고 원망을 고취해서는 한두 사람[77]이 이런 기회를 틈타 은혜를 베풀고 이익을 챙기는 토대로 삼게 하였다 하니, 너무나 통탄할 일입니다. 집사가 끝내 체직된다면 도의상으로는 매우 편안하겠지만, 오늘날에는 염치로 서로 기대하지 않고 거의 소나 말처럼 부리는 지경이 되었으니, 아마도 원하시는 뜻대로 되지는 않을 것입니다.

〈이현사 중건기(二賢祠重建記)〉도 함께 보내 드립니다. 집사께서는

75 양전(量田)의……하니 : 상신은 허적(許積)을 말한다. 1670년 9월 18일에 집의 신명규(申命圭)가 충주(忠州)의 양전이 잘못 이루어졌으므로 양전을 다시 해야 한다고 청하자, 좌의정 허적이 "충청도의 양전은 모두 형편없는데 청주가 더욱 심합니다. 충주만 다시 할 일이 아닙니다."라고 하여, 풍년이 들기를 기다려 충주와 청주 등지에 모두 양전을 다시 하게 된 일을 말한다. 《顯宗實錄 11年 9月 18日》 58쪽 주70 참조.

76 윤 목사(尹牧使)는……것입니다 : 당시 청주 목사인 윤세교(尹世喬)가 양전을 제대로 행하지 못한 책임을 지고 처벌을 받아야 할 것이라는 말이다. 《顯宗實錄 10年 4月 12日, 11年 7月 5日》《承政院日記 顯宗 11年 10月 3日》

77 한두 사람 : 중앙의 고위 관료 중 일부를 말한다.

당면한 직사(職事)에 대해 마음을 다하고 전력을 다하셔서 제가 늘 감복하고 있으므로 도와드릴 것이 없습니다. 다만 이처럼 지엽적인 글을 짓는 일에서는 만분의 일이나마 보탬이 되기를 바라는데, 이마저도 식견이 막히고 재주가 노둔하여 조금도 제 뜻에 차지 않습니다. 더구나 안목을 갖춘 이가 볼 때에는 필시 침을 뱉으며 비루하게 여길 것입니다. 하지만 집사가 서쪽 지방 사람들에게 권유하는 용도로 쓴다면 그 정도는 된다고 말할 수 있을 것입니다.

저는 사슴과 같은 성정이라[78] 산속에서 매우 편안하게 지냅니다만 올해 흉년이 들어 양식이 떨어지다 보니 부득이 옮겨 갈 계획을 세우지 않을 수 없습니다. 어제 이미 회덕(懷德)으로 식솔들을 보냈고 내일쯤에는 저 역시 뒤를 이을 작정입니다. 이렇게 늘그막에 분주하고 경황이 없으니 어찌 서산(西山)에서 게로기를 캐어 먹던 사람[79]의 웃음거리가 되지 않겠습니까. 계절의 시간이 한 해의 끝을 향해 가고 있으니 오직 세상을 위하여 더욱 몸을 보중하시기 바랍니다.

78 저는……성정이라 : 사슴처럼 자유분방하여 세상의 구속에 얽매임 없이 산속에 은거하여 한가롭게 세월을 보내야 하는 성격이라는 말이다.

79 서산(西山)에서……사람 : 남송(南宋) 때의 학자 채원정(蔡元定)을 말한다. 복건성(福建省) 건양현(建陽縣) 서북쪽에 있는 서산에서 공부할 때 사삼(沙蔘)과 비슷한 게로기〔薺〕를 캐어 먹으면서 독서하였으므로 담제선생(啖薺先生)이라 불렸다. 《宋史 蔡元定列傳》

민지숙에게 답함 신해년(1671, 현종12) 1월 2일
答閔持叔 辛亥正月二日

선영(先塋)이 있는 곳[80]으로 돌아가 거하면서 이렇게 한 해가 바뀌는 때를 만나니 온갖 감회가 마음에 모여듭니다. 이런 즈음에 홀연히 멀리서 보내신 편지를 받으니 마음과 눈이 모두 열려 너무나 위안되고 속 시원한 기분을 금할 길이 없습니다. 또한 거칠고 졸렬한 글을 과분하게 좋아하고 인정해 주셨기에 두렵고 부끄러운 마음 한량없습니다.

면직되기를 바라는 집사의 확고한 마음은 의리상 당연하지만 만약 뜻한 바를 이루지 못할 경우 다시 속박의 상황 속으로 들어가야 할 터인데, 그 괴로움의 정도가 응당 어떻겠습니까. 집사의 중형(仲兄)도 다시 대궐 문으로 들어갔는데[81] 또한 어찌 즐거워할 일이겠습니까. 현재 길에 굶어 죽은 시체들이 즐비하고 재해가 거듭 발생하고 있습니다.[82] 이런 상황에서는 군신과 상하가 밤낮으로 조심하고 두려워해도

80 선영(先塋)이 있는 곳 : 송시열의 부모 산소가 있는 회덕(懷德)의 판교리(板橋里)를 말한다.

81 집사의……들어갔는데 : 중형은 민정중(閔鼎重)을 말한다. 민정중은 친구 김징(金澄)에게 표피 갖옷 한 벌을 선물 받은 일로 문제가 되자 충주에 낙향하였다가, 1670년 12월 27일에 현종이 좌참찬을 제수하자 28일에 대궐에 나와 대신 및 비국(備局)의 신하들과 함께 백성의 구휼 문제를 논의하였다. 《老峯集 卷4 待罪疏(庚戌)》《顯宗實錄 11年 6月 29日, 12月 27日・28日》

82 현재……있습니다 : 경술년인 1670년과 신해년인 1671년 두 해에 걸쳐 극심한 기근과 재해가 발생했는데, 이를 경신대기근이라고 한다. 이때 전국적으로 기근, 역병, 우역(牛疫), 지진, 태풍 등의 재해가 겹쳐 도로마다 굶어 죽거나 병들어 죽거나 얼어

오히려 극복하지 못할까 두려운데, 어찌 처자식에게 욕하고 꾸짖으며 노복을 구타하는 방식으로 부모의 노여움을 풀 수 있겠습니까.[83]

제 자신은 비록 한가한 곳에 있는데도 오히려 근심으로 늙어 버리는 걱정[84]을 금할 수가 없는데, 하물며 절하(節下)[85]같이 일을 맡은 사람은

죽은 시체가 널려 있었고, 심지어 갓난아이를 도랑에 버리고 강물에 던지거나 가축을 훔쳐 잡아먹고 사람끼리 서로 잡아먹는 등 피해의 참상이 심각하였으며, 이를 해결하고자 전국적으로 구휼을 실시하였으나 재난을 막기에는 역부족이었다.《顯宗實錄 11年 12月 11日·12日·18日·25日·27日·29日, 12年 1月 1日·2日·3日·11日·14日·15日·16日·19日·21日·30日》

83 군신과……있겠습니까 : 부모의 노여움이란 하늘의 노여움을 비유한 것이다. 1167년 송 효종(宋孝宗) 때 큰 천재지변이 일어나자 효종이 재상을 파직한다는 조서를 내렸는데, 그때 주희가 동지추밀원사(同知樞密院事) 유공(劉珙)에게 보낸 편지에서 이 일을 부모님을 모시는 일에 비유하였다. 부모가 화를 내면 자식은 그 뜻을 받들고 순종하여 기쁘게 해 드려야지 오히려 처자식에게 욕을 퍼붓고 노복을 구타하면서 분풀이를 한다고 부모의 노여움을 풀어 드릴 수 있겠느냐고 한 것이다.《晦菴集 別集 卷1 劉共甫》 여기서 주희의 말을 인용하여 군신간에 문제가 있음을 거론한 것은 이담명(李聃命) 부자의 일을 염두에 둔 것이다. 당시에 이담명의 과거 합격 과정에 문제가 있었다며 대간(臺諫)들이 그의 합격 취소를 청하고 또 이 일에 관여한 그의 아버지 이원정(李元禎)을 처벌하라고 강경하게 간언하자, 현종은 오히려 이들 부자와 고시관(考試官)들의 편을 들며 대응하다가 결국 장령 조세환(趙世煥)의 관작을 삭탈하고 문외출송(門外黜送)하였으며, 조세환을 구원하기 위해 나섰던 부교리 윤경교(尹敬敎) 등도 모두 파직하였다.《顯宗實錄 11年 11月 3日·14日·23日·27日, 12月 5日·13日·16日, 12年 1月 21日》

84 근심으로……걱정 :《시경》〈소아(小雅) 소변(小弁)〉에 "잠시 졸던 중에도, 길이 탄식하니 근심으로 늙는구나. 마음에 근심하는지라, 병들어 머리가 아픈 듯하네.〔假寐永嘆, 維憂用老. 心之憂矣, 疢如疾首.〕" 하였는데, 주나라 말기에 나라가 망해 가는 상황을 보고 근심으로 잠 못 이루는 심정을 읊은 시이다.

85 절하(節下) : 부절(符節)을 지닌 사람이라는 뜻인데, 민유중이 당시에 평안 감사로 있었기 때문에 이렇게 호칭한 것이다.

불쌍한 백성들을 구휼해 주는 일을 어떻게 감당하십니까. 마음을 토로할 길이 없어 단지 스스로 근심만 간절할 뿐입니다. 세 종류의 귀한 선물은 감사하기 그지없습니다. 할 말을 백에 하나도 적지 못하고 이만 줄입니다.

민지숙에게 답함 신해년(1671, 현종12) 2월 10일

答閔持叔 辛亥二月十日

편지를 써 놓고 인편을 찾던 즈음에 편지를 가지고 온 사람이 송촌(宋村)을 거쳐 이리로 와서 전해 주는 편지를 받고 삼가 근래의 기거가 편안하시다는 소식을 알게 되니 위로되고 기쁘기 그지없습니다. 그리고 제 형에게 필요한 약재를 보내 주시니 참으로 감사한 마음 뭐라 형언할 수 없습니다. 저는 양식이 떨어진 지 오래되었기에 금년에는 환곡(還穀)을 청하려 하였으나 굶주리는 백성의 입에 들어갈 양식을 강제로 빼앗는 것 같아 문을 닫고 굶주림을 참고 있습니다. 아울러 또 역병이 주위에 퍼져서 이제 가솔들을 데리고 거처를 옮겨야 할 상황이니 "다만 감당할 수 없는 큰 환란에 이르렀던 옛사람을 생각한다."라는 주자(朱子)의 가르침[86] 같은 것이 제대로 힘을 얻을 수 있을지 모르겠습니다. 단약(丹藥)을 연단(鍊丹)하는 법에 대해 편지에서 여러 번 언급하셨는데 그러다가는 조만간 유안(劉安)의 닭과 개가 될 것입니다.[87] 나머지는 이전 편지에 있으니 이만 줄입니다.

86 다만……가르침 : 연평(延平) 이동(李侗)이 말하기를 "떨쳐 버리려고 해도 떨쳐 버릴 수 없는 큰 근심이 있거든 견딜 수 없는 큰 환란을 만났던 옛사람을 생각하며 자신의 처지와 비교한다면 그래도 조금 편안해질 수 있을 것이다." 하였는데, 주희가 제자 요덕명(廖德明)에게 보낸 편지에서 이 말을 인용하였다.《晦菴集 卷45 答廖子晦》

87 조만간……것입니다 : 한나라 때 회남왕(淮南王) 유안이 신선술을 터득한 뒤 단약을 제조하여 먹고는 가족들과 함께 신선이 되어 승천하였는데, 그때 그의 닭과 거 들도 그릇에 남은 단약을 핥아 먹고 뒤따라 승천했다고 한다.《神仙傳 劉安》

민지숙에게 답함 신해년(1671, 현종12) 3월 20일
答閔持叔 辛亥三月二十日

근래에 날씨가 섣달처럼 매서운데 이런 즈음에 심부름꾼을 통해 멀리서 보내신 편지를 받았습니다. 그런데 그 편지에서 따뜻한 봄 얘기를 하시니 아마도 그곳에는 자사(刺史)[88]의 하늘이 별도로 있는 듯합니다.[89] 몹시 굶주리고 병으로 쇠약해진 상황에서 이번에 이런 귀한 약재를 받았습니다. 일전에 외람되이 달에 들어가겠다는 농담을 한 적이 있는데,[90] 지금 봉함을 미처 반도 채 열기 전에 온 집안의 닭과 개가 이미 날아올라 구름 속으로 들어가려 하니,[91] 얼마나 다행이고 다행입

88 자사(刺史) : 대본에는 '勑史'로 되어 있는데, 두주와 문맥에 근거하여 '勑'을 '刺'로 바로잡아 번역하였다.

89 그곳에는……듯합니다 : 후한 순제(後漢順帝) 때 소장(蘇章)이 기주 자사(冀州刺史)로 부임했을 적에 관할 지역인 청하(淸河)의 태수(太守)가 옛 친구였는데, 그가 부정한 일을 많이 저지른다는 사실을 알았다. 그럼에도 그를 불러 술을 함께 마시며 화기애애하게 우정을 나누자, 그 친구가 기뻐하며 말하기를 "사람들은 모두 하나의 하늘을 가지고 있지만 나만은 두 개의 하늘을 가지고 있다." 하였다. 이에 소장이 말하기를 "오늘 저녁에 내가 자연인으로 옛 친구를 만나 술을 마신 것은 사은(私恩)이고 내일 기주 자사로서 사건을 처리하는 것은 공법(公法)이다." 하고는 마침내 그의 죄를 처벌하였다고 한다. 《後漢書 蘇章列傳》 민유중이 평안도의 날씨가 봄날처럼 따뜻하다고 하였으므로 송시열이 그렇다면 추운 이곳과는 다른 하늘이 있는 것 같다고 대응한 것이다.

90 일전에……있는데 : 유궁(有窮)의 임금 예(羿)의 아내인 항아(姮娥)가 서왕모(西王母)에게 얻은 남편의 불사약을 훔쳐 먹고 도망쳐 달로 들어갔다는 전설이 있는데, 민유중이 이전 편지에서 단약(丹藥)의 연단(鍊丹)을 얘기하자 송시열이 이와 같은 농담을 한 적이 있었다. 《淮南子 覽冥訓》

니까. 다만 옛사람이 말하기를 "홀로 죽지 않아서는 안 된다." 하였으니, 저 굶어 죽은 시체들이 눈에 가득한 것을 보면 너무나 부끄러울 뿐입니다.

운(雲)과 봉(鳳)에 대해서는 감사한 마음이 매우 큰데 무엇으로 감사한 뜻에 보답해야 하겠습니까.[92] 한 모서리를 제시했을 때 세 모서리를 반증할 수 있으니,[93] 적이 생각건대 평안도 백성들의 경우에는 궁핍한 사람이 없을 것입니다. 그런데 여기서는 자식을 잡아먹는 변고가 이웃 고을에서 벌어졌으니[94] 진실로 차마 들을 수가 없습니다. 만약

91 지금……하니 : 귀한 약재를 보내 준 데 대한 감사의 뜻을 표한 것이다. 닭과 개가 신선이 되어 하늘로 올라간 고사에 대해서는 65쪽 주87 참조.

92 운(雲)과……하겠습니까 : 《송자대전수차》 권7에 "운과 봉은 모두 지명이거나 인명인 듯한데 분명하지는 않다."라고 되어 있다. 당시 민유중이 평안 감사로 있었기에 송시열이 이 지역과 관련된 사안을 부탁했고 민유중이 이를 해결하기 위해 나서 주었으므로 감사의 뜻을 표한 것으로 보인다. 평안도에 운(雲)이 들어가는 지명으로는 운산(雲山)이 있으나 관련 사실은 찾지 못하였고, 봉(鳳)은 평안도 정주(定州)의 봉명서원(鳳鳴書院)이 1671년에 사액(賜額)된 것으로 보아 이것과 관련이 있는 듯하나 분명하지는 않다.

93 한……있으니 : 《논어》 〈술이(述而)〉에 "나는 배우는 자가 스스로 알려고 분발하지 않으면 열어 주지 않았고, 표현하려 해도 잘 안 되어 답답해하지 않으면 터 주지 않았다. 한 모서리를 제시하였는데 배우는 자가 그것을 가지고 나머지 세 모서리를 반증하지 못하면 다시 가르쳐 주지 않았다."라는 공자(孔子)의 말이 있는데, 여기서는 운과 봉의 일을 통해 미루어 보면 민유중이 백성들의 일에 얼마나 최선을 다하고 헌신하는지 알 수 있다는 말이다.

94 자식을……벌어졌으니 : 《현종실록》 12년 3월 21일 기사에, 1671년 3월에 연산(連山)에 사는 사가(私家)의 노비 순례(順禮)가 다섯 살 딸과 세 살 아들이 전염병으로 죽자 너무나 굶주리던 중에 그 인육을 삶아 먹었으므로 잡아다 엄히 가두어 놓았다는 충청 감사 이홍연(李弘淵)의 치계(馳啓)가 보인다.

강을(江乙)의 어머니로 하여금 이 일에 대해 말하게 했다면 그 책임을 반드시 돌리는 곳이 있었을 것입니다.[95]

저는 가내(家內)에 전염병이 발생하여 세 차례나 거처를 옮겼는데, 그때마다 번번이 가족이 병에 걸려 다시 돌아갈 곳도 없는 상태입니다. 그래서 병에 걸릴 것을 무릅쓰고 도로 집으로 들어왔으니, 어찌 "이 사람은 참으로 특이하다."라고 칭찬받았던 유곤(庾袞)과 같은 성품이 있다 하겠습니까.[96] 그러나 이미 보내 주신 약을 받았으니 크게 염려하지 않아도 될 것입니다. 나머지는 일일이 다 적지 못하겠습니다.

95 강을(江乙)의……것입니다 : 강을은 위(魏)나라 출신으로 후에 초나라에서 벼슬한 사람인데, 그가 굶어 죽자 그의 어머니가 울부짖으며 말하기를 "삼공(三公)이 내 자식을 죽였다." 하면서 위정자의 책임론을 거론하였다고 한다. 《戰國策 卷14 楚策》

96 병에……하겠습니까 : 진 무제(晉武帝) 때 유곤의 집에 역병이 돌아 두 형이 죽고 한 형이 위독하였는데, 부모와 여러 아우는 모두 병을 피해 다른 곳으로 갔지만 유곤은 홀로 남아서 형을 간호하는 한편 죽은 두 형의 시신을 보살피며 100여 일을 보냈다. 그런데도 유곤이 끝내 전염되지 않고 무사하자 "이 사람은 남이 행할 수 없는 일을 행했으니 참으로 특이한 사람이다."라고 부로(父老)들이 칭찬하였다. 《晉書 孝友列傳 庾袞》《小學 卷6 善行》

민지숙에게 보냄 신해년(1671, 현종12) 3월 그믐

與閔持叔 辛亥三月晦日

약재를 받았다는 제 편지는 받아 보셨습니까? 요즈음 기거는 어떻습니까? 저는 슬하의 아이들이 역병에 걸렸기에[97] 물과 불 속에 앉아 있는 듯하니, 단지 조물주의 처분만 지켜볼 뿐입니다.

왕손(王孫)이 중국에서 들은 말을 전해 들었는데, 그 사람들이 지목한 것은 절하(節下)의 형제들이라고 하니[98] 장하다고 할 만합니다. 그러나 육일공(六一公)이 범 문정공(范文正公)의 비문(碑文)을 지을 때[99] "오랑캐가 범 문정공에게 반드시 용사(用捨)의 도(道)를 물었다."라는 대목[100]을 빼 버리면서 말하기를 "이 일은 공의 경중을 가늠하는 데에

97 저는……걸렸기에 : 바로 다음 편지에 손자 아이와 손자며느리 그리고 증손자가 역병에 걸렸다는 말이 보인다. 《宋子大全 卷62 答閔持叔(辛亥五月十四日)》

98 왕손(王孫)이……하니 : 왕손은 복선군(福善君) 이남(李柟)을 말한다. 이남은 1670년 11월에 동지 정사(冬至正使)로 중국에 갔다가 이듬해 3월에 귀국하였다. 《顯宗改修實錄 11年 11月 5日》《顯宗實錄 12年 2月 20日, 3月 13日》 이남이 중국에서 들었다는 말은 청나라 사람들이 민씨 형제들을 칭찬하는 내용이었던 것으로 보인다. 《宋子大全隨箚 卷7》 절하는 민유중을 가리킨다.

99 육일공(六一公)이……때 : 육일공은 송나라 때의 신하 구양수(歐陽脩)로, 그의 호가 육일거사(六一居士)이다. 범 문정공은 송 인종(宋仁宗) 때의 신하 범중엄(范仲淹)으로 문정(文正)은 그의 시호이다. 구양수가 지은 범중엄의 신도비명은 기존의 비문 형식과 달리 범중엄의 관력은 과감하게 빼 버리고 어려운 유년 시절에도 천하에 뜻을 둔 일과 간관(諫官)으로 정론을 펼치다 고난을 겪은 일 등을 압축적으로 제시하여 높은 평가를 받았다. 《唐宋八家文 卷12 資政殿學士戶部侍郎文正范公神道碑銘》

100 오랑캐가……대목 : 범중엄은 이원호(李元昊)가 서하(西夏)에서 제위(帝位)에

그다지 중요하지 않다." 하였으니, 이에 의거해 보면 오늘날에도 그 일[101]은 귀에 담아 둘 것이 없을 듯합니다. 매우 우습습니다. 어느 때에나 서로 만나 손뼉 치며 웃을 수 있겠습니까. 운(雲)과 봉(鳳)[102]은 모두 영예로운 은총을 받았습니까? 이만 줄입니다.

올랐을 때 섬서 경략안무초토부사(陝西經略安撫招討副使)가 되어 서하의 대책을 맡고 그 침입을 막았는데, 이때 그들과 접촉하는 과정에서 오랑캐가 범중엄에게 용사의 도리에 대해 물은 것으로 보인다. 《宋史 范仲淹列傳》

101 그 일 : 중국 사람들이 민씨 형제들을 칭찬한 일을 말한다.

102 운(雲)과 봉(鳳) : 67쪽 주92 참조.

민지숙에게 답함 신해년(1671, 현종12) 5월 14일

答閔持叔 辛亥五月十四日

그동안 보내 주신 편지를 받을 때마다 마음과 눈이 모두 상쾌해졌습니다. 우계(牛溪 성혼(成渾)) 문간공(文簡公)이 일찍이 "편지를 쓸 종이가 책상 옆에 놓여 있으나 한 해가 다 가도록 쓸 데가 없다."라고 한 적이 있는데, 제가 어찌 이런 경계(境界)를 친히 경험하게 될 줄 생각이나 했겠습니까. 그래도 저는 도리어 정적(靜寂)이 기쁘기만 한데 오직 집사만이 저의 이 좋은 경계를 조금 깨뜨리시니 너무나 배꼽을 잡고 웃을 일입니다.

여기는 손자 아이, 손자며느리, 그리고 증손자가 서로 이어 역병에 걸렸고, 남아 있던 어린 노비들도 바야흐로 앓고 있는데 그 숫자가 또 서너 명입니다. 제 형님도 벼슬을 그만두고 돌아온 뒤에 병세가 차도가 없고 가내(家內)의 재앙도 실로 비슷한 상황인데, 그 집 손자 아이들 중에 전염되어 아픈 아이가 또한 넷입니다. 그런데도 견고하게 형님은 집을 나가 피하려고 하지 않으니 지금의 애타고 우려스러운 마음을 뭐라 형언할 길이 없습니다. 게다가 보리가 채 누렇게 익기도 전에 이미 다 베어 먹어 이전보다 더 심하게 사람들이 많이 죽는 상황인데, 가뭄의 기세는 바야흐로 극에 달하고 있습니다. 그런데 이번에 서쪽 지방에는 풍년이 들 조짐이 있다는 소식을 받드니, 너무나 위로되고 경사스러운 마음을 금할 수가 없습니다.

근래에 들은 것이 있기에 심부름꾼을 따로 보내어 집사에게 고하고 간청하려 했으나 보낼 사람이 없어서 그리하지 못하였습니다. 김군평

(金君平)[103]은 사문(師門)의 적손(嫡孫)이니 우리의 기대가 주자(朱子)께서 유평보(劉平甫)나 이성보(李誠父)에 대해 바라던 것과 차이가 없을 것입니다.[104] 그런데 그는 번거로움을 참아 내며 독서를 하지 않고 날마다 소란스러운 일을 일삼는 것이 항상 답답하기만 합니다. 지금 들으니 그가 건장한 말과 힘센 하인을 데리고 집사의 감영에 나아갔다고 합니다. 이 무슨 명분과 의리이며 이 무슨 변고란 말입니까. 이 지역은 평소에 동국(東國)의 임공(臨邛)으로 일컬어지는 곳이니,[105] 어찌 콩깍지를 넣은 말여물을 먹는 허물을 저지르지 않겠습니까.[106] 이는 호담암(胡澹菴 호전(胡銓))도 면할 수 없었던 일인데 군평이 면할

103 김군평(金君平) : 김만준(金萬埈, 1639~1700)으로, 군평은 그의 자이다. 송시열의 스승 김장생(金長生)의 증손자이고 송시열의 문인이다.

104 우리의……것입니다 : 유평보는 유평(劉玶)으로, 평보는 그의 자이다. 송나라 건주(建州) 숭안(崇安) 사람이다. 유자우(劉子羽)의 아들인데 주희의 스승 유자휘(劉子翬)의 후사(後嗣)가 되었다. 이성보는 이신보(李信甫)로, 성보는 그의 자이고 주희의 스승 연평(延平) 이동(李侗)의 아들이다. 여기서는 모두 사문(師門)의 후손이므로 기대를 걸었던 점에서는 차이가 없다는 말이다.

105 이 지역은……곳이니 : 임공은 한나라 때 탁문군(卓文君)의 고향으로, 사마상여(司馬相如)가 탁문군을 만나 성도(成都)로 몰래 도망쳤다가 생계가 어려워지자 다시 돌아와 술집을 차려 놓고 살았던 지역이다.《史記 司馬相如列傳》 지금 김만준이 간 평안도의 평양은 술집과 기생이 많은 곳이라는 말이다.

106 어찌……않겠습니까 : 송 고종(宋高宗) 때 호전(胡銓)이 금나라와의 화친을 주장하는 진회(秦檜)를 탄핵한 죄로 섬으로 유배 갔다가 10년 만에 풀려나 돌아오는 길에 매계관(梅溪館)에서 기생 여천(黎倩)의 유혹에 빠졌다. 이튿날 여천의 남편이 그를 추잡하다고 여겨 밥 대신 콩깍지를 넣은 말여물을 주면서 먹지 않으면 죽이겠다고 협박하자 할 수 없이 이를 먹는 수모를 당하였다. 그 뒤 주희가 그곳을 지나다가 절구 두 편을 지어 욕정을 참지 못해 일생을 망친 호전을 비판하며 여색에 빠지는 것을 경계하였다.《晦菴集 卷5 宿梅溪胡氏客館觀壁間題詩自警二絶》

수 있다고 보장하기는 어렵습니다. 그가 만약 곧바로 돌아왔다면 늦기 전에 정상으로 돌아온 셈이니 얼마나 다행스럽고 다행스럽겠습니까만, 만약 혹여라도 아직 그렇지 않다면 속히 사람을 보내기를 일각도 지체하지 말아야 할 것입니다. 그렇게 하는 것이 어찌 사람을 덕(德)으로 사랑하는 군자의 아름다운 뜻이 아니겠습니까. 천만번 간절히 축원하는 바입니다. 그에게 별도로 편지를 쓰지 않았으니 부디 이 편지를 보여 주시기 바랍니다.

천리마의 꼬리에 붙었다는 말씀[107]은 매우 우습습니다. 그런데 오늘날 누가 천리마이고 누가 붙은 자인지 잘 모르겠습니다. 다만 그 말의 맥락을 가만히 살펴보면, 전적으로 주도하면서 양전(量田)을 공격하고 폄훼하는 자가 이런 말을 하여 자신의 공로를 먼저 드러내는 재료로 삼는 것이 아니겠습니까. 그러나 주자(朱子)가 천장(泉漳)에서 이런 식으로 당하는 일을 면치 못했으니,[108] 우리가 참으로 천리마에 붙은 자라고 하겠습니다.

어느 때나 서로 만나 한번 손뼉을 치며 웃을 수 있겠습니까. 보내 주신 약재는 참으로 감사하고 감사합니다. 만약 전에 보내 주신 귀한 선약(仙藥)이 아니었다면 제가 어찌 오늘이 있을 수 있었겠습니까. 저의 위증(胃症)은 하루가 다르게 날로 심해져서 먹는 것이 겨우 한 숟가락에 불과합니다. 만약 확실한 인편이 있으면 부자(附子)를 1, 2매(枚)

107 천리마의……말씀 : 《사기(史記)》 〈백이열전(伯夷列傳)〉에 "안연(顏淵)이 비록 독실하게 학문을 닦았지만 공자(孔子)라는 천리마의 꼬리에 붙었기 때문에 그 행실이 더욱 드러나게 되었다."라고 하였다. 민유중이 보내온 편지에서 이런 비유를 들어 현재 조정에서 벌어지는 일을 말한 것이다.

108 주자(朱子)가……못했으니 : 35쪽 주33 참조.

부쳐 보내 주시기를 간절히 바라는 바입니다. 할 말은 많지만 너무 바빠서 이만 줄입니다.

민지숙에게 답함 신해년(1671, 현종12) 6월 4일
答閔持叔 辛亥六月四日

멀리서 보내신 편지를 군장(軍將)이 전해 주어 기쁘게도 체후가 좋으시다는 사실을 알았습니다. 이 사람이 오늘날 맡은 직임[109]은 비록 지혜로운 자에게 맡기더라도 역시 어찌할 수 없을 것입니다. 그런데 졸렬하기 짝이 없는 생소한 사람에게 맡겨 이미 위태롭고 다 패한 바둑판 같은 국면에서 시험해 보려고 하니, 나가서 일을 그르치고 뒤집어지길 기다릴 것도 없이 방관자들은 이미 제가 역량을 모른다고 비웃을 것입니다. 집사같이 현명한 사람이 그게 이렇다는 것을 어찌 분명하게 알지 못하시겠습니까. 그런데도 마치 의문의 여지가 있는 것처럼 하시니, 농담을 하신 것입니까, 아니면 경계의 뜻으로 하신 말씀입니까? 제가 비록 매우 어리석지만 어찌 예전의 전철을 다시 밟을 수 있겠습니까. 다만 상께서 집사의 중형(仲兄 민정중(閔鼎重))에게 유시하신 말씀은 듣자니 황공하고 두려우며 답답하고 위축되는 마음을 금할 수가 없습니다.

여기에서 보는 광경은 날로 더욱 놀랍고 참혹한데 하늘의 은택으로 비가 올 기미는 전혀 없으니, 앞으로 백성의 일 또한 어떻게 될지 알 수 없다 하겠습니다. 그런데 이번에 그 지역만 유독 이런 재앙을 면했

109 이……직임 : 1671년 5월 13일에 송시열이 우의정에 다시 제수되고 세자부(世子傅)를 특별히 겸임하게 된 것을 말한다. 《顯宗實錄 12年 5月 13日》《宋子大全 附錄 卷6 年譜》

다는 말씀을 받드니, 어찌 이른바 "하늘을 섬기기를 어버이 섬기듯이 하여 노고를 마다하지 않고 다하여 기뻐하시게 하였다."라는 증거가 아니겠습니까.[110] 서쪽 지역 백성들만 어찌 이런 복을 받는지 모르겠습니다.

보내 주신 각종 약재는 필요했으나 구하지 못했던 것들이니 감사한 마음 그지없습니다. 군평(君平)에 대해서는 집사가 험로(險路)에서 사람을 그르치게 하였다고 말씀드린 것이 아닙니다.[111] 사랑하는 마음에 이렇게 하지 않을 수 없었을 것입니다. 그런데 이제 듣건대 그가 이미 돌아왔다고 하니 기뻐하고 기뻐할 만한 일입니다.

110 이번에……아니겠습니까 : 《예기(禮記)》 〈애공문(哀公問)〉에 "어진 사람은 어버이 섬기기를 하늘 섬기는 것처럼 하고, 하늘 섬기기를 어버이 섬기는 것처럼 한다."라는 말이 있고, 장재(張載)의 〈서명(西銘)〉에 "수고로워도 그만두지 않고 부모가 기뻐하는 데까지 이르게 한 것은 순(舜) 임금의 공이다."라고 하였다. 《古文眞寶 後集 卷10》 《近思錄集解 卷2 爲學》 평안 감사인 민유중과 그 지역 사람들이 부모를 섬기듯이 하늘을 섬겨 기쁘게 하였으므로 이런 복을 받게 되었다는 말이다.

111 군평(君平)에……아닙니다 : 군평은 김만준(金萬埈)의 자이다. 이때 평안 감사인 민유중이 김만준을 평안도 감영(監營)으로 부른 듯하다. 그런데 그곳이 술집과 기생이 많은 지역이므로 민유중이 사람을 그르치게 하였다는 오해를 받을 소지가 있으나 송시열 자신은 그런 뜻으로 말한 것이 아니라는 말이다.

민지숙에게 보냄 신해년(1671, 현종12) 8월

與閔持叔 辛亥八月

사람은 죽으려 할 때 그 말이 선해진다[112]고 했으니 저도 적이 드릴 말씀이 있습니다. 지금 같은 말세에는 인물을 얻기 어렵다 보니 믿을 만한 탁월한 사람을 아직 보지 못하였습니다. 오직 높은 명성과 뛰어난 실상이 은연중에 산에 있는 호랑이나 표범과 같은 기세를 지닌 인물을 찾자면 집사의 형제분들 말고 누가 있겠습니까. 그래서 일찍이 마음속에 가만히 담아 두고 생각하기를 '나라의 형세가 이미 기울어 비록 부지해 나갈 수 없다 하더라도 마치 중류(中流)의 지주(砥柱)[113] 같은 정포은(鄭圃隱 정몽주(鄭夢周))처럼 하는 이가 있다면 붕우도 함께 영광이 있을 것이다.' 하였습니다. 그래서 감히 서로 좋은 점을 보고 배우는 붕우의 대열에 두고 절차탁마하기를 즐거워하였던 것입니다.[114]

그러나 일찍이 주자(朱子)께서 유 형주(劉荊州)에게 준 편지[115]를

112 사람은……선해진다 : 《논어》 〈태백(泰伯)〉에 보인다.

113 중류(中流)의 지주(砥柱) : 황하(黃河)의 중류에 기둥처럼 우뚝 솟은 바위를 말하는데, 혼란과 고난 속에서도 의연히 지조를 지키는 선비를 비유할 때 쓰는 말이다.

114 서로……것입니다 : 《예기》 〈학기(學記)〉에 "친구 간에 서로 좋은 점을 보고 배워 선해지는 것을 연마한다고 한다."라는 말이 있다.

115 주자(朱子)께서……편지 : 유 형주는 지형남부 호북안무사(知荊南府湖北安撫使)를 지낸 유공(劉珙)을 말한다. 유공은 자는 공보(共甫), 시호는 충숙(忠肅)이다. 유자우(劉子羽)의 아들이었으나 유자우의 아우인 유자휘(劉子翬)의 후사가 되었다. 주희가 유자휘를 사사하여 유공과도 절친한 사이였으므로 욕망을 줄이고 여색을 조심하라는 아래에 나오는 내용의 편지를 보낸 것이다. 《晦菴集 別集 卷2 劉共甫》

본 적이 있는데, 거기에서 말하기를 "삼가 생각건대 깊이 국가를 위한 큰 생각을 마음에 두고 눈앞의 화려함이나 잗다란 유희에 이끌려 뜻을 돌리거나 마음을 빼앗기지 않는다면 이 일을 하는 데에 어렵지 않을 것입니다. 공명(孔明 제갈량(諸葛亮))은 부인을 고를 때 바로 추녀를 택하였고 자기 몸을 위해 쓰는 데에는 아무도 견딜 수 없을 만큼 인색하였습니다. 그 정대한 기개와 온축된 경륜은 본디 타고난 자질에서 나온 것이었지만, 가만히 생각해 보면 그 지려(智慮)가 나날이 더욱 정밀해지고 밝아진 것과 그 위망(威望)이 나날이 더욱 높아지고 중해진 것은 바로 욕망을 줄이고 마음을 수양한 것이 많은 도움을 주었다 할 것입니다." 하였습니다.

또 말하기를 "형주는 지역이 매우 황량하여 모시고 함께 담소할 만한 어진 사대부가 없습니다. 그런데 인심(人心)은 지극히 위태로운 것이므로 아마도 오래도록 방치하면 다시 수습하기 어려울 것이니, 바라건대 날마다 성현들의 옛 책을 취하여 익숙하게 읽고 깊이 생각하여 물욕의 폐단을 제거한다면 매우 다행일 것입니다." 하였습니다.

주자께서 천하의 대사(大事)를 가지고 남에게 경책하면서 절실하고도 지극한 근본으로 논한 것이 바로 추녀에 대한 한 가지 일에서 벗어나지 않았으니, 성현의 말씀은 요점을 알았다고 할 수 있습니다. 그런데 지금 서쪽에서 전해진 소문[116]이 말한 자의 얘기와 꼭 같지는 않겠지만 만약에 과연 그럴 만한 싹이 있다면 단칼에 잘라 버려 다시 이어지지 않게 함으로써 털끝만 한 싹이라도 청명하고 순수한 지역을 침범하는

116 지금……소문 : 아마도 당시 평안도에 민유중이 여색을 밝힌다는 등의 소문이 돌았던 듯하다.

일이 없게 하시기를 간절히 바랍니다. 그리한다면 그 효험이 반드시 장차 주자께서 말씀하신 제갈공명의 일과 같이 될 것입니다.

만일에 주자의 이 말씀이 스스로를 경계하고 반성하며 욕망을 극복하고 다스리는 자료로 삼기에 부족하다고 여긴다면 또한 주자가 매계관(梅溪館)에 유숙(留宿)하면서 쓴 두 편의 시[117]를 가지고 지극한 경계로 삼으시기 바랍니다. 그리하여 침으로 몸을 찌르듯 두려워하고 분발하여 욕망이 스스로 용납될 곳이 없게 한다면 자연히 여색의 구렁에서 스스로 빠져나오지 않을 수 없을 것입니다. 이렇게 하는 것이 어찌 애초부터 이 일이 없었던 것보다 더욱 어렵지 않겠습니까.

일찍이 저는 망녕되이 생각하기를 '회재(晦齋 이언적(李彦迪))와 퇴계(退溪 이황(李滉)) 두 선생은 실로 사문(斯文)에 큰 공로가 있으나 이런 점[118]에서는 유감스러운 점도 있다.' 하였습니다. 후학 중에 이 일에 대해 스스로 용서하는 자들은 필시 말하기를 "저 두 선생도 역시 면치 못했던 일이다." 할 것인데, 어찌 퇴계가 만년에 자책한 말은 살펴보지 않고 반드시 초년의 일을 끌어대어 구실로 삼는단 말입니까. 더욱이 두 선생은 성대한 덕과 큰 업적이 있어서 그와 같은 작은 허물을 충분히 가릴 수 있지만, 이러한 덕과 업적이 없는 사람이라면 한갓 콩깍지를 넣은 말여물을 먹는 수모[119]만 있을 것이니, 어찌 매우 두려워할 만한 일이 아니겠습니까.

117 주자가……시 : 72쪽 주106 참조.

118 이런 점 : 이언적과 이황이 여색을 멀리하지 못한 것을 말한다.

119 콩깍지를……수모 : 여색을 조심하지 못해 수모를 당한 것을 말한다. 72쪽 주106 참조.

제가 집사에 대해 애모하는 마음이 크기 때문에 우려하는 마음도 깊어서 저도 모르게 이렇게 가슴속에 있는 말을 다 하였으니, 부디 용서하고 양해해 주시기 바랍니다. 혼미한 상태에서 죽음을 무릅쓰고 이 편지를 쓰느라 말에 전혀 두서가 없으니 송구스러운 마음뿐입니다.

민지숙에게 답함 신해년(1671, 현종12) 9월 12일

答閔持叔 辛亥九月十二日

평소에 비록 병들 때가 있었어도 일찍이 열흘이나 병석에 누운 적은 없었는데, 지금은 가을 내내 누워 있어도 더욱 위독한 상태를 보이고 있습니다. 이질(痢疾) 뒤에는 학질(瘧疾)이 발병하였고 또 큰 설사가 계속 이어졌기 때문에 원기가 날로 떨어져 다시 회복될 때가 없으니, 이 어찌 회생할 수 있는 상황이겠습니까. 그래도 스스로 헤아려 보건대 제가 산 나이가 제부(諸父)와 제형(諸兄)에 비해서는 이미 과하니 다시 무슨 여한이 있겠습니까. 다만 한창 때에 아껴야 할 시간을 헛되이 저버린 결과 마치 담장에 얼굴을 대고 죽는 지경에 이르게 된 것이 한스러울 뿐입니다.[120]

서재의 창가에 누워서 지는 해가 섬돌을 올라오는 것을 보며 고통에 신음하고 있는 중인데, 멀리서 보내신 편지가 홀연히 도착하였습니다. 펼쳐서 몇 번이나 읽고 또 읽다 보니 깊은 병이 태반이나 달아난 듯하였습니다. 아울러 이번 약물은 일상에서 필요했으나 계속 얻기는 어려운 것이었으니 참으로 감사한 마음이 배나 더 큽니다.

평안 감사의 직임도 중하지만 집사를 오랫동안 변방에 두는 것은

120 한창……뿐입니다 : 공자(孔子)가 아들 백어(伯魚)에게 "너는 《시경》의 〈주남(周南)〉과 〈소남(召南)〉을 배웠느냐? 사람으로서 〈주남〉과 〈소남〉을 배우지 않으면 바로 담장을 마주하고 선 것과 같다."라고 한 말을 변용한 것으로, 송시열 자신이 젊은 시절에 촌음을 아껴 가며 학문하지 못해 이치를 제대로 알지 못하고 죽게 된 것이 한스럽다는 말이다. 《論語 陽貨》

이 어찌 여론이 합당하게 여기는 바이겠습니까. 생각할 때마다 개탄스럽기 짝이 없습니다. 둔전관(屯田官)을 변통할 적에 과연 바람이나 우레보다 빠르게 하셨으니 공경하고 우러르는 마음을 금할 수 없습니다. 다만, 제가 일전에 일을 살피는 것이 더뎌서 고명한 집사에게 다소 누를 끼친 점은 스스로 부끄럽게 여깁니다. 병석에 누워 대신 쓰게 하는 형편이라 나머지는 이만 줄입니다.

민지숙에게 답함 신해년(1671, 현종12) 9월

答閔持叔 辛亥九月

특별히 심부름꾼이 멀리 와서 전해 주기에 보내신 편지를 받았는데, 자세하게 말씀하신 내용이 병든 마음에 너무 위로되었으므로 실로 천 리가 멀다는 것도 깨닫지 못하였습니다. 다만 변방이 많이 추워서 병에 걸리기가 쉬운데 집사께서 조정에 돌아올 시기는 아직 머니, 공적으로나 사적으로나 우려스러운 마음만 깊을 뿐입니다.

금년 농사는 좋은 곳은 매우 좋지만 묵혀 버려진 곳이 태반이나 되니, 이는 천시(天時)는 매우 순조로우나 인사(人事)가 제대로 이루어지지 못해 그런 것입니다. 앞으로 벌여야 할 진휼 정사(賑恤政事)는 실로 지난 때보다 더 다급한데 나라의 재정 상태는 애통할 정도이니, 비록 지혜로운 자가 있더라도 손댈 마음을 먹을 수 없을 것입니다. 그러니 오직 위로 궁중에서부터 아래로 일반 관료에 이르기까지 한결같이 외적의 난리에 파천(播遷)하는 상황처럼 대처하되 민간에서 징수하느라 소란스럽게 하는 일이 일절 없어야만 살아남은 백성들이 다시 소생하고 도적들이 도움을 잃어서 더 늘어나지 않을 것입니다.

미천한 신하인 저는 지금이 마침 사직 상소를 올려야 할 때인데, 혹자는 말하기를 "반드시 이런 계제에 할 말을 다해야 한다." 하기도 하고, 혹자는 또 "말하고 침묵하는 의절은 신중히 해야 한다."라고 하기도 합니다. 저로서는 병중의 생각이 혼미하여 장차 무엇을 택해야 할지 모르겠습니다. 이런 때에 지역이 멀어서 집사에게 물어볼 수 없는 것이 너무나 한스러울 뿐입니다.

보내 주신 세 종류의 음식물은 참으로 감사합니다. 새우 알은 앞으로는 병중에 있는 제 형에게 보내 주신다면 더욱 다행스럽고 다행스럽겠습니다.

민지숙에게 답함 신해년(1671, 현종12) 11월 13일

答閔持叔 辛亥十一月十三日

날로 그리운 마음이 간절하다가 대감의 편지를 받을 때마다 마음과 눈이 모두 열려 여러 날을 기쁨으로 보내게 됩니다. 이번에 지난달 그믐에 보내신 편지를 받고 말씀하신 것을 자세히 알게 되니 마치 직접 모시고 담소를 나누는 것 같았습니다.

저는 병세가 조금 차도는 있으나 정신과 근력은 완전히 딴사람이 되어 책을 보거나 사물을 접할 때 모두 안개 속의 일처럼 느껴집니다. 그래서 종전처럼 경서나 역사서를 다 열람하지 못하는 것을 한하면서 요즘은 단지 눈을 감고 앉아만 있을 뿐입니다.

대감이 오랫동안 변방에 머무는 것이 비록 매우 한스럽기는 하지만 조 정암(趙靜菴 조광조(趙光祖))의 '외직을 구해도 얻지 못하는 마음'이라는 관점에서 보면 오늘날의 일은 매우 기뻐할 만하지 한스러워할 것이 없습니다. 집사께서 여가가 있을 때 더욱 서책을 가까이함으로써 물을 대어 뿌리를 북돋우듯 학문에 전념하는 공부를 해 나가시기를 바랄 뿐입니다. 그리한다면 훗날 큰일을 맡게 되었을 때 반드시 포정(庖丁)이 결따라 능수능란하게 소를 해체하듯[121] 잘 해나가실 수 있을 것입니다. 이만 줄입니다.

121 포정(庖丁)이……해체하듯 : 《장자(莊子)》〈양생주(養生主)〉에 나오는 포정해우(庖丁解牛) 고사를 말한다.

민지숙에게 답함 신해년(1671, 현종12) 11월 28일[122]

答閔持叔 辛亥十一月廿八日

마침 시골 막걸리에 취해 있을 때 찾아온 심부름꾼이 전해 주어 편지를 받았는데, 위로되고 감사한 마음을 뭐라 형언할 길이 없습니다. 저는 영감의 충성을 다 바치는 정성을 배우고자 얼마 전에 외람되이 상소를 올렸습니다.[123] 그런데 성상께서는 윤경교(尹敬教)의 상소가 미천한 신하인 저의 망언에서 나온 것이라 여기고는 묶어서 하나로 만들고, 또 흉악하고 교활하다느니 금수와 같다느니 하는 말로 지적하셨습니다.[124] 그렇게 되면 이는 미천한 신하인 제가 흉악하고 교활하며 금수

122 신해년 11월 28일 : 《현종실록》 12년 12월 5일과 11일의 사건이 언급되는 것으로 보아 12월 11일 이후에 쓴 편지가 분명하니, 아마도 '11월'이 '12월'의 오자인 듯하다.

123 얼마……올렸습니다 : 1671년 10월 23일에 올린 우의정을 사직하는 세 번째 상소를 말한다. 송시열은 1671년 6월 19일에 대간 윤계(尹堦)와 윤가적(尹嘉績)이 상소를 올려 영의정 허적(許積)의 권세가 갈수록 높아져 간다면서 온건하게 비판한 것을 두고는, 대간으로서 대신을 비판할 때에는 분명한 말로 곧바로 지적해야 한다고 말하였고, 또 주희의 말을 빌려 와 대신이 사욕을 행하려고 하면 빨리 적합한 사람을 구하여 바꾸어야지 어찌 나라를 망칠 것을 알고도 그 자리에 두어서야 되겠느냐고 말하였다. 그리고 12월 5일에 헌납 윤경교가 상소하여 당시 정사의 잘잘못에 대해 말하면서 허적을 대놓고 비판하며 탄핵하자, 허적은 12월 11일에 동료 정승과 대간에게 지척을 받았다며 상소하여 대죄하였다. 《顯宗實錄 12年 6月 19日, 12月 5日・11日》《宋子大全 卷14 辭右議政疏 三疏(辛亥十月二十三日)》

124 성상께서는……지적하셨습니다 : 1671년 12월 11일에 올린 허적의 상소에 대한 현종의 비답에 나오는 내용이다. 이에 따르면 현종은 윤경교를 지목하여 흉악하고 교활하여 못 하는 짓이 없다고 하였고, 또 맹자(孟子)의 "금수(禽獸)에게 또한 무엇을 비난

같은 사람이 되는 것이니 황공하고 부끄러우며 두렵고 위축되어 몸 둘 바를 모르겠습니다.

속히 상소하여 스스로를 논핵하고 싶어도 저의 이전 상소에 대한 비답이 아직 내려오지 않았기 때문에 바야흐로 이렇게 입을 다물고 있습니다. 그러나 흉중은 참으로 주자(朱子)의 이른바 "오히려 끓어오른다."라는 말과 같은 상태라 하겠습니다.[125] 얼마 전 집사의 편지에서 장차 일이 있을 것이라고 하셨는데 지금 과연 그렇게 되었으니, 어찌 이른바 "알고 모르는 것이 모름지기 30리나 차이가 난다."라는 것이 아니겠습니까.[126] 이제부터는 일이 있을 때마다 집사에게 경책을 받아 후회할 일이 없게 해야 할 듯합니다. 이것이 붕우 간의 도리이니 간절히 바라고 바라는 바입니다.

난삼(襴衫)은 아직도 기억하건대 명나라 때의 의관(衣冠) 가운데

하겠느냐."라는 말에 딱 들어맞는다고 하기도 하였으며, '다른 사람'의 뜻과 부합한다고 하면서 은연중에 송시열을 거론하기도 하였다.《顯宗實錄 12年 12月 11日》《宋子大全 附錄 卷6 年譜》 그러자 송시열은 1672년 1월에 자신의 허물을 인책하는 상소를 다시 올리게 된다.《宋子大全 卷14 辭右議政疏 五疏(壬子正月)》

125 흉중은……하겠습니다 : 주희가 상소의 초고를 불태운 뒤에 유덕수(劉德修)에게 보낸 편지에서 한 말로, 가슴속에 분노가 가득한 것을 표현한 것이다.《晦菴集 別集 卷1 劉德修》

126 어찌……아니겠습니까 : 민유중이 앞으로 벌어질 일을 미리 맞추었으니 송시열 자신에 비해 월등히 지혜롭다는 말이다. 후한(後漢)의 한단순(邯鄲淳)이 효녀 조아(曹娥)를 위해 〈조아비(曹娥碑)〉를 지었는데, 이 비문을 두고 칭찬의 의미로 채옹(蔡邕)이 '절묘호사(絶妙好辭)'를 파자하여 '황견유부외손제구(黃絹幼婦外孫齏臼)'라고 썼다. 후한 말에 조조(曹操)가 양수(楊修)와 함께 길을 가다가 이 글을 보았는데, 양수는 곧바로 그 의미를 알아챘으나 조조는 30리를 더 가서야 깨달았다고 한다.《世說新語 捷語》

한 가지이니, 사람으로 하여금 눈물을 떨구게 합니다. 그러나 집사 형제가 아니었다면 이 역시 끝내 매몰되고 말았을 것이니[127] 존경하고 우러르는 마음을 금할 길이 없습니다.

저는 가을 사이에 한 가지 병이 지금까지도 계속되고 있고 제 중형(仲兄 송시묵(宋時默))의 병은 지금까지도 위독한 상태이니, "물새가 언덕에서 몸을 흔들고 운다."라는 말이 바로 이곳의 심경을 형용한 것이라 하겠습니다.[128] 보내신 편지는 삼가 받들어 전하겠습니다. 두 마리의 물고기는 참으로 감사합니다.

가만히 드릴 말씀이 있는데, 집사께서 호서(湖西)의 감사로 있을 때의 일로 비방하는 논의가 아직도 그치지 않아 그 영향이 저에게까지 미치고 있습니다. 어제 동춘(同春 송준길(宋浚吉))을 만났을 때에도 그가 이에 대해 운운한 바가 있습니다. 제가 일찍이 촉(蜀)나라를 지킨 것에 대한 이천(伊川)의 일을 가지고 중우(仲羽)에게 말한 것을 그가 동춘에게 고한 것이니,[129] 역시 그가 매우 어리석다는 것을 볼 수 있습

127 집사……것이니 : 민정중(閔鼎重)이 1669년 10월에 동지사(冬至使)로 북경에 갔을 때 시장에서 난삼을 사 와서 송시열에게 선물하였다. 이후에 민정중이 또 현종에게 세자가 입학할 때 유생(儒生)의 복장을 고쳐야 하니 중국의 난삼 제도를 따르라고 청하기도 하였다. 송시열도 이 난삼을 좋아하여 계속 지켜 나가고자 화양동(華陽洞)에 거처할 때 항상 이 옷과 평정건(平頂巾)을 착용하였으며, 죽은 뒤에 염을 할 때에도 난삼을 입혀 달라고 유훈을 남기기도 하였다. 《宋子大全 卷101 答鄭景由(甲寅九月十六日), 附錄 卷6 年譜》《宋書續拾遺 附錄 卷2 楚山日記 第二》

128 물새가……하겠습니다 : 《시경》〈소아(小雅) 상체(常棣)〉에 "척령이 언덕에 있으니, 형제가 위급함을 서로 구하네.〔脊令在原, 兄弟急難.〕" 하였는데, 그 주석에 "척령은 날 때에는 울고 걸을 때에는 몸을 흔드니, 급할 때 서로 돕는 의미가 있다."라고 하였다. 여기서는 형제가 모두 병들어 아픈 상태이므로 서로 도와주어야 한다는 말이다.

니다. 그러나 또한 집사께서는 한 번 목이 메었다 해서 식음(食飮)을 폐하지는 마시기 바랍니다.[130] 우리는 철석같이 견고한 심장으로 서로 기약해야지[131] 어찌 한 번의 비방이나 칭찬으로 인해 권면되거나 저상될 필요가 있겠습니까.

민간의 속담에 "취한 자의 말은 깨어 있는 자가 알게 하지 말라."라고 하였으니, 부디 집사께서는 한번 본 뒤에 버리시기 바랍니다. 다만 주자께서 술이 얼큰해져 기세가 올랐을 때 불렀던 슬픈 노래가 강개(慷慨)하였다고 들었는데,[132] 집사에게 혹 이것으로 용서를 받는다면 다행

129 제가……것이니 : 정이(程頤)의 〈촉수기(蜀守記)〉에 "성도(成都) 사람들이 근세에 촉 땅을 잘 다스린 자를 일컬을 적에는 전원균(田元均)과 문로공(文潞公)만 한 이가 없다고 하고, 잘 다스리지 못한 자를 말할 때는 반드시 장당(蔣堂)과 정감(程戡)을 든다. 하지만 내가 일찍이 사대부들을 찾아서 묻고 항간에 들어가 그들이 잘한 일과 못한 일을 살펴보았는데, 이른바 잘하였다는 것은 백성들의 환심을 얻은 것이었으니, 가장 잘하지 못하였다는 것이 곧 가장 잘한 일이라고 할 만하였다."라는 내용이 있다. 송시열이 이를 인용하여 민유중이 비방받은 일과 관련지어서 이숙(李䎘)에게 말한 적이 있는데 그가 이것을 송준길에게 고하였다는 말이다. 《二程子抄釋 卷9》《宋子大全 卷75 答金元會(己酉十一月二日)》 중우는 이숙의 자이다.

130 집사께서는……바랍니다 : 한 번 비방을 받았다고 해서 너무 지나치게 위축되 나머지 해야 할 일을 하지 않아서는 안 된다는 말이다.

131 우리는……기약해야지 : 송나라 때의 신하 소식(蘇軾)이 귀양을 떠나게 되었을 때 친구 이공택(李公擇)이 실의에 젖어 근심하는 시를 보내오자, 소식이 편지를 보내기를 "나는 철석같이 견고한 심장을 공에게 기대했는데 어찌 지금 이렇게 합니까. 우리가 비록 늙고 곤궁하지만 도리가 심간(心肝)을 꿰뚫고 충의로 골수를 채워 마땅히 생사의 갈림길에서도 담소하며 태연할 수 있어야 합니다."라고 하였다. 《唐宋八大家 蘇軾 卷23 與李公擇》

132 주자께서……들었는데 : 주희가 남악(南嶽)을 유람하면서 친구인 남헌(南軒) 장식(張栻)과 수창한 〈취하축융봉(醉下祝融峯)〉 등과 같은 남악에서 쓴 시구를 말하는

이겠습니다.

봉산(鳳山)에 사는 서종매(庶從妹)는 이 주부(李主簿)의 마당을 쓸고 물 뿌리는 사람인데,[133] 집사께서 종전에 돌보아 주신 적이 있습니다. 이번에 보낸 편지 한 통을 번거롭지만 그녀에게 전해 주신다면 매우 다행이겠습니다.

듯하다. 《朱子詩集 卷5》

133 봉산(鳳山)에……사람인데 : 봉산에 사는 서종매는 첩의 소생인 사촌 누이를 말한다. 《예기》 〈곡례 하(曲禮下)〉에 "천자에게 딸을 바칠 때에는 '여러 잉첩(媵妾)의 수에 채우시도록 바칩니다.'라고 말하고, 국군(國君)에게 바칠 때에는 '술과 음료를 만들 사람에 충당하도록 바칩니다.'라고 말하고, 대부(大夫)에게 바칠 때에는 '마당을 쓸고 물 뿌릴 사람에 충당하도록 드립니다.'라고 말한다."라고 하였다. 곧 송시열의 서종매가 이 주부의 아내라는 말이다.

민지숙에게 보냄 임자년(1672, 현종13) 1월 15일
與閔持叔 壬子正月十五日

일찍이 듣건대 집사의 중형이 명나라 때의 태학(太學) 유생들이 입던 옷을 북경 사행으로 갔다가 구했다고 하니[134] 감흥을 금할 수가 없습니다. 빨리 그 제도를 찾아보고 종이로 모양을 만들어 보여 주기를 바랐는데, 집사의 중형이 명주로 옷을 만들어 보내왔으니 실로 처음에는 예상도 못 했던 일입니다. 장차 유생들과 강구하여 학궁(學宮)에서 행해 보려고 하였는데 갑자기 다른 사람이 빌려 가고 말았습니다. 그 뒤에 돌려 달라고 하니 그 역시 그것을 기준으로 삼아 그곳에서 행하려 한다고 합니다. 그래서 돌려보내 달라고 억지로 재촉하지 못했습니다. 이 때문에 여기에는 그 옷이 없습니다. 집사께서는 필시 그 제도를 아실 것이니 모름지기 천한 모포(毛布)로 한 벌을 만들어 보내 주시는 것이 어떻겠습니까.

134 집사의……하니 : 88쪽 주127 참조.

민지숙에게 답함 임자년(1672, 현종13) 3월
答閔持叔 壬子三月

시사(時事)가 이러하니 집사를 만나서 하고 싶은 말을 다 털어놓고 싶은 마음이 어찌 한이 있겠습니까만, 그렇게 할 길이 없기에 스스로 우러러 탄식만 할 뿐입니다. 그러던 차에 이번에 멀리서 보내 주신 편지를 받았는데, 집사의 행차가 압록강(鴨綠江)과 청천강(菁川江)에 임하여 머무르고 계실 줄은 생각지도 못하였습니다.

저는 처음에 제 중형(仲兄)의 병 때문에 병을 무릅쓰고 달려갔다가 그로 인해 묵은 병이 더 심해지고 말았는데, 지금은 아울러 모두 낫고 있으니 실로 집사께서 보살펴 준 덕분이라 하겠습니다.

이전에 성상께 올린 글은 단지 스스로를 논핵하는 내용[135]이었습니다만, 제가 목청을 돋우기만 하면 반드시 성상의 기휘에 저촉되고 마니, 이 또한 다시 사람들의 구설에 오르지 않겠습니까. 다만 성상께서 비답을 오랫동안 내리지 않으시어 아직도 우의정의 직명(職名)을 띠고 있으니 황공하고 답답한 마음을 말로 다 할 수 없습니다.

보내 주신 고약(膏藥)은 참으로 감사합니다. 옛사람은 어려운 일을 만났을 때 잠든 뒤 깨지 않았으면 하고 바라는 마음이 있었는데, 저는 이런 상황을 만나서 죽지 않고[136] 세상을 넘나들고 싶은 뜻을 얻은 것이

135 이전에……내용 : 송시열이 1672년 1월에 올린 〈우의정을 사직하는 다섯 번째 상소〔辭右議政疏 五疏(辛亥正月)〕〉를 말한다. 《宋子大全 卷14》 자세한 내용은 86쪽 주124 참조.

기쁩니다.[137] 우습습니다. 의주(義州)에서 온 편지에 답장을 보내니 부디 파발 편을 통해 번거롭지만 전해 주시는 것이 어떻겠습니까. 이만 줄입니다.

별지

이전 편지에 "죄를 아뢰어야 한다.……"라고 하신 말은 참으로 웃을 만합니다. 지난겨울에 이런 말이 송리(宋里)에서 나와서 한바탕 시끌시끌하였습니다. 그런데 제가 구구하게 변명하지 않으려다 보니 곧바로 진짜 그런 것처럼 되고 말았습니다만, 그 말이 전해져서 집사의 귀에까지 들어가게 될 줄은 생각지도 못하였습니다.

처음에는 몇 마디 말을 해서 그런 조짐을 만들고 싶기도 했지만 곧이어 다시 생각해 보니 성상이 죄를 줄 때에 그 대답이 부실하면 말을 하기가 실로 어려울 것이기 때문에 즉시 그 내용을 지워 버린 채 단지

136 죽지 않고 : 대본에는 '無有'로 되어 있는데, 《송자대전》 권57 〈민공서에게 답함(경술년 7월 19일)〔答閔公瑞(庚戌七月十九日)〕〉에 근거하여 '有'를 '死'로 바로잡아 번역하였다. 원 전거인 《회암집》 속집 권6 〈유덕수에게 답함〔答劉德修〕〉에는 '長生'으로 되어 있다.

137 저는……기쁩니다 : 《초사(楚辭)》 〈원유(遠游)〉에 "천지가 무궁함이여, 인생이 오래도록 수고로운 것을 슬퍼하네. 지난 일은 내가 미칠 수 없고 미래는 내가 듣지 못하리라."라고 하였는데, 주희가 이 구절을 인용하며 말하기를 "굴원(屈原)이 지난 일은 미칠 수 없고 미래는 알 수 없기 때문에 오래 살면서 세상을 넘나들기를 바라는 뜻이 있었는데, 이 또한 당시 사람들이 망녕된 짓을 하는 것을 견디지 못하여 그들이 결국에는 어떤 결말을 맞는지 보고 싶어 한 것이다." 하였다. 《晦菴集 續集 卷6 答劉德修》 여기서는 송시열 자신이 어렵고 답답한 상황에서도 죽지 않고 오래 사는 것은 이런 상황을 초래한 소인들이 결국 어떤 결말을 맞는지 보고자 하는 뜻이 있기 때문이라며, 자신은 이를 기쁘게 받아들인다고 농담한 것이다.

저 자신에게 죄가 있다고만 말하였고, 감히 남을 위해 변명해서 사람들이 흉흉하게 여기는 뜻에서 벗어나고 싶지는 않았습니다. 초본(草本)이 여기에 있지 않으니 다른 날 써서 올리겠습니다.-제가 실로 보잘것없어 이처럼 종족들의 마음을 얻지 못한 것이니, 실로 사람들을 대할 면목이 없습니다.-

민지숙에게 답함 임자년(1672, 현종13) 4월
答閔持叔 壬子四月

깊이 화양동(華陽洞)에 들어왔는데 갑자기 검연(黔淵)으로부터 집사의 편지 및 약과 사탕이 전해졌으니, 그리워하던 마음에 매우 위로되었고 또 매우 감사합니다. 저는 간곡하게 사직하였으나 아직도 체차되지 못하고 또다시 간절한 별유(別諭)를 받았으니, 사적으로 답답하고 급한 마음을 무슨 말로 형용할 수 있겠습니까.

일찍이 정암(靜菴)이 동자 시절에 김 선생(金先生)에게 고했던 일[138]을 제가 아뢴 것은 이전 기문(記文)[139]의 미비점을 뒤미처 보완하여 후인들을 깨우치고 싶어서인데, 받아 보셨는지 모르겠습니다. 이것이 사의(事宜)에 어긋나지 않는다면 작은 글자로 써서 추후에 올리려고 하니, 부디 헤아려 보고 알려 주시기 바랍니다.

집사의 큰형과 중형이 홀로 시사(時事)를 담당하여 한가한 날이 없

138 정암(靜菴)이……일 : 정암은 조광조(趙光祖)의 호이고, 김 선생은 한훤당(寒暄堂) 김굉필(金宏弼)을 말한다. 조광조가 17세에 김굉필에게 가서 배울 때, 김굉필이 꿩 한 마리를 구해 그것을 말려서 어머니에게 보내려고 하였는데, 고양이가 그 고기를 먹어 버리고 말았다. 그러자 김굉필이 크게 화를 내며 지키던 사람을 질책하였는데, 이때 조광조가 말하기를 "어머니를 봉양하려는 정성은 비록 간절하나 군자는 말하는 기운에서 자신을 돌아보지 않아서는 안 됩니다." 하니, 김굉필이 놀라며 말하기를 "네가 나의 스승이지 내가 너의 스승이 아니다." 하였다 한다. 《宋子大全隨箚 卷7》

139 이전 기문(記文) : 민유중이 평안 감사일 때 평안도 희천군(熙川郡)에 있던 김굉필과 조광조를 모신 이현사(二賢祠)를 중건하면서 송시열에게 부탁한 기문을 말한다. 《宋子大全 卷142 熙川郡二賢祠重建記》

는데, 집사께서는 어느 날에나 조정에 돌아가서 서로 함께 부지하고 보호할 수 있게 될는지 모르겠습니다. 작은 허물이라는 말씀은 과연 굽어살펴 주시는 은혜를 받은 것이니 감격스럽기 그지없습니다. 마침 매우 바쁜 일을 만났기에 이만 줄입니다.

민지숙에게 답함 임자년(1672, 현종13) 4월

答閔持叔 壬子四月

이전 편지가 너무 감사하여 화양(華陽)에 있을 때 답장을 써서 서울 체편(褫便)에 보내 드렸습니다. 그런데 이번에 또 14일에 보내신 편지를 받고서 감사의 임기가 이미 임박했다는 사실을 알게 되었습니다. 조정에 돌아올 날이 머지않았다는 생각이 드니 공적으로나 사적으로나 매우 다행스럽습니다. 저는 처음에 산중으로 피서를 가려다가 먹을 끼니가 없어서 어제 서쪽으로 돌아왔으니 "입과 배가 있으면 자연히 먹게 된다."라고 말한 장 선생(張先生)이 나를 속였다 하겠습니다.[140]

지난겨울에 망발을 했다는 이유로 외람되이 우려스러운 하교를 받았는데,[141] 이는 바다를 보지 못한 것이고[142] 지금은 그것을 보았으니,

140 입과……하겠습니다 : 장 선생은 횡거(橫渠) 선생으로 불리던 송나라 때의 학자 장재(張載)를 말한다. "입이 있으면 저절로 먹을 것이 생긴다.〔有口自喫〕"라는 훈계를 남겼다고 한다.《宋子大全 卷44 答韓子耉(丙午七月五日)》

141 지난겨울에……받았는데 : 대간 윤계(尹堦)와 윤가적(尹嘉績)이 상소하여 허적(許積)을 온건하게 비판한 것에 대해, 송시열이 상소하여 대간이 대신을 비판할 때에는 온건하게 어물어물해서는 안 된다고 지적하였는데, 현종이 이에 대해 우려를 표명한 일을 말한다. 그리고 윤경교(尹敬教)가 허적을 탄핵한 일의 배후에 송시열이 있다고 판단한 현종이 또한 이를 우려하는 하교를 내린 것을 말한다. 자세한 내용은 86쪽 주123, 124 참조.

142 이는……것이고 : 《맹자》〈진심 상(盡心上)〉에 "바다를 본 자에게는 물이 되기 어렵고, 성인의 문하에서 공부한 자에게는 말이 되기 어렵다."라고 하였다. 지난겨울에는 바다처럼 크게 보지 못하고 좁은 소견으로 일 처리를 했음을 반성한다는 말이다.

지난겨울의 행실은 어찌 길가에 고인 물[143] 정도일 뿐이겠습니까. 두 가지 음식은 앞으로 병든 제 형에게 보내 주시면 너무나 감사하고 다행스럽겠습니다. 이만 줄입니다.

143 길가에 고인 물 : 바다와 대비하여 극히 작음을 비유하니, 자신의 소견이 매우 좁았음을 말한 것이다.

민지숙에게 답함 임자년(1672, 현종13) 4월

答閔持叔 壬子四月

우(禹)[144]가 순(舜) 임금에게 경계하기를 "단주(丹朱)처럼 오만하게 하지 마소서." 하였는데,[145] 충성을 다하기를 바라는 뜻이 간절하고 덕을 우러르는 마음이 깊다 보니 저도 모르게 인용한 비유가 적절치 못하였습니다. 그럼에도 불구하고 오히려 용납해 주시는 은혜를 입었으니, 덕이 성대할수록 마음이 공손하다는 것을 더욱더 볼 수 있습니다. 존경하고 우러르는 마음을 금할 길이 없습니다.

144 우(禹) : 대본에는 '益'으로 되어 있는데, 《서경》 〈익직(益稷)〉에 근거하여 '禹'로 바로잡아 번역하였다.

145 우(禹)가……하였는데 : 단주는 요(堯) 임금의 아들로 행실이 좋지 않았기에 요 임금이 순에게 왕위를 넘겼다. 그러자 우가 순 임금에게 "단주처럼 오만하게 하지 마소서. 그는 태만하게 노는 것을 좋아하였으며 오만하고 포학한 행동을 일삼았습니다."라고 경계하였다. 《書經 益稷》 송시열이 이 말을 인용하여 민유중에게 경계하는 말을 하였던 것으로 보인다.

민지숙에게 보냄 임자년(1672, 현종13) 5월

與閔持叔 壬子五月

멀리서 듣기에 조정으로 돌아오실 날이 머지않다고 하니 시대를 위하여 매우 기쁩니다. 다만 현재의 풍파가 놀랍고 경악스러우며 집사의 처신 또한 혐의스러우니, 혹여 곤경이 없지 않으리라 여겨집니다.[146]

저는 갑자기 구지(久之) 대감으로 인해 차서에 따라 승진하였으니,[147] 어찌 시골집에 편안히 앉아 태연하게 영상 대감의 핍박을 당할 수가 있겠습니까.[148] 마침 소설(小說)을 보았는데 퇴계(退溪)가 도망하여 직임을 면하는 내용이었습니다. 이제 저의 도망 역시 면할 수 없는 상황이니 어찌하면 좋단 말입니까.

지난여름 이후로[149] 밤낮으로 걱정하고 두려워하면서 잠자고 먹는

146 현재의……여겨집니다 : 1672년 4월 17일에 송준길(宋浚吉)이, 허적(許積)을 비판하다가 체직된 윤경교(尹敬教)를 변호하는 상소를 올리면서 허적을 당 덕종(唐德宗) 때의 간신인 노기(盧杞)에 비유하여 풍파가 일어난 것을 말한다. 이에 대해 현종은 시비를 가리지 않고 자기편만 감싸고 다른 편은 배척한다고 하면서 송준길을 비난하였다. 이로 인해 연이어 대론(臺論)이 일어나자 현종이 크게 분노하여 상황이 심각해졌다. 여기서 집사의 처신 또한 혐의스럽다고 한 것은 민유중이 송준길의 사위이기 때문에 조정에 들어가도 처신하기가 어려울 것이라는 말이다.《顯宗實錄 13年 4月 17日》

147 저는……승진하였으니 : 구지는 김상헌(金尚憲)의 손자 김수항(金壽恒)의 자이다. 1672년 5월 16일에 김수항이 우의정에 제수되면서 우의정으로 있던 송시열이 차서에 따라 승진하여 좌의정이 된 것을 말한다.《顯宗實錄 13年 5月 16日》

148 어찌……있겠습니까 : 당시 윤경교의 일과 송준길의 일 등으로 영의정 허적과 대립하고 있는 상황이기 때문에 한 말이다.

것이 모두 편치 않았는데, 집사의 중형이 보낸 편지를 보니 힘써 사직하려 하지 않았다는 이유로 비방을 당하였다고 합니다. 무릇 허명을 헛되이 지니고 있으면 또한 녹봉을 사양해야지 무슨 탐하고 연연할 것이 있어서 도리어 시일을 지체한단 말입니까. 3월 23일에 제가 이전 상소에 대한 비답을 받고 24일에 다시 사직 상소를 봉하여 올렸는데, 또 4월 6일에 감영(監營)을 통해서 공문을 받았습니다. 오늘날의 일은 대개 이처럼 산만하니 방관하는 자들은 의당 괴이하게 여기며 비방할 것입니다.

일찍이 희천(熙川)의 서원(書院) 일[150]로 번거롭게 부탁드린 것이 있는데 받아 보셨습니까? 집사께서 비록 시간상 뒤미처 보완하지 못한다면 후임자에게 부탁해도 될 것입니다.

이달 초에 읍호(挹灝)[151]에게 문안하고 밤을 무릅쓰고 돌아왔는데, 크게 바람과 이슬을 맞는 바람에 큰 병에 걸려 먹지도 못한 지가 이미 열흘이 되었으니, 오래지 않아 장차 수고하지 않아도 직임이 저절로 체차될 것입니다. 염라대왕이 어찌 데려가지 않고 풀어 주어 다시 인간 세계의 재상이 되게 하려고 하겠습니까. 참으로 우습습니다.

149 지난여름 이후로 : 송시열이 1671년 5월 13일 우의정에 제수된 이후를 말한다.

150 희천(熙川)의 서원(書院) 일 : 희천의 서원이란 평안도 희천에 김굉필(金宏弼)과 조광조(趙光祖)를 모신 이현사(二賢祠)를 말하는데, 민유중이 평안 감사로서 1670년에 다시 중건할 때 송시열이 기문을 써 주었다. 《宋子大全 卷142 熙川郡二賢祠重建記》 그 기문에 조광조가 어린 시절에 김굉필에게 고한 고사를 추후에 적어 넣는 일을 말한다. 조광조가 김굉필에게 고한 고사에 대해서는 95쪽 주138 참조.

151 읍호(挹灝) : 당시 송준길이 머물고 있던 읍호정(挹灝亭)을 말하는데, 여기서는 그곳에 있는 송준길을 가리킨다. 《宋子大全 卷141 挹灝亭重修記》

민지숙에게 답함 임자년(1672, 현종13) 5월
答閔持叔 壬子五月

송나라의 고 황후(高皇后)는 여자 중의 요순(堯舜)이니,[152] 어찌 원우(元祐) 연간의 제현이 계속 왕실을 도와주기를 바라지 않았겠습니까. 그러나 이미 시세가 어렵다는 것을 알았기에 그들을 물러가게 하여 뒤를 이을 임금이 다른 쪽 사람들을 쓰게 하였습니다.[153] 이는 실로 제현을 아낀 나머지 그들이 형벌의 참혹함을 면할 수 있게 해 준 것이니, 그 심정은 슬프다고 할 만하지만 지혜는 명철하다 말할 수 있습니다.

송나라 황제가 "남은 사람들은 떠밀어 가게 해도 가지 않을 것이다." 라고 한 말[154]과 재상(宰相)을 파직했을 때 그가 울었는지 물었던 질문[155]을 매번 역사책에서 볼 때마다 땀이 나서 등을 적시지 않은 적이

152 송(宋)나라의……요순(堯舜)이니 : 고 황후는 송나라 영종(英宗)의 후비이자 신종(神宗)의 모후이며 철종(哲宗)과 휘종(徽宗)의 할머니인 선인태후(宣仁太后) 고씨(高氏)를 말한다. 신종이 추진하던 왕안석(王安石)의 신법을 반대하였으며, 철종이 즉위하자 수렴첨정을 하면서 왕안석 일파를 축출하고 사마광(司馬光) 등 구법당(舊法黨)을 등용하는 등 청렴하고 엄격한 정치를 행하여 원우의 치세를 이루었으므로 '여자 중의 요순'이라는 칭호를 얻었다. 《宋史 英宗宣仁聖烈高皇后列傳》

153 시세가……하였습니다 : 뒤를 이을 임금이란 철종의 동생 휘종을 말한다. 고 황후가 말년에 병들었을 때 원우의 제현인 여대방(呂大防)과 범순인(范純仁) 등이 문병을 오자, 그들의 후사를 걱정하며 말하기를 "공들은 일찍 물러나서 조정에서 별도로 다른 쪽 사람들을 쓰게 해야 한다." 하였다. 《宋史紀事本末 卷10 宣仁之誣》

154 송나라……말 : 이에 대한 전거를 찾지는 못하였으나 뒤의 사례로 볼 때 송나라 태종(太宗)과 관련된 일인 듯하다.

없었습니다.

오늘날의 일을 볼 때, 송나라에 비해 세대가 더욱 멀고 제공(諸公)의 현명한 수준이 또 원우 연간의 사람들과는 차이가 있는 듯합니다. 그런데 스스로 처신하는 도가 이렇게 거칠고 엉성하니, 사람으로 하여금 지극히 걱정되고 근심스럽게 합니다.

155 재상(宰相)을……질문 : 송 태종 때 재상 유창언(劉昌言)이 파직되자, 태종이 조용(趙鎔) 등에게 묻기를 "그가 눈물을 흘리던가?" 하였고, 여몽정(呂蒙正)이 파직되었을 때 또 말하기를 "복관되기를 눈이 빠지게 바랄 것이다." 하였다. 이에 전약수(錢若水)가 탄식하기를 "임금이 재상을 이렇게 대하는 것은 그들 중에 절개를 지켜 고상하게 행동하고 진퇴의 도리를 온전하게 행하여 임금을 감동시킨 사람이 없었기 때문이다." 하고는 곧바로 물러나 떠나기를 청하였다고 한다. 《宋史全文 卷4 宋太宗》

민지숙에게 답함 임자년(1672, 현종13) 10월
答閔持叔 壬子十月

일찍이 체편(褫便)을 통해 문안 편지를 받았는데 마치 직접 얼굴을 뵙는 듯하였기에 위로되고 후련한 마음을 말로 다 할 수 없었습니다. 저는 겨우 목숨을 보전하고 있다가 상사(喪事)[156]를 겪은 뒤로는 더욱 인간 세상에 대한 뜻이 없으니, 내일은 장차 동쪽으로 깊은 산에 들어가 나무와 바위 사이에서 말라 죽을 작정을 하고 있습니다. 동춘(同春)의 병에 대해 사람들은 모두 염려스럽다고 하지만, 그가 음식을 매우 달게 여기니 그래도 이것이 믿을 만한 점이라 하겠습니다.

오늘날은 서로 권면하여 단지 물러난다는 '퇴(退)' 한 글자를 이마 위에 붙여 두고 기필코 이를 이룬 뒤에 그만두어야 할 것입니다.[157] 집사의 백형(伯兄)과 중형(仲兄)의 경우에는 즐거움이 응당 어떠하겠습니까.[158]

156 상사(喪事) : 1672년 7월 5일에 중형(仲兄) 송시묵(宋時默)의 상을 당하여 8월 28일에 공주(公州)의 신오(新塢)에 장사 지낸 일을 말한다. 《宋子大全 附錄 卷6 年譜》

157 오늘날은……것입니다 : 당시에 윤경교(尹敬教)가 상소하여 허적(許積)을 비난한 것에 대해 송시열과 송준길을 비롯한 노론 측에서 두둔하는 발언이 이어지자, 현종은 같은 당여(黨與)끼리 서로 비호해 준다며 노여움이 상당하였고, 신하 중에 그 일과 관련된 말을 하는 자가 있으면 바로 견벌(譴罰)을 내리는 일이 잦았다. 송시열도 이를 불편하게 여겨 여러 번 상소하여 사직을 청하는 상황이었으므로 이런 말을 한 것이다. 《顯宗實錄 12年 6月 19日, 12月 5日・11日, 13年 4月 17日》《宋子大全 卷14 辭右議政疏三疏(辛亥十月二十三日)》

158 집사의……어떠하겠습니까 : 당시에 민유중의 큰형인 민시중(閔蓍重)도 윤경교

홍원(興原)[159]에 대해서는 단서가 없지는 않습니다. 유무중(兪武仲 유계(兪棨))과 윤길보(尹吉甫 윤선거(尹宣擧))가 매번 말하기를 "오늘날 후손들을 살게 할 만한 곳으로는 단지 영서(嶺西)가 가장 좋다." 하기에 저도 매번 마음속에 그곳을 거록(鉅鹿)으로 여기고 있었는데,[160] 제 아이가 이를 알고 사람들에게 누설한 것입니다. 먼저 말하고 나서 뒤에 행하는 것은 모든 일에서 꺼리는 바인데 어쩌면 좋단 말입니까.

의 일과 관련되어 파직된 뒤에 충주(忠州)로 낙향하였고 중형인 민정중(閔鼎重)도 사직을 청하여 윤허를 받은 뒤에 역시 충주로 낙향한 상태였으므로 이런 말을 한 것이다. 《顯宗實錄 13年 閏7月 11日》《承政院日記 顯宗 13年 閏7月 28日》

159 홍원(興原) : 강원도 원주(原州) 관할의 홍원창(興原倉)이 있는 지역인데, 송시열은 일찍부터 이곳에 이사하여 이유태(李惟泰), 박세채(朴世采) 등과 이웃하여 살면서 학문을 강론하려는 생각을 가지고 있었다. 《宋子大全隨箚 卷5》《宋子大全 卷49 答李季周(甲寅五月十日)》《文貞公遺稿 卷9 答兒鎭厚(乙卯正月二十一日)》

160 거록(鉅鹿)으로 여기고 있었는데 : 그리워하고 있었다는 말이다. 한 문제(漢文帝)가 낭중서장(郎中署長) 풍당(馮唐)에게 말하기를 "예전에 누가 '옛날 조(趙)나라의 어진 장수 이제(李齊)가 거록 땅에서 싸웠다.'라고 하기에, 지금도 내가 식사할 때마다 그 당시의 거록을 못 잊어 한다." 하였다. 《史記 馮唐列傳》

민지숙에게 보냄 임자년(1672, 현종13) 11월

與閔持叔 壬子十一月

근래의 근황은 어떻습니까? 저는 그저께 저녁 무렵에 동춘(同春) 형의 병문안을 하려고 밤새워 달려가서 방에 들어가 그의 손을 잡았는데, 저도 모르게 눈물이 흘렀습니다. 그는 꿈결같이 말하면서 대감에 대해 말이 미치면 멀리 목소리가 들려오는 듯 여기니, 또한 그로 인해 눈물이 떨어졌습니다. 나머지 이야기는 많이 언급하지 않겠습니다.

○ 계주(季周 이단하(李端夏))에게 위문하는 편지를 빈번하게 전하는 것이 어떻겠습니까? 어제 집사의 중형(仲兄 민정중(閔鼎重)) 대감의 편지를 받았는데, 그가 "계주는 평소 포용론을 말하기 좋아하는데, 지금은 어떻습니까?"라고 하기에, 저도 모르게 실소를 터뜨리고 말았습니다.[161]

161 계주는……말았습니다 : 《주역》 〈태괘(泰卦) 구이(九二)〉에 "거친 것을 포용해 주고 황하(黃河)를 맨몸으로 건너는 용맹을 발휘하며, 멀리 있는 사람을 버리지 않고 붕당(朋黨)을 없애면 중도에 합치하리라."라는 구절이 있다. 이단하가 과거 시험에서 이 구절을 글로 써서 급제하면서부터 붕당을 초월하여 관대하게 포용하는 것을 평생 자신의 일로 자임하고 주변 사람들에게나 상소를 올릴 때나 자주 이를 언급했는데, 이에 대해 사람들은 그를 고지식하고 우활하다고 여겼다. 《肅宗實錄 1年 閏5月 15日》 송시열이 실소를 터뜨린 것도 이런 이유에서였다.

민지숙에게 보냄 임자년(1672, 현종13) 12월
與閔持叔 壬子十二月

시열은 아룁니다. 뜻하지 않은 흉변이 생겨 어진 합부인(閤夫人)이 갑자기 세상을 떠났는데,[162] 부음을 받고서 놀랍고 애통한 마음을 가눌 길이 없었습니다. 삼가 생각건대 부부의 의리가 중하니 비통하고 침통한 마음을 어찌 견딜 수 있겠습니까. 동춘(同春) 형이 끝내 병석에서 일어나지 못하고 세상을 떠나 그 염습을 막 마쳤는데 그때 마침 부음이 전해졌습니다.[163] 그래서 병문(炳文) 등 여러 아이와 함께 상에 둘러앉아 통곡하였으니, 이 집안의 재앙이 어찌 이와 같단 말입니까.[164]

동춘은 어릴 때부터 저와 한집에 같이 거처하며 서로 함께 성장하였는데, 어찌 지금 갑자기 저보다 먼저 세상을 떠나 저로 하여금 무한한 슬픔을 느끼게 할 줄 생각이나 했겠습니까. 다만 저의 병이 고질적인 상황이니 얼마 안 있어 아마도 그의 뒤를 따라 죽지 않겠습니까. 그러

162 어진……떠났는데 : 합부인은 민유중의 부인 은진 송씨(恩津宋氏)를 말한다. 송준길의 딸이자 정경세(鄭經世)의 외손인데, 1672년 11월 28일에 사망하였다. 《睡谷集 卷25 驪陽府院君閔公諡狀》

163 동춘(同春)……전해졌습니다 : 송준길은 딸이 사망하고 며칠 뒤인 12월 2일에 병으로 세상을 떠났는데, 먼저 죽은 딸의 부음이 뒤늦게 전해진 것은 아마도 그 딸이 충청도 회덕에서 멀리 떨어진 서울 서문(西門) 밖에 살고 있었기 때문으로 보인다. 《宋子大全 卷58 與閔大受(壬子十二月八日)》

164 병문(炳文)……말입니까 : 병문은 송준길의 손자이자 송광식(宋光栻)의 아들을 말한다. 집안에 부녀가 죽는 재앙이 연이어 일어났기 때문에 이런 말을 한 것이다.

면 이 늙은이가 마음속으로 비통해할 날도 참으로 얼마 남지 않은 것이니, 이 점은 절로 위안이 된다 하겠습니다. 귀하의 새로 태어난 두 아이와 어린아이들은 모두 상중의 고통을 잘 견디고 있습니까? 매번 생각할 때마다 목이 멥니다. 막 회덕(懷德)에서 동쪽으로 산속에 돌아왔는데 병으로 고통스러워 남의 손을 빌려 대신 쓰는 바입니다.

민지숙에게 보냄 계축년(1673, 현종14) 4월 19일

與閔持叔 癸丑四月十九日

근래 외간에서 벌어지는 일에 대해 하나도 듣지 못하다가 작은손자(송회석(宋晦錫))가 어제 친시(親試)가 있다는 소식을 듣고 그쪽으로 출발하였는데, 창방(唱榜)한 지 이미 오래된 것을 알고 중간에 돌아와 마주보고 웃었습니다. 그러다 갑자기 이렇게 받은 편지에서 선릉(先陵)에 대한 큰 논의[165]를 말씀하시니, 너무나 놀랍고 동요되어 마음을 가눌 길이 없습니다. 이 일이 앞으로 어떻게 결말이 날지 모르겠습니다.

무신년(1668) 겨울에 북쪽 지방 사람이 한 통의 소본(疏本)을 보여주었는데, 역시 선릉을 개장(改葬)해야 한다는 내용이었습니다. 제가 견식이 미치지 못하는 일이라 감히 권하거나 저지할 수 없다고 말하자, 그 사람이 마침내 계면쩍어하며 돌아갔습니다. 지금 만약 이로 인해 마침내 천장(遷葬)의 논의가 있게 된다면 이는 국가의 대사인데 운기(運氣)가 바야흐로 막힌 때에 그 마무리를 잘할 것이라고 보장하기 어려우니 매우 우려스럽다 하겠습니다.

집사가 청한 대로 된 것은 다행스럽다고 할 만하지만 국가가 만에

165 선릉(先陵)에……논의 : 선릉은 동구릉(東九陵)의 건원릉(健元陵) 서쪽에 있는 효종의 능인 영릉(寧陵)으로, 당시 능의 석물 사이에 틈이 벌어져 빗물이 고이니 다른 곳으로 천장해야 한다는 논의가 있었다. 1673년 3월 24일에 영림부령(靈林副令) 이익수(李翼秀)가 상소하여 주장하면서 논의가 시작되었다.《顯宗實錄 14年 3月 24日》그 뒤 5월 5일에 천릉이 결정되었고 6월 2일에 천릉 장소를 여주(驪州)의 영릉(英陵) 옆 홍제동으로 확정하였다.《顯宗實錄 14年 5月 5日, 6月 2日》

하나 이런 큰일을 일으킨다면 집사는 당연히 참여하지 않을 수 없을 것입니다. 제 생각에는 열성(列聖)의 의관을 묻는 왕릉을 반드시 경기(京畿) 근처로 잡아 옮기기 때문에 항상 구차함을 면치 못한다고 여겨집니다. 주자(朱子)가 왕릉터를 도성 가까운 소흥(紹興)을 놓아두고 부양(富陽)이나 엄주(嚴州) 등지에서 찾으려고 했던 것[166]은 실로 이 때문입니다. 부디 집사께서는 속히 이를 형조에 알리는 것이 어떻겠습니까.[167]

일찍이 여주(驪州)의 홍제동(弘濟洞)이 매우 좋다고 들었는데 이 역시 어떤지 모르겠습니다만, 일찍이 보건대 민간에서는 선영(先塋)에 부장(祔葬)하고서 재앙을 만난 경우는 있지 않습니다.[168] 생각건대 신도(神道)도 산 사람과 차이가 없으니 집안이나 국가도 무슨 차이가 있겠습니까. 이런 관점에서 말하자면 천장의 논의 역시 응당 다시 헤아려 보아야 할 것입니다. 이 일에 대해 다시 듣는 것이 있을 경우 반드시 편지로 알려 주시어 이 답답한 마음을 풀어 주신다면 너무나 다행스럽겠습니다.

166 주자(朱子)가……것 : 송 효종(宋孝宗)의 장지를 정할 때 주희가 상주(上奏)하여 도성에서 먼 곳에도 길지가 많으니 부양이나 엄주 등의 지역도 고려해야 한다고 주장한 것을 말한다. 《宋史全文 卷28 光宗》

167 부디……어떻겠습니까 : 민유중은 1672년 12월 16일 형조 판서에 제수되어 4월 19일 이 당시까지 그 직임에 있었다. 그런데 왜 여기서 왕릉을 옮기는 것과 관련된 사안을 형조에 알리라고 했는지 그에 대한 분명한 사유는 확인하지 못하였다.

168 민간에서는……않습니다 : 민간에서도 선영에 부장을 하고 문제가 되는 경우는 없으니 천릉 장소를 여주의 홍제동에 있는 세종대왕의 능인 영릉(英陵) 옆으로 정한다면 역시 문제가 없을 것이라는 말이다.

민지숙에게 답함 계축년(1673, 현종14) 4월

答閔持叔 癸丑四月

산릉의 일[169]이 있은 이래로 밤낮 걱정하며 탄식하고 있으나 때때로 소식을 들어 알 수 있는 기회가 없기에 절로 우울하고 답답할 따름이었습니다. 그러다가 방금 공주(公州) 감영(監營)의 인편을 통해 21일에 보내신 편지와 여러 종이를 전해 받고 비로소 앞뒤의 전말을 알게 되었는데, 일의 불행이 어찌 이렇게까지 되었단 말입니까.

오늘날의 일이 과연 수원(水原)으로 정하지 않아서 이렇게까지 된 것이라면[170] 미천한 신하인 저는 비록 만번 형벌을 받는다 하더라도 역시 마음으로 달게 여길 것입니다. 밤낮으로 축원하는 바는 단지 여기에 있으니, 그리되면 뒤의 일은 전적으로 모두 상서로운 쪽으로 이루어질 것입니다.

묵묵히 따져 보건대 오늘날의 조정 신하 중에는 다시 이 논의를 담당할 사람이 없고 단지 집사 한 분만 있을 뿐입니다. 그러니 반드시 더욱 마음과 정성을 다하여 후회가 있지 않도록 한다면 이로 인해 위안이 되고 마음이 풀릴 것입니다. 선왕(先王)의 기일[171]이 마침 이렇게 머지

169 산릉의 일 : 효종의 능에 문제가 있어 천장(遷葬)을 논의하던 일을 말한다.

170 오늘날의……것이라면 : 애초에 효종의 능을 정할 때 남인 등과 서인의 일부에서 수원이 길지라고 주장하며 그곳으로 정하자는 논의가 있었으나 결국에는 송시열을 비롯한 서인의 다수가 주장한 동구릉(東九陵) 내 건원릉(健元陵) 서쪽의 영릉(寧陵)으로 정해졌다.《顯宗實錄 卽位年 6月 19日·30日, 7月 8日·11日·13日, 9月 1日》

171 선왕(先王)의 기일 : 선왕인 효종이 승하한 날은 1659년 5월 4일이다.

않았기에 애통하고 괴로운 마음이 더욱 깊어집니다.

저는 선조들의 제사가 계속 있어서 회덕(懷德)으로 돌아온 지 이미 여러 날이 되었는데, 단오가 지나면 즉시 도로 산중으로 돌아갈 것입니다. 만약 말씀하실 것이 있으면 부디 노치(老峙)의 인편을 통해 간략하게 언급하시는 것이 어떻겠습니까. 다른 일은 아직 듣고 싶지 않거니와 오늘은 오장육부가 불에 타는 듯합니다.

민지숙에게 답함

答閔持叔

일전에 보내신 편지가 어디선가 전해 왔기에 바야흐로 인편을 찾아 답장을 보내려고 하였는데, 이번에 또 거듭 편지를 받으니 더욱 감사하고 위로가 됩니다. 선왕의 능침(陵寢)이 마침내 천만세의 길지에 터를 잡았으니,[172] 이것이 어찌 사람의 계책으로 미칠 수 있는 일이겠습니까. 실로 성상의 효성이 위로 전해져서 종묘의 신령들이 묵묵히 도왔기 때문에 그리된 것입니다. 더구나 석상(石象) 등 여러 의물(儀物)을 줄이는 쪽으로 따라서 위로 영릉(英陵)과 같이 하였으니, 모든 왕들의 성대한 아름다움보다 더욱 뛰어난 일이라 하겠습니다.

미천한 신하인 제가 일찍이 경자년(1660, 현종1) 연간에 이것을 위에 보고하여 그 당시에 저지하던 여러 공에게 보게 하지 못한 것이 애석합니다. 정자(程子)가 태중공(太中公)을 대신하여 쓴 상소[173]는 실로 천고에 분명한 가르침이니, 한번 취하여 보심으로써 우리 성고(聖考)의 자애롭고 검소하셨던 덕을 밝히는 것이 어떻겠습니까.

172 선왕의……잡았으니 : 효종(孝宗)의 능을 천릉할 장소가 여주(驪州)의 홍제동(弘濟洞)에 있는 세종대왕의 영릉(英陵) 옆으로 정해진 것을 말한다.《顯宗實錄 14年 6月 2日》

173 정자(程子)가……상소 : 정자는 정이(程頤)를 말하고 태중공은 태중대부(太中大夫)를 지낸 정이의 아버지 정향(程珦)을 말한다. 정이가 아버지를 대신하여 올린 상소는《이정문집(二程文集)》권6의〈태중을 대신하여 황제에게 올리는 글〔代太中上皇帝書〕〉로, 인종(仁宗)의 장례를 소박하게 지냄으로써 검소한 덕을 밝게 빛내도록 하라는 내용이다.

민지숙에게 답함 계축년(1673, 현종14) 6월
答閔持叔 癸丑六月

막 예관(禮官)이 돌아가는 편에 답서를 부쳐 올렸는데, 방금 또 감영의 인편을 통해 17일에 보내신 편지를 거듭 받았습니다. 아울러 말씀하신 물여우와 같은 간사한 무리의 참소[174]는 사람으로 하여금 너무나 놀랍고 두려워 몸 둘 바를 모르게 합니다. 사세가 급박하면 태도와 안면을 바꾸어 반드시 목적을 이룬 후에 그만두는 것이 바로 저들의 가법(家法)입니다. 그들의 주장은 "저의 죄는 주도적으로 건원릉(健元陵) 서쪽에 영릉(寧陵)을 쓴 것뿐만 아니라 경자년(1660)에 능상(陵上)에 변고가 있어 명을 받들 때[175] 개장(改葬)하도록 과감하게 진달했어야 마땅하다."라는 것이니, 이와 같다면 흉악하고 참혹한 죄가 어찌 단지 병조

174 물여우와……참소 : 영림부령(靈林副令) 이익수(李翼秀)의 상소와 장응일(張應一)의 상소를 말한다. 이익수는 1673년 3월 24일에 상소하여 효종 능인 영릉(寧陵)의 봉분이 기울어지고 석물 사이에 틈이 벌어져 빗물이 고인다고 하였고, 장응일은 6월 14일에 상소하여 누군가의 적극적인 주장으로 현재의 동구릉 건원릉 서쪽 자리에 능을 쓰는 바람에 이렇게 다시 천릉하는 일이 있게 되었다며 송시열의 죄를 넌지시 거론하였다. 《顯宗實錄 14年 3月 24日, 6月 14日》

175 경자년에……때 : 1660년 7월 18일 예조에서 영릉(寧陵)의 지대석과 상석 등의 연결 부위에 틈이 벌어져 기울어지고 정자각의 기와 위에 바른 석회도 벗겨져 떨어진 곳이 많다고 보고하였다. 이에 현종은 8월 5일에 당시 병조 판서인 송시열과 대사헌 송준길에게 의견을 물었는데, 송시열은 석물 등을 철거하고 다시 설치하자고 주장하였고 송준길은 우선 기울어진 곳만 대략 수리하여 바로잡고 허물어진 틈을 메운 다음 후일의 상황을 봐서 새로 석물을 설치하자고 주장하였다. 여러 대신의 의견은 송준길의 의견에 동조하였으므로 수리하는 쪽으로 결정하였다. 《顯宗實錄 1年 7月 18日, 8月 5日》

판서로서의 책임[176]뿐이겠습니까.

처음에는 천장할 때 죽음을 무릅쓰고 나아가서 작은 정성이나마 펴려고 마음을 먹었으나 일이 이 지경에 이르는 바람에 처음의 계획을 장차 이루지 못하게 되었으니, 너무나도 애통하고 애통할 뿐입니다. 혹여라도 다시 지문(誌文)을 제술하라는 명을 받게 되면 당연히 이런 때에 이러한 정세를 진달하면서 사양을 청할 것입니다.[177] 단지 저는 산골에 사는 미천한 사람으로서 다시 상소를 올리는 것이 매우 답답하고 괴로운 일일 뿐, 목숨이 푸줏간에 걸리는 것은 염려하는 바가 아닙니다.

기억해 보면 당초에 수원(水原)으로 정하자는 설은 실로 미천한 신하인 제가 주창하였고 완남(完南), 연양(延陽), 함릉(咸陵)은 계속해서 수원 설을 모두 반대하였는데,[178] 연상(延相)이 더욱 힘을 써서 마침내 성상의 마음을 돌렸습니다.[179] 그리고 동구릉(東九陵) 내의 영릉(寧

176 병조 판서로서의 책임 : 1660년 8월 1일에 송시열은 병조 판서에 제수되었다.

177 다시……것입니다 : 건원릉 서쪽에 있던 영릉(寧陵)을 여주(驪州)의 영릉(英陵) 옆으로 옮기기로 결정하고 6월 28일에 송시열에게 천릉 지문을 찬진하라는 현종의 명이 내려졌는데, 송시열은 곧바로 상소하여 사양하였다. 《宋子大全 附錄 卷6 年譜》

178 완남(完南)……반대하였는데 : 완남, 연양, 함릉은 각각 이후원(李厚源), 이시백(李時白), 이해(李澥)의 봉호이다. 이들은 효종의 장지를 수원으로 하자는 윤선도(尹善道) 등의 주장에 대해 여러 차례 상소하여 강력하게 반대하였다. 그 외에 이상진(李尙眞)과 윤강(尹絳) 등도 수원 설을 강력하게 반대하였다. 《顯宗實錄 卽位年 6月 21日 · 22日 · 26日, 7月 8日 · 11日》

179 연상(延相)이……돌렸습니다 : 연상은 연양부원군(延陽府院君) 이시백으로, 효종 때 영의정을 지냈으므로 이렇게 호칭한 것이다. 애초에 현종은 장지를 수원으로 하자는 설에 찬성하였으나 이시백을 비롯한 대신들이 동구릉 내의 건원릉 서쪽이 합당

陵)으로 하자는 설은 윤 판서(尹判書)와 심상(沈相)이 주도하였으니,[180] 지금 이택지(李擇之)와 제윤(諸尹)[181]의 경우에는 응당 잠자코 있어야 할 것입니다. 만약 관련된 글이 있다면 얻어 볼 수 있기를 간절히 바라는 바입니다.

하다고 계속 주장하자 결국 그곳으로 결정하였다. 《顯宗實錄 卽位年 7月 11日》

180 동구릉(東九陵)……주도하였으니 : 윤 판서는 예조 판서인 윤강을, 심상은 좌의정이자 총호사(摠護使)인 심지원(沈之源)을 말한다. 이들이 동구릉의 영릉을 장지로 주장하는 내용은 《현종실록》 즉위년 7월 4일과 7일, 11일 기사에 자세히 보인다.

181 이택지(李擇之)와 제윤(諸尹) : 이택지는 이선(李選, 1631~1692)으로 택지는 그의 자이며, 이후원의 아들이자 윤강의 사위이다. 제윤은 윤지선(尹趾善) 형제를 말하는데, 윤강의 아들들이다.

민지숙에게 보냄 계축년(1673, 현종14) 6월

與閔持叔 癸丑六月

바쁜 공무 중에 기거는 어떻습니까? 미천한 신하인 저는 외람되이 지문(誌文)을 제술하라는 명을 받았기에 그 소임을 해면해 주기를 청하지 않을 수 없습니다.[182] 만약 윤허받지 못한다면 형세상 장차 애써 명에 부응해야 할 것인데,[183] 원래의 지문 초고가 집 안에는 없습니다. 그 당시에 초본(草本)을 궐내로 들여서 이것으로 넌지시 성상을 경계하려 했던 듯합니다. 한 부를 베껴 보내 주되 아울러 선왕의 행장(行狀) 초고와 애책문(哀冊文), 시책문(諡冊文)까지 일일이 기록하여 보내 주시는 것이 어떻겠습니까.

182 미천한……없습니다 : 현종이 1673년 6월 26일에 영릉(寧陵)의 천릉과 관련하여 송시열에게 지문 제술관(誌文製述官)과 지문 서사관(誌文書寫官)을 제수하였고, 송시열은 6월 29일에 그 명을 사양하는 상소를 올렸다. 《현종실록》에는 14년 7월 4일 기사에 이 상소가 보인다. 《承政院日記 顯宗 14年 6月 26日》《宋子大全 卷15 辭寧陵遷葬誌文撰進疏(癸丑六月二十九日)》

183 만약……것인데 : 송시열은 상소를 올려 이 소임을 사양하였으나 허락받지 못하자 1673년 7월 26일 소명에 응하기 위해 서울을 향해 떠난다. 《宋子大全 附錄 卷6 年譜》

민지숙에게 보냄 계축년(1673, 현종14) 6월
與閔持叔 癸丑六月

어제 예랑(禮郞)[184]이 돌아가는 편에 간략하게 작은 서찰을 보냈는데 계산해 보면 수일 뒤에 받아 보실 것입니다. 그런데 방금 공주(公州) 감영(監營)의 체편(遞便)을 통해 22일에 보내신 편지와 별지를 전해 받고 말씀하신 내용을 자세히 알게 되니 감사한 마음 그지없습니다. 오늘 이 승지(李承旨)가 와서 성상의 유지를 전해 주었는데,[185] 미천한 신하인 저를 위로하는 뜻이 너무나 지극하기에 유지를 받들어 읽고는 감읍하여 몸 둘 바를 몰랐습니다.

어제 본주(本州)를 통해 외람되이 지문(誌文)을 짓는 소임의 사양을 청하는 상소를 올렸습니다. 만약 윤허의 명을 받지 못하면 형세상 명을 받들어 응해야 할 것이니, 어제 편지에서 말씀드린 것을 바라건대 부디 유념해 주시는 것이 어떻겠습니까. 오늘 또 이 승지에게 말했습니다만, 집사께서 한 건의 지석(誌石)을 구워 만들자고 아뢴 것[186]은 깊이 생각

184 예랑(禮郞) : 예조 좌랑(禮曹佐郞) 이영갑(李英甲)을 말한다. 그는 효종의 능을 천장할 때 필요한 지문을 속히 지으라는 현종의 유지를 송시열에게 전하기 위하여 6월 28일에 내려왔다. 《宋子大全 卷23 禮曹佐郞李英甲傳諭後書啓(癸丑六月二十八日)》

185 오늘……주었는데 : 오늘은 6월 29일이고, 이 승지는 동부승지 이규령(李奎齡)을 말한다. 그 역시 천릉 지문을 찬술하라는 현종의 유지를 전하기 위하여 내려온 것이다. 《宋子大全 卷23 承旨李奎齡傳諭後書啓(癸丑六月二十九日)》

186 집사께서……것 : 당시에 영릉천릉도감 제조(寧陵遷陵都監提調)였던 민유중이 현종에게 지석을 구운 다음 그 위에 지문을 서사(書寫)하기를 청한 것을 말한다. 《承政

하여 좋은 계책을 찾은 것이라고 할 만합니다. 집사의 충성스럽고 간절한 마음과 성의가 여기에까지 이르렀으니, 크게 불충한 데다 흉악하고 참혹한 자[187]는 더욱 안면을 대하기가 어렵게 되었습니다.

별지

향후에 단지 길가에 엎드려 곡하면서 지극히 애통한 마음을 풀려고 하였는데, 갑자기 지문을 지어 올리는 일이 생기니 심란하기 짝이 없습니다. 당초에 지어 올릴 때[188]에도 제 상황이 편안하지 못한 관계로 북문(北門) 밖에 나가 있었는데, 지금도 상소를 올려 병으로 사직한 뒤에 이렇게 되었으니, 잘 주선해 주시는 바가 있다면 낭패를 면할 수 있을 것입니다. 부디 묵묵히 헤아려 주시는 것이 어떻겠습니까. 이는 집사가 아니면 어찌 감히 이런 말을 꺼내겠습니까.

저는 무더운 여름에는 으레 앓는 병이 있습니다. 금년에는 특히 심하니 서늘한 가을이 되지 않으면 출발할 가망이 전혀 없습니다. 모든 일은 상황에 따라 잘 대응하고 또 인편을 통해 알려 주시기를 간절히 바라 마지않습니다.

院日記 顯宗 14年 6月 26日, 7月 9日》

187 크게……자 : 장응일(張應一)이 송시열의 죄를 거론하며 언급한 말을 빌려 와 자신을 지칭한 것이다. 1673년 6월 14일에 전 참의 장응일이 상소하여, 동구릉 내의 건원릉(健元陵) 서쪽 자리에 효종의 능을 쓰는 바람에 천릉하는 일이 있게 되었다며 이런 과격한 말로 송시열의 죄를 거론하였다. 《顯宗實錄 14年 6月 14日》

188 당초에……때 : 1659년 5월 4일에 효종이 죽고 영릉(寧陵)에 장사 지내는 것으로 정해지자 송시열이 9월 3일에 묘지문을 지어 올렸다. 《顯宗實錄 卽位年 9月 3日》

민지숙에게 보냄 계축년(1673, 현종14) 7월
與閔持叔 癸丑七月

일찍이 기해년(1659) 여름에 정 판부사(鄭判府事)가 도감 당상(都監堂上)으로 있었는데,[189] 당시에 그는 기축년(1649, 효종 즉위년)의 등록(謄錄)을 보고 크게 놀라며 말하기를 "이 등록을 만든 자는 필시 무도(無道)한 사람일 것이니, 후일의 국상(國喪)에서 자신의 이익을 도모하려고 영합한 것이다. 어찌 이렇게 규모를 성대하게 할 수 있단 말인가." 하였습니다. 그러나 그도 끝내는 그 등록에 따라 물목(物目)을 마련하였습니다.

목물(木物)을 예로 들어 말하자면, 여러 고을에서 경강(京江) 강상(江上)으로 내려보내는 것 중에 단지 공용으로 그 절반만 취하는 경우도 있고 혹은 전혀 취해 쓰지 않는 경우도 있는데, 남은 것들은 모두 아전 무리의 집으로 돌아갔다고 합니다. 들으니 지금 마련한 물목은 그때에 비해 더욱더 번다하다고 하는데, 이는 혹여 소문이 과하게 전해진 측면도 있을 것입니다.

잡물(雜物)의 경우는 열읍(列邑)에 분정(分定)할 때 만약 여러 물목을 한꺼번에 아울러 내리면 아전들이 물품마다 일일이 정채(情債)를 받을 수가 없기 때문에 반드시 물품 하나하나에 대해 이렇게 공문을

189 기해년……있었는데 : 정 판부사는 정치화(鄭致和)를 말하는 듯하다. 1673년 7월 당시 판중추부사(判中樞府事)였는데, 기해년 당시에 병조 판서로서 효종의 산릉 조성을 담당하는 산릉도감 제조(山陵都監提調)로 있었다. 《顯宗實錄 卽位年 6月 19日》

보내는 것입니다. 따라서 아주 하찮은 물품이라도 반드시 그 일을 맡는 심부름꾼을 보내는 식으로 비용을 허비하고 또 물품마다 각각 뇌물을 받아 챙기니, 열읍에서 겪는 곤경이 특히 더 심합니다.[190] 이는 눈으로 목도하여 기록한 것이니, 집사께서 이를 부디 변통하실 수 있기를 바랍니다.

190 잡물(雜物)의……심합니다 : 송시열이 민유중에게 이런 내용의 편지를 보낸 것은 민유중이 당시에 천릉도감 제조(遷陵都監提調)로 있었기 때문이다. 이 편지에 대한 민유중의 답서가 《문정공유고(文貞公遺稿)》에 있는데, "이번 천릉의 물목은 모두 기해년의 예에 따라 실제로 들어간 수량을 지방에 분정하였으므로 조금도 과하게 넘치는 것이 없습니다. 그런데도 오히려 번다하다는 말이 있으니 사람을 두렵게 만듭니다. 아전들이 물품마다 정채를 받는 문제는 틀림없이 이런 일이 없지는 않을 것인데, 자세히 살펴 엄하게 막지 않는 것은 아니지만 또한 적발해 내기가 어려우니 이것이 근심스럽습니다."라는 내용이다. 《文貞公遺稿 卷10 上尤菴》

민지숙에게 답함 계축년(1673, 현종14) 7월
答閔持叔 癸丑七月

그리워하던 중에 21일에 내려 주신 편지를 받으니 저의 마음에 매우 위로됩니다. 저의 행차는 오래전에 출발했어야 마땅하지만 처지가 편하지 못한 상황에서 무턱대고 함부로 공적인 행동을 하고 싶지 않았습니다. 그래서 사사로이 길 떠날 채비를 할 때 머뭇거리며 지체하고 말았으니 너무나 송구할 뿐입니다. 하지만 내일은 비록 행장이 갖추어지지 않더라도 곧장 출발할 것입니다. 현재와 과거를 생각해 볼 때 스스로 감당하기 어려운 점이 있어 둘째 병하(炳夏)[191]와 동행하려고 합니다.

또 생각건대 서울에 들어간 뒤에 다시 의외의 일이 생기면 낭패를 당하여 도망치듯 돌아가야 하는데, 그리되면 선왕을 천장(遷葬)하는 곳[192]을 끝내 볼 수 없을 것입니다. 이는 실로 무궁한 한으로 남을 것이기 때문에 이천(利川)과 여주(驪州)의 길을 따라 홍제동(弘濟洞)을 봉심(奉審)한 뒤에 강 서쪽으로 배를 타고 내려가려고 합니다. 이런 때에 집사가 만약 공적인 일로 와서 모인다면 얼마나 다행스럽고 다행스럽겠습니까.

191 둘째 병하(炳夏) : 송준길(宋浚吉)의 손자이자 송광식(宋光栻)의 둘째 아들인 송병하를 말한다.

192 선왕을 천장(遷葬)하는 곳 : 당시에 선왕인 효종의 능을 여주의 홍제동에 있는 영릉(英陵) 옆으로 이장하는 공사를 하고 있었다. 자세한 내용은 109쪽 주165 참조.

민지숙에게 보냄 계축년(1673, 현종14) 7월

與閔持叔 癸丑七月

저는 이런 큰 낭패를 만났으니[193] 답답하기 짝이 없습니다. 처음에는 죽산(竹山)에서 말고삐를 돌려 돌아가려 하다가 다시 생각해 보니, 그렇게 되면 새로운 능의 위배(圍排)[194]를 끝내 볼 수 없을 것이라 여겨졌기 때문에 그대로 이곳으로 왔습니다. 그런데 사람과 말이 매우 피곤하여 더뎌지는 바람에 파토(破土)하는 때에 미치지 못하였으니 한스러울 뿐입니다. 오늘은 여주의 경내에서 자고 내일 아침 일찍 떠나려고 합니다. 모든 일을 모름지기 상세히 알려 주시어 사람들의 이목에 어긋남이 없도록 해 주시는 것이 어떻겠습니까. 이만 줄입니다.

193 저는……만났으니 : 송시열이 1673년 7월 26일에 좌의정에 제수된 것을 말한다. 송시열은 효종의 천릉 지문을 찬진(撰進)하기 위해 서울로 올라가던 길에 죽산에서 좌의정에 제수한다는 명을 전해 받고는 여주로 돌아가서 홍제동의 효종 능을 봉심하고 신륵사(神勒寺)에 머물며 사직 상소를 올렸다. 《承政院日記 顯宗 14年 7月 26日》《宋子大全 附錄 卷6 年譜》

194 위배(圍排) : 바자나 이엉으로 빙 둘러쳐서 작업을 하거나 물건을 간수하는 등의 용도로 사용하는 공간을 말한다. 사용되는 바자나 이엉의 수효에 따라 크기를 구분한다. 《국역 가례도감의궤 영조정순왕후》 도청 의궤 〈감결질〉 참조.

민지숙에게 답함
答閔持叔

총호사(摠護使)[195]의 편지에서 지문(誌文)에 한두 군데 상세히 의논할 곳이 있다고 하기에 어떤 곳인지 잘 몰랐는데, 이제 별지를 받고 나서야 비로소 알게 되었습니다. 옹주(翁主)에 대한 부분은 이미 원래의 지문에 보이니 이번 지문에도 다시 그 시말을 기록하는 것이 마땅합니다만, 이미 고인이 되었고 후사(後嗣)도 없기 때문에 지나치고 말았습니다. 그러나 반드시 기재하려고 한다면 첨입해도 무방할 것입니다.

오늘날의 공주(公主)들은 선왕(효종(孝宗))에게는 이미 손자 항렬인데다가 또 세자와 나란히 배열하는 것이 혐의스럽기 때문에 역시 쓰지 않았습니다. 만약 혐의스러울 것이 없다면 역시 추가하여 기록해야 할 것입니다.

세자의 연령은 이 얼마나 중요한 일인데 무단히 쓰지 않았겠습니까. 이 일은 당초에 매우 많이 헤아려 보고 논의한 사안입니다. 보내온 편지에서의 말씀은 연령도 추가하여 기록할 내용 가운데 들어가야 한다고 하신 듯한데, 이에 대해서는 자세히 듣지 못하셨던 듯합니다. 대면했을 때 조용히 얘기할 수 없을까 염려가 되기 때문에 감히 이렇게 말하는 것입니다. 이런 따위의 일은 미리 총호사와 함께 자세히 살펴보고 처리하시는 것이 어떻겠습니까?

195 총호사(摠護使) : 당시 효종의 능을 천장하는 일을 주관하는 총호사의 소임은 우의정 김수흥(金壽興)이 맡고 있었다. 《承政院日記 顯宗 14年 6月 3日》《顯宗實錄 14年 9月 29日》

민지숙에게 보냄 계축년(1673, 현종14) 8월

與閔持叔 癸丑八月

집사가 서쪽으로 돌아가신 뒤로 객지 생활의 시름이 더욱 절절해졌습니다. 어제 강 하류의 사찰로 옮겨 왔는데[196] 조용하고 편안한 것이 화양(華陽)과 차이가 없었습니다. 단지 한두 명의 젊은이들과 고금에 대해 담론을 나누면서 잠시나마 날을 보내고 있으니, 이 밖에 다시 더 말할 것이 무에 있겠습니까. 보내 주신 편지는 매우 감사하고 말씀해 주신 뜻은 더욱 감사합니다.

다만 후사가 없는 숙부와 숙모의 묘소가 여기에서 멀지 않은 지역에 있는데,[197] 방계(傍系) 친족으로서 저같이 불초한 사람들이 다 지역이 멀고 힘이 미약한 나머지 때마다 제사를 올려 드리지 못하였습니다. 그러다 보니 서리나 이슬이 내릴 때 돌아가신 분을 그리는 감회가 마음 속에서 공연히 더 간절해집니다.

이제 마침 제가 여기에 왔는데 명절 제사[198]를 지내야 할 때를 우연히 만났습니다. 지금은 소의 병을 고치거나 한여름에 밭에서 일했던 귀신들도 모두 자손이 올리는 제사를 받는 때이니,[199] 진실로 차마 그냥

196 어제……왔는데 : 사찰은 여주(驪州)의 장흥사(長興寺)를 말한다. 송시열이 1673년 8월 16일에 동호(東湖)에 나와 상소하여 지문 쓰는 일을 사양하였는데, 그때 여주의 신륵사(神勒寺)가 시끄러워 장흥사로 옮겨 거처하였다. 《宋子大全 附錄 卷6 年譜》

197 후사가……있는데 : 송시열의 숙부는 송천조(宋天祚)로, 이들 부부의 묘소가 여주에서 가까운 양근(楊根)의 후평(後坪)에 있었다. 《宋子大全 附錄 卷6 年譜》

198 명절 제사 : 팔월대보름에 지내는 제사를 말한다.

지나칠 수가 없어 바야흐로 자리를 펴고 제수를 장만하여 대략이나마 작은 정성을 다하였습니다. 그러느라 여기에서 결국 지체하고 말았으니,[200] 이후로 만약 다시 부득이한 일이 생긴다면 어찌 감히 집사의 귀한 가르침을 따르지 않겠습니까.

얼마 전 궁중에 들였던 상소의 글 중에는 영남(嶺南)의 상소를 감계(鑑戒)로 삼지 않고 망녕되이 논한 것이 있는데,[201] 만약 성상께서 물리치지 않으신다면 모름지기 호상(護相 총호사 김수흥(金壽興))과 그 타당성 여부를 의논해 보시는 것이 어떻겠습니까. 사리에 맞지 않는다면

199 소의……때이니 : "소의 병을 고치거나 한여름에 밭에서 일했던 귀신들"이란 살아생전에 미천한 일을 하던 사람들을 가리키는데, 이들도 모두 명절에는 자손들에게 제사를 받는다는 말이다. 유종원(柳宗元)의 〈경조윤 허맹용에게 보내는 편지〔寄許京兆孟容書〕〉에 "노비와 일꾼 들도 모두 부모의 무덤에 성묘하고, 말의 병을 고치거나 한여름 밭에서 일하던 귀신들도 자손들의 추모를 받지 못하는 이가 없다."라고 하였다. 《柳宗元集 卷30》

200 그러느라……말았으니 : 송시열은 숙부의 묘소에 제사를 올리고 곧바로 두모포(豆毛浦)에 나아가 다시 상소하여 지문 쓰는 소임을 면해 주기를 청하느라 지체하고 있었다. 이후 현종이 태의(太醫)를 보내어 병을 간호하게 하고 사관을 통해 비답을 전하면서 궁궐로 들어오기를 재촉하자 마침내 서울 도성으로 들어왔다. 《宋子大全 附錄 卷6 年譜》

201 얼마……있는데 : "얼마 전에 궁중에 들였던 상소"란 송시열이 1673년 8월 9일에 올렸던 상소를 말하고, "영남의 상소"란 송시열의 적극적인 주장으로 효종의 능을 건원릉(健元陵) 서쪽에 쓰는 바람에 이렇게 다시 천릉하는 일이 있게 되었다며 송시열의 죄를 거론한 장응일(張應一)의 상소를 말한다. 그리고 망녕되이 논한 것이 있다는 말은 송시열이 올린 상소의 내용 중에 "이번에 천릉한 곳에는 표석(表石)을 세우고 큰 글자를 깊게 새기도록 할 것이며, 널 밑에는 석회를 2, 3자 정도 쌓아 채우고 광중(壙中)에 넣는 의물은 줄여 간략하게 하며, 신혈(神穴)을 파는 것도 너무 넓게 하지 마소서."라고 말한 것을 가리킨다. 《宋子大全 卷15 更申前懇仍請新陵立表石用地灰疏, 附錄 卷6 年譜》

참으로 불충한 일이 될 것이니 그 점이 두렵습니다.

별지

원래의 지문(誌文) 첫 행의 "유명 조선국 효종대왕의 영릉 지〔有明朝鮮國孝宗大王寧陵誌〕"에 대하여-편지에서 말씀하신 것이 매우 타당합니다. '지(誌)' 뒤에 '문(文)' 자가 있어야 할 듯합니다.-

매 편(片)의 왼쪽 구석에 "숭정(崇禎) 기원(紀元)……"이라고 한 것에 대하여-편지에서 말씀하신 것이 좋은 듯합니다만, 제 생각은 '조선국 효종대왕 지문 몇 번째'라고 하고 싶은데, 어떨지 모르겠습니다.-

원래의 지문 말단에는 응당 "숭정 기원 32년 기해년(1659) 모월 일에 숭정대부 판의금부사 신 송시열이 교명을 받들어 짓다.〔崇禎紀元三十二年己亥某月日, 崇政大夫判義禁府事臣宋時烈奉教撰.〕"라고 해야 하고,-그 당시 미천한 신하인 저의 관함(官銜)을 당연히 상고해야 하고 날짜와 달도 사실에 의거해야 할 것입니다.- "숭정 기원 46년 계축년(1673) 10월 일에 모 관직 신 성 아무개가 교명을 받들어 쓰다.〔崇禎紀元四十六年癸丑十月日, 某官臣姓某奉教書.〕"라고 해야 할 것입니다.

부록(附錄)의 첫 행에는 "영릉을 천릉할 때의 사실에 대한 부록〔寧陵遷奉時事實附錄〕"이라 하고, 말단에는 "숭정 기원 46년 계축년 10월 일에 모 관직 신 송시열이 교명을 받들어 추록하고 모 관직 신 성 아무개가 교명을 받들어 쓰다.〔崇禎紀元四十六年癸丑十月日, 某官臣宋時烈奉教追錄, 某官臣姓某奉教書.〕"라고 해야 할 것입니다.

사례(事例)는 마땅히 위와 같이 해야 할 듯하니, 부디 호상과 상의해 보시는 것이 어떻겠습니까.

삼가 듣건대 성상께서 미천한 신하인 저로 하여금 중초(中草)를 써서 올리게 하려고 한다 하니, 만약 그렇다면 종이는 모름지기 깨끗하고 좋은 것으로 선택하되 정간(井間)[202]을 만들도록 하고, 붓과 먹도 정품(精品)으로 보내와야 할 것입니다.

202 정간(井間) : '정(井)' 자 모양으로 여러 평행선을 그어 만든 칸살을 말한다. 글씨를 쓸 때 글자의 간격을 고르게 하기 위해 종이 밑에 받친다. 사란(絲欄) 또는 영지(影紙)라고도 한다.

민지숙에게 답함 계축년(1673, 현종14) 8월

答閔持叔 癸丑八月

오늘 받은 집사의 편지를 방금 저녁 등불 아래에서 펼쳐 읽어 보고 말씀하신 내용을 잘 알았습니다. 저는 어제 아침에 사관(史官)을 따라 출발하였습니다. 배가 물길을 따라 잘 가고는 있지만 병으로 인해 빨리 가기가 어렵습니다. 지난밤부터 또 이질(痢疾)이 심해져서 바야흐로 이렇게 몹시 괴로워하고 있습니다. 그러나 내일은 응당 새벽에 출발하여 노 젓기를 재촉해서 중간에 집사의 중형과 만나 잠시 대화를 해야 하고 저녁 무렵에는 두모포(豆毛浦)에 도착할 작정입니다.

앞으로의 모든 일은 제가 듣는 것이 적어 억측으로 판단하기 어려우니, 모름지기 신속하게 편지를 써서 즉시 박화숙(朴和叔 박세채(朴世采))에게 의견을 듣는 것이 어떻겠습니까. 금세(今世)에 박학하기로는 이 친구만 한 사람이 없기에 이런 뜻을 역시 우상(右相 김수흥(金壽興)) 에게 보내는 편지에도 언급하였습니다. 만나 뵐 날이 머지않으니 우선 일일이 다 쓰지 않고 이만 줄입니다.

민지숙에게 보냄 계축년(1673, 현종14) 9월 16일

與閔持叔 癸丑九月十六日

일전에 잠깐 만나 전송하였기에 지금까지 마음이 편치 않았습니다. 그 뒤에 중형(仲兄 민정중(閔鼎重))의 편지를 받고 집사의 큰아드님[203]이 날로 건강이 회복되어 간다는 사실을 알게 되었는데, 술잔을 올려 축하드리지 못하는 것이 한스러웠습니다. 그런데 지금 이렇게 보내온 편지에는 몹시 애가 탄다는 말씀과 경계하고 대비하는 뜻이 아직도 있으니, 100리를 갈 자는 90리를 반으로 잡듯이[204] 신중을 기해야만 할 것입니다. 이는 형세상 어쩔 수 없는 일이라 하겠습니다.

집사의 중형이 견벌(譴罰)을 받은 것[205]은 자못 당사자로서는 흡족한 뜻이 있겠으나 무슨 연유로 그렇게 했는지는 잘 모르겠습니다. 아마도 시골에 여러 달 물러나 있다 보니 이미 산림(山林)의 골격을 갖춘 것이 아니겠습니까. 일전에 그의 편지를 받았는데 스스로를 눈총받던 모수

203 집사의 큰아드님 : 민진후(閔鎭厚, 1659～1720)를 말한다. 자는 정순(靜純), 호는 지재(趾齋)이며 송시열의 문인이다.

204 100리를……잡듯이 : 100리 길을 가는 사람은 90리를 왔어도 절반쯤 왔다고 여겨야 한다는 말로, 목표 지점에 가까이 올수록 험난한 일이 많으니 신중을 기하여 잘 마무리해야 한다는 말이다. 《戰國策 齊策5》

205 집사의……것 : 1673년 9월 14일에 현종이 민정중에 대하여 "대대로 국록을 받은 신하가 먼 외지로 물러앉아 누차 사직 상소를 올리다가 이제는 또 교외에 와 있으면서 계속 사직을 청하고 불러도 나오지 않고 있으니 매우 교만하고 방자하다. 관작을 삭탈하라."라는 하교를 내린 것을 말한다. 《顯宗實錄 14年 9月 14日》

(毛遂)[206]에 비유하였습니다. 이제 엄숙하게 영수(領袖)가 되어 돌아가되 같은 때에 강을 거슬러 올라가려고 하면서 남들이 비웃을까 두려워 억지로 신선(神仙)의 배에 오르는 듯이 보이려는 것 같습니다. 잘 모르겠습니다만 이미 형제분들이 함께 모였습니까?

저는 교외(郊外)에 엎드려 있으면서 차마 바로 돌아가지 못하고 있으니, 이런 때에 즐거울지 아닐지는 짐작할 수 있을 것입니다. 보내주신 선물은 참으로 감사합니다. 병중에 남의 손을 빌려 쓰는 것이라 이만 줄입니다.

206 눈총받던 모수(毛遂) : 모수는 전국 시대 조(趙)나라의 변사(辯士)이다. 조나라가 진(秦)나라의 공격으로 위기에 처하자, 조나라 왕은 평원군(平原君)에게 초나라에 가서 구원을 청하게 하였다. 평원군은 선비를 좋아하여 식객 수천을 두었는데, 그중에 인재 20명을 뽑아 함께 가기로 하였으나 1명이 부족하였다. 이때 평원군의 문하에 있던 모수가 자신이 가겠다고 자천하니, 나머지 19명이 모두 그를 비웃었다. 이렇게 눈총받던 그가 뒤에 초나라 왕을 설득하여 조나라를 위기에서 구하였으므로 나라 사람들의 존경을 받았다. 《史記 平原君虞卿列傳》

민지숙에게 보냄 계축년(1673, 현종14) 9월
與閔持叔 癸丑九月

듣자니 집사께서 이미 조정으로 돌아왔다고 하는데, 체후는 편안하십니까? 저는 이렇게 중한 죄를 짓고 경기 인근 지역에 앉아 있으니[207] 밤낮으로 두렵고 두렵습니다.

여자가 쓰는 관(冠)을 보내 드렸는데, 모름지기 솜씨 있는 사람에게 주어 터지고 떨어진 곳을 기운 다음 그 양식대로 그대로 본떠 별도로 새것을 만들게 하여 보내 주신다면 남쪽 지방 사대부 집안에 보여 주어 무녀가 쓰는 잡다한 장식을 쓰지 않게 하고 싶은데, 어떻습니까?

집사께서 충청 감영에 있을 때 제작한 관은 남쪽 지방에서 모두 쓰기는 하였으나 지금은 옛일이 되었습니다. 그리고 염의(袡衣)[208]도 이번 기회에 아울러 새로 만드는 것이 또한 좋을 것입니다. 만약 그 옷감을

207 저는……있으니 : 1673년 9월 9일에 영돈녕부사인 청풍부원군 김우명(金佑明)이 현종에게 입대(入對)를 청하여 세 가지 사안을 거론하면서 송시열을 공박하는 일이 있었는데, 첫 번째는 새로 만든 영릉(寧陵)에 표석을 세우자고 청한 것은 예법에 없는 일이라는 것, 두 번째는 정신병이 있는 아버지 민세익(閔世益)을 대신하여 할아버지 민업(閔業)의 상에 참최복을 입도록 민신(閔愼)에게 권한 것은 인륜을 어지럽히는 일이라는 것, 세 번째는 서울이나 교외에 있을 때 사부(士夫)의 여염집을 점거하여 원통함을 호소하게 만든 것은 잘못이라는 등의 내용이었다.《顯宗實錄 14年 9月 9日》《顯宗改修實錄 14年 9月 17日》《宋子大全 附錄 卷6 年譜》이에 송시열은 김우명에게 지적받았다는 이유로 자신의 허물을 자인하는 상소를 올린 다음 양주(楊州) 인근에서 대죄하였다.《宋子大全 卷15 因國舅論斥待罪疏(癸丑九月十三日)》

208 염의(袡衣) : 부인이 시집갈 때 입는 윗도리를 말한다.

여기에 보내 주신다면 집안의 바느질꾼에게 맡겨 법대로 재단하여 만들게 하겠습니다. 이번 27일은 저의 집안과 화숙(和叔)이 사돈을 맺는 날입니다.[209] 저의 집에서도 관과 의복을 얻으려 하니, 기운 여자 관과 이번에 새로 만드는 의복을 만약 집사께서 유의해 보내 주셔서 사대부 집안에서 통용해서 쓰도록 한다면 이 또한 하나의 의미 있는 일이 될 것입니다. 집사의 중형(仲兄 민정중(閔鼎重))께서는 강도(江都)에서 어느 날에 동쪽으로 오십니까? 알고 싶습니다.

○ 염의의 옷감 재료는 녹사(綠紗)와 가선(加線)을 두른 붉은 비단이면 됩니다.

209 이번……날입니다 : 박세채의 딸이 송시열의 손자인 송순석(宋淳錫)과 혼인하는 일을 말하는 듯하다.

민지숙에게 답함 계축년(1673, 현종14) 9월
答閔持叔 癸丑九月

성상의 유지(諭旨)가 반복되니 더욱더 슬퍼집니다. 저는 양주(楊州) 서산(西山)에 있는 묘소[210]에 성묘하고 이제 이동하여 동쪽으로 가고 있는데, 지나는 곳의 가을 산이 자못 그렇게 나쁘지 않으니, 문득 오석(烏石)과 영원(靈源)이 인간 세상에서 멀지 않다는 것을 느낍니다.[211] 이 역시 성스러운 군주의 은혜이니, 앞으로 영릉(寧陵)의 구릉(舊陵) 아래 삼가 엎드려 지내면서 재궁(梓宮)이 열리는 날을 기다릴 작정입니다.[212] 이번에 말씀하신 것을 받드니 아마도 서로 만날 기회가 있을 듯합니다만, 다만 조정의 격식에 구애되어 감히 역사(役事)하는 곳에 갑자기 나아가지는 못할 듯합니다. 나머지는 노상에서 종이를 구해 쓰느라 다 적지 못하고 이만 줄입니다.

210 양주(楊州)……묘소 : 송시열의 7대조 송사민(宋斯敏)의 묘소를 말한다.

211 문득……느낍니다 : 오석과 영원은 신선이 거처하는 곳을 말한다. 주희의 〈공중지에게 답하는 편지〔答鞏仲至〕〉에 "보내 주신 시를 읽고 바로 신선이 사는 오석과 영원이 나에게서 멀지 않음을 느끼니, 이러한 무더위에 상쾌하기가 마치 북극에 날아올라 청풍으로 몸을 씻는 듯합니다."라는 내용이 있다. 《晦菴集 卷64》

212 영릉(寧陵)의……작정입니다 : 1673년 10월에 효종의 능인 영릉을 천릉하게 되어 있었으므로 송시열은 9월에 양주에 있는 영릉의 구릉 밖에 머물러 있었는데, 그러다가 영릉 가까운 곳을 계속 배회하는 것을 감히 할 수 없다 하여 군장리(群場里)로 옮겼다. 이후 다시 9월 29일에 영릉의 구릉으로 돌아와서는 능을 팔 때 성복하였고 30일에 재궁을 여는 것을 봉심하고는 10월 1일에 여주(驪州)의 신릉(新陵)으로 출발하였다. 《宋子大全 附錄 卷6 年譜》

민지숙에게 보냄 계축년(1673, 현종14) 9월

與閔持叔 癸丑九月

여차(旅次)에서 어긋나는 일이 없지 않아 염려되는 마음 그지없습니다. 저번에 보니 얼굴빛이 예전 같지 않으셨는데 집사 역시 스스로 그렇다는 것을 느끼고 계십니까? 방금 동봉해 보낸 집사의 중형의 편지를 보니 지극히 유쾌하고 즐거운 기상이 있었습니다. 이는 소요부(邵堯夫)가 무례하고 공손하지 않은 태도를 지니고서[213] 죄를 얻는 것을 오히려 영광으로 여기는 것과 같은 격입니다. 이제 조정에서는 광채가 자못 줄어들 것이니 개탄스러운 마음이 어찌 끝이 있겠습니까.

우리 아이가 일찍이 포모(布帽)[214]로 인해 번거로움을 겪은 적이 있는데, 방금 본조(本曹)의 아전이 와서 수령한 재료를 전해 주었습니다. 비록 집사께서 자상하게 배려하여 보내 주시는 은혜를 입었으나 이에 대해서는 편치 않은 점이 있습니다. 저는 상소[215]에 대한 비답이 아직

213 소요부(邵堯夫)가……지니고서 : 요부(堯夫)는 북송(北宋) 때의 학자 소옹(邵雍)의 자이다. 그는 《황극경세서(皇極經世書)》를 완성하고 책 겉면에 "이 글을 요부에게 올린다."라고 썼는데, 당대에는 이를 알아줄 사람이 없고 후세에 자기와 같은 사람이 나와야 진가를 알아줄 것이라고 자부한 것이다. 정이(程頤)는 이러한 태도를 매우 공손하지 못하다고 하였는데, 여기서 송시열도 소옹의 이와 같은 태도를 일러 무례하고 불손하다고 말한 것이다. 《二程遺書 卷2上 元豐己未呂與叔東見二先生語》

214 포모(布帽) : 베로 만든 관모(冠帽)이다. 2단으로 턱이 졌는데 앞턱이 낮으며 모두(帽頭)는 팽팽하고 네모지게 만들어 좌우에 각(角)을 부착하였다. 《宋子大全 卷5 己丑封事》

215 상소 : 송시열이 1673년 9월 13일에 김우명(金佑明)에게 지적받았다는 이유로

내려오지 않았는데, 만약 편치 않은 일이 다시 생기면 조금 더 강물을 거슬러 올라갈 것이니, 서로 만날 수 있을 것입니다. 이만 줄입니다.

허물을 자인하는 내용으로 올린 상소를 말한다. 《宋子大全 卷15 因國舅論斥待罪疏》

민지숙에게 보냄 계축년(1673, 현종14) 10월

與閔持叔 癸丑十月

원종대왕(元宗大王)[216]의 초상을 치를 때 관판(棺板)의 뚜껑에 틈이 생기자 별도로 나뭇조각을 사용해서 보완하고는 그대로 사용하였는데, 그 뒤 개장(改葬)할 때[217] 능성부원군(綾城府院君) 구굉(具宏)[218]이 건의하기를 "당초에 상을 치를 때 관(棺)에 쓸 재목을 널리 구했으나 완전히 좋은 것을 찾지 못하여 구차하게 보완하여 사용하는 결과를 면치 못하였습니다. 그러니 지금 다시 재궁(梓宮)을 개비해야 할 것입니다." 하였습니다. 그러자 인조대왕(仁祖大王)이 하교하기를 "체백(體魄)이 이미 오래도록 여기에 안치되어 있었는데, 이제 비록 부득이하여 천장(遷葬)하는 거조가 있게 되었으나 어찌 이 한 가지 일로 인하

216 원종대왕(元宗大王) : 인조의 아버지인 이부(李琈, 1580~1619)이다. 선조(宣祖)와 인빈(仁嬪) 김씨(金氏) 사이에서 태어났고 좌찬성 구사맹(具思孟)의 딸을 부인으로 맞았다. 1587년 정원군(定遠君)에 봉해졌고 인조반정을 계기로 대원군(大院君)이 되었다. 사후 1632년(인조10)에 원종으로 추존되었다.

217 개장(改葬)할 때 : 원종의 무덤을 김포(金浦)로 옮겨 개장한 것을 말한다. 원종은 사후 처음에는 양주(楊州)의 곡촌리(谷村里)에 장사 지냈다가 인조가 등극한 뒤에 대원군으로 추봉하면서 무덤도 흥경원(興慶園)이라 이름하고 1627년 8월에 김포로 옮겼다. 이후 1632년 3월에 다시 원종으로 추존되면서 묘호도 장릉(章陵)으로 변경되었다. 《仁祖實錄 5年 8月 27日, 10年 3月 11日》

218 능성부원군(綾城府院君) 구굉(具宏) : 1577~1642. 본관은 능성, 자는 인보(仁甫), 호는 군산(群山)이다. 좌찬성 구사맹의 아들이고 김장생(金長生)의 문인이다. 여동생이 원종의 비 인헌왕후(仁獻王后)이다.

여 재궁까지 바꾸어 더욱 놀라게 해 드려서야 되겠는가." 하고는 특별히 명하여 바꾸지 말도록 하였습니다.

○ 계축년(1673) 9월 28일에 능풍군(綾豐君)[219]의 손자인 진사 구지정(具志禎)[220]이 조부에게 들은 말을 가지고 와서 이렇게 전했다고 하는데, 만일 갑자기 임기응변으로 대처할 일이라도 생기면 이 역시 몰라서는 안 되니, 모름지기 이를 호상(護相 김수흥(金壽興))에게도 통지하는 것이 어떻겠습니까.

219 능풍군(綾豐君) : 구인기(具仁堅, 1597~1676)의 군호(君號)이다. 본관은 능성, 자는 계의(季依)이다. 능성부원군 구굉의 아들이다.

220 구지정(具志禎) : 1647~1713. 자는 지숙(志叔)이다. 할아버지는 능풍군 구인기이고 아버지는 진사 구일(具鎰)이다.

민지숙에게 보냄 계축년(1673, 현종14) 10월
與閔持叔 癸丑十月

하늘이 화창하고 해도 밝아서 멀리 상여가 가는 길[221]이 편안하고 청한하였으니, 경사스럽고 다행스러운 마음이 어찌 끝이 있겠습니까. 내일 사시(巳時)에 있을 일[222]의 시말은 어떻게 되겠습니까? 제반 의절(儀節)은 섭행하여 허술해질 염려는 없겠습니까? 그리고 집사 조카의 병의 차도는 어떻다고 합니까?

아랫사람에게 논박당한 사람이 입대(入對)하고 싶지 않다면 윗사람에게 죄를 얻은 사람은 더욱 외람되이 나아가기가 어려우니,[223] 부디

221 멀리……길 : 효종의 상여가 천장하기 위해 1673년 10월 4일에 양주(楊州)의 동구릉(東九陵)에 있던 영릉(寧陵)에서 출발하였고, 10월 5일 오시에 여주(驪州)의 홍제동(弘濟洞)에 마련된 새로운 능에 도착하였다. 《顯宗實錄 14年 10月 4日, 5日》

222 내일……일 : 1673년 10월 7일 사시에 효종의 재궁(梓宮)을 광중(壙中)에 하관하여 안치하는 일을 말한다. 《顯宗實錄 14年 10月 7日》

223 아랫사람에게……어려우니 : 아랫사람에게 논박당한 사람이란 허적(許積)을 말하고, 윗사람에게 죄를 얻은 사람이란 송시열 자신을 말한다. 1673년 9월 12일에 부수찬 김만중(金萬重)이 현종에게 면대를 청하여 허적은 소인이므로 영의정의 자리에 둘 수 없는데 영의정에 임명하였다고 논박하자, 현종이 대로하여 그를 파직하고 의금부로 잡아다 신문하여 처치하게 하였다. 그러면서 현종은 같은 당을 편들고 다른 당을 공격한다고 의심하면서 이와 관련하여 이선(李選)을 유배 보냈고, 민정중도 계속 사직소를 올리고 나오지 않는다며 불손하다고 지목하여 삭직(削職)하는 한편, 민정중을 두둔한 정언 성호징(成虎徵)까지 멀리 유배 보내라고 명하였으므로 조정의 신하들이 매우 두려워하는 상황이었다. 그리고 현종이 이러한 일련의 사태의 배후로 송시열을 염두에 두는 듯한 태도를 취하였으므로 송시열은 스스로 편치 못하여 잘못을 자인하는 상소를

헤아려 가르침을 주시기 바랍니다. 그리고 며칠간의 조보(朝報)를 보내 주시기 바랍니다. 내일 소장(疏章)을 남기고 떠나려 하니,[224] 종이 세 장을 구해서 보내 주시면 매우 다행이겠습니다. 이만 줄입니다.

올리고 대죄하였다. 《顯宗實錄 14年 9月 12日》《宋子大全 附錄 卷6 年譜》

224 내일……하니 : 내일의 소장이란 1673년 10월 7일에 올린 상소를 말한다. 송시열은 10월 5일에 여주(驪州)의 새로운 능에 천장하러 가는 효종의 상여를 길가에서 맞이하여 곡하고 7일에 능에 들어가서 재궁을 안치하는 것을 봉심하고는 곧바로 화양(華陽)으로 돌아오려고 길을 떠나면서 상소하였다. 《宋子大全 附錄 卷6 年譜》

민지숙에게 답함 계축년(1673, 현종14) 10월
答閔持叔 癸丑十月

새로운 능[225] 앞에서 곡하고 하직하니 슬픔과 괴로움이 끝이 없습니다. 다행히 집사의 중형 및 한두 늙은 벗들과 함께 배를 타고 가면서 서로 회포를 나눈 데다 갑자기 하문하는 편지를 받고 나니 더욱 제 마음에 위로가 됩니다. 방목(傍木)[226]에 대한 말씀은 잘 알겠습니다. 그때 구지(久之) 대감과 영숙(永叔) 영감[227] 덕분에 때늦게 했다는 참소를 면할 수 있었으니, 이는 다행스럽다 하겠습니다.

저는 내일이나 모레쯤 산중에 도착할 것인데, 이제부터는 나라 걱정과 시대의 어려움이 모두 집사에게 맡겨졌습니다. 그러나 또한 어찌 강호에 함께 거하면서 근심 속에 즐거움을 누리는 것만 하겠습니까. 다만 달을 끼고 함께 노는 것에 대해 집사께서 꺼릴까 두려울 뿐이니[228] 우습습니다. 보내 주신 약삼(藥蔘)은 매우 감사합니다. 이만 줄입니다.

225 새로운 능 : 여주의 영릉(英陵) 옆에 새로 천장한 효종의 능을 말한다.

226 방목(榜木) : 《송자대전수차》 권7에는 "관(棺) 옆에 대는 긴 나무 널빤지를 가리키는 듯하다."라고 되어 있다.

227 구지(久之)……영감 : 구지는 김수항(金壽恒)의 자이고, 영숙은 김만기(金萬基)의 자이다.

228 달을……뿐이니 : 소식(蘇軾)의 〈전적벽부(前赤壁賦)〉에 "하늘을 나는 신선을 끼고 한가로이 어울려 놀며 밝은 달을 안고 오래오래 살고자 한다."라고 하였다. 민유중이 송시열과 함께 달을 끼고 시골에서 노닐 수 있는 상황이 되더라도 자신을 꺼릴까 봐 두렵다고 농담조로 말한 것이다.

민지숙에게 보냄 계축년(1673, 현종14)
與閔持叔 癸丑

미천한 신하인 제가 오늘날 처한 상황[229]은 괴이하게 여길 것도 없습니다. 노봉(老峯 민정중(閔鼎重))의 편지에는 제가 청주(淸州)와 진천(鎭川) 사이에 있는 산사(山寺)로 나가 머물면서 상소를 올리고 대죄하기를 바라고 있습니다. 그러나 저의 병이 지금 일어나 움직일 방도가 없는 데다가 사관(史官)을 통해 올린 서계(書啓)에 이미 대죄하고 있다는 말을 하였으니, 지금 굳이 성상을 거듭 번거롭게 해 드릴 필요는 없다 하겠습니다. 또 이미 제가 시의(時義)에 대해 입을 굳게 다물고 있었으니 다시 질질 끌면서 지루하게 할 필요도 없기 때문에 단지 죄를 인정하고 자복하려고 하고 있습니다.

다만 한 가지 일이 있습니다. 앞으로 만약 반상(頒賞)하는 은전(恩典)[230]이 있을 경우 결코 몽매함을 무릅쓰고 외람되이 받을 수는 없는

229 제가……상황 : 송시열은 효종의 천장을 마치고 화양으로 돌아가면서 1673년 10월 7일에 상소를 올렸는데, 그 내용은 원래의 영릉(寧陵)에 당초 물이 고이지 않았는데 담당 신하들이 이를 말하지 않아 결국 천릉하게 되었다는 것, 새로 만든 영릉에 표석을 세우자고 청한 것은 예법에 없는 일이라고 김우명(金佑明)에게 비판받았는데 그에 대한 분명한 처분을 내려 달라는 것, 허적(許積)을 공격한 김만중(金萬重)을 유배 보냈는데 그 사람됨을 성상께서 잘못 판단했다는 것 등이었다. 이에 현종이 비답을 내리면서 노기를 감추지 않았으므로 노론 측에서는 매우 두려워하는 상황이었다. 《宋子大全 卷15 自新陵辭歸時疏, 附錄 卷6 年譜》

230 반상(頒賞)하는 은전(恩典) : 효종을 천장한 뒤에 그 일에 참여하여 공로가 있는 문무백관에게 내리는 상전(賞典)을 말한다.

데, 상소를 올려 사면(辭免)하자니 그 점이 또 매우 두렵고 황공합니다. 잘 모르겠습니다만 이 일에 어떻게 대처해야 하겠습니까? 깊이 생각하여 부디 가르침을 내려 주시기 바랍니다.

민지숙에게 답함 계축년(1673, 현종14) 12월
答閔持叔 癸丑十二月

대감의 근래 심경은 뭐라 말로 표현할 수 없을 것인데 이렇게 편지의 말씀을 받드니 더욱 비탄스러운 마음이 더합니다. 제 병은 이미 만 한 달째인데 아직도 차도는 없는 상태이고 단지 잠자는 것이 전보다 조금 나아졌을 뿐입니다. 증상을 논한 여러 장의 글과 약재를 이렇게 심부름꾼을 통해 전해 받고 삼가 지극한 뜻을 알게 되니 뭐라 감사를 드려야 할지 모르겠습니다.

대죄하는 상소는 이제 막 노봉(老峯)에게 자문을 받았습니다. 스스로 헤아려 보건대 집사에게는 제가 말을 하지 않으면 몰라도 일단 하게 되면 거침없이 튀어나와 반드시 일을 해치게 되니[231] 이 때문에 두려워서 천균(千勻)의 쇠뇌를 쏘는 것처럼 말을 신중히 하게 됩니다.

곽세건(郭世楗)의 상소는 어쩌면 이리도 오래 기다리게 한단 말입니까.[232] 옛말에 "모반(謀反)이 지체되면 화(禍)가 클 것이다."라고 하였

231 집사에게는……되니 : 송시열 자신의 기질이 강하고 민유중이 잘 받아 주기 때문에 말을 하다 보면 지나치게 함부로 하게 된다는 말이다. 주희가 여조겸(呂祖謙)에게 보낸 편지에서 자신의 기질적인 병통을 이렇게 말한 바 있다.《晦菴集 卷34 答呂伯恭》

232 곽세건(郭世楗)의……말입니까 : 1673년 9월에 진주(晉州) 유생 곽세건이 여러 가지 말로 송시열을 비난하는 상소를 써서 감사(監司)에게 올려 달라고 부탁하였으나 감사가 받아들이지 않자 자신이 직접 서울로 와서 상소를 올리려고 한다는 소문이 있었는데, 12월이 되도록 상소가 올라오지 않았으므로 한 말이다.《宋子大全隨箚 卷6》《宋子大全 卷52 與金起之(癸丑九月五日), 卷58 與閔大受(癸丑十一月)》

는데,[233] 바로 이를 두고 한 말이라 하겠습니다.

혜중(惠仲)은 참으로 옛사람의 이른바 "크게 취하여 죽으니 죽음 역시 남다르다."라는 말과 같다 하겠습니다.[234] 그러나 그를 효자라고 말해서는 안 될 것이니, 애석하고 애석한 일입니다. 기후(基厚) 조카에게 보내신 편지[235]는 삼가 잘 전해 주겠습니다.

○ 은전(恩典)을 사양하는 일에 대해 노봉의 편지에서는 "대죄하는 뜻과 이를 하나의 글에 함께 섞어 넣어서는 안 됩니다."라고 하였는데, 장차 어떻게 해야 할지 모르겠습니다. 인편을 통해 가르침을 주시기 바랍니다.

233 옛말에……하였는데 : 한 경제(漢景帝) 때 어사대부(御史大夫) 조조(鼂錯)가 제후의 봉지(封地)를 삭감하자고 건의하면서 말하기를 "지금 땅을 삭감해도 모반하고 땅을 삭감하지 않아도 모반할 것입니다. 삭감하면 모반이 빨라져서 화가 적을 것이고, 삭감하지 않으면 모반은 지체될 것이나 화는 클 것입니다." 하였다. 《史記 吳王濞列傳》 여기서는 곽세건의 상소가 늦어질수록 그 재앙이 커질 것이라는 말이다.

234 혜중(惠仲)은……하겠습니다 : 혜중은 이민적(李敏迪)의 자이다. 본관은 전주(全州), 호는 죽서(竹西)이다. 영의정 이경여(李敬輿)의 아들인데 숙부인 이정여(李正輿)에게 양자로 갔으며, 윤황(尹煌)의 외손자이고 윤문거(尹文擧)의 문인이다. 1673년 11월 22일에 병으로 원주(原州)에서 사망하였는데, 이 글과 《송자대전》 권76의 〈남운로에게 답함(계축년)〔答南雲路(癸丑)〕〉에 따르면 술에 만취하여 죽은 것으로 보인다. 《陶谷集 卷10 大司憲竹西李公神道碑銘》

235 기후(基厚)……편지 : 민유중이 송시열에게 보낸 편지 안에 조카 송기후에게 전달해 달라고 동봉한 편지를 말한다. 송기후는 송시열의 종질(從姪)로, 자는 성백(誠伯), 호는 문도재(聞道齋)이며 아버지는 송시열의 사촌 송시염(宋時琰)이다. 송시열과 송준길의 문인이다.

송자대전

제63권

書서

민지숙[1]에게 답함 갑인년(1674, 현종15) 1월
答閔持叔 甲寅正月

매번 노봉(老峯 민정중(閔鼎重))을 통하여 집사의 소식을 대략이나마 듣고 있었는데, 작년에 보내 준 안부 편지를 지금 받아 보고서 삼가 공무가 바쁜 중에 체후가 평안하다는 사실을 알게 되었습니다. 이에 위안되는 심정과 감격스런 마음이 교차하여 이루 다 표현할 수 없습니다.

저는 오래 앓던 병이 아직 낫지 않은 가운데 한 해가 바뀌는 것을 또 보게 되었습니다. 이런 상황에서 부모님의 산소와 형제가 모두 멀리 떨어져 가로막혀 있으니, 쌓이는 그리움을 견딜 수 없습니다.

보내 준 붓 열 자루는 감사합니다. 다만 지난겨울부터 남들과 소식을 주고받는 일이 딱 끊어졌으니, 그저 창포(菖蒲)의 안부를 묻는 일에나 쓸 수 있을 뿐입니다.[2]

제병(諸炳)[3]의 창평(昌平)에 대한 계책을 집사는 어떻게 생각합니

1 민지숙(閔持叔) : 민유중(閔維重, 1630~1687)으로, 지숙은 그의 자이다. 본관은 여흥(驪興), 호는 둔촌(屯村), 시호는 문정(文貞)이다. 좌의정 민정중의 동생이자 숙종의 비 인현왕후(仁顯王后)의 아버지이며, 송시열과 송준길(宋浚吉)의 문인이다. 《睡谷集 卷15 驪陽府院君閔公諡狀》

2 창포(菖蒲)의……뿐입니다 : 남송(南宋)의 주희가 송나라 때 도지휘사(都指揮使)를 지낸 오린(吳璘)에게 보낸 편지에서 "당경(唐卿)은 근황이 어떠신가? 서신에 창포가 잘 있는지 알려 주지 않은 것은 어째서인가?"라고 하였다. 당경은 오린의 자이다. 《晦菴集 別集 卷26 葉永卿吳唐卿周得之李深子》

까? 우리가 마땅히 그 문제에 대해 상의하여 지휘를 내려 주어야 할 듯합니다.

○ 곽세건(郭世楗)의 상소가 올라오든 말든[4] 저와는 상관없는 일입니다. 다만 누구와 그 일을 모의한 것인지 모르겠는데, 그 상소 원본을 얻어 보았는지요? 제 생각에 만약 성상께서 그 상소를 보신다면 필시 영남을 오랑캐의 소굴이라고 여기실 것입니다. 그자가 이 정도로 무식할 줄 어찌 생각이나 했겠습니까.

3 제병(諸炳) : '병(炳)' 자 돌림인 송준길의 손자 송병문(宋炳文), 송병하(宋炳夏), 송병원(宋炳遠), 송병익(宋炳翼) 등을 가리킨다.

4 곽세건(郭世楗)의……말든 : 진주(晉州) 유생 곽세건이 갖가지 말로 송시열을 비난하는 소장을 써서 도신(道臣)에게 올려 달라고 부탁하였으나 도신이 받아들이지 않자 직접 행장을 꾸리고 올라와 소장을 올리려고 하였다. 《宋子大全隨箚 卷6》

민지숙에게 답함 갑인년(1674, 현종15) 1월

答閔持叔 甲寅正月

산속엔 정말 한 가지 일조차도 없는데, 어제 막 그대 백씨(伯氏)의 답서를 받자마자 지금 또 대감이 특별히 보내 준 편지가 도착하니, 이는 제 분수로 감당할 수 있는 일이 아닙니다. 이어 그 편지를 통해 대감의 수레가 고향에 돌아왔다는 것을 알고는 대감과 가까운 곳에 있다는 사실에 마음이 기뻤으나, 함께 만날 방법이 없으니 그저 근심하는 마음만 절절할 뿐입니다.

저의 질병은 세모에 이르러 조금 안정되는 기미가 있었으나 최근 겨울보다 갑절은 더 추운 날씨에 문득 그 기세를 타고 병세가 힘껏 맹위를 떨침을 느끼니, 아마도 끝내 맞설 수 없을 것 같습니다.

민신(閔愼)의 원사(爰辭)는 족히 한가함을 해소할 만한데 성상께서 그에 대해 장차 어떻게 판결을 내리실지 모르겠습니다.[5] 근간에 자기 아비를 잃고 찾지 못한 자가 있었는데, 저는 일찍이 《통전(通典)》에

5 민신(閔愼)의……모르겠습니다 : 원사란 죄인이 자신의 죄상을 진술한 말이다. 1673년에 전 교관(敎官) 민업(閔業)이 죽었을 때 그 아들 민세익(閔世益)이 광증(狂症)을 앓아 제대로 상주 노릇을 할 수 없는 형편이어서 송시열은 민업의 손자인 민신에게 대신 참최복(斬衰服)을 입고 집상(執喪)을 하도록 조언하였다. 같은 해 9월 9일 영돈녕부사(領敦寧府事) 김우명(金佑明)이 현종을 면대한 자리에서 "살아 있는 아버지를 죽은 것으로 간주하고 대신 복을 입게 하였다."라고 하면서 그 일을 패륜으로 규정하자, 현종이 크게 분노하여 진상을 조사하도록 하였다. 이에 민신은 하옥되고 송시열은 도성 밖에서 대죄하였다. 《顯宗實錄 14年 9月 9日, 15年 1月 2日》

근거하여 그 아비의 나이를 헤아려 100세가 되면 발상(發喪)하여 복을 입도록 하였습니다.[6] 그런데 지금 그 아비의 조모가 새로 죽자 어떤 사람이 찾아와 그 아들이 어떤 복을 입으면 되냐고 묻기에 저는 즉시 사양하면서 "민신을 못 보았는가."라고 하니, 그 사람이 곧장 알겠다고만 하며 떠났습니다. 문득 일을 덜어 낸 기분이니, 이는 실로 부원군(府院君)[7] 덕분입니다.

보내 준 약삼(藥蔘)은 감사하고 감사합니다. 종전부터 대감의 이런 큰 은혜가 없었다면 이 몸은 진즉 살아 있지 못하였을 것입니다.

6 통전(通典)에……하였습니다 : 《통전》 권98 〈군부와 떨어져 사망 여부를 알지 못할 때의 상복에 대한 의론〔君父乖離不知死亡服議〕〉에 "순조(荀組)가 말했다. '아비의 나이가 수명의 한계에 이르면 상을 행하여 복을 입고 종묘를 세우는 것이 일에 있어서 가장 낫다. 예에는 종신토록 하는 제도가 없다.'"라고 하였는데, "수명의 한계에 이르면" 대목의 주석에 "중수(中壽)는 100세이다."라고 하였다.

7 부원군(府院君) : 청풍부원군(淸風府院君) 김우명을 가리킨다.

민지숙에게 답함 갑인년(1674, 현종15)
答閔持叔 甲寅

편지에서 말한 망극한 근심은 참으로 그러하고 그러합니다. 그들과 일가 되는 어떤 사람이 저와 가까운 사람에게 은밀하게 이르기를 "그 사람들은 감히 차지할 수 없는 자리를 오랜 시간 동안 차지하였다."[8]라고 했는데, 이는 허언이 아닙니다. 놀랍고 경악스러운 가운데 장차 일이 어떻게 될지 모르겠습니다. 또 지난가을에도 심히 사리에 어긋났는데, 하물며 지금의 경우는 어떻겠습니까. 지금 집사께서 거취를 어떻게 결정할지는 본디 저와 아무 상관이 없는 일입니다. 다만 선조의 덕을 모함하고 욕되게 하는데도[9] 누구 하나 그 억울함을 해명하는 사람이 없다면 이를 무릅쓰고 조정에 있어서는 안 될 것이니, 이는 의리상 심히 명백한 일입니다. 또 어떤 모함하는 자가 집사의 새로 지은 집이

8 그……차지하였다 : 《송자대전수차》 권7에 인평대군(麟坪大君)의 아들인 복창군(福昌君) 이정(李楨)과 복선군(福善君) 이남(李柟)이 대궐 안에 있으면서 외숙들 및 윤휴(尹鑴)와 내통하여 음모를 꾸미는 것을 두고 한 말이라고 하였다.

9 선조의……하는데도 : 진주(晉州) 유생 곽세건(郭世楗)이 상소에서 민유중의 선조인 민제인(閔齊仁)을 모욕한 일을 가리킨다. 이에 앞서 곽세건이 상소를 올려 송시열을 비난하자 민유중의 큰형인 대사헌 민시중(閔蓍重)이 곽세건을 흉인(凶人) 곽유도(郭有道)의 손자라고 지목하며 대대로 악한 짓을 물려받아 행한다고 비난하였다. 이에 곽세건은 다시 상소하여 곽유도가 자기의 선조란 말은 허위이며 민시중의 선조 대사헌 민제인은 전에 사화(士禍)를 얽어 만들었는데 지금 그 후손 민시중이 다시 거짓을 말하여 악행을 한다고 하면서 강하게 비판하였다. 《肅宗實錄 卽位年 9月 25日, 10月 3日》《燃藜室記述 32卷 肅宗朝故事本末 甲寅乙卯時事》

작년에 계획했던 것처럼 웅장하고 화려하다고 하였으니, 그 모함이 더욱 심합니다. 통탄스럽고 통탄스럽습니다.

민지숙에게 답함
答閔持叔

답서를 막 뜯어보자마자 삼병(三炳)[10]이 함께 찾아와 춘형(春兄)의 유소(遺疏)[11] 및 여러분이 그들에게 보낸 답서를 꺼내 보여 주었습니다. 그 상소를 읽어 내려가노라니 참으로 이른바 "글자 하나에 천 줄기 눈물이 흐른다."라는 격이었는데, 생각해 보면 당시 그의 마음은 실로 붉은 단사(丹沙)처럼 환하였고 사후에 내려진 은혜로운 예우도 보통을 뛰어넘는 것이었으니, 지금 감히 머뭇거리면서 그 시간(尸諫)[12]의 뜻이 성상 앞에 아뢰어지지 않게 할 수 있겠습니까. 더구나 그 말의 뜻은 오로지 마음이라는 근본의 측면에 있으며 따로 누가 어질고 어질지

10 삼병(三炳) : '병(炳)' 자 돌림인 송준길(宋浚吉)의 손자 송병문(宋炳文), 송병하(宋炳夏), 송병원(宋炳遠), 송병익(宋炳翼) 중 3명을 가리킨다.

11 춘형(春兄)의 유소(遺疏) : 송준길이 죽음을 앞두고 현종에게 올린 마지막 상소를 말한다. 《동춘당집(同春堂集)》 권7에 〈유소(遺疏)〉라는 제명으로 실려 있다.

12 시간(尸諫) : 죽은 뒤에도 자신의 시체로 임금에게 간언한다는 말로, 죽음을 앞두고 마지막까지 충언을 바치는 것을 뜻한다. 춘추 시대 위(衛)나라 대부 사어(史魚)가 병들어 죽을 적에 아들에게 명하기를 "내가 위나라 조정에 있으면서 어진 거백옥(蘧伯玉)을 등용하지 못하고 불초한 미자하(彌子瑕)를 물리치지 못하였다. 내가 살아서 임금을 바로잡지 못하였으니 죽어서 어찌 예식(禮式)대로 치상(治喪)할 수 있겠느냐. 내가 죽거든 시체를 창문 밑에 버려두어라."라고 하니, 아들이 그대로 따랐다. 이후 위 영공(衛靈公)이 문상하러 왔다가 그 말을 듣고는 자신의 잘못을 뉘우쳐 거백옥을 부르고 미자하를 물리쳤다. 이 일화를 소개한 《한시외전(韓詩外傳)》의 저자는 사어의 이 행동에 대해 "살아서는 몸으로 간하였고 죽어서는 시신으로 간하였으니, 정직하다고 이를 만하다."라고 평하였다. 《韓詩外傳 卷7》

않은지 지적하는 부분이 없습니다. 그러니 이를 불쾌하게 여기는 자가 있다 한들 무슨 말을 들어 비방할 수 있겠습니까. 또 효자와 효손의 마음은 오직 마땅히 그 선조의 뜻을 현양하는 것만 생각해야 할 뿐 그것이 이로운지 해로운지는 족히 따질 문제도 아닌 것입니다. 그러므로 여러분의 말씀에 따라서 삼병에게 말해 주었습니다.

민지숙에게 답함 갑인년(1674, 현종15) 4월 21일

答閔持叔 甲寅四月二十一日

의정부의 하례(下隷)가 와서 이달 16일에 보낸 편지와 별지를 전해주니, 그리운 마음에 큰 위안이 되었습니다. 다만 생각건대 이른 아침부터 밤늦게까지 부지런히 일하는 것은 비록 한창 강한 나이라고 해도 혈기에 한계가 있으니, 몹시도 걱정되고 염려됩니다.

춘형(春兄 송준길(宋浚吉))의 유소(遺疏)는 주상께서 혹시라도 냉담하게 반응하실지라도 제병(諸炳)[13]의 도리로는 결단코 잠자코만 있을 수 없습니다. 저는 한결같이 황공한 심정입니다. 그러나 걸맞지 않은 소임[14]에서 벗어날 수만 있다면 또한 하나의 다행일 것입니다.

묵아(墨兒)[15]의 혼사 문제는 늘 음식이 목에 걸린 것 같은 심정입니다.

점을 쳐서 결정하자는 청이 그대의 뜻에 부합하였으니, 몹시 다행이고 다행입니다. 모름지기 제 아들을 불러서 초연수(焦延壽)의 《역림(易林)》이나 혹은 다른 점서(占書)로 결정을 내리는 것이 어떻겠습니까?

벼랑에 새기는 일[16]을 시작한 지 벌써 5, 6일이 지났는데 아직 2글자

13 제병(諸炳) : '병(炳)' 자 돌림인 송준길의 손자 송병문(宋炳文), 송병하(宋炳夏), 송병원(宋炳遠), 송병익(宋炳翼) 등을 가리킨다.

14 걸맞지 않은 소임 : 1674년 3월에 인선왕후(仁宣王后)의 지문(誌文)을 지으라는 명이 내린 것을 가리킨다. 《宋子大全 附錄 卷7 年譜》

15 묵아(墨兒) : 정철(鄭澈)의 현손이자 정보연(鄭普衍)의 아들인 정천(鄭洊, 1659~1724)을 가리킨다. 민유중의 조카이며 송시열의 문인이다. 《宋子大全 卷57 答閔公瑞(庚戌七月十九日)》《陶谷集 卷15 工曹正郎鄭公墓碣銘》

를 끝내지 못하였으니, 참 어려운 일입니다. 그러나 한 문공(韓文公)은 "일이 쉬우면 길게 전해지지 못한다."라고 하였으니, 아마도 장차 만세토록 사라지지 않을 듯합니다. 이만 줄입니다.

16 벼랑에 새기는 일 : 민정중(閔鼎重)이 1669년에 동지사(冬至使)로 북경에 갔을 때 명나라 의종(毅宗)의 '비례부동(非禮不動)' 네 글자를 구해 왔는데, 이를 화양동(華陽洞)의 시냇가 벼랑에 새기는 작업을 가리킨다. 《宋子大全 附錄 卷7 年譜》

민지숙에게 답함 갑인년(1674, 현종15) 7월

答閔持叔 甲寅七月

며칠 전 이 일[17]을 얼핏 듣고 즉시 편지로 노봉(老峯)께 여쭈어 상의하였으나 아직 답을 듣지 못하였습니다. 그런데 지금 그대가 특별히 편지를 보내 주었으니, 위안되고 감사하는 마음 그지없습니다. 오늘날의 이 일은 또한 이미 늦게 찾아온 것이니 그저 순순히 받아들이면 될 뿐입니다. 다만 멀지 않은 거리의 거취조차 헤매는 이러한 견식으로 경솔히 세상의 환란을 범하여 낭패를 자초하고 말았으니, 한가한 사람의 큰 웃음거리가 될 만합니다. 여러 편지에서 모두 편안히 앉아만 있는 것은 의리에 맞지 않는 일이라고 하기에 즉시 음죽(陰竹)으로 향하였으니, 만약 도중에 시골집 하나를 구한다면 곧 거적을 깔고 머무를 수 있을 것입니다. 다만 병세가 심하니, 성상께서 처벌을 조금 너그럽게 해 주신다고 해도 살아 돌아가는 것은 기약할 수 없는 일입니다.

함경 감사[18]의 편지는 말씀대로 받았습니다. 응당 거처에 머무른 후

17 이 일 : 1674년 7월에 대구(大邱)의 유학(幼學) 도신징(都愼徵)이 상소하여, 앞서 효종의 비 인선왕후(仁宣王后)에 대해 자의대비(慈懿大妃)가 입어야 하는 복제를 서인의 주장에 따라 9개월의 대공복(大功服)으로 정한 것은 오류라고 지적하고 남인들이 주장하는 기년복(朞年服)의 정당성을 논하였다. 그러자 현종이 그 주장을 받아들여 당시 복제를 주장한 서인 관료들을 잡아다 국문하고 영의정 김수흥(金壽興)을 춘천(春川)에 중도부처(中途付處)하는 등 서인에 대한 대대적인 축출을 감행한 일을 가리킨다. 《顯宗實錄 15年 7月 6日, 13日, 16日》《宋子大全 附錄 卷7 年譜》

18 함경 감사 : 남구만(南九萬)을 가리킨다. 《顯宗實錄 12年 7月 15日》

답장을 보내겠습니다. 하고 싶은 말은 수천수만 마디나 되지만, 갈 길을 앞둔 터라 대략 이렇게만 답합니다.

민지숙에게 보냄 갑인년(1674, 현종15) 8월

與閔持叔 甲寅八月

길 떠나는 중의 안부에 대해선 군이 묻지 않겠으니, 앞으로의 거취는 장차 어떻게 정할 작정입니까?[19] 저를 찾아온 젊은 무리는 "비록 그것이 힘들고 수고로운 일이기는 하나, 이미 관원의 행차로 발을 내디뎠다면 곧 벼슬에 나아간 것이다."라는 말을 많이 하였습니다. 그런데 저는 그렇게까지는 생각지 않고 다만 '이미 발을 내디뎠고 보면, 일을 끝낸 뒤에는 형세가 심히 낭패스러울 것이다.'라고 생각하기에, 이 문제에 대해 질문을 해 오는 사람이 있으면 번번이 걱정스럽다는 뜻으로 대답하였습니다. 언제쯤 벗어날 계획인지 듣고 싶습니다. 그 밖의 일에 대해서는 감히 많이 언급하지 못합니다.

○ 혹자는 "사신과 함께 올 때 복명(復命)하기 전에 병으로 사직하는 글을 올린다면 벗어날 수 있을 것이다."라고 하였습니다.

19 길……작정입니까 : 1674년 7월 대구(大邱)의 유학(幼學) 도신징(都愼徵)이 올린 상소로 인해 서인들이 정치적 타격을 입게 되었다. 민유중 역시 다른 서인들과 함께 성문 밖에서 대죄하던 중 돌연 청나라 사신을 대접하기 위한 접반사(接伴使)로 차출되어 길을 떠났으므로 이렇게 말한 것이다. 《宋子大全隨箚 卷7》《顯宗改修實錄 15年 7月 22日, 25日》 159쪽 주17 참조.

민지숙에게 보냄 갑인년(1674, 현종15) 8월

與閔持叔 甲寅八月

노중(虜中)의 일[20]을 들은 뒤로 성고(聖考 효종)의 뜻을 돌이켜 생각하며 밤낮으로 통한의 눈물을 흘렸습니다. 성고께서는 일찍이 제게 초구(貂裘)를 하사하면서 "훗날 요동(遼東)과 계주(薊州)의 풍설(風雪) 속에서 함께 말달리며 사냥하세나."라는 말씀을 하셨습니다. 지금 그 초구는 남아 있고 사기(事機)가 또 이와 같습니다만 또한 장차 어이하면 좋겠습니까. 다만 모르겠으나, 제공(諸公)의 생각은 그저 팔짱만 끼고 눈여겨 보면서 저 흉도들이 스스로 멸망하기만 기다릴 뿐입니까? 저들이 만약 연산(燕山 북경(北京))을 잃고 떠나서 우리나라를 칠 계획을 한다면 그때는 장차 어찌하겠습니까? 제 생각엔 반드시 서둘러 변고에 대처할 계책을 세우되, 주자(朱子)의 설을 본보기로 삼아서 장사 지내는 상례를 가볍게 여겨[21] 환란을 미연에 대비하는 계책을 마련하는 데

20 노중(虜中)의 일 : 노중은 청나라의 멸칭(蔑稱)으로, 명나라 말기에 총병(總兵)을 지낸 오삼계(吳三桂)가 1673년에 중국 남부 지역을 장악하고 반란을 일으켜 나라 안팎이 소란스러워진 일을 말한다. 1674년 3월 2일 사은사(謝恩使)로 청나라에 갔던 김수항(金壽恒)이 장계를 올려 이 사태로 청나라가 혼란에 휩싸여 있다는 소식을 알렸는데, 이 여파로 조선까지 전란에 휩싸이지 않을까 하는 뒤숭숭한 분위기가 조성되었다. 《顯宗實錄 15年 3月 2日》《尤菴先生書節要集解 卷8》

21 주자(朱子)의……여겨 : 주자의 설은 《회암집(晦菴集)》 권25 〈답장경부(答張敬夫)〉에 "《춘추(春秋)》의 법도에 임금이 시해되었을 때 역적을 토벌하지 못했으면 '장(葬)'이라고 기록하지 않은 것은 바로 복수의 대의를 중히 여기고 장사 지내는 상례를 가볍게 여긴 것입니다. 이는 만세의 신자(臣子)가 이러한 비상한 변고를 만나면 반드시

급급해야 할 것입니다. 군포(軍布)를 징수하라는 오늘날의 명령으로 군사들의 마음을 크게 잃었으니, 이와 같은데도 위급할 때 그들의 힘을 얻으려고 한다면 이는 심히 허술한 처사입니다. 이 일을 서둘러 변통하는 것이 아마도 오늘날 가장 우선해야 할 일이 아닐까 합니다. 어떻게 생각합니까?

오늘날 명망과 실제가 모두 뛰어난 것이 집사 형제보다 더한 사람이 없는데, 재상은 이런 때에 그대 중씨(仲氏)를 다시 기용할 방법을 힘써 도모하지 않으니, 이것이 걱정입니다. 그러나 이러한 일들은 반드시 입에 올리지 말아서 죄를 더하지 않도록 하십시오.

적을 토벌하여 복수한 뒤에 그 군친(君親)을 장사 지낼 수 있고 그렇지 못하면 비록 관곽(棺槨)과 의금(衣衿)이 지극히 융숭하더라도 실은 골짜기에 내버리는 것과 다름이 없다는 사실을 보인 것입니다."라고 한 것을 말한다. 청나라에 대한 복수를 우선적인 과제로 삼고 장례와 같은 일상적인 예는 나중으로 돌려야 한다는 말이다.

민지숙에게 답함 갑인년(1674, 숙종 즉위년) 8월 29일
答閔持叔 甲寅八月二十九日

보내 준 답장을 읽어 내려가는 동안 한층 더 목이 메었습니다. 하늘이 우리를 보살펴 주지 않음이 이와 같으니, 어쩌면 좋단 말입니까. 저는 병들고 허약하여 숨이 곧 끊어지려 하니, 장차 선왕의 뒤를 쫓아 세상을 떠나지 않겠습니까.

지문(誌文)을 짓는 일에 차임된 것[22]은 조정이 사람 마음을 몰라준다고 할 만합니다. 이 몸이 이러한 시기에 감히 문자를 올리는 것이 어찌 마땅한 처사이겠습니까. 집사의 말씀이 비록 효과는 없었으나 저를 위해 주선해 준 것은 감사하고 또 감사합니다. 어제 짧은 편지를 보냈으니, 조만간 받아 볼 것입니다.

○ 노봉(老峯)은 현재 무슨 일을 맡고 있습니까? 만약 도성에서 제 아들을 만나 산수 사이에서 나누던 대화를 뒤미처 이야기한다면, 비록 이런 슬프고 괴로운 시기일지라도 한바탕 웃게 되리라 생각합니다.

22 지문(誌文)을……것 : 1674년 8월 송시열이 현종의 지문을 짓기 위한 지문제술관(誌文製述官)에 차임되었다. 《宋子大全 附錄 卷7 年譜》

민지숙에게 답함 갑인년(1674, 숙종 즉위년) 9월
答閔持叔 甲寅九月

소식이 막힌 지 꽤 오래되어 그리운 마음이 한창 깊었는데 이렇게 특별히 보낸 위문편지를 받게 되니, 읽어 내려가며 느끼는 감격스러운 심정을 이루 말로 형용할 수 없습니다. 저는 앓고 있는 병세가 그치지 않아 나날이 추위에 몸을 떨고 있으니, 아무래도 끝내 병과 맞서 이겨 낼 수 없을 듯합니다.

산릉(山陵)으로 거론된 두 곳은 다 일을 치르는 데 편한데, 일전에 보았을 때 민가에서 선조의 무덤에 부장(附葬)했을 경우 화가 생기는 경우는 드물었습니다. 신도(神道)를 헤아려 보면 그것이 귀천에 무슨 차이가 있겠습니까. 저의 소원은 동쪽으로 가서 제향을 받으시게 하는 것인데, 끝내 어디로 결정될지 모르겠습니다.

저는 8번이나 은지(恩旨)를 받았으나 끝까지 부응하지 않았고, 이에 제공은 하나같이 성상의 뜻을 끝내 저버릴 수는 없다고 말하였습니다. 저는 어떻게 처신해야 온당할지 모르겠으나 두 번째 상소에 대한 비답을 보고서 점차 강가로 나아가 다시 진정을 아뢰고자 합니다. 다만 선조(先朝)에 대해서는 미처 하나하나 아뢰지 못하였으니, 매양 하늘을 바라보며 피눈물을 삼키는 일을 오래도록 멈추지 않을 뿐입니다.

약재(藥材)에 대해서는 감히 다른 사람한테 말하지 못하였는데 지금 이렇게 보내 주니, 그 지극한 마음을 감사히 받는 동안 오장육부가 벌써 건강해지는 기분입니다.

민지숙에게 답함 갑인년(1674, 숙종 즉위년) 9월
答閔持叔 甲寅九月

안부 편지는 실로 감사합니다. 저의 질병은 더욱 괴롭기만 한데, 요컨대 죽은 후에야 그칠 것 같으니 어쩌면 좋단 말입니까.

찬집청(纂集廳)의 문자를 지난밤에 조령(槽令)[23]이 맡아 가지고 왔으나, 주상께서 분명한 처분을 내리기 전에 느닷없이 이런 임무를 맡았으니 그 뜻이 어떤 것인지 모르겠습니다.

봉록을 나누어 보내 준 것은 어찌 감히 사양할 수 있겠습니까. 부엌의 여종이 양식이 떨어졌다고 고한 지 이미 여러 날이었습니다. 이만 줄입니다.

별지

예법에 "남자는 30세에 장가들고 여자는 20세에 시집간다."[24]라고 하였으니, 애당초 여동생이 오빠보다 먼저 시집가는 경우가 있는 것입니다. 이에 우리 집안에서 실로 예법에 따라 그렇게 하려고 하였으나, 기회를 엿보는 자들은 또 반드시 그것을 패륜이라고 지목할 것이므로 반드시 남자 쪽의 혼례를 먼저 마치려고 합니다. 그런데 조령은 인산(因山)을 마치고 나서 향리로 물러나[25] 납폐례(納幣禮)를 하고자 하여 돌아간다

23 조령(槽令) : 이단하(李端夏)를 가리킨다. 《송자대전수차》 권6에 "조(槽)는 지명인데 어디를 가리키는지는 상세하지 않다."라고 하였다.

24 남자는……시집간다 : 《주례(周禮)》 〈지관사도(地官司徒)〉에 보인다.

고 말해 놓고도 돌아가지 않고 있으니, 이것이 조령의 본색이라 극히 저를 민망스럽고 답답하게 합니다.

25 향리로 물러나 : 대본에는 '退後鄕里'로 되어 있는데, 두주(頭註)에 근거하여 '後'를 연자로 보아 번역하지 않았다.

민지숙에게 보냄 갑인년(1674, 숙종 즉위년)
與閔持叔 甲寅

성상의 하교에 이미 "선왕께서 속은 것에 대해 늘 원통하고 분하게 여기셨다."라는 말씀이 있으니,[26] 이후로는 아무리 다시 용서해 주시고자 하더라도 자연 그렇게 될 수 없을 뿐 아니라 이래저래 그것은 마땅하지 않을 듯합니다. 이에 한창 짐을 꾸려 놓고 처분을 기다리고 있는데, 다만 인산(因山) 전에는 핑계 댈 만한 일이 없으니 장차 어떻게 해야겠습니까? 중외(中外)의 친구들은 모두 물러나 있어서는 안 된다고 말하는데, 이것이 의리상 당연한 일입니까? 부디 제 의혹을 풀어 주기를 바랍니다. 만약 그대 중씨(仲氏 민정중(閔鼎重))에게 이 문제를 여쭌 뒤에 제게 가르침을 내려 준다면 더욱 다행일 것입니다.

26 성상의……있으니 : 1674년 9월 25일 진주(晉州) 유생 곽세건(郭世楗)이 상소를 올려 기해예송(己亥禮訟) 때 효종을 서자(庶子)로 간주하여 삼년복 대신 기년복을 입어야 한다고 주장한 송시열을 비판하자, 10월 28일 경기 유생 이필익(李必益)이 송시열을 변호하고 곽세건을 변방으로 내쳐야 한다고 청하였다. 그런데 숙종이 곽세건을 옹호하고 이필익을 유배 보내자 11월 11일 이단하(李端夏), 김석주(金錫胄) 등은 이필익이 스승의 억울함을 변호한 것이라고 하며 그를 두둔하였고, 이에 숙종이 "유현(儒賢)이 예를 논한 것이 사리에 어긋나므로 선왕께서 속은 것에 대해 늘 원통하고 분하게 여기시다가 이미 잘못을 바로잡아 시비가 막 정해졌는데 지금 또 시끄럽게 스승의 억울함을 변호한다고 말하니, 이는 바로 유현이 있는 것만 알고 임금이 있음을 알지 못하는 것이다."라고 말하였다. 《肅宗實錄 卽位年 9月 25日, 10月 28日, 11月 11日》《宋子大全 卷102 答沈德升(甲寅十一月)》

민지숙에게 답함 갑인년(1674, 숙종 즉위년) 9월
答閔持叔 甲寅九月

병 때문에 서둘러 길을 갈 수 없어 어제 겨우 험천(險川)에 도착해 휴식을 취했습니다. 때는 위태롭고 주상은 아직 연소하시어 근심으로 잠을 이루지 못하고 있던 차에 홀연 뒤따라 보내 준 그대의 편지를 받았는데 의리가 분명하고 성심이 지극하였으니, 그 내용을 마음에 새기는 나머지 지극히 감사하는 마음을 이길 수 없습니다. 저는 어제 아침 들은 것이 조금 있어 이미 향리로 돌아가야겠다는 결정을 내렸는데, 지금 그대의 말씀이 실로 제 뜻과 서로 부합하니 제 뜻이 도리에 어긋나지 않았음을 다행으로 여깁니다. 노잣돈은 감사히 받겠습니다.

민지숙에게 보냄 갑인년(1674, 숙종 즉위년) 10월

與閔持叔 甲寅十月

가는 길이 지지부진하여 총 5일 만에야 경기 지역을 벗어났으니, 소요하고 있다는 죄목[27]을 거의 면하게 되었습니다. 구름 자욱한 산이 시야에 가득한 가운데 고향으로 돌아가는 길의 흥취가 유유자적 한가로우니, 여주(驪州)[28]에서 주시하고 영남에서 비난하는 것들은 모두 저와는 상관없는 일입니다. 다만 종정(宗正)의 마음[29]이 속에 맺혀서 한밤중에 벽을 따라 서성이며 새벽이 되도록 잠을 이루지 못하니, 타고난 떳떳한 본성은 몹시도 없어지지 않는군요. 무엇보다 돌연 설사와 기학(氣瘧) 증세가 몸에서 사라짐을 느끼는데, 이를 통해 미록(麋鹿)과 같은 본성[30]

27 소요하고 있다는 죄목 : 1674년 9월 25일 진주 유생 곽세건이 소장을 올려 송시열에게 현종의 지문(誌文)을 짓게 해서는 안 된다고 하면서 송시열이 경기지역에서 소요하고 있다고 비판한 것을 가리킨다. 《宋子大全 附錄 卷7 年譜》

28 여주(驪州) : 윤휴(尹鑴)를 가리킨다. 그가 젊은 시절 주로 여주에서 살았다.

29 종정(宗正)의 마음 : 나라와 종실을 걱정하는 마음을 가리킨다. 종정은 원래 왕실 친족들의 일을 맡아보는 관직명인데, 여기서는 그 벼슬을 역임한 바 있는 한나라의 학자 유향(劉向)을 가리킨다. 《한서(漢書)》 〈유향전(劉向傳)〉에 "유향은 항상 대놓고 종실을 변호하고 왕씨(王氏)를 비난하였는데, 그 말이 몹시 간절하여 지극한 정성에서 나왔다."라고 하였다. 《宋子大全隨箚 卷7》

30 미록(麋鹿)과 같은 본성 : 세상의 구속에서 벗어나 산림에서 한가로이 노닐고자 하는 자유분방한 성격을 말한다. 미록은 큰 사슴과 사슴이다. 소식(蘇軾)의 시에 "나는 본래부터 미록과 같은 본성을 지녔으니, 진정 수레 끄는 말의 자질은 아니라네.〔我本麋鹿性, 諒非伏轅姿.〕"라고 하였다. 《蘇東坡詩集 卷8 次韻孔文仲推官見贈》

을 지닌 저는 산야가 적합하다는 사실을 알겠습니다. 호서(湖西)의 경계로 들어선 뒤로 빨리 가고 천천히 가고를 내 마음대로 하므로 수레와 하인은 돌려 드리겠습니다.

민지숙에게 보냄

與閔持叔

화가 장차 닥칠 것입니다. 저 같은 사람은 이미 틀렸거니와 억울하게 화에 걸려드는 자들이 장차 몇 사람이나 될지 모르겠으니 이 때문에 마음이 두렵습니다. 지금 같은 상황에선 깊은 곳으로 들어가 문을 닫아걸고 아무런 의혹 없이 자신의 몸을 닦음으로써 어떻게 일이 흘러가든 순순히 그것을 받아들이는 것보다 더 나은 계책이 없으니, 이것이 올바르고 마땅한 도리입니다. 한편 또 안면을 싹 바꾸고 더러운 물에 몸을 담가 그 화에서 벗어나기를 꾀하는 자들이 있으니, 이런 부류는 천명(天命)이란 것을 너무도 모르는 자들인바 실로 가소롭습니다.

○ 어떤 한 사인(士人)이 저를 찾아와 "당초에 그 사람[31]에게 속았던 자들은 현시점에서 의당 사람을 잘 알아보지 못한 자신의 죄를 반성해야 하는데 모 어른-노봉(老峯)입니다.- 같은 경우 당초에는 어질었기 때문에 그를 믿은 것이라고 운운하니, 이는 오히려 자기의 잘못을 덮느라고 청천백일(靑天白日)처럼 깨끗하게 하지 못하는 것입니다. 요(堯) 임금께서도 사람을 알아보는 것을 어렵게 여기셨으니,[32] 이것이 어찌 모 어른의 잘못이 되겠습니까마는 그를 감싸려고 한 것입니다.……"라는 말을 하였는데, 이 말을 어떻게 생각합니까?

31 그 사람 : 윤휴(尹鑴)를 가리킨다. 《宋子大全隨箚 卷7》

32 요(堯)……여기셨으니 : 《서경》 〈고요모(皐陶謨)〉에 "요 임금께서도 어렵게 여기셨으니, 사람을 알아보면 명철해서 사람을 제자리에 쓸 수 있다."라고 하였다.

민지숙에게 답함 갑인년(1674, 숙종 즉위년) 10월
答閔持叔 甲寅十月

장양(長楊)에 도착했을 때 그대의 심부름꾼이 돌아가는 편에 편지 한 통을 부쳤습니다. 화양동(華陽洞)으로 돌아온 지 벌써 3일이 되었는데 맑은 시내와 흰 바위는 예전 그대로 깨끗하고 말끔합니다. 고요히 고서를 읽으며 흔연히 마음속으로 깨닫는 부분이 있으니, 영남 유생의 상소[33]가 아니었다면 어찌 이렇게 선비를 높이는 성상의 은택이 유독 제게만 내려지는 기회를 얻을 수 있었겠습니까. 지난달 28일에 보내 준 편지를 이제 받으니, 마치 집에서 편히 쉬면서 느긋한 모습으로 있는 그대를 마주 대하는 기분이라 위안되고 후련한 심정을 말로 다 형용할 수 없습니다.

한단(邯鄲)[34]이 뒤이어 나온 것은 족히 이상할 일도 아닙니다. 천진교(天津橋) 위의 호손(胡孫)은 미물 중에 미물임에도 오히려 삼장법사(三藏法師)에게 간파당했으니,[35] 하물며 밝게 빛나는 일월 앞에서는

33 영남 유생의 상소 : 진주 유생 곽세건의 상소를 가리킨다. 150쪽 주4 참조.

34 한단(邯鄲) : 본디 조(趙)나라의 수도이므로 조씨(趙氏) 성을 가진 자를 지칭한다. 《송자대전수차》 권7에는 조사기(趙嗣基)로 추정된다고 하였으나, 그 조감(趙瑊)을 가리키는 듯하다. 조감은 1674년 9월 28일 유생의 신분으로 상소하여 국상 때 벌어진 여러 잘못된 일과 그 일에 간여한 중신들을 비판하였다. 《숙종실록》의 사관은 이 일을 두고 "임금이 끝내 조감의 상소에 비답이 없었는데, 곽세건의 뒤에 조감이 또 이어 일어났으므로 사람들이 모두 위태롭게 여기고 두려워하였다."라고 하였다. 《承政院日記 肅宗 卽位年 9月 28日, 29日》《肅宗實錄 卽位年 9月 29日》

어떻겠습니까. 옛 성인이 말이 나오는 데에서 자세히 살폈던 것은 까닭이 있습니다. 할 말은 너무나 많지만 하나하나 다 말씀드리지 못합니다.

별지

계주(季周 이단하(李端夏))는 그대 중씨(仲氏 민정중(閔鼎重))를 칭찬하며 "옛날엔 명신(名臣)이었는데 지금은 명유(名儒)가 되었다."라고 말하였는데, 저는 이 말을 몹시도 좋아하여 사람들을 대할 때마다 번번이 중씨를 명유라 칭하곤 하였습니다. 그런데 지금 영남 사람 역시 유자로 칭찬을 받고 있으니, 그러한 이름은 아무나 가질 수 있는 것이므로 이제부터는 그렇게 말하는 것을 피하려고 합니다. 단 그자와 같은 이름을 가지게 된 것은 진(秦)나라 때 유생들이 같은 구덩이에 묻힌 것보다 심한 경우이니, 너무도 우습습니다.

○ 승정원에서 올린 계사(啓辭)에 "방자하게 죄를 성토하였다."라고 한 것[36]은 비록 곽세건(郭世楗)이 그 글을 썼다 하더라도 또한 이에

35 천진교(天津橋)……간파당했으니 : 남송(南宋)의 시인이자 문신인 육유(陸游)가 처음엔 금나라의 침략에 철저하게 항전하였다가 만년에 간신 한탁주(韓侂冑)를 위해 〈남원기(南園記)〉를 짓자, 주희는 공풍(鞏豐)에게 편지를 보내어 "방옹(放翁)의 필력이 더욱 건장한데, 다만 까닭 없이 천진교 위에서 호손에게 흔들려서 문득 귀 큰 삼장법사에게 간파당한 것이 한스럽다."라고 하며 그의 변절을 비판하였다. 방옹은 육유의 호이다. 천진교는 중국 낙양(洛陽)에 있던 다리 이름이다. 호손은 부귀를, 귀 큰 삼장법사는 한탁주를 비유한다.《晦菴集 卷28 與李誠父, 卷64 答鞏仲至》《宋子大全隨箚 卷6》

36 승정원에서……것 : 1674년 9월 25일 진주 유생 곽세건이 소장을 올려 송시열에게 현종의 지문(誌文)을 짓게 해서는 안 된다고 하며 송시열을 비판하자, 같은 날 승지 이익상(李翊相)이 계사를 올려 "이자는 하찮은 일개 시골 사람에 불과함에도 감히 험악한 설을 지어 방자하게 죄를 성토하여 기필코 세 조정에서 예우를 받은 백발 성성한

지나지 않았을 것입니다. "죄를 성토하고 토벌한다."라는 것은 바로 옛 왕법에서 역적을 다스릴 때 썼던 말인데 지금 그 말을 저에게 하였으니, 삼엄하고도 준엄하다 하겠습니다.

초야(草野)의 신하를 끝내 예측할 수 없는 지경에 빠뜨리고자 하였으니, 그 마음이 실로 극히 경악스럽습니다."라고 한 것을 가리킨다.《承政院日記 肅宗 卽位年 9月 25日》《梅澗集 卷6 承旨時論郭世楗疏啓》

민지숙에게 답함 갑인년(1674, 숙종 즉위년) 10월
答閔持叔 甲寅十月

산릉(山陵)의 일을 도맡아 처리하고 있는 그대의 편지를 받자마자 농담을 담은 답장을 보내었는데, 또 특별히 편지를 보내 주어 사죄의 뜻을 표하였습니다. 그런데 지금 파발 편을 통하여 이번 달 보내 준 그대의 편지를 받고 횡역(橫逆)을 당한 일의 전후 사정을 대충이나마 알았으니, 분통을 더욱 견딜 수 없습니다. 그러나 한나라 때에 수염이 없다는 이유로 잘못 죽임을 당한 것과 송나라 때 수염이 아름답다는 이유로 잘못 기억된 것[37]은 하물며 그것이 실제와 어긋난 것인 데이겠습니까. 그 이름을 바꾸어 칭한 것이 어찌 작은 일에 그치겠습니까. 지울 수 없는 그 악명(惡名)은 있으나 없으나 상관없는 수염 따위와 비교할 수 있는 것이 아닙니다.

저는 앓고 있는 병이 그치지 않아 비록 옛 책이 있더라도 전일하게

37 한나라……것 : 후한(後漢)의 동탁(董卓)은 영제(靈帝)가 죽자 하진(何進)과 호응하여 군사를 이끌고 수도에 들어가 환관을 대대적으로 살해하였는데, 이 과정에서 수염이 없는 사람들도 상당수 억울하게 환관으로 오인되어 화를 당했다. 한편 북송(北宋)의 재상 여공저(呂公著)가 왕안석(王安石)의 신법(新法)을 반대하자 신종(神宗)은 그를 다른 일에 연좌시켜 내치고자 하였다. 그런데 신종은 한때 자신에게 "지금 번진(藩鎭) 대신(大臣)을 이처럼 낱낱이 논죄하여 좌절케 하니, 당나라 말기 오대(五代) 시절이라면 반드시 진양(晉陽)의 병사를 일으켜 주상의 곁에 있는 나쁜 이를 제거할 자가 있을 것입니다."라고 한 말이 손각(孫覺)의 발언이란 사실은 잊어버리고 다만 아름다운 수염만 기억나 여공저가 한 말이라 잘못 생각하였고, 마침내 그것을 빌미 삼아 여공저를 채주(蔡州)로 좌천시켰다. 《後漢書 獻帝紀》《聞見錄 卷12》《宋子大全隨箚 卷7》

공부하지 못하여 문득 이 하루가 아쉽다는 걸 느끼니, 다만 복토(復土)[38]가 끝나기를 기다려 사직하고 고향으로 돌아가 필마(匹馬)와 서로 어울려야 할 뿐입니다. 이만 줄입니다.

38 복토(復土) : 장례에서 하관한 뒤에 흙을 덮어 봉분을 만드는 일로, 여기서는 현종을 숭릉(崇陵)에 안장하는 일을 가리킨다.

민지숙에게 보냄 갑인년(1674, 숙종 즉위년) 10월 18일
與閔持叔 甲寅十月十八日

강효원(姜孝元)의 묘표(墓表)[39]는 이미 다 새겼습니까? 그의 장손인 차석(次碩)은 선왕께서 이미 내수사(內需司)의 노비로 그 주인 김붕(金朋)에게 속전을 주어 노비의 신분에서 벗어나게 하셨으나, 그 둘째 손자인 승석(承碩)은 여전히 노비 문서에 이름이 올라 있습니다. 신독재(愼獨齋 김집(金集)) 문하의 제생(諸生)이 서로 의논하여 포(布)를 내는 한편 김붕에게 유생을 보내어 그 이야기를 전하였는데, 김붕이 허락하여 백금(白金) 30냥(兩)으로 값을 정하였습니다. 그런데 제생이 낸 것이 몹시 적은 양일뿐더러 그 아비인 후정(厚精)이 몹시도 가난한 실정입니다. 이에 집사께서 이 말을 들으면 반드시 도와주고자 할 것이므로 감히 고합니다. 평안 병사(平安兵使) 유(柳) 모[40]가 이 말을 듣는다면 반드시 후하게 도와줄 것이나 그와 연락을 통할 길이 없으니, 집사께서 혹 그에게 이 일을 언급해 줄 수 있겠습니까? 이 외에 도와줄

39 강효원(姜孝元)의 묘표(墓表) : 《송자대전》 권190의 〈강효원 묘표(姜孝元墓表)〉를 가리킨다. 강효원(1603~1639)은 1637년(인조15) 소현세자(昭顯世子)가 청나라에 볼모로 잡혀갔을 때 시강원의 서리(書吏)로서 배종한 인물로, 당시 조선인으로 청나라의 앞잡이가 되어 횡포를 부리던 통역관 정명수(鄭命壽)를 필선(弼善) 정뇌경(鄭雷卿)과 함께 심양(瀋陽)에서 모살하려다가 사전에 발각되어 처형당하였다. 송시열은 민유중의 큰형인 민시중(閔蓍重)에게 비석을 구입하도록 하고 둘째 형 민정중(閔鼎重)에게 묘표의 글씨를 쓰게 하였다. 《老峯集 卷9 姜孝元墓表後記》

40 평안 병사(平安兵使) 유(柳) 모 : 송시열의 문인 유성채(柳星彩, 1645~1707)를 가리킨다. 본관은 진주(晉州), 자는 춘보(春甫)이다. 《竹泉集 別集 統制使柳公神道碑銘》

만한 여러 부분에 대해 한번 도모해 보는 것이 어떻겠습니까? 일찍이 그대 중씨(仲氏 민정중(閔鼎重)) 집사께 이 일을 여쭌 적이 있습니다. 김붕이 노환으로 죽음을 앞두고 있으니, 그가 죽는다면 이 일은 이루기 힘들 것이기에 더욱 서둘러 일을 진행하고자 합니다.

민지숙에게 답함 갑인년(1674, 숙종 즉위년) 11월
答閔持叔 甲寅十一月

편지를 받으니 위안되는 마음 그지없습니다. 주 선생(朱先生)께서도 사판(仕版)에서 이름이 삭제되는 것을 면치 못하셨으니 화숙(和叔)의 경우[41]야 어찌 족히 말할 것이 있겠습니까. 저 역시 저의 죄를 아뢰어야 마땅하지만 엄중한 처벌을 앞둔 상황이라 또 감히 소장을 올릴 수 없으니, 다만 호서와 경기의 접경지에서 공손히 엎드린 채로 명을 기다리고자 할 뿐입니다. 오늘날 저들 무리는 못 하는 짓이 없으니, 이 어찌 족히 저들과 시비를 따지겠습니까. 오직 우리의 처신이 의리를 잃지 않으면 될 일입니다.

집사께서 직임에서 풀려난 것[42]은 몹시도 잘되고 잘된 일입니다. 다만 선조가 당한 치욕[43]이 아직 씻기지 않았으니, 끝내 아무 말 없이

41 화숙(和叔)의 경우 : 화숙은 박세채(朴世采)의 자이다. 1673년(현종14) 9월에 전교관(敎官) 민업(閔業)이 죽었을 때 그 아들 민세익(閔世益)이 광증을 앓아 상주 노릇을 제대로 할 수 없자 그 집안에서 송시열과 박세채에게 자문을 구했는데, 송시열과 박세채는 민업의 손자인 민신(閔愼)에게 대신 참최복(斬衰服)을 입고 집상(執喪)하도록 조언하였다. 이후 1674년 11월 20일 장령(掌令) 남천한(南天漢)이 박세채의 주장이 잘못이라고 하며 그를 사판에서 삭제해 달라고 청하자 숙종이 그대로 따랐다.《宋子大全 卷102 答沈德升(甲寅十一月), 附錄 卷7 年譜》《肅宗實錄 卽位年 11月 20日》

42 집사께서……것 : 1674년 11월 20일 민유중이 호조 판서에서 해직된 것을 가리킨다.《肅宗實錄 卽位年 11月 20日》

43 선조가 당한 치욕 : 진주 유생 곽세건이 상소에서 민유중의 선조인 민제인(閔齊仁)을 모욕한 일을 가리킨다. 153쪽 주9 참조.

물러나겠습니까? 아니면 죽음을 무릅쓰고 한번 외치는 한편 가슴에 담긴 뜻을 아뢰어 성상께서 혹 깨달으시기를 기원하겠습니까? 속에 품은 수많은 말을 감히 다 쓰지 못합니다.

민지숙에게 답함 갑인년(1674, 숙종 즉위년) 12월
答閔持叔 甲寅十二月

그리운 마음이 날로 깊어가던 차 홀연 특별히 보내 준 편지를 받으니 기쁘고 후련하기가 그지없습니다.

시사가 날로 새롭게 흘러가니, 굳이 신무문(神武門)이 열리기를 기다리지 않아도[44] 형세상 우리는 장차 나란히 죽음을 당할 것입니다. 저 흑수(黑水)[45]는 처음에는 "임금을 낮추고 종통을 둘로 나누었다.〔卑主貳宗〕"라는 말로, 중간에는 화의 근원을 막는다는 말 따위로 위아래 사람의 귀를 동요케 하다가 끝내는 부정하게 연줄을 이용해서 오늘날의 이 화를 만들어 냈습니다. 그런데 도와주겠다는 이야기[46]를 그가 선비들 사이에 퍼뜨렸다는 말이 들리는바, 이는 바로 신무문에 들어가지 않았던 남지정(南止亭)의 계책이니[47] 누군들 그 속셈을 모르겠습니

44 굳이……않아도 : 신무문은 기묘사화가 일어난 경복궁의 북문으로, 현재 자신들에게 가해지는 정치적 탄압을 기묘사화에 빗댄 것이다. 1519년(중종14) 11월에 남곤(南袞), 심정(沈貞), 홍경주(洪景舟) 등 훈구파가 자신들을 위협하는 조광조(趙光祖) 등 신진 사림 세력을 몰아내기 위해 밤에 신무문을 통해 들어가 중종과 모의하여 정변을 일으켰다. 《靜菴集 附錄 卷6 行狀》

45 흑수(黑水) : 윤휴(尹鑴)를 가리킨다. 윤휴가 살았던 경기 여주(驪州)의 '여(驪)' 자가 검다는 뜻이 있고 거기에 여강(驪江)이 있으므로 윤휴를 배척하는 측에서 그의 별칭으로 사용하였다.

46 도와주겠다는 이야기 : 윤휴가 이종 아우 송규정(宋奎禎) 등에게 "송(宋) 모가 만약 예(禮) 문제로 죄를 입게 된다면 내 마땅히 힘을 내어 도와줄 것이다."라고 한 것을 가리킨다. 《宋子大全隨箚 卷7》

까. 예전에 집사 여러분께서 제게 선인(先人)의 묘지문 중에서 그 사람의 성명을 삭제하도록 한 적이 있는데,[48] 처음에는 너무 갑작스러운 일이라고 여겼습니다. 그런데 이제는 집사 여러분의 식견이 고인과 같다는 사실에 더욱 탄복하는 바입니다. 조령(槽令)이 끝내 만약 죄를 얻는다면[49] 어찌 그에게 대단한 행운이 아니겠습니까.

저는 이미 진천(鎭川)의 서쪽 경계와 양성(陽城)이 서로 접한 지역에 있는 깊은 골짜기 속에 와서 삼가 명이 내리기만을 기다리고 있습니다. 국장(國葬) 때 비록 몰염치를 무릅쓰고 나아가고 싶지만 아마도 감히 그럴 수 없을 듯합니다.

지난번에 보내 준 편지 또한 오늘 받았고, 달력도 아울러 감사합니다. 그대 중씨(仲氏 민정중(閔鼎重))께서는 역소(役所)에서 곧장 향리로 돌아가려고 하던데, 집사께서는 또 어떻게 할 작정입니까? 어느

47 신무문에……계책이니 : 남지정은 기묘사화의 주축 세력 중 하나인 남곤(南袞)으로, 지정은 그의 호이다. 1519년 11월 15일 남곤은 홍경주 등을 사주하여 한밤중에 신무문에 몰래 들어가 중종에게 고변하도록 하고 정작 자신은 들어가지 않았는데 이는 자신의 행위를 숨기기 위한 것이었다. 이와 마찬가지로 윤휴가 겉으로는 송시열을 도와주는 척하면서 자신의 본래 의도를 숨기려고 한다는 말이다.

48 예전에……있는데 : 선인의 묘지문은 1660년(현종1)에 송시열이 지은 민유중의 어머니 연안 이씨(延安李氏)의 묘지명을 가리킨다. 그의 큰딸이 윤휴와 약혼하였으나 요절하는 바람에 실제 혼인은 이루어지지 못하였는데, 묘지명에 "큰딸이 14세에 약혼했으나 일찍 죽었다."라는 구절에 원래 윤휴의 이름이 있었던 것으로 보인다. 《宋子大全隨箚 卷6》《宋子大全 卷57 答閔公瑞(乙卯二月十三日), 卷187 貞夫人延安李氏墓誌銘》

49 조령(槽令)이……얻는다면 : 조령은 이단하를 가리킨다. 이때 그는 현종의 행장(行狀)을 지었는데, 숙종이 기해예송 때 송시열이 저지른 잘못을 분명하게 명시하라고 하며 재차 수정을 요구하던 상황이었다. 따라서 죄를 얻는다는 말은 숙종의 명을 따르지 않아 처벌을 받는다는 뜻이다. 《宋子大全隨箚 卷6》《肅宗實錄 卽位年 11月 30日》

글인들 읽을 만하지 않겠는가마는, 《주자어류(朱子語類)》 가운데 병진년(1196) 이후의 글[50]이 가장 읽을 만하며 특히 계주(季周)에게는 더욱 읽을 만할 것입니다. 죄를 논한 계사(啓辭)가 비록 올라왔으나 아무도 보여 주는 사람이 없으니, 오직 집사만 믿을 뿐입니다.

산골 마을의 밝은 햇살 아래에서 때때로 고서를 읽느라 목이 잘릴 재앙이 눈앞에 닥쳐온 사실도 깨닫지 못하였습니다. 혹 성상의 관대한 은혜를 입어 남은 목숨을 연장할 수 있다면 바라건대 불사약을 먹어서 지금 사람들이 어떤 결말을 맞게 될지 눈으로 보고 싶습니다. 집사께서 한바탕 크게 웃을 걸로 짐작합니다. 이만 줄입니다.

50 주자어류(朱子語類)……글 : 병진년은 송 영종(宋寧宗) 경원(慶元) 2년인 1196년으로, 한탁주(韓侂胄)가 승상 조여우(趙汝愚)와 그를 따르던 사람들을 모두 몰아내고 주희(朱熹)의 학문을 위학(僞學)으로 규정하여 일절 금지한 경원당금(慶元黨禁)이 일어난 해이다. 1196년 12월 주희는 사록관(祠祿官)에서 파직되었으며 한탁주에게 아첨하는 무리가 주희를 참수해야 한다는 상소를 올려 매우 위태로운 처지였으나, 죽림정사(竹林精舍)에서 흔들림 없이 강학하면서 오랜 벗들과도 평소와 다름없이 교유하였다. 《주자어류》 가운데 이 시기를 기록한 글은 정치적 반대파에 대한 비판보다는 지조를 지키지 못하거나 할 말을 제대로 하지 못하는 사우(士友)에 대해 질책하는 내용이 많이 담겨 있다. 《宋子大全隨箚 卷7》 《朱子年譜 卷4》

민지숙에게 답함 갑인년(1674, 숙종 즉위년) 12월
答閔持叔 甲寅十二月

곳곳마다 있는 청산은 아무리 대하여도 싫증이 나지 않으니, 비록 푸줏간에 매여 있는 목숨이지만[51] 사슴의 품성을 지닌 저는 절로 편안한 마음입니다. 그러던 중 홀연 고요한 밤중에 어제 새벽에 보내 준 편지를 받으니, 비록 많은 것을 언급하지 않았으나 마음으로 이해할 수 있었습니다. 죽고 사는 것은 천명에 달린 일입니다. 어찌 계책과 주도면밀한 방어로 벗어날 수 있겠습니까. 오직 머리를 들고서 최후를 기다릴 수 있을 뿐입니다. 다만 북풍이 대지를 진동하는 이러한 시기에 저 멀리 발에 피를 흘릴 한 유생[52]을 생각하니, 안타깝고 애처로운 마음을 견딜 수 없습니다. 희령(希令)[53]이 그에게 손을 내밀어 구제해 줄

51 비록……목숨이지만 : 자신의 목숨이 조정에 달려 있다고 말한 것이다. 제나라 최저(崔杼)가 장공(莊公)을 시해한 뒤 자신의 뜻에 동조하지 않는 자는 모두 죽이겠다고 하자 대부 안영(晏嬰)은 죽어도 뜻을 굽힐 수 없다고 하였다. 최저가 결국 그 뜻을 꺾지 못하고 돌아가게 하였는데, 돌아가는 길에 마부가 급히 수레를 몰자 안영은 "사슴은 산속에 있지만, 그 목숨은 푸줏간에 있네, 목숨이 매인 바가 있으니 어찌 빨리 달리겠는가."라고 말하고 떠났다. 《韓詩外傳 卷2》

52 발에……유생 : 이세필(李世弼, 1642~1718)을 가리킨다. 1674년 12월 송시열이 삭출(削黜)당하자 송시열을 변호하는 상소를 올리다 영광(靈光)에 유배되었다. 본관은 경주(慶州), 자는 군보(君輔), 호는 구천(龜川), 시호는 문경(文敬)으로, 송시열과 박세채(朴世采)의 문인이다. 《肅宗實錄 卽位年 12月 25日》《謙齋集 卷38 贈議政府左贊成行刑曹參判李公諡狀》

53 희령(希令) : 여성제(呂聖齊, 1625~1691)로, 자가 희천(希天)이다. 이때 그는 함

수 있을지요?

정천(鄭洊)의 혼사에 대해서 거듭 여러 말씀을 해 주니, 나와 남 사이에 간격을 두지 않는 그대의 태도에 감탄을 금치 못하겠습니다. 우리 집안보다 나은 자를 얻는다면 어찌 큰 다행이 아니겠습니까마는, 만약 우리 아이가 일을 미룬다고 여겨서 다른 쪽으로 구할 뜻을 둔다면 이는 심히 우리 아이를 버리는 처사입니다. 모름지기 잘 헤아려 처리하기를 바랍니다.

경 감사로 재직 중이었다. 본관은 함양(咸陽), 호는 운포(雲浦)이다.《宋子大全隨箚 卷7》《藥泉集 卷17 領議政靖惠呂公神道碑銘》

민지숙에게 보냄 갑인년(1674, 숙종 즉위년) 12월
與閔持叔 甲寅十二月

평소 서툴고 어리석었던 관계로 어질고 훌륭한 분들이 걸었던 길의 뒤를 이을 수 없었는데, 오늘날 문득 회옹(晦翁)의 "늘그막의 영광은 간당의 당적에 이름을 올린 것이네.〔老年光華姦黨籍〕"[54]라는 시구를 외게 되었으니, 저에 대한 요즘 무리의 대우가 후한 것입니다. 동서남북 어디로 가든 만약 그대와 서로 가까이 있을 수 있다면 귀양지가 참으로 쓸쓸하지 않을 것입니다. 이만 줄입니다.

54 회옹(晦翁)의……시구 : 주희(朱熹)의 시 〈성은을 입어 치사하려는 뜻을 이루자 진 소원 어른이 시로써 축하해 주기에 이에 화답하고 다시 한 수를 읊다〔蒙恩許遂休致陳昭遠丈以詩見賀已和答之復賦一首〕〉의 한 구절이다. 이 시에서 주희는 "늘그막의 영광은 간당의 당적에 이름을 올린 것이고, 지난날의 부끄러움은 시신의 갓을 쓴 것이네.〔老去光華奸黨籍, 向來羞辱侍臣冠.〕"라고 하면서 간신 한탁주(韓侂冑) 등으로부터 자신의 학문이 위학으로 지목받은 것을 오히려 영광으로 여기는 발언을 하였는데, 이는 북송 시대에 간신 채경(蔡京) 등이 사마광(司馬光), 문언박(文彦博), 정이(程頤) 등 수백 명을 간당으로 지목하여 원우간당비(元祐姦黨碑)와 원우당적비(元祐黨籍碑)를 세웠던 고사를 인용한 것이다. 이때 송시열은 장령(掌令) 남천한(南天漢) 등의 상소로 인하여 예를 그르쳤다는 죄목으로 삭탈관직(削奪官職)과 문외출송(門外出送)을 당하였다. 《晦菴集 卷9》《宋史 徽宗本紀, 姦臣列傳 蔡京》《肅宗實錄 卽位年 11月 26日》

민지숙에게 답함 을묘년(1675, 숙종1) 1월

答閔持叔 乙卯正月

누차 위문편지를 받으니 위안되고 감사합니다. 고개를 넘게 된 영광[55]은 그저 제 자신한테만 자랑할 일인데, 도리어 나서서 그것을 나누어 가지고 가려 합니까. 오늘날의 이 상황은 비단 영광으로 그칠 뿐만이 아닙니다. 어두운 곳에 있으면서 밝은 곳을 관찰한다면 이 역시 나쁜 일이 아닐 것입니다. 언제쯤이면 함께 마주하며 한바탕 웃음을 지을 수 있을지요. 이만 줄입니다.

55 고개를……영광 : 갑인예송(甲寅禮訟)에서 패한 송시열이 귀양지인 함경도 덕원(德源)으로 가는 길에 철령(鐵嶺)을 넘은 것을 가리킨다.《宋子大全 附錄 卷7 年譜》

민지숙에게 보냄 을묘년(1675, 숙종1) 2월 11일

與閔持叔 乙卯二月十一日

집사께서 어디를 떠도는지 도통 알지 못하였기에 비록 정처 없이 떠도는 곤궁한 상황에서도 한순간도 집사를 잊은 적이 없습니다. 그러던 차 삼가 멀리서 보낸 그대의 편지를 받고서 형제지간이 함께 밤낮으로 즐겁게 지낸다는 사실을 알게 되었고, 또 그대 백씨(伯氏 민시중(閔蓍重)) 어른께서 무사히 사신(使臣)의 임무를 마쳤다고 들었으니 또한 머지않아 그곳으로 내려와 세 형제가 함께 모이게 되리라 생각합니다. 천하의 즐거움 가운데 이보다 더한 것이 어디에 있겠습니까. 다만 시사가 이 지경에 이르렀으니, 그대 형제분들의 충심으로 그 근심과 탄식이 응당 어떠하겠습니까.

저는 곤궁한 물고기 같은 이런 신세가 되어 바닷가에 붙어살고 있습니다. 만일 조금의 정력이라도 있다면 서책을 보면서 작은 견식이나마 이룰 수 있을 텐데, 이렇게 정력이 쇠한 데다 평소 앓던 설사 증세도 근래 더욱 심해졌으며 또 풍기(風氣)는 마치 칼과 같아서 사람의 장기를 쏘아 대니, 덜덜 떨면서 목숨을 조석도 보장하지 못할 듯한 형편입니다. 처음엔 '조물주가 혹 이것을 가지고 나를 옥처럼 갈고 닦아서 훌륭하게 만들려는 것인가?'라는 생각을 했는데 지금 상황이 이와 같아 장차 이 걸음이 헛되이 끝나고 말 것이니, 이것이 심히 한탄스럽습니다.

편지에서 혼사에 대해 말씀하였는데, 지금 이희조(李喜朝)의 편지를 보고 이미 잘 끝났음을 알게 되었습니다. 참으로 다행이고 다행입니다. 유능(幼能 이단상(李端相))은 물론 좋은 벗이지만 근래 이생(李生)을 보니 그 또한 출중한 자이니, 생각건대 집사께서 얻은 사람[56] 역시 반드시 현명하고 똑똑할 것입니다. 축하드리고 축하드립니다.

집사는 노봉(老峯)과 또한 함께 오랜 시간 동안 버티며 지낼 수 있겠습니까? 그렇지 못하다면 응당 어디로 향할 것입니까? 요즘의 이 상황은 참으로 부평초와 같으니, 오직 가는 곳마다 스스로 힘써서 하늘이 우리에게 부여한 중책을 저버리지 않는 것이 어찌 우리가 함께 힘써야 할 일이 아니겠습니까.

나머지 할 말은 그대 중씨(仲氏)에게 보낸 편지에 들어 있습니다. 같이 그 내용을 보아 준다면 간혹 웃음을 유발하는 부분이 있을 것입니다.

56 집사께서 얻은 사람 : 민유중의 며느리를 가리킨다. 민유중의 아들인 민진후(閔鎭厚)는 이단상의 셋째 딸과 혼인하였다. 《宋子大全隨箚 卷7》《文谷集 卷19 副提學靜觀李公墓誌銘》

민지숙에게 보냄 을묘년(1675, 숙종1) 4월
與閔持叔 乙卯四月

오랫동안 강호에 머물면서 즐거움과 걱정 가운데 무엇이 더 많은지요? 삼가 제 짐작으로 그대는 초야에 묻혀 은거하는 그런 종류의 사람과는 애당초 다를 것입니다. 그러니 천리(天理)를 즐기고 천명(天命)을 아는 즐거움보다는 국가와 더불어 근심을 함께하는 근심이 더 많지 않을까 하는데, 정말 그런지요?

죄인의 몸인 저는 풍토 때문에 생긴 병이 여름 들어 더욱 심해졌습니다. 그러나 회옹(晦翁)께서 "조정이 바로 그것으로 곤욕스럽게 만들려는 것이다."라고 하신 가르침[57]을 생각하면서 오직 순순히 받아들이며 편히 여길 뿐입니다.

근래 서울에 사는 젊은 무리가 제법 찾아와 특별히 들은 이야기가 많습니다. 그중 한두 가지를 아뢰고 싶지만, 구동(狗洞)[58]이 남의 편지를 몹시 광범위하게 사들인다는 말을 들었기에 두려워 감히 하지 못합니다. 마침 조카아이가 가는 편에 대략 이렇게만 써서 보내고 더 많은 말은 일일이 다 하지 못합니다.

57 회옹(晦翁)께서……가르침 : 《회암집(晦菴集)》 권59 〈답임정경(答林正卿)〉에 "조정이 죄인을 유배 보내는 것은 바로 그것으로 곤욕스럽게 만들려는 것이니, 만약 반드시 그것을 면하고자 한다면 이는 임금의 명을 받들지 않는 것이다. 임금의 명을 받들지 않는 것은 곧 천명을 받들지 않는 것이니 가하겠는가."라고 하였다.

58 구동(狗洞) : 윤휴(尹鑴)의 거주지이므로 곧 윤휴를 일컫는 말이다.

민지숙에게 보냄 을묘년(1675, 숙종1) 5월 17일

與閔持叔 乙卯五月十七日

맑고 그윽한 강가의 정자 속에서 여름 해는 참으로 길 것이니, 그대가 계신 그곳의 뛰어난 정취를 멀리서 상상해 보노라면 저도 모르게 정신이 그쪽으로 쏠려 가는 기분입니다.

삼가 성상의 유지가 보통을 뛰어넘는 내용이었다고 들었으니,[59] 변화를 관찰하고 점괘를 음미하는 가운데 이미 정해 놓은 계획이 있습니까? 조정을 더럽게 여긴다고 아뢴 일이 그대 일가친척한테서 나왔으니,[60] 생각건대 보고 아는 실제 일이 있습니까? 듣건대 제현(諸賢) 가운데 몸이 새파랗게 질리지 않은 이가 없다는데, 더구나 숭산(崇山)과 우산(羽山) 가운데 있는 사람[61]은 어떻겠습니까.

59 성상의……들었으니 : 1675년 5월 15일에 민유중이 상소하여, 스승인 송시열이 죄를 입어 유배되었고 그 문도 중에서도 연좌되어 처벌받은 사람이 많은 상황에서 자신만 형벌을 면하고 관직을 유지하는 것은 온당하지 못하다며 사직을 청하자, 숙종이 인피(引避)하지 말고 속히 올라오라고 답한 것을 가리킨다.《肅宗實錄 1年 5月 15日》

60 조정을……나왔으니 : 1675년 4월 16일 주강에서 부제학 홍우원(洪宇遠)이 숙종에게 "송시열이 나라를 그르치고 예를 그르쳐 죽어도 모자를 죄를 저질렀는데도 국가는 너그러운 법을 베풀어 덕원(德源)으로 유배하였습니다. 그런데 송시열은 지금도 자기가 옳다고 여기고 있으니, 어찌 이런 괴이한 일이 있을 수 있겠습니까. 또 한쪽 사람들은 공경(公卿) 중신(重臣)과 대신(臺臣)들까지 마치 절개를 세운 것처럼 향리로 내려가 마치 조정을 더럽게 여기는 자처럼 행동하고 있으니, 옛날에 어찌 이러한 적이 있었습니까."라고 아뢴 것을 가리킨다.《南坡集 卷10 經筵講義》《肅宗實錄 1年 4月 16日》

61 숭산(崇山)과……사람 : 윤휴(尹鑴)에게 사흉(四凶)으로 지목당한 송시열, 이유

저는 재앙이 그치지 않아 사위 윤단(尹摶)이 갑자기 세상을 떠났습니다. 독실했던 그의 학문과 행실을 생각하자니, 애통한 심정을 자연 금할 수 없습니다. 집사께서는 형제들과 산수 가운데에서 지내시는데, 요즘 무리가 원우(元祐) 연간과 경원(慶元) 연간의 좋은 죄목을 날마다 가해 대고 있습니다. 그러나 그들이 곧이어 따로 얻게 될 죄목이 있을 것이니 또한 애처롭기만 할 뿐입니다.

더위가 점점 심해지고 있으니, 오직 몸을 더욱 보중하여 사림의 여망을 위로해 주기를 바랄 뿐입니다. 하고 싶은 말을 일일이 다 쓰지 못합니다.

태(李惟泰), 이상(李翔), 김익렴(金益廉)을 가리킨다. 사흉은 본래 요순 시대에 악명을 떨쳤던 공공(共工), 환도(驩兜), 삼묘(三苗), 곤(鯀)을 가리키는데, 순 임금은 일찍이 공공을 유주(幽州)에 귀양 보내고, 환도를 숭산에 내치고, 삼묘를 삼위(三危)로 쫓아내고, 곤을 우산에서 죽였다. 《尤菴先生書節要集解 卷5》《宋子大全 卷1 次文谷和陶四章》《書經 舜典》

민지숙에게 보냄 을묘년(1675, 숙종1) 6월

與閔持叔 乙卯六月

일이 이 지경까지 이르렀으니,[62] "머리가 목 위에 붙어 있다."[63]라고 이를 만합니다. 가장 가련한 사람은 최신(崔愼)입니다.[64] 그러나 그는 족히 강령현(康翎縣)의 농부가 될 것이니,[65] 그에게 있어서 또한 잘된

62 일이……이르렀으니 : 1675년 6월에 송시열이 함경도 덕원(德源)에서 경상도 장기(長鬐)로 옮겨 위리안치된 것을 가리킨다. 《宋子大全 附錄 卷7 年譜》

63 머리가……있다 : 송 영종(宋寧宗) 때 한탁주(韓侂胄)가 정권을 잡고 반대파를 제거하기 위한 일환으로 주희와 그 일파의 학문을 위학으로 규정하고 추방하자 위협을 느낀 주희가 겨우 목숨을 부지하고 있다는 의미로 한 말이다. 《朱子語類 卷107》

64 가장……최신(崔愼)입니다 : 최신(1642~1708)은 송시열의 문인으로, 자는 자경(子敬), 호는 학암(鶴菴)이다. 1675년 1월 유필명(柳弼明)이 송시열의 억울함을 호소하는 소장을 올린 일로 국문을 받던 도중 최신과 함께 의논하여 소장을 작성하였다고 거짓 진술을 하였다. 이에 최신은 사천(泗川)에 유배되었다. 《宋子大全隨箚 卷10》《肅宗實錄 1年 5月 28日, 閏5月 1日·23日》

65 그는……것이니 : 《지퇴당집(知退堂集)》 권13 〈황토기사 하(黃兎記事下) 보유(補遺)〉에 "강령현에 세 사람이 밭을 갈고 있었는데, 한 사람이 '올해엔 가뭄이 이와 같으니, 반드시 흉년이 될 것이다. 근간에 들으니 재상 조광조(趙光祖)가 극히 청렴하여 백관이 경외하고 고을에서는 청탁하는 일이 없었다고 한다. 이 때문에 향리에도 고함치는 아전이 없던 것이다. 그런데 지금 들으니 그분이 유배당하여 돌아가셨다고 하니, 하늘의 재앙은 아마도 이 일 때문이다.'라고 하자 다른 한 사람이 상경하여 이 일을 고발하였다. 이에 즉시 그 말을 한 사람을 붙잡아 고문하여 마침내 사형에 처했는데, 고발한 자는 면포(綿布)를 주고 고발하지 않은 자는 처벌하였다."라고 하였다. 기묘사화로 유배되어 죽은 조광조의 억울함을 말하다 붙잡혀 처벌된 농부의 처지를 스승 송시열을 옹호하다 유배당한 최신에 비유한 것이다.

일입니다. 지금 이 걸음에 응당 운거(雲擧)[66]를 만나서 볼 것인데, 운거는 일찍이 편지로 제게 농담하기를 "선생의 도덕이 주자(朱子)에 미치지 못해서 끝내 귀양길을 면치 못한 것입니다."라고 하면서 벼슬은 빼앗겼으나 유배형에서는 벗어난 자신의 처지를 주자에 비기는 듯한 태도를 취한 바 있습니다. 이번에 그를 만나면 반드시 큰 소리로 웃으며 "주자와 같은 도덕을 지닌 분이 지금 또 이렇게 된 것은 어찌 된 일입니까?"[67]라고 말할 참입니다. 그럼 그가 무슨 말로 대답할지 모르겠군요. 참 우습습니다.

저는 그저 불을 기다리는 솥 안의 물고기 같은 처지이니, 이미 가망이 없습니다. 오직 집사들께서 현재 마주한 상황은 하늘이 옥처럼 갈고 연마하여 완전한 사람으로 만들려는 의도가 깊은 데서 비롯된 일이니, 깊이 바라건대 책을 읽으며 마음을 보전하고 본성을 양성하여 사림의 여망을 위로해 주십시오. 하고 싶은 말을 감히 다 쓰지 못합니다.

66 운거(雲擧) : 송시열의 문인인 이상(李翔, 1620~1690)의 자이다. 본관은 우봉(牛峯), 호는 타우(打愚)로, 김집(金集)과 송시열의 문인이다. 《陶菴集 卷46 從祖打愚先生墓誌》

67 주자와……일입니까 : 이때 이상 역시 영해(寧海)로 유배를 가게 되었으므로 이렇게 말한 것이다. 《肅宗實錄 1年 5月 26日》

민지숙에게 보냄 을묘년(1675, 숙종1) 7월

與閔持叔 乙卯七月

서로의 거리가 더욱 멀어져[68] 그리운 마음이 한층 깊습니다. 일전에 파발 편으로 편지 한 통을 대략 써서 부쳤는데, 이는 실로 현재의 금기를 위반한 행동이나 그 점을 돌아볼 틈이 없었습니다. 그런데 며칠 지나지 않아 그대의 위문편지가 또 이르렀으니, 피차가 같은 마음이라는 사실을 알 수 있었습니다.

위리안치된 가운데 규정보다 더 심하게 일을 처리하는 점이 있는 것은 어찌 이상할 일이겠습니까. 이는 실로 벼슬길에 나아가려고 하는 그 사람[69]의 묘책이니, 누가 그것을 막을 수 있겠습니까.

몸을 닦고 천명을 기다리는 것에 대한 그대의 말씀[70]은 저를 깨우치고 인도하는 뜻이 지극하니, 감히 가슴에 새기지 않겠습니까. 다만

68 서로의……멀어져 : 1675년 6월에 송시열이 함경도 덕원(德源)에서 경상도 장기(長鬐)로 옮겨 위리안치된 것을 가리킨다. 《宋子大全 附錄 卷7 年譜》

69 그 사람 : 의금부 도사(義禁府都事) 심양필(沈良弼)을 가리킨다. 그는 송시열이 장기로 이동하는 동안 송시열에게 갖가지 곤욕을 주는 한편 장기에 도착해서는 가시울타리 치는 일을 친히 감독하였는데, 송시열의 자제들이 전례를 대어 후문(後門)을 설치하기를 청하였으나 끝내 허락하지 않았다. 《宋子大全隨箚 卷7》《宋子大全 附錄 卷7 年譜》

70 몸을……말씀 : 《문정공유고(文貞公遺稿)》 권2 〈상우암선생(上尤菴先生)〉에 "이배(移配)에 대한 의론이 또 일어났다가 바로 그쳤습니다. 그러나 끝내는 반드시 그치지 않을 것입니다. 심하지만 어쩌겠습니까. 몸을 닦고 천명을 기다린다면 무엇이 두렵겠습니까."라고 한 것을 가리킨다.

책을 보면서 죽기 전에 작은 견식이나마 갖추고 싶지만, 엎어지고 넘어지며 길을 내려온 끝에 정력이 갑자기 소진되어 실로 스스로 힘을 낼 수가 없습니다. 스스로 가련하게 여긴들 어찌겠습니까. 성채와 같은 이 가시울타리는 과연 처마에 닿는 부분이 있으나 또 닿지 않는 부분도 있습니다. 그러나 그 높이가 세 길이고 또 세 겹 네 겹으로 둘러쳐 있으니, 아무리 큰 바람이라 하더라도 감히 뚫고 들어오지 못합니다. 그 답답한 심정을 어찌 말로 다 할 수 있겠습니까. 우선은 옛사람이 큰 것과 작은 것에 관해 논하면서 "천지와 사방이 비록 넓으나 대지가 그 안에 놓여 있으면 또한 좁고 막혀 있는 기분이 들고, 초가집이 비록 작으나 한 사람이 거기에 들어가 있으면 넉넉하여 여유가 있다."라고 했던 말을 외워 보니, 이는 실로 세상을 통달한 자의 말입니다. 한바탕 웃음을 지을 만합니다.

편지에서 아침에 배가 고팠다는 말씀[71]을 보고 새로 들은 것이 기억나 애오라지 별지에 그 내용을 아룁니다. 이는 비록 농담인 것처럼 보이지만 그 관계된 것이 작지 않으니, 인편을 통해 회답해 주면 몹시 다행이겠습니다.

근래 무슨 책을 읽고 있습니까? 우리가 이렇게 한가한 사람이 되어 특별히 하는 일이 없으나 오직 책을 읽는 이 일 하나만큼은 오히려 우리 자신에게 속한 일입니다. 집사의 경우로 말하자면 옥처럼 갈고 연마하여 완전한 사람으로 만들려는 하늘의 의도가 실로 우연한 것이 아닙니다. 스스로 부족한 점을 더욱 보충하여 뜻을 굳게 하고 인(仁)을

71 편지에서……말씀 : 《문정공유고》 권2 〈상우암선생〉에 "아침에 배가 고파 술을 마셨는데 인편을 만나 초솔하게 쓰니 황공하고 황공합니다."라고 한 것을 가리킨다.

숙성시키는 일은 필시 늙고 졸렬한 제가 바랄 수 있는 일이 아닐 것이니, 집사를 찾아가 그 모습을 보지 못하는 것이 한입니다.

하고 싶은 수천수만의 말들을 일일이 다 적지 못하니, 모든 것을 묵묵히 이해해 주기를 바랍니다. 보내 준 말린 고기는 여기에 없는 것이니 감사하고 감사합니다.

민지숙에게 답함 을묘년(1675, 숙종1) 10월
答閔持叔 乙卯十月

우령(羽令)[72] 운운한 것에 대해 말하자면, 애초에 그것이 관계된 바가 작지 않다는 사실을 생각하지 못하였기 때문에 애오라지 들은 내용을 아뢴 것입니다. 그러나 그자는 흉얼(凶孽)인데 조정에서 이미 그를 살려 주었으니 성인의 교화가 적셔지는 속에서 그자까지 함께 길러질 수 있도록 한 것은 우령의 인자함을 볼 수 있는 대목입니다. 그러니 실제로 후하게 보살펴 준 일이 있다 하더라도 또 무슨 문제이겠습니까. 다만 강아지풀을 기르는 것은 농사에 방해가 된다는 가르침으로 미루어 본다면 혹 비판할 만한 점이 있을지도 모르겠습니다. 그러나 한 차례 으레 곡식을 꾸어 준 것이 어찌 그를 길러 주는 일까지 되겠습니까. 다른 사람의 귀에 들어간다는 말씀은 정말 맞습니다. 저 역시 감히 더이상 입에 올리지 않겠습니다.

72 우령(羽令) : 송시열의 문인 이숙(李翻, 1626～1688)으로, 그의 자가 중우(仲羽)이다.

민지숙에게 답함 을묘년(1675, 숙종1)
答閔持叔 乙卯

중우(仲羽) 운운한 것에 대해 말하자면, 이 말씀을 통해 저를 다시 또 깨우쳐 주었으니 감사하는 마음을 말로 표현하지 못하겠습니다. 옛날에 어떤 한 사람이 "집안 아우는 강남에서 죽고, 형님은 북쪽 변방에서 죽었네.〔舍弟江南沒, 家兄塞北亡.〕"라는 시를 지었는데, 이에 다른 누군가가 그의 불행을 위로하자 그 사람은 "내게는 사실 이런 일이 없고 그저 그 대(對)가 되는 말이 좋아서 그렇게 지었을 따름이다."라고 하였습니다.[73] 그러나 제가 그대에게 그렇게 말한 것은 역시 일찍이 〈동명(東銘)〉[74]을 익숙히 읽지 않았기 때문에 벌어진 결과입니다. 다만 또한 용서할 만한 점도 있습니다. 주자(朱子)께서는 당화(黨禍)를 겪으실 때 "메추라기를 매단 것처럼 백 군데나 꿰맨 옷"이라는 좋은 농담을 하신 적이 있습니다.[75] 평생 주자의 글을 읽어 왔으나 한 가지

73 옛날에……하였습니다 : 송나라 때 이정언(李廷彦)이란 사람이 한 고관(高官)에게 백운시(百韻詩)를 지어 바칠 때 있었던 일화이다. 《類說 卷47》

74 동명(東銘) : 북송(北宋)의 학자인 장재(張載)가 썼다는 명(銘)으로 장난으로 하는 언행을 경계하는 내용을 담고 있는데, 그 첫머리에 "장난하는 말도 생각 속에서 나온 것이요, 장난하는 행동도 꾀에서 만들어진 것이다."라고 하였다. 《近思錄 卷2 爲學》

75 주자(朱子)께서는……있습니다 : 주희(朱熹)가 문인 유숭지(劉崇之)에게 보낸 편지에 "자직(子直)에게서 며칠 전 편지를 받았는데, 그가 공자가 미복(微服) 차림으로 송나라를 빠져나간 일을 인용하여 제게 가르침을 주었습니다. 그런데 지금 메추라기를 매단 것 같은 백 군데나 꿰맨 옷을 입고도 스스로 화를 면하지 못하였으니, 또한 우습습니다."라고 한 것을 가리킨다. 자직은 주희의 문인인 양방(楊方)의 자이다. 《晦菴集

일도 배우지 못하였는데 또 지금 이 일까지 금한다면 이는 끝내 배운 것이 없는 것이니, 그러면 또한 지나치게 아무 일도 하지 않는 것이 아니겠습니까.

흑수(黑水 윤휴)의 일에 대한 언급은 선하고 후한 어른의 말씀이라 할 만합니다. 그러나 성인께서는 "남이 나를 속일 것이라고 미리 짐작하지 않고, 남이 나를 믿어 주지 않을 것이라고 억측하지 않는다."라고 하시고 또 "그러나 먼저 깨닫는 자가 어진 것이다."라고 하셨습니다. 성인의 말씀은 모든 것에 두루 미쳐서 한마디 말에 그 곡절을 다 포함하는 것이 이와 같으니, 후생 소자들이 그중 한쪽 측면만 들어서 "성인의 뜻은 다만 이러할 뿐이다."라고 해서는 안 될 것입니다.

또 기억을 더듬어 보자면 원우(元祐) 연간의 제현(諸賢)이 거개정(車蓋亭)에서 지은 시를 가지고 채확(蔡確)을 배척한 행위는 분명 온당치 못한 일이었습니다.[76] 그러나 어촌(漁村) 심언광(沈彦光) 같은 분은 기묘 제현(己卯諸賢)을 지키고 보호하겠다는 김안로(金安老)의 주장을 이롭게 여긴 나머지 그와 함께 일을 하는 것을 허락했다가 결국은 남곤(南袞)이나 심정(沈貞)보다 더욱 심하게 나라에 해악을 끼치고

別集 卷1 劉智夫》

76 원우(元祐)……일이었습니다 : 원우는 송나라 철종(哲宗)의 연호이다. 채확은 북송의 문신으로 왕안석(王安石)의 신법파에 속하는 인물이다. 그는 철종 즉위 후 안주(安州)로 폄출되었을 때 거개정을 유람하며 〈여름날 거개정을 오르다〔夏日登車蓋亭〕〉를 지었는데, 평소에 그와 사이가 좋지 않던 오처후(吳處厚)가 그 시 가운데 선인황후(宣仁皇后)를 비방하는 내용이 있다고 하면서 논핵하였고, 결국 신주(新州)에 안치되어 거기에서 사망하였다. 주희는 이 일에 대해 "원우 연간의 제현이 채확을 제어할 수 없어서 말로 그를 배척한 것은 본디 온당치 못한 일이다."라고 비판하였는데, 송시열이 그 의견을 그대로 따른 것이다. 《宋史 姦臣列傳 蔡確》《晦菴集 卷37 答鄭景望》

말았으니,[77] 이 어찌 지난날의 경계로 삼을 만한 일이 아니겠습니까.

제 생각에 그자가 처음에는 "임금을 낮추고 종통을 둘로 나누었다.〔卑主貳宗〕"라는 설로 여러 사람의 귀를 현혹하였고, 또 화의 근원을 막는다는 글을 지어 그보다 한 걸음 더 나아갔으며, 작년에는 또 〈선계설(禪繼說)〉을 지어 화숙(和叔 박세채(朴世采))과 민신(閔愼)이 죄를 입도록 만들고는 스스로 "내가 주자의 상복(喪服)에 대한 차자를 배척하여 인륜을 밝힌 공은 우(禹) 임금보다 못하지 않다."라고 하였으니 이는 그 화가 홍수와 맹수보다 못하지 않은 것이기에, 저는 결단코 그를 함께 일할 수 없는 사람이라고 생각합니다.

'오늘날' 운운하신 것은 비록 실제로 그러한 일이 있긴 하지만, 제 생각에는 오늘날 사화가 이렇게 극심한 상황에서 그는 장차 그 일에 앞장섰다는 죄에서 벗어나지 못할 것이므로 그런 커다란 빈말을 하여[78] 그 흔적을 숨기고자 하는 것일 뿐입니다. 그가 만약 진심으로 후회하여 반성하고 새로워진다면, 여이간(呂夷簡)에게 끝내 등용되어 국가를

77 어촌(漁村)……말았으니 : 심언광(1487~1540)의 본관은 삼척(三陟), 자는 사형(士炯), 호는 어촌이다. 그는 1530년(중종25) 대사간으로 있으면서 권력 남용으로 탄핵받고 유배되어 있던 김안로의 등용을 적극적으로 주장하여 실현시켰는데, 이는 조정에 복귀하여 기묘사화 때 쫓겨난 사림들의 금고(禁錮)를 풀어 주겠다는 김안로의 약속 때문이었다. 그러나 정작 김안로는 조정에서 실권을 장악하면서 그 약속을 저버리고 수차례 옥사를 일으켰고, 이에 결국 심언광은 지난날 사람을 못 알아보고 그를 추천한 자신의 행위를 후회하였다.《漁村集 卷11 附錄 行狀》《宋子大全 卷148 漁村集跋》

78 그런……하여 :《송자대전수차》 권7에서는 "윤휴는 겉으로는 큰소리치면서 그 흔적을 숨기고자 하였다. 매번 임금을 뵐 때마다 군사에 관한 일을 힘주어 말하였고 또 전쟁용 수레를 많이 제조하였다. 그의 도당인 이동규(李同揆)는 그의 의견에 부화뇌동하여 '멀리 말을 내달려가고자 한다.'라는 말까지 하였다."라고 하였다.

위기에서 구했던 범 문정(范文正)을 두고 주자께서 그 공정한 마음과 큰 도량에 감탄하신 것[79]처럼 저 역시 그의 일개 교위(校尉)가 되는 것도 사양하지 않고 기꺼이 받아들일 것입니다. 저의 소견이 이와 같으니 감히 숨길 수 없습니다. 집사께서는 이에 대해 어떻게 생각하십니까? 그러나 우리와 같은 족속이 아니면 그 마음은 다른 법이니, 만약 범 문정과 같은 역량이 없다면 끝내 스스로 지조를 지키며 후회를 남기지 않는 편이 더 낫습니다. 이 말이 각박한 것처럼 보여도 끝내 패망하지 않는 길이 아닐까 합니다. 이 때문에 주자께서 충선(忠宣)을 두고 "정도(正道)를 지키는 것에 해될 것은 없다"라고 하신 것입니다.[80]

79 여이간(呂夷簡)에게……것 : 범 문정은 송나라 인종(仁宗) 때의 명신 범중엄(范仲淹)으로, 문정(文正)은 그의 시호이다. 그는 승상 여이간과 사이가 좋지 않았는데, 한번은 황제 앞에서 여이간과 서로 공박하다가 두 사람 모두 좌천되었으나 나중에 여이간이 다시 재상이 된 뒤에 범중엄을 발탁하였고 범중엄도 그를 받아들여 힘을 합해 국사를 해결해 나갔다. 이를 두고 훗날 주희는 여이간에 대해 "지난날 현자의 진출을 막은 죄는 피할 수 없으나 그 후에는 실로 자신의 허물을 고친 공이 있다."라고 평가하는 한편, 범중엄에 대해서는 "그 마음가짐과 도량이 광대하고 고명하여 백세의 사표(師表)로 삼을 만하다."라고 극찬하였다. 《晦菴集 卷38 答周益公》《唐宋八家文 卷12 資政殿學士戶部侍郞文正范公神道碑銘》

80 주자께서……것입니다 : 충선은 송나라 범순인(范純仁)의 시호로, 범순인은 범중엄의 아들이다. 범중엄이 죽은 뒤 구양수(歐陽脩)가 그의 신도비명을 지으면서 두 사람이 만년에 원한을 풀었다고 썼는데, 범순인은 자신의 아버지가 여이간과 화해한 적이 없는데 이렇게 쓴 것은 아버지를 욕되게 하는 일이라고 생각하여 비문에서 그 구절을 빼 버렸다. 범순인의 행동에 주희는 범순인이 구양수에게 부친의 진심을 아뢴 뒤 그 처분을 따라야 했고 만약 서로 의견이 맞지 않는다면 구양수와의 관계를 끊었어야 옳았다는 박한 평가를 내리는 한편 "소견이 좁긴 해도 정도를 지키는 것에 해될 것은 없다." 라고 하여 옳지 못한 사람을 미워하는 그의 행위만큼은 긍정적으로 평가하였다. 《晦菴集 卷38 答周益公》《唐宋八家文 卷12 資政殿學士戶部侍郞文正范公神道碑銘》

민지숙에게 답함 을묘년(1675, 숙종1) 10월 15일[81]

答閔持叔 乙卯十月十五日

일찍이 오천(烏川)[82]의 파발 편으로 편지를 받고 또 그와 함께 부친 선물도 받았으니, 지금까지 감사하는 마음을 가슴에 새기고 있습니다.

편지에서 "구천에서 후련할 것이다."라고 하였는데 이는 실로 이 형의 마음을 잘 안 것이고, 홍숙범(洪叔範) 등 여러 사람 역시 백 대의 뒤에도 할 말이 생겼습니다.[83] 양산(梁山)과 함안(咸安)[84]은 여기와 거리가 얼마쯤인지 모르겠습니다.

지난겨울 한 후생이 와서 말하기를 "후생 이광주(李光周)가 이동규(李同揆)와 일족이면서 이웃에 사는데, 이동규가 이광주에게 '모(某 송시열)의 예론이 응당 본조에서는 굽혀졌으나 후대에는 펴질 것이다.' 라고 하였는데 이후 그 사람[85]이 이익으로 꾀자 결국 참최(斬衰)의 설[86]

81 을묘년 10월 15일 : 편지 내용으로 보아 오류인 듯하다. 이 편지에는 홍득우(洪得禹)와 고회(高晦)가 스승인 송준길(宋浚吉)을 변호한 일로 각각 양산과 함안에 유배된 사실이 나오는데, 그 유배가 결정된 것은 1676년 1월 4일이므로 이 편지는 적어도 그 이후에 쓰인 것으로 보인다. 《肅宗實錄 2年 1月 4日》

82 오천(烏川) : 연일(延日)의 이칭이다.

83 편지에서……생겼습니다 : '이 형'은 송준길을 가리키는 것으로 보인다. 홍숙범은 홍득우(洪得禹, 1641~1700)로, 숙범은 그의 자이다. 1675년 홍득우, 조상우(趙相愚), 안세징(安世徵), 고회 등이 상소를 올려 관작을 추탈당한 스승 송준길을 변호하고 송시열을 신구(伸救)하다가 원찬(遠竄)되었다. 《肅宗實錄 1年 12月 27日, 2年 1月 4日》

84 양산(梁山)과 함안(咸安) : 각각 홍득우와 고회의 귀양지이다. 《宋子大全隨箚 卷7》

85 그 사람 : 윤휴(尹鑴)를 가리킨다.

을 주장하기에 이르렀으니, 여기에서 영예와 이익이 사람을 깊이 빠지게 한다는 사실을 볼 수 있습니다. 또 근자에 이동규의 아들이 그를 말리면서 '그대들은 일단 그만두십시오. 모가 하는 주장의 큰 증거가 또한 《사략(史略)》의 사평(史評)에 실려 있습니다.'라고 하였습니다.……" 하였으니, 이는 송 태조(宋太祖)의 기록에서 두 태후(杜太后)의 일을 논한 것[87]을 가리킨 것입니다. 저 무리가 이 사실을 모르지 않는데도 이해관계에 이끌린 나머지 이리저리 말을 돌리고 바꿔 대니, 그저 애처롭게만 보일 뿐입니다.

○ 어제 영남의 선비를 만났는데, 저에게 "권해(權瑎)[88]가 영남에 이르렀을 적에 영남 사람 몇몇 무리가 권해에게 '나랏일을 하려고 한다면 모 형제는 버릴 수 없다.'라고 하자 권해가 벌컥 화를 내면서 '모 등과 같은 사람 백 명이 없다 한들 나라에 무슨 손해가 있겠는가.'라고

86 참최(斬衰)의 설 : 1659년(현종 즉위년) 효종이 승하한 뒤 자의대비(慈懿大妃)가 입어야 할 복제에 대해 윤휴가 참최 삼년복을 입어야 한다고 주장한 것을 가리킨다.

87 송 태조(宋太祖)의……것 : 《십구사략통고(十九史略通攷)》 권6 〈태종황제(太宗皇帝)〉의 기록에 따르면 송 태조의 모친인 두 태후는 송 태조에게 어린 아들 대신 아우인 조광의(趙匡義)에게 제위를 전하자고 유언하였는데, 이에 대해 해당 논평자는 "아비로서 아들에게 천하를 전하는 것은 정(正)이니, 크게 불가한 것이 없는데도 아들을 버리고 다른 사람에게 천하를 전한다면 혼란이 발생하지 않는 경우가 없다. 두 태후는 어린 임금이 난을 발생시킬 것만 알고 정을 버리고 부정(不正)을 세울 줄만 알았으니, 혼란을 면할 수 없었다."라고 평하였다. 《송자대전수차》 권7에서는 이에 대해 "정은 태조(太祖)의 아들을 가리키고, 부정은 태종(太宗)을 가리키므로 사종설(四種說)의 큰 증거라고 한 것이다."라고 하였다.

88 권해(權瑎) : 1639~1697. 본관은 안동(安東), 자는 개옥(皆玉), 호는 남곡(南谷)이다. 권대재(權大載)의 아들로, 송시열과 정치적으로 반대에 있던 남인(南人) 측 인사이다. 《星湖全集 卷61 副提學權公墓碣銘》

하였습니다.……”라고 말해 주었습니다. 일찍이 권씨 집안은 제법 온건한 의론을 주장한다고 들었는데 그 또한 이와 같으니, 그 나머지를 알 만합니다.

민지숙에게 답함 을묘년(1675, 숙종1) 11월
答閔持叔 乙卯十一月

조카의 상을 당하였다고 하니, 이러한 일은 인자한 가문에 없어야 마땅한데 이토록 거듭 이어지다니 신도(神道)의 이치가 어그러짐이 마침내 이와 같단 말입니까. 역시 모든 것이 시운(時運)의 소관이니 어떻게 하겠습니까. 저는 죄는 큰데 문책이 가벼워 귀신의 시기를 받아 이런 기이한 질병을 얻게 되었으니, 오로지 물과 토질이 빌미가 된 것만은 아닙니다. 이 미천한 몸이 외람되게도 군자들의 근심이 되니, 두려운 마음이 더욱 간절합니다.

머물 곳을 정하지 못하였다는 말을 들었습니다. 옛날 주 선생(朱先生)께서 예장(豫章)의 동호(東湖) 가에 이르렀을 때 서유자(徐孺子)와 진중거(陳仲擧)를 떠올리며 "떠도는 이 몸은 끝내 어떻게 될 것인가." 라고 스스로 탄식하셨습니다.[89] 오늘날 집사께서 마주한 일이 바로 이와 똑같습니다. 집사께서는 작위가 이미 높으니 물러난다고 해도 서유

89 옛날……탄식하셨습니다 : 주희가 문인 황호(黃灝)에게 보낸 편지에 "지난번 예장에서 노닐던 당시 동호 가에 이를 때마다 개연히 진중거와 서유자의 고상한 풍모를 마음에 품지 않은 적이 없다. 나아가고 물러나는 사이에 화복이 같지는 않았으나 또한 각각 자신의 뜻을 실천한 것이니, 모르겠다. 떠도는 이 몸은 끝내 어떻게 될 것인가."라고 한 것을 가리킨다. 진중거와 서유자는 후한(後漢)의 진번(陳蕃)과 서치(徐穉)로, 중거와 유자는 그들의 자이다. 환관이 정권을 독단하는 혼란한 시기에 진번은 출사하여 두무(竇武) 등과 함께 환관들을 제거하려다 발각되어 죽임을 당하였고, 서치는 진번의 천거에도 출사하지 않고 은거하여 목숨을 보전하였다. 주희가 둘의 상황을 대비하여 출처의 갈림길을 고민한 것이다. 《晦菴集 卷46 答黃商伯》《後漢書 陳蕃列傳, 徐穉列傳》

자가 될 수 없고, 이처럼 심하게 쫓겨났으니 나아간다고 해도 진중거가 될 수 없습니다. 어찌 막다른 길에서 떠돌며 방황하지 않을 수 있겠습니까. 그러나 한가히 주자의 글을 읽어서 환하게 마음으로 깨닫는다면 또한 즐거움으로 근심을 잊을 수 있을 것이니, 우리가 오늘날 이를 버리고 어디로 돌아가겠습니까.

제병(諸炳)의 대사(大事)[90]를 이렇게까지 각별히 유념해 주시니, 그 일족과 문생이 모두 헤아릴 수 없는 은혜를 받았습니다. 예로부터 흥룡(興龍)은 길지라고 일컬어져서 취할 만한 곳이 많으니 이에 쓸 만합니다. 그러나 만약 더할 나위 없이 훌륭하게 되기를 추구한다면 모름지기 노새의 해가 오기를 기다려 장례를 지내야 할 것입니다.[91]

두통이 마침 고통스러워 남의 손을 빌려 적느라 하고 싶은 말을 일일이 다 쓰지 못합니다.

○ 사공(沙公)[92]은 이제부터 더 이상 감히 의심하지 않겠습니다.

90 제병(諸炳)의 대사(大事) : 제병은 송준길(宋浚吉)의 손자인 송병문(宋炳文), 송병하(宋炳夏), 송병익(宋炳翼) 등이며, 대사란 송준길의 무덤을 이장하는 일을 가리킨다. 《宋子大全隨箚 卷7》

91 노새의……것입니다 : 영영 장례를 치르지 못한다는 말이다. '노새의 해〔騾年〕'는 불교에서 '나귀의 해〔驢年〕'라고 하는데, 나귀는 십이간지에 해당하지 않는 동물이므로 영원히 기약할 수 없는 해를 의미한다. 당나라 때 신찬 선사(神讚禪師)가 대중사(大中寺)에서 불경을 공부하다가 길을 떠나 백장 선사(百丈禪師)를 만나 깨달음을 얻은 뒤, 여전히 불경만 읽고 있는 옛 스승을 보고는 "세계가 이렇듯 광활한데 그쪽으로 나가려 하지 않고 낡은 종이를 뚫고 있으니, 나귀의 해에나 나갈 수 있을 것이다."라고 하였다. 《傳燈錄 卷9 南嶽第3世 百丈海嗣 古靈讚》

92 사공(沙公) : 과천(果川) 사근평(沙斤坪)에 살던 김징(金澄, 1623~1676)을 가리킨다. 자가 원회(元會)이며 송준길(宋浚吉)의 문인이다. 윤휴(尹鑴)와 친교를 맺고 그 당인들과 어울린다는 소문이 있어 송시열이 자주 탄식하였다. 《宋子大全隨箚 卷7》

민지숙에게 답함 을묘년(1675, 숙종1)

答閔持叔 乙卯

두 차례 보낸 편지를 연이어 받고서 여러 가지로 해 주신 많은 말씀을 공손한 마음으로 다 읽어 보았습니다. 이 얼마나 다행이며 감사한 일입니까. 단 연기(燕岐)의 묘지 문제[93]는 여태 계획을 정하지 못하고 있다 하니, 이는 염려스러운 일입니다. 오직 적계(籍溪)와 회암(晦庵) 등과 같은 노선생들의 힘에 의지하여 범장(范丈)의 장사(葬事)가 마땅하지 않은 지경에 이르지 않도록 만들어야 할 뿐입니다.[94]

저의 질병은 추위가 닥친 뒤에 더욱 심해져 7, 8일 전에는 거의 버틸

93 연기(燕岐)의 묘지 문제 : 충청도 연기 죽안리(竹岸里)에 있던 송준길(宋浚吉) 묘지의 이장 문제를 가리킨다. 이 묘지는 지세가 낮고 습기가 많아 오래 유지될 수 없다는 이유로 이후 1676년 11월 회덕(懷德) 남쪽의 흥농리(興農里)로 이장하였다. 《宋子大全 卷182 同春堂宋公墓誌》

94 오직……뿐입니다 : 민유중 형제를 비롯한 여러 선배의 의견에 따라 송준길의 장지를 적당한 곳으로 잘 정해야 한다는 말이다. 적계는 남송(南宋) 숭안(崇安) 사람 호헌(胡憲)의 호이고, 회암은 주희의 호이며, 범장은 남송(南宋) 건양(建陽) 사람 범여규(范如圭)를 가리킨다. 주희가 범여규의 빈소에 찾아가 조문하였을 때 사람들이 범여규를 생전에 살고 싶어 하던 건양(建陽)의 위곡(渭曲)에 장사 지내자는 의견을 냈고 주희도 여러 이유를 들어 위곡이 낫겠다고 범여규의 아들 범염조(范念祖)에게 이야기했는데, 정작 범염조 집안에서는 태령(泰寧)에 살고자 하였고 범염조 역시 그 뜻을 따르고자 하였다. 이에 주희는 범염조가 좋아하므로 다른 사람이 그 결정에 간여할 수는 없다고 말하면서 어떻게 해야 좋을지 스승인 호헌에게 편지로 조언을 구하였는데, 후에 결국 주희를 비롯한 여러 의견에 따라 범여규의 장지는 위곡으로 정해졌다. 《晦菴集 卷37 與籍溪胡原仲先生, 卷89 直秘閣贈朝議大夫范公神道碑》

수 없을 듯하였는데, 다행히도 어익지(魚翼之)[95]가 편지와 함께 인삼을 보내 주어 다른 사람에게 물어볼 새도 없이 마음대로 달여 먹여서 원기를 부지하여 오늘이 있을 수 있었습니다. 삼가 보건대 오늘날 저의 사생(死生)을 염려해 주는 사람은 오직 이분밖에 없는데, 이 역시 두 집사분께서 보살펴 준 덕택입니다. 듣건대 면례(緬禮)가 있다고 하니, 다시는 최군(崔君 최신(崔愼))을 만나지 않으면 좋겠습니다. 제게 잠을 쫓을 만한 여러 가지 이야기가 있으니, 별지에 기록하여 보내겠습니다. 나머지 할 말은 모두 조군(趙君)이 말로 전해 줄 것입니다.

별지

구동(狗洞)이 우리를 사흉(四凶)이라 지목하고 또 "혼미하고 공손하지 못하다."라는 말을 저의 죄안으로 삼았으니, 이는 저를 사흉 가운데 삼묘(三苗)로 본 것입니다.[96] 풍토병이 생긴 뒤로 치료할 수 있는 약이

95 어익지(魚翼之) : 어진익(魚震翼, 1625~1684)으로, 익지는 자이다. 본관은 함종(咸從), 호는 겸재(謙齋)이다. 당시 그는 동래 부사(東萊府使)로 있었다. 《杞園集 卷25 祖考江原道觀察使贈左贊成府君行狀》

96 구동(狗洞)이……것입니다 : 구동은 윤휴(尹鑴)가 살던 마을로, 곧 윤휴를 가리킨다. 사흉은 요(堯) 임금과 순(舜) 임금 때의 네 악인(惡人) 공공, 환도, 삼묘, 곤이다. 1675년 5월 26일 윤휴가 숙종에게 송시열, 이유태(李惟泰), 이상(李翔), 김익렴(金益廉) 등에게 사흉의 죄가 있다고 하면서 이미 위리안치된 송시열 외에 나머지 인물도 극변에 안치해야 한다고 아뢰었고, 또 같은 해 윤5월 15일에는 "송시열은 혼미하고 공손하지 못하여〔昏迷不恭〕 회개하고 뉘우치는 마음이 없습니다."라고도 아뢰었다. "혼미하고 공손하지 못하다."라는 말은 본래 순 임금에게 복종하지 않는 삼묘의 태도를 표현한 말로, 《서경》 〈대우모(大禹謨)〉에 "무지한 이 묘가 혼미하고 공손하지 못하여 남을 업신여기고 스스로 어진 체하며, 도를 위배하고 덕을 파괴하여 군자가 초야에 있고 소인이 지위에 있다."라고 하였다. 《白湖集 卷13 上殿奏事(乙卯五月二十六日府

없었는데,[97] 홀연 정 선생(程先生)께서 여주(汝州)에 있을 때 영류(癭瘤)를 치료하던 방법이 떠올라 샘물을 터서 물길을 만든 다음 앞의 개울로 흐르게 하였습니다. 지나가던 사람이 우스갯소리로 "이는 하나라 우(禹) 임금의 일[98]이다."라고 하기에 제가 묵묵히 생각하기를 '사흉은 우 임금과 정히 상반되는 자들인데 지금 도리어 그분의 일을 함부로 흉내 내었으니, 구동이 이 일을 듣는다면 혹 「옛날엔 삼묘였는데 지금은 내가 귀양 보낸 것 때문에 공을 크게 떨쳐 우 임금의 신묘한 공적을 돕고 있는 것인가?」라고 생각할 터이다.'라고 하였습니다. 우습고 우습습니다. 지금의 몇몇 사흉이란 그대 두 집사분과 구림(鳩林),[99] 그리고 저로 충족이 됩니다. 무릇 삼묘는 이미 유배되었는데, 누가 공공(共工)과 환도(驩兜)가 되고 누가 백곤(伯鯀)이 될지 모르겠군요.

○ 나석좌(羅碩佐)[100]가 지난해 상소를 올려 허목(許穆)을 천거한 적이 있습니다. 그런데 어제 들으니 경연 중에 그가 "현자를 막고 가리는 자는 현륙(顯戮)을 당한다"는 말[101]로 노봉(老峯)을 논하였다고 합

啓), 上殿奏事(乙卯閏五月十五日府啓)》

97 치료할……없었는데 : 대본에는 '不藥可醫'로 되어 있는데, 두주(頭註)에 근거하여 '不'을 '無'로 바로잡아 번역하였다.

98 하나라……일 : 우 임금이 치수 작업을 해서 물길을 바다로 돌려 홍수를 예방한 것을 가리킨다. 《書經 禹貢》

99 구림(鳩林) : 당시 김수항(金壽恒)이 유배된 영암(靈巖)의 마을 이름으로, 김수항을 가리킨다. 《宋子大全隨箚 卷7》

100 나석좌(羅碩佐) : 1652~1698. 본관은 안정(安定), 자는 중보(仲輔), 호는 상우당(尙友堂)이다. 목사 나성두(羅星斗)의 아들이자 나양좌의 아우이고, 송준길의 문인이다.

101 현자를……말 : 《설원(說苑)》 권16에 "현자를 추천하면 가장 높은 상을 받으며

니다. 마침 나양좌(羅良佐)의 편지를 받았는데, 제가 답장에 농담으로 "그대의 아우는 이미 현자를 추천한 것에 따른 가장 높은 상을 받았습니까?"라고 하였으니, 그는 필시 배를 잡고 웃을 것입니다.

○ 광무제(光武帝)가 곽 황후(郭皇后)를 폐출(廢黜)하였을 때 질운(郅惲)은 그것을 잘못이라 하지 않고 도리어 완곡한 말로 이야기하였는데, 이에 광무제가 "질운은 자기 마음을 미루어서 군주의 마음을 잘 헤아린다."라고 말하였습니다.[102] 어제 서울에 사는 젊은 무리가 제게 찾아와 말하기를 "이수경(李壽慶)[103]이 '신 역시 신의 어머니를 바깥에 따로 머물게 하자 집안이 편안하고 조용해졌습니다.'라는 내용으로 상소를 올리려고 합니다."라고 하였으니, 참으로 이른바 자기 마음을 미루어서 군주의 마음을 잘 헤아렸다는 격입니다. 하늘로부터 타고난 성상의 진실한 효성이 아니었다면, 그리고 문곡(文谷)이 흉한 계책을 미리부터 꺾지 않았다면 장차 예측할 수 없는 일이 벌어졌을 것이니,[104]

현자를 막고 가리면 현륙을 당하는 것은 예부터 공통된 도리이다."라고 한 것을 가리킨다.

102 광무제(光武帝)가……말하였습니다 : 한나라 광무제가 곽 황후를 폐하자 신하로 있던 질운이 "부부의 금슬에 대해서는 아비도 자식에게 간여할 수가 없는데, 하물며 신하가 임금에게 간여할 수 있겠습니까. 그렇다면 이는 신이 감히 말할 수 없는 바입니다. 그러나 폐하께서는 그 옳고 그름을 생각해서 큰 인륜을 어지럽혀 천하에 사직(社稷)을 비난하는 자가 생기지 않게 하소서."라고 하였다. 그러자 광무제가 "질운은 자기 마음을 미루어서 군주의 마음을 잘 헤아리니, 내가 반드시 좌우의 어느 쪽을 편애하여 천하를 가벼이 하지 않을 줄을 알 것이다."라고 하였다. 《後漢書 郅惲列傳》

103 이수경(李壽慶) : 1627~1680. 본관은 한산(韓山), 자는 자인(子仁), 호는 만성(晩醒)・소성(笑醒)이다.

104 하늘로부터……것이니 : 1675년에 청풍부원군(淸風府院君) 김우명(金佑明)이 상소하여 복창군(福昌君), 복선군(福善君), 복평군(福平君) 이른바 삼복(三福) 형제

이를 생각하면 간담이 서늘합니다.

○ 옛말에 이르기를 "선을 따르는 것은 높은 곳에 오르는 것과 같고, 악을 따르는 것은 산이 무너져 내리는 것과 같다."라고 하였는데, 이 말은 정말 그러합니다. 수년 전 이옥(李沃)[105]이 부모상을 당하였을 때 조근(趙根)[106]이 조문하였는데, 그때 이옥은 저를 극히 존중하는 뜻을 보이면서 저를 언급할 때마다 반드시 '선생'이라 칭하였고, 또 "일찍이 그분이 하는 격언을 듣고서 인장(印章)에 새겼다."라고도 하였습니다. 그런데 일전에 저의 죄를 논한 그의 계사(啓辭)에 저의 죄목이 낭자하였습니다. 이는 필시 제가 이전에는 간혹 선한 모습이 있었으나 수년 사이에 마침내 무군부도(無君不道)라는 악에 빠져든 것이니, 이는 산이 무너져 내리는 것 같은 것에 그칠 정도가 아닙니다. 아직 올리지 못한 조근의 상소에서 이옥의 설을 상세히 밝히고 있는데, 이 소장

의 비리를 들추고 그들이 궁녀와 간통하였다고 논핵하였으나 무죄로 판결되자, 김우명의 딸인 명성왕후(明聖王后)가 개입해 삼복 형제를 처벌할 것을 강력히 주장하여 결국 복창군과 복평군을 유배 보내게 되었다. 이에 불안을 느낀 남인 윤휴(尹鑴), 홍우원(洪宇遠) 등이 숙종에게 명성왕후가 정치에 간여하지 못하도록 단속해 줄 것을 청하는 등 지속적으로 명성왕후를 비판하였는데, 김수항(金壽恒)이 이 일을 비판하다가 영암(靈巖)으로 유배형에 처해졌다. 문곡은 김수항의 호이다.《肅宗實錄 1年 3月 12日・14日・15日, 4月 1日》《宋子大全隨箚 卷6》

105 이옥(李沃) : 1641～1698. 본관은 연안(延安), 자는 문약(文若), 호는 박천(博泉)이다. 남인 측 인사로 처음에는 송시열을 매우 존숭하였으나 이후 송시열이 예론(禮論)의 여파로 위기에 몰리자 입장을 바꿔 배척하였다.《息山集 卷22 先府君家狀》《宋子大全隨箚 卷6》

106 조근(趙根) : 1631～1680. 본관은 함안(咸安), 자는 복형(復亨), 호는 손암(損庵)이다. 송시열의 문인이다.《東林集 卷10 松塢處士趙公行狀》

이 과연 올려진다면 이옥은 무슨 말을 할까 모르겠군요.

○ 윤휴를 구동이라고 칭하는 것은 서울에 사는 젊은 무리로부터 시작되었습니다. 구동이 그 말을 듣고 싫어하기에, 제가 "옛날에 상산 선생(象山先生)과 백록산인(白鹿山人)이 있었고, 본조에도 우계(牛溪) 선생과 우산노인(牛山老人)이 있으니, 어찌 싫어할 게 있겠는가. 또 칭호는 외면이고 덕업(德業)은 내면이니, 그 내면을 닦지 않고 그 외면만 일삼는 행동은, 나는 그것이 자기를 높이는 일인지 모르겠다." 라고 말해 주었습니다.

민지숙에게 보냄 을묘년(1675, 숙종1) 11월
與閔持叔 乙卯十一月

조생(趙生)은 믿을 만한 인편이기에 답장을 제법 길게 적었는데, 언제나 받아 볼지 모르겠습니다. 날씨가 몹시도 추운데 옛 묘소를 새로운 곳으로 이장하는 일로 몸이 상하지나 않았는지요? 염려되는 마음 그지없습니다.

오늘날 가장 가련한 자는 사천(泗川)이고 그다음은 진도(珍島)입니다.[107] 주 선생(朱先生)께서는 서산(西山)이 유배된 후에 친구에게 부탁하여 그 집안을 몰래 보호해 주도록 하셨으니,[108] 당시 한탁주(韓侂胄)의 화는 오늘처럼 심하지는 않았습니다. 사천에게는 근자에 편지를 받았으나, 진도는 아득히 멀어서 소식을 들을 길이 없습니다. 집사께서는 혹 그의 안부를 들었습니까?

일찍이 듣건대 춘형(春兄 송준길(宋浚吉))이 무탈하게 지낼 때 누군가에게 《문헌통고(文獻通考)》를 빌렸다고 하는데, 그 책은 누가 빌려준 것입니까? 집사께서 혹 여러 손을 거쳐 제게 그 책을 빌려줄 방도가

107 오늘날……진도(珍島)입니다 : 사천에 유배된 최신(崔愼)과 진도에 유배된 황세정(黃世楨)을 가리킨다. 모두 송시열의 문인이다.

108 주 선생(朱先生)께서는……하셨으니 : 서산은 남송(南宋)의 학자이자 주희의 문인인 채원정(蔡元定)의 호이다. 채원정이 한탁주 등에게 위학당(僞學黨)으로 몰려 도주(道州)로 귀양을 간 뒤 그의 집이 마을 사람들에게 온갖 공격을 받아 존립하기 어려운 지경에 이르자 주희가 황간(黃榦)에게 편지를 보내어, 고을 수령 임위(任尉)에게 편지를 보내 은밀히 도와주기를 부탁한다고 하였다. 《晦菴集 續集 卷1 答黃直卿》

있겠습니까?

하고 싶은 말은 수천수만이지만 몹시 바빠 이렇게만 씁니다.

민지숙에게 보냄 병진년(1676, 숙종2) 1월

與閔持叔 丙辰正月

삼가 새해의 복이 충만할 것으로 생각하니, 축하드리는 마음 그지없습니다.

죄인인 저는 병세가 날로 심해져서 밤새도록 기침하며 내뱉는 가래가 거의 병에 가득할 지경입니다. 이러고도 여태 죽지 않고 살아 있으니, 참으로 이상한 일이군요.

제병(諸炳)[109]이 신주를 고쳐 쓰는 일에 대해 질문을 해 왔는데, 신주를 고치는 것 자체는 아무런 의심이 없는 문제이지만 추은(推恩)으로 내려진 증직(贈職)까지 아울러 고칠 것인가 하는 문제는 아직 생각해 보지 못한 부분입니다. 조정에서는 단지 본인만 거론하고 그 선대는 거론하지 않으니, 비록 선대라고 하더라도 또한 본인의 직함을 말미암아 미루어 가는 것입니다. 그러나 조정에서 명한 것이 아닌데 끌어다가 위로 미치는 것이 어떨지 모르겠습니다. 생각해 보고 가르침을 내려 주기를 간절히 바랍니다.

109 제병(諸炳) : '병(炳)' 자 돌림을 가진 송준길의 손자 송병문(宋炳文), 송병하(宋炳夏), 송병원(宋炳遠), 송병익(宋炳翼) 등을 가리킨다.

민지숙에게 보냄 병진년(1676, 숙종2) 2월
與閔持叔 丙辰二月

이곳은 날씨가 매우 따뜻하여 꽃이 무성하게 피었는데, 그쪽은 어떻습니까? 이러한 때 그대를 생각하노라니 가슴에 맺힌 그리움이 배나 더한데 소식마저 또 끊어졌으니, 우선 그리움의 기갈이나마 해소하는 것이 저의 소망입니다.

빚 때문에 업후(鄴侯)의 서가가 텅 비었다고 하니,[110] 비록 "사람이 잃어버리는 것과 사람이 줍는 일은 똑같은 일로 보아야 한다."[111]라고 하지만 또한 탄식이 없을 수 없습니다.

"안연(顔淵)은 왕을 보좌할 만한 재주를 지닌 분이었는데도 술지게미와 쌀겨 먹는 것을 싫어하지 않았고, 계씨(季氏)는 노나라를 좀먹는 벌레와 같은 존재였는데도 주공(周公)보다 부자였다."라고 하였으니,

110 빚……하니 : 민유중이 빚을 갚느라 가지고 있던 수많은 장서를 모두 팔았다는 말이다. 업후는 당나라 때의 대신 이필(李泌)의 봉호(封號)이다. 이필의 집안은 장서가 많기로 유명하였는데, 한유(韓愈)의 시에 "업후의 집에 서적이 많아, 서가에 삼만 권이 있다네.〔鄴侯家多書, 架插三萬軸.〕"라고 하였다. 《韓昌黎集 卷7 送諸葛覺往隨州讀書》

111 사람이 잃어버리는……한다 : 남에게 책을 팔았더라도 결국 자기와 같은 사람의 손에 들어간 것이니 그것에 연연해하지 말라는 뜻이다. 초나라 공왕(共王)이 사냥을 나갔다가 활을 잃어버렸는데 주위의 신하들이 찾기를 청하자 공왕은 "그만두어라. 초나라 사람이 활을 잃어버렸으니 초나라 사람이 주울 것이다. 어찌 다시 찾겠느냐." 하며 달관하는 태도를 보였다. 그런데 공자가 이 이야기를 듣고는 "애석하다. 그 도량이 크지 못하구나. 또한 '사람이 활을 잃어버렸으니 사람이 그걸 주울 것이다.'라고 말해야지 하필 초나라를 말한단 말인가."라고 하였다. 《說苑 卷14 至公》

이는 정자(程子)께서 한탄하신 말씀입니다. 그러나 주공보다 부자인 자[112]가 옛 우정을 변치 않는다면 어찌 그것을 따라서 수천 금을 빌리지 않겠습니까. 크게 웃을 만한 일입니다.

홍숙범(洪叔範) 등 여러 사람은 생각건대 후련할 것입니다.[113] 하고 싶은 말을 일일이 다 적지 못합니다.

112 주공보다 부자인 자 : 윤휴(尹鑴)를 가리킨다. 《宋子大全隨箚 卷7》

113 홍숙범(洪叔範)……것입니다 : 숙범은 홍득우(洪得禹)의 자이다. 204쪽 주33 참조.

민지숙에게 답함 병진년(1676, 숙종2) 8월
答閔持叔 丙辰八月

일전에 노봉(老峯)에게 가는 파발 편으로 대략 편지 한 통을 올렸는데, 중간에 유실되지 않았는지요? 회덕(懷德)에 있는 손자 아이가 전해 준 지난달 14일의 편지가 방금 도착하였는데, 펼쳐서 여러 번 반복하여 읽어 보면서 차마 손에서 놓을 수 없었습니다. 편지를 보낸 뒤로 이미 며칠이 지났는데, 그대의 안부는 어떠합니까? 구구히 그리운 마음을 말로 표현할 수 없습니다.

저는 앓고 있는 병이 날로 심해짐을 느끼는데, 설사 증세가 한창 고통스럽습니다. 이 몸은 언제쯤이나 저세상으로 떠나게 될지 모르겠습니다.

흥룡(興龍)에는 언제쯤 가서 일을 정할 건지요? 이는 언제나 간절히 염려되는 일입니다.

시사에 대해서는 피차의 승부를 논할 것이 없고 단지 종묘사직이 영원히 이어지기를 바랄 뿐입니다. 그러나 이러하고도 능히 그 복을 누린 경우는 없었으니, 비록 변방에 있는 몸일지라도 근심과 탄식을 견딜 수 없습니다.

집사께서는 현재 무슨 책을 읽고 있습니까? "한번 뜻을 잃으면 곧 제멋대로 행동하거나 슬픔과 수심에 잠길 뿐이다."라고 한 것은 정 부자(程夫子)의 말씀입니다.[114] 매양 책을 읽다가 이 대목에 이를 때면

114 한번……말씀입니다 :《이정유서(二程遺書)》 권1 〈단백전사설(端伯傳師說)〉에

땀이 옷을 적시지 않은 적이 없습니다.

막 노봉의 편지에 답장을 보냈는데, 거기서 많은 말을 하였습니다. 부디 한번 가져다 보는 것이 어떠한지요? 이따금 웃음을 유발할 부분이 있습니다.

기력이 심히 부족하여 편지의 내용을 입으로 불러 주며 남의 손을 빌려 적으니, 황송하고 또 황송합니다.

"만약 '내 마음은 다만 조정에 나아가 대책을 내어 천하의 일에 대해 직언하고 싶을 따름이다.'라고 하는 이가 있다면 또한 가상할 만하지만, 만약 부귀에 뜻을 두었다면 그 뜻을 얻으면 바로 교만하고 방종해지며 그 뜻을 잃으면 곧 제멋대로 행동하거나 슬픔과 수심에 잠길 뿐이다."라고 한 것을 가리킨다.

민지숙에게 보냄 병진년(1676, 숙종2) 9월

與閔持叔 丙辰九月

지난날 파발 편으로 보낸 편지는 받아 보았을 것으로 생각합니다.

회덕(懷德)으로 가는 일은 언제쯤 성사될 수 있겠습니까? 이 일이 미루어지고 있는데, 매양 그 무덤의 묵은 풀을 생각하니 날마다 애타는 마음이 더합니다.

거인(巨人)[115]의 일에 대해서는 처음 듣고 몹시도 놀랐습니다. 삼가 듣건대 성상의 하교에 지휘하신 바가 있다고 하니, 이 어찌 감반(甘盤)의 옛정[116]을 기억하는 뜻이 아니겠습니까. 슬픈 마음이 새삼스레 더합니다.

제병(諸炳)을 조사한 일[117]에 대해 말하자면, 그 보첩(報帖)의 초본

115 거인(巨人) : 송준길(宋浚吉)의 서자인 송광림(宋光林)의 소자(小字)이다. 《宋子大全隨箚 卷7》

116 감반(甘盤)의 옛정 : 세자 시절 사제 관계로 맺은 정을 말한다. 감반은 은나라 무정(武丁)의 현신(賢臣)으로, 일찍이 무정이 감반에게 글을 배운 일이 있는데 후에 왕이 되자 그를 등용하여 정승으로 삼았다. 여기서는 숙종이 세손 시절 보양관(輔養官)으로 있던 송준길로부터 수업한 일을 두고 한 말로 보인다. 《書經 說命下》《顯宗實錄 6年 6月 17日》

117 제병(諸炳)을 조사한 일 : 청주(淸州) 사람 지약해(池若海)가 후사가 없어 동족인 지봉익(池鳳翼)을 양자로 들였는데, 지약해가 죽은 뒤 알고 보니 지봉익과 지약해는 형제 항렬이었다. 그러나 양모(養母)인 유씨(柳氏)의 방해로 지봉익은 생전에 파양을 청하는 소장을 올리지 못하였고 이후 임종을 앞두고 아들 지응구(池應九)에게 유언으로 그 일의 시정을 부탁하였다. 이에 1665년(현종6) 지응구는 송시열, 송준길, 윤선거

을 얻어 보니 평문(平問)하지 않으려는 뜻이 명확하게 있는데 당국자가 미련하게도 깨닫지 못하니 극히 가련합니다. 변생(卞生)[118]은 더욱 가련합니다. 이 일은 실로 윤우(尹友)가 주장한 것인데 죄는 다른 곳에 돌아가니, 화복이 물결이 뒤집히듯 바뀐다는 말이 실로 허언이 아닙니다. 혹 애처롭게 여기는 인자한 마음 덕택에 만에 하나 다행히 형구(刑具)를 면할 수 있다면 얼마나 다행이겠습니까. 변생이 만약 이현여(李玄輿)의 필찰(筆札)을 본다면 말끔하게 벗어날 수 있을 텐데 지금의 일은 참으로 곡직이 없으니 어떠하면 좋겠습니까.

저의 질병은 가을에 들어서도 낫지 않고 있습니다. 언제나 죽을 '사(死)' 자가 목 위에 붙어 있어 쫓아내도 떠나지 않는 기분입니다.

(尹宣擧)에게 차례로 의견을 구한 뒤 결국 예조에 소장을 올려 파양을 공식화하고 아우인 지응삼(池應三)을 지약해의 새 후사로 정하였다. 그런데 그 후 1671년 청주 유생 조익관(趙益寬), 권대하(權大夏), 이현여 등이 지봉익, 지응구, 지응삼을 인륜을 어지럽혔다는 명목으로 유적(儒籍)에서 삭제하는 한편 송시열과 송준길, 윤선거를 비판하자 회덕의 유생들이 통문을 돌려 조익관 등을 역시 유적에서 삭제하였는데, 이때 송준길의 손자들도 그 일에 참여하였다. 그러다 1675년 청주 유생들이 다시 이 일을 제기하면서 송준길을 비난하자 송준길의 손자들이 그 억울함을 호소하였고, 이 일과 관련하여 송준길 손자들에 대한 조사가 이루어진 것으로 보인다. 《宋子大全隨箚 卷7》《損菴集 卷7 楓溪瑣言》《肅宗實錄 1年 4月 27日》

118 변생(卞生) : 《송자대전수차》 권7에 "변생은 곧 변양(卞揚)이다. 지씨(池氏) 집안의 변례(變禮) 문제로 동춘당(同春堂) 문하를 돕다가 체포되기까지 하였다."라고 하였다.

민지숙에게 답함 병진년(1676, 숙종2) 10월

答閔持叔 丙辰十月

일찍이 회덕(懷德)으로 가는 인편을 통하여 그대의 편지를 받았으니 기쁘고 감사하는 마음 말로 할 수 없습니다.

연기(燕岐)와 명탄(鳴灘)에 있는 무덤[119]을 이장하는 일은 계획이 정해졌으니, 모든 것이 덕의(德義)가 미친 결과입니다. 기쁘고 다행인 심정 어찌 끝이 있겠습니까. 제병(諸炳) 및 집안의 여러 사람이 제법 질문을 해 오고 또 유생 두 사람이 와서 여러 제반 사항에 대해 상의하기에 감히 제 의견을 숨길 수 없었습니다. 부디 그중 옳지 못한 부분을 바로잡아 후회가 남지 않도록 해 주는 것이 어떻겠습니까?

주경(周卿)에게 이미 영문(營門)에서 장형(杖刑)을 집행하였습니까?[120] 그의 처신은 물론 미진한 점이 있으나 또한 충암(冲庵)의 일[121]

119 연기(燕岐)와……무덤 : 각각 송준길(宋浚吉)과 송준길 부인의 첫 번째 무덤을 가리킨다. 《宋子大全隨箚 卷7》

120 주경(周卿)에게……집행하였습니까 : 주경은 송시열의 문인 황세정(黃世禎)의 자이다. 그는 1675년 1월 덕원(德源)으로 유배된 송시열의 억울함을 변호하고 허목(許穆)과 윤휴(尹鑴)를 비난하는 상소를 올렸다가 숙종의 분노를 사 진도(珍島)에 유배되었는데, 이때 방백(方伯)이 진도에 가서 그를 불러 점고(點考)를 받게 하였으나 응하지 않자 장계를 올려 그의 죄를 다스릴 것을 청하였고, 이에 조정에서는 영문에서 장 40대를 치도록 하였다. 《肅宗實錄 1年 1月 18日》《宋子大全 卷100 與崔子敬(丙辰十一月一日)》

121 충암(冲庵)의 일 : 충암은 김정(金淨)의 호이다. 그는 기묘사화로 금산(錦山)에 유배되었을 때 어머니가 위독하다는 소식을 듣고는 수령에게 청하여 보은(報恩)으로 길을 떠났는데, 그에게 원한을 가진 한 권신(權臣)이 이를 망명으로 논죄하여 결국

과 어렴풋이 비슷하니, 만약 다시 탐라(耽羅)로 옮겨져 죽는다면 진정 하나의 충암이 될 것입니다. 그러나 동류들이 어찌 주경한테 그 일을 바랄 수 있겠습니까. 한번 크게 웃을 만합니다.

김정은 장 100대를 맞고 제주도(濟州島)로 이배되었다. 《宋子大全隨箚 卷7》《月沙集 卷44 刑曹判書贈諡文簡公冲庵金先生神道碑銘》

민지숙에게 답함 병진년(1676, 숙종2) 11월

答閔持叔 丙辰十一月

그대의 행차가 이미 남쪽으로 갔을 것으로 생각합니다. 당석(唐石)의 슬픔이 직경(直卿)의 입장에서 필시 곱절이나 더할 것이니,[122] 흰 머리의 외로운 이 죄수는 다만 비통할 뿐입니다.

3일 전 안국(安國) 편으로 그대의 편지를 전해 받았는데, 저의 마음에 매우 위안이 되었습니다. 홍 학사(洪學士)[123]에 대해서 저는 평소 공자(公子)나 왕손(王孫) 같지 않은 그의 차분하고 조용한 성품을 매우 아껴 왔습니다. 더욱이 도위공(都尉公 홍주원(洪柱元))이 돌아갈 때 한 부탁이 있고 보면 더욱 사양하여 돌려보낼 수 없으나 또한 곡절이 없지 않습니다. 응당 그 인편이 돌아갈 때 노봉(老峯) 어른께 자세히 여쭈겠으니, 훗날 북쪽으로 돌아갈 때 제 생각을 다 알게 될 것입니다.

지난번 막내아우가 찾아왔을 때 서산(鉏山)의 일을 대략 듣고는 매우 놀랍고 놀라웠습니다. 이에 저는 속으로 '나는 국가의 죄인일 뿐

122 당석(唐石)의……것이니 : 송준길(宋浚吉)의 무덤을 이장하며 느끼는 슬픔이 민유중에게는 유독 더할 것이라는 말이다. 당석은 주희의 무덤이 있는 곳이고, 직경은 주희의 문인이자 사위인 황간(黃榦)의 자이다. 민유중이 송준길의 사위였으므로 송준길을 주희에 비유하고 민유중을 황간에 비유한 것이다. 《宋子大全隨箚 卷7》

123 홍 학사(洪學士) : 홍문관 교리를 지낸 홍만형(洪萬衡, 1633~1670)을 가리키는 것으로 보인다. 본관은 풍산(豐山), 자는 숙평(叔平), 호는 약헌(藥軒)이며, 아버지는 선조의 부마였던 영안위(永安尉) 홍주원이다. 민유중의 매부이다. 《宋子大全隨箚 卷7》 《老峯集 卷9 弘文館校理洪公行狀》

아니라 집안의 죄인이기도 하다. 만일 내가 이러한 지경에 이르지 않았다면 저들이 어찌 감히 이 정도까지 함부로 속이겠는가.'라고 생각했습니다. 삼가 듣건대 그대가 진실을 밝혀 줄 의사가 있다 하니, 그 일보다 감사한 일이 어디에 있겠습니까. 그러나 오늘날 이 일은 전혀 예상치 못했던 것이니 어찌 기약할 수 있겠습니까. 방금 지협(砥峽)[124]의 짧은 편지를 보았는데, 더욱 저를 황공하게 하였습니다.

날씨가 매우 차니 시대를 위해 몸을 보중하기 바랍니다.

별지

보내 준 편지에서 이들 무리가 다시 날뛴다고 하니, 실로 시운(時運)의 소관인 것을 어쩌겠습니까. 서울 소식은 근래 듣지 못하였습니다만, 송강(松江)의 후손이 탄핵받은 후로 송옹(松翁)의 관작을 추탈하자는 의론까지 있었고 또한 우계(牛溪)에게까지 미쳤다고 하는데 아직 의론을 꺼내지는 않고 있으니, 끝내 어떻게 될는지요?

윤의제(尹義濟)[125]가 적상산(赤裳山)에 갔을 때 국사(國史)에 윤효전(尹孝全)[126]의 악행이 매우 자세히 서술되어 있음을 보고는 돌아와 그

124 지협(砥峽) : 지평(砥平)에 살았던 이단하(李端夏)를 가리킨다.

125 윤의제(尹義濟) : 1640~? 본관은 남원(南原), 자는 정백(正伯)이며 윤휴(尹鑴)의 아들이다. 1680년 경신대출척(庚申大黜陟)으로 극변(極邊)에 유배되어 병사하였다.

126 윤효전(尹孝全) : 1563~1619. 본관은 남원, 자는 영초(詠初), 호는 기천(沂川), 초명은 효선(孝先)이다. 윤관(尹寬)의 증손이고, 윤휴의 아버지이다. 1613년(광해군5) 임해군(臨海君)의 옥사를 다스린 공으로 익사 공신(翼社功臣) 2등에 책록되었고, 인목

아비에게 말하니, 그 아비가 크게 놀라 장차 연인(漣人)[127]에게 부탁하여 개정하기를 계청(啓請)하려 한다고 합니다. 이것은 한결같이 채경(蔡京)과 장돈(章惇) 때의 일[128]과 같은데, 이러한 때에 한 사람도 감히 잘못이라고 말하는 이가 없을 것 같으니 통탄스럽기 그지없습니다. 어떻게 해야 진요옹(陳了翁)[129] 같은 정직한 이를 얻을 수 있겠습니까.

동춘(同春)을 '대대(大憝)'라고 칭한 계사(啓辭)[130]는 과연 누가 올린 것입니까? 그에게 아직도 하늘의 재앙이 내려지지 않았습니까? 향리에서 평소 자칭 부자(父子) 같은 사이라고 하던 이들 중 누구 하나 고개 들고 한번 외쳐 그 억울함을 변호하는 이가 없다고 하니, 고인에

대비(仁穆大妃)의 유폐를 반대하여 이이첨(李爾瞻) 등과 갈등을 빚었다.

127 연인(漣人) : 연천(漣川)에 살았던 허목(許穆)을 이른다.

128 채경(蔡京)과……일 : 북송(北宋) 철종(哲宗) 소성(紹聖) 연간에 채경, 장돈 등이 원우(元祐) 연간 구법당(舊法黨)의 주도로 편찬된 《신종실록(神宗實錄)》에 신법당을 무함하는 내용이 많다고 하면서 왕안석(王安石)의 《일록(日錄)》을 위주로 《신종실록》을 다시 편찬하게 한 일을 가리킨다. 《宋史 儒林列傳 范沖》

129 진요옹(陳了翁) : 북송의 진관(陳瓘)으로, 요옹은 그의 호이다. 장돈, 채변 등의 요청으로 《신종실록》을 신법당에 유리하게 수정하자, 진관이 《존요집(尊堯集)》을 찬술하고는 "소성 연간의 사관이 왕안석의 《일록》에 전적으로 의거하여 신종의 역사를 고쳐서 시비를 어지럽혔으므로 후세에 전할 수 없다."라고 하였다. 《宋史 陳瓘列傳》

130 동춘(同春)을……계사(啓辭) : 1676년 1월 4일 헌납(獻納) 유명천(柳命天)과 정언(正言) 강석빈(姜碩賓)이 올린 계사에 "송준길은 종사의 죄인이고 일국의 대대이니, 실로 천지와 신인(神人)으로부터 용서받을 수 없는 자입니다."라고 한 것을 가리킨다. 《承政院日記 肅宗 2年 1月 4日》 '대대'는 크게 증오할 만한 사람이란 뜻으로, 《서경》 〈강고(康誥)〉에 "큰 죄악을 크게 증오하니, 하물며 불효하고 우애하지 않음에 있어서랴.〔元惡大憝, 矧惟不孝不友?〕"라고 하였다.

게 매우 부끄러운 일입니다. 만일 홍숙범(洪叔範)을 비롯한 몇몇 사람이 없었더라면 동춘의 문하는 한 사람도 없었을 것입니다.[131]

131 만일……것입니다 : 송준길의 문인 홍득우(洪得禹)가 1675년 12월 27일에 상소를 올려 관작을 추탈당한 스승 송준길을 변호하는 한편 송시열을 신구(伸救)하다가 원찬(遠竄)된 일을 두고 한 말이다. 《肅宗實錄 1年 12月 27日, 2年 1月 4日》

민지숙에게 보냄 정사년(1677, 숙종3) 2월

與閔持叔 丁巳二月

일전에 옥천(沃川) 유생들을 위해 주선해 주겠다고 말씀하였는데, 여태껏 그들이 죽지 않은 것이 어찌 그대가 베풀어 준 은혜 덕분이 아니겠습니까.[132] 단 웅천(熊川)으로 유배 간 진사 박명흠(朴明欽)의 편지를 보니 올겨울에는 필시 죽음을 면할 수 없을 것이라고 말하였는바, 안타까움을 금할 수 없습니다. 일찍이 정 부자(程夫子)께서는 저술을 남겨 후대에 전함으로써 사람들을 사망과 파멸의 환란에서 벗어나게 하였다고 들었는데, 이들은 어찌 이토록 상반된단 말입니까.[133] 도리어 가소롭습니다. 삼가 듣건대 가덕(加德)-최수명(崔壽明)입니다.-과 제포(薺浦)-김백련(金百鍊)입니다.- 두 교위(校尉)는 일찍이 두 집사분의 수하

132 일전에……아니겠습니까 : 1675년에 10월 대북파(大北派) 한찬남(韓纘男)의 생질이자 전팽령(全彭齡)의 외손인 정용(鄭墉)이 전팽령의 또 다른 외손 여이진(呂以振)에게 송시열과 송준길(宋浚吉) 등 서인의 주장으로 훼철된 전팽령과 곽시(郭詩)의 사당을 다시 설치해 달라는 상소를 올리도록 사주하였다. 이듬해 4월 옥천 유생 박수흠(朴守欽) 등이 그 부당함을 주장하자 정용은 감사 조위명(趙威明)에게 호소하여 그 일에 관여한 옥천 유생 16인을 영문(營門)에 감금하도록 하는 한편 선현(先賢)을 무함한다는 죄목으로 계청(啓請)하게 하였고, 결국 박수흠을 비롯한 곽증(郭橧), 곽노(郭櫓), 여유형(呂有衡), 박명흠, 남명거(南溟擧) 등 6인이 관서(關西)와 웅천과 사천(泗川) 등지로 귀양을 갔다. '옥천 유생들'이란 바로 이들을 말하며, 송시열은 민유중을 비롯한 여러 문인에게 이들을 잘 비호해 달라고 부탁하였다. 《肅宗實錄 1年 10月 10日, 2年 4月 28日》《宋子大全 卷44 與張淨之》

133 일찍이……말입니까 : 옥천 유생 박명흠 등이 정자(程子)의 설을 따르다가 귀양 갔으므로 이렇게 말한 것이다. 《宋子大全隨箚 卷7》

에 있던 사람인데 지금까지도 변함없이 집사분들의 덕을 칭송한다고 하니, 혹 계통(季通)의 집안을 은밀히 보호하라는 유훈[134]에 의거하여 그들에게 한 말씀 해 줄 수 있을지요?

최신(崔愼)은 근래 편지를 받았는데 그 굳센 기운은 변함없이 여전하여 때때로 이 몸이 그에게 질책을 받기도 하니, 참 이상한 일이라고 할 수 있겠습니다. 계주(季周)가 이 말을 들으면 또한 마음의 근심을 조금은 날려 버릴 수 있으리라 생각합니다. 참으로 우습습니다.

134 계통(季通)의……유훈 : 계통은 남송(南宋)의 학자 채원정(蔡元定)의 자이다. 215쪽 주108 참조.

민지숙에게 답함 정사년(1677, 숙종3) 8월
答閔持叔 丁巳八月

시론(時論)이 바야흐로 위급하니[135] 죽을 날이 더욱 바짝 다가왔습니다. 이런 때에 그리운 마음 평소보다 배나 더한데, 홀연 회천(懷川)에서 전달한 편지가 도착하였기에 뜯어서 반복해 읽다 보니 그 이후로는 문득 고질병이 있다는 사실조차 잊을 지경입니다.

애당초 듣건대 마포(麻浦)[136]의 계획은 종묘에 고하는 것에서 시작하여 도착하는 곳에서 끝낸 다음에 오직 그가 원하는 대로 하려는 것이었는데 홀연 예상(禮相)으로부터 그 일이 사전에 발각되고 말았으니,[137] 지금에야 비로소 시치미를 뚝 떼고 숨기고 있으나 종국에는 어떻게 결말이 날지 모를 일입니다. 집사께서는 예(羿)의 사정거리 안에서

135 시론(時論)이 바야흐로 위급하니 : 1674년(현종15) 갑인예송의 패배로 예를 그르쳤다는 죄를 입어 송시열이 귀양을 간 뒤 1675년부터 조사기(趙嗣基)를 비롯한 남인 측에서 송시열을 종묘에 반역 죄인으로 고하고 극형을 내려야 한다는 이른바 '고묘론(告廟論)'을 제기하였다. 그 후 이 무렵인 1677년 6월부터 허목(許穆), 정지호(鄭之虎) 등 윤휴(尹鑴)의 세력들이 다시 고묘론을 지속적으로 제기하였다.《肅宗實錄 1年 閏5月 12日, 3年 6月 12日・16日・17日》《宋子大全 附錄 卷7 年譜》

136 마포(麻浦) : 한강 서강(西江) 일대의 마포에 거주하였던 윤휴를 가리킨다.《宋子大全隨箚 卷7》

137 예상(禮相)으로부터……말았으니 : 예상은 정승을 지낸 바 있는 정지화(鄭知和)로, 자가 예경(禮卿)이므로 이렇게 칭한 것이다. 1677년 6월 17일 판중추부사 정지화가 고묘론을 반대하는 상소를 올린 것을 가리킨다.《宋子大全隨箚 卷7》《肅宗實錄 3年 6月 17日》

함께 노닐고 있으니[138] 감히 편안히 지낼 수 없음을 물론 잘 알지만, 밤낮 노심초사하면서 오직 남에게 화를 심하게 끼치지 못할까 자기가 이익을 크게 누리지 못할까만을 염려하고 있는 그자의 모습과 비교해 본다면 누가 더 편안하고 누가 더 수고로울지 차이가 현격합니다.

지난번에 보낸 편지 또한 제병(諸炳)이 전해 주어서 이미 삼가 잘 받았습니다. 그대 중씨(仲氏 민정중(閔鼎重))께 보낸 답장에 별지가 있으니, 부디 가져다 본 뒤에 그분께 드리는 것이 어떻겠습니까?

하고 싶은 말은 남의 손을 빌려 적느라 일일이 다 적지 못합니다.

138 예(羿)의……있으니 : 소인배의 표적이 된 것을 뜻한다. 《장자》 〈덕충부(德充符)〉에 "명사수인 예의 사정거리 안에서 노니는 자 가운데 그 한복판에 서 있는 자는 적중되기에 꼭 알맞다고 할 것인데, 그럼에도 불구하고 그 화살을 맞지 않는 자가 있다고 한다면 그것은 우연이라고 할 수밖에 없다."라고 하였다.

민지숙에게 답함 정사년(1677, 숙종3) 9월
答閔持叔 丁巳九月

지난번 두 통의 편지는 이미 회덕(懷德)에서부터 차례로 전해져 받아 보았을 것으로 생각합니다. 또 이군(李郞)과 정군(鄭君) 두 사람 편에 그대의 편지를 받고서 펼쳐 보고 누차 반복해 읽으며 차마 손에서 놓을 수 없었습니다. 정군을 보고는 저도 모르게 저절로 눈물을 흘렸으니, 이를 통해 그 아비와 조부에게 사람을 감동시키는 실질이 있음을 알 수 있습니다.[139]

시사에 관해서는 굳이 운운할 필요가 있겠습니까. 다만 죽을 사람은 죽고 살 사람은 살 뿐입니다. 장평(長平)에서 병사들을 구덩이에 빠뜨렸을 때도 여전히 수백 인이 죽지 않고 살아남았으니,[140] 오늘날 남은 이들이 혹 몸을 닦고 도를 지켜서 그것을 양기(陽氣)가 다시 회복될 기틀로 삼는다면 거의 세도(世道)에 가망이 있을 것입니다.

삼가 듣건대 집사께서는 노봉(老峯)보다 기력이 조금 덜 강건하다고 하는데, 어째서 그런 것입니까? 《주역》 〈관괘(觀卦) 상구(上九)〉에 "'그 내는 것을 관찰한다.'라는 것은 뜻이 편안하지 않은 것이다.〔觀其

139 정군을……있습니다 : 정군은 민유중의 생질(甥姪)인 정천(鄭洊)으로, 그를 보고 죽은 그의 아버지 정보연(鄭普衍)과 조부 정양(鄭瀁)이 떠올랐다는 말이다. 《宋子大全隨箚 卷7》

140 장평(長平)에서……살아남았으니 : 전국 시대 진(秦)나라 장수 백기(白起)가 투항한 조(趙)나라 병사 40만을 모두 장평에서 구덩이에 빠뜨려 죽인 뒤 나이 어린 자 240명을 남겨서 조나라로 돌려보낸 일을 가리킨다. 《史記 白起列傳》

生, 志未平也.〕"라고 하였는데,[141] 오직 이 편안하지 않은 뜻이란 사사로운 마음이 아니라 실로 천하의 공변된 마음입니다. 삼가 바라건대 심신을 깨끗이 하여 한결같이 세도를 염려하는 것이 어떻겠습니까? 사람이 장차 죽으려 할 때는 그 하는 말이 선한 법이니, 부디 바라건대 이 말을 유념하는 것이 어떻겠습니까?

수많은 할 말은 병이 심하여 손으로 써서 답하지 못하니, 황송하고 황송합니다. 이만 줄입니다.

141 주역……하였는데 : 《주역》 〈관괘 상구〉에 "그 내는 바를 관찰하되 군자다우면 허물이 없으리라."라고 하였고 그 〈상전(象傳)〉에 "'그 내는 것을 관찰한다.'라는 뜻이 편안하지 않은 것이다."라고 하였는데, 여기서 '내는 바'란 그 사람의 외면으로 표출되는 덕업과 행의(行義)를 가리킨다. 이에 대해 정이(程頤)의 《역전(易傳)》에서는 "비록 지위에 있지 않으나 사람들이 그 덕을 관찰하여 의표(儀表)와 본보기로 삼는다. 그러므로 마땅히 스스로 삼가고 살펴서 그 내는 바를 보되 항상 군자다움을 잃지 않는다면 사람들이 소망을 잃지 아니하여 교화될 것이니, 지위에 있지 않다는 이유로 편안하게 방심하여 일하는 바가 없어서는 안 된다."라고 설명하였다.

민지숙에게 답함 무오년(1678, 숙종4) 1월 17일
答閔持叔 戊午正月十七日

파발 편으로 지난 섣달 12일 보내 준 편지를 받고서 그립던 마음에 큰 위안이 되었습니다. 지금 바야흐로 새해가 돌아왔으니, 그대의 일상이 형통하리라 우러러 생각합니다.

질문한 《맹자》와 《소학》의 주석 중 의문 나는 부분은 망녕되이 사우(師友)에게 들은 것으로 답을 올리니, 어떻게 생각할지 모르겠습니다.

남의 후사로 나간 사람의 일은 매우 난처한 듯합니다. 대략 제 생각을 담아 질문을 올리니, 부디 남에게 보이지 말고 은밀히 회답을 주는 것이 매우 좋겠습니다.

근일 소식은 그쪽도 필시 들어 알고 있으리라 생각됩니다. 요즘 무리가 조수선(趙守善)을 불러 꾀어내어 국문을 청하는 상소까지 있었고,[142] 윤의제(尹義濟)가 적상산(赤裳山)에 다녀와서 《인조실록(仁祖實錄)》에 효묘(孝廟)를 지척한 말이 있다고 하자 그 아비가 장차 유자광(柳子光)이 하였던 것[143]과 똑같이 고변하려다가 영상 허적(許積)이 오정위(吳挺緯)를 협박하여 그것을 저지시켜 잠깐 중단되었습니다.

142 요즘……있었고 : 용인(龍仁) 사람 조수선이 윤휴(尹鑴)의 사주를 받고 상소하여 송시열을 국문하자고 청한 것을 가리킨다. 《宋子大全隨箚 卷7》

143 유자광(柳子光)이 하였던 것 : 1498년(연산군4) 7월에 유자광이 김일손(金日孫)이 《성종실록(成宗實錄)》을 편찬하면서 실은 김종직(金宗直)의 〈조의제문(弔義帝文)〉이 세조의 왕위 찬탈을 비판한 내용이라며 연산군을 선동하여 무오사화를 일으켰던 것을 가리킨다. 《燕山君日記 4年 7月 15日》

그러나 그 시도를 끝내 그만둘 것이라고는 보장하기 어려우니, 생각건대 이는 백강(白江)과 동춘(同春)의 일[144]을 가리켜 하는 말인 듯합니다. 이 일에 대해서는 당초 우려하지 않은 이가 없었으나 실로 효묘의 하늘 같은 성덕에 힘입어 아무 일이 없었을 뿐 아니라 극진하게 중용까지 하셨는데 이제 와서 의론을 일으키니, 저들이 비록 어전에서 공공연하게 아뢸 수는 없더라도 다른 부정한 방법을 통하여 성상의 환심을 사려 할 것은 뻔한 일입니다. 그렇게 된다면 도리어 일은 지연되겠지만 그 재앙은 더욱 커지지 않을까 우려됩니다. 흰 눈썹의 참언(讖言)은 심기원(沈器遠)이 모반하였을 때 드러났으나[145] 실제 결과로 나타나지 않았는데, 식자들은 끝내 그것이 현실로 벌어질까 우려하였습니다. 오늘날 이미 현실이 되었으니, 모든 것이 천명이니 어찌하겠습니까.

병 때문에 괴로워 입으로 불러 주어 적게 하느라 하고 싶은 말을 다 쓰지 못합니다.

144 백강(白江)과 동춘(同春)의 일 : 백강은 이경여(李敬輿, 1585～1657)의 호이다. 1645년(인조23) 이경여와 송준길(宋浚吉)이 당시 봉림대군(鳳林大君)이던 효종을 왕세자로 책봉하려는 인조의 뜻에 반대하여 소현세자의 아들로 적통을 잇게 해야 한다고 주청한 사실을 말하는 듯하다. 《宋子大全隨箚 卷7》《仁祖實錄 23年 6月 15日, 閏6月 2日》

145 흰……드러났으나 : 1644년 심기원이 회은군(懷恩君) 이덕인(李德仁)을 추대하여 모반을 꾀하다가 부하인 황익(黃瀷)의 밀고로 체포되어 사형당하였다. 그때 황익의 진술에, 이명한(李明漢)이 발견했다고 하는 정체불명의 종이쪽지 속에 "흰 눈썹의 군사로 인해 도성이 어육이 될 것이다."라는 말이 쓰여 있었다고 하였는데, 심기원은 이를 반란군이 피아 식별을 위해 검은 모자에 흰 면포로 눈썹 모양을 잘라 붙이는 것으로 해석하였다. 《仁祖實錄 22年 3月 21日》

별지

〔문〕《맹자》 불인인장(不忍人章) 주석의 '해사거기(解使去己)'에 대하여

〔답〕 해(解)는 벗어나서 자신에게 두지 않는다는 말입니다.

〔문〕 지등장(之滕章) 주석의 '업구직지유차(業屨織之有次)'의 업(業) 자에 대하여

〔답〕 업은 운서(韻書)에 서(緖), 차(次), 시(始)라고 하였습니다. 구(屨)는 짚신인데 볏짚으로 엮어서 절반에 이르렀다면 이것은 단지 차서(次緖)가 있을 뿐이요, 아직 일을 끝마치지는 못한 것입니다.

〔문〕《소학》의 "임금이 하사할 때 수레와 말을 주시거든〔君賜車馬〕"에 나오는 주석 중 '비경사(非經賜)'에 대하여

〔답〕 경(經)은 운서에 과(過), 역(歷)이라고 하였습니다. 옛날에는 3품에 오르면 임금이 반드시 자복(紫服)을 하사하였는데, 만일 당초 승품(陞品)하던 날에 이러한 예수(禮數)를 받지 못하였다면 지금 비록 하사품을 받았다 하더라도 또한 감히 대번에 입지 못한다는 말입니다. 수레와 말 역시 그러합니다.

〔문〕 "문에 들어갈 때는 빗장을 받든다.〔入戶奉扃〕"의 주석 중 '문관지목(門關之木)'과 '치경처(置扃處)'에 대하여

〔답〕 옛사람이 문호(門戶)를 여닫았던 방식은 오늘날의 성문(城門) 제도와 같습니다. 경(扃)이란 곧 가로질러 꽂는 나무이고, 치경처란 곧 양쪽 문의 둥근 고리입니다. 이는 장차 문으로 들어가려 하면서

문을 열 때 삼가 이 두 둥근 고리를 받들어 열어야 하고 감히 손을 함부로 하여 밀어젖혀서는 안 된다는 말입니다.

〔문〕 "회는 가늘게 썬 것을 싫어하지 않으셨다.〔膾不厭細〕"의 주석 중 '섭이절(聶而切)'에 대하여

〔답〕 섭(聶)은 칼로 어육(魚肉)을 귓바퀴처럼 얇게 뜨는 것이니, 회를 만드는 자는 먼저 어육을 얇게 뜬 다음 다시 그것을 가늘게 썹니다.

〔문〕 유강공장(劉康公章)의 주석 중 '신기(脤器)'에 대하여

〔답〕 '신(脤)'이란 '신(蜃)'입니다. 《주례(周禮)》에 "무릇 사방의 산천(山川)–사방의 산천에 지내는 제사입니다.–에 신기(蜃器)를 사용한다."라고 하였는데, 이는 그릇에 대합〔蜃〕을 장식으로 넣은 것을 말하니 지금의 나전(羅鈿)과 같습니다. 운서에 "신(蜃)은 대합을 담기 때문에 신(脤)이라고 한다."라고 하였습니다.

〔문〕 마원장(馬援章) 주석 중 '협보(俠輔)'에 대하여

〔답〕 협(俠)은 운서에 협(挾)과 통용이라고 되어 있습니다.

민지숙에게 답함 무오년(1678, 숙종4) 4월

答閔持叔 戊午四月

전후로 편지를 보내어 저를 도외시하지 않는 데 대해 매우 감사하였습니다. 그대 중씨(仲氏 민정중(閔鼎重))의 병이 이내 나았다고 하니, 놀라움과 기쁨이 교차합니다.

동춘(同春) 선생에 대한 글[146]을 정정해 주니, 어떤 다행함이 이보다 크겠습니까. 이 일은 다행히도 저쪽 사람들의 번다한 말에 힘입어 영영 시비를 다툴 수풀이 되었으니, 재차 제병(諸炳)으로 하여금 나아가 질정하게 할 뿐입니다.

《면재집(勉齋集)》에 관한 문제[147]는 극히 가소롭습니다. 진(秦)나라 이사(李斯) 이후에도 육경(六經)은 여전히 남아 있으니, 저들은 가히

146 동춘(同春)……글 : 송시열이 지은 송준길(宋浚吉)의 묘지문으로, 《송자대전》 권182의 〈동춘당 송공 묘지(同春堂宋公墓誌)〉이다.

147 면재집(勉齋集)에 관한 문제 : 1659년(효종10) 효종이 세상을 뜬 뒤 인조의 계비인 자의대비(慈懿大妃)의 상복을 어떻게 입을 것인가 하는 문제가 대두되었을 때, 송시열은 삼년복 대신 기년복을 주장하였다. 이는 첫째 적자로서 병 때문에 왕위를 계승하지 못한 경우, 둘째 서손(庶孫)이 뒤를 이었을 경우, 셋째 서자(庶子)가 뒤를 이었을 경우, 넷째 적손(嫡孫)이 뒤를 이었을 경우에는 그 부모가 삼년복을 입지 않고 기년복을 입어야 한다는 《의례주소(儀禮註疏)》의 '사종지설(四種之說)'을 근거로 한 것이었으며 효종은 그중 세 번째에 해당한다고 하였다. 그런데 이즈음 누군가가 송(宋)나라의 학자인 황간(黃榦)의 문집인 《면재집》에 송시열의 견해와 비슷하게 사종지설을 논한 부분이 있다고 하면서, 그것을 가지고 송시열의 학설이 옳다는 것을 증명하려고 하였다. 《宋子大全 卷63 與閔持叔(己未十月)》《尤菴先生書節要集解 卷3》

엉성한 모책을 지녔다 하겠습니다.

웅황(雄黃)은, 뱀 종류가 큰 것은 서까래 정도나 되는데 똬리를 틀고 딱 붙어 앉아서 아무리 쫓아내도 떠나지 않습니다. 혹여 이 물건이 왔다는 소식을 듣고 그놈들이 꺼릴런지요?

《시전(詩傳)》에서 의문 나는 점에 대해서는 망녕되이 저의 못난 의견으로 답해 올리니, 재차 수정하여 무엇이 맞고 틀렸는지 알게 해 주는 것이 어떻겠습니까? 하고 싶은 말을 감히 하나하나 다 적지 못합니다.

별지

사복시(司僕寺) 개천에서 불이 났다는 말에 대해서는 포복절도하지 않을 수 없었습니다. 저는 그의 백형(伯兄)이 문하에서 총애를 받았고 또 그 사람됨을 아껴서 그분과 몹시 친하게 지냈으며, 그의 경우에는 단지 석주(石洲 권필(權韠)) 때문에 조금 정분이 있었던 것으로 알고 있습니다. 그런데 그 낭패가 여기까지 이를 줄은 생각지 못하였습니다.-그 조카는 더욱 애석합니다.- 그 일은 일찍이 이율(而栗)의 아들 세주(世柱)가 찾아와 물은 일을 계기로 통렬히 말해 주었는데, 세주가 세상을 떠난 뒤에 그가 화양동에 와서 그 일을 제기하였습니다. 제가 만약 조금이라도 숨기는 게 있으면 망자에 크게 누가 될 것이기에 그날 나누었던 문답을 상세하게 말해 주었는데, 그가 몹시도 불쾌해하며 가 버렸습니다. 그런데 지금 마침내 윤휴(尹鑴)와 허목(許穆)의 미끼에 걸려들어 이렇게까지 도리에 어긋난 짓을 하니, 한탄스럽고 한탄스럽습니다. 그러나 서울의 젊은 무리는 심지어 그자가 제 이름을 무고하여 끌어들였다고까지 말하는데, 이는 사실과 크게 다릅니다. 최씨(崔氏)

집안의 일에 나보다 간섭한 사람은 없습니다. 이는 안숙(晏叔 정양(鄭瀁)) 어른이 근본이 되니, 그 사연이 몹시도 깁니다.

〔문〕《시경》〈초충(草蟲)〉의 주석 중 '기음(奇音)'에 대하여
〔답〕 벌레와 새의 소리는 예컨대 뻐꾹〔布穀〕과 까악〔姑惡〕은 우음(偶音)이고, 까치가 깍깍〔査査〕이라고 하는 것과 꿩이 각각〔角角〕이라고 하는 것은 기음입니다.

〔문〕〈표유매(摽有梅)〉[148]의 주석 중 '매사행이초(梅似杏而酢)'에 대하여
〔답〕 운서(韻書)의 작(酢) 항목 주석에 "본래 작(醋)이다."라고 하였는데 이는 입성(入聲)으로서 약운(藥韻)에 속하고, 초(醋) 항목의 주석에 "본래 초(酢)이다."라고 하였는데 이는 거성(去聲)으로서 우운(遇韻)에 속합니다. 2글자가 비록 통용하여 1글자가 되더라도 입성인 것은 응당 수작(酬酢)의 작(酢)이 되어야 하고, 거성인 것은 응당 초장(醋漿)의 초(醋)가 되어야 합니다. 초는 신 물건이므로 이 글자로 매(梅)를 해석한 것이니, 이 시의 주석은 마땅히 거성으로 읽어야 합니다.

〔문〕〈군자해로(君子偕老)〉의 주석 중 '추치치지축축자(縐絺絺之蹙蹙者)'에 대하여
〔답〕 살펴보건대 치(絺)는 갈포(葛布) 중에서 정세(精細)한 것이고

148 표유매(摽有梅) : 대본에는 '標有梅'로 되어 있는데, 《시경》〈소남(召南) 표유매〉에 근거하여 '標'를 '摽'로 바로잡아 번역하였다.

그보다 더욱 정세한 것을 추치(縐絺)라고 합니다. 일반적으로 베 중에서 극히 정세한 것은 반드시 축축(蹙蹙)한 법이니, '축축'은 노인의 주름진 얼굴처럼 쭈글쭈글한 것입니다.

〔문〕〈간모(干旄)〉의 주석 중 "모우 꼬리를 깃대 머리에 매단다.〔以旄牛尾注於旗干之首〕"에 대하여

〔답〕모(旄)는《한서(漢書)》의 주석에 "진 문공(秦文公) 때 가래나무가 변하여 소가 되었는데 기마병으로 공격하였으나 이기지 못하여 혹 땅에 떨어져서 상투가 풀어진 자도 있었다. 이에 소가 두려워하여 물속으로 들어갔다."라고 하였는바,[149] 이것이 바로 모우입니다. 이 소의 꼬리를 깃대에 매단 것을 간모(干旄)라고 부릅니다.

〔문〕〈유호(有狐)〉의 주석 중 "대는 옷을 단단히 묶는 것이다.〔帶, 所以申束衣也.〕"에 대하여

〔답〕옛 제도에는 상의를 입고 우선 가죽으로 된 혁대(革帶)로 묶은 다음 그 위에 대대(大帶)를 두르는데, 이것이 이른바 "단단히 묶는다.〔申束〕"라는 것으로 바로 대대를 가리켜 말한 것입니다. 수신(垂紳)[150]

149 한서(漢書)의……하였는바 :《한서》는《후한서(後漢書)》를 이른다.《후한서》〈광무제기(光武帝紀)〉의 "동해왕(東海王) 유강(劉彊)에게 호분(虎賁) 용사, 모두(旄頭) 기병, 종과 거(虡) 등의 악기를 하사하였다."라는 대목의 주석을 축약 인용한 것으로, "물속으로 들어갔다."라는 말 뒤에는 원래 "진(秦)나라에서는 모두 기병을 두어 선봉에서 달리게 하였다."라는 말이 있다.

150 수신(垂紳) : 임금 앞에서 띠를 아래로 드리우는 것으로,《예기》〈옥조(玉藻)〉에 "무릇 군주를 모실 적에 띠는 드리워지게 한다.〔凡侍於君, 紳垂.〕"라고 하였다.

과 서신(書紳)[151]이라고 할 때의 이 신(紳) 자가 사(糸) 자와 신(申) 자를 따르는 것 역시 이러한 뜻입니다. 또 상복(喪服)은 길복(吉服)을 본뜬 것이니, 교대(絞帶)는 혁대를 본뜻 것으로서 이는 정대(正帶)이고, 요질(腰絰)은 대대를 본뜬 것으로 이는 교대를 단단히 묶는 것입니다. 주 선생(朱先生)의 뜻이 바로 이와 같습니다.

151 서신(書紳) : 중요한 말을 잊지 않도록 허리에 맨 띠에 적어 두는 것을 말하는 것으로, 《논어》 〈위령공(衛靈公)〉에 "자장이 공자의 말을 띠에 썼다.〔子張書諸紳〕"라는 구절이 있다.

민지숙에게 답함 무오년(1678, 숙종4) 5월

答閔持叔 戊午五月

일찌감치 일어나 병으로 신음하며 우울한 생각에 잠기던 차 문득 어떤 사람이 그대의 4월 21일 편지를 전해 주었습니다. 이에 마치 일찍이 병을 앓은 적이 없던 사람처럼 마음과 정신이 탁 트이는 기분이 되었습니다.

일찍이 제병(諸炳) 편을 통하여 지난번 보내 준 편지에 대해 공경히 답을 올리는 한편 《시전(詩傳)》 주석 내용에 대한 의문 사항까지 보내어 그대의 지성스러운 하문에 우러러 답하였는데, 지금 편지를 통해 아직 받아 보지 못하였음을 알게 되었으니 농사짓는 집에 한가한 겨를이 없음을 짐작해 볼 수 있습니다.

저는 위장병이 점점 심해지니 곡기를 끊고 산꼭대기에 사는 승려의 모습과 똑같습니다. 수척한 몰골이 야위어 가는 걸 날로 느끼니, 언제쯤 죽을지 모르겠습니다. 아마 그리 긴 시간이 필요하진 않을 겁니다.

사앙(士昂)[152]이 특별히 옛적의 좋은 말씀을 빌려줘서 이 쇠하고 낡은 몸을 단장해 주었습니다. 그러나 이것이 변모(弁髦)와 토경(土梗)[153]과 어찌 다르겠습니까. 한번 웃어 봅니다.

152 사앙(士昂) : 민태중(閔泰重, 1640~1692)의 자이다. 민유중의 족제(族弟)로 어려서 민유중과 민정중에게 수학하고, 후일에 송시열과 송준길(宋浚吉)의 문하에서 수학하였다. 《寒水齋集 卷27 察訪贈掌令閔公泰重墓碣銘》

153 변모(弁髦)와 토경(土梗) : 모두 무용지물을 뜻한다. '변(弁)'은 치포관(緇布冠)으로 관례(冠禮)를 행하기 전에 잠시 쓰는 것을 가리키고, '모(髦)'는 결혼하기 전 총각

듣건대 영남의 황군(黃君)과 채군(蔡君)이 장차 영남의 소장에 대항하여 상소하려 한다고 하니,[154] 귀양지에 장차 한두 사람이 더 추가될 것입니다. 듣건대 황군은 노봉(老峯) 문하의 사람이라고 하는데, 정말입니까?

의 더벅머리를 말하는데, 관례가 끝나면 모두 소용없는 물건이다. 토경은 흙으로 빚은 인형으로, 비에 젖으면 무너진다고 하여 무용지물을 비유한다.

154 듣건대……하니 : 1678년 4월에 영남 유생 이재헌(李在憲)이 송시열을 종묘에 반역 죄인으로 고하고 극형을 내려야 한다고 상소를 올리자, 이에 대항하여 황상중(黃尙中, 1619~1680)과 채하징(蔡河徵, 1619~1687)이 상소를 올리려고 한 것을 말한다. 황상중의 본관은 장수(長水), 자는 계통(季通), 호는 우곡(愚谷)으로 백원(百源) 신석번(申碩蕃)의 문인이며 민유중 형제와 교우를 맺었다. 채하징의 본관은 인천(仁川), 자는 희서(羲瑞), 호는 취암(翠巖)으로 송시열의 문인이다.《肅宗實錄 4年 4月 16日, 7月 5日》《宋子大全隨箚 卷7》《剛齋集 卷11 愚谷黃公墓表》《立齋集 卷18 翠巖蔡公行狀》

민지숙에게 답함 무오년(1678, 숙종4) 10월 14일
答閔持叔 戊午十月十四日

〔문〕《시경》〈왕풍(王風) 채갈(采葛)〉 채소(采蕭)의 주석 중 '과생(科生)'에 대하여

〔답〕 과(科)는 《운회(韻會)》에 조(條)이며 본(本)이라고 하였으니, '조'는 줄기를 말하고, '본'은 그 줄기가 뿌리에서 나오는 것을 말합니다. 과생은 총생(叢生)이란 말과 같으니, 이백(李白)의 시에서 말한 봉과(蓬科)[155] 역시 쑥 떨기를 말합니다.

〔문〕〈제풍(齊風) 의차(猗嗟)〉의 주석 중 '조자(趙子)'에 대하여

〔답〕 조자는 평소 조기(趙岐)라고 생각했는데 꼭 그런지는 모르겠습니다. 천천히 다시 상고해 보고 말씀드리겠습니다.

〔문〕〈빈풍(豳風) 칠월(七月)〉 '이지일기동(二之日其同)'의 주석 중 '갈작(竭作)'에 대하여

〔답〕 갈작은 "모두 나온다."라는 말과 같습니다.-정현(鄭玄)의 주석에 "동(同)은 군신과 백성들이 군사 연습으로 말미암아 모두 밭으로 나오는 것이다."라고 하였으니, 이에 근거하면 "모두 나온다."라는 뜻이란 것을 더욱 알 수

155 이백(李白)의……봉과(蓬科) : 당나라 시인 이백의 〈상류전행(上留田行)〉에 "이곳은 상류전이니, 쑥 떨기와 말갈기 봉분 지금 이미 평평해졌다오.〔言是上留田, 蓬科馬鬣今已平.〕"라고 하였다. 《李太白集注 卷3》

있습니다.-

〔문〕〈소아(小雅) 사간(斯干)〉의 주석 중 '멱주장(冪酒漿)'에 대하여
〔답〕 멱(冪)은 덮음〔覆〕이니,《가례(家禮)》에 "덮개를 들고 술을 따른다.〔擧冪酌酒〕"라는 문장이 있습니다.

〔문〕〈사월(四月)〉 '습유기이(隰有杞桋)'의 주석 중 '중위거망(中爲車輞)'에 대하여
〔답〕 중(中)은 거성(去聲)으로 합(合)이고, 망(輞)은 수레의 바퀴테이니 "수레의 바퀴테를 만드는 데 적합하다."라는 말입니다.-주자께서 말씀하기를 "수레가 굴러가는 까닭은 수레바퀴가 있기 때문이고, 수레바퀴가 굴러가는 까닭은 바퀴테가 둥글기 때문이다."라고 하였는바, 바퀴테는 수레바퀴의 가장 바깥면에 있는 것입니다.-

〔문〕〈대아(大雅) 면(緜)〉 '사불진궐온(肆不殄厥慍)'의 주석 중 '사고금야(肆故今也)'에 대하여
〔답〕 고금(故今)은《이아(爾雅)》에 나오는 말입니다. 고(故)는 앞을 잇는 말이니, 앞의 문장을 이어서 "이러므로 지금 이와 같다."-그러므로 이제 이렇다.-라고 말하는 것입니다.

〔문〕〈영대(靈臺)〉 '경지영지(經之營之)'의 주석 중 '영표야(營表也)'에 대하여
〔답〕 표(表)는 표식을 세워 방위를 바르게 하는 것입니다.

〔문〕〈하무(下武)〉 '영언배명(永言配命)'의 주석 중 '장언합어천리(長言合於天理)'에 대하여

〔답〕 영언(永言)은 《맹자》의 주석에 "영(永)은 장(長)이고 언(言)은 염(念)과 같다."라고 하였으니,[156] 이에 근거한다면 《시경》 주석의 뜻 역시 분명합니다.

156 맹자의……하였으니 : 《맹자》 〈공손추 상(公孫丑上)〉의 "《시경》에 이르기를 '길이 천명(天命)에 배합하기를 생각함이 스스로 많은 복을 구하는 것이다.' 하였다."에 대한 주희(朱熹)의 주석을 가리킨다. 《孟子集註 公孫丑上》

민지숙에게 답함 무오년(1678, 숙종4) 12월 15일
答閔持叔 戊午十二月十五日

별지에서 하신 말씀을 보고서 저를 도외시하지 않는 마음에 더욱 감사하였습니다.

자운비(紫雲碑)의 일[157]에 관해서는 이미 노봉(老峯)에게 보낸 편지에 모두 말하였습니다. 원우(院宇)를 다시 회복하는 일은 실로 그대의 말씀 그대로이나, 이러한 때에 일을 이룰 힘을 마련하기가 쉽지 않으니 이것이 걱정입니다.

그대 아드님[158]의 자(字)는 삼가 생각건대 '성유(聖猷)'로 하는 편이 조금 더 낫습니다. 계주(季周)가 명명한 것은 비록 밀접한 듯하지만 조금 평범한 듯합니다. 자를 지을 때는 백중(伯仲)을 근본으로 삼는 것이니, '숙(叔)' 자와 '계(季)' 자가 모두 바탕이 되면 고의(古義)가 너무 없습니다.

제갈공명(諸葛孔明)이 아내를 맞이한 것[159]에 대해 말하자면, 감히

157 자운비(紫雲碑)의 일 : 파주 자운서원(紫雲書院)에 묘정비(廟庭碑)를 세우는 일을 가리킨다. 자운서원은 율곡(栗谷) 이이(李珥)의 위패를 안치한 사액서원으로, 송시열이 이이의 행적을 기리기 위해 지은 〈자운서원 묘정비명(紫雲書院廟庭碑銘)〉이 《송자대전》 권171에 있다.

158 그대 아드님 : 민진원(閔鎭遠, 1664~1736)으로, 본관은 여흥(驪興), 자는 성유, 호는 단암(丹巖)·세심(洗心)이다. 송시열의 문인이다. 《貞菴集 卷10 仲父奉朝賀府君墓誌》

159 제갈공명(諸葛孔明)이……것 : 제갈량이 부인을 맞을 때 추녀를 택한 결과 욕심

존귀한 분 앞에서 그런 농담을 꺼냈으니 실로 〈동명(東銘)〉의 죄인입니다.[160] 그러나 그 가운데 깃든 경계가 없지 않았고 보면 또한 심히 주제넘는 행동이었는지라 바야흐로 견책이 내려지리라 기다리고 있었는데, 이제 즐겁게 들었다는 뜻을 알았으니 그대의 큰 덕을 깊이 우러르는 바입니다.

지난번 일찍이 삼독(三韣)[161]의 축원을 한 바 있는데, 이는 고인이 시 짓는 일을 경계하면서 도리어 붓과 먹을 선물로 주었던 것[162]과 같은 행동이니, 참 우습습니다.

이 줄어들고 마음이 배양되어 지략이 날로 정밀해지고 명망이 날로 커졌다는 것을 말한다. 《晦菴集 別集 卷2 劉共甫》

160 동명(東銘)의 죄인입니다 : 말조심을 하라는 경계를 저버렸다는 말이다. 〈동명〉은 북송(北宋)의 학자 장재(張載)가 그의 학당(學堂) 동쪽 창에 써 두었다는 명(銘)으로 장난으로 하는 언행을 경계하는 내용을 담고 있는데, 그 첫머리에 "장난하는 말도 생각 속에서 나온 것이요, 장난하는 행동도 꾀에서 만들어진 것이다."라고 하였다. 《近思錄 卷2 爲學》

161 삼독(三韣) : 《송자대전수차》 권7에 "삼독은 상고해 보아야 한다. '삼(三)' 자는 혹시 '궁(弓)' 자의 잘못이 아닐까?"라고 하였다. 궁독(弓韣)은 옛날에 천자가 태자 낳기를 비는 마음으로 활집과 활, 화살 등 남자가 쓰는 물건을 갖게 한 것에서 유래하여 아들을 낳았을 때 천지 사방을 향해 활을 쏘아 축하하는 뜻을 담고 있다. 《禮記 月令》

162 고인이……것 : 북송의 문인 이상(李常)이 소식(蘇軾)에게 시를 짓지 말라고 훈계하면서 도리어 먹을 보낸 일을 가리킨다. 성재(誠齋) 양정수(楊庭秀)가 주희(朱熹)에게 보낸 편지에 "듣자 하니 저술한 《초사해(楚辭解)》가 대단히 훌륭하다고 하는데, 얻어서 볼 수 있겠습니까? 보내 드린 것이 그쪽에 아직 도착도 안 했을 텐데 또 종용하는 것이 마치 이공택(李公擇)이 동파(東坡)에게 시를 짓지 말라고 훈계하면서 도리어 먹을 보낸 것과 같으니, 한번 웃습니다."라고 하였다. 《誠齋集 卷108 答朱侍講》

민지숙에게 보냄 기미년(1679, 숙종5) 3월

與閔持叔 己未三月

그댈 향한 그리운 마음 어느 때나 느슨했던 적이 있겠습니까. 비록 서로 만날 기약은 없으나 이 땅 위에 함께 있으니 오히려 서로 의(義)로써 권면하고 도(道)로써 권면하여 천년 뒤까지 서로 기약할 수 있습니다. 그런데 지금 갑작스레 듣건대 송상민(宋尙敏) 군이 몸을 빼내어 서울로 들어가 큰 화를 돋우어 일으켜[163] 그 사람만 형구로 몸이 부서졌을 뿐 아니라 조만간 엄명이 응당 이곳에 이를 것이라고 하니, 집사가 저의 평생의 벗임을 생각하면 몇 글자로 결별을 고하지 않을 수 없습니다. 평소 제 마음은 노봉(老峯)에게 보낸 편지에 대략 썼으니, 부디 함께 보고서 양찰해 주기를 바랍니다. 마침 김 찰방(金察訪) 편으로 대략 이렇게만 쓰고 하고 싶은 말을 다 하지 못합니다.

163 송상민(宋尙敏)……일으켜 : 1679년 3월 12일 송시열의 문인 송상민(1626～1679)이 송시열을 변호하기 위하여 예론의 시말을 아뢰고 윤휴(尹鑴)와 허목(許穆)을 비판하는 책을 만들어서 숙종에게 바친 일을 가리킨다. 이 일로 숙종의 노여움을 사 송상민은 물론 연루자들이 모두 국문을 받고 장살되거나 유배되었고, 송시열은 거제(巨濟)에 이배되었다. 《淵齋集 卷34 石谷宋先生墓碣銘》《宋子大全 附錄 卷7 年譜》

민지숙에게 보냄 기미년(1679, 숙종5) 10월

與閔持叔 己未十月

다른 것은 물을 것 없이 알고 싶은 것은 무슨 책을 읽고 무슨 공부를 하는가일 뿐입니다.

저는 둘째 손자와 함께 《주자어류(朱子語類)》를 공부하고 있는데, 깨달아지는 곳을 만나면 문득 흐뭇하여 피곤함을 잊을 뿐만 아니라 형구(刑具)가 눈앞에 닥쳐 있는 것조차도 모를 지경이 됩니다.

노봉(老峰)에게 두 차례의 편지를 받았는데 조금도 근심하는 기미가 없으니 진정 이른바 학문의 힘이라고 하겠습니다.[164] 공경하고 탄복하는 바입니다.

이백종(李百宗)[165]이 있는 곳에 자못 긴요한 문자를 부쳐야 하겠기에 집안 노비를 보냈는데 오천(烏川)에도 조그만 일이 있는 관계로 그대로 들러서 문후를 대신 여쭙게 하였습니다. 모든 것을 묵묵히 이해해 주기 바랍니다. 이만 줄입니다.

164 노봉(老峰)에게……하겠습니다 : 민정중(閔鼎重)이 유배 생활을 하면서도 근심하는 기색을 전혀 드러내지 않는다는 말이다. 민정중은 1679년 6월에 장흥(長興)으로 유배되었다. "학문의 힘"이란 북송의 정이(程頤)가 부주(涪州)로 귀양 갔다가 돌아왔을 때 기색, 용모, 수염, 머리털이 모두 예전보다 낫기에 문인이 "어떻게 하여 이럴 수 있었습니까?"라고 묻자, "학문의 힘이다. 대체로 배우는 자는 환난과 빈천에 처함을 배워야 하니, 부귀와 영달로 말하면 굳이 배울 필요가 없다."라고 한 것을 가리킨다. 《肅宗實錄 5年 6月 14日》《二程全書 卷50 伊川年譜》

165 이백종(李百宗) : 이동명(李東溟, 1624~1692)으로, 백종은 그의 자이다. 본관은 덕수(德水), 호는 학정(鶴汀)이다. 《丈巖集 卷15 府尹李公神道碑銘》

별지

중우(仲羽 이숙(李翻))와 계우(季羽 이익(李翊)) 및 택지(擇之 이선(李選))는 혹 서로 소식을 듣습니까? 택지의 편지를 한 번 받았는데 유배에 관한 얘기는 전혀 언급하지 않고 한결같이 평온한 사람처럼 이야기하였으니, 몹시도 제 뜻을 강건하게 만들었습니다.

○ 새로운 소문에 의하면 《면재집(勉齋集)》에 방례(邦禮)에 대한 커다란 증거가 명확하게 있다고 하는데[166] 이 말을 들은 적이 있습니까? 젊은 무리가 이것을 가지고 몹시 다행으로 여긴다고들 하는데 이는 매우 가소로운 일입니다. 윤(尹 윤휴(尹鑴))은 주 부자(朱夫子)를 배척하여 책을 만들기까지 하였으니, 그자는 면재쯤이야 병아리 정도로밖에 보지 않을 것입니다.

○ 지난해 중우가 영남 관찰사로 있을 때 나의 굶주림을 안타깝게 여겨 문경(聞慶)의 수령 곽문용(郭文溶)을 시켜 쌀을 보내온 적이 있습니다. 그때 우연히 관청의 환자곡(還子穀)을 얻어 문밖을 나가지 못할 상태까지는 아니었기 때문에 사양하였더니 중우가 굳이 사양할 필요는 없다고 하였는데, 그렇게 말이 오가던 즈음 갑자기 체직되어 떠나게 되자 문경의 수령은 처리하기 곤란함을 걱정하였습니다. 마침 계주(季周)가 주자(朱子)께서 행한 사창법(社倉法)[167]의 시행을 청하

166 면재집(勉齋集)에……하는데 : 240쪽 주147 참조.

167 주자(朱子)께서 행한 사창법(社倉法) : 사창은 기근이 들었을 때 빈민을 구제하기 위해 설립한 곡식 저장 시설로, 남송(南宋)의 주희가 1171년 건녕부(建寧府) 숭안현(崇安縣) 오부리(五夫里)에 설립하여 춘궁기에 비축미를 민간에 대여하고 가을 수확기에 이자를 붙여 갚도록 한 제도를 가리킨다. 이후 1181년에 주희의 건의에 따라 전국으로 시행이 확대되었다. 《晦菴集 卷13 辛丑延和奏箚》《朱子年譜 卷2》

여 윤허를 받았고, 저와 몇몇 유생이 상의하여 그 미곡을 가지고 개어금니처럼 들쭉날쭉 엇물린 청안(淸安), 괴산(槐山), 문경 세 고을의 경계에다 사창을 세우고는 한결같이 주자께서 숭안(崇安)에서 하신 전례에 따라 미곡의 대여와 환수를 진행하였습니다. 이때 함께 일한 이는 모두 유생이었고 조정에 몸을 담고 있던 선비는 지평(持平) 이미숙(李美叔)[168]이었습니다.

이번에 바다를 건널 때 나루터에서 우연히 운로(雲路 남구만(南九萬))를 만났는데, 그때 그가 "들리는 바에 의하면 이 일이 장차 화근이 될 것입니다."라고 하기에 저는 그저 일소에 부치고 말았습니다. 그런데 지금 들으니 운상(運相 권대운(權大運))이 그 일을 가리켜 "거사할 때 장차 군량미로 쓰려는 것이다."라고 하면서 홍씨(洪氏) 성을 가진 청주 목사(淸州牧使)에게 은밀히 살피게 하여서 홍씨가 사람들과 함께 공공연히 그 말을 외고 다닌다고 합니다. 이제 운상에게 죽음을 당하는 것은 실로 큰 영광이지만 세도(世道)는 망극하다고 할 만합니다.

○ 새로운 화의 기미가 기회를 틈타 일어나 향리가 몹시도 떠들썩하다고 하니, 별의별 일이 다 있다고 이를 만합니다. 판교(板橋)에 있는 선영을 교산(橋山)이라고 부른 것은 오래된 일이나, 황제(黃帝)를 장사 지낸 곳을 교산이라고 한다면 피혐을 하는 것이 옳습니다. 그럼에도 계속 그렇게 쓰는 것은 바로 고양(高陽)에서 송강(松江)의 묘를 정철릉(鄭澈陵)이라고 하는 것과 같습니다. 병진년(1676)에 판교의 일로

168 이미숙(李美叔) : 이수언(李秀彦, 1636~1697)으로, 미숙은 그의 자이다. 본관은 한산(韓山), 호는 농계(聾溪)·취몽헌(醉夢軒)이다. 송시열의 문인이다. 《陶谷集 卷20 禮曹判書聾溪李公墓表》

귀종(龜宗 송국귀(宋國龜))과 서신 왕래가 있었는데[169] 그때도 예처럼 교산이라고 칭하였습니다.

지금 듣건대 옥천(沃川)에 사는 한찬남(韓纘男)의 방손(傍孫)들이 그 서신을 입수하고는 이번 과거를 보러 가는 길에 천안(天安) 노상에서 주웠다고 하고는 중간중간 글자를 잘라 버리고 교산 등 혐의스러운 말만을 남겨 두어 옛 영릉(寧陵)의 일을 지적하는 것처럼 만든 다음 고변하려 한다고 하니, 집안 아우 등이 그 말을 듣고 크게 경악하여 급히 안씨(安氏) 성을 가진 서생을 보내어 가 보게 하였더니 모두 들은 바와 같았습니다. 안씨가 그로 인하여 그중 한 통을 베껴 보내왔는데 과연 제가 보낸 서신이었으며 그 재단하여 잘라 낸 부분이 극히 정교하였습니다. 향리의 서신에서는 상창(祥昌)[170]에게서 나왔으리라 자못 의심하였지만, 그렇지 않습니다. 그들이 윤휴(尹鑴)와 일가임에도 지금껏 그에게 회유되지 않은 것은 필시 고수하는 소신이 있어 그런 것이니, 어찌 이러한 무상한 일을 저질렀겠습니까. 절대 그렇지 않을 것입니다. 저의 생각에는 이계(李洎)[171]에게서 나왔으리라고 여겨지는데,

169 판교의……있었는데 : 판교는 송시열의 선산인 판교산(板橋山)의 약칭이다. 1675년에 판교산의 나무가 송시열의 종인(宗人) 송시중(宋時中)의 간여 속에서 거의 다 잘려 나가자 송시열이 송국귀에게 편지를 보내어 송시중의 죄를 다스리도록 하였는데, 이후 1679년 10월에 옥천에 사는 한찬남의 방손들이 그 편지를 입수하여 조작을 가하고는 선왕인 효종을 비판하는 내용이 담겨 있다고 하면서 고변을 시도하였다. 《宋子大全 卷63 與閔持叔(己未十月)》

170 상창(祥昌) : 송규상(宋奎祥), 송규창(宋奎昌) 형제를 가리킨다. 모두 송준길의 문하에서 수학하였고, 윤휴와 이종(姨從) 간이다. 《宋子大全隨箚 卷7》《同春堂集 續集 卷12 門人錄》

171 이계(李洎) : 송국귀의 외손이다. 《宋子大全 卷60 與閔大受(己未八月二十一日)》

그 사람됨이 이옥(李沃)과 이발(李浡)에 견주어 어떠한지 알 수 없습니다. 이 일도 그저 그러려니 하고 내버려 두었으나 인심은 극히 어려운 상태라는 것을 알겠습니다.

민지숙에게 답함 기미년(1679, 숙종5) 11월 6일
答閔持叔 己未十一月六日

집안 노비가 길을 떠남을 계기로 그대에게 짧은 편지를 부치자마자 홀연 오군(烏君)이 전한 그대의 손편지를 받으니 기쁘고 위안되는 마음을 형언할 수 없었습니다.

사면이 내려졌다고 하였는데 이는 실로 돌풍과 천둥으로 인한 것이었으니,[172] 어찌 집사의 큰 아름다움이 그 옛날의 충성스러움과 성스러움에 부합해서 그런 것이 아니겠습니까.[173] 신기하고 신기합니다. 요즘 무리가 이렇게 임금의 은혜가 아래에까지 이르기 어렵게 만드는데, 이를 말미암아 기억을 더듬어 보자면 서산(西山)이 유배지에 있을 때

172 사면이……것이었으니 : 민유중은 1679년 6월에 흥해(興海)로 유배되었는데, 같은 해 10월 천둥이 내려치는 변고가 일어나자 숙종이 이를 하늘의 경고로 여기고 민유중을 비롯하여 민정중(閔鼎重), 남구만(南九萬) 등을 방면하라는 명을 내린 것을 가리킨다. 그러나 우의정 오시수(吳始壽) 등의 반대로 결국 민유중은 다음 해가 되어서야 풀려났다. 《肅宗實錄 5年 6月 14日, 10月 2日·3日》《宋子大全隨箚 卷7》

173 어찌……아니겠습니까 : 《시경》〈빈풍(豳風) 낭발(狼跋)〉에 "이리가 앞으로 가다가 제 턱을 밟고, 뒷걸음치다가 제 꼬리 밟아 넘어지네. 공은 큰 아름다움을 사양하시니, 그 붉은 신이 편안도 하셔라."라고 하였는데, 주희가 이 시에 대하여 해석하기를 "주공(周公)이 참소를 당한 것은 관숙(管叔)과 채숙(蔡叔)의 유언비어 때문이었다. 그런데 시인은 '이는 사국(四國)의 소행이 아니고 주공이 그 큰 아름다움을 사양하고 자처하지 않은 것일 뿐이다.'라고 하였는데, 이는 참소하고 간사한 사람의 입으로 하여금 주공의 충성스러움과 성스러움에 대하여 왈가왈부하지 못하게 한 것이다."라고 하였다. 이 대목을 인용하여 유배 중에 있던 민유중을 먼 옛날 주나라 때 억울하게 참소당하였으나 조금의 동요도 없이 의연히 대처했던 주공에 빗댄 것이다.

주 선생(朱先生)께서 사면령이 의논되고 있다는 말을 듣고는 서산에게 편지를 보내어 "단 자신에게 있는 것은 오직 유배지에 오래 머물 터전으로 삼는 것일 뿐이다."라고 하셨으니[174] 여기서 성현께서 어느 자리에 처하든 그곳을 편하게 여겨 인(仁)을 돈독히 하신 모습의 일단을 볼 수 있습니다. 이 어찌 오늘날 마땅히 알아야 할 것이 아니겠습니까.

저는 질병이 날로 침범하여 정력이 날로 소모되고 있습니다. 그러나 또한 감히 스스로 나태할 수 없어 때때로 예전에 보던 책을 열람하고 있는데 이전과 비교하여 자못 깨닫는 부분이 있습니다. 고명한 그대에게 질문을 올리지 못하는 것이 한입니다.

회주(懷州)[175] 어른의 편지를 받았는데 그곳에서 몹시도 편안하게 거처하고 있었으니, 그분의 평소 수양이 엉성하지 않았다는 사실을 알 수 있습니다. 세도가 쇠잔해지고 인심이 유약해져서 작은 이해관계만 생겨도 문득 자연스레 일곱 번 넘어지고 여덟 번 고꾸라지곤 하니, 극히 한심한 기분이 듭니다. 이 밖에 제가 말하고 싶은 것에 대해서는 모두 마음으로 이해해 주기를 바랍니다.

○ 보내 준 말린 고기 2개는 감사하는 마음 이루 말로 할 수 없습니

174 서산(西山)이……하셨으니 : 서산은 남송의 학자 채원정(蔡元定)의 호로, 주희의 문인이다. 채원정이 권신 한탁주(韓侂胄)에 의해 도주(道州)로 유배를 간 뒤 조정에서 대간(臺諫)과 시종(侍從)으로 하여금 사면령을 의논하게 하자 주희가 편지를 보내어 "이전에는 일찍이 이런 일이 없었으니, 아마 사면을 크게 시행하여 옥에 갇힌 사람을 모두 풀어 주려는 것이 아닐까요? 단 자신에게 있는 것은 오직 유배지에 오래 머물 터전으로 삼는 것일 뿐입니다."라고 한 것을 가리킨다. 《晦菴集 續集 卷3 答蔡季通》

175 회주(懷州) : 장흥(長興)의 별칭으로, 장흥에 유배되어 있던 민정중을 가리킨다. 《宋子大全隨箚 卷7》

다. 이곳의 비린 해산물은 먹기에 쉽지 않을 뿐 아니라 사람의 위장을 상하게 하니, 씀바귀와 독초 보듯이 여깁니다. 파공(坡公 성혼(成渾))이 바다 너머 변방에서 닭과 마늘 먹기를 좋아했던 것은 모두 이유가 있는 것입니다. 달력은 특히 감사합니다. 겨울 초에 관산(冠山)[176]에서 보낸 편지를 어제 받았는데, 철옹(鐵瓮)이 처한 낭패스러운 상황[177]을 언급하였습니다. 저는 단지 그가 살아 돌아간 것이 기쁠 뿐이니, 남을 사랑하는 큰 덕이란 과연 소인의 마음으로 엿볼 수 있는 것이 아님을 알 수 있습니다.

176 관산(冠山) : 민정중이 유배되어 있던 장흥의 별칭이다.《宋子大全隨箚 卷7》

177 철옹(鐵瓮)이……상황 : 철옹은 평안도 영변(寧邊)에 있는 성의 이름으로, 1676년 영변으로 귀양을 갔던 이유태(李惟泰)를 가리킨다. 1674년(현종15) 자의대비(慈懿大妃)의 복제 문제로 일어난 갑인예송에서 서인의 대공설과 남인의 기년설이 대립하다가 결국 남인의 주장이 채택되어 서인인 송시열과 이유태 모두 유배되었는데, 이후 이유태의 자제들은 이유태를 화로부터 모면시키기 위해 송시열의 주장과 이유태 주장의 차이점을 부각하였고, 마침내 남인 오시수(吳始壽)는 숙종에게 이유태는 종래의 의견을 수정하여 송시열과 절교까지 하였다고 하면서 이유태의 방면을 추진하였다. 이에 이유태는 입장이 매우 곤란하게 되어 유배지에 그대로 머물며 오시수의 주장은 사실이 아니며 송시열과의 갈등은 서로 간의 오해 때문이고 자신의 주장이 바뀐 것은 아니라는 내용의 상소를 올리려고 하였으나 김만기(金萬基)의 저지로 이 상소를 올리지 못하였다.《草廬集 年譜 卷4》《宋子大全 附錄 卷7 年譜》

민지숙에게 답함 경신년(1680, 숙종6) 1월

答閔持叔 庚申正月

나날이 새로워지고 또 새로워지는 그대의 덕에 경모하는 마음 한창이던 차 홀연 이렇게 편지를 받게 되니, 기쁘고 후련한 마음 보통의 배나 더합니다. 편지에서 여러 말씀을 해 주니, 이로 말미암아 바다 너머에도 세계가 있음을 깨닫겠습니다.

《대전문목(大全問目)》은 말씀대로 1책을 잘 받았고, 이어서 또 보내드리니 끝내 이를 바로잡아 준다면 얼마나 다행이고 다행이겠습니까.

판교(板橋)의 일[178]은 합계(合啓)가 한창 벌어지던 날에 시작되어 저를 가두어 얽어매려는 술책으로 삼은 것입니다. 지금은 비록 정계(停啓)로 인하여 잠깐 중지되었으나 그중 몇 사람은 현재 더욱 방자하게 날뛴다고 하니, 대체로 그자들의 수단을 살펴보면 아마도 윤휴(尹鑴) 부자가 눈을 깜짝인 데서 나온 듯합니다.

《이락연원록(伊洛淵源錄)》은 얻고 싶은 마음이 간절합니다. 부디 오천(烏川) 편에 보내 주기를 바랍니다. 하고 싶은 말을 일일이 다 적지 못합니다.

○ 《대전문목》에는 퇴계(退溪)의 설과 다른 부분이 많은데, 모르는 사람들이 이를 죄로 여길까 염려됩니다. 부디 남에게 보이지 말기를 바랍니다.

178 판교(板橋)의 일 : 256쪽 주169 참조.

민지숙에게 보냄 경신년(1680, 숙종6) 3월
與閔持叔 庚申三月

서로 소식을 나누지 못한 지 이토록 오래되었으니, 그립고 답답한 마음 피차가 어찌 다르겠습니까. 대간의 계사(啓辭)는 여전히 정지되지 않았습니까? 아니면 혹 이미 윤허하셨습니까? 저는 며칠 전 큰 설사로 거의 죽을 뻔하다가 지금 다행히 조금 나았습니다. 이 아전은 애초에 저와 잠깐의 교분조차 없었음에도 그 정성을 다하는 태도가 오랜 시간이 지날수록 한층 더 깊어지니, 그가 사대부가 아닌 것이 안타깝습니다.

《이락연원록(伊洛淵源錄)》은 이미 오천(烏川)에 보냈습니까?

묘정(廟庭)에 추가로 배향하는 것[179]은 명확히 송조(宋朝)의 전례가 있습니다. 한기(韓琦)는 신종(神宗) 희령(熙寧) 7년에 졸하고 영종(英宗)의 묘정에 추가로 배향되었는데, 이를 두고 전례가 없는 것이라고 하니 무식이 심하다고 이를 만합니다.

나머지 할 말은 심히 바쁜 관계로 끝까지 다 하지 못합니다.

179 묘정(廟庭)에……것 : 선왕의 사당에 대신을 추가로 배향하는 것을 가리킨다. 1680년 2월 14일에 숙종은 역대 선왕의 사당에 모두 배향된 대신이 있음에도 유독 현종의 사당에만 배향된 신하가 없다고 하면서 신하들에게 그 문제를 의논하게 하였는데, 남인 측 인사들의 반대로 쉽게 결론을 내지 못하였다. 《肅宗實錄 6年 2月 14日, 22日, 25日》

민지숙에게 보냄 경신년(1680, 숙종6) 10월

與閔持叔 庚申十月

어제 미처 작별을 고하지 못하였으니, 망연자실한 마음 견딜 수 없습니다.

창관(倉官)이 실어 보내 준 물건은 성상의 귀를 번거롭게 하고 싶지 않아 다만 우사(寓舍) 곁에 놔두게 하였습니다. 이후로는 다만 본조(本曹)가 도로 가져다 쓰는 데 달렸을 뿐입니다.

지문(誌文)의 보답 물품에 대해서는 처음엔 집사께서 관여한 일이라고 여겼는데, 지금 이야기를 들어 보니 그렇지 않았습니다. 어제 태복시(太僕寺)의 아전이 찾아와 제게 첩자(帖子)를 보여 준 것은 누구의 처분에 의한 일입니까? 아전은 좋은 놈이 없다고 말하였는데, 비록 굼뜬 조랑말일지라도 영광을 드날릴 만합니다.

나머지는 국가를 위하여 몸을 보중하기를 축원합니다.

민지숙에게 보냄 경신년(1680, 숙종6) 11월 11일

與閔持叔 庚申十一月十一日

지금 이 천문 현상[180]은 실제로 제가 14, 5세 때 본 적이 있지만 이렇게 큰 형태와 왕성한 기운은 당시에 비할 바가 아닙니다. 그 징조가 앞으로 어떤 결과로 나타날지 모르겠으니, 걱정되고 두렵고 경악스러워 참으로 죽고 싶은 심정입니다. 예전 일로 징험해 보건대 어떻게든 오로지 저 먼 바깥의 사람들에게 이 현상을 해당시키려고만 하는 자가 있는데 그것은 망녕된 행태이니, 이 현상은 꼭 적국과 외환 때문에 나타나는 것만은 아닙니다.[181] 제현께서는 무슨 계획을 가지고 있습니까? 지

180 지금……현상 : 1680년 10월부터 11월 초까지 혜성이 거듭 출현한 것을 가리킨다. 《숙종실록》의 사관은 이 일이 후궁인 소의(昭儀) 장씨(張氏)가 임금의 총애를 받기 시작한 무렵에 발생했다고 하면서 하늘이 훗날에 있을 파란의 조짐을 보여 준 것이라고 해석하였다. 《肅宗實錄 6年 10月 1日·4日·12日·15日, 11月 1日》

181 예전……아닙니다 : "저 먼 바깥의 사람들"은 청(淸)나라 사람을, "이 현상을 해당시키려고만 하는 자"는 허적(許積)을 가리킨다. 《우암선생서절요집해(尤菴先生書節要集解)》 권5 〈민지숙에게 보냄〔與閔持叔〕〉에서는 이 대목에 대해 "김진옥(金振玉) 공이 말하기를 '선생은 일찍이 허적이 재상으로 있을 적에 하늘에 이재(異災)가 나타나기만 하면 늘 오랑캐 핑계를 대면서 반드시 그 일에 해당시키고자 한 것을 한탄하였다.'라고 하였으니, 이 일을 가리킨 것이다."라고 주석을 달았다. 실제로 1680년 10월 12일 송시열은 숙종을 면대한 자리에서 혜성의 출현에 대해 논하며 "송나라 때 소인들이 국정을 담당할 때 하늘의 변고가 있기만 하면 언제나 그 죄를 오랑캐에게 돌렸는데, 이에 주자께서 말씀하기를 '우리 임금을 임금답지 못하다고 여겨 그 죄를 오랑캐에게 돌리는 것이니, 어찌 더러운 말이 아니겠느냐.'라고 하였습니다. 지금 혹여 성상께서 듣기 좋게 하려고 이 죄를 저 청인(淸人)에게 돌리는 자가 있다고 하더라도 성상께서는 믿지 마시

금 이미 성상의 명을 받았으니, 몸을 받들어 물러나는 것은 도리가 아닐 듯하고 또 이미 늦었습니다. 오직 심력을 다 바쳐 나랏일에 이바지함으로써 만에 하나라도 재이(災異)가 사라지기를 바랄 뿐입니다. 지금 그대 중씨(仲氏)가 겪은 사사로운 슬픔에 대해 사우들이 모두 자기 일처럼 여기고 있으니, 이 정도로 선비들이 그를 마음으로 따른다면 일을 이루지 못할 걱정은 없겠습니다. 오직 실속 없이 겉만 화려하거나 이해관계를 따지고 비교하는 일체 행위를 사절한다면 현재 당면한 일들은 거의 해결될 것입니다. 한밤중에 걱정으로 말똥말똥 잠을 이루지 못한 나머지 등불을 가져오라 하고서 이 편지를 쓰니, 삼가 헤아려 주기를 바랍니다.

○ 제게 내려진 녹봉을 사양하고 싶으나 그렇다고 매번 성상의 귀를 번거롭게 하고 싶지도 않습니다. 이미 국문(國門)을 나왔고 보면 받는 것은 명분이 없는 일이기는 하나, 다만 바라건대 귀조(貴曹)에서 잘 처리하여 큰 흔적이 없게끔 해 주시면 좋겠습니다.

기를 바랍니다."라고 하였다.《肅宗實錄 6年 10月 12日》

민지숙에게 답함 경신년(1680, 숙종6) 11월 18일
答閔持叔 庚申十一月十八日

편지를 받고서 손자 아이를 잃었다는 사실을 알았으니 경악을 금치 못하겠습니다. 어째서 어진 가문이 이처럼 지극히도 신명의 도움을 누리지 못하는 것입니까. 실로 지금 같은 시절에 이와 같은 일이 어찌 한집안만의 사적 불행으로만 그치는 것이겠습니까. 힘껏 이치로 슬픔을 달래 가면서 맡은 일에 집중하기를 천만번 바라고 또 바랄 뿐입니다.

별지에서 하신 말씀은 삼가 다 살펴보았습니다. 어제 동부승지의 편지를 받았는데, 거기에서 "만약 올라오지 않으면 기회를 무너뜨릴까 염려된다."라고 하기에 두려운 마음을 견디지 못한 나머지 서둘러 행장을 꾸렸으니 20일이나 21일에는 도성에 들어갈 것으로 생각합니다. 그러나 만약 준론(峻論)이 끝내 나온다면[182] 응당 말고삐를 돌려 남쪽으로 돌아갈 것이니, 그자를 쫓아내는 것은 곧 저를 쫓아내는 것입니다. 무엇보다 중숙(重叔)은 반쯤은 양자(楊子) 같은 사람인데도 이

182 만약……나온다면 : 병조 판서 정재숭(鄭載嵩)에 대한 대간(臺諫)의 탄핵을 두고 하는 말이다. 이에 앞선 1678년 조정에서는 송시열과 복제(服制)에 관해 주고받은 문답을 근거로 기해예송 때 기년복을 주장한 정태화(鄭太和)를 현종(顯宗)의 묘정에 배향할 수 없다는 주장이 일었다. 이에 같은 해 윤3월 정태화의 아들이자 당시 우의정이었던 정재숭은 부친의 설과 송시열의 설은 근본적으로 다르며 송시열과 주고받았다던 문답 역시 송시열이 꾸며낸 것이라고 주장하였다. 이후 경신환국으로 조정에 복귀한 송시열이 1680년 11월 4일에 정재숭의 상소 때문에 마음이 편치 못하다는 내용의 상소를 올리자, 대간에서는 정재숭의 파직을 청하는 계사(啓辭)를 올리려고 하였다. 《宋子大全 附錄 卷8 年譜》《肅宗實錄 6年 11月 4日, 19日》

일을 극히 우려하여 그동안 감춰 뒀던 손을 꺼내 제게 편지를 보내어 몹시도 간곡하게 저의 어리석음을 일깨워 주었으니,[183] 비록 비루하고 어리석은 저이지만 이 일이 관계되는 바가 작지 않다는 사실은 너무도 잘 압니다.

183 중숙(重叔)은……주었으니 : 중숙은 김만중(金萬重, 1637~1692)의 자이다. 양자는 전국 시대의 사상가로 털 하나를 뽑아서 천하를 이롭게 할 수 있더라도 하지 않았을 정도로 극단적인 개인주의를 추구한 인물이다. 김만중은 양자처럼 남의 일에 거의 관여하지 않는 성격임에도 정재숭과 관련한 일만큼은 적극적으로 나서서 자신에게 조언하였다는 말이다. 《孟子 盡心上》《宋子大全隨箚 卷7》

민지숙에게 보냄 경신년(1680, 숙종6) 12월 11일

與閔持叔 庚申十二月十一日

낮에 그대에게 꽤 자세한 답장을 써서 보냈는데, 제게 음식을 실어 보냈다는 소식을 방금 들었습니다. 분명하고 명백하게 말하지 못하여 마부와 말을 공연히 수고스럽게 만든 것이 부끄럽습니다. 만약 그것을 도로 관고(官庫)에 보냄으로써 가서 들어갈 때까지 기다리게 해 준다면 심히 편할 것이니, 이는 차자를 올려 사직을 청하고자 하기 때문입니다. 만약 그 양이 많지 않았다면 애당초 손자 아이에게 수령하게끔 할 작정이었는데 지금 단자(單子)가 이토록 많은 것을 보았으니 어찌 편한 마음으로 사양하지 않을 수 있겠습니까. 부디 이러한 사정을 헤아려 주어 저의 이 편협한 뜻을 펴게 해 주기를 천만 바라고 또 바랍니다.

민지숙에게 답함 경신년(1680, 숙종6) 12월

答閔持叔 庚申十二月

답장은 매우 감사합니다. 조그마한 집에서 껍질만 겨우 벗긴 현미로 밥을 해 먹는 것이 곧 본분인데 몹시도 살뜰히 염려하여 주니, 도리어 부끄러움만 더합니다.

문서는 열람하고 보내 드립니다. 별지는 이전부터 집사께 올리고자 했던 것이기에 지금 보내 드립니다. 이만 줄입니다.

별지

백사(白沙 이항복(李恒福))는 인사를 담당했을 때 한결같이 공론을 따랐고 혐의를 극히 피하였습니다. 그와 일가 되는 어떤 사람이 남쪽을 유람하다가 어떤 곳에 이르렀는데 그 마을에서 떠들썩하게 "이 마을의 아무개가 지금 열리는 도목 정사(都目政事)에 응당 모관(某官)을 맡게 될 것이다."라고 하자 그 사람은 마음속으로 비웃었습니다. 그런데 서울 근처로 돌아와 정목(政目)을 얻어 보니 정말 그 말대로였고, 이에 그 사람이 크게 놀라서 곧장 백사에게 가서 그 이유를 따져 물었더니 그가 관직을 얻은 것은 바로 한음(漢陰 이덕형(李德馨))이 부탁한 것이었습니다. 그 마을 사람들은 계를 만들고 재물을 모아 도목 정사를 할 시기가 되면 그 재물을 싣고 상경하여 뇌물을 써서 벼슬을 구하곤 하였는데 뜻대로 되지 않은 적이 없었습니다. 결국 그날 일은 바로 한음의 혼자된 누이 집에 뇌물을 보냈던 것으로, 한음은 그 누이에게 속은 것이고 백사는 한음을 믿어서 그런 결과가 초래된 것입니다. 백사의 마음은 공정하였으나 실제 일은 사적으로 기울고 말았으니, 이는 인사를 맡은 사람으로서 알아 두지 않으면 안 되는 일입니다.

○ 청음(淸陰) 문정공(文正公 김상헌(金尙憲))은 소설(小說)을 지어 "사람을 쓰는 것은 반드시 친구로부터 시작한다."라고 하였습니다.

○ 주자께서는 "사람을 쓰는 것은 반드시 사적이면서도 공적이라야 한다."라고 하였습니다.

민지숙에게 답함 경신년(1680, 숙종6) 12월

答閔持叔 庚申十二月

편지를 받고 끝없는 위안이 되었습니다. 씩씩한 무사[184]가 손수 여러 일을 해내고 있으나 몹시 지치고 고달플 것이 염려됩니다.

저는 여중요순(女中堯舜)을 만나 낭패가 이에 이르렀으니,[185] 오직 저의 미혹함을 지적해 주기를 바랍니다.

보내 준 생선 한 마리는 참으로 감사합니다. 이만 줄입니다.

184 씩씩한 무사 : 당시 병조 판서를 맡고 있던 민유중을 가리키는 것으로 보인다. 《肅宗實錄 6年 12月 13日》

185 저는……이르렀으니 : 1680년 12월 22일 도성을 떠나 고향으로 돌아가려던 송시열이 현종의 비 명성왕후(明聖王后)로부터 귀향을 간곡히 만류하는 내용의 한글 손편지를 받은 것을 두고 한 말이다. '여중요순'은 여자 중의 요순(堯舜)이란 말로, 본래 북송(北宋) 때 어린 철종(哲宗) 대신 섭정을 하면서 왕안석(王安石)의 신당(新黨)을 몰아내고 사마광(司馬光)을 등용하여 원우(元祐)의 성세(盛世)를 이뤘던 영종(英宗)의 후비(后妃) 선인태후(宣仁太后)를 지칭하는 말이다. 《宋史 后妃列傳上 英宗宣仁聖烈高皇后》《宋子大全 附錄 卷8 年譜》

민지숙에게 보냄 신유년(1681, 숙종7) 1월 그믐
與閔持叔 辛酉正月晦日

이 몸이 맞닥뜨린 상황[186]이 슬프고 괴롭기 그지없습니다. 무엇보다 남아 있는 저 어린아이를 생각하면 안타까워서 차마 말로 할 수 없습니다.

일전에 산릉(山陵)을 위해 쌀을 거두라는 명령이 내렸다가 도로 중지된 폐단과 관련하여 이미 노봉(老峯)께 아뢴 적이 있는데, 면포를 거두어서 변통하라는 명령이 이미 호조(戶曹)에서 내려졌는지요? 만약 조금 지체된다면 외방에서는 반드시 이전대로 징수하여 절단해 환급하는 폐단이 생길 것입니다. 근일에 연이어 향리의 편지를 받았는데 이 문제를 거론하지 않은 적이 없으므로 감히 지위를 벗어난 이야기를 하는 것입니다. 대체로 오늘날 백성을 구제할 방책은 응당 사마공(司馬公)이 물불에서 사람들을 구제한 것[187]과 같아야 거의 될 것입니다.

나머지 할 말은 마음이 슬프고 어수선하여 끝까지 다 적지 못합니다.

186 이……상황 : 1681년 1월 28일에 장손부(長孫婦) 박씨(朴氏)의 부음을 들은 것을 가리킨다. 《宋子大全 附錄 卷8 年譜》

187 사마공(司馬公)이……것 : 사마공은 북송의 학자 사마광(司馬光)을 가리킨다. 북송 때 신종(神宗)이 죽고 철종(哲宗)이 어린 나이로 즉위하여 선인태후(宣仁太后)가 수렴청정을 맡을 때 사마광이 재상이 되어 신종 때에 실시한 왕안석(王安石)의 신법(新法)을 폐지하고 옛 법을 다시 회복하려 하였는데, 주위에서 반대하자 사마광은 "선제(先帝)의 법 중에 좋은 것은 백세 뒤에라도 고치면 안 되겠지만, 왕안석이나 여혜경(呂惠卿)이 만들어 천하에 해를 끼치는 것과 같은 것은 물불에서 사람들을 구해 내는 것처럼 고쳐야 한다."라는 말로 자신의 의지를 끝까지 관철하였다. 《宋史 司馬光列傳》

민지숙에게 보냄 신유년(1681, 숙종7)

與閔持叔 辛酉

그대 중씨(仲氏 민정중(閔鼎重)) 어른께서 수레가 전복되는 사고를 당하셨는데, 신명의 도움이 있으리라 생각합니다.

저는 죽은 자를 곡하는 가운데 남은 어린아이를 염려하다 병이 돌연 심해졌습니다. 이에 내심 나라에 아무런 보탬이 되지 못한 채 부질없이 도성에서 죽음을 맞이할 것이라는 생각이 들어 바쁜 틈을 타 차자(箚子)를 작성하였는데, 그러는 한편 중씨 어른께 보내어 여쭈고서 회답을 받았고 또 다른 사우의 이야기도 들었습니다. 그러나 화살이 시위에 메겨졌기에 끝내 멈출 수가 없었으니, 이는 조급한 마음의 소치입니다. 이윽고 한밤중에 차분히 생각해 보니 마음이 실로 불안하여 급히 일어나 등불을 가져오게 하고는 저의 죄를 반성하는 차자를 써서 올렸는데,[188] 비록 자기 허물을 꾸며 대고 잘못을 끝까지 관철하려는 태도보다는 나은 행동이었지만 과격하게 들이받아 잘못을 초래하는 습관은 오히려 30대에나 어울리는 일입니다. 춘형(春兄)이 평소 이와 관련하여 저를 경계하였으나 타고난 성품이 한번 고착되어 끝끝내 변화시킬 수

188 저의……올렸는데 : 1681년 1월 헌납(獻納) 박태손(朴泰遜)이 어진익(魚震翼)의 공청도 관찰사(公淸道觀察使) 임명이 부당하다는 상소를 올려 결국 이사명(李師命)이 그 직임을 대신 맡게 되자, 송시열이 어진익을 변호하면서 사람을 너무 까다롭게 논하는 것은 문제가 있다는 취지의 차자를 올렸다. 이 때문에 박태손이 인혐(引嫌)하여 사직하였고, 그로 인해 송시열 역시 자신의 죄를 반성하는 차자를 올렸다.《肅宗實錄 7年 1月 29日, 2月 13日》《宋子大全 卷16 因朴泰遜辭職引咎箚, 附錄 卷8 年譜》

없었으니, 참으로 이른바 하우(下愚)[189]에 해당한다고 하겠습니다. 어찌하겠습니까. 그런데도 지난 잘못을 경계하여 삼가지 못하고 이어 또다시 제 생각을 아뢰었으니, 조석도 보장하기 어렵다는 사실을 잘 알고 있으나 또 이와 같이 조급하게 서두르지 않을 수 없습니다. 아마 제현은 이런 저를 딱하게 여길 것으로 생각합니다. 차자의 원본은 말씀대로 보내 드리니, 호조에 전하여 보여 주어도 무방합니다. 잘 헤아려 처리해 주기를 바랍니다.

189 하우(下愚) : 변화시킬 수 없는 지극히 어리석은 사람을 가리킨다. 공자가 "오직 지극히 지혜로운 자와 지극히 어리석은 자는 변화시킬 수 없다.〔唯上知與下愚不移〕"라고 하였다. 《論語 陽貨》

민지숙에게 답함 신유년(1681, 숙종7) 2월 6일
答閔持叔 辛酉二月六日

어제 말 위에서 편지를 받았는데, 저의 과오를 용서해 주었을 뿐 아니라 외람되게도 저를 총애하고 칭찬하는 뜻이 있었으니, 우러러 그대의 큰 덕을 느끼는 마음을 형언할 수 없습니다.

저의 차자에 과연 그대를 칭찬하는 말이 있었으나[190] 아첨하는 말은 아닐까 하고 혐의쩍게 생각하지 않는 이유는 그것이 있는 사실이기 때문입니다. 그러나 사사롭게 서로 칭찬하는 것은 기묘 제현(己卯諸賢)의 죄목이었으니,[191] 이후의 일이 두렵군요. 참 우습습니다. 병든 이의 마음이 무료하여 이러한 농담을 하였으니, 무례가 심합니다. 모름지기 이해해 주기를 바랍니다. 이만 줄입니다.

190 저의……있었으나 : 송시열이 1681년 2월 4일에 올린 차자에서 공물 제도의 개혁을 논하는 가운데 "공물에 대한 한 가지 일은 민유중이 지난번 호조 판서로 있을 때 대략 변경한 바가 있었는데……경비 문제는 큰 도움을 얻게 되어 백성에게 세금을 거두지 않아도 산릉(山陵)의 큰 역사(役事)에 드는 비용을 마련할 수 있었으니, 만약 민유중의 정성스러운 마음과 충성스러운 생각이 아니었다면 누가 이렇게 할 수 있었겠습니까." 라고 한 것을 가리킨다. 《宋子大全 卷16 請變通貢物兵制箚》

191 사사롭게……죄목이었으니 : 기묘 제현은 1519년(중종14)에 있었던 기묘사화 때 화를 입은 사림들로, 기묘사화 이후 1521년 10월 23일 남곤(南袞)이 작성하여 홍문관의 관원에게 대신 올리게 한 소장에 "그들의 권세가 이미 형성되어 안당(安瑭)이 정승이 되자 소인배들이 뜻을 얻어 서로 칭찬하면서 조광조(趙光祖), 김정(金淨)……이청(李淸)이 요직에 임명되었다."라고 한 것을 가리킨다. 《中宗實錄 16年 10月 23日》《大東野乘 己卯錄續集 構禍事蹟》

민지숙에게 답함 신유년(1681, 숙종7) 2월 10일
答閔持叔 辛酉二月十日

답장을 받아 보니 몹시도 애가 탑니다. 이 역시 시사가 불행한 데서 말미암은 일이니, 이로써 돌아갈 뜻을 더욱 굳히게 되었습니다.

짧은 편지가 향리에서 왔는데 지난번 호조에 고했던 것입니다. 공자께서는 《주역》을 논하면서 "기쁨으로써 백성들을 부리면 백성들이 그 죽음조차 잊어버리게 된다."라고 하셨고,[192] 맹자께서는 형벌을 줄이고 세금을 적게 거두는 것을 왕도의 근본으로 여기셨으니, 오늘날 이보다 큰 급선무가 어디에 있겠습니까. 그런데도 공문이 때에 맞춰 이첩되지 못하여 이토록 백성에게 해를 끼쳤으니, 너무도 한탄스럽고 한탄스럽습니다. 새벽에 등불을 밝혀 적느라 이만 줄입니다.

> 거두는 쌀의 양을 줄이고 면포의 품질을 낮춘다는 설이 원근에 전파되자 사람들이 모두 기뻐하여 춤을 추면서 그 기쁨을 억제하지 못해 눈물을 흘리는 사람까지 있었는데도 관문(關文)이 여전히 잠잠하여 사람들이 모두 되레 의심하면서 신뢰하지 않았습니다. 그 소식을

192 공자께서는……하셨고 : 《주역》 〈태괘(兌卦) 단(彖)〉에 "기쁨으로써 백성들에게 먼저 행하면 백성들이 그 수고로움을 잊고, 기쁨으로써 어려운 일을 무릅쓰게 하면 백성들이 그 죽음조차도 잊어버린다."라고 한 것을 가리키는 듯한데, 문장이 조금 다르다. 《시경》 〈빈풍(豳風) 동산(東山)〉의 〈모서(毛序)〉에 "기쁨으로 백성들을 부려서 백성들이 그 죽음조차 잊게 된 것은 그 오직 〈동산〉일 것이다."라고 하였는데, 이와 혼동한 듯하다.

들은 수령 중에는 아직 진영이 형성되지 못했을 때를 틈타 공격한 사람까지 있었으니, 참으로 통탄스러운 일입니다. 만약 이를 통렬히 금지하고 억제하지 않는다면 성상의 은혜가 끝내 아래에 미치지 못하여 백성에게 신뢰를 크게 잃을 것이니, 그러면 어떡하겠습니까.-이상은 향리에서 온 짧은 편지입니다.-

아직 진영이 형성되지 못했을 때를 틈탔다고 한 것은 아마도 공자(公子) 목이(目夷)의 말[193]을 차용한 듯하니, 이는 수령이 아직 명령이 내려지지 못했을 때를 틈타 백성에게서 취한다는 뜻입니다.

193 공자(公子) 목이(目夷)의 말 : 공자 목이는 춘추 시대 송나라 양공(襄公)의 아우로, 송나라 양공이 제후의 패자가 될 욕심으로 초나라와 전쟁을 하자 목이가 초나라 군대가 아직 진을 형성하지 못했을 때 치자고 청한 것을 가리킨다. 《史略 卷1 春秋戰國 宋》

민지숙에게 답함 신유년(1681, 숙종7) 2월 23일

答閔持叔 辛酉二月二十三日

대궐 문이 점차 멀어짐에 따라 그리움의 눈물을 억누르기 어려웠는데, 그러한 때 홀연 집사께서 특별히 보낸 편지를 받고 살뜰하고 간절한 말씀에 더욱 슬픔을 견딜 수 없었습니다.

당초에 도성에 왔을 때 오래 머물고자 한 것이 아니었음에도 오래 머문 이유는 오로지 국상(國喪)[194] 때문이었습니다. 이제 국상의 장례 절차까지 끝났으니, 처음의 결심을 저버리기 어렵습니다. 늙어서 치사(致仕)하는 것은 예경(禮經)의 큰 법도이니,[195] 신하로서 이 법도 하나를 위배한다면 그 나머지야 족히 볼 것도 없습니다. 지금 이 몸은 이미 5년이나 그 나이를 지났으니 다시 머무르고자 한들 될 일이겠습니까. 다만 성상께서 총명하여 무슨 말이든 다 받아들이시고 현자들이 조정에 가득하여 밤낮 게을리하지 않고 일하고 있는데 도리어 이 밝은 세상에 스스로 포기함을 달갑게 여기니, 이는 슬퍼하지 않을 수 없는 부분입니다. 만약 성상께서 예법에 따라 사람을 물리쳐 차분히 정리하고 여유를 두면서 즐겁게 돌아가게 해 주신다면 저의 바람이 충족되어 더 이상의 여한이 없을 것이니, 이 또한 어찌 맑은 조정의 아름다운

194 국상(國喪) : 숙종의 비인 인경왕후(仁敬王后)의 상을 가리킨다. 《宋子大全 附錄 卷8 年譜》

195 늙어서……법도이니 : 《예기》 〈곡례 상(曲禮上)〉에 “대부는 나이가 일흔 살이 되면 벼슬을 내놓는다.”라고 하였다.

일이 아니겠습니까. 이 일을 이루기 위한 힘은 정히 노봉(老峯) 어른께 기대하지 않을 수 없습니다.

나머지 할 말은 저물녘이라 눈이 흐려 끝까지 다 쓰지 못합니다.

민지숙에게 보냄 신유년(1681, 숙종7)

與閔持叔 辛酉

고인이 된 손자며느리는 향년 38세로 아들을 두었습니다. 장차 3월 8일에 선영이 있는 수원(水原) 만의(萬義) 간좌(艮坐) 곤향(坤向)의 언덕에 부장하려 합니다. 손자며느리는 용모와 의표가 단정하고 깨끗하였고, 성품과 행실은 선량하고 공정하고 온화하고 부드럽고 소탈하였으며, 식견과 사려는 맑고 원대하였습니다. 제가 일전에 바닷가에서 오랫동안 유배 생활을 할 때 늘 눈물을 흘리며 저를 그리워하였는데, 일찍이 필마를 타고 제가 있는 귀양지까지 갖은 고생을 겪으며 찾아와 만나 보고 돌아간 일도 있습니다. 지난가을에는 병이 심함에도 오히려 사사건건 뜻을 받들면서 그 병이 더 위중해지는 줄도 몰랐고, 제가 소명을 받들고 한양으로 왔을 때도 오히려 병을 무릅쓰고 편지를 보내어 안부 묻는 일을 폐하지 않았습니다. 이에 저 역시 마음을 다하여 약을 보내었으나 끝내 일어나지 못하였으니, 슬프고 또 슬픕니다. 그는 평소 또 글을 잘 알아서 언제나 문자를 귀하게 여겼습니다.

집사의 한 말씀을 얻어서 그 정령을 위로하기를 바라기에 감히 이상과 같은 말로 집사의 귀를 번거롭게 하는 바입니다.

민지숙에게 보냄 신유년(1681, 숙종7)
與閔持叔 辛酉

대혼(大婚)[196]은 당초에 저 같은 우매한 사람조차도 이렇게 될 줄 알았습니다. 국가의 한없는 경사를 백번 절하며 축원합니다. 다만 말세의 풍속이 순박하지 못하여 옛 관례에 잘 얽매이니 사류(士類)가 이로부터 종주(宗主) 한 사람을 잃는 것은 작은 일이 아닙니다.[197] 어떡하면 좋단 말입니까.

196 대혼(大婚) : 숙종과 민유중 딸의 혼례를 가리킨다. 《肅宗實錄 7年 3月 26日 5月 2日・14日》

197 말세의……아닙니다 : 민유중의 딸이 숙종의 계비로 간택되자 대신들이 국구(國舅)가 조정의 정사에 참여하지 않는 것은 오랜 관례라고 하면서 민유중이 병조 판서에서 물러나야 한다고 주장한 것을 두고 한 말이다. 《肅宗實錄 7年 3月 26日》

민지숙에게 답함 신유년(1681, 숙종7) 2월 28일

答閔持叔 辛酉二月二十八日

연이어 편지를 보내어 간절하고 자세하게 가르침을 주니, 비록 심히 우매한 사람이라 해도 어찌 감사함을 모르겠습니까. 다만 늙은 나이를 이유로 물러나기를 청한 것은 그저 형식적으로 하는 말이 아니라 실로 진심으로 전철을 밟지 않겠다는 경계의 마음에서 비롯된 것입니다. 만약 모인(某人)[198]이 계속 오지 않고 즉시 떠났다면 그 허다한 일이 어찌 있었겠습니까. 이 몸이 나이를 무릅쓰고 온 행위가 이미 그와 마찬가지이니, 만약 다시 떠나지 않는다면 반드시 주투(朱牏)[199]에 이르고야 말 것입니다. 지난날 제 아들에게 즉시 벼슬을 버리도록 하지 않은 것이 이미 되돌릴 수 없이 후회되는데, 이로 말미암아 커다란 낭패에 옮겨 들어간다면 반드시 벗들에게 누를 끼치게 될 것이니 이 어찌 집사께서 듣고 싶은 말이겠습니까. 저의 고집스럽고 어리석음이 이와 같기에 녹봉을 받는 것도 심적으로 편치 못하여 그저 죽음을 면할 정도로만 받고 나머지는 시골집에 쌓아 두었는데, 해당 관청에서 어떻게 처리할지 모르겠습니다. 지난 1월에 예경(禮經)의 가르침에 어긋날

198 모인(某人) : 《송자대전수차》 권7에서는 "허목(許穆)을 가리키는 듯하다. 허목은 현종(顯宗) 임인년(1662, 현종3)에 파직되어 연천(漣川)으로 돌아갔다가 숙종 을묘년(1675)에 소명에 나아와 1년 만에 우의정에 올랐는데, 그때 그의 나이는 81세였다. 그 후 경신년(1680)에 죄를 지고 쫓겨났다."라고 하였다.

199 주투(朱牏) : 《송자대전수차》 권7에서는 "투(牏)는 똥을 담는 도구인데, 주투는 미상이다."라고 하였다.

까 두려워 마치 백척간두에 오른 심정이었는데, 향리의 사우들이 보낸 편지에서 오히려 모인으로 경계하였으니, 집사께서는 어떻게 이런 일을 아시는지요? 저를 깊이 아껴 주는 마음에 감사하여 이렇게까지 마음속 생각을 다 털어놓았으니, 부디 다른 사람에게는 말하지 말고 다만 팔이 부러진 어른[200]에게 은밀히 보내 주기를 바랍니다.

○ 모인[201]이 은자(銀子)를 담은 궤짝을 가로질러 실은 채로 집으로 돌아가 촌민에게 지키도록 했던 것은 늙어서 얻음을 경계하지 않았기 때문[202]에 일어난 일이 어찌 아니겠습니까. 어질지 못한 자를 보고도 스스로 반성하지 않는 것[203]은 성인의 말씀을 모독하는 것 중에 특히 심한 것이므로 감히 그냥 넘겨 지나칠 수 없습니다. 이 말은 심히 비루하나 절실한 것입니다.

○ 안성(安城)의 수령은 젊은 시절에 제게 배웠던 사람입니다. 자칭 문인이라 하며 자주 문안 오는데, 옛정 때문에 물리치지 못하나 마음이 편치 못합니다. 장차 어떻게 대처해야 할지요? 가르침을 주십시오.

200 팔이 부러진 어른 : 민정중(閔鼎重)을 가리킨다. 앞서 민정중이 거마가 전복되는 사고를 당하였다. 《宋子大全隨箚 卷7》

201 모인 : 윤휴(尹鑴)를 가리킨다. 당시 윤휴는 뇌물로 은자를 많이 받아서 은자를 담은 항아리란 뜻의 '은항(銀缸)', 은자를 담은 궤짝이란 뜻의 '은궤(銀樻)'라는 말도 불리기까지 하였다고 한다. 《宋子大全隨箚 卷9》

202 늙어서……때문 : 《논어》 〈계씨(季氏)〉에 "군자에게 세 가지 경계함이 있으니, 젊을 때는 혈기가 정해지지 않았으므로 경계함이 여색에 있고, 장성해서는 혈기가 한창 강하므로 경계함이 싸움에 있고, 늙어서는 혈기가 쇠하므로 경계함이 얻음에 있다."라고 하였다.

203 어질지……것 : 《논어》 〈이인(里仁)〉에 "어진 자를 보거든 그와 똑같이 되기를 생각하고, 어질지 못한 자를 보거든 스스로 반성해야 한다."라고 하였다.

민지숙에게 답함 신유년(1681, 숙종7) 3월 25일
答閔持叔 辛酉三月二十五日

덕이 높은 그대의 가문은 비루한 저의 가문과 비교할 수 없거늘 어찌하여 이토록 심하게 흉한 재앙이 연거푸 내리는 것인지요. 편지를 받고 놀람과 슬픔을 그칠 수 없었고 또 유능(幼能 이단상(李端相))의 부인이 불쌍하고 안타까웠습니다. 윤녀(尹女)가 바야흐로 생사를 헤매고 있다고 언급하였는데, 이와 같은 인생이라면 사는 것이 죽느니만 못하겠지만 부자(父子)의 지극한 정을 생각해 보면 또 그렇지 않은 점이 있습니다.

집사의 복제(服制)는 대공복(大功服)이 합당하니, 하정(下正)도 오히려 서(庶)가 된다는 것[204]은 실로 예경(禮經)의 큰 조목입니다. 저의 아들이 지금 장손 며느리에 대해 역시 중손(衆孫)[205] 며느리한테 입는 복을 입은 것도 같은 법도를 따른 것입니다.

장례가 끝난 뒤에 그 땅의 깊은 계곡과 숲이 사랑스러웠고 또 그곳은 예전에 살던 곳이었기에 계속해서 빈청(殯廳)을 지어 오래도록 머물

204 하정(下正)도……것 : '하정'은 아버지에게만 적자(嫡子)이고 할아버지에게는 적손(嫡孫)이 아닌 사람을 일컫는 말이다. 《의례경전통해(儀禮經傳通解)》 권5 〈가례(家禮) 오종(五宗)〉에서 주희(朱熹)가 《예기》 〈상복소기(喪服小記)〉의 "서(庶)가 할아버지를 제사 지내지 못함은 그 종통이 따로 있음을 밝힘이다."라는 구절을 설명하면서 "무릇 정체(正體)가 윗대에 있는 것을 '하정'이라고 이르는데, 이 경우도 오히려 서(庶)가 된다.……'정체'란 할아버지의 적통이란 말이고 '하정'이란 아버지의 적통이라는 말인데, 비록 아버지에 대해서는 적통인 정(正)이지만 할아버지에 대해서는 오히려 서가 되므로 아버지의 적자인데도 서라고 부른다."라고 한 것을 가리킨다.

205 중손(衆孫) : 맏손자 외의 나머지 여러 손자를 가리킨다.

계획을 하였으니, 이로부터 조용히 앉아 책을 보면서 삶을 마친다면 거의 구천에서 부형과 사우들을 볼 수 있을 것입니다.

민지숙에게 답함
答閔持叔

부인상을 당하여 그 표석(表石)의 겉면에 쓰는 글은, 삼가 주자(朱子)께서 말씀한 뜻을 엿보자면 관직이 있는 자의 경우 성명 아래에 쓰는 '모봉(某封)'은 곧 관직이 없는 경우에 쓰는 '처(妻)' 자에 대해 바꿔 부르는 칭호입니다. 세속의 견해로 보면 '모인(某人) 처 모봉 모씨(某氏)'라고 쓰는 것이 옳은 듯하나 주자의 뜻으로 보면 이는 칭호가 중첩된 것이니, 이에 대해 어떻게 생각합니까?

일찍이 성동주(成東洲)[206]가 직접 그 부인의 묘표를 쓴 것을 본 적이 있는데, 거기에서 "슬프도다. 유명조선 창녕 성제원의 처 은진 송씨의 묘〔嗚呼! 有明朝鮮昌寧成悌元妻恩津宋氏之墓〕"라고 하였습니다. 동주(東洲)는 관직이 있는 사람이었는데도 이렇게 썼으니, 알 수 없는 일입니다.-송씨가 제 고조부의 따님이었으므로 자세히 아는 것입니다.-

206 성동주(成東洲) : 성제원(成悌元, 1506~1559)으로, 동주는 그의 호이다.

민지숙에게 답함
答閔持叔

현훈(玄纁)은 천지의 정색(正色)을 쓰는데 세속에서는 혹 간색(間色)을 쓰기도 하니, 이에 대해 상고한 바가 있습니까?

재우제(再虞祭)는 길에서 유일(柔日)을 만나면 마땅히 객사에서 행해야 하고 집에 도착한 뒤에는 강일(剛日)을 만나는 대로 삼우제(三虞祭)를 지내면 되니, 집에 도착한 날에 지내는 것으로 단정해서는 안 됩니다. 세속에서는 혼령이 집으로 돌아오는 날에 전혀 아무런 일이 없는 것을 혐의쩍게 생각하지만, 신주(神主)에 글자를 쓴 뒤에 고유(告由)하는 축문에서 이미 이러한 뜻을 고하였으니, 아무런 일이 없다고 말해서는 안 됩니다.

민지숙에게 답함 신유년(1681, 숙종7) 6월
答閔持叔 辛酉六月

대례(大禮)가 끝난 뒤에 함부로 만날 수 없는 위치에 있음을 느꼈기에[207] 감히 편지로 안부를 묻지 못하였는데 지금 먼저 제게 편지를 보내주니, 감사하고 송구함을 말로 할 수 없습니다.

저는 성상의 은혜를 저버려 밤낮 두려워하고 있으니, 죽기 전에 이 마음이 어찌 다할 수 있겠습니까.

삼가 짧은 별지를 동봉하니, 만약 이에 대해 고하지 않으면 스스로 도외시하는 것 같아서 그랬습니다. 부디 양찰해 주기를 바랍니다.

별지

면포(綿布)를 징수하는 일에 옛 제도를 회복하자는 것은 당시에 경솔히 한 망발이었는데[208] 결국 허사로 돌아가고 말았습니다. 이는 그래도 괜찮으나 심히 스스로 부끄럽고 두렵게 생각하는 점은, 남에게 해를 가하고 백성에게 환심을 사는 짓은 소장부(小丈夫)의 일이라고 평소

207 대례(大禮)가……느꼈기에 : 대례는 1681년 5월 2일에 거행된 인현왕후(仁顯王后) 민씨(閔氏)의 책비례(冊妃禮)로, 민유중이 이때부터 국구가 되었으므로 함부로 만날 수 없는 관계가 되었다는 말이다. 《肅宗實錄 7年 5月 2日》

208 면포(綿布)를……망발이었는데 : 1681년 1월 송시열이 대동법의 폐단을 논하는 차자를 올리면서, 면포를 징수할 때 가늘기와 길이의 기준이 해마다 높아져서 백성이 고통받고 있으므로 당초 김육(金堉)이 정한 기준을 회복하자고 청한 것을 가리킨다. 《宋子大全 卷16 請收布升尺一依當初事目箚》

생각해 왔는데 지금 그 지경을 면치 못하게 된 것입니다. 집사께서 이 사실을 듣는다면 어찌 비루하게 여겨 침을 뱉고 싶지 않겠습니까. 그러나 백성들의 삶이 또한 가련합니다. 어제 저에게 영남의 선비가 제법 많이 찾아왔는데, 그중 한 사람이 좌중에 앉아 탄식하기를 "부역(賦役)이 심히 괴로우니, 차라리 가뭄에 굶어 죽는 것이 낫겠다."라고 하였으니, 이 어찌 비통한 말이 아니겠습니까.-한 대갓집 자제가 그을 수령으로 있으면서 거두어들인 면포를 서너 번까지 물리치는 통에 백성들이 감당해 내지 못한다고 하니, 이 한 가지 사례를 가지고 유추해 보면 그 나머지가 어떠할지 알 수 있습니다.-

저와 친한 사람이 제게 "서울로 편지를 보내지 말고, 보내더라도 시사는 언급하지 말라."라고 경계하였는데, 이는 실로 옳은 말이지만 집사께는 차마 그 경계를 깨뜨리지 않을 수 없었습니다. 이후로는 또한 감히 이처럼 하지 못합니다.

민지숙에게 답함 신유년(1681, 숙종7) 8월

答閔持叔 辛酉八月

태의(太醫)의 행차를 통해 삼가 집사의 위문편지를 받았습니다. 이는 바로 임금님 곁에 있는 분이 쓴 귀중한 편지인데 어찌하여 이런 궁벽한 골짜기까지 당도한 것인지요.

제가 앓고 있는 병은 딴 게 아니라 그저 음식을 입에 가까이하지 못하여 날로 야위어 가는 것이니, 죽음은 조만간에 벌어질 일입니다. 처지와 형세가 막혀서[209] 이번 생에는 다시는 만나 볼 수 없으니, 저를 슬프게 만듭니다. 이제부터 또 이전의 호로 부르는 것은 몹시 편치 못하지만[210] 삼가 보건대 《주역》의 〈상전(象傳)〉에 극히 좋은 부분이 있으니[211] 집사께서 항상 그 좋은 부분을 점친다면 시사는 몹시 다행스럽게 될 것입니다. 나머지는 감히 다 말씀드리지 못합니다.

209 처지와 형세가 막혀서 : 민유중이 숙종의 장인으로 국구(國舅)가 되었으므로 함부로 만날 수 없는 관계가 되었다는 말이다.

210 이제부터……못하지만 : 《송자대전수차》 권7에서는 "민공(閔公)이 일찍이 둔촌(屯村)을 호로 삼았는데, 둔(屯)은 험난하다는 뜻이다. 이제 국구가 되었으므로 험난하다는 뜻의 옛 호로 다시는 부를 수 없다고 말한 것이다."라고 하였다.

211 주역의……있으니 : 《송자대전수차》 권7에서는 "미상이다. 살펴보건대 〈둔괘(屯卦) 상전〉에 '구름과 우레가 있는 것이 둔(屯)이니 군자는 이를 보고서 천하를 경륜한다.'라고 하였는데, 이는 둔괘의 좋은 부분이니 아마도 이를 가리켜 말한 것인 듯하다."라고 하였다.

민지숙에게 답함 임술년(1682, 숙종8) 2월

答閔持叔 壬戌二月

정신이 흐릿한 병세로 마치 안개 속에 있는 것 같던 와중에 홀연 중원(中原) 편으로 이달 3일에 보낸 편지를 받고 흡사 직접 모습을 뵙는 것 같아 병이 있는 줄도 문득 잊을 지경이었습니다.

별지에 대해서는 그것을 말미암아 마음속에 든 의문을 가지고 다시 또 질문을 올리니, 이는 문헌에 박식한 대가의 의견이 어떠한지 알고 싶어서입니다.

월름(月廩)은 일전에 집사께서 재상한테 주선해서 면할 수 있도록 해 주겠다고 제게 얼굴을 보고 말한 적이 있습니다. 그런데 이달에 또 면하지 못하여 인가(人家)에 쌓아 두었으니, 이는 공과 사로 헤아려 보건대 양쪽으로 모두 편치 못하고 저의 죄는 점점 늘어나니 그 황공함이 어떠하겠습니까. 재차 바라건대 끝까지 이를 불쌍히 여겨 준다면 천만다행이겠습니다.

별지

남의 후사로 나간 사람의 아들이 다시 본생조(本生祖)[212]의 후사가 된다는 것은 《통전(通典)》에 있는 글이지만, 저는 이에 대해 평소 마음속으로 의문을 가져 왔습니다. 아버지가 있고 나서 할아버지가 있는 법인데, 이 아들의 경우 장차 어떤 사람을 아버지로 하여 그 할아버지를

212 본생조(本生祖) : 생가(生家)의 조부를 가리킨다.

계승하겠습니까? 만약 세속에서 말하는 '시양(侍養)'[213]과 같은 것이라면 본생(本生)이란 명칭은 덧붙일 것이 아니거니와 시양의 경우 입는 복에 대해서는 예서(禮書)에서 말하지 않았으니, 지금 어찌 감히 예법을 새로 만들어 낼 수 있겠습니까.

근래 있었던 일로 말해 보자면, 황추포(黃秋浦)[214]는 그의 아우 황척(黃惕)의 외동아들을 후사로 삼았는데 이분이 바로 의주공(義州公 황일호(黃一皓))입니다. 이후 의주공의 차자(次子)인 황진(黃璡)이 도로 그 소생조(所生祖)[215]의 뒤를 이으려 할 때 저와 춘형(春兄)이 신독재(愼獨齋) 어른께 이전에 의문을 품었던 대로 그 일을 여쭈었더니, 신독재 어른도 난처하다고 하면서 "우선 그 소생조를 종가(宗家)에 반부(班祔)[216]한다면 큰 잘못은 없을 듯하다."라고 하였고 그 집에서도 그 말씀을 옳게 여겼는데 끝내 어떻게 되었는지는 모르겠습니다. 수찬(修撰) 황군옥(黃君玉)[217]에게 물어본다면 알 수 있을 것입니다. 본조(本朝)의 법으로 말하자면 과거에 응시하는 자가 사조(四祖)를 써내고 벼슬하는 자가 서경(署經)을 거치는 일들이 모두 장애가 생길 것이니, 명칭이

213 시양(侍養) : 양자로 삼아 후사를 이을 목적이 아니면서, 동성과 이성을 가리지 않고 아이를 거두어 기르던 일을 이른다.

214 황추포(黃秋浦) : 황신(黃愼, 1562~1617)으로, 추포는 그의 호이다. 본관은 창원(昌原), 자는 사숙(思叔), 시호는 문민(文敏)으로, 성혼(成渾)과 이이(李珥)의 문인이다. 《月沙集 卷51 秋浦黃公行狀》

215 소생조(所生祖) : 본생조와 같은 말로, 생가의 조부를 가리킨다.

216 반부(班祔) : 방친(傍親)으로서 제사를 받들 후사가 없는 사람의 신주를 종가의 사당에 합부(合祔)하는 것을 말한다.

217 황군옥(黃君玉) : 황일호의 아들인 황윤(黃玧, 1623~1688)으로, 군옥은 그의 자이다. 《同春堂集 續集 卷12 門人錄》

바르지 못하면 말이 순조롭지 못한 법입니다. 어떻게 해야 《통전》의 글과 회통시켜 문제가 없게 할 수 있을지요? 서울 쪽 분들의 여러 의견은 어떠한지 듣고 싶습니다.

종조(從祖) 운운하신 말씀은 또한 막히는 부분이 생기지 않을까 합니다. 지금 이 아들의 경우는 그 아버지의 소후부(所後父 양부(養父))와 소생부(所生父 생부)가 한 몸에서 태어난 형제입니다. 그러므로 이 아들이 그 소생조를 종조라고 일컫는 것이니, 만일 그 아버지가 복(服)이 없는 사람의 후사가 되었다면 이 아들은 응당 소생조를 위하여 복이 없겠습니까? 이 때문에 남의 후사로 나간 사람은 그 족속의 원근을 불문하고 본복(本服)에서 한 등급을 강복하는 것이 마땅할 듯하니, 반드시 소후조(所後祖)[218]와 한 몸에서 태어난 형제가 된 연후에 그 손자에게 비로소 종조가 되기 때문입니다. 만약 소생조와 소후조가 무복친(無服親)이라면 장차 종조를 위하여 소공복(小功服)을 입지 못할 것이니, 어찌 이런 이치가 있겠습니까. 이는 제가 평상시 의문을 품었던 점인데 그 아버지를 따라 한 등급 강복한다는 말은 오히려 근거가 있습니다. 그러나 또한 감히 스스로 옳다고 하지 못하겠습니다.

소생조가 아들을 두었으나 그 아들이 후사 없이 죽어서 지금 남의 후사로 나간 이 아들이 다시 돌아와 그 후사가 되었다면 응당 소생조를 위하여 승중(承重) 참최복을 입어야 합니다. 그러니 신주에 이름을 쓰는 등의 일은 굳이 말할 것도 없습니다. 그렇지 않고 다만 세속에서

218 소후조(所後祖) : 후사가 되어 들어간 집의 조부를 가리킨다.

말하는 시양 같은 경우라면 이른바 심상(心喪) 및 신주에 쓰는 칭호는 모두 근거 없는 일이 될 수밖에 없습니다. 혹자는 말하기를 “남의 후사가 된 자의 아들은 그 소생조와 종조를 위하여 소공복을 입고 그 소생증조(所生曾祖)와 족증조(族曾祖)를 위하여 시마복(緦麻服)을 입고 그 소생고조(所生高祖)에게는 복이 없는 연후에 명칭과 의리가 정당해질 수 있다. 만약 소생조를 위하여 대공복을 입고 소생증조를 위하여 소공복을 입는다면 소생고조에게는 시마복을 입어야 마땅한데, 그렇다면 소후(所後)와 더불어 모두 4대의 복을 입어 차등이 없으니 이는 온당치 못하다.” 하였는데, 이 말이 또 일리가 있습니다. 또 어떤 사람의 설을 들어 보니 “그 아버지가 이미 소생부를 위하여 기년복을 입었다면 이는 백부와 숙부를 위해 입는 상복으로 복을 입은 것이니, 이미 아버지의 백부와 숙부가 되었다면 응당 소후의 원근을 불문하고 그 아들에게는 모두 종조가 되는 것이다.”라고 하였습니다. 이 말도 옳은 듯하니, 모두 헤아려 본 뒤 가르침을 주는 것이 어떻겠습니까?

민지숙에게 답함 임술년(1682, 숙종8) 10월

答閔持叔 壬戌十月

동교(東郊)에서 하신 말씀이 여전히 귓가에 남아 있는 가운데 또 이렇게 뒤따라 보낸 편지를 받으니, 간절한 말씀은 저를 몹시도 눈물 흘리게 하였습니다.

현재는 사람들이 원망하고 하늘은 분노하여 멸망을 향해 가는 위급한 형세라는 것을 어리석은 자든 지혜로운 자든 모두 알고 있습니다. 그러나 성상께서 아직 덕을 잃지 않아 어질다는 소문이 사람들의 마음에 깊이 스며들고 있으니 국사는 아직 해볼 만합니다. 저 같은 미천한 신하가 만약 털끝만큼이라도 도움을 드릴 수 있다면 무엇이 아깝다고 머물지 않겠습니까. 다만 평소 도움이 될 만한 하찮은 재주조차 없는 데다 나이가 찬 지 이미 오래되어 예경(禮經)의 가르침을 어기기 어렵고 근력을 억지로 짜내기도 힘듭니다. 염치를 완전히 상실하여 사람들의 비난을 한가득 초래한다면 공과 사를 모두 그르쳐 한갓 부끄럽고 두려운 마음만 더해질 것이니, 이것이 뜻을 정하고 물러나서 그 융숭한 은혜와 특별한 예우가 지극한 정성에서 나온 것임을 모르지 않으면서도 끝내 감히 명을 받들지 못하는 이유입니다. 한밤중에 일어나 앉아 다만 눈물만 흘릴 뿐입니다. 어제 올린 휴치(休致)를 청하는 소장이 혹 윤허를 받는다면 이 몸은 한가롭고 느긋해져 다시는 혐의쩍게 여길 바가 없게 될 것이고, 오히려 한양 근처에 머무르면서 수시로 조정의 반열에 들어가 미천한 이 정성을 펼 수 있을 것이며 또 만분지일이나마 제현을 긴밀히 도울 수 있을 것입니다. 그러나 만약 그렇게 되지 않는다면 편협한 이 뜻은 끝내 변하지 않을 것입니다. 편지에서 말씀해 준 뜻이 이와 같이 간절하니, 비록 심히 우둔하고 완고하지만 어찌 감사할 줄 모르겠습니까. 다만 이 마음속 곡절은 필설로 다할 수 없으니, 죽기 전에 혹 직접 만날 기회가 생긴다면 다 쏟아내지 못한 남은 소회를 모두 말씀드릴 수 있을 것입니다.

세 가지 선물은 감사하기 그지없습니다. 좋은 술은 자주 보내 주더라도 싫지 않습니다. 하하. 고달픈 몸으로 산촌에 누워 남의 손을 빌려 적느라 이만 줄입니다.

민지숙에게 답함 계해년(1683, 숙종9) 1월

答閔持叔 癸亥正月

새해 안부 인사는 몹시 감사합니다.

일전에 어령(魚令)이 왔을 때 온갖 방법으로 그를 돌아가게 하였으나 완고하게 말을 듣지 않았는데, 밤낮 애쓰며 일하는 신하가 낮은 지역까지 와 있는 것은 감히 못 할 일일 뿐 아니라 본읍이 받는 피해 또한 헤아릴 수 없이 많았기에 감히 그와 기약한 뒤에 보내었습니다. 비록 초열흘에서 보름 사이에 출발하더라도 또한 근교에 나아가 소장을 올려 저의 청을 아뢰는 일에 불과할 것이니, 만약 긍휼히 여겨 윤허해 주시는 은혜를 또다시 받지 못한다면 소장을 남겨 두고 물러날 뿐입니다. 당초에 노대감의 저지가 없었다면 직명도 없고 봉록도 없고 혐의도 없어서 이미 한참 전부터 한가롭게 배회하며 그대를 조금이나마 보좌하였을 텐데, 지금 이 상황은 도리어 무슨 보탬이 있습니까. 지금 여기에 머물러 있는 것에 대해 재야의 사론(士論)은 모두 의문을 품고 있으나 차마 멀리 떠날 수 없는 부분이 있습니다. 그러나 그 누가 그것을 알겠습니까. 다만 머리를 숙인 채로 비난과 질책을 감수할 뿐입니다.

별지

지평(砥平) 대감의 진심과 간절함[219]에 대해 말하자면, 자기 역량으로

219 지평(砥平)……간절함 : 지평 대감은 지평에 살았던 이단하(李端夏)를 가리킨다. 당시 연이은 가뭄으로 나라의 예산이 바닥나자 이단하가 세금을 줄이고 각종 제사의

는 감당하기 어렵다는 사실을 헤아리지 않고 그 마음과 생각을 다 쏟아내어 병이 나는 지경에 이르러도 개의치 않는 그 모습에 비록 어리석고 미련한 저 같은 사람일지라도 때때로 눈물을 흘릴 때가 있었습니다. 지금 이 대감 역시 물러났으니[220] 심히 불행한 일입니다. 그러나 만약 이 대감의 진정을 안다면 그대 중씨(仲氏 민정중(閔鼎重)) 어른이 어찌 위로 성상께 고하지 않고 아래로 그를 만류하지 않아 그가 돌아가도록 내버려 두겠습니까. 감히 언관[221]을 억눌러 꺾을 수는 없으나 또한 어찌 적당히 처리할 방법이 없겠습니까. 그러나 대략 듣건대 그가 일삼고 있는 일이 조금 두서가 잡혔다고 하니, 진실로 바라건대 집사께서 온 힘을 다해 그 일을 담당하여 끝내 완결을 지음으로써 백성들을 구하고 나라를 살리는 데 일조해 주는 것이 어떻겠습니까? 한밤중에 잠을 못 이뤄 등불을 가져오라고 한 뒤 대략 이렇게만 씁니다.

○ 또 아뢸 일이 있습니다. 삼가 듣건대 그대 중씨 어른께 술과 관련한 비난이 제법 있어서 심지어는 그 행동을 비난하는 시 구절이 유생들 사이에서 돌아다닌다고 하니, 과연 그것이 사실이라면 정사에 임하여 일을 처리하는 데 큰 방해가 될 뿐 아니라 또 어찌 그것이 수명을 기르

비용을 줄이는 등 여러 대책을 부단히 아뢴 일을 두고 한 말이다. 《宋子大全隨箚 卷7》《肅宗實錄 7年 6月 23日・9月 5日, 8年 11月 19日・12月 4日》

220 지금……물러났으니 : 1682년 12월 27일 사헌부 지평 유득일(兪得一)이 상소를 올려 정당한 간쟁이 막혀 있는 상황을 비판하며 박태보(朴泰輔)가 이단하를 비판하다가 좌천되었던 일을 예로 들자, 대사헌을 맡고 있던 이단하가 며칠 뒤 그것을 혐의쩍게 여겨 소장을 남겨 놓고 고향으로 돌아간 것을 두고 한 말이다. 《肅宗實錄 9年 12月 27日, 29日》

221 언관 : 사헌부 지평 유득일을 가리킨다.

고 신체를 아끼는 도리라 하겠습니까. 실로 한 몸처럼 아픔과 가려움을 똑같이 느끼는 이 절실한 심정을 이기지 못하여 감히 이런 무례를 범하였으니, 황공하고 황공합니다.

민지숙에게 답함 계해년(1683, 숙종9) 5월

答閔持叔 癸亥五月

화강(花江)[222]에 돌아와 이달 19일에 보내 준 편지를 받으니, 오랜 이별로 인한 그리움에 큰 위안이 되었습니다. 다만 큰 바다의 맑은 바람이 소매에 가득하니 곧장 이 피와 살로 되어 있는 몸을 들어 올려서 용문(龍門)의 꼭대기로 향하고 싶으나 양 겨드랑이에 깃털이 나는 것은 어려운 일이니, 한탄스러울 뿐입니다. 또 보내 준 2장의 편지를 살펴보니 이미 속세의 진토가 마음을 메운 것 같은 기분입니다. 하고 싶은 말을 일일이 다 적지 못합니다.

222 화강(花江) : 강원도 김화(金化)의 별칭이다. 송시열은 1683년 3월에 치사(致仕)하고 병든 누이동생을 보기 위해 4월 16일에 김화에 당도하였다. 《宋子大全 附錄 卷9 年譜》

민지숙에게 답함 계해년(1683, 숙종9) 5월

答閔持叔 癸亥五月

병든 몸으로 강 언덕에 칩거하여 반쯤은 죽은 사람처럼 있던 중 홀연 특별히 보낸 편지를 받았습니다. 거기에 담긴 지성스럽고 상세한 깨우침에 저의 마음이 위안되고 후련해짐과 동시에 감격이 밀려왔습니다.

이 몸은 청의(淸議)에 죄를 얻었으니 장차 형편없는 소인이 되어 성세(盛世)의 수치가 될 것입니다. 성은이 망극하여 분골쇄신하여도 보답하기 어렵다는 것을 모르는 것은 아니었습니다만, 감히 다시 또 함부로 들어가서 비난과 욕을 보탤 수는 없었기에 감히 지레 돌아가지 않을 수 없었습니다. 그런데 여기에 온 뒤로 비난하는 말이 날마다 들려오니, 서울 가까운 지역에 계속 머무르고 싶지 않아서 장차 다시 또 먼 곳으로 떠나 아무것도 듣지 않고 아무것도 모르는 처지가 되리라 작정하던 참이었습니다. 지금 받은 편지에서 이토록 간절하고 안타깝게 말씀하니, 마음이 실로 슬퍼서 거의 눈물을 흘릴 뻔하였습니다. 그러나 제 성품이 편협하고 성급한지라 장차 마음을 돌리지는 못할 것입니다. 생각건대 오늘날의 은혜와 예우는 전례가 없는 것인데 도리어 염치를 잊어서 모욕을 뒤집어쓴다면 실로 성상께서 베풀어 준 예우의 실체를 망각하고 도리어 누를 끼치는 것입니다. 이 때문에 뜻을 정하고 물러난 것이니, 구구한 이 마음을 누가 알 수 있겠습니까.

두 가지 진귀한 음식은 감사하기 그지없습니다. 나머지 할 말은 마침 바깥에서 온 손님이 자리에 가득하기에 끝까지 다 적지 못합니다.

민지숙에게 보냄 계해년(1683, 숙종9) 윤월 24일

與閔持叔 癸亥閏月二十四日

지금의 상황은 옛날과는 다르니, 감히 집사께 보내는 편지를 쓰지 못하며 또 쓰더라도 감히 다른 일을 언급하지 못합니다. 춘형(春兄)의 문자는 재차 제병(諸炳)과 상의해서 도로 보내 주기를 바랍니다. 나머지 할 말은 밝게 제향을 올려 우리나라를 도우라는 것입니다.

민지숙에게 답함
答閔持叔

〔문〕 국상의 장례 전에 사가(私家)에서 천신(薦新)하는 일에 대하여
〔답〕 천신은 작은 제사이므로 조정에서 행하는데, 조정에서 행한다면 사대부의 집안에서도 행해서 안 될 것은 없습니다. 그러나 또한 평상시보다 간략하게 지내는 것이 마땅할 듯한데 어떻게 생각합니까?

민지숙에게 답함 계해년(1683, 숙종9) 12월

答閔持叔 癸亥十二月

편지를 받고서 애가 타는 마음을 무어라 표현할 수 없습니다. 편지를 보낸 뒤 이미 많은 날이 지났는데, 이미 환후[223]가 나으셨는지요? 가장 걱정스러운 점은 성상의 체후가 아직 회복되기 전에 또 자전(慈殿)의 병환이 생긴 것이니, 신명과 사람들의 걱정 근심을 어찌 말로 할 수 있겠습니까. 삼가 듣건대 사민(士民)들이 성상의 옥체를 위하여 술을 차려 놓고 서로 경축하였다는데 지금 또 이렇게 되어 버렸으니, 기쁨과 슬픔이 서로 이어지는 것이 대체로 이와 같습니다. 머지않아 다시 기쁘고 즐거운 소식을 듣지 않을 줄 어찌 알겠습니까. 묵묵히 기도하고 기도합니다.

달력은 감사합니다. 이만 줄입니다.

223 환후 : 숙종의 어머니인 명성왕후(明聖王后) 김씨(金氏)의 병을 가리킨다. 명성왕후는 1683년 12월 5일에 사망하였다. 《肅宗實錄 9年 11月 22日, 12月 5日》

민지숙에게 답함 갑자년(1684, 숙종10) 2월

答閔持叔 甲子二月

매년 한식이면 으레 붉은 꽃과 푸른 풀을 보아 왔는데 올해에는 눈과 서리가 함께 쌓여 산중이 더욱 추우니, 늙은 이 몸은 그 괴로움을 더욱 견디지 못하겠습니다. 그런 가운데 삼가 멀리까지 보낸 문안 편지를 받으니, 감사하고 위안되는 마음 지극하여 말로 다 표현할 수 없습니다.

산등성이에 한 해가 다 가도록 사람들이 보이지 않는 곳이 있다는 사실을 익히 알고 있었는지라 책을 품에 안고 들어가려고 간절히 생각하였는데, 마침 이 소란을 만나 감히 백성들한테 그런 제 모습을 바라보며 본받게 할 수는 없었습니다. 이에 바야흐로 선조의 무덤 아래에 초옥을 짓고 있는데, 이 계획이 과연 어떠할지 모르겠습니다. 나머지는 이만 줄입니다.

민지숙에게 보냄 갑자년(1684, 숙종10) 4월

與閔持叔 甲子四月

성모(聖母)의 장례가 차례로 끝이 났으니, 온 나라가 깊이 애통해하고 그리워하는 가운데 다시는 이르러 닿을 수 없습니다.

삼가 듣건대 부인의 면례(緬禮)가 시작된 지 여러 날이 되었다고 하니, 삼가 생각건대 그와 관련한 모든 절차는 거의 말하지 않아도 잘 이루어졌을 것입니다. 다만 인산(因山)이 이제 막 끝나서 기내(畿內)의 백성들이 몹시도 지쳐 있으니, 그들이 피로를 거듭 느끼지 않도록 하는 일은 반드시 이미 그대의 생각 범위 안에 있을 것입니다. 주제넘은 말이 이에 이르렀으니 황송하고 황송합니다. 나머지 할 말은 일상생활이 더욱 복되기를 축원한다는 것입니다.

민지숙에게 보냄 갑자년(1684, 숙종10) 7월
與閔持叔 甲子七月

월름(月廩)에 대해 말하자면, 외람되이 그대 중씨(仲氏 민정중(閔鼎重)) 어른께서 주선해 준 덕에 임금께서 물품을 나누어 주는 의식에서 벗어날 수 있게 되었으니, 밤낮으로 감사하고 송축하는바 이 말은 허언이 아닙니다. 다만 술과 음식이 지급된 것은 비록 국법에 따른 것이기는 하나 그 법의 취지를 살펴본다면 조정에서 봉직하던 사람이 하루아침에 늙어서 물러났을 때 국가가 이것을 통해서 지난날의 수고에 보답하는 것이니, 그 뜻이 아름다운 것입니다. 그런데 정작 지금 이 몸은 본래 재야에 있었는지라 털끝만큼도 보탬이 되는 일이 없어서 제힘으로 먹고살다가 이제 나이가 찬 후 마침내 이 은전을 받았으니, 심히 의미가 없는 일이라 마음이 몹시도 편하지 못합니다.

도신(道臣)이 어제 성상의 뜻이라고 하면서 쌀 2곡(斛)을 실어 보냈는데 감히 사양하고 물리칠 수 없어 공손히 받아 보관해 두었으나 감히 사용하지는 못하였습니다. 중씨 어른께서 만약 다시 아뢰어 환수하여 저의 미천한 분수를 편안케 해 준다면 대단히 좋은 일이 될 테고, 만약 다시 성상의 귀를 번거롭게 하는 것이 혐의쩍다고 여긴다면 비록 심히 번거롭고 자질구레하더라도 또한 마땅히 스스로 소장을 올려 아뢰어야 할 것입니다. 하물며 이것은 농사가 보통인 해에도 오히려 마지못해 억지로 받아서 그 은혜롭게 길러 주는 조정의 뜻을 우러러 살펴야 할 것인데, 현재의 이 큰 흉년은 실로 보통 수준이 아니라서 공물을 바쳐 올리는 일조차 줄이는 쪽으로 이루어지고 있는 실정이니, 지금 이 은전은 비록 《경국대전(經國大典)》에 실린 것이라 말할지라도 몹시도 긴급하지 않은 것입니다. 만약 영영 면할 수 없다면 일단 풍년이 되기를 기다려 다시 의논하여도 무방할 것이니, 부디 형제분과 함께 지낼 때 중씨 어른과 상의해 보는 것이 어떻겠습니까? 이는 심히 자질구레한 일이기에 감히 국가의 대체(大體)를 맡은 기부(記府)[224]를 번거롭게 하지 못합니다. 재차 바라건대 범연히 여기지 말고 특별히 제 뜻에 부응해 주는 것이 어떻겠습니까? 어제 영소전(永昭殿)의 제수를 줄여서 정하라는 명이 내려진 것을 보고는 더욱 두려운 마음이 들었기에 급히 이렇게 씁니다.

224 기부(記府) : 의정부(議政府)의 별칭으로 보통 정승을 가리키는데, 여기서는 좌의정인 민정중을 지칭한다.

민지숙에게 보냄 갑자년(1684, 숙종10) 7월
與閔持叔 甲子七月

어제 보낸 편지는 받아 보았습니까? 삼가 듣건대 그대의 사위 이군(李君)이 갑자기 세상을 등졌다고 하니, 몹시도 경악스럽고 슬픈 심정을 이길 수 없습니다. 곁에서 듣는 사람의 심정도 이러한데 하물며 대감께서 어찌 마음을 가눌 수 있겠습니까. 시운이 좋지 못하여 닥치는 곳마다 마음이 놀라니 어찌하면 좋단 말입니까.

지난 편지에서 여쭌 내용은 어떻게 생각합니까? 묘향(廟享)의 제수를 모두 줄이고 있는 이러한 시기에 이런 은전을 받는다는 것부터가 이미 감히 편안할 수 없는 일인 데다 또 방백(方伯)이 정한 것과 비교해 본다면 쌀이 귀해진 이때 형평이 맞지 않음이 분명합니다. 사양하는 것은 적고 받은 것은 많아 마음이 극히 불안한데, 만약 완전히 면할 수 없다면 모름지기 쌀의 양을 줄여서 방백이 정한 술과 고기의 양과 서로 맞춘다면 몹시 다행이고 다행일 것입니다. 이는 심히 세세하고 자질구레한 일이므로 감히 우의정 어른께 곧바로 알리지 못합니다. 나머지는 이만 줄입니다.

○ 방백이 정한 것은 한 달에 술 30선(鐥)[225]과 고기 30근인데, 지금 정한 것은 쌀 30말입니다.

225 술 30선(鐥) : '선'은 고려 시대부터 조선 시대까지 술을 담는 그릇의 단위로 썼던 고유 한자어로, 《아언각비(雅言覺非)》 권2에 의하면 술 5잔(盞)이 1선이 된다고 한다.

민지숙에게 보냄 갑자년(1684, 숙종10) 10월
與閔持叔 甲子十月

멀리서 듣건대 유문(孺文)[226]이 급제하였다고 하니, 시대를 위하여 축하드리며 어진 그대의 가문을 위하여 축하드립니다. 또 제 손자 아이가 그와 함께 어울렸던 것을 다행으로 생각합니다. 둘째 아드님의 소과(小科)는 어떻게 되었습니까? 그 역시 합격했으리라 생각합니다. 일찍이 보건대 주 선생(朱先生)께서 수지(受之)의 과방(科榜)을 기다리면서 누군가에게 보낸 편지에 "마을이 조용하니 지금 또 낙방일 것이다."라고 하셨는바,[227] 이를 통해 과거 합격의 기쁨은 아무리 성현일지라도 어쩔 수 없음을 알 수 있습니다.

○ 둔촌(屯村)[228]의 '둔(屯)'이 일찍이 험난하다는 뜻의 '둔건(屯蹇)'이었기에 수년 동안 언제나 그대에게 복과 경사가 '운둔(雲屯)', 즉 구름처럼 모여들기를 기원했는데 이제 과연 그 바람이 현실로 이루어졌습니다. 다만 큰 복과 경사가 언제쯤 우리 신민을 위로할는지요?

226 유문(孺文) : 민유중의 조카이자 민시중(閔蓍重)의 아들인 민진주(閔鎭周, 1646~1700)의 자이다.《宋子大全隨箚 卷13 目錄》

227 주 선생(朱先生)께서……하셨는바 : 수지는 주희(朱熹)의 큰아들 주숙(朱塾)의 자이다. 주숙이 과거 시험을 치른 뒤에 주희가 여조겸(呂祖謙)에게 보낸 편지에 "큰아이가 고향 마을로부터 이리로 왔는데, 게으름은 옛날과 다름없어 정문(程文)을 암송해 보라 했더니 겨우 두세 구절을 기억해 낼 뿐입니다. 수일 동안 마을이 조용하니 필시 또 낙방일 것입니다."라고 한 것을 가리킨다.《晦菴集 卷34 答呂伯恭》

228 둔촌(屯村) : 민유중의 호이다.

민지숙에게 답함 을축년(1685, 숙종11) 2월

答閔持叔 乙丑二月

오래도록 소식을 듣지 못해 그리운 마음 날로 깊어지던 차에 지금 이렇게 파발 편을 통해 편지를 받으니, 기쁘고 위안되는 마음을 말로 할 수 없습니다.

세도가 이 지경에 이르렀으니 그저 바위 굴속으로 깊이 들어가 성현이 남기신 경서를 품고서 죽는 일만이 있을 뿐입니다. 다만 손자 아이가 장차 사직을 청하는 소장을 올리려 하니, 만약 그가 이로 인해 탄핵을 받고 파직되어 이 독옹(禿翁)[229]과 함께 지내며 책을 읽고서 짧은 식견이나마 갖출 수 있게 된다면 새옹지마처럼 전화위복이 되지 않으리란 보장은 없을 것입니다. 마음으로 기도하고 또 기도합니다.

일전에 치도(致道 권상하(權尙夏)) 등 여러 사람과 깊숙한 지역에서 책을 교정하고 있다가 어제 제사 때문에 잠깐 고향으로 돌아왔습니다. 잠시 뒤에 다시 동쪽으로 갈 작정인데 이로부터 그대의 음성과 모습이 더욱 멀어질 것이니, 저를 슬프게 합니다. 시사에 대해서는 감히 들을 수도 없고 또 감히 말하지도 못합니다.

229 독옹(禿翁) : 나이는 늙었는데 아무런 관직과 권세가 없는 사람을 자조적으로 칭하는 말로, 한나라 무안후(武安侯) 전분(田蚡)이 어사대부(御史大夫) 한안국(韓安國)을 불러서 수레에 태우고 성을 내며 "내가 장유(長孺)와 함께 독옹 하나를 다스릴 것이니, 어찌하여 머리 내민 쥐처럼 진퇴를 결정하지 못한 채 머뭇거린단 말인가."라고 한 데서 온 표현이다. 장유는 한안국의 자이고, 독옹은 두영(竇嬰)을 가리킨다. 《史記 魏其武安侯列傳》

별지

송자신(宋子愼 송상민(宋尙敏))이 죽지 않았다면 그 학문은 필시 크게 진보하였을 것입니다. 매번 그것을 생각할 때면 애통하고 애석한 마음을 금할 수 없습니다. 오늘날의 화는 예전에 비할 바가 아닌데, 몇몇 사람들은 시세를 헤아리지 못하고서 당장에 율옹(栗翁)을 위하여 억울함을 변호하고자 하니,[230] 현재 있는 힘껏 말리고 있으나 끝내 효력이 있을지 모르겠습니다. 다만 손자 아이가 담장 꼭대기를 좇는 형편[231]이니 장차 대략 비난을 면할 수 없을 것입니다. 그로 인하여 영영 버려진다면 어찌 큰 다행이 아니겠습니까. 이 아이가 유생이었던 시절부터 언제나 함께 지내며 책을 읽자고 권면하였는데, 잠깐 벼슬길에 나갔다가 이러한 일을 만났으니 또 누구를 탓하겠습니까. 또한 천명인 것을 어떡하겠습니까.

230 몇몇……하니 : 율옹은 율곡(栗谷) 이이(李珥)를 가리킨다. 윤증(尹拯)이 부친 윤선거(尹宣擧)가 병자호란 당시 강화도에서 순절하지 않고 몰래 탈출한 행동을 변호하기 위하여 춘추관에 편지를 보내어 "지금 강도(江都)의 일로 선인(先人)을 헐뜯는 이가 있으니, 이는 곧 율곡의 '망녕된 생각으로 슬픔을 달래었다.'라고 말한 소장을 가리켜 자신의 도리를 다했다고 하는 것과 무엇이 다르겠는가. 그러나 율곡은 참으로 입산(入山)했던 과실이 있었지만, 선인이 죽지 않은 것은 처음부터 죽어야 할 이유가 없었기 때문이다."라는 발언을 하여 거센 비난에 직면한 것을 두고 한 말이다.《肅宗實錄 11年 2月 4日, 4月 9日》《宋子大全 附錄 卷10 年譜》

231 담장……형편 : 담장 꼭대기에 난 풀이 바람에 이리저리 넘어지는 것처럼 자기의 주장이 없이 세정(世情)에 따라 태도가 바뀌는 형편이 되었다는 말이다.

민지숙에게 답함 을축년(1685, 숙종11) 5월
答閔持叔 乙丑五月

병으로 누워 거의 죽어 가고 있는 가운데 오직 몇 줄기 새로 핀 연꽃만이 함께하여 저를 떠나지 않았는데, 이런 때 홀연 그대의 소중한 편지를 받으니 십분 마음이 트이고 위안되어 이루 다 감사할 수 없습니다.

삼가 듣건대 지금 그대의 행차에 자못 특별한 일이 있다고 하니, 깊이 대가(大家)를 위하여 중하게 여깁니다. 다만 지난날 사문(師門)에서 이 면례(緬禮)를 행할 때 자못 세도(世道)를 위하여 말하는 자가 있었으나 새로 정한 자리에서 선영으로 돌아와 장사 지내는 것이 예법에 심히 맞았기에 신독재(愼獨齋) 어른께서 의심 없이 그렇게 행동하신 것입니다. 지금 듣건대 한결같이 사문에서 했던 일대로 하였다고 하니, 이는 몹시 다행스럽습니다.

또 한 가지 염려되는 점이 있습니다. 양조(楊兆)는 그다지 웅장하고 훌륭하지 못했고 좁은 데에 구멍을 뚫는 것은 회옹(晦翁)께서 깊이 꺼리신 것이니, 이 역시 몰라서는 안 됩니다. 마침 어리석은 견해가 떠올랐기에 감히 고하지 않을 수 없었습니다.

비록 서로의 거리가 가까우나 어찌 음식을 실어 보내는 것이 마땅한 일이겠습니까. 오늘날의 일은 그 기원을 살펴보면 실로 저에게서 비롯되었으나 끝까지 미루어 들어가면 또 어찌 흑수(黑水 윤휴(尹鑴))가 있지 않겠습니까. 이는 시운(時運)의 소관이니 어찌겠습니까.

민지숙에게 보냄 을축년(1685, 숙종11) 9월

與閔持叔 乙丑九月

그대의 근래 생활에 신명의 도움이 있으니, 축하드리는 마음 그지없습니다.

주자(朱子)께서는 묘소 가까이 사는 사람들을 더욱 잘 대해 주셨으니, 이는 천리(天理)입니다. 저는 이 무변(武弁)과 조묘(祖墓)로 인해 삼대에 걸쳐 서로 두텁게 지냈고 또 그가 제게 글을 물은 지 제법 오래되었으니, 지금은 그가 비록 붓을 던지고 무관이 되었으나 그 두터운 정과 의리는 옛날과 다름이 없습니다. 그가 지금 제게 찾아와 길을 떠난다고 고하면서 "응당 공적인 예로 인사를 드릴 것이다."라고 하기에 이 문안 편지를 써서 그대에게 올리게 하였으니, 만약 계단 앞에 발을 디딜 만한 작은 공간을 빌려주고서 그에게 운자(韻字)를 불러 준다면 응당 볼만한 부분이 있을 것입니다.

그대가 그를 한갓 맨손으로 쇠뿔을 구부리는 자 정도로만 대할까 염려되어 이렇게 부질없이 언급하였습니다만, 이러한 일 등을 감히 숨기지 못한 것은 응당 척리(戚里)의 친구라는 말로 청의(淸議)에 지적을 당하기에 알맞습니다. 매우 우습습니다. 나머지는 이만 줄입니다.

민지숙에게 답함 을축년(1685, 숙종11) 12월 20일

答閔持叔 乙丑十二月二十日

세모의 심한 추위에 그리운 마음이 한창 깊던 차에 홀연 파발 편에 그대의 편지를 받고 이어 선물로 보내 준 달력까지 받았으니, 우러러 저를 아껴 주는 마음을 깨닫는 가운데 이루 다 감사할 수 없습니다. 저는 텅 빈 산 깊숙한 곳에 누워 조석으로 병으로 신음하고 있으니, 언제쯤 이 고통의 바다를 벗어날 수 있을지 모르겠습니다.

일찍이 편지 한 통으로 그대 중씨(仲氏 민정중(閔鼎重)) 어른을 번거롭게 만들었는데, 이는 한씨(韓氏)의 묘지 때문이었습니다. 이후 그분의 답장을 받은 뒤에 거상 중인 한씨 아들의 말에 옳지 못한 부분이 있음을 알게 되었으니, 오늘날 남의 말을 듣는 방법이란 참으로 어려운 일입니다.

또 드릴 간청이 있습니다. 옛날 그대 중씨 어른이 연산(燕山)에서 돌아올 때 태조 고황제(太祖高皇帝)께서 지으신 국자감(國子監)의 관복 제도를 손에 넣었는데, 외람되이 그대로 본떠 만들어 보내 주었고 이에 몹시도 다행으로 여겨 일찍이 거듭 싸서 시렁에 고이 보관해 두었습니다. 접때 상을 당하였을 때 의대(衣帶) 부분만 있었고 복(幞) 부분은 어디에 있는지 몰랐으니 아마도 잃어버린 듯합니다. 그것을 다시 만들어서 한 시대 제왕의 제도를 온전히 갖추는 한편, 그것을 통해 먼 시골의 선비들에게 점차 견문이 생기도록 하여 이를 오랑캐의 문화를 변화시킬 조짐으로 삼고자 하는 마음 간절합니다. 이는 작은 일이 아니니 혹 그대로 모방하여 별도로 제작해 보내 준다면 몹시 다행이겠지만, 만약 쉽지 않다면 잠깐만 빌려주어 모본으로 삼게 해 준다면 그로부터 본떠 만든 뒤에 즉시 완벽한 상태로 돌려 드리겠습니다. 이 뜻을 곧장 중씨께 아뢰고 싶었으나 이제 막 한씨의 일로 편지를 주고받은 뒤이기에 번거롭게 하는 것이 혐의스러워 감히 집사께 고하니, 재차 바라건대 잘 헤아려 처리해 주는 것이 어떻겠습니까?

민지숙에게 답함 병인년(1686, 숙종12) 3월 1일
答閔持叔 丙寅三月一日

죽을 날이 날로 닥쳐와서 온갖 잡념이 식은 재처럼 사라졌는데, 그러던 중 홀연 그대의 편지를 받으니 저도 모르게 마음과 눈이 모두 열리는 기분입니다. 이에 위안되고 감사하는 마음 말로 할 수 없습니다.

동춘(同春)에게 시호를 내리는 은전이 이제야 완결이 났으니, 은혜와 영광이 지극하지만 도리어 슬픈 마음이 더해집니다. 다만 큰 슬픔을 당한 처지라 향사례(鄕射禮)를 행하는 분들의 반열에 참여하지 못하니, 이는 작은 아쉬움이 아닙니다.

국자감의 유건(儒巾)을 만들어 보여 주니, 근방의 선비들로 하여금 경모하여 본받게 할 수 있겠습니다. 이 또한 교목(喬木)으로 옮겨 가는 일[232] 중 하나이니, 얼마나 다행스럽고 다행스러운 일입니까. 다만 퉁씨(佟氏) 사람[233]이 와서 고함을 칠까 봐 겁이 납니다. 참 우습군요.

봄 날씨가 심히 이상한데, 농가에서는 이를 두고 구징(咎徵)[234]이라

232 교목(喬木)으로……일 : 오랑캐의 문화에서 중화의 문화로 옮겨 가는 일을 말한다. 초나라 사람 진량(陳良)이 공자의 도를 좋아하여 중국에 유학하였는데, 그 제자 진상(陳相)이 자기 스승의 도를 배반하고 만이(蠻夷)인 허행(許行)의 도를 배우자 맹자가 그를 책망하며 "나는 어두운 골짜기에서 나와 교목으로 옮겨 간다는 말은 들었으나, 교목에서 내려와 어두운 골짜기로 들어간다는 말은 듣지 못했다."라고 한 데서 온 표현이다. 《孟子 滕文公上》

233 퉁씨(佟氏) 사람 : 청나라 여진족을 가리킨다. 《宋子大全隨箚 卷1》

234 구징(咎徵) : 임금의 허물로 인하여 나타나는 천재지변을 가리킨다. 《서경》〈홍

고 예언하였습니다. 만약 그렇다면 공적이든 사적이든 그 걱정이 작지 않으니, 어떡하면 좋단 말입니까.

봄이 저물어 가는 이때 다만 기거가 만복하여 멀리 있는 저의 정성에 부응하기를 축원할 뿐입니다.

범(洪範)〉에 "구징은 임금이 미친 짓을 할 때 늘 비가 오고, 참람한 짓을 할 때 늘 볕이 나고, 게으를 때 늘 덥고, 조급할 때 늘 춥고, 몽매할 때 늘 바람이 부는 것이다."라고 하였다.

민지숙에게 답함 병인년(1686, 숙종12) 5월
答閔持叔 丙寅五月

생각지도 못하게 삼가 특별히 보낸 편지를 받았는데 병든 손자 아이를 위한 약물까지 보내 주었으니, 이는 미천한 분수를 지닌 제가 응당 얻을 것이 아닙니다. 감사한 마음 가슴에 새기는 나머지 도리어 두려운 마음이 더합니다. 손자 아이의 질병이 줄곧 낫지 않아 늙은이의 심사가 애타서 제가 앓고 있는 병까지 신경 쓸 여력이 거의 없으니, 어찌하면 좋단 말입니까. 어린 손자를 아끼는 정이 절박하여 함부로 그대의 귀를 번거롭게 하였으니, 끝내 삼청동(三淸洞)에 계시는 정사(靜史)[235]의 귀에까지 흘러 들어가 번거롭게 할 것이라 더욱 안절부절못하겠습니다.

동춘(同春)의 유고는 제가 그 작업을 하고 있지 않은 것은 아니나 집중해서 공을 들이지 못하고 있어 겨우 1책만을 본 가운데 별달리 크게 다듬고 윤색한 부분이 없습니다. 제가 하는 작업은 수일 내에 마칠 것이니, 마무리되면 이 유고는 또한 머지않아 작업이 끝날 것입니다. 집사의 깊은 성의에 감격하였기에 이와 같은 데에 이르렀으니, 면재(勉齋)는 회부(晦父)에 대해 또 어떠할지 모르겠습니다.[236] 나머지는 병을 무릅쓰고 겨우 적느라 이만 줄입니다.

235 삼청동(三淸洞)에 계시는 정사(靜史) : 민정중(閔鼎重)을 가리킨다.

236 면재(勉齋)는……모르겠습니다 : 면재는 주희(朱熹)의 문인이자 사위인 황간(黃榦)의 자이고, 회부는 주희이다. 민유중이 송준길의 사위였으므로 현재 송준길에 대한 민유중의 심정을 궁금해한 것이다.《宋子大全隨箚 卷7》

민지숙에게 답함 병인년(1686, 숙종12) 10월

答閔持叔 丙寅十月

궁벽한 산중에 우두커니 있으면서 또 세모를 맞이하니 지난날을 회고하고 오늘날을 생각하매 온갖 감회가 몰려왔습니다. 그러던 중 홀연 그대 큰 아드님이 찾아오고 이어서 그대의 편지를 전해 받으니, 마치 다른 시대에 사는 분의 소식을 들은 것 같아 위안되고 후련한 마음 말로 할 수 없습니다.

춘형(春兄)의 유고는 지금 또 한 차례 읽어 보았는데, 이따금 슬피 눈물 흘리게 하는 부분이 있었습니다. 오늘날 세상에 다시는 그분이 살아 돌아올 수 없으니, 백발이 된 채 남아 살아가는 이 몸이 공연히 스스로 불쌍하고 가련합니다.

큰 아드님과 며칠간 함께 지내고 있으니, 그 다행함을 이루 다 표현할 수 있겠습니까. 다만 청양군(青陽君)이 거의 죽어 가는 한 독옹(禿翁)을 죄에 연루시킬까 두렵습니다.[237] 참 우습군요.

237 청양군(青陽君)이……두렵습니다 : 청양군은 조선 중기 문신 심의겸(沈義謙, 1535~1587)의 봉호이다. 심의겸은 명종의 비인 인순왕후(仁順王后)의 동생인데, 민정중(閔鼎重)의 큰아들인 민진후(閔鎭厚) 역시 숙종의 계비인 인현왕후(仁顯王后)의 오빠였으므로 민진후를 심의겸에 빗댄 것이다. 선조 재위기에 심의겸과 김효원(金孝元)이 반목하여 사림이 서인(西人)과 동인(東人)으로 갈라지자 이이(李珥)가 그 대립을 조정하려다가 오히려 동인들로부터 심의겸과 결탁하였다는 비판을 받은 일이 있었는데, 왕후의 오빠였던 심의겸이 이이를 죄에 연루시킨 것처럼 왕후의 오빠인 민진후 역시 자신을 죄에 연루시킬까 두렵다고 농담한 것이다. 《宋子大全隨箚 卷7》《宣祖實錄 16年 8月 1日》

나머지 드릴 말씀은 날씨가 추운 가운데 즐겁게 지내면서 신명의 도움으로 아무런 문제 없기를 기원한다는 것입니다.

민지숙에게 보냄 병인년(1686, 숙종12) 12월 21일

與閔持叔 丙寅十二月二十一日

한 해가 거의 저물어 가서 그리운 마음이 더욱 깊던 차에 어제 인편을 통하여 그대의 편지를 받고 달력까지 선물로 받으니, 위안되고 감사하는 마음을 이루 말로 할 수 없습니다.

멀리서 듣건대 둘째 아드님이 또 대과(大科)에 급제하였다고 하니, 덕이 후하면 끼치는 은택이 멀다는 것[238]은 이치상 그러합니다. 그러나 요부(堯夫) 선생이 "꽃봉오리가 된 것을 보면"이라고 말한 것[239] 역시 세상을 달관한 자의 말이 아니겠습니까. 다만 겸손한 자세로 잘 유지해 나가는 도로써 헤아려 보면서 지나치게 두려워하지 않아야 할 뿐입니다.

저는 산골 더욱 깊은 곳으로 옮겨 들어와 푸른 시냇물이 졸졸 흐르는 소리를 누운 채 듣고 있습니다만, 병 때문에 흐르는 물을 손으로 희롱하지 못하니 맑은 운치를 저버렸다고 이를 만합니다.

나머지 할 말은 큰 복을 한껏 받음으로써 멀리 있는 저의 정성에 부응해 주기를 기원한다는 것입니다.

238 덕이……것 : 《춘추곡량전(春秋穀梁傳)》 희공(僖公) 18년에 "덕이 후한 자는 끼치는 은택이 멀고, 덕이 박한 자는 끼치는 은택이 가깝다."라고 한 것으로, 덕이 후하면 먼 자손에게까지 그 은택이 미친다는 말이다.

239 요부(堯夫)……것 : 요부는 북송(北宋)의 학자 소옹(邵雍)의 자이다. 소옹이 만물의 발생과 변화를 설명하면서 "예컨대 꽃이 꽃봉오리가 된 것을 보면 장차 번성할 것을 알고 이미 활짝 핀 것을 보면 장차 쇠할 것을 아는 것과 같으니, 그 이치가 이와 같음에 불과하다는 말이다."라고 한 것을 가리킨다. 《性理大全書 卷17 皇極經世書7 附錄》

민지숙에게 답함 정묘년(1687, 숙종13) 1월
答閔持叔 丁卯正月

삼가 궁벽한 골짜기까지 뚫고 들어온 그대의 편지를 받았으니, 이는 실로 새해의 한 가지 기쁜 일입니다. 이 어찌 족히 말로 할 것이 있겠습니까. 어느덧 여든을 넘어 아흔을 바라보는 사람이 되었는데, 평생을 회고해 보니 한 일이 무엇이 있습니까. 부끄럽고 또 가소롭습니다.

동춘(同春)의 유집은 깨끗이 베껴 적고 있다고 하니, 다행스럽고 또 기쁩니다. 《주자대전(朱子大全)》에서 남헌(南軒 장식(張栻))과 강론하며 쓴 문목(問目)은 또한 서찰류(書札類)에 수록되었고, 그에 답한 말은 자연 《남헌집(南軒集)》에 있으니, 이는 상고하여 알 수 있는 부분입니다. 만약 답한 말까지 아울러 수록한다면 마땅히 별도로 편목을 설정해야 합니다. 붕우들과 문인들은 여기까지 생각이 미치지 못하였는데 집사께서 이렇게까지 유의해 주니, 흠모와 감탄을 이기지 못하겠습니다.

서원 향사(享祀)의 위차(位次)[240] 문제는 함부로 한 말 때문에 점점

240 서원 향사(享祀)의 위차(位次) : 서원에 배향된 송준길(宋浚吉)의 위차를 가리킨다. 1687년 2월 20일에 송시열이 권상하(權尙夏)에게 보낸 편지에 따르면, 회덕(懷德)의 숭현서원(崇賢書院)에는 송준길의 위차가 김장생(金長生)을 마주 보고 있고 송준길의 스승인 이시직(李時稷)을 내려보고 있었으며, 연기(燕岐)의 봉암서원(鳳巖書院)에는 송준길의 위차가 김장생의 바로 오른쪽에 있었는데, 송시열은 이를 패륜이라 규정함과 동시에 송준길의 문인 황세정(黃世楨)이 천륜을 무시하고 자기 스승 높이기에만 급급한 탓이라고 하였다. 이후 공주(公州)의 충현서원(忠賢書院)에서 또 송준길

좋지 못한 조짐이 생겨나고 있으니, 저 역시 이제부터 그에 대한 말을 그만두겠습니다.

돌아가신 형님의 묘갈문은 삼가 그대 중씨(仲氏 민정중(閔鼎重)) 어른께서 저를 비루하게 여기지 않아 끝내 친필로 써서 보내 주었으니, 감사하고 다행인 심정을 진정 말로 할 수 없습니다.

나머지는 다만 새봄에 복록이 구름처럼 모여들어 석보(錫保)의 경사[241]에 도움이 되기를 기원하니, 그렇게 된다면 몹시 다행이고 다행이겠습니다.

○ 정 강릉(鄭江陵)[242]이 과거에 급제하였을 때 우계(牛溪 성혼(成渾))는 그[243]를 향해 풍상을 겪은 뒤인데 과거에 나아가도록 허락하였다고 질책하였으니, 오늘날 집사께 완벽하기를 요구하는 자가 혹 우계의 이 말씀을 인용하였는지요?[244] 그러나 하늘이 인재를 내어 세상에

을 배향하려 하자 송시열이 봉암서원의 나쁜 선례를 따르지 말아야 한다고 주장하여 결국 그 의견이 관철되었는데, 이에 송준길 문하의 젊은 사람들이 크게 반발하여 제향에 불참하는 등 심각한 갈등이 발생하였다. 《宋子大全 卷89 答權致道(丁卯二月二十日)》

241 석보(錫保)의 경사 : 임금이 몸소 먼저 인륜을 극진히 실천하여 그 표준을 백성들에게 제시한 덕택에 그 백성들이 임금에게 계속 그 일을 하도록 보장해 주는 경사를 가리킨다. 《서경》 〈홍범(洪範)〉에 "다섯 번째 황극은 임금이 나라 다스리는 표준을 세우는 것이다. 오복을 거두어들여서 여러 백성에게 베풀어 주면 그 백성들도 그대의 표준에 대하여 그대에게 그 표준을 보전하게 해 줄 것이다."라고 한 데서 온 말이다.

242 정 강릉(鄭江陵) : 정종명(鄭宗溟, 1565～1626)으로, 강릉 부사(江陵府使)로 재직하였으므로 이렇게 칭한 것이다. 본관은 영일(迎日), 자는 사조(士朝), 호는 화곡(華谷) 또는 벽은(薜隱)으로, 정철(鄭澈)의 아들이다. 《宋子大全 卷183 江陵府使鄭公墓誌》

243 그 : 정종명의 아버지인 정철을 이른다.

244 오늘날……인용하였는지요 : 이때 민유중의 아들 민진원(閔鎭遠)이 과거에 합격하였으므로 한 말이다. 《尤菴先生書節要集解 卷5》

쓰임을 받게 하였는데도 그의 부형(父兄)인 자가 이익과 손해를 염려하여 앞길이 막히도록 하는 것은 또한 공정한 마음이 아닐 듯합니다. 그러니 과거에 나아가게 하는 것 역시 또 하나의 도가 아니겠습니까. 제가 주석(疇錫)을 벼슬길로 나아가게 한 것은 실로 제가 원한 일은 아니었으나 집안의 여러 아우와 조카들이 말했던 '가문을 위한 계책'에 내몰렸고 그 아이 역시 그것에서 자유롭지 못하였으니, 지금 시점에서 보건대 그의 옷자락을 붙잡지 못한 것이 한스럽습니다. 그랬다면 그는 분명 온교(溫嶠)처럼 옷자락을 자르는 행동까지는 하지 않았을 것입니다.[245]

245 그랬다면……것입니다 : 손자 송주석(宋疇錫)이 자신의 만류를 뿌리치고 나아가지는 않았을 것이란 말이다. 온교는 동진(東晉) 원제(元帝) 때의 명신(名臣)으로, 이모부 유곤(劉琨)의 권유를 받고 벼슬에 나가려 할 때 어머니 최씨(崔氏)가 못 가게 붙잡자 옷자락을 잘라 버리고 간 일이 있다. 《晉書 溫嶠列傳》

민지숙에게 답함 정묘년(1687, 숙종13) 2월
答閔持叔 丁卯二月

멀리서 문안 편지를 받으매 마치 직접 그대의 말씀을 듣는 것 같으니, 위안되는 마음을 말로 할 수 없습니다.

유고(遺稿)의 문답을 문집에 수록하지 않고 별도로 출간하는 것은 말씀한 대로 하는 것이 좋을 듯합니다. 다만 이미 "사우강론(師友講論)"이라 했다면 마땅히 동년배들의 문답을 그 사이에 삽입해야 하는데, 혹 번다해지지 않겠습니까? 만약 "승당기문(升堂記聞)"이라고 한다면 어떻겠습니까? 이런 등등의 제목은 옛날에도 있었습니다. 다만 문하의 여러 사람이 한 입씩 전부 다투어 얘기하면서 각자의 의견을 내보이니, 집사의 지위와 명망으로도 그 마음들을 승복시킬 수는 없으리라 생각합니다.

나머지는 남의 손을 빌려 적는 처지라 이만 줄입니다.

민지숙에게 답함 정묘년(1687, 숙종13) 5월

答閔持叔 丁卯五月

궁벽한 골짜기에서 베개에 기댄 채로 공손히 갑인년(1674)과 을묘년(1675)의 일[246]을 기다리고 있었는데 뜻하지 않게 귀한 편지가 멀리서 당도하여 죽었는지 살았는지 안부를 물어봐 주니, 편지를 펼쳐 거듭 반복해 읽으면서 거의 종이의 보풀이 일어나는 지경에도 읽기를 멈추지 않았습니다. 이어 그 편지를 통해 댁내가 평안함을 알았으니, 기쁘고 다행스러운 마음 간절합니다. 다만 집안의 상화(喪禍)가 거듭된 것은 차마 들을 수 없는 부분이 있으니, 그 어미는 어떻게 버텨 나가고 있습니까? 생각하매 비통하고 목이 메는바, 이는 허언이 아닙니다.

저는 늙어도 죽지 아니하여 세도가 무너진 것을 눈으로 보게 되었습니다. 밝은 성상을 위해 세도를 부지하고자 극히 미약하나마 도움이 될 대책을 얻었으나 도리어 섶을 가지고 불을 끄려는 격으로 귀결되고 말았으니, 깊이 스스로 뉘우치고 자책하나 소용이 없습니다.

춘형(春兄)의 문집은 얼마나 정사(淨寫)하였습니까? 도원(道源) 영공(令公)[247]이 관찰사로 있는 동안 판각에 들어가지 못하는 것이 한스

246 갑인년과 을묘년의 일 : 갑인년부터 그 이듬해인 을묘년까지는 서인이 남인과 예송(禮訟)을 벌이다 패배하여 대대적인 축출을 당한 시기인데 이때 송시열도 관작이 삭탈되어 덕원(德源)과 장기(長鬐) 등지로 유배형에 처해졌으므로 이와 같은 일들을 가리킨다. 《宋子大全隨箚 卷7》

247 도원(道源) 영공(令公) : 송규렴(宋奎濂, 1630~1709)으로, 도원은 그의 호이다. 송시열의 문인이며, 당시 충청도 관찰사로 있었다. 《宋子大全隨箚 卷7》

럽습니다. 연보(年譜) 역시 백지인 채로 보내려 합니까? 관을 벗고 죽을 날만을 기다리는 이 몸은 아마도 미처 볼 수 없을 듯합니다. 이러한 일들에 대해 직접 만나 여쭐 길이 없으니, 그저 탄식만 할 뿐입니다.

송자대전

제64권

書서

이유능[1] 단상 에게 보냄 경자년(1660, 현종1) 1월 그믐

與李幼能 端相○庚子元月晦日

동문(東門) 밖에서 멀리 전송해 주어서 실로 감사하였는데 홀연 육(陸) 편을 통해 손수 쓴 편지를 받으니, 지면에 가득한 깨우침과 가르침에 실로 진심으로 감격하였습니다. 더구나 시간이 흘러 새해가 되자 궁검(弓劍)의 슬픔[2]이 절절하다는 말씀은 몹시도 저를 얼굴을 부여잡고 눈물짓게 만들어서 읽는 동안 목이 메어 차마 소리가 나오지 못할 정도였습니다.

조정으로 돌아오라는 말씀을 받들고 싶지 않은 것은 아니나, 마음속으로 헤아려 볼 때 감히 그렇게 하지 못하는 점이 있습니다. 이에 관한 이야기는 대략 그대 백씨(伯氏) 영감[3]에게 답한 편지에 갖추어 말해 놓았으니, 이 이후로 바라는 것은 오직 마치 그 일을 모르는 사람처럼

1 이유능(李幼能) : 이단상(李端相, 1628~1669)으로, 유능은 그의 자이다. 본관은 연안(延安), 호는 정관재(靜觀齋)·서호(西湖), 시호는 문정(文貞)이다. 좌의정을 지낸 이정귀(李廷龜)의 손자이자 이조 판서를 지낸 이명한(李明漢)의 아들이며, 그의 아들은 송시열의 문인 이희조(李喜朝)이다. 《宋子大全 卷170 靜觀齋李公神道碑銘》《文谷集 卷9 副提學靜觀李公墓誌銘》

2 궁검(弓劍)의 슬픔 : 궁검은 임금의 죽음을 가리키는 말로, 황제가 용을 타고 승천할 적에 신하들이 용의 수염을 부여잡고 매달리다가 수염이 끊어지자 떨어지고 말았는데, 이때 황제의 활과 칼도 함께 떨어져 신하들이 그 활과 칼을 안고 통곡하였다는 고사에서 온 말이다. 《史記 封禪書》 1659년(효종10) 5월에 효종이 승하하였다.

3 그대 백씨(伯氏) 영감 : 이단상의 큰형인 이일상(李一相, 1612~1666)을 가리킨다. 자는 함경(咸卿), 호는 청호(青湖)이다. 《南溪集 卷21 禮曹判書贈右議政李公神道碑銘》

아무 말도 하지 말고 아무것도 묻지 않는 것인바, 그렇게 하면 조정은 거의 복을 받을 수 있을 것입니다. 이러한 때의 이러한 일에 대해서는 바로 그대 형제분들께 기대가 없을 수 없습니다.

산림의 한적하고 고요한 즐거움에 대해 말씀하였는데, 그것은 본디 세상사를 잊은 사람의 일이니 어찌 나라의 후한 은혜를 받고 군부를 마음속에 잊지 못하면서 그것을 즐길 수 있는 사람이 있겠습니까.

보내 준 청향(淸香)은 꺼내 보기도 전에 이미 그 향기가 모여 제게 스미는 것을 느꼈습니다. 삼가 마땅히 궤안(几案) 위에 오래도록 놓아 두어 그대의 향기로운 덕을 천 리 먼 곳에서 맡는 바탕으로 삼겠습니다.

날씨가 잠깐 따뜻해진 이때 시대를 위하여 몸을 보중하기를 다시금 기원합니다. 이만 줄입니다.

이유능에게 답함 경자년(1660, 현종1) 4월 27일

答李幼能 庚子四月二十七日

지난해의 시간들을 묵묵히 헤아려 보며 경연에 출입했던 때를 추억하노라니 홀로 어둠 속을 향하면서 저도 모르게 소리를 삼켜 곡을 하였습니다. 언제나 담재옹(湛齋翁)의 7월[4]은 제 마음을 먼저 안 경우라고 여겼는데, 지금 그대의 편지를 받으니 감사한 한편 또 위안이 되어 무어라 형용할 수 없습니다.

근래의 일[5]에 대해 말하자면, 만약 가장 먼저 처형당해야 할 사람을 찾는다면 제가 아니고 그 누구이겠습니까. 밝은 성상을 우러러 믿은 채 말을 절제할 줄 몰라서 저 사람의 구설을 초래하고 말았으니, 멸문을 당하는 처벌을 받는다 한들 오히려 기꺼이 받아들일 것입니다. 그러나 충심을 다하는 신하[6]를 죄에 연루시키고 친구를 잘못 얻은 것[7]에

4 담재옹(湛齋翁)의 7월 : 담재는 김인후(金麟厚, 1510~1560)의 호이다. 그는 인종(仁宗)이 승하한 후 벼슬에 나아가지 않고 매년 인종의 기일인 7월 1일이면 홀로 산속에 들어가 통곡하고 돌아왔는데, 이후 정철(鄭澈)은 "동방엔 출처가 없으니 오직 담재옹만이 있도다. 해마다 7월이면 온 산중에서 통곡하였네."라고 노래하며 그의 충절을 추억하였다. 이때 효종의 기일인 5월 4일이 가까이 왔으므로 한 말이다. 《松江集 卷1 懷河西》

5 근래의 일 : 1659년 효종이 승하한 뒤에 자의대비(慈懿大妃)의 복상 문제를 두고 기해예송이 벌어졌는데, 이듬해 1660년 4월 18일 윤선도(尹善道)가 상소를 올려 자최 삼년복을 주장하고 기년복을 주장한 송시열의 의견을 조목조목 반박한 것을 말한다. 이로 인하여 윤선도는 파직되어 유배형에 처해졌다. 《顯宗實錄 1年 4月 18日》

6 충심을 다하는 신하 : 송준길(宋浚吉)을 가리킨다. 《宋子大全隨箚 卷7》

7 친구를……것 : 친구는 권시(權諰)를 가리킨다. 1660년 4월 24일 권시가 상소를

이르러서는 얼굴이 부끄러워지는 한편 또 늙은이의 명이 박한 것이 한스러우니, 어찌하면 좋겠습니까. 지난해 향리로 돌아왔을 때 이미 재앙이 코앞까지 닥쳐왔으니 진실로 이른바 "늦었소."[8]라는 경우이니, 어찌 기미를 보고서 떠난 것이겠습니까.[9] 바야흐로 길가에 엎드려 소장을 올리고는 처벌이 내려지기만을 기다리던 중 홀연 밝은 성상의 정성스러운 하유(下諭)를 받았으니, 참으로 추운 골짜기에 봄기운이 자라나는 정도뿐이 아니었습니다. 분골쇄신하더라도 어찌 만분지일이나마 그 은혜에 우러러 보답할 수 있겠습니까.

그대 백씨(伯氏 이일상(李一相)) 어른께서 지난날 이따금 저를 일깨우고 가르쳐 주셨는데, 지금 와서 생각해 보면 참으로 귀갑(龜甲) 및 시초(蓍草)[10]와 같은 분이라 하겠습니다. 어찌하면 다시 그분을 모시고 차분히 이 심회를 말씀드릴 수 있을지요?

정히 멀리 떨어져 있으니, 다만 시대를 위하여 자중자애하기를 바랄 뿐입니다.

올려 송시열과 송준길 등을 비판한 윤선도를 옹호한 것을 두고 한 말이다. 《宋子大全隨箚 卷7》《顯宗實錄 1年 4月 24日》

8 늦었소 : 정몽주(鄭夢周)의 말이다. 고려 말에 한 승려가 정몽주에게 "강남땅 만 리에 들꽃이 만발했으니, 어딘들 봄바람에 좋은 강산 없을까."라는 시를 지어 주자, 정몽주가 눈물을 흘리며 "아, 늦었소, 늦었소."라고 하였다. 《陶菴集 卷40 圃隱鄭先生墓誌》

9 어찌……것이겠습니까 : 《주역(周易)》 〈계사전 하(繫辭傳下)〉에 "군자는 기미를 보고 떠나면서 하루가 다하기를 기다리지 않는다."라고 한 것을 인용한 말로, 여기서는 자의대비의 복상 문제로 화가 생길 줄 미리 알고 떠난 것이 아니라는 말이다.

10 귀갑(龜甲) 및 시초(蓍草) : 모두 고대에 국가의 중대한 일을 앞두고 시비와 길흉을 점칠 때 쓰던 것들로, 모든 의문을 판별해 주거나 중요한 일을 예측해 주는 지혜로운 인물을 가리키는 뜻으로 쓰인다.

이유능에게 답함 신축년(1661, 현종2) 1월 18일

答李幼能 辛丑正月十八日

궁벽한 산중에 칩거하고 있으면서 죽을 날이 머지않은 이때 그대의 편지를 받았는데, 지면 가득한 말씀은 무엇하나 진심의 한마디 한마디가 아님이 없었습니다. 편지를 읽고 거듭 미루어 생각해 보면서 저도 모르게 감사하는 마음을 가슴에 새기게 되었고, 이어서 새해가 바야흐로 돌아온 이때 그대의 생활이 더욱 경사스럽다는 것을 살피고는 또 깊이 축하하는 마음이 들었습니다.

저의 질병은 한 해가 지나도록 낫지 않고 있는데 성고(聖考 효종)의 두 번째 기일이 다만 몇 달도 남지 않았으니, 그 용안을 회상할 때마다 언제나 눈물이 베갯잇을 적시는 것을 금할 수 없습니다.

지난날 글을 올렸을 때 '미천한 내 말에 증거로 삼을 부분이 없다면 족히 성상의 마음을 움직일 수 없을 것이다.'라고 생각하였기에 감히 당시의 일을 거론하였습니다.[11] 집사께서 그 내용을 듣는다면 또한 응당 슬퍼 오열할 것임을 물론 잘 압니다. 그러나 집사께서는 돌아가신 선왕을 보내고 살아 계신 임금을 섬기는 일에 대해 한결같이 옛 의리를 따르니[12] 장차 무슨 여한이 있겠습니까. 저와 같이 형편없는 사람이

11 지난날……거론하였습니다 : 1660년 9월에 송시열이 올린 구황(救荒)에 관한 논의 중에 "지난해 사인(舍人) 이단상이 호남에서 돌아와 탑전에 복명(復命)하며 굶주린 백성의 곤궁한 상황을 극진히 아뢰자 선왕의 얼굴빛이 비탄에 잠기고 목이 메어 말을 이루지 못하였습니다.……"라고 한 것을 가리킨다. 《宋子大全 卷26 救荒議》《靜觀齋集 卷9 上宋尤齋》

큰 은덕을 저버린 채 천지간에 몰래 숨을 붙이고 살면서 여전히 형벌을 피하고 있으니, 이 어찌 이치에 어그러진 일 중에 어그러진 일이 아니겠습니까. 그러나 구구한 이 마음을 아는 사람은 알아줄 것입니다.

지난여름의 일[13]에 대해서는 제쳐 두고 더이상 언급하지 않았는데 다시 또 한 종류의 유언비어가 생겨났으니, 제가 성고(聖考)의 부묘(祔廟)가 마땅하지 않다는 설을 앞장서서 하고 다닌다는 것입니다. 정말 이 말대로라면 비록 머리칼을 뽑아 세어 가며 죽일지라도 그 죄의 만분지일도 셀 수 없을 것입니다. 차라리 문득 죽어서 이러한 말을 듣고 싶지 않으나 그럴 수 없으니 어쩌면 좋겠습니까. 그런데 집사께서는 이런 것들에 동요되지 않고 오히려 저를 위로하고 어루만져 주니, 이 어찌 위에서 말한 "알아줄 것이다."라는 것이 아니겠습니까. 더욱 절실히 가슴에 새기겠습니다.

보내 준 납제(臘劑)는 감사드립니다. 즉시 한두 종류를 맛봄으로써 집사의 은혜로운 마음을 느낄 뿐입니다.

12 돌아가신……따르니 : 죽은 선왕을 보내고 살아 있는 임금을 섬기는 두 일에 모두 여한이 없도록 하는 것을 가리킨다. 춘추 시대 진 헌공(晉獻公)이 죽기 전에 순식(荀息)을 총애하는 아들인 해제(奚齊)의 사부로 삼고 어린 해제를 어떻게 보좌할 것인지 묻자, 순식이 온 힘을 다하고 충정(忠貞)을 더하겠다고 하였다. 이에 진 헌공이 무엇을 충정이라고 하는지 묻자, 순식이 "공가(公家)에 이익이 되는 일이라면 알고서 하지 않음이 없는 것이 충(忠)이고, 돌아가신 선왕을 보내고 살아 계신 임금을 섬기는 두 일에 모두 여한이 없도록 하는 것이 정(貞)입니다."라고 하였다. 《春秋左氏傳 僖公9年》

13 지난여름의 일 : 1660년 여름에 윤선도(尹善道) 등이 효종의 복제 문제로 송시열을 ㅂ`판한 일을 가리키는 듯하다. 《顯宗實錄 1年 4月 18日》 333쪽 주5 참조.

이유능에게 보냄 신축년(1661, 현종2) 9월 16일

與李幼能 辛丑九月十六日

귤을 먹을 계책[14]은 하지 않고 갑자기 오두미(五斗米)의 계책[15]을 하였으니, 소인의 마음으로서는 감히 알 수 있는 바가 아닙니다. 지금 강가의 맑고 상쾌함 속에 한벽루(寒碧樓)[16]에서 생동하는 그림 속의 신선이 되어 있을 것을 생각하니, 그리운 마음 금할 수 없습니다.

저는 며느리의 장례 기일이 이제 박두하매 비통하고 그리운 마음이 더욱 괴롭습니다. 그의 효성스럽고 유순하며 순정하고 현명함은 집사께서 지은 뇌문(誄文)을 받기에 알맞거니와 또 집사의 뇌문이 아니면 저의 이 마음의 슬픔을 조금이나마 풀 수가 없으니, 부디 바라건대 비루하게 여기지 말고 이 애절한 간청을 들어주는 것이 어떻겠습니까? 감히 김연(金鍊)을 통하여 만시(挽詩)를 보내 드립니다.

나머지 할 말은 추워져 가는 이때에 몸을 보중하라는 것입니다.

14 귤을 먹을 계책 : 직설적으로 간언하다가 귀양을 가는 것을 가리킨다. 《송자대전수차》 권7에 "옛날 귀양지는 대부분 남방에 있었고 귤은 남방에 생산되므로 이러한 말이 있는 것이다."라고 하였다. 《宋子大全 卷61 與閔持叔(壬寅九月)》

15 오두미(五斗米)의 계책 : 오두미는 쌀 다섯 말이라는 뜻으로 박봉을 받으며 지방 수령을 맡은 것을 가리키는데, 진(晉)나라 도잠(陶潛)이 팽택 현령(彭澤縣令)으로 있을 적에 "내가 오두미 때문에 허리를 꺾어 향리의 어린아이에게 굽신거릴 수는 없다."라고 하고 고향으로 돌아갔던 고사가 있다. 《晉書 隱逸列傳 陶潛》 여기서는 이단상이 청풍 부사(淸風府使)가 된 것을 두고 한 말이다.

16 한벽루(寒碧樓) : 청풍 부사의 집무실인 청풍관(淸風館)의 부속 건물이다. 《宋子大全 卷142 淸風館重修記》

이유능에게 답함 신축년(1661, 현종2) 11월 26일
答李幼能 辛丑至月二十六日

병든 몸으로 낡은 집에 칩거하면서 다만 죽음과 이웃하고 있으니, 이러한 때엔 비록 바람 소리와 새소리만 들려도 기쁜 마음이 들 지경입니다. 그런데 하물며 집사의 심부름꾼이 귀한 편지를 들고 와 말씀을 전하였으니, 편지 가득히 누누이 하신 말씀은 무엇 하나 진심에서 우러나온 것이 아님이 없었습니다. 만일 큰 덕과 뛰어난 식견으로 남과 나를 딱 구분 짓는 사사로운 마음이 털끝만큼도 없고 또 어리석고 비루하다는 이유로 외면하지 않는 분이 아니라면 어찌 이렇게까지 할 수 있겠습니까. 감탄하고 감사하는 마음을 이루 다 표현할 길이 없습니다. 또 이어서 편지를 보고 양기가 회복된 요즈음 집사의 체후가 건승하다는 사실을 알게 되었으니, 위안되고 후련한 마음을 또 견딜 수 없습니다.

저는 지난번 며느리를 경기 지역에 장사 지내고 돌아온 직후에 종기를 앓아 거의 죽을 뻔하다가 다행히 목숨을 건졌습니다. 그런데 문밖에 날마다 찾아오는 자가 제게 없는 것을 요구하는 통에[17] 비록 시골 마을에 거처하고 있지만 한적하고 고요한 정취는 전혀 없는 실정입니다.

17 문밖에……통에 : 관리들이 날마다 찾아와 돈을 요구한다는 말이다. 당나라 문인 한유(韓愈)가 안풍현(安豐縣)에 살았던 은사(隱士) 동소남(董召南)의 행적을 노래한 시 〈차재동생행(嗟哉董生行)〉에 "천자(天子)가 그의 명성을 듣지 못하여, 작록(爵祿)이 문에 미치지 못하고, 문밖에는 오직 관리들이, 날마다 찾아와 조세를 징수하고 다시 돈을 요구할 뿐이로다.〔天子不聞名聲, 爵祿不及門. 門外惟有吏, 日來徵租更索錢.〕"라고 하였다.

그대 백씨(伯氏) 대감이 맞닥뜨린 일은 지난해에 일어난 것도 이미 뜻밖이었는데 올해는 더욱 말로 할 수 없는 지경입니다.[18] 그러나 이 일이 백씨 대감한테 무슨 손상될 점이 있겠습니까. 문 노공(文潞公)이 등롱금(燈籠錦)의 일로 탄핵을 받았을 적에 이사중(李師中)이 시를 지어 "아직 죽지 않은 간사한 자"라고 읊었습니다만,[19] 문 노공이 재차 준걸(俊傑)과 함께 노닐어서 명도(明道) 선생께서 돌아가셨을 때 그 묘비에 이름을 쓴 사람이 결국 다른 사람이 아니게 될 줄[20]을 누가

18 그대……지경입니다 : 백씨 대감은 이단상의 큰형인 이일상(李一相)을 가리킨다. "지난해에 일어난 것"이란 1660년 6월 11일 정언 이지익(李之翼)이 대사간 이정기(李廷夔) 등과 함께 "전라 우수사 이동현(李東顯)이 쌀과 베를 배 한 척에다 가득 싣고 그 배까지 싸잡아서 이조 참판의 집으로 보냈는데 이조 참판 이응시가 그 서간을 받지 않고 전임자에게 떠넘겼고, 전임 참판 이일상도 자신은 모르는 일이라고 하여 미곡을 실은 배가 오래도록 강가에 정박하고 있다는 소문이 몹시 자자하게 전파되고 있습니다."라고 하며 이 일의 조사를 청한 일을 가리킨다. '올해'인 1661년 9월 17일 지평이 된 이지익이 다시 그 문제를 제기하면서 "일찍이 호서에서 방백(方伯)에게 간청하여 군영의 미곡(米穀)을 아산현(牙山縣)에서 받아 내어 배를 이용해 집으로 운반한 뒤, 그 적곡을 전의현(全義縣)에 이록(移錄)시켜 황조(荒租)로 대납하고는 민간에 나누어 주게 하여 미곡으로 바꿔서 징수하게 하였다."라는 등의 말로 이일상을 곧장 탐관오리로 규정한 일을 가리킨다.《顯宗實錄 1年 6月 11日, 2年 9月 17日》

19 문 노공(文潞公)이……읊었습니다만 : 문 노공은 북송(北宋)의 명재상인 문언박(文彦博)으로, 노국공(潞國公)에 봉해졌다. 등롱금이란 등롱 무늬를 수놓은 비단으로 촉(蜀) 지방의 특산품이다. 북송 인종(仁宗) 때 인종이 총애하던 장 귀비(張貴妃)가 연회에 이 비단으로 지은 옷을 입고 나타나자 감찰어사(監察御史) 당개(唐介)가 문언박이 뇌물로 바친 것이라고 하며 탄핵하다가 파직당하여 영주(英州)로 폄적(貶謫)되었는데, 이때 이사중이 당개를 송별하면서 "함께 노닐던 뛰어난 이는 얼굴이 어찌 그리도 두꺼운가. 아직 죽지 않은 간사하고 아첨하는 이는 뼈가 이미 차도다.〔竝遊英俊顔何厚? 未死奸諛骨已寒.〕"라는 시로 당개를 위로하고 문언박을 비판한 일이 있다.《宋史 文彦博列傳, 唐介列傳》

생각이나 했겠습니까. 결국 등롱금은 본시 등롱금이고 간사한 자는 본시 간사한 자이며 문 노공은 이전과 똑같이 본시 문 노공인 것입니다. 하물며 오늘날 이 일은 문 노공의 일과 또 현격한 차이가 있으니, 부디 바라건대 마음을 너그럽게 가지고 너무 꺼림칙하게 생각지 않는 것이 어떻겠습니까?

한스러운 것은 지난해 이군서(李君瑞 이응시(李應蓍))가 상소한 뒤에 짧은 몇 마디도 필요 없이 시비가 이미 정해진 것입니다. 만약 저쪽의 제공(諸公)이 그 주장을 일소에 부치고 "그 역시 우연히 잘못된 내용을 풍문으로 들은 것이다."라고 했다면 너그러운 기상과 노성한 거조를 보일 수 있었을 터였습니다. 그런데 도리어 격렬한 반응으로 일을 키워서 오늘날 이 지경에 이르고 말았으니, 이 어찌 집사 집안의 운수에만 해당하는 일이겠습니까. 교목(喬木)이 좀을 먹으매 고국(故國)이 빛을 잃으니,[21] 이는 실로 식견 있는 선비가 깊이 근심하고 크게 탄식하며 장차 어떻게 될지 알 수 없어 하는 경우라 하겠습니다.

군영의 적곡(糴穀)에 대한 한 조목으로 말하자면 이는 실로 노나라와 위(衛)나라의 정사[22] 같은 경우라서 육연(陸蓮)의 유사함[23]을 분간

20 명도(明道)……줄 : 명도 선생은 북송의 학자 정호(程顥)로, 명도는 그의 호이다. 정호가 죽은 후 문언박이 여러 사람의 의론을 모아 그 묘비에 '명도 선생(明道先生)'이라고 이름을 쓴 것을 가리킨다. 《宋史 道學列傳 程顥》

21 교목(喬木)이……잃으니 : 교목은 높고 큰 나무로, 여러 대에 걸쳐 중요한 지위에 있어 국가와 운명을 같이한 집안을 가리키는데 여기서는 이단상의 집안을 가리킨다. 고국은 역사가 유구한 국가로, 맹자(孟子)가 제 선왕(齊宣王)에게 "이른바 고국이라는 것은 교목이 있다는 것을 이른 말이 아니라, 그 조정에 여러 대에 걸쳐 벼슬한 신하가 있음을 이른 말입니다."라고 하였다. 대대로 대신을 배출한 이단상의 집안이 남들의 비난으로 명예가 실추되자 국가 역시 빛이 바랬다고 말한 것이다. 《孟子 梁惠王下》

하기 어려우므로 지난날 소장에서 저까지 같은 죄안(罪案)에 넣어 달라고 바랐습니다. 그러니 남들이 만약 도료장군(度遼將軍) 황보규(皇甫規)를 거론하며 저를 비웃는다면[24] 혹 지나친 일이겠으나 그대가 편지에서 말씀한 뜻으로 말하자면 제가 크게 예상하지 못했던 것입니다. 어찌하면 좋겠습니까? 도리어 몹시 두렵고 황송합니다.

며느리의 만시(挽詩)는 단지 한때의 보기 좋은 것을 만들고자 하는 것만이 아니라 만약 집사의 한 말씀을 얻는다면 그 자식과 손자들에게 헤아릴 수 없이 큰 은혜가 될 것이기에 감히 몰염치를 무릅쓰고 청하는 것입니다. 지금은 비록 상여 끈을 잡고 장사 지내는 일이 끝난 뒤이지만 끝내 은혜를 내려 주기를 진심으로 바랍니다. '허락을 받지 못한다

22 노나라와 위(衛)나라의 정사 : 유사한 성격의 두 가지 일을 가리키는 말로, 송시열 역시 그와 유사한 일을 했다는 것이다. 《논어》 〈자로(子路)〉에 공자가 "노나라와 위나라의 정사가 형제간이로다."라고 하였는데, 노나라는 주공(周公)의 후손이고 위나라는 강숙(康叔)의 후손으로서 원래 형제의 나라였을 뿐 아니라 혼란한 정치 상황도 흡사하였으므로 이렇게 말한 것이다. 1661년 9월 17일 병조 판서 홍명하(洪命夏)가 이지익(李之翼)으로부터 비판받은 이일상을 비호하며 "송시열도 일찍이 이런 일을 한 적이 있는데, 이치에 어긋나는 일이었다면 송시열이 어찌 했겠습니까."라고 하였다. 《顯宗實錄 2年 9月 17日》《宋子大全 卷11 因大臣以趙絅事引入待罪疏》

23 육연(陸蓮)의 유사함 : 비슷하여 분간할 수 없는 대상을 가리키는 말인 듯하다. 《宋子大全隨箚 卷7》

24 도료장군(度遼將軍)……비웃는다면 : 이일상과 유사한 죄를 저질렀는데 정작 자신만 처벌을 피한 것을 두고 남들이 부끄러움을 느끼지 않는다고 비웃는다는 말이다. 황보규는 후한(後漢)의 장수로, 강(羌)을 정벌한 공을 인정받아 도료장군에 올랐는데, 당고(黨錮)의 화가 크게 일어나 진번(陳蕃), 이응(李膺) 등 당대의 명현이 다수 체포되자 자신이 함께 처벌되지 않는 것을 수치로 여겨 스스로 상소하여 자신도 당인(黨人)임을 밝히고 함께 처벌받기를 청하였다. 《後漢書 皇甫規列傳》

면 청하기를 그만두지 않을 것이다.'라고 내심 헤아리고 있습니다.

이에 다시 삼가 청할 것이 있습니다. 비루하고 부족한 제가 비록 집사로부터 늦게 총애를 입었으나 믿고 의지하는 마음만큼은 실로 얕지 않습니다. 화려한 겉치레를 완전히 벗어 버리고 오직 도의(道義)와 소탈함만으로 천년 뒤까지 서로 기약하기를 늘 원해 왔습니다. 그런데 지금 보내온 편지에서는 말씀에 겸손이 지나쳐 저를 부끄럽고 황송하여 감당할 수 없도록 만드니, 이 어찌 평소 집사께 바랐던 것이겠습니까. 삼가 바라건대 이제부터는 이러한 관례를 물리치고 버려서 피차가 모두 마땅하게 된다면 몹시도 큰 다행일 것입니다.

보내 준 선물을 통해 지극한 마음을 감사히 받았으니, 어떻게 감사드려야 할지 모르겠습니다. 나머지 할 말은 한 해가 저물어 가는 이때 기체를 보중하여 멀리 있는 저의 정성에 부응해 달라는 것입니다.

이유능에게 보냄 임인년(1662, 현종3) 4월 2일

與李幼能 壬寅四月二日

지난번의 작별로 지금까지 마음이 서글프니, 언제나 다시 함께 어울릴 수 있겠습니까.

집사께서 했던 훌륭한 경계의 말씀[25]은 진실로 정문일침(頂門一針)이니, 삼가 마음에 새겨 저의 현위(弦韋)[26]로 삼겠습니다. 다만 저의 편벽된 성품이 초심을 더욱 굳게 지키지 않을까 하는 염려가 있습니다.

돌아가는 배가 이미 탄금대(彈琴臺) 아래에 이르니 옛일을 떠올리며 애도하는 감회[27]가 서글피 듭니다.

25 집사께서……말씀 : 1662년 3월에 송시열이 금강산 여행을 가는 길에 이단상이 부사로 재직하던 청풍부(淸風府)에 들러 이단상과 강에서 뱃놀이를 하였는데, 그때 이단상이 송시열에게 "어른께서는 너무 엄준하고 동춘(同春)은 너무 온화하니, 엄준함과 온화함이 물론 미덕이기는 하나 지나치면 문제가 됩니다. 저는 바라건대 두 어른께서 서로 보완하는 바가 있으면 좋겠습니다."라고 말한 것을 가리킨다. 《宋子大全 附錄 卷4 年譜》《靜觀齋集 續集 卷9 遺事續》 동춘은 송준길(宋浚吉)을 가리킨다.

26 현위(弦韋) : 자신의 단점을 보완하도록 돕는 것을 뜻한다. 현(弦)은 활시위이고, 위(韋)는 무두질한 가죽이다. 전국 시대 위(魏)나라의 서문표(西門豹)는 자신의 성질이 급한 것을 단점으로 여겨 무두질한 가죽을 차고 다니면서 스스로 느긋하게 처신하고, 동안우(董安于)는 자신의 성질이 느긋한 것을 단점으로 여겨 활시위를 차고 다니면서 스스로 급하게 처신한 데서 온 말이다. 《韓非子 觀行》

27 옛일을……감회 : 임진왜란 때 신립(申砬)이 충주(忠州) 탄금대에서 배수진을 치고 왜적과 대항해 싸우다가 패배하여 강물에 투신 자결한 것을 두고 한 말이다. 《宣祖實錄 25年 4月 14日》

이유능에게 답함 임인년(1662, 현종3) 11월 9일
答李幼能 壬寅至月九日

예전에 들은 말로는 구름 속에 사는 신선도 노을을 먹기 위해 때때로 현포(玄圃)[28]에 이른다고 하는데, 이에 알 수 있는 사실은 조물주가 집사께서 한벽루(寒碧樓)에 오랫동안 누워 있도록 허락하지 않았다는 것입니다.[29] 그런데 뜻하지 않게 집안 아우가 인편을 통해 그대의 손편지를 전해 주니 기쁜 마음이 실로 보통의 갑절이나 되었습니다.

현재 추위가 심한데 집사의 기거는 어떠합니까?

제가 여기에 온 것은 부득이한 것으로 지난해 승정원에서 올린 계사(啓辭)에서 비롯된 것인데 감히 그 이유를 말하지 못하였으니, 이 역시 융통성 없는 선비의 일반적인 행태인지라 스스로 조소할 뿐입니다.

의주 부윤(義州府尹) 이(李) 모는 처음부터 근심이 없었으니 어찌 끝나 길하게 될 것이 있겠습니까. 또한 뇌물이 일상이 된 나라에는 쉽지 않은 일이 없음을 알 수 있습니다. 만약 수천 수백 꿰미의 금전을 쌓아 둔다면 그 우두머리가 꿰매어 가져갈 수 있을 것입니다.

그대 백씨(伯氏 이일상(李一相)) 대감에 대해 말하자면, 제가 몰래 그분의 생각을 엿보니 남들과 이야기를 주고받고자 하지 않았으므로

28 현포(玄圃) : 곤륜산(崑崙山) 꼭대기에 신선이 산다는 곳이다. 《海內十洲記 崑崙》

29 조물주가……것입니다 : 한벽루는 청풍 부사의 집무실인 청풍관(淸風館)의 부속 건물이다. 이단상이 청풍 부사에서 해면된 것을 두고 한 말이다. 《宋子大全 卷142 淸風館重修記》

저는 감히 그분께 당돌하게 행동하지 못하였습니다. 그러나 28수의 시와 감초 몇 본(本)을 보내 준 것에 감사하는 마음 그지없었고 그 시에 대해 간절한 마음으로 화답시를 지으려고 하였으나 늙은 저의 눈물이 먼저 떨어져서 여러 번 붓을 잡았다가 도로 그만두었습니다. 그러나 재차 말을 다듬고 난 뒤에 화답하여 보내더라도 늦지 않을 것입니다. 서생이 호언장담하였으니, 허사가 되지 않을지 모르겠습니다. 우습군요.

마침 옥천(沃川)의 이 정자(李正字)가 방문하였으므로 대략 이렇게만 쓰고 하나하나 다 말씀드리지 못합니다.

이유능에게 답함 계묘년(1663, 현종4) 6월 21일
答李幼能 癸卯六月二十一日

더위로 생긴 설사가 두 달이나 이어져 죽을 뻔한 게 여러 번이었는지라 마음속에 만사가 다 식어 버렸습니다. 다만 고인(古人)은 "오르내리며 우리 선왕의 좌우에 계신다."라고 하였는데,[30] 정말로 이러한 이치가 있습니까? 만약 있다면 얼른 죽는 것이 실로 원하는 바이니, 다만 이러한 일념을 마음속에 잊지 않고 있었습니다.

그러던 가운데 지난달 말쯤 집안 아우가 인편을 통해 집사의 편지를 전해 왔는데, 자세한 말로 마음을 기울인 것은 실로 특별한 것이었으니 감사하는 심정 지극하여 기쁨과 다행스러움이 교차하였습니다. 다만 지난해 저의 망녕된 행동 때문에 나라 사람들의 비판이 점점 심해졌고 그로 인하여 조정의 풍파가 가일층 더해졌기에 두렵고 놀랍고 부끄러운 마음으로 처벌이 내리기를 기다리기에도 겨를이 없었으니, 어찌 감히 편지를 써서 서울에 있는 대갓집에 보낼 수 있겠습니까. 이 때문에 오랫동안 답장을 미루었으니 늘 스스로 송구하고 불안하였는데 뜻하지 않게 집사께서 이러한 저의 행동을 잘못으로 여기지 않고 또 손수 편지를 써서 노복에게 맡겨 보내는 한편 이어 답장을 요구하였습니다. 이 몸은 집사에게 이러한 은혜를 받을 수 없는 존재임을 잘 알고 있기에

30 고인(古人)은……하였는데 : 춘추 시대 위 양공(衛襄公)이 죽자 주나라 천자가 그의 공덕을 찬양하기 위해 추명(追命)을 내려 "숙부가 오르내리며 우리 선왕의 좌우에 있으면서 상제를 보좌해 섬길 것이다."라고 하였다. 《春秋左氏傳 昭公7年》

처음에는 놀랍고 의아하였으나 결국에는 감사하는 마음을 가슴에 새겼습니다. 다만 지난번에 제법 건강이 좋지 못하다가 이제는 기쁘게도 평상을 회복하였다고 하니, 신명의 도움으로 일상이 화평하다는 그 이치가 어긋나지 않은 것입니다. 먼 곳에서 걱정하고 그리워하던 마음이 이 때문에 조금 풀렸습니다.

저는 죄가 크고 사특함이 심하여 귀신이 모두 분노하고 있습니다. 이에 이런 고질병을 안은 채 치료하기 힘들 것이라 스스로 여기고 있으니, 저 외부에서 찾아오는 근심거리야 잠시 제쳐 놓을 만합니다.

갑작스러운 재앙의 기미에 대한 말씀[31]은 저를 아끼고 염려해 주어 더욱 감사합니다. 지난번에 어떤 사람[32]이 또한 이와 같은 말을 해 주었는데, 저는 그에 대해 "옛날 하늘을 찌를 듯한 기세의 소장[33]이 북쪽에

31 갑작스러운……말씀 : 1659년 4월 탑전에서 민유중(閔維重)이, 현종의 장인인 김우명(金佑明)과 그의 형 김좌명(金佐明)이 아버지 김육(金堉)의 장례에 천자(天子)의 무덤에만 설치할 수 있는 묘도(墓道)인 수도(隧道)를 쓴 일을 고발하여 그 부당성을 아뢰었는데, 그 자리에 함께 있던 송시열도 동조하여 마침내 김우명 형제로부터 원한을 산 일이 있었다. 1661년 훗날 숙종이 되는 이순(李焞)이 출생했을 때 송시열은 한창 대죄(待罪) 중이어서 원자 탄생을 축하하는 대열에 참여하지 못하였는데, 현종은 이를 효종의 상기를 마치기도 전에 원자가 탄생한 것에 불만을 품은 것이라고 해석하여 탐탁스럽지 않게 생각하였다. 마침 휴가를 받아 처가인 회덕(懷德)에 머물다 돌아온 김우명이 송시열을 미워하는 자들이 길에서 하던 말을 현종에게 전하면서 송시열에게 과연 불만스러운 뜻이 있다고 아뢰었다. 이후 평소 이단상과 절친하였던 김좌명이 이 일을 이단상에게 거론하면서 송시열을 비난하자, 이단상이 크게 놀라 사건의 전말을 상세히 쓴 편지를 황산(黃山)에 머물던 송시열에게 급히 보내었다. 《宋子大全隨箚 卷7》《衡鑑合編 冊3 久菴聞見錄》

32 어떤 사람 : 조귀석(趙龜錫, 1615~1665)을 가리킨다. 본관은 양주(楊州), 자는 우서(禹瑞), 호는 장륙당(藏六堂)이다.

서부터 오자 저상(苧相)[34]이 누군가에게 '세상 사람이 이 이(李) 모가 있는 줄을 아니, 심히 영광스럽고 다행스럽다.'라고 말하였는데, 이 어른은 실로 오늘을 위해 이 말을 준비했던 것입니다."[35]라고 답장을 보냈습니다. 그런데 지금 그대의 편지에서 또 이 몸을 가장 첫머리에 놓았고 보면 또 주자(朱子)께서 말씀한 노년의 영광이란 것입니다. 너무 과분하지 않겠습니까. 한바탕 크게 웃을 만합니다. 제가 오래도록 마음속에 품고 있는 생각이 있으니, 감히 대략이나마 아뢰지 않을 수 없습니다.

삼가 생각건대 집사께서는 이미 내(內)와 외(內), 의(義)와 이(利)의 차이를 잘 구분하고 있어서 자신에게 작록(爵祿)이 오는 것을 자세히 살피고 가리므로 선비들이 일제히 추앙하는 마음을 가지고 있으니, 몹시도 위대하고 위대합니다. 그러나 일찍이 보건대 고인은 권세와 이익에 대하여 이미 혹 무덤덤한 태도를 지녔으면 또 그저 예속에 얽매이지 않고 거리낌 없이 언행하는 것을 통달했다고 여기거나 깊숙한 곳에 숨어 모습을 감추곤 하였습니다. 그 사적인 편의를 도모하자는

33 하늘을……소장 : 1659년 6월 2일 경성 판관(鏡城判官) 홍여하(洪汝河)가 올린 응지 상소(應旨上疏)를 말한다. 이 글에서 홍여하는 나라의 상벌이 제대로 운용되고 있지 않으며 그 원인은 완남부원군(完南府院君) 이후원(李厚源)같이 간사하고 한쪽으로 치우친 무리가 임금의 옳은 판단을 막아서 올바른 인재의 진출이 막혀 있기 때문이라고 하였다. 이 소장은 송준길(宋浚吉)과 송시열을 배척하는 상소문으로 여겨져 송시열이 사직하는 등 파장을 일으켰고, 홍여하는 결국 유배되었다. 《顯宗實錄 卽位年 6月 2日, 4日》《宋子大全 附錄 卷3 年譜》

34 저상(苧相) : 저동(苧洞)에 옛집이 있었던 이후원을 가리킨다.

35 옛날……것입니다 : 송시열이 1663년 6월 조귀석에게 보낸 답장에 있다. 《宋子大全 卷44 答趙禹瑞》

생각은 가히 훌륭하다 하겠으나 세도(世道)에 대해 아무런 보탬이 되지 못하고 해만 되는 것이 분명합니다. 지금 집사께서는 그렇지 아니하고 도리어 또 실지에 유의하여 두 가지 폐단이 모두 없으니, 이 어찌 세도의 다행이 아니겠습니까. 저와 같이 형편없는 사람이 스스로 역량도 헤아려 보지 않고 집사를 따르고 싶어 하는 이유입니다. 오직 바라건대 더욱 경서(經書)와 사서(史書)로써 물을 주고 배양하여 사도(斯道)를 주장하고 풍기(風紀)를 부지해서 기묘년(1519, 중종14)과 을사년(1545, 인종1)의 성대했던 시절처럼 한 무리의 선류(善類)로 하여금 모두 갈고 닦으며 깨끗하게 될 수 있도록 한다면 나라가 거의 의지하는 바가 있을 것입니다. 저를 인정해 주는 깊은 마음에 감사한 나머지 감히 흉금을 아뢰고 말았으니, 부디 헤아려 주기를 바랍니다.

얼핏 듣건대 백씨(伯氏 이일상(李一相)) 어른께서 특별히 대사헌에 제수되었다고 하니, 하늘과 사람 사이에 이미 호응할 징조가 있는 것입니다. 축하하고 축하하는 심정을 견디지 못하겠습니다. 다만 꺼려지는 것이 앞에서 말한 바와 같아서 감히 별도로 편지를 쓰지 못하니, 한스럽고 한스럽습니다. 오래도록 붓과 벼루를 버려두었다가 죽을힘을 짜내어 억지로 이렇게 쓰니 글에 조리가 없습니다. 다만 바라건대 참작하여 보신 뒤 즉시 불에 던져 버리십시오. 삼가 묵묵히 이해해 주기를 바랍니다.

이유능에게 답함 계묘년(1663, 현종4)

答李幼能 癸卯

삼가 저를 비루하게 여기지 않고 묘제(廟制)와 관련한 의론[36]을 말씀해 주니, 지극히 감사하고 다행스러운 나머지 도리어 부끄럽고 송구한 기분입니다.

봄에 예관(禮官)이 내려와서 제게 그에 대한 의론을 올리게 하였습니다. 그러나 그때 저는 병으로 면직을 청한 직후였던 데다, 또 생각하니 지난해 일을 논한 바가 있었는데도 그 상소가 선택되어 시행되지 못하여 마치 우물에 떨어진 것처럼 막연하였고, 또 조정에서 이미 결정해 놓은 것이 있어 감히 그 잘잘못에 대해 의견을 올리지 못하게 한다고 여겨졌으니, 그렇다면 이는 입을 막고 말을 하라는 격이라 결국은 감히 저의 소견을 올리지 못하였습니다. 그런데 춘형(春兄 송준길(宋浚吉))이 의론한 것을 보았더니 그다지 근거가 없어 흡사 자기 손으로 세계를 나누어 변화를 만들어 내는 지경[37]을 면치 못한 것 같았습니다. 이는

36 묘제(廟制)와 관련한 의론 : 영녕전 개수에 대한 의론을 가리킨다. 영녕전은 조선시대 태조의 4대조인 목조, 익조, 도조, 환조와 대가 끊어진 임금, 그리고 그 비(妃)의 신위를 봉안하던 곳인데, 1663년 3월에 개수가 결정된 뒤 조정에서는 그 제도를 정할지 논란이 있었다. 《顯宗實錄 4年 3月 13日, 4月 3日・5日》

37 자기……지경 : 자기 의견을 가지고 근거 없이 함부로 예법을 만드는 것을 가리킨다. 주희가 고례(古禮)를 제대로 이해하지 못하고 함부로 새로운 것을 만들어 내는 예관(禮官)들을 비판하면서 쓴 표현이다. 《晦菴集 卷46 答黃商伯》《朱子大全箚疑輯補 卷46》

큰 근본을 이미 잃어버리고는 지엽적인 것에 대해서만 계획하고 일을 벌였기 때문이니, 그렇다면 그가 이와 같음도 이상할 게 없습니다.

그 후 삼가 길에 떠도는 말을 들어 보니 집사께서 장편의 글을 올려 의견을 절충하였다고 하였는바, 그 상소문의 부본(副本)을 한번 볼 수 없는 것을 매우 한스럽게 여겼는데 이번에 별지에 담긴 말씀을 삼가 보니 또 목마른 자가 샘물을 얻은 것 같은 기분입니다. 어쩌면 이리도 의론한 내용이 약속하지 않았는데도 서로 부합하는지요.

무릇 도궁(都宮)의 소목(昭穆) 제도가 이미 가벼이 논할 수 없는 문제이고 보면 주자의 의장(議狀) 가운데 희조(僖祖)를 시조로 삼는다는 가르침[38]이 어찌 오늘날의 큰 법전이 아니겠습니까. 다만 예법에 제후는 세실(世室)의 제도[39]가 없어 지금 목조(穆祖)를 희조에 준하여 시조로 삼는다면 태조(太祖)의 묘주(廟主)는 다시 처리할 만한 방법이 없으니 이것이 가장 크게 문제가 되는 부분입니다. 그러나 예(禮)의 주소(註疏)에 이성(異姓)의 제후가 처음 봉해진 초기에는 곧 태조의 사당을 세운다는 설도 있으니, 무릇 이미 태조의 사당을 세웠다면 응당 중간에 도로 폐지하고 갑자기 처음 봉해진 자와 바꿀 수는 없는 것입니다. 이것은 비단 인정과 예법의 뜻에 있어서 그렇지 않을 뿐만이 아닙

38 주자의……가르침 : 희조는 송나라 태조 조광윤(趙光胤)의 고조(高祖)인 조조(趙朓)의 추증된 묘호이다. 효종(孝宗)이 죽은 뒤 희조가 공덕이 없고 대수(代數)가 다하였으므로 조천을 하고 동향의 자리에 태조를 모셔야 한다는 논의가 있자, 주희가 장계(狀啓)를 올려 반박하며 희조는 바로 시조이므로 그대로 태조 동향의 자리에 모셔야 하며 영원히 조천하지 말아야 한다고 주장한 것을 가리킨다.《晦菴集 卷15 祧廟議狀》

39 세실(世室)의 제도 : 공덕(功德)이 있는 임금에 대해서는 신주를 옮길 때가 되더라도 영녕전으로 옮기지 않고 계속 종묘에 모셔 두는 제도를 말한다.

니다. "태조께서 그 당시에 추존하셨던 마음을 가지고 묵묵히 미루어 보건대"라고 하신 주자의 가르침으로 강구해 본다면, 이성인 제후는 이미 세운 태조를 폐할 수 없고 또한 처음 봉해진 자를 조천(祧遷)하지 않는다는 것은 의심할 것이 없습니다. 만일에 그러하다면 지금 목조를 제1실(室)로 하고 태조를 세실로 한다면 곧 문제가 될 부분이 없을 것이니 이것이 아마도 오늘날의 제일의(第一義)이지 않을까 합니다.

만일 영녕전(永寧殿)과 태묘(太廟)의 현행 제도를 논해 본다면 하나하나가 정확히 주자께서 지적한 부분을 위배하고 있습니다. 자손을 정처(正處)에 두고 조종(祖宗)을 한쪽으로 치우친 자리에 둔 것부터 이미 온당한 바가 아닐 뿐만 아니라 건물과 의물(儀物) 및 제향(祭享)이 풍성한 정도와 빈도까지 또 차이가 있으니, 이른바 "신도(神道)의 이치를 강구해 보면 어찌 인정과 동떨어진 것이겠는가."라는 말[40]은 몹시 생각해 봐야 할 부분입니다.

또 한 담장 안에 이미 두 집을 지어 신위를 봉안하였다면 두 사당이라고 말하지 않을 수 없고 이미 두 사당이라고 한다면 당연히 빈주(賓主)와 경중의 구별이 있어야 합니다. 영녕전을 위주로 하여 말한다면 어떻게 한쪽으로 치우친 자리에 있는 분이 주가 되고 정처에 있는 분이 그다음이 되는 이치가 있겠으며, 태묘를 위주로 하여 말한다면 또 어떻게 자손이 주가 되었는데 도리어 조종을 그다음이라고 하는 이치가 있겠습니까. 부득이 이 두 경우를 처리해야 한다면 차라리 영녕전이

40 이른바……말 : 한유(韓愈)의 〈체협의(禘祫議)〉에서 "할아버지는 손자로 인하여 높아지고 손자는 할아버지로 인하여 굽히게 되는 것이니, 신도를 강구해 보면 어찌 인정과 동떨어진 것이겠는가."라고 한 것을 가리킨다. 《別本韓文考異 卷14》

비록 한쪽으로 치우친 자리에 있다 하더라도 그 건물을 크게 만들어서 태묘를 능가하게 만든다면 그래도 혹 지금의 잘못된 것보다는 낫게 될 것입니다. 이와 같은 이유로 당시에 예관이 사적으로 제게 의견을 물었을 때 대략 이러한 생각을 언급하였습니다.

지금 집사께서 크게 불안해하는 부분은 공정대왕(恭靖大王) 이하 조주(祧主)를 영녕전에 아울러 제향하는 것을 두고 심히 잘못이라 여기는 것인데, 저의 의견도 대략 그와 같습니다. 목조를 조주로 삼는다면 태조께서 그 당시 존숭하셨던 마음이 응당 그와 같지 않았을 것이며, 만일 조주가 아니라고 한다면 공정대왕 이하는 이미 태묘에서 폐출되었는데 다시 다른 사당에서 거행한다는 것도 매우 말이 되지 않습니다. 이것이 제가 오늘날 의론하는 사람들에게 의심이 없을 수 없는 까닭인데, 집사께서 실로 제 마음을 먼저 알았습니다.

그러나 선왕의 소목 제도 및 주자께서 희조를 조천하지 않은 의리는 반드시 채택되지 않을 것이며 태조의 협실(夾室)에 조주를 모시는 것도 필시 옛것을 변경하는 것이라는 이유로 어렵게 여길 것이니, 다만 예전대로 영녕전의 협실에 모시는 것이 시행될 수 있을 것입니다. 그러나 주자의 설을 가지고 판정을 내린다면, 다만 목조는 응당 정위(正位)가 되어야 하고 익조(翼祖), 도조(度祖), 환조(桓祖)는 응당 아래로 공정대왕 등 여러 임금과 더불어 협실의 조위로 삼는 것이 약간 근거가 있는 일이 될 것입니다. 훗날 공사가 시작될 때 부디 다시 이 몇 가지 설을 가지고 거듭 청하는 것이 어떻겠습니까? 저는 이미 예를 의론한 일로 인해 여러 공에게 죄를 얻었고 그 나머지 종적도 갖가지로 편안하기 어려운 실정이니, 다만 마땅히 혀를 깨물고 허물을 반성해야 할 뿐이기에 감히 다시 이러한 의론에 참여하지 못합니다.

이유능에게 답함 갑진년(1664, 현종5) 윤월 6일

答李幼能 甲辰閏月六日

지난번 외람되이 여러 장을 이어 붙인 장문의 서신을 받아 거의 먹빛이 바래도록 여러 차례 반복하여 읽었지만 제 종적이 혐의스러웠던 탓에 감히 대뜸 저의 성명을 집사께서 있는 자리에 전하지 못하였으니, 그저 집사의 풍모를 우러르고 집사의 의리를 사모하는 마음만 가질 뿐이었습니다. 다만 그중 자신에 대한 겸손한 말씀에서 이미 성대한 마음을 우러러볼 수 있었는데 저를 타이르고 깨우쳐 준 정성스러움은 또 부족한 제가 감당할 바가 아니었으니, 언제나 한없이 부끄럽고 위축될 뿐이었습니다. 그런 가운데 뜻밖에 지금 멀리까지 특별히 심부름꾼을 보내어 안부 편지를 전하고 또 별지로 간곡하게 가르침을 내려 주니, 진정 이른바 조각조각 참된 마음을 남에게 말하여 준 셈입니다. 비루하고 저열한 제가 어떻게 하여 고명한 분께 이런 대우를 얻을 수 있는지 모르겠으니, 감사하고 또 송구스러운 나머지 마음을 가눌 수가 없어 문득 감히 자신과의 약속을 깨뜨리고 또한 별지로 가르침을 구합니다. 부디 회답을 주기 바랍니다.

언제나 저희 형제들을 잊지 않고 염려해 주니, 그 또한 분수에 넘치는 일인 줄 알고 있습니다. 이 어찌 양초(梁楚)의 승낙 한 번[41] 정도에

41 양초(梁楚)의……번 : 한나라의 계포(季布)가 신용이 있다는 명성이 높자, 조구(曹邱)가 계포에게 찾아와서 "초나라 사람 속담에 '황금 백 근(斤)을 얻는 것이 계포의 승낙을 한 번 얻는 것보다 못하다.'라고 하니, 그대는 어떻게 양초 사이에서 이런 명성을

그치는 일이겠습니까. 우리 형제들의 봉록은 실로 집사께서 비호하여 준 덕분이나 스스로 돌아보건대 쇠잔한 가문에 너무 융성한 일이 아니겠습니까. 영만(盈滿)의 두려움[42]이 없지 않습니다. 보내 준 건어물과 어란은 집사의 지극한 뜻에 감사하여 이루 다 사례하지 못합니다.

저는 집안에 재앙이 끊이지 않아 황호(黃湖)의 우거(寓居)에 역병이 발생하여 외손 하나가 거의 죽을 뻔하였고, 가족을 다른 지역으로 내보내 두자 또 한 외손이 그곳에서 역병에 전염되는 바람에 재차 거처를 옮길 수밖에 없는 상황이나 저는 고향으로 돌아와 조용히 기다리고 있습니다.

이번 편지에 해 주신 말씀을 통해 아끼고 보살펴 주는 은혜에 실로 감사하였습니다. 다만 비유로 든 것이 지나치고 인용한 일이 부적절하니 저를 매우 황공하게 합니다. 이제부터는 실속 없이 꾸민 말에서 벗어나 오직 진솔하고 솔직한 태도로 서로의 관계를 유지한다면 오래 지나도 변치 않기를 기약할 수 있으리니, 천만 바라고 바라는 바입니다.

원상(原相)[43]의 부고를 받고는[44] 놀랍고 슬펐습니다. 사람이란 본래 음과 양[45]의 비율이 나누어져 있는데, 결국은 많은 쪽이 승리하는 법입

얻었습니까?"라고 했던 고사를 가리킨다. 《史記 季布列傳》

42 영만(盈滿)의 두려움 : 재물이 가득 찬 것에 대한 두려움을 가리킨다. 《후한서(後漢書)》〈방술열전(方術列傳) 절상(折像)〉에 "우리 가문의 재산이 번식한 지 오래되었는데, 영만의 허물은 도가에서 꺼리는 바이다."라고 하였다.

43 원상(原相) : 당시 좌의정이었던 원평부원군(原平府院君) 원두표(元斗杓)를 가리킨다. 《顯宗實錄 5年 6月 24日》

44 부고를 받고는 : 대본에는 '承計'로 되어 있는데, 《송자대전수차》 권7에 근거하여 '計'를 '訃'로 바로잡아 번역하였다.

45 음과 양 : 각각 소인과 군자를 가리킨다.

니다. 지금 이와 같은 재상을 어찌 쉽사리 얻을 수 있겠습니까.

여기는 조카 식(栻)[46]이 불행히도 병세가 매우 위태로워 춘형(春兄)이 애를 태우고 있으니 보기가 안타깝습니다.

하고 싶은 말은 많으나 오직 무더위에 기체를 보중하여 멀리 있는 저의 정성에 부응하기를 바랄 뿐입니다.

별지

근래의 일[47]은 기실 다른 것이 아닙니다. 다만 김 학사(金學士)가 조모의 원수를 내세워 말을 하고 또 죽은 아비의 뜻이 그러하다고 하였으니 그 말을 들어주지 않는 정도로도 괜찮았을 텐데 옥리(獄吏)에게 내려 처벌까지 하였으니, 만세의 의론 앞에 어떻게 스스로 해명할 수 있겠습니까. 그러나 초야의 미천한 몸으로 감히 조정의 정사를 갑자기 논할 수 없고 또 조정에 논의를 펼쳐 바로잡을 사람이 반드시 있을 것이라고

46 조카 식(栻) : 송준길의 아들 송광식(宋光栻, 1625～1664)을 가리킨다. 송시열의 외조모와 송준길의 외조모는 모두 이윤경(李潤慶)의 딸로 자매간이므로 외가 쪽 항렬을 기준으로 조카라고 한 것이다.

47 근래의 일 : 1663년 11월 수찬 김만균(金萬均)이 병자호란 때 조모가 강화도에서 순절하였다는 이유로 청나라 사신을 응대하는 일을 할 수 없다며 사직을 청하자 승지 서필원(徐必遠)이 정축년(1637, 인조15) 이후로 부모가 화를 당한 경우 이외에는 사직을 허락하지 않았다는 전례를 들어 반대하였고 결국 김만균은 부적절한 상소를 하였다는 이유로 의금부에 하옥된 후 파직되었다. 그러다 이듬해인 1664년 1월 송시열이 김만균의 입장을 변호하는 상소를 올리자 서필원 역시 송시열의 상소를 반박하는 상소를 올렸고, 이에 대각(臺閣)에서 잇따라 서필원의 탄핵을 요청하여 조정이 시끄러워졌다. 결국 같은 해 5월 송시열은 대각의 분란이 일어난 데 대한 책임을 지고 사직 상소를 올렸다. 《宋子大全 附錄 卷7 年譜》《顯宗實錄 4年 11月 6日, 5年 1月 20日・5月 11日》

여겨 여러 날 귀를 기울였지만 끝내 잠잠하였습니다. 그러던 중 마침 당시 옥당(玉堂)에서 구원하여 바로잡는 차자를 올렸다고 하는 소식을 듣고 급히 누군가를 통하여 그 차자를 보았더니, 비록 옥리에게 내려보낸 것이 잘못이라고 논하긴 하였으나 역시 김 학사에게 죄가 없다고는 하지 않았습니다. 이에 '이 의리가 밝혀지지 않는다면 세도(世道)가 장차 어느 지경까지 이를 것인가.'라고 하는 개탄스러운 마음이 들어 마침내 감히 몽매함을 무릅쓰고 소장을 올려 은혜에 보답하는 의리를 조금이나마 펴는 한편, 겸하여 죄를 자책하여 사직을 청할 기회로 삼았습니다.

그런데 뜻하지 않게 제공(諸公)이 몹시 분노하여 저를 온 마음으로 욕하고 배척하고, 또 영(郢) 땅의 글을 연(燕) 땅에서 해설하는 것[48]처럼 과거 성인들께서 남기신 경전을 그 자체의 모습으로 존재하지 못하도록 만들고 도리어 이론(異論)의 증거로 삼았습니다. 이로 인하여 매우 험악한 풍파가 일어나 가일층 그 정도가 심해졌는데, 병중에 그 소식을 듣고는 놀랍고 두려워 어떻게 할 줄 몰라서 언제나 도성에서 머리를 조아림으로써 제공에게 사과하려고 하였으나 그렇게 하지 못하였습니다. 그런데 우리 유능(幼能)도 이 일 때문에 세상에 넘치는 비방을 받고 있을 줄은 생각지 못하였습니다.

48 영(郢)……것 : 본래 글의 뜻을 잘못 파악하는 것을 가리킨다. 옛날 중국 영 지방 사람이 연나라 상국(相國)에게 편지를 썼는데, 등불이 어둡자 옆 사람에게 촛불을 들라고 말하고는 자기도 모르게 편지에 "촛불을 들라."라고 써 버렸다. 그런데 연나라 재상이 그 편지를 받아보고는 기뻐하기를 "촛불을 들라는 것은 현자를 천거하여 쓰라는 말일 것이다."라고 하고는 곧 임금에게 아뢰어 그대로 실천하니, 연나라가 크게 다스려졌다. 《韓非子 外儲說左上》

지난번에 대략 들으니 집사께서 아간(丫諫)[49]을 매섭게 공박하였다고 하므로 내심 '아간이 저지른 죄가 무엇인가?'라고 생각하였는데, 지금 보내 준 편지의 말씀[50]을 통해 비로소 그 대략을 알고는 망연자실하였습니다. 제가 그대 백씨(伯氏 이일상(李一相)) 대감에게 은덕을 베풀었다고 한 말은 무슨 일을 가리키는 것입니까? 지난해 적곡(糴穀)의 일[51]로 스스로 논핵했던 일이 아닙니까? 이는 그렇지 않습니다. 그때 대간(臺諫)이 이미 백씨 대감의 적곡의 일에 잘못이 있다고 논하였는데 중신(重臣)이 탑전(榻前)에서 저를 끌어대어 "아무개도 그러한 일이 있었다."라고 하였는바, 제가 스스로 논핵한 것은 본디 자기 일의 도리상 당연한 일이었으니 백씨 대감과 어찌 상관있는 일이겠습니까. 비록 일의 도리상 당연한 일이라고는 하였으나 우상(右相)이 그때 편지로 저를 몹시 깊이 책망하였고 춘형은 지금까지도 잘한 일이 아니라

49 아간(丫諫) : 김익렴(金益廉, 1628~1669)으로, 아계동(丫溪洞)에 살았으므로 이렇게 칭한 것이다. 본관은 광산(光山), 자는 원명(遠名), 호는 적곡(赤谷)이다. 김장생(金長生)의 종손(從孫)이다. 《尤菴先生書節要集解 卷5》

50 지금……말씀 : 《정관재집(靜觀齋集)》 권9 〈송우재에게 답함〔答宋尤齋〕〉에 "친구인 김익렴이 한 재상의 집에 가서 '이 아무개가 서필원을 도와 송시열을 공격하였는데, 송시열은 그의 형이 화를 당했을 때 은혜를 베푼 적이 있는 분임에도 도리어 이렇게 주장한다.'라고 했다는 말을 듣고는 몹시 놀랍고 우스웠습니다.……제가 즉시 그에게 편지를 보내어 '송시열께서 이 말을 들으시면 어찌 놀라고 비웃지 않겠는가.'라고 하였으나, 그는 도리어 누차 편지를 보내어 허다한 복잡한 말로 자기 의견이 반드시 옳다고 주장하였습니다.……이에 제가 또 답장을 보내어 크게 꾸짖고 저의 본의를 전하였는데, 그가 도리어 도처에 그 설을 퍼뜨리면서 와전에 와전을 거쳐 결국 이러한 비방이 생겼습니다."라고 한 것을 가리킨다.

51 적곡(糴穀)의 일 : 339쪽 주18 참조.

고 하고 있으므로 이에 실로 두렵고 부끄러워, 그대 형제분들이 나를 우물에 빠뜨려 돌을 던질 만한 자로 여기지 않는 것은 진실로 훌륭한 덕에서 나온 일이라고 생각하고 있는데, 아간이 어떻게 도리어 그 일을 지적하여 말을 하겠습니까. 설령 진정으로 잊지 못할 은덕이 있다고 한들 그것은 본디 별도의 일인데, 어떻게 시비와 잘잘못을 논하는 일에 끼워 넣을 수 있겠습니까. 어쩌면 아간의 말을 전한 자가 실수를 범한 것이 아닐지요? 의아하고 의아합니다.

복수를 하는 데 일정한 한계가 있다는 설에 있어서는 감히 가볍게 논하지 못할 부분이 있습니다. 《예기》와 주자의 가르침[52]이 이미 이와 같으니 만일 성인이 다시 나온다면 혹 능히 고금을 참작하고 공사(公私)를 저울질하고 헤아림으로써 문제없이 행할 만한 방법을 만들 수 있을 것이나, 성인보다 한 등급이 낮은 경우라면 누가 감히 학설을 세워 "성현의 학설 가운데 이것은 따를 수 있고 저것은 따를 수 없다."라

52 예기와 주자의 가르침 : 《예기》 〈단궁(檀弓)〉에 "아버지의 원수는 어떻게 해야 합니까?"라는 자하(子夏)의 물음에 대해 공자가 "거적자리에 잠자고 방패를 베개 삼으며, 벼슬하지 않으며, 원수는 함께 하늘을 떠받들지 않는다."라고 한 것과 《회암집(晦菴集)》 권75 〈무오당의서(戊午讜議序)〉에서 "예를 기록한 자가 말하기를 '군부의 원수는 함께 하늘을 떠받들지 않는다. 거적을 깔고 방패를 베개 삼아 자며 천하를 함께하지 않는다.' 하였는데, 이를 해설한 자가 말하기를 '원수를 갚는 일은 5대에서 끝이 나는 것이다.' 하였으니, 이는 또 그 사람의 직접적인 신자(臣子)에 해당되지 않더라도 진실로 그로부터 5대 이후가 되지 않았다면 아직 반드시 복수해야 할 위치에 있다는 사실을 밝힌 것이다. 비록 그러하나 이는 다만 서민(庶民)의 일일 뿐이다. 천하를 소유한 자로서 만세의 무궁한 대통을 이어받는 경우는 또한 만세토록 반드시 갚아야 할 원수가 있는 것이다. 이는 저 서민들의 경우 5대가 지나면 고조에서 현손에 이르러서 친함이 다하고 복이 다하여 마침내 끝나는 것과는 같지 않다."라고 한 것을 가리킨다. 《宋子大全 卷11 辭職仍以金萬均事引咎疏》

고 할 수 있겠습니까. 또 직통(直統)과 방친(傍親) 같은 것은 성현께서 이미 그 경중을 구별하였으나 직통 중에서도 별도로 그 친소를 구별하는 것의 경우에는 이미 분명한 성현의 가르침이 없으니, 누가 감히 제 마음대로 새로운 제도를 만들어 낼 수 있겠습니까. 그러나 방친이 직통에 대해 비록 경중의 차이가 있다고는 하지만 스스로 뜻을 펼 수 있도록 허락한 처사는 역시 매우 아름다운 일입니다. 성고(聖考)께서 저에게 하신 일[53]과 지금 성상께서 이대(李臺)에게 하신 일이 바로 그러한 예에 해당합니다. 만약 혹 허락하지 않으신다면 진실로 어떻게 해야 옳을지 모를 텐데, 이는 부득이한 중에 혹 절로 부득이한 의리가 있을는지요? 아니면 북소(北疏)[54]에서 말한 "자기의 뜻을 이루고자 한다면 별도로 그 도리가 있다."라고 한 것이 정확한 의론일지요? 북소의 말은 "벼슬을 버리고 은거하는 것만 못하다."라는 의미일 뿐인데, 그러나 이것도 그렇지 않은 점이 있습니다. 저 원수가 같은 나라에 사는 필부라면 오직 마땅히 죽음을 각오하고 복수를 도모해야 하니 복수하기 전에는 실로 벼슬할 수 없습니다. 그러나 만일 그 원수가 이웃한 적국이라면 군부의 세력에 의지하지 않고 어떻게 저들에게 복수할 수

53 성고(聖考)께서……일 : 1658년(효종9) 10월 송시열이 이조 판서를 사직하는 상소를 올리며 큰형 송시희(宋時熹)가 정묘호란으로 죽음을 당한 일을 들어 청나라와 관련한 일에 간여하지 않게 해 달라고 청하자, 효종이 허락하고는 우리나라 안의 일이 아닌 것은 간여하지 않아도 좋다고 한 것을 가리킨다. 《尤菴先生書節要集解 卷5》《宋子大全 卷5 謝恩後陳情乞遞疏, 卷11 辭職仍以金萬均事引咎疏》

54 북소(北疏) : 1664년 1월 30일에 서필원이 올린 상소로, 당시 서필원이 함경 감사였으므로 이렇게 칭하였다. 《육곡유고(六谷遺稿)》 권3의 〈함경 감사를 사직하는 상소〔辭咸鏡監司疏〕〉이다.

있겠습니까. 그렇기 때문에 장자방(張子房)은 박랑사(博浪沙)에서의 철퇴 공격이 실패한 뒤 패공(沛公)을 보내어 도모하지 않을 수 없었고,[55] 유언수(劉彦脩)는 촉중(蜀中)의 전투에서 죽지 못하자 도독부(都督府)에 참여하여 군무를 의론할 수밖에 없었던 것입니다.[56] 오늘날 저들에게 원한과 원수가 있어서 과연 조만간에 보복하려는 뜻이 있는 자라면 우리 군부에게 의지하지 않고 누구에게 의지하겠습니까. 이것은 북소의 설이 아마도 깊이 생각하지 못하였던 것 같습니다.

혹 "오늘날 벼슬하는 자는 과연 그 원수에게 보복할 생각으로 벼슬하는 것인가?"라고 한다면, 이는 월형(刖刑)을 당한 사람 하나만 보고 "천하 사람이 모두 발이 없다."라고 하는 셈입니다. 사람에게 이러한 마음이 있더라도 능히 그것을 이루지 못하는 것은 실로 때와 형세의 제약 때문이라 어쩔 수 없는 일이거늘 "모든 사람은 원래 이러한 마음이 없다."라고 한다면 어찌 대단히 놀랄 만하지 않겠습니까. 북소에 "사적인 원수가 있는 모든 사람이 피눈물을 흘리고 울음을 삼키며 소매를

55 장자방(張子房)은……없었고 : 장자방은 한(漢)나라의 개국 공신 장량(張良)으로, 자방은 그의 자이다. 그는 한(韓)나라가 진 시황(秦始皇)에게 멸망당하자 진 시황을 암살하기 위해 박랑사에서 매복하였다가 진 시황의 수레를 철퇴로 저격하였으나 실패하였다. 이후 패공 유방(劉邦)을 만나 참모가 되어 한(漢)나라 건국의 일등공신이 되었다. 《史記 留侯世家》

56 유언수(劉彦脩)는……것입니다 : 유언수는 북송 말기 사람 유자우(劉子羽)로, 언수는 그의 자이다. 그는 1127년 정강(靖康)의 난리 때 부친 유겹(劉韐)을 보좌하면서 촉(蜀) 지방에서 금나라와 전투를 벌이다가 부친을 잃었다. 이후 그는 국력이 튼튼해야 적을 이길 수 있다는 일념으로 송나라에서 도독부 참의군사(都督府參議軍事)를 비롯한 여러 벼슬을 하면서 아버지의 원수를 갚기에 힘썼고, 그 결과 금나라 군대를 여러 차례 물리쳤다. 《宋史 劉子羽列傳》

떨치고 다 함께 일어난다면 국가도 역시 그것을 의지하게 될 것이다." 라고 하였는데, 그 조롱하고 배척한 뜻이 또한 옳지만 자기 집에 숨어서 지극히 원통함을 생각하는 자 중에 어찌 피눈물을 흘리며 울음을 삼키는 자가 없다고 보장할 수 있겠습니까. 만일 소매를 떨치고 일어날 수 없게 한다면 이는 국사를 도모하는 자들의 책임인 것입니다. 그리고 김 학사의 상소와 같은 것은 피눈물을 흘리고 울음을 삼키며 소매를 떨치고 일어나는 것보다는 훨씬 아래의 일에 해당하는데도 그를 잡아 가두고 처벌하였으니, 정말로 피눈물을 흘리고 울음을 삼키며 소매를 떨치고 일어나는 사람이 있다면 조정이 놀라고 분노하여 그 죄를 다스리는 것이 응당 어느 정도이겠습니까. 피눈물을 흘리고 울음을 삼키며 소매를 떨치고 일어나는 자가 없는 것은 당연한 일입니다.

대저 진실로 그러한 마음이 있다면 비록 부득이 저들과 서로 접촉하더라도 그것이 우선 겸손한 말을 하여 복수의 때를 기다리는 의리에 아무런 해될 것이 없으며, 진실로 그러한 마음이 없다면 다행히 저들과 접촉하지 않는 것이 오랑캐와 짐승을 분간하는 일에 무슨 보탬이 되겠습니까. 만일 여기에서 딱 잘라 판단할 수 있다면 고금의 여러 분분한 의론은 논해도 되고 논하지 않아도 되는 것이니 꼭 시끄럽게 다투어 분별할 필요가 없습니다. 그것은 일에는 아무런 보탬이 없고 오로지 그 시끄러운 다툼만 보탤 뿐입니다.

한스러운 것은 북(北 서필원)의 장점도 가릴 수 없다는 것입니다. 그는 이미 충성스럽고 진실하다고 자부하였고 남들도 인정하였는데, 이제 하나의 작은 분노를 참지 못한 연유로 마침내 그 한없는 말들을 방자하게 늘어놓으면서 심지어 조부를 '다른 것〔他〕'이라고 말하기까지 하였으니,[57] 더 이상 기대할 것이 없게 되었습니다. 이 때문에 결국 옳지 못하다는 이름을 얻어서 이미 중책을 받고도 그 역량을 펼치지 못하게 되었으니. 공사(公私) 간의 불행함을 어찌 말로 할 수 있겠습니까. 저는 오직 그의 낭패를 보고는 가련하게 여겨 진실로 슬픈 심정을 억누를 수 없을 뿐인데 그가 어찌 제 마음이 이와 같은 줄 알겠습니까. 근본이 되는 맨 처음의 일을 따져서 간절히 자신의 허물을 책망하는 것은 몸소 씻을 수 없는 죄를 지고 있는 것에 비할 바가 아닙니다. 그래서 얼마 전부터는 다만 죄인의 우두머리로 자처하여 입을 다물고 감히 말하지 않으려고 하였는데, 저를 깊이 인정해 주며 어리석고 망녕되었다고 해서 내버리지 않는 우리 벗의 마음에 감사한 나머지 감히 이처럼 방자한 발언을 하였습니다. 후일의 인편을 통해 은밀하게 가르침을 내려 주기를 바랍니다. 이치가 지극한 말씀을 감히 가슴에 새기지 않을 수 있겠습니까.

57 심지어……하였으니 : 1664년 1월 30일에 서필원이 올린 상소에 "또 듣건대 삼강(三綱)의 절목 중에 군주와 부친은 병렬되어 있으나 다른 것은 거기에 들어 있지 않습니다."라고 한 것을 가리킨다. 《六谷遺稿 卷3 辭咸鏡監司疏》

이유능에게 답함 을사년(1665, 현종6) 7월 7일

答李幼能 乙巳雙扇日

이 몸은 오늘날 오로지 구름과 산만이 싫증 나지 않기에 첩첩산중에 와 있으면서 율로(栗老)의 "초목이 둘러싼 절간에서 고요히 산승과 마주하네.〔招提草樹裏, 寂寞對山僧.〕"라는 구절[58]을 나지막하게 읊고 있었습니다. 그러던 중 홀연 이 소중한 편지 한 통이 특별히 보낸 심부름꾼의 품속에서 나와서 산속 집의 창문 안에 던져졌는데, 관동(館洞)의 이 사인(李舍人)이 보낸 것이라 하는 말에 당황스럽고 놀랍고 의문이 생겨서 서둘러 펼쳐 재빠르게 읽어 내려갔습니다. 그러는 동안 한편으론 기뻤고 한편으론 서운하였으며 눈물을 짓기도 하고 두려워하기도 했는데, 이윽고 스스로 웃으면서 "산을 대하면서 세상일을 이야기하였으니, 고인(古人)이 무어라 말하겠는가? 이때 산신(山神)은 반드시 나에게 큰 술잔으로 벌주를 내리리니,[59] 이제부터 또한 장차 산으로부

58 율로(栗老)의……구절 : 율로는 율곡(栗谷) 이이(李珥)를 가리킨다. 《율곡전서(栗谷全書)》 권2 〈분암의 승려 시축에 제하다〔題墳菴僧軸〕〉에 "마음에 부끄러운 일 없고자 하나, 면목이 가증스러움 어이 견디리. 초목이 둘러싼 절간에서, 고요히 산승과 마주하네.〔欲使心無愧, 那堪面目憎. 招提草樹裏, 寂寞對山僧.〕"라고 하였다. 이이가 동인(東人)에게 미움을 사고 있을 때 지은 시이다. 《宋子大全 卷132 偶記》

59 산을……내리리니 : 고인은 북송(北宋)의 소식(蘇軾)을 가리킨다. 그의 시 〈손신로에게 주다 칠언절구〔贈孫莘老七絶〕〉에 "아, 나와 자네는 오랫동안 무리를 떠났기에, 아무 일도 듣지 않아 귀와 맘이 다 식었네. 만일 청산을 마주보고 세상일을 말한다면, 의당 큰 술잔을 들어 자네에게 곧바로 벌주를 먹이리.〔嗟予與子久離群, 耳冷心灰百不聞. 若對靑山談世事, 當須擧白便浮君.〕"라고 하였다. 《蘇詩補註 卷8》

터 거절을 당할 것이다. 그러나 비록 산으로부터 거절을 당하였으나 벗에게는 거절을 당하지 않았으니, 이는 큰 다행이다. 이것을 저것과 바꾸는 것이 어찌 가하겠는가."라고 하고는 이어서 이 말로 저를 해명하였습니다.

기뻤다고 한 것은 무엇이겠습니까? 병든 두 사람이 서로를 그리워하는 가운데 그저 밤에 꿈만 수고로이 꾸면서 심중의 소회를 전할 길이 없어서 머리는 아프고 마음은 병들었는데, 그런 와중에 이 손편지를 보고는 비록 저로부터 깊이 누를 입었으나 그래도 차마 서로 소원해질 수 없다는 그대의 마음을 우러러 알게 되었으니 이 어찌 기쁘지 않을 수 있겠습니까.

서운하였다고 한 것은 무엇이겠습니까? 재이(載邇)[60] 운운한 것과 관련하여 말하건대, 제 마음은 애초에 우리 벗에게 의혹을 품지 않았고, 더구나 지난해에 편지를 주고받은 뒤로 저는 '두 사람은 더욱더 서로의 마음을 이해하여 조금의 격의조차 없게 되었다.'라고 생각했습니다. 그런데 지금 도리어 또 이렇게 말씀하면서 마치 저를 여전히 속마음을 자세히 다 말하지 않는 사람으로 여기는 듯한 태도를 보이니, 비록 서운한 마음을 가지지 않으려 해도 되겠습니까. 눈물을 짓기도 하였다는 것은 무엇이겠습니까? 외로운 신하가 돌아가신 선왕을 슬퍼하며 눈물이 마를 날이 없는데, 미천한 신하의 심사를 아뢰어 주상의 마음을 깨닫게 하지 못한다면 선왕을 뵐 수 없다고 지금 말씀하니, 이것이 미처 끝까지 읽기도 전에 저도 모르는 사이 피눈물이 턱밑까지 흐르는 이유입니다.

60 재이(載邇) : 서필원(徐必遠)의 자이다.

두렵기도 하였다는 것은 무엇이겠습니까? 구구한 저의 처지는 본래부터 깊은 골짜기에 임한 것 같은 상황입니다. 비록 너그럽고 좋은 표현과 말들로 말씀해 주어도 두려운 심정은 거두기가 어려우니, 하물며 실상대로 고하는 것은 어떻겠습니까. 이것이 감히 온몸이 다 새파랗게 질리지 않을 수 없는 까닭입니다.

지난해 집사께서 올린 상소[61]는 비록 명확한 말씀이 없더라도 어찌 그것이 한결같은 마음으로 성상의 덕을 위하고 시국의 걱정을 위한 것이었는 줄 모르겠습니까. 그자[62]는 오직 천신(賤臣)을 위하는 것이라고 말하니, 이는 참소가 아니라면 곧 망녕된 것입니다. 이는 바로 회옹(晦翁)께서 말씀한 "수천 수백의 모기떼가 미친 듯이 앵앵거린다."라는 격이니,[63] 어찌 족히 귀에 담아 둘 것이 있겠습니까. 다만 이로 인하여 스스로 폐인이 될 것도 두려워하지 않아 결국 조정으로 하여금 한 사람의 원성(元城)[64]을 잃도록 만들고 말았으니, 저라는 이유가 없었다면

61 지난해……상소 : 1664년 10월에 이단상이 집의(執義)로 있을 때 올린 상소로, 《정관재집(靜觀齋集)》 권5의 〈성상의 뜻에 응하여 시사를 논하는 소〔應旨論時事疏〕〉이다. 이 상소에서 이단상은 초야에 있는 송시열을 초빙해야 한다고 하면서 송시열이 불안해하며 조정에 나오지 않는 이유를 열거하였는데, 송시열이 김만균(金萬均)의 일과 관련하여 서필원으로부터 크게 모욕을 받은 사실과 김우명(金佑明)・김좌명(金佐明) 형제와 관계가 좋지 못한 것 등을 그 이유로 들었다. 《顯宗實錄 4年 10月 28日》

62 그자 : 서필원을 가리킨다. 《靜觀齋集 卷5 應旨論時事疏》

63 회옹(晦翁)께서……격이니 : 《회암집(晦菴集)》 권59 〈양자순에게 답한 편지〔答楊子順書〕〉에 "세상의 분분하고 어지럽게 떠드는 허다한 것들은 마치 수천 수백의 모기떼가 미친 듯이 앵앵거리는 것과 같으니, 어찌 일찍이 그의 흉중에 들어갈 수 있겠는가. 만약 이러한 것들을 내려놓지 못한다면 또 무슨 극기복례(克己復禮)를 말하겠는가."라고 하였다.

어찌 이런 일이 있었겠습니까. 이는 스스로 두렵고도 자책하지 않을 수 없는 이유입니다. 그러나 그때 상소의 말 중 한두 대목을 삼가 들은 뒤로는 언제나 '이것은 크게 지혜로운 것이 아니라면 필시 크게 어리석은 것이고 크게 용감한 것이 아니라면 필시 크게 오활한 것이니, 도마 위에 오른 고기처럼 죽음을 앞둔 사람에게는 실로 아무런 손익이 없다.' 라고 생각하였습니다. 혹자[65]의 의혹을 풀지도 못하였으나 그렇다고 그의 화를 더하지도 못하였는데, 이는 화를 더하고자 하지 않은 것이 아니라 지난번에 이미 화가 극에 달하여 다시 더할 것도 없었기 때문입니다. 이러한 이유로 그 당시에 더러 저를 찾아와 위로하면서 걱정하는 자가 있었는데, 저는 스스로를 걱정할 겨를이 없었고 실은 우리 벗을 위해 걱정을 하였으며 또 우리 벗을 위해 걱정하지 않고 맑은 조정이 선비를 잃게 된 것을 걱정하였습니다.

제 처지의 경우는 지난 일은 논할 것이 없이 다만 근래의 일로 말해 보겠습니다. 성상께서 거둥하시던 날[66]에 물론 가만히 몸을 움츠리고 엎드려 있어야만 했으나 여론이 이렇게 해서는 안 된다고 하며 떠들썩하기에 마침내 길 곁에 있는 절로 나가서 환궁하실 때를 기다렸습니다.

64 원성(元城) : 북송의 명신 유안세(劉安世)의 호이다. 성격이 강직하고 직언을 잘하여 철종(哲宗) 때 권세를 마음대로 부리던 장돈(章惇)에 의해 여러 차례 폄직되어 안치(安置)되었고, 휘종(徽宗)이 즉위해서는 채경(蔡京)에 의해 영외(嶺外)로 일곱 번이나 귀양 가는 불행을 겪으면서도 개의치 않았다. 여기서는 이단상을 가리킨다. 《宋史 劉安世列傳》

65 혹자 : 김우명을 가리킨다. 《宋子大全隨箚 卷7》

66 성상께서 거둥하시던 날 : 1665년 4월에 현종이 온천에 거둥했을 때를 가리킨다. 《宋子大全 附錄 卷5 年譜》

그러다 재차 부르는 유지(諭旨)를 받게 되자 감히 나아가지 않을 수 없었고 두 차례에 걸쳐 입대(入對)하였을 때는 직접 얼굴을 보며 조정으로 돌아오라고 하유하셨습니다. 또 출발에 임하여서는 의장을 머물러 둔 채 장령(張令)[67]을 시켜 거듭 하유하셨고, 이에 감히 추후에 올라가겠다고 대답하였습니다. 이후 도성 근처에 이르렀을 때는 비단 병이 났을 뿐 아니라 '불안한 이 처지로 어찌 감히 분수령(分水嶺)을 한 걸음이라도 지날 수 있겠는가.[68]'라는 생각이 들어 며칠에 걸쳐 퇴고한 끝에 마침내 물러나 돌아가게 되었습니다. 만약 원통한 사정을 아뢰지 않는다면 이는 실로 성상의 은혜를 도외시하는 것이기에 그 대략의 사정을 간략하게 거론하긴 하였으나 끝내 감히 분명하게 주제에 넣지 못하였으니, 애초에 감히 변명하려는 뜻을 둔 것은 아니었기 때문입니다. 그런데 성상께서 대략 들었는데도 재차 채택하여 시행하지 않으신 이유는 아마도 진정하고 가라앉히려는 도(道)인 듯하고, 아래에서 묵묵하게 감히 말을 꺼내지 않는 것은 범의 아가리에 손을 그 누구도 감히 경솔히 넣을 수 없기 때문입니다. 지금 세상에 한 사람의 유능(幼能)이 있는 것은 이미 기이한 일입니다. 다만 뜻밖의 비방이 가일층 심해져서 신기한 것 밖에서 다시 또 신기한 것을 추구하니, 끝내 어떤 지경까지

67 장령(張令) : 장선징(張善澂, 1614～1678)을 가리킨다. 본관은 덕수(德水), 자는 정지(淨之), 호는 두곡(杜谷)이다. 계곡(谿谷) 장유(張維)의 아들이다. 《宋子大全 附錄 卷5 年譜》

68 어찌……있겠는가 : 주희가 남송(南宋)의 수도 임안(臨安)으로 들어갈 때 의리상 편안하기 어려운 점이 있어 "그저 힘껏 사직하다가 죄를 얻더라도 어떻게 할 수 없지만, 다만 두 다리는 분수령을 한 걸음도 지나갈 수 없다."라고 하였다. 《晦菴集 續集 卷4 答劉晦伯》

나아갈지 모르겠습니다. 믿을 만한 것은 춘형(春兄)이 조정에 있으면서 오히려 굶어 죽는 자를 위하여 좋은 소리를 가릴 겨를 없이 소리쳐 호소한 것이니, 이 어찌 억울하게 모해를 당한 사람이 기운이 바닥날까 걱정하여 구원해 주는 것이 아니겠습니까.

새롭게 보양관(輔養官)에 임명된 것은 지난 소장에 대한 비답이 내리기를 기다린 뒤에 재차 사직을 청하는 상소를 올리고자 하는데 지금까지 비답을 받지 못하였으니, 황공함이 더욱 심합니다.

서로 만날 길이 없으니, 다만 죽고 나서 함께 성고(聖考)께 조회하는 그날이 바로 서로 만날 시기일 것입니다. 그전까지는 부디 자중자애하기를 바랍니다.

이유능에게 답함 을사년(1665, 현종6) 7월 28일

答李幼能 乙巳七月二十八日

아무도 없는 산중의 깊은 밤에 홀로 앉아 잠들지 못하니, 이럴 때는 비록 촌에 사는 늙은이가 찾아와도 마음이 반갑기 마련입니다. 그런데 하물며 우리 유능의 편지 같은 경우야 또 어찌 말할 것이 있겠습니까. 또 짧은 몇 마디 말뿐이라 하여도 가슴이 후련할 텐데 하물며 종이를 잇대서 쓴 장문의 편지에 한마디 한마디가 모두 가슴속에서 우러나온 경우는 어떻겠습니까. 어떻게 제가 이런 대우를 받을 수 있는지 모르겠는바, 다만 스스로 부끄럽고 황공하며 감사할 따름입니다.

성상께서 공손하고 조용하게 내리신 부름과 망우(亡友)의 제문의 말에 이르러서는 읽어 내려가는 동안 피눈물을 닦으면서 더욱 오열하지 않을 수 없었습니다. 외로운 신하는 돌아가신 선왕을 그리며 흘리는 노쇠한 눈물이 마를 날이 없는데 매번 선왕의 유교(遺敎)를 받들 때마다 오장이 타들어 가는 듯합니다.

지금 이 말씀은 비록 변치 않는 준칙이 될 수는 없더라도 또한 어찌 혹 그럴 수 있는 이치가 없겠습니까. 올봄에 받은 비답의 말씀이 과연 심상치 않았는데, 사람들이 그중 한두 구절은 혹 저에게 위태로울 것이라 여기기도 하였으나 삼가 그 말씀의 억양과 숨김없이 다 말씀한 부분을 엿보면 성고(聖考)의 솜씨와 흡사하였으니, 성상께서 물려받은 어법이 자연 이와 같다고 여겼기에 저는 스스로 걱정하지 않았습니다. 그런데 행조(行朝)에서 성상을 면대할 때 삼가 용안을 우러러보니 성고와 몹시도 닮으셨는지라 하늘 너머로 아득했던 심회가 자연히 슬퍼져서 저도 모르게 엎드려 눈물을 흘리고 말았습니다. 저의 마음은 오직 아는 사람만 알 것이니 역시 후대의 자운(子雲)을 기다릴 뿐입니다.[69]

여씨(呂氏)의 호로 편액에 쓸 글을 부탁한다고 하였는데,[70] 감히 분부를 받들어 즐거이 그 설을 짓지 않을 수 있겠습니까. 다만 여씨는 만년에 수립된 바가 탁월하기는 하였지만, 학문에 대해서는 주자께서 일찍이 병통으로 여기신 바가 있습니다.[71] 그런데 지금 우리 벗이 주자보다 뒤에 태어나 어찌 다시 이처럼 이것을 가지고 스스로 호칭하려 하는 것입니까. 참 우습고 우습습니다.

69 후대의……뿐입니다 : 후대에 자기를 알아줄 이가 나타나기를 기다린다는 말이다. 자운은 전한(前漢) 때의 문장가인 양웅(揚雄)의 자이다. 양웅은 《태현경(太玄經)》을 짓고 나서 사람들이 모두 비웃자 "세상 사람이 나를 알아주지 않는 것은 아무 문제 없다. 후세에 다시 양자운(揚子雲)이 나오면 반드시 이 글을 좋아할 것이다."라고 하였다. 《漢書 揚雄傳》

70 여씨(呂氏)의……하였는데 : 여씨는 남송의 학자 여조검(呂祖儉)으로, 호는 대우(大愚)이다. 이에 앞서 송시열은 이단상이 1664년 10월에 올린 상소의 일부 내용에 대해 "이것은 크게 지혜로운 것이 아니라면 필시 크게 어리석은 것이다."라는 소견을 밝혔는데, 이후 이단상은 "크게 어리석다."라는 뜻의 '대우(大愚)'는 여조검의 호였다는 사실을 상기시키며 그 두 글자를 가지고 편액에 쓸 글을 부탁하였다. 《宋子大全 卷64 答李幼能(乙巳雙扇日)》《靜觀齋集 卷9 答宋尤齋》

71 학문에……있습니다 : 여조검은 형인 여조겸(呂祖謙)과 함께 절강(浙江) 근처에 살면서 사학(史學)을 주장하여 경학(經學)을 중시하는 주희로부터 누차 비판을 받았는데, 주희가 문인 유청지(劉淸之)에게 보낸 편지에 "절중(浙中)에서 근래 온갖 해괴한 논의가 나와 사람들의 이목을 놀라게 합니다."라고 하고 또 "백공(伯恭)이 죽은 뒤에 온갖 해괴한 논의가 속출하고 있는데, 여자약(呂子約)이 별도로 설명한 일종의 어그러지고 괴이한 말의 경우는 전연 공자와 맹자의 법도가 아니고 도리어 관중(管仲)과 상앙(商鞅)의 견식이었으니 저를 놀라고 탄식하게 만듭니다."라고 하였다. 백공과 자약은 각각 여조겸과 여조검의 자이다. 《晦菴集 卷35 與劉子澄》

서령(徐令 서필원(徐必遠))의 일은 놔두고 다시는 거론하지 마십시오. 이번에 내려왔을 때 지척에 있었는데도 저를 만나 보지 않았는데, 그가 사람들에게 했다는 말을 들으니 "아무개가 만일 사람들에게 '내 어찌 서(徐) 아무개 때문에 나아가지 않는 것이겠는가.'라고 대략 말한다면 내가 죄를 면할 수 있을 것인데 그는 시종 침묵만 지키면서 이(李) 아무개의 상소[72]에서 말한 대로 정말 이 몸 때문에 감히 나아가지 못하는 것처럼 하고 있으니, 나는 이 때문에 유감스러워 만나 보지 않는 것이다.……"라고 했다 합니다. 한번 크게 웃을 만합니다. 이것이 진정 서령이란 사람이 가진 마음의 규모이니, 그 속마음이 내키는 대로 곧장 행동하는 것이 이와 같지 않다면 어찌 서령이라 할 수 있겠습니까.

춘형(春兄)과 관련한 일[73]은 반드시 그것이 온당하게 되도록 하려는 것이니 설령 그가 끝내 아무런 일을 하지 않는다고 해도 역시 일의 형세 때문에 그러한 것입니다. 어찌 이상히 여길 만하겠습니까.

집 밖을 나서지 않는다는 말씀은 이 얼마나 큰 역량이며 얼마나 좋은 가문의 법도입니까. 적막하여 마치 아무도 없는 것 같지만 휘장을 올려 보면 사람이 있는 생활은 타인의 관점에서 봤을 때는 비록 심심하고 덤덤하여 견디기 어려울 듯하지만, 고서를 펼쳐 완미하면서 흔연히 마음에 닿는 부분이 있으면 천년 전 세상이 멀리 있는 줄조차 깨닫지

72 이(李) 아무개의 상소 : 1664년 10월에 이단상이 집의(執義)로 있을 때 올린 상소이다. 366쪽 주61 참조.

73 춘형(春兄)과 관련한 일 : 사직을 청한 송시열의 소장에 대해 비답이 내려지지 않고 있는 상황과 관련하여 이단상이 "동춘(同春) 대감은 이 일에 대해 별달리 성상께 아뢰는 일을 하지 않고 있으니, 짐작건대 필시 그 마음속에 묵묵히 숙고하는 바가 있을 것입니다."라고 한 것을 말한다. 《靜觀齋集 卷9 答宋尤齋》

못할 정도가 됩니다. 인간 세상의 즐거움 중 이것과 바꿀 만한 것이 어디에 있겠습니까. 더구나 우리 벗에게는 이러한 것이 본디 가문의 법도가 아니겠습니까.

청향(淸香)은 뜯어보기도 전에 절로 그 향기가 포장지를 뚫고 나와 사람에게 스며드니, 멀리서 그대의 밝은 덕을 생각하며 감탄스러운 마음을 이기지 못하겠습니다.

저는 병이 지루하게 계속 이어져 책을 보는 시간이 거의 없으니, 오직 세상에 알려지지 못한 채 죽음을 맞이하게 되었습니다. 매번 "석양은 한없이 좋으나 다만 황혼이 가까울 뿐이네.〔夕陽無限好, 只是近黃昏.〕"라는 시구[74]를 욀 때마다 저도 모르게 반복하며 탄식하고 또 "매미 소리가 더욱 맑으니 고상한 풍모를 사모하지 않은 적이 없습니다."라는 말씀[75]을 욀 때마다 참람하게도 주 부자(朱夫子)께서 바로 오늘날을 위하여 이 말씀을 준비하여 주셨다고 생각하곤 합니다.

나머지 할 말이 많으나 벼루와 붓으로 어찌 제 마음을 다 드러낼 수 있겠습니까. 오직 갓 서늘해진 이때 체후를 보중하기를 축원할 뿐입니다.

별지

보내 준 별지 두 장에서 삼가 저를 아껴 주고 염려해 준 데 대한 고마움

74 석양은……시구 : 당나라 시인 이상은(李商隱)의 〈낙유원(樂遊原)〉 중 한 구절이다. 《李義山詩集 卷上》

75 매미……말씀 : 주희가 여조겸에게 보낸 편지에 나오는 구절로, 벗을 그리워함을 가리킨다. 《晦菴集 卷33 答呂伯恭》

을 느꼈습니다. 유생(柳生)은 또한 평소 친하고 아끼던 자인데, 다만 당시에 저장(苧掌)을 배격한 것은 경솔한 행동이었습니다. 듣건대 유생이 이 때문에 제법 구설이 있다고 하니 마음으로 애석해하고 있습니다.

○ 장령(張令 장선징(張善瀓))이 온양(溫陽)에 있을 때 귀인(貴人 김우명(金佑明))에게 들은 내용을 제게 말한 것은 맹랑한 행동이었습니다. 다만 춘형이 장령에게서 듣고 제게 말을 전해 주었는데 그 놀랍고 두려움이 어찌 끝이 있겠습니까. 그러나 장령은 좋은 사람이라 그가 춘형에게 말한 것 역시 서로 걱정하여 주는 뜻이었습니다. 제 생각으론 그가 가진 마음의 규모와 기개는 비록 청양(靑陽 심의겸(沈義謙))보다는 못하지만 거칠게 호방하지 않음과 권세를 탐내지 아니함은-이 몇 글자는 율곡(栗谷)께서 논핵하였을 때 하신 말씀입니다.- 도리어 청양보다도 더 훌륭하니, 우리 벗의 견해는 어떠합니까?

또 보내온 편지에서 "전일의 일은 개의치 않는다."라고 한 것은 혹 무술년(1658, 효종9)에 관직에서 도태시켰던 일[76]을 말합니까? 이것을 개의치 않는 것이 어찌 장령만이 할 수 있는 일이겠습니까. 도리어 다른 한 가지 큰일이 있는데 우리 벗은 그에 대해 들어 보지 못하였습니까?

어리석고 막힌 소견을 지닌 저는 매번 계곡(谿谷)이 행한 삼전도비(三田渡碑)의 일[77]을 온당치 못하게 여겨 일찍이 사우(士友)에게 논하기를 "이 어른의 문장과 덕행이야 어찌 오늘날 세상에 그만한 것이

76 무술년에……일 : 1658년 송시열이 충훈부 도사(忠勳府都事)로 있던 장선징이 혹독하게 해리(該吏)를 다스렸다 하여 그의 파면을 청한 것을 가리킨다.《宋子大全 卷21 吏曹請汰去忠勳府都事張善瀓啓》《孝宗實錄 9年 12月 12日》

77 계곡(谿谷)이……일 : 장선징의 부친 장유(張維)가 인조의 명에 따라 청 태종(淸太宗)의 공덕을 찬양하는 삼전도비문을 지은 것을 가리킨다.《仁祖實錄 15年 11月 25日》

또 있겠는가마는, 그 비(碑)에 관한 일의 경우는 사론(士論)에 죄를 지었다고 하더라도 지나친 말이 아닐 것이다. 그러니 그가 찬술한 우계(牛溪 성혼(成渾))와 사계(沙溪 김장생(金長生))의 신도비문은 사용하지 않는 것이 옳을 것 같다."라고 하였더니, 신독재(愼獨齋 김집(金集)) 어른께서는 "자네 말은 비록 정당하긴 해도 너무 지나친 듯하다."라고 하며 끝내 제 말을 따르지 않고 그의 글을 사용하셨고, 나머지 사우들은 제 말을 옳다고 하기도 하고 잘못이라고 하기도 하였습니다. 이후 제가 청음(淸陰 김상헌(金尙憲)) 노선생을 모시고 앉아 있을 때 시험 삼아 이 일을 말씀드리고 우계의 비문을 다시 찬술하자고 청하였더니, 노선생께서는 마치 미리 약속하지 않았는데도 뜻이 딱 맞는 사람처럼 곧바로 다시 찬술하기를 허락하셨는데, 다시 찬술한 이후에 장령이 그 소식을 듣고는 크게 유감을 품어 심지어는 노선생을 원망하면서 "이 늙은이가 차마 이렇게 할 줄 어찌 생각이나 했겠는가."라는 말까지 하였습니다. 중문(仲文 김익희(金益熙)) 대감은 일찍이 제게 "그대의 재앙은 이 일로부터 비롯될 것이다."라고 하였는데, 저는 "이것을 원망하지 않는다면 인간의 정리(情理)가 아니다. 그러나 원망하는 것은 진실로 옳은 일이지만 보복을 한다면 옳지 못할 것 같다."라고 하였습니다. 그런데 지금 증험해 보면 과연 그것이 사실이 되었습니다. 한번 생각해 보십시오. 이 일도 이렇게 참았는데 저 관직에서 도태한 일쯤이야 어찌 소소한 일 정도일 뿐이겠습니까. 장차 사적인 원한 때문에 공적인 의리를 해치지 않으리니, 어찌 어질다고 하지 않겠습니까. 아마 우리 벗은 이 일을 듣지 못하였을 것이므로 자세히 언급하였습니다.

○ 기해년(1659)에는 패초를 받고도 나아가지 않은 적이 매우 많았으니, 조지서(造紙署)에 나아갈 때만 그러하였던 것이 아닙니다. 단지

조지서에 나아갈 때 성상께서 마침내 허상(許相 허적(許積)) 이하를 조지서에 나가 의금부의 대사면령에 관한 공무를 결정하게 하였기 때문에 사람들이 더욱 알게 된 것입니다. 그러나 저는 그때 눈병을 앓고 있었으니, 그 병이 어찌 심히 괴롭지 않았겠습니까마는 매번 스스로 자랑하며 "비록 병이라 할지라도 진실로 주자처럼 된다면 이것은 영광스러운 일이다."[78]라고 하곤 하였으니, 이 말을 들은 사람들은 더러 웃기도 하였습니다. 그런데 지금 또한 스스로 이르기를 "비록 죄라 할지라도 진실로 율옹(栗翁 율곡)처럼 된다면 크나큰 영광이니 무엇이 한스럽겠는가."라고 하는 바이니, 이 말에 그대가 한바탕 웃으리라 생각합니다.

선원(仙源)의 손자[79]에 대해 말하자면, 그의 설은 진정 과거 사람이 밝히지 못한 부분을 밝혔다고 할 수 있습니다. 지난번 보내 준 편지에 답장을 드리지 못해 마음이 몹시 개운치 못하다가 마침내 화숙(和叔 박세채(朴世采))에게 답하는 편지에 대략 몇 자 적어 전달하도록 하였습니다. 대개 그의 설은 자세하여 제성(齊姓)을 가지고 말을 하는데,[80]

78 비록……일이다 : 주희가 반경헌(潘景憲)에게 보낸 편지에 "나의 쇠병이 금년에는 다행히 아주 심한 지경에는 이르지 않았지만, 정력은 더욱 쇠퇴하고 시력은 완전히 흐려져서 문자를 볼 수 없습니다. 그래서 눈을 감고 고요히 앉아 있노라니 도리어 방심이 수습되어 지난날에 바깥으로 향해 치달려 가던 마음이 적지 않았음을 깨달았으니, 일찍 시력을 잃지 않았던 것이 몹시 한스럽습니다."라고 한 것을 두고 한 말이다. 《晦菴集 卷46 答潘叔度》

79 선원(仙源)의 손자 : 선원 김상용(金尙容)의 손자인 김수홍(金壽弘)을 가리킨다.

80 그의……하는데 : 1666년 2월에 김수홍은 그 자신이 서인임에도 효종(孝宗)의 계모 자의대비(慈懿大妃)의 복제와 관련하여 남인의 편에 서서 〈변장서론(辨長庶論)〉이란 저술로 송시열의 기년설을 비판하는 예론을 폈는데, 그 과정에서 소현세자(昭顯世

그 의도는 저의 얕은 식견으로 헤아릴 수 있는 바가 아닙니다. 이 일은 "반역은 지체될 것이나 화는 크게 될 것이다."[81]라는 격이니, 몇 년이나 뜸을 들여 얼마나 큰일을 일으킬는지 알 수가 없습니다. 매번 이를 생각할 때마다 문득 이 머리가 목 위에 붙어 있음[82]을 깨닫곤 합니다.

○ 종묘에 고하자는 예조의 계사(啓辭)[83]가 가리키는 것에 대해 말해 보겠습니다. 춘형이 제 집안 아우에게 "계사가 가리키는 것은 바로 너의 형을 말한 것이다.……"라고 하였다는 말을 처음 듣고는 이것이 매우 괴이하고 의심스러워 '이것은 나의 평소 마음과는 정반대이니, 아무리 본심을 잃어버렸다 하더라도 어찌 이처럼 남에 대한 말을 갑자기 바꾸겠는가.'라고 생각했습니다. 또 지난해에 말하지 않았다는 이유로 과거 보는 선비들에게 크게 노여움을 사자 그는 "지금 과거를 실시하지 않는 것은 아무개가 의견을 올리지 않았기 때문이다."라고 하면서

子)의 적통이 끊어진 것을 강조하면서 강빈(姜嬪)의 죄상을 언급하였다. 제성은 강빈을 가리킨다. 《宋子大全隨箚 卷6》《宋子大全 附錄 卷5 年譜》《顯宗實錄 7年 2月 21日》

81 반역은……것이다 : 한 경제(漢景帝) 때 어사대부(御史大夫) 조조(鼂錯)가 제후의 봉지(封地)를 삭감하자고 건의하면서 한 말로, 적의 공격이 지체되고 있지만 그로써 화는 더욱 커질 것이라는 의미이다. 조조가 건의한 말의 전후 내용은 다음과 같다. "지금 땅을 삭감해도 반역할 것이며 땅을 삭감하지 않아도 반역할 것입니다. 삭감하면 반역이 빨리 일어날 것이나 화가 작을 것이고, 삭감하지 않으면 반역은 지체될 것이나 화는 클 것입니다." 《二十史略 西漢景帝》

82 이……있음 : 송 영종(宋寧宗) 때 한탁주(韓侂胄)가 정권을 잡고 반대파를 제거하기 위한 일환으로 주희와 그 일파의 학문을 위학으로 규정하고 추방하자, 그에 위협을 느낀 주희가 겨우 목숨을 부지하며 언제 참수의 화를 당할지 모른다는 의미로 사용한 말이다. 《朱子語類 卷107》

83 종묘에……계사(啓辭) : 1665년 6월 3일 예조에서 현종의 눈병이 회복된 것을 종묘에 고하고 신하들에게 하례를 받을 것을 청하였다. 《顯宗實錄 6年 6月 3日, 19日》

심지어 죽일 놈으로까지 지목하였습니다. 그런데 지금에 와서는 또 도리어 공치사를 더하니, 죄라면 오히려 달게 받겠지만 은혜라면 몹시 괴롭습니다. 그래서 일전에 운경(雲卿 남용익(南龍翼))에게 보내는 편지에서 언급하였는데 그의 답서를 보고서야 대략 그 일의 곡절을 알았습니다. 대체로 별 이유 없는 공치사를 헛되이 받는 것이 몹시 괴로운 일이라고 한다면 춘형 또한 응당 저와 다르지 않을 것입니다. 제가 만약 변명해서 춘형에게 돌아가도록 한다면 이는 남을 해칠 생각과 너와 나를 구분하려는 뜻이 있는 것 같기에 감히 다시는 아뢰려는 마음을 싹틔우지 않는 것입니다.

○ 문장이 당당하고 아름답다는 말은 진정 백락(伯樂)이 한번 돌아보는 셈[84]입니다. 그러나 우리 벗은 스스로 헤아려 보건대 어느 집안사람입니까. 조그만 언덕이 어떻게 일관봉(日觀峯)[85]에 올라본 사람에게 산으로 보이겠습니까. 설사 볼만한 것이 있다 하더라도 이것이 어찌 우리 벗에게 칭찬받을 만한 것이야 되겠습니까. 이제부터는 이러한 습관이 있다는 것을 알고서 경계해 주면 매우 다행이겠습니다.

84 백락(伯樂)이……셈 : 권위 있는 사람으로부터 인정을 받았다는 말이다. 춘추 시대에 백락이 준마(駿馬)를 잘 감별하여 그가 한번 돌아보면 하루아침에 그 말의 값이 몇 배나 뛰어올랐다고 한다. 《戰國策 燕策2》

85 일관봉(日觀峯) : 태산(泰山)의 산봉우리 이름인데, 해가 뜨는 광경을 보기로 유명한 곳이다.

이유능에게 보냄

與李幼能

아구(亞口)[86]의 두 상소는 한심하다 이를 만합니다. 기해년(1659, 현종 즉위년)에 일을 시작할 때부터 제현이 그를 너무 관대하게 대하고 또 두려운 마음을 품어서 다스리기를 엄히 하지 않아 점점 일이 커져 도모하기 어려운 지경까지 이르렀습니다. 이 몸이 예전에 그를 알아보지 못한 탓에 또 이런 죄를 짓게 되었으니, 돌이켜 생각하면 부끄러운 마음이 듭니다. 기해년의 변고 때 만약 연평(延平)이 있었다면 필시 볼만한 일이 있었을 것입니다.

86 아구(亞口) : 《송자대전수차》 권7에 "이 말의 뜻으로 보아 아마도 윤휴(尹鑴)를 가리키는 듯하나 미상이다."라고 하였다.

이유능에게 답함
答李幼能

〔문〕《주자어류(朱子語類)》에 "종자(宗子)는 적자(適子)만 세울 수 있다."라고 한 것[87]에 대하여

〔답〕 이 조목은 평소 마음속으로 의심하여 오던 것입니다. 이미 "서자(庶子)는 비록 나이가 많더라도 세울 수는 없다."라고 하였는바, 여기에서 서자가 나이가 많다는 것은 바로 첩자(妾子)로서 적자보다 나이가 많은 경우를 말한 것인데, 그 아래 또 "또한 서자를 세운다. 이른바 세자의 동모제(同母弟)이다.……"라고 하였으니, 앞뒤가 모순됩니다. 제 생각에 이것은 문인들이 주자(朱子)께서 입으로 하신 말씀을 기록하였기에 문장이 혹 난삽하여 사람들이 이해하기 어려워진 것입니다. 만일 "또한 서자를 세운다."라고 한 것을 아래 문장의 "이른바 세자의 동모제이다."라고 한 것과 이어서 본다면 그 이른바 서자라는 것은 곧 차적(次適)이 되고, 만일 "또한 서자를 세운다."라는 것을 독립된 한 가지 설로 보고 "이른바 세자의 동모제는" 이하를 또한 다른 한 가지 설로 보아 두 문장을 서로 이어서 보지 않는다면 바로 위에서 말한 서자란 곧 첩자가 되며 아래에서 말한 동모제란 바로 차적이 되니, 반복하

87 주자어류(朱子語類)에……것 : 《주자어류》 권90 〈예(禮)7 제(祭)〉에 "종자는 적자만 세울 수 있으니, 서자는 나이가 많더라도 세울 수 없다. 그러나 만약 적자가 없으면 또한 서자를 세운다. 이른바 '세자의 동모제'는, 세자는 적자인데 만약 세자가 죽으면 세자의 친동생을 세우는 것이니 또한 차적이다. 이것은 서자는 세울 수 없다는 것이다."라고 한 것을 가리킨다.

여 자세히 음미하건대 아마도 다음에 말하는 설과 같을 것입니다.

'세자의 동모제' 운운한 것은 바로 옛 책에 있는 말인데 지금 특별히 이 구절을 거론하여 아래 문장에 나오는 차적의 시작점으로 삼은 것입니다. 만약 그렇다면 이것은 당연히 북(北)의 주장[88]에 대한 증거가 되지만 북은 도리어 이것을 주자의 《가례(家禮)》라고 하였으니, 이는 잘못입니다. 이것은 바로 원나라 사람이 《주자어류》에서 뽑아다가 《가례》의 도식(圖式)에 붙여 놓은 것이니, 그 도식은 바로 원나라 사람이 만든 것입니다. 만약 구절을 끊어 해석한다면 "또한 서자를 세울 것이니 이른바 세자의 동모제이다.……"라고 할 것입니까, 아니면 "또한 서자를 세워야 할 것이다. 이른바 세자의 동모제 운운한 것은, 세자는 적자이니 만일 세자가 죽는다면 세자의 친동생을 세워야 할 것이니 또한 차적이다."라고 할 것입니까? 저의 생각으로는 뒤의 해석이 옳습니다. 그러나 비록 뒤의 해석을 옳다고 하더라도 주자께서 어찌 일찍이 차적을 위하여 삼년복을 입는다는 논의를 하신 적이 있겠습니까. 주자께서는 본디 차적과 서자를 다르게 일컬은 경우도 있고 또 똑같이 서자라고 일컬은 경우도 있으니, 어떻게 저것 때문에 이것을 폐기할 수 있겠습니까.

〔문〕 하정(下正)도 오히려 서(庶)가 된다는 것[89]에 대하여

88 북(北)의 주장 : 1666년(현종7) 2월에 김수홍(金壽弘)이 〈변장서론(辨長庶論)〉이라는 저술로 송시열의 기년설을 비판한 예론을 가리킨다. '북'이라 지칭한 것은 김수홍이 북동(北洞)에서 살았기 때문이다. 《宋子大全隨箚 卷7》

89 하정(下正)도……것 : '하정'은 아버지에게만 적자(嫡子)이고 할아버지에게는 적손(嫡孫)이 아닌 사람을 일컫는다. 《의례경전통해》 권5 〈가례(家禮) 오종(五宗)〉에

〔답〕 살펴보건대 《의례경전통해(儀禮經典通解)》 제5편의 제2판(板)에 나오는 오종론(五宗論) 주석에 '금안(今按)'이란 것이 있는데 이는 바로 주자의 설입니다. 본조의 일로 말한다면 인종(仁宗)은 바로 예적(禰適)이며 명종(明宗)은 바로 예서(禰庶)입니다. 인종이 비록 예적이지만 성종(成宗)에게는 오히려 조서(祖庶)가 되는 것이니 이 뜻은 십분 명백한 것입니다.

허 장령(許掌令 허목(許穆))이 자최 삼년복(齊衰三年服)의 설을 주장하자 여윤(驪尹 윤휴(尹鑴))이 또 참최복(斬衰服)의 설을 주장하였으니 그 도리에 어긋남이 심합니다. 장자(張子)가 말하기를, "예(禮)에 일컫기를 '어머니는 장자(長子)를 위하여 참최 삼년복을 입는다.'라고 하였는데, 이 도리는 온당하지 않다. 아버지가 생존해 계시면 자식은 어머니를 위해 기년복(朞年服)을 입는데 어머니는 어찌하여 도리어 장자를 위하여 참최복을 입어야 하는가? 이것은 아버지에게는 다만 장자가 죽으면 대가 끊어지게 되어 더 큰 슬픔이 없는 까닭에 참최복을 입는 것이다. 이와 같지 않다면 어찌 참최복을 입을 수 있겠는가." 하였습니다.-본주(本註)에 "'어머니가 장자를 위하여'라는 말은 《이굴(理窟)》에 보인다." 라고 하였습니다.- 종통(宗統)과 복제(服制)에는 일관되는 것이 있으니

주희가 《예기》 〈상복소기(喪服小記)〉에 나오는 "서(庶)가 할아버지를 제사 지내지 못함은 그 종통이 따로 있음을 밝힘이다."라는 대목을 설명하면서 "무릇 정체(正體)가 윗대에 있는 것을 '하정'이라고 이르는데, 이 경우도 오히려 서(庶)가 된다.……'정체'란 할아버지의 적통이란 말이고 '하정'이란 아버지의 적통이라는 말인데, 비록 아버지에 대해서는 적통인 정(正)이지만 할아버지에 대해서는 오히려 서(庶)가 되므로 아버지의 적자인데도 서라고 부른다."라고 한 것을 가리킨다.

적장자(嫡長子)가 장차 전중(傳重)한다면 그 아버지가 참최복을 입는 것이 그것이고, 종통과 복제에는 각각 같은 의리가 있으니 한 문제(漢文帝)가 여후(呂后)의 세대에 죽었다면 여후가 반드시 삼년복을 입지 않았을 것입니다. 그러나 어찌 삼년복을 입지 않았다 하여 한나라의 종통이 문제(文帝)에게로 돌아가지 않겠습니까.

우리 조정의 선종(宣宗 선조(宣祖))도 그러하였으며, 비단 선종뿐만 아니라 열성(列聖)도 진실로 이와 같은 일이 많았습니다. 그러므로 퇴계(退溪)는 고봉(高峯)으로부터 인성왕후(仁聖王后)와 명종을 형수와 시동생의 복제로 논의함은 매우 망녕되다고 논박당한 것을 아주 부끄럽게 여겼으나 오히려 "어찌 기년복으로 그치지 않을 이치가 있겠는가."라고 하였습니다. 그러나 후대 사람들은 퇴계가 열성의 종통을 빼앗았다고 생각하지 않았습니다. 이것이 복제와 종통이 별도로 하나의 의리가 되는 것입니다.

옛 경전으로부터 정자(程子)와 주자에 이르기까지 첩자를 서자라고 한 사례는 수없이 많으며 또 차적을 서자라고 한 사례 역시 수없이 많습니다. 그런데 북(北)은 단지 첩자를 서자라고 칭한 것만 낱낱이 거론하고 차적을 서자라고 칭한 것은 모조리 누락하였으니, 이는 가소로울 뿐입니다. 가공언(賈公彦)의 소(疏)[90]에서 "서자는 첩자의 호칭이니, 적처(嫡妻)의 소생 가운데 제이자(第二者)를 지금 똑같이 서자라고 명명한 것은 장자와 멀리 구별하려는 것이다.……"라고 한 말을

90 가공언(賈公彦)의 소(疏) : 《의례의소(儀禮義疏)》 〈상복(喪服)〉에 나오는 가공언의 소를 가리킨다.

어찌 보지 못하였겠습니까. 비록 첩자가 서자가 된다는 것을 낱낱이 거론하지 않더라도 누가 그것을 모르겠습니까. 그러나 가공언의 소는 그 위의 글에서 또한 "장자가 죽으면 차적이 장자가 된다."라고 하였으니 앞뒤가 서로 모순됨을 면치 못합니다. 그러므로 저는 '장자가 죽었다는 것은 상년(殤年)[91]에 죽어 장자로 성립되지 못하여 아버지가 삼년복을 입지 않았기 때문에 차적이 장자로 될 수 있는 것이다.'라고 생각하는데, 이렇게 보면 앞뒤의 글이 정확히 서로 일관됩니다. 그러나 다만 명확한 예문(禮文)이 없으니 감히 억측으로 판단할 수는 없으므로 당시에 단지 《대명률(大明律)》을 들어 판단을 내렸던 것인데, 이것은 영상(領相 정태화(鄭太和))과 함께 의논해 정한 것입니다.

대개 차적도 서자라고 호칭하는 것 및 복제와 종통이 따로 한 의리가 된다는 것은 북의 무리가 모르는 것이 아니지만 단지 '종통의 설을 내세운다면 족히 성상의 마음을 놀라 움직이게 할 수 있고 또한 척리(戚里)[92]들이 힘껏 강해(江海)[93]의 의론을 주장하고 있으니 반드시 힘을 얻을 수 있을 것이다.'라고 생각하였기 때문에 함부로 서로 추측하여 이와 같이 선동해 대는 것입니다. 그리고 그들의 본심이 원래부터 예를

91 상년(殤年) : 미성년의 나이를 가리킨다. 16세～19세에 죽은 것을 장상(長殤), 12세～15세에 죽은 것을 중상(中殤), 8세～11세에 죽은 것을 하상(下殤)이라고 한다. 《儀禮註疏 喪服》

92 척리(戚里) : 임금의 내척과 외척으로, 여기서는 현종 비 명성왕후(明聖王后)의 아버지 김우명(金佑明)을 가리킨다.

93 강해(江海) : 윤휴와 윤선도(尹善道)를 말한다. '강(江)'은 여강(驪江)에 사는 윤휴를, '해(海)'는 해남 윤씨(海南尹氏)인 윤선도를 가리킨다.

논하는 데 있지 않았고 보면 그 엿보는 작태가 교묘하고도 추악하니, 그들과 변론하는 것이 또한 어찌 치욕스럽지 않겠습니까. 저는 '성상께서 만약 그 설에 뜻이 현혹되지 않으신다면 관학(館學)에서는 보았어도 마치 보지 않은 것처럼 하는 것이 몹시 체모에 맞는 일일 듯하다.'라고 생각하는데, 이에 대해 어떻게 생각합니까? 무릇 이상의 논의는 저 자신을 변명하려는 것이 아니라 실로 고명한 그대의 간곡한 물음에 감격하여 대략을 알려 주는 것이니, 무릇 이 논의에 만일 합당치 못한 것이 있으면 부디 속히 알려 주길 바랍니다. 그러면 소장을 올려 북의 설처럼 스스로의 죄를 논열하고자 하니, 오직 성상에게만 스스로의 죄를 논열할 뿐만 아니라 또한 회초리를 짊어지고 강해의 문하에 사죄하는 일도 꺼리지 않을 것입니다.

'철묘(哲廟)' 이하[94]는 주자의 본의가 몹시 분명한데 단지 주자의 말씀을 기록한 이가 난삽하게 기록해서 그대의 의심을 불러일으켰을 뿐입니다. 그 뜻은 "철묘 및 세 왕은 모두 정후(正后)의 소생이 아니고-정후는 바로 상후(向后)입니다.- 신왕(申王)은 애꾸눈이니, 단왕(端王)이 응

94 철묘(哲廟) 이하 : 《주자어류》 권90 〈예(禮)7 제(祭)〉에 "종자는 적자만 세울 수 있으니,……이것은 서자는 세울 수 없다는 것이다."라고 하고, 뒤이어 "본조의 철묘께서 승하하신 뒤 철묘의 아우 가운데 신왕이 있었고 다음으로 단왕과 간왕이 있었으니, 바로 철묘의 친동생이었다. 당시 장후가 간왕을 세우고자 하였는데, 이때 상후가 아직 있어서 마침내 '나에게 자식이 없으니 여러 왕은 모두……'라고 하였기에 응당 다음으로 신왕을 세웠어야 했으나 애꾸눈이라 천하를 보기에 부족하였으므로 결국 단왕을 세웠으니, 이분이 바로 휘종이다. 장후는 예의 뜻에 대해 전혀 몰랐으니, 동모제는 곧 반드시 적자라야 비로소 그렇게 말할 수 있는 것인데 이미 모두 서자이니 어찌 차례를 따르지 않을 수 있겠는가."라고 한 것을 가리킨다.

당 차례에 따라 즉위해야 한다. 만약 철묘가 바로 정후의 소생이었다면 간왕(簡王)이 바로 동모제로서 차적이 된다. 간왕은 비록 철종(哲宗)과 어머니가 같으나 이미 모두가 바로 서자이고 보면 어떻게 단왕을 넘어서 즉위할 수 있겠는가."라는 것입니다. "장후는 전혀 알지 못하고〔章厚殊不知〕" 이하 29글자는 더욱이 또 이해하기 어렵습니다. 이것은 "예(禮)에서 동모제가 차적이라고 한 것은 반드시 임금과 그의 아우가 모두 적처의 소생인 다음에야 비로소 임금의 동모제가 차적이라고 말할 수 있는데, 장후는 그것을 전혀 몰랐다. 그런데 지금 철종 이하가 모두 서자이고 보면 간왕은 단지 철종과 동모제라는 이유만으로 곧 차적이라 하여 응당 즉위할 수는 없다."라는 말입니다.

지금 만약 그 말을 고쳐서 기록하려고 한다면 응당 "예에 이른바 동모제가 차적이라고 한 것은 바로 '세자가 바로 적후(適后)의 소생이고 그 아우는 바로 어머니가 같은 다음에야 비로소 차적이라고 할 수 있다.'라는 말이다. 그러므로 세자가 죽으면 이 차적이 당연히 즉위해야 한다. 그런데 장후는 이 뜻을 알지 못하고 곧 간왕이 철종과 어머니가 같다고 하여 마침내 단왕을 뛰어넘고자 하였다.……"라고 해야 하니, 그러면 말의 뜻이 약간 통할 것입니다.

북의 설에서 강씨(姜氏)[95]의 일을 자세하게 거론하였는데 이것은 하나의 고변서(告變書)라고 할 수 있습니다. 영남 선비들이 이것을 얻고 더욱 기뻐하면서 기화(奇貨)로 여기고 있으니, 바로 허 장령의 "국본

95 강씨(姜氏) : 소현세자빈(昭顯世子嬪) 민회빈(愍懷嬪) 강씨(姜氏)를 가리킨다.

(國本)이 아직 정해지지 않았다."라는 의론[96]인데, 두려운 일입니다. 지난해에 조우서(趙禹瑞 조귀석(趙龜錫))가 남쪽 지방의 관찰사가 되었을 때 그대의 별지를 보내 주었는데 거기에 담긴 말씀에서 저를 몹시도 걱정하였습니다. 비록 염려해 주는 성의에는 감격하였으나 속으로 '어찌 그렇게까지 되겠는가.'라고 생각했는데 지금 결국 이 지경에 이르렀으니, 지혜가 있고 없는 것이 30리의 차이에 비할 뿐이겠습니까.[97] 지난날 여강(驪江 윤휴)의 의론이 일어날 때 제가 윤길보(尹吉甫 윤선거(尹宣擧))에게 농담으로 "문득 이 머리가 목 위에 붙어 있는 것 같은 기분이다."[98]라고 하자 윤길보는 "너무 심하다."라고 하였는데, 오늘날의 일이 정확히 그 말에 부합하였습니다.

북은 정현(鄭玄)의 주(註)에서 "상하에 통용된다.〔通上下〕"라고 한 말을 "장자와 차장(次長)에 통용되는 것이다."라고 간주하여 말하였는데, 이것도 큰 착오입니다. 정현의 뜻은 천자, 제후, 사, 대부에게 통용되

96 허 장령의……의론 : 1663년(현종4)에 훗날 숙종이 되는 왕자 이돈(李焞)이 태어나자 허목이 소장을 올려 "국본이 아직 정해지지 않은 것은 나라가 위태롭게 되는 길입니다."라고 하면서 속히 세자로 책봉해야 한다고 청하였다. 《顯宗實錄 4年 8月 5日》

97 지혜가……뿐이겠습니까 : 이단상에 비해 지혜가 현저히 못하다는 뜻이다. 후한(後漢) 한단순(邯鄲淳)이 효녀 조아(曹娥)를 위해서 지은 이른바 조아비(曹娥碑) 뒷면에 채옹(蔡邕)이 '절묘 호사(絶妙好辭)'라는 뜻으로 '황견 유부 외손 제구(黃絹幼婦外孫齏臼)'라는 여덟 글자의 은어를 써넣었는데, 후한 말에 조조(曹操)가 양수(楊修)와 함께 길을 가다가 이 은어를 보고 양수는 곧바로 알아챘으나 조조는 그 의미를 생각하면서 30리를 더 가서야 깨닫고는 "알고 모르는 것이 30리나 차이가 난다."라고 탄식했던 고사를 인용하였다. 《世說新語 捷悟》

98 문득……기분이다 : 377쪽 주82 참조.

는 것을 말한 것입니다.

정현의 주에서 "적자를 세워서 장자로 한다.〔立適以長〕"라고 한 것은 그 뜻이 경문에 적자라고 하지 않고 장자라고 한 것은 사람들에게 적통을 세울 때 반드시 장자를 세워야 하고 감히 지자(支子)를 세워서는 안 된다는 뜻을 알게 하려는 것인데, 가공언의 소는 아마도 정현의 뜻이 아닌 것 같습니다.[99] 그대는 어떻게 생각합니까? 부디 잘 헤아려 가르쳐 주기 바라며, 또한 화숙(和叔)에게도 물어보는 것이 어떠하겠습니까?

북이 쓴 글 첫머리에 "모(某) 연호(年號) 월(月) 일(日)……"이라고 하였으니[100] 슬픕니다. 오늘날 벼슬살이하는 이들이 공적인 문서에는 감히 마음대로 그 연호를 쓰지 않을 수 없으니, 이것은 사실상 아픔을 참고 원통함을 품은 채 부득이한 상황에 내몰린 뜻에서 비롯된 것이 많습니다. 그런데 지금 이 사람은 사적인 글에다가 도리어 이와 같이 하였으니, 강화도에서 있었던 모진 화염의 재앙[101]을 유독 생각지 않는

99 가공언의……같습니다 : 가공언의 《의례의소(儀禮義疏)》 〈상복〉에 "정현의 주에서 또한 적자를 세워서 장자로 한다고 언급한 것은 적처(嫡妻) 소생은 모두 적자의 명칭을 쓴다는 것을 보여 주려는 것이다. 첫째 아들이 죽으면 적처 소생 제이장자(第二長子)를 세워서 또한 장자라고 이름한다. 만약에 적자라고 하면 오직 첫 번째 아들에만 근거하게 되지만 장자라고 하면 적자를 세워서 장자로 한 경우에도 통하기 때문이다."라고 한 것을 가리킨다.

100 북이……하였으니 : 김수홍이 조부 김상용(金尙容)의 사당에 올리는 축문에 청나라 연호인 강희(康熙)를 사용한 것을 가리킨다. 《宋子大全 附錄 卷5 年譜》

것입니까. 이는 저들이 자기 조부에게 금수가 된다는 것을 전혀 모르고 하는 행위이니, 어찌 더불어 논변할 가치가 있겠습니까. 이 사람은 재이(載邇)의 추종자[102]입니까, 아니면 그자의 뿌리입니까? 괴이할 뿐입니다.

지금 보내온 별지에 물은 당초의 헌의(獻議)[103]에서 이른바 '팔대군(八大君) 형제가 차례로 계승한다'고 운운한 것은 아마 고한 자가 멋대로 한 말인 듯합니다. 제가 헌의한 뜻은 "가령 세종대왕께서 만수무강하시어 문종(文宗)께서 먼저 승하하시면 팔대군이 서로 이어 적자가 될 것인데, 만약 팔대군이 모두 세종의 세대에 불행하게 된다면 세종께서 응당 삼년의 참최복(斬衰服)을 입어야 하는가?……"라는 것이었지 형제가 서로 계승한다고 말한 것은 아니었습니다.

101 강화도에서……재앙 : 김수홍의 조부 김상용이 병자호란 때 묘사주(廟社主)를 받들고 빈궁과 원손을 수행하여 강화도에 피난했다가 강화도가 함락되자 스스로 분신자결한 것을 가리킨다. 《樂全堂集 卷14 右議政金公諡狀》

102 재이(載邇)의 추종자 : 재이는 서필원(徐必遠)의 자이다. 1663년(현종4) 11월 서필원은 수찬 김만균(金萬均)이 병자호란 때 조모가 강화도에서 순절하였다는 이유로 청나라 사신을 응대하는 일을 할 수 없다고 사직을 청하자 부모가 화를 당한 경우 이외에는 사직을 허락하지 않았다는 전례를 들어 반대하였는데, 이 일을 김수홍이 청나라의 연호를 쓴 일과 같은 행위로 본 것이다. 《宋子大全 附錄 卷7 年譜》《顯宗實錄 4年 11月 6日, 5年 1月 20日·5月 11日》

103 당초의 헌의(獻議) : 송시열이 1660년 3월에 올린 〈대왕대비 복제에 대한 의(議)〉를 가리킨다. 《宋子大全 卷26 大王大妃服制議》

이유능에게 답함 병오년(1666, 현종7) 2월 13일

答李幼能 丙午二月十三日

지난번에 받은 답서는 목이 메어 차마 읽을 수 없었으니, 가히 글자 하나에 천 줄기 눈물을 흘리는 격이었습니다. 이에 한창 별지를 작성하여 물어온 내용에 답하고는 봉한 뒤 이를 전해 줄 인편을 찾던 중이었는데, 홀연 또 이달 6일에 보내 준 편지를 받았습니다. 다른 말은 굳이 할 것이 없고 잘 버티며 지내고 있는 것이 몹시도 기쁩니다. 별지에서 망녕되이 저의 부족한 견해를 펼쳐 보았으니, 기준을 잡고 취사선택하는 것은 오직 고명한 그대의 범위에 있는 문제일 뿐입니다.

제 생각에 군자는 예를 행할 때 차라리 고집을 부려 고루해질지언정 세속에 흘러들어 그것을 안타깝게 여겨서는 안 됩니다. 오늘날 이 일의 득실은 매인 바가 가볍지 않을 듯합니다.

무후(武侯)의 영루(營壘)에 대한 말씀[104]은 당장 스스로 알 수 없는

104 무후(武侯)의……말씀 : 이단상이 편지에서 "지금 이 영남의 상소는 참으로 무후의 영루와 같으니 실로 귀 가문의 허망한 전투에 비할 바가 아닙니다. 이 일이 장차 어떻게 될지 모르겠습니다."라고 말한 것을 가리킨다. 여기서 영남의 상소란 1666년 3월에 유세철(柳世哲) 등 영남 유생 천여 명이 소장을 올려 자의대비(慈懿大妃)의 기년복을 주장한 송시열 등을 효종의 정통성을 부정했다는 명분으로 비판하고 윤휴(尹鑴)와 허목(許穆) 등이 주장한 삼년복을 지지한 것을 말한다. 한편 주희가 유숭지(劉崇之)에게 보낸 편지에 "도학(道學)을 공격하는 글은 사방팔방이 서로 연결되어 빈틈이 없는 것이 마치 무후의 영루와 같으니 실로 귀 가문의 허망한 전투 비할 바가 아닙니다."라고 하며 자신의 학문을 위학(僞學)으로 모는 자들의 모략이 치밀함을 비유하였는데, 이것을 가지고 남인들의 공격이 치밀하다는 것을 표현한 것이다. 《靜觀齋集 卷9 上宋尤齋》

부분이지만 경원(慶元)[105] 연간에도 어찌 오늘날처럼 심한 지경에 이르렀겠습니까. 다만 이 몸은 소싯적에 학문에 힘쓰지 않아 늙어서 아무것도 이룬 게 없으니 무식한 일개 용렬한 사람일 뿐인데, 오늘날 군자들이 저를 이렇게 대접해 줄줄은 생각지 못하였으니, 참으로 이른바 늘그막의 영광[106]입니다.

병이 한창 괴로워 소회를 다 토로할 수 없으니, 오직 묵묵히 이해해 주기를 바랄 뿐입니다. 이만 줄입니다.

별지

〔문〕 "3개월 안에 갈장(渴葬)을 한다.……"라고 한 것에 대하여

〔답〕 지난번 동춘(同春)이 그가 받은 별지를 가지고 제게 대신 질문한 바 있는데, 그때 저는 "3개월이 되지 않았는데 장사 지내면 진실로 까닭 없이 갈장을 한다는 혐의가 있고, 3개월을 넘겨 장사 지내는 것은 분명

《顯宗實錄 7年 3月 20日》《三國志 蜀書 諸葛亮傳》《晦菴集 別集2 卷9 與劉智夫書》《宋子大全隨箚 卷7》

105 경원(慶元) : 송 영종(宋寧宗)의 연호로, 이때 주희의 학문을 위학이라 하여 금단한 이른바 경원 당금(慶元黨禁) 사건이 일어났다. 《宋史 道學列傳 朱熹》

106 늘그막의 영광 : 주희의 〈성은을 입어 치사하려는 뜻을 이루자 진 소원 어른이 시로써 축하해 주기에 이에 화답하고 다시 한 수를 읊다〔蒙恩許遂休致陳昭遠丈以詩見賀已和答之復賦一首〕〉에 나오는 구절로, 간신 한탁주(韓侂胄) 등으로부터 자신의 학문이 위학으로 지목받은 것을 오히려 영광으로 여긴다는 뜻이다. 이는 북송(北宋) 시대 간신 채경(蔡京) 등이 사마광(司馬光), 문언박(文彦博), 정이(程頤) 등 수백 명을 간당(姦黨)으로 지목하여 원우간당비(元祐姦黨碑)와 원우당적비(元祐黨籍碑)를 세웠던 고사를 인용한 것이다. 《晦菴集 卷9》《宋史 徽宗本紀, 姦臣列傳 蔡京》《肅宗實錄 卽位年 11月 26日》

한 근거가 있다.……"라고 답하였습니다. 주자(朱子)께서는 계해년(1143) 3월에 위재(韋齋)[107]의 상을 당하자 다음 해 갑자년(1144)에 백탑산(白塔山)에 장사 지내셨는데, 몇 월에 지냈는지는 상고할 수는 없으나 비록 그해 1월에 지냈다고 하더라도 오히려 11개월이나 됩니다. 축 부인(祝夫人)[108]을 장사 지내신 것도 5개월 뒤에 있었으니, 지금 기한을 넘겨 장사 지내면서 이 일을 끌어와 전례로 삼는다면 참람하다는 염려는 없을 듯합니다. 어떻게 생각합니까? 그러나 술가(術家)의 설에서는 '가모(家母)'를 망인(亡人)의 어머니로 여겨서 망인에게 어머니가 없다면 월극(月克)[109]을 꺼리지 않는다고 하니, 만약 그렇다면 3개월에 장사 지내는 것은 옳을 듯합니다. 어떻게 생각합니까?

〔문〕 '전 부인과 후 부인' 운운한 것에 대하여

〔답〕 정자(程子), 장자(張子), 주자 등 여러 선생의 의론은 단순히 분명하고 명백하다는 표현만으로는 부족한데, 장자의 설[110]은 그중 특

107 위재(韋齋) : 주희의 부친 주송(朱松)의 호이다.

108 축 부인(祝夫人) : 주희의 모친 축씨(祝氏)를 가리킨다.

109 월극(月克) : 죽은 사람의 생년과 장사 지내는 달이 서로 상극이 됨을 말한다.

110 장자의 설 : 북송의 학자 장재(張載)가 "부장(祔葬)과 부제(祔祭)는 이치를 끝까지 따져 논하면 다만 한 사람만을 부장하고 부제하는 것이 합당하다. 부부의 도리는 당초에 혼인할 때 재혼하겠다고 언약한 적이 없으니, 남편에게는 한 명의 아내만이 합당할 뿐이고, 아내에게는 한 명의 남편만이 합당할 뿐이다. 지금 남편이 죽어도 아내가 재가(再嫁)하지 않는 것은 천지의 대의(大義)와 같으니, 처가 죽었다 하여 남편이 어찌 재취(再娶)할 수 있겠는가. 그러나 중요한 일로 생각해 보면 어버이의 봉양과 가업의 계승과 제사를 받드는 일에 계속할 사람이 없어서는 안 되기 때문에 재취하는 도리가 있는 것이다. 그러나 한 구덩이에 장사를 지내고 한 궤연(几筵)에서 부제를

히나 엄정합니다. 오늘날 세상에는 그 뜻이 버려지고 무너져 만일 전 부인에게 자식이 없고 후 부인에게 자식이 있으면 다만 후 부인을 합장할 뿐만 아니라 심지어 전 부인의 장지가 어디에 있는지조차 모르는 자들도 있으니, 극히 한심합니다. 귀 가문의 일로 말하자면 금년에는 비록 전 부인을 백씨(伯氏)의 묘로 옮겨 합장하는 것은 불가하지만 만약 길한 해를 만난다면 반드시 여러 선생의 설처럼 하는 것이 정당한 도리일 것입니다. 전 부인과 후 부인 모두를 합장하는 제도는 비록 전 부인을 버리고 후 부인을 취하는 전도된 행태보다는 낫지만, 그래도 오히려 후 부인을 별도로 장사 지내는 올바른 처사보다는 못합니다. 또 기억을 더듬어 보자면, 주자께서는 100리나 되는 먼 곳에 당신의 아버지와 어머니를 따로 장사 지냈으니, 만약 부득이하다면 전 부인과 후 부인을 모두 별도로 장사 지내도 될 것입니다. 정자와 주자께서 예법을 논한 부분에서는 반드시 "세족(世族)의 집안에서 먼저 행해야 바야흐로 아래의 사대부들이 행할 수 있다."라고 하셨으니, 오늘날 귀 집안에서 만일 다시 예법을 어긴다면 세인들이 가져다 본받을 부분이 없을 것이며 혹은 도리어 "모 집안도 이렇게 한다."라고 할 것이니, 이는 작은 일이 아닙니다. 천하의 보배를 부디 천하를 위해 아껴 주기를 바랍니다.[111]

지낸다고 해도 사람의 감정으로 볼 때 한방 안에 어찌 두 아내를 용납할 수 있겠는가. 그러니 의리로 단정하여 반드시 초취(初娶)만을 부장하고 부제하며, 계실(繼室)은 별도로 한곳을 만들어서 모시는 것이 옳을 것이다."라고 한 것을 가리킨다. 《張載全書 卷8 喪紀》

111 천하의……바랍니다 : 천하의 보배란 예법을 이르는 말로, 예법을 소중히 지켜달라는 것이다. 진 효무제(晉孝武帝) 때 사안(謝安)이 기년복과 공복(功服)을 입는 아주

〔문〕 "재우(再虞) 뒤에 그대로 묘제(墓祭)를 지내고 반혼(反魂)한다.……"라고 한 것에 대하여

〔답〕 폄장(窆葬)을 이미 2개월 안에 했다면 어찌 반혼이 조금 지체되었다는 이유로 갈장의 혐의를 면할 수 있겠습니까. 그러나 《가례(家禮)》에 '재우는 머무는 곳에서 행한다'는 조문이 있으니, 보내온 편지의 말씀도 전혀 근거 없는 것은 아닙니다. 고인이 자사(子思)에게 "사방의 사람들이 그대에게서 예를 어떻게 행하는지 관찰한다."라고 하였으니,[112] 그대가 어찌 신중히 행하지 않을 수 있겠습니까. 남헌(南軒 장식(張栻)) 역시 주자께 그렇게 고한 바가 있으니, 오늘날 모든 절차를 부디 구차히 시속을 따라서 백성들이 본받게 하지 말기를 지극히 바라고 또 바랍니다.

〔문〕 '졸곡(卒哭) 전에 묘제(墓祭)' 운운한 것에 대하여

〔답〕 졸곡이 끝난 뒤에 묘제와 기제(忌祭)를 지내야 한다는 율곡(栗谷)의 설은 이른바 적절한 조처라고 할 수 있습니다. 그러나 만약 고경(古經)의 "장사 지낸 뒤에 제사 지낸다."라는 설에 근거하자면 삼우(三虞) 뒤도 장사 지낸 후라고 말할 수 있으니 조금 생략하여 제사를 지내

가까운 친족의 상을 당했는데도 음악을 즐겨 국가의 기강을 문란케 하자, 왕탄지(王坦之)가 "천하의 보배를 마땅히 천하를 위해 아껴야 한다."라고 충고하였다. 《晉書 王坦之列傳》

112 고인이……하였으니 : 《예기》 〈단궁 상(檀弓上)〉에 "자사의 모친이 위(衛)나라에서 죽자, 유약(柳若)이 자사에게 '그대는 성인(聖人)의 후손이다. 사방의 사람들이 그대에게서 예를 관찰할 것이니, 그대가 어찌 삼가지 않을 수 있겠는가.' 하였다."라고 한 것을 가리킨다.

는 것도 근거가 없지 않을 듯합니다. 새로운 묘소에 제사를 지내는 일의 경우에는 더더욱 의심할 것이 없으나, 그 장사에 만약 2개월의 날을 쓰지 않는다면 애당초 이런 구애됨은 없을 것입니다.

이유능에게 답함 병오년(1666, 현종7) 2월 18일

答李幼能 丙午二月十八日

일전에 두 차례 보내 준 편지를 받고 즉시 답장을 써서 말씀한 대로 감영(監營) 편에 보냈는데 미처 받아 보시기도 전에 또 심부름꾼을 보내어 장사 지낼 날짜를 알려 주는 한편 또 날짜를 고치게 된 곡절을 일러 주었습니다. 장사가 예절에 맞게 치르게 된 것은 일단 논외로 하거니와 소정(小正)의 취사에 있어서 엄연히 주나라를 높이는 뜻이 있으니,[113] 이것은 관계된 바가 어찌 한집안의 일에 그치겠습니까. 삼가 존경하고 탄복하는 마음을 이기지 못하겠습니다. 기억하건대 옛날 그대의 돌아가신 조부이신 대상국(大相國)께서 무술년(1598, 선조31)에 올린 주문(奏文)에서 "천자를 향하는 충심은 마치 물이 반드시 동쪽으로 흐르는 것과 같아서 율법(律法)은 《대명률(大明律)》을 사용하고 역법은 대통력(大統曆)을 사용합니다."라고 하셨습니다.[114] 매양 이 구

113 소정(小正)의……있으니 : 소정은 《대대례(大戴禮)》의 편명(篇名)인 〈하소정(夏小正)〉을 가리킨다. 하나라 때의 역서(曆書)로, 《예기(禮記)》의 〈월령(月令)〉과 같다. 이때 이단상의 백부인 이일상(李一相)의 장례를 지내면서 일가(日家)의 설을 버리고 명나라에서 제정한 대통력법(大統曆法)에 따라 장례 날짜를 정하였으므로 이렇게 말한 것이다. 《宋子大全隨箚 卷7》《靜觀齋集 年譜 卷2 靜觀齋先生年譜2》 일가란 연월일시(年月日時)의 간지에 따라 운명을 점치는 복술가(卜術家)나 지관(地官)을 말한다.

114 옛날……하셨습니다 : 1598년 명나라의 병부 주사(兵部主事) 정응태(丁應泰)가 조선이 왜병을 끌어들여 중국을 침범하려 한다고 무고한 사건이 일어나자, 이단상의 조부인 이정귀(李廷龜)가 진주 부사(陳奏副使)로 명나라에 가서 무고임을 밝히고 정응

절을 읽을 때마다 얼굴을 가리고 눈물을 흘리지 않은 적이 없었는데, 지금 바로 그 집안에 훌륭한 손자가 있어서 그 모범적인 법도를 폐하지 않았으니 참으로 "주나라의 예법이 노나라에 있다."[115]라는 격이라 하겠습니다. 단 "물은 반드시 동쪽으로 흐른다."라는 구절은 청음(淸陰) 대로(大老)께서 정축년(1637, 인조15)에 올린 상소문에 인용하였다가[116] 심양(瀋陽)에 끌려가는 일이 있기까지 하였는데 지금은 그 종손(從孫)이 알난하(斡難河)가 세운 연호를 써서[117] 예를 의론하는 사람이 《대명률》을 인용한 것을 모함하고 있으니, 어찌 주자(朱子)께서 취성정(聚星亭)의 후손 순욱(荀彧)은 조조(曹操)에 붙고 진군(陳羣) 또한

태를 파직하게 하였는데, 이때 선조(宣祖)를 대신해 올린 글에서 "신의 경우에는 비록 난리로 나라를 잃어 기업(基業)을 실추하고 위태한 지경에 빠져 이리저리 떠돌아다니면서 사생이 위급한 상황에 빠져 있지만, 천자를 향하는 충심은 마치 물이 반드시 동쪽으로 흘러가는 것과 같습니다."라고 하였고, "소방(小邦)은 선신(先臣) 이래 일편단심으로 황상을 섬기어 예의와 충성을 다하였으니, 율법은 《대명률》을 사용하고 역법은 대통력을 사용하였으며, 복색이며 예의며 모두 상국(上國)의 것을 숭상하여 따르지 않은 것이 없습니다."라고 하였다. 《月沙集 卷21 丁主事參論本國辨誣奏》

115 주나라의……있다 : 《춘추좌씨전(春秋左氏傳)》 소공(昭公) 2년 조에 나오는 말이다. 주나라의 예법이 노나라에 보존되어 있듯이, 중화의 예법이 조선에 보존되어 있음을 말한다.

116 청음(淸陰)……인용하였다가 : 청음 대로는 김상헌(金尙憲)으로, 1637년 5월 인조에게 올린 상소문에 "매번 선왕께서 주문에 쓴 '강물이 만 번 꺾여도 반드시 동쪽으로 향한다.'라는 말을 생각하노라면 저절로 눈물이 옷깃을 적십니다."라고 하였다. 《仁祖實錄 15年 5月 28日》

117 종손(從孫)이……써서 : 알난하는 몽고의 땅 이름으로 원나라 태조(太祖)가 이곳에서 황제에 즉위하였는데, 여기서는 오랑캐의 땅 즉 청나라를 가리킨다. 김상헌의 종손이자 김상용(金尙容)의 손자인 김수홍(金壽弘)이 김상용의 축문에 청나라의 연호인 강희(康熙)를 사용한 것을 말한다. 《宋子大全隨箚 卷7》 《宋子大全 附錄 卷5 年譜》

한(漢)나라를 잊었다고 탄식한 것[118]과 같은 경우가 아니겠습니까. 선조의 뜻과 사업을 계승하는 것의 어려움은 예부터 그러하였으니 경계하지 않을 수 있겠습니까. 저를 인정해 준 의리에 감동한 나머지 이토록 하고 싶은 말을 다 쏟아 내었으니, 송구하기 그지없습니다. 다만 슬픔을 절제하고 삼가 예를 지켜, 그리워하는 저의 정성을 위로해 주기를 바랍니다.

별지

일찍이 반사(潘師)[119]와 함께 차분하게 여러 날 동안 지낼 때 그가 역법(曆法)에 관해 말하기 좋아하여 지가(地家)의 설보다 나은 점이 있었으니, 혹 그것이 그의 장처입니까? 아니면 구양공(歐陽公)이 정사를

118 주자(朱子)께서……것 : 취성정은 후한(後漢) 말기의 고사(高士)인 진식(陳寔)과 순숙(荀淑)을 가리킨다. 진식이 자제들을 데리고 순숙을 방문하였을 때 팔룡(八龍)이라 불리는 순숙의 여덟 아들도 한자리에 모였다. 그러자 천문을 관장하는 태사(太史)가 하늘에 덕성(德星)이 한 지점에 모인 것을 보고 500리 떨어진 곳에 현인들이 모였다고 천자에게 아뢰었고, 이로 인해 영천(穎川)에 있는 진씨의 정자를 취성정이라 불렀다. 이후 취성정의 소재지인 고정(考亭)에 살고 있던 주희는 정자를 수리하고 진식의 고사를 그린 병풍을 제작하여 거기에 찬(贊)을 지어 붙였는데, 그 글에서 순숙의 손자인 순욱이 조조에게 투탁한 것과 진식의 손자인 진군이 위(魏)나라의 사공(司空)이 된 것을 가지고 명사(名士)의 후손들이 실절(失節)한 것을 개탄하여 "순욱은 조조에게 붙고 진군도 한나라를 잊었네. 가문의 명예 지키기 어렵나니 예나 지금이나 한결같이 탄식하네."라고 하였다. 《晦菴集 卷85 聚星亭畫屛贊》

119 반사(潘師) : 지사(地師) 반호의(潘好義)를 가리키는 것으로 보인다. 1666년 이단상이 송준길(宋浚吉)에게 보낸 편지에서 "시생은 수일 전에 지사인 반호의와 지세를 잘 이해하는 한두 사우(士友)들과 함께 친히 가평(加平)에 있는 선영으로 가서 장지를 점쳐 보았습니다."라고 하는 말이 나온다. 《靜觀齋集 卷8 答宋同春(丙午)》

말하기 좋아했던 뜻[120]과 같은 것입니까? 그가 지가의 설과 역가(曆家)의 설 중 그 어느 것에 더 정밀한지는 모르겠으나 그래도 그 두 가지 술수를 능히 다 섭렵하였습니다. 저는 늘 생각하기를 '역가는 단지 각수(刻數)만 사용하고 분수(分數)는 사용하지 않으므로 초각(初刻)과 정각(正刻)만을 사용하면 끝내는 맞지 않는다.'라고 여겼는데, 지금 노중력(虜中曆)-주자께서 금나라의 역법을 일컬을 때 반드시 노중력이라고 하셨습니다.-은 분법(分法)을 사용하기에 섬세하고 치밀하여 볼만한 것이 있겠다고 생각하였습니다. 그런데 자세하게 상고해 본바 그 절기(節氣)는 대통력(大統曆)과 크게 어긋나는 것이 있었고 그 성수(星宿)와 건제(建除)도 서로 부합되지 않으니, 반드시 희씨(羲氏)와 화씨(和氏)[121]의 정법이 아닐 것입니다. 대통력은 곧 태조(太祖) 고황제(高皇帝)의 "하늘보다 먼저 하여도 하늘이 어기지 않으며 하늘보다 뒤에 하여도 천시(天時)를 받든다."[122]라는 말에 해당하는 지극한 수리(數理)이니, 설령 천운(天運)과 혹 어긋나는 부분이 있다고 하더라도 정통(正統)을 쥔 천자는 오히려 하늘의 성(姓)도 하사할 수 있는 것이니,

120 구양공(歐陽公)이……뜻 : 북송의 구양수(歐陽脩)는 여러 가지 책에 널리 통하고 시문으로 유명하여 당송팔대가(唐宋八大家)의 한 사람으로 꼽히지만, 조정에 있을 때는 정사의 도리를 밝혀 힘써 간쟁하기를 좋아했다고 한다. 《宋史 歐陽脩列傳》

121 희씨(羲氏)와 화씨(和氏) : 요(堯) 임금 때 천문을 관측하며 역법을 제정했다고 알려진 사람들이다.

122 하늘보다 먼저……받든다 : 《주역》 〈건괘(乾卦) 문언(文言)〉에 "무릇 대인(大人)이란 천지와 그 덕을 합하며 일월과 그 밝음을 합하며 사시와 그 질서를 합하며 귀신과 그 길흉을 합하여, 하늘보다 먼저 하여도 하늘이 어기지 않으며 하늘보다 뒤에 하여도 천시를 받든다. 그리하여 하늘도 이 대인을 어기지 않는데, 하물며 사람이 어기겠으며 귀신이 어기겠는가."라고 하였으니 하늘의 뜻과 어긋나지 않는다는 의미이다.

천운이 또 어찌 정통을 위하여 기(紀)를 고치지 않겠습니까. 이번 귀 집안에서 취사선택한 것이 이와 같이 정당하고 정밀하니 또한 능히 여러 신(神)에게 새로운 기(紀)를 받게 할 것입니다. 비록 일가(日家)의 여러 엇갈리는 설이 있다고 해도 부디 만에 하나라도 흔들림이 없기를 바랍니다. 어떻게 생각합니까? 오나라 사람이 촉나라 선비에게 이르기를 "하늘도 성(姓)이 있는가?" 하니 그가 "있다."라고 하였습니다. 이에 "그럼 그 성이 무엇인가?"라고 하니 "유씨(劉氏)이다."라고 하였고, 다시 "어째서 유씨인지를 아는가?"라고 하니, "천자의 성이 유씨이기 때문에 안다."라고 말하였습니다.

이유능에게 보냄 무신년(1668, 현종9) 1월 24일

與李幼能 戊申正月二十四日

저는 운명이 기박해서 온갖 별의별 일을 다 당합니다. 지난번 영남 유생의 일[123] 이후로 저는 더욱 사람의 부류로 자처할 수 없었습니다. 그런데 또 과부로 있던 누님이 서울에 있으면서 추위에 떨고 굶주리고 있기에 데리고 돌아와 같이 살다가 그렇게 채 5년이 못 된 지난봄에 누님의 병이 악화되어 그해 여름 세상을 떠나고 말았습니다. 또 막 몸을 이끌고 돌아오자마자 이내 슬하의 딸아이를 잃었는데, 그 아이는 비록 신분이 미천하지만 아비와 자식 간에 느끼는 슬픔만은 더할 나위 없이 지극하였습니다. 이에 그 아이를 땅에 묻기도 전에 제게 곧장 큰 병이 생겨 여러 번 죽을 뻔하였는데, 늦가을쯤에 조금 병세가 덜해지더니 늦겨울에 다시 재발하여 '필시 죽을 것은 의심할 것도 없는 일이다.'라고 생각했습니다. 그러다가 며칠 전부터 조금 살 기운이 생기긴 하였으나 이미 태어남과 늙음과 병듦을 겪었으니, 그다음 한 가지 항목[124]이 차례로 닥쳐올 것입니다. 그러나 섣달그믐에 또 염라노자(閻羅老子)한테 가서 말하고 싶지는 않으니[125] 오직 자연의 조화에 따라서

123 영남 유생의 일 : 1667년 2월 26일 영남의 유학(幼學) 황연(黃壖)이 상소하여, 송시열과 송준길(宋浚吉) 등이 자신들과 논의가 맞지 않고 색목(色目)이 같지 않으면 현우(賢愚)를 따지지 않고 일체 물리쳤다고 비난하였다. 《顯宗實錄 8年 2月 26日》

124 그다음……항목 : 죽음을 가리킨다. 생로병사라는 말이 있으므로 이렇게 말한 것이다. 《宋子大全隨箚 卷7》

125 섣달그믐에……않으니 : 섣달그믐은 불교에서 임종할 때를 가리키는 말이며, 염

돌아가면 될 뿐입니다.

단 오직 크게 두려운 것은 자장(子張)의 말이니, 군자는 종(終)이라 하고 소인(小人)은 사(死)라고 한다는 말[126]은 그 뜻이 몹시도 통절합니다. 저는 이미 나이가 환갑이 지났으나 봐야 할 책은 오히려 열에 한둘도 보지 못하였고 이미 본 것 역시 몹시 불분명하여 아예 안 본 것과 같은 실정입니다. 책도 이런데 더구나 그보다 더한 일들은 어떻겠습니까. 이에 이른바 "자기의 일을 마친다.〔終其事〕"[127]라는 것에 어떻겠습니까. 정력이 조금이나마 강했을 시절에 아까운 시간을 헛되이 보내고 말았으니, 비록 후회한들 무슨 소용이 있겠습니까. 그러나 이러한 제 마음을 말할 만한 상대가 없었는데, 오직 우리 벗만큼은 매양 긴 편지든 짧은 편지든 마음속에 있는 말을 남김없이 다 말씀해 주어 그 뜻이 저를 그리 비루하게 여기지 않는 듯하기에 이렇게까지 함부로 말하고 말았으니, 혹 해량해 줄 것으로 생각합니다. 단 제가 겪은 일이 위에서 말한 바와 같으므로 비록 집사의 안부 편지조차에도 다시 답을 하지 못하였으니, 비록 집사의 큰 도량으로 용서해 줄 것으로 믿지만

라노자는 불교에서 저승을 관장한다는 염라대왕을 가리킨다. 《宋子大全 卷82 答申聖時》

126 자장(子張)의……말 : 자장이 병이 들자 아들 신상(申祥)을 불러 말하기를 "군자의 죽음을 종이라 하고 소인의 죽음을 사라 하니, 내 이제야 마치게 된 것 같구나." 하였다. 《禮記 檀弓上》

127 자기의 일을 마친다 : 《논어》 〈태백(泰伯)〉에 "증자(曾子)가 병이 위중하자 제자들을 불러 말하기를 '……이제야 나는 면한 것을 알겠구나, 소자들아.' 하였다."라고 하였는데, 이에 대해 북송(北宋)의 정이(程頤)는 "군자의 죽음을 종이라 하고, 소인의 죽음을 사라 한다. 군자는 자기 몸을 보전하고 죽는 것을 자신의 일을 마치는 것으로 여긴다. 그러므로 몸을 온전히 보전하고 돌아감으로써 면함을 삼은 것이다."라고 하였다. 《程氏經說 卷7 論語說 泰伯》

기대를 저버린 저의 죄는 심합니다. 이에 매양 집사의 편지를 받을 때마다 부끄러움으로 흘리는 땀이 옷을 적시곤 합니다.

지난해 역법(曆法)에 관한 질문을 받았을 때 저는 '주자(朱子)께서 《서경》에서는 일도(日度)를 순서대로 세었는데 《시경》에서는 역순으로 세는 방법을 따랐으니, 이는 순서대로 세면 번잡하고 역순으로 세면 신속하기 때문이다. 다만 이는 대강의 일일 뿐이고 그 나머지 자질구레한 것은 본디 관상감(觀象監)의 역산가(曆算家)가 할 일이니 깊이 궁구할 것은 없다.'라고 생각하였습니다. 어떻게 생각합니까?

그대 백씨(伯氏)의 문자를 부탁한 것은 비록 감당할 수 없는 일이나 또 어찌 차마 사양하겠습니까. 조만간 행장을 보내 준다면 삼가 노둔한 솜씨를 끝까지 다 짜내어 지어 본 뒤 여쭈겠습니다. 단 우리에게 앞으로 남은 세월이 더욱 얼마 남지 않았음을 날로 느끼는데, 죽기 전에 함께 상의하고 토론하고 싶은 마음 몹시도 간절하지만 서로 만날 기약이 없으며 편지로는 또한 뜻을 다 전할 수 없으니, 심히 한탄스러운 일입니다.

무엇보다 한탄스러운 것은 《대학》의 '격물(格物)' 한 구절에 대해 몹시도 서로 의논하고 싶으나 그럴 수 없다는 것입니다. 이는 우리 유자(儒者)들이 가장 먼저 공부해야 할 부분인데 그 뜻을 분명히 이해하지 못합니다. 주자의 주석을 읽을 때에는 어렴풋이 알겠다고 내심 여기다가도 퇴계(退溪)의 의론을 보면 다시 망연해져 가닥을 잡을 수가 없습니다. 부디 유능이 그 문집을 상고하여, 스스로 이전 견해가 잘못이었음을 깨달았다고 말한 맨 뒷부분을 자세히 궁구하여 분석해 가르쳐 주는 것이 어떠합니까? 오직 이러한 일만이 오히려 우리에게 속한 것이며 또 가장 절실한 일이기도 하니, 이와 같이 상론한다면 거의 협소한 안목이나마 갖출 수 있는 날이 있을 것입니다.

화숙(和叔)은 잘 지내고 있습니까? 이 친구는 누차 제게 편지를 보내 주었으나 그가 부탁한 글을 오랫동안 깨끗한 초고로 완성하지 못하고 있으므로 완성한 뒤에 그 편지까지 아울러 답을 하고자 합니다. 모름지기 먼저 퇴계의 격물설(格物說)을 반복해 보여 주는 것이 어떻겠습니까?

이유능에게 답함 무신년(1668, 현종9) 9월 13일

答李幼能 戊申九月十三日

텅 빈 골짜기에 숨어 사는 사람은 그 누구의 발자국 소리도 가리지 않고 기뻐하는 법이니,[128] 더구나 우리 유능 같은 사람에 대해서는 그 기쁨이 어떠하였겠습니까. 만났을 때의 기쁨을 통해 이별할 때의 탄식을 짐작할 수 있을 것입니다. 그런데 지금 보내온 편지를 받으니, 마치 다시금 얼굴을 뵙는 것 같은지라 위로되고 후련한 마음을 견딜 수 없습니다.

저는 쇠약한 기운이 아직 소생하지 않았는데, 무슨 다행인지 성상께서 저의 사정을 봐주는 은혜를 베풀어 한가하게 지낼 수 있도록 허락하셨으니,[129] 문득 지금 있는 곳이 도성의 동문(東門)인 줄도 잊을 지경이었습니다. 감사하고 칭송하는 마음 간절합니다.

춘형(春兄)은 어제 도성 서쪽에 이르렀는데 도착하기 전날에 승정원에서 이미 슬며시 계사를 올렸다고 합니다.

128 텅……법이니 : 《장자(莊子)》 〈서무귀(徐无鬼)〉에 "텅 빈 골짜기에 숨어 사는 사람은 명아주와 콩잎이 족제비가 다니는 길마저 막고 있는 터라, 빈 골짜기에서 홀로 걷다가 쉬다가 하노라면 다른 사람이 걸어오는 발자국 소리만 들어도 기쁘다."라고 한 것을 원용하였다.

129 성상께서……허락하셨으니 : 이에 앞서 송시열은 눈병 치료를 위해 약 한 달간의 온양(溫陽) 행차를 마치고 돌아가는 현종을 수행하여 서울로 향하였는데, 동교(東郊)에 다다라서 도성의 시끄러움을 견딜 수 없다고 하면서 서울로 들어가지 않고 그대로 동교에 머무르기를 청하였다. 이에 현종이 그것을 허락하고 태의(太醫)를 보내어 병을 간호하게 하였다. 《宋子大全 附錄 卷5 年譜》

저는 이미 편의에 따라 하라는 전교를 받았으니, 기회를 엿봐 정관재(靜觀齋)로 들어가 그대 집안 가학(家學)의 본지를 충분히 듣고 싶은 마음 간절하나 이미 병이 있다는 말을 들었으니 이 때문에 주저됩니다.

편지로 말씀해 준 일에 대해서는 대수(大受 민정중(閔鼎重))와 계주(季周 이단하(李端夏))를 만나게 되면 응당 그 말씀에 따라 물어보겠습니다. 대자(大字)에 대해서는 제가 어찌 감히 식언하겠습니까.

별지

격물(格物)의 설은 저의 설이 아니라 단지 주 부자(朱夫子)께서 가리킨 뜻을 꿰뚫어 본 율곡(栗谷)의 설이니, 저는 우연히 율곡의 설 중 일부를 엿보았을 뿐입니다. 그러나 사람들을 만나 이 설에 대해 말하면 누구 하나 의혹을 품지 않는 이가 없었는데 유독 우리 벗만은 저의 마음과 일치하여 어긋나지 않으니, 저의 견해가 틀리지 않았음을 심히 다행으로 생각합니다.

달이 하늘을 한 바퀴 도는 도수(度數)에 대해서 주 부자께서 필시 그냥 지나치지 않았을 터인데, 진씨(陳氏)[130]의 설이 이와 같으니 심히 의심스럽습니다. 천천히 자세히 상고한 뒤에 여쭈겠습니다.

《대학》에 나오는 맹헌자(孟獻子)는 분명 양공(襄公) 19년에 졸한 중손멸(仲孫蔑)이니, 혹 자사(子思) 때 또 다른 맹헌자가 따로 있었는데 옥계(玉溪)가 우연히 잘못 살펴서 그를 《대학》에서 칭한 사람으로 여

130 진씨(陳氏) : 송말 원초의 학자 진보(陳普)를 가리킨다. 《靜觀齋集 卷9 上宋尤齋》

긴 것이 아닐지요?[131] 선사(先師)이신 사계(沙溪) 선생께서도 일찍이 옥계의 이 설을 의심스럽게 여기셨습니다.

131 옥계(玉溪)가……아닐지요 : 《대학장구대전(大學章句大全)》 전(傳) 10장에 "옥계 노씨(玉溪盧氏)가 말하기를 '맹헌자는 일찍이 자사를 스승으로 섬겨서 능히 의(義)와 이(利)의 구분을 알았다.'라고 하였다."라고 한 것을 가리킨다. 옥계 노씨는 송나라의 학자인 노효손(盧孝孫)을 말한다.

이유능에게 답함 무신년(1668, 현종9) 11월 26일

答李幼能 戊申十一月二十六日

그립던 중에 홀연 보내 준 편지를 받고 또 집사의 아드님까지 내방해 주니, 성 밖의 쓸쓸한 마을에 광채가 일어나는 기분이 문득 들 정도입니다.

저는 고향을 그리워하는 마음이 날로 심해집니다. 이에 비록 성상께서 불쌍히 여기고 애달파 해 주시더라도 끝내 죽은 채로 고향에 돌아가는 것은 분명 도리가 아니므로 바야흐로 사직을 청하는 상소문을 재차 쓰고 있는 중입니다.

집사의 아드님은 심히 사랑스러운지라 참으로 집안에 걸맞은 자이니, 우리 그대는 매사에 걱정이 없다[132]고 이를 만합니다.

격물설(格物說)에 대해서는 굳이 많은 말이 필요치 않습니다. 다만 주자(朱子)의 이른바 "사물(事物)의 이(理)가 각자 그 극처에 나아가서 남김이 없다."라는 말씀에 대해 의심 없이 환히 안다면 여러 설의 옳고 그름은 저절로 알게 됩니다. 단 퇴계(退溪)의 이른바 "이(理)는 활물(活物)이다."라는 것은 끝내 이해할 수 없으니, 저를 몹시도 답답하게 만듭니다. 예컨대 책은 활물이 아니지만, 또한 사람마다 읽음에

132 매사에 걱정이 없다 : 당나라 시인 두보(杜甫)가 〈서경의 두 아들에 대한 노래〔徐卿二子歌〕〉를 지어서 서씨(徐氏)의 두 아들을 매우 칭찬했는데, "내 서공이 매사에 걱정 없음을 아노니, 선행을 쌓은 덕에 줄줄이 공후가 나오리.〔吾知徐卿百不憂, 積善袞袞生公侯.〕"라고 하였다.

따라서 다 읽는 경우도 있고 다 못 읽는 경우도 있으니, 어찌 다 읽는 경우가 책이 살아 움직이기 때문이라고 말할 수 있겠습니까. 저의 견해가 이와 같으니 부디 정밀히 생각하여 재차 가르침을 주기를 바랍니다. 퇴계의 뜻에는 필시 의도하는 바가 있을 것입니다. 이만 줄이고 일일이 다 쓰지 못합니다.

이유능에게 보냄 무신년(1668, 현종9) 12월 12일

與李幼能 戊申十二月十二日

몇 달 동안 동교(東郊)에 머물면서 병세를 견디기 힘들었는데, 또다시 갑자기 새로운 명[133]이 내렸습니다. 우러러 옛날의 일을 떠올려 보건대 오직 공정(孔鼎)에 새겨진 명문(銘文)[134]만이 실로 저의 심정을 먼저 알았으므로 행장을 꾸려 한강을 건넜습니다. 그런데 뜻하지 않게 성상께서 간절한 뜻을 보이며 체직을 허락하고 머물러 있게까지 하셨고, 이에 저는 한강 밖에서 배회하면서 지금껏 머뭇거리고 있는 실정입니다.

지금 보내온 편지를 받았는데, 바로 퇴계(退溪)의 일을 인용하였으니 자공(子貢)의 이른바 "한마디 말로 지혜롭지 못한 사람이 되기도 한다."라는 말[135]을 일찍이 익숙히 읽어 보지 않았습니까? 부끄럽고

133 새로운 명 : 1668년 11월 26일에 우의정에 제수된 것을 가리킨다. 《宋子大全 附錄 卷6 年譜》

134 공정(孔鼎)에 새겨진 명문(銘文) : '공정'은 춘추 시대 송나라의 정경(正卿)이자 공자(孔子)의 선조인 정고보(正考父)의 사당에 있는 솥인데, 거기 새겨진 명문에 "한 번 명을 받아서는 숙이고, 두 번 명을 받아서는 굽히고, 세 번 명을 받아서는 구부려 담장을 따라서 달아나니 또한 감히 나를 업신여김이 없었다. 여기에 미음을 끓이고 여기에 죽을 끓여 내 입에 풀칠을 하면서 살아가리라."라고 하였다. 《春秋左氏傳 昭公7年》 《史記 孔子世家》

135 자공(子貢)의……말 : 말조심을 하라는 의미이다. 《논어》 〈자장(子張)〉에 나오는 말로, 진자금(陳子禽)이 자공을 공자보다 훌륭하다고 평하자 자공이 "군자는 한마디 말로 지혜로운 사람이 되기도 하고, 한마디 말로 지혜롭지 못한 사람이 되기도 하니, 말은 신중하게 하지 않으면 안 된다."라고 하였다.

황송하기 그지없습니다. 그러나 과연 성상의 뜻을 받들어 다시 대궐로 들어간다면 분명 우리 벗을 한가하게 지내도록 허락하지는 않을 것이니, 그때는 장차 어떻게 할 것입니까.

편지에서 말씀한 영고(寧考 효종(孝宗)) 운운한 것은 한 줄을 미처 다 읽기도 전에 저도 모르게 얼굴을 가리고 눈물을 흘리고 말았습니다.

그대 아드님에 대해서는 제가 어찌 감히 칭찬하고 타일러 줄 수 있겠습니까. 저도 모르게 절로 몹시도 부러운 마음이 들어 지난번 편지에 그렇게 말씀드린 것입니다. 그러나 자기 자식을 칭찬하는 것은 분명 고인이 병통으로 여겼던 일이지만 남의 자식을 칭찬하는 것은 무슨 문제 될 게 있겠습니까. 그대의 사위와 이곳에서 함께 지내고 있는데, 서로 좋은 점을 본받는 유익함이 몹시도 많습니다. 마침 번잡한 일이 있어 이만 줄입니다.

이유능에게 보냄 무신년(1668, 현종9) 12월 21일
與李幼能 戊申十二月二十一日

한 해가 장차 저물려고 하는 이때 고요하게 지내는 생활은 어떠한지요? 그리운 마음 그지없습니다.

저는 이내 돌아가는 것을 면치 못하게 되었으니, 필시 유능의 비웃음을 받게 될 것입니다. 그러나 삼가 시의(時議)를 들어 보니, 남을 비웃는 자 역시 또 다른 사람의 비웃음을 당하게 될 것이 심히 우려됩니다. 부디 한가한 때에 힘써 옛 경전을 궁구하여 근본을 깊이 배양해서 당대의 쓰임에 보탬이 되는 것이 어떻겠습니까?

격물설(格物說)은 화숙(和叔)의 견해가 정당하니, 저의 바람에 심히 위안이 됩니다.

이유능에게 답함 기유년(1669, 현종10) 1월 28일

答李幼能 己酉正月小晦

병으로 깊은 골짜기에 누워 있느라 생각이 무료하던 와중에 홀연 보내 준 편지를 받으니, 오랜 병이 문득 몸에서 사라짐을 느낍니다. 다만 한스럽다는 말씀은 몹시도 저를 배를 잡고 웃게 만듭니다. 나 자신의 거취도 장차 어떻게 하지 못하는데 어느 겨를에 외람되이 다른 사람을 언급하겠습니까. 다만 고아한 정취가 부럽고 감탄스럽다고 말한 것은 있었습니다.

일찍이 한강 밖에 있을 때 서재이(徐載邇 서필원(徐必遠))가 편지를 보내 저를 두고 유자(儒者)가 아니라고 꾸짖었는데 지금 낭패가 이에 이르렀으니, 유자란 명칭은 사모할 만하지만 또한 미워할 만도 합니다. 오늘날 우리 벗이 유자가 되고 싶은지 아닌지는 물을 마시는 자가 저마다 차가운지 뜨거운지 스스로 느끼는 데 달려 있을 뿐입니다.[136]

병중에 이렇게 쓰고 보니 웃음을 참지 못하겠습니다. 집사도 아마 저와 똑같이 웃을 것으로 생각합니다.

136 물을……뿐입니다 : 당나라 때 선사인 몽산 혜명(蒙山惠明)이 육조 혜능(六祖慧能)으로부터 깨달음을 얻고 "저는 이제까지 황매(黃梅)에서 대중과 함께 공부하였으나 실로 자기의 본래면목(本來面目)을 알지 못했는데 이제 들어갈 곳이 어디인지 가르쳐 주시는 은혜를 입었습니다. 이는 마치 사람이 물을 마셔 보면 그것이 차가운지 따뜻한지를 스스로 알게 되는 것과 같으니, 이제 행자께서 저의 스승입니다."라고 한 것을 가리키며 원래 불교적 깨달음의 세계는 자신이 직접 체험해 봐야 안다는 뜻이다. 여기서는 모든 문제를 스스로 터득하여 대처해야 한다는 뜻으로 쓰였다.

이유능에게 답함 기유년(1669, 현종10) 3월 8일

答李幼能 己酉三月八日

특별히 심부름꾼을 보내어 손수 쓴 편지를 보내 주었는데, 필획이 나는 듯 생동하고 글의 뜻이 통창(通暢)하니 이를 통해 오랜 병이 나았음을 짐작할 수 있습니다. 이 기쁨을 어찌 한량할 수 있겠습니까. 단 편지에 주 부자(朱夫子)께서 3번 출사하신 일을 인용한 것[137]은 너무도 실상과 걸맞지 않으니, 저를 몹시도 황송하고 불안하게 만듭니다. 오늘날의 일은 조정에서 저를 쓰지 않은 것이 아니라 다만 제가 어리석고 용렬하여 절로 쓸 데가 없기 때문입니다. 어찌 수십 일 동안 조정에 있는데 마치 몸에 병이 있는 것마냥 마음이 거슬리고 답답한 경우가 있겠습니

137 편지에……것 : 이단상이 송시열에 대하여 "우리 유자(儒者)가 도를 행하는 것의 어려움은 예로부터 이와 같았으니, 비록 주 부자와 같은 대현(大賢)도 세 번 출사하여 모두 화를 당하였는데 지금 어찌 유독 그렇지 않겠습니까."라고 한 것을 가리킨다. 주희가 병부 낭관(兵部郎官)으로 있을 때 《주역》과 〈서명(西銘)〉에 대하여 임률(林栗)과 토론하다가 임률의 주장을 논박하였는데, 이에 앙심을 품은 임률이 이후 주희를 위학이라고 탄핵하였다. 또 주희가 절동 제거(浙東提擧)로 있을 때 태주 지사(台州知事) 당홍정(唐興正)의 죄상을 탄핵하다 그를 옹호하는 세력에 의해 도리어 그 자신이 탄핵을 입었고, 남강 태수(南康太守)로 있으면서 토지 제도를 개혁하려 할 때 장주(漳州)의 진사 오우규(吳禹圭)가 상소를 올려 비판하였다. 이에 주희는 "나는 강직하고 졸렬한 성격과 기구한 운명 때문에 한 번 나갔다가 당중우(唐仲友)를 만났고 다시 나갔다가 임황중(林黃中)을 만났으며, 지금 또 이 오우규를 만났으니, 어찌 하늘의 뜻이 아니겠는가."라고 하였다. 황중(黃中)은 임률의 자이고, 중우(仲友)는 당홍정의 자이다. 이단상은 송시열이 출사할 때마다 번번이 반대 세력에 의해 배척당하는 것을 주희의 사례에 비유하여 말한 것이다. 《宋史 道學列傳 朱熹》《晦菴集 卷28 與趙帥書》《宋子大全 附錄 卷7 年譜》

까. 저 재이(載邇) 영감[138]은 다만 가련한 자일 뿐이니, 마치 방 안에서 홀로 활개를 치는 어린아이한테 옆사람이 잘한다고 추어 주면 연로한 어른을 꾸짖고 욕하며 형과 누이를 내쫓고 때리면서 못하는 짓이 없는 경우와 그야말로 똑같습니다. 그렇다고 이것이 어찌 어린아이의 죄이겠습니까. 또 재이 영감은 참으로 속담에서 말하는 "중을 죽여 놓고 목숨으로 죗값을 받는다."라는 격에 해당합니다. 비록 이 몸을 재이 영감 때문에 물러나게 하였으나 또 이 몸으로 인해 곤욕을 당하였으니,[139] 또한 심히 가소롭지 않겠습니까. 일찍이 저도(楮島)를 지날 때 허생(許生)의 일을 듣고 배를 잡고 웃은 적이 있는데, 재이 영감도 그와 마찬가지가 될 줄은 생각지도 못했습니다.

보내온 편지에서 '질의와 문난(問難)'이라고 하신 말씀[140]은 나약한

138 재이(載邇) 영감 : 재이는 서필원(徐必遠)의 자이다. 1669년 1월에 송시열이 태안(泰安)에 창고를 설치할 것을 건의하여 조정에서 이를 추진하자, 형조 판서 서필원이 상소를 올려 반대 입장을 표명하였다. 이에 송시열은 바로 차자를 올려 모든 일은 자신에게서 비롯된 것이라고 하면서 체직을 청하였다. 《顯宗實錄 10年 2月 6日, 7日》《宋子大全 附錄 卷6 年譜》

139 또……당하였으니 : 1669년 2월 13일 지평(持平) 김세정(金世鼎)이 서필원이 간사한 계책을 써서 유현(儒賢)을 모함하였다는 말로 논핵하자 현종이 그의 파직을 명한 일을 두고 한 말이다. 《顯宗實錄 10年 2月 13日》

140 보내온……말씀 : 이단상이 보낸 편지에서 "일찍이 삼가 보건대 고정(考亭) 선생과 퇴도(退陶) 선생께서는 친구들과 문인들의 질의와 문난에 대하여 비록 견식이 천루한 자일지라도 반드시 자상하게 알려 주어 가르치기를 게을리하지 않았으니, 그 후학을 장려하는 뜻이 지극합니다. 시생(侍生)이 참람되고 망녕됨을 헤아리지 못하고 지난번에 감히 하순하시기에 누차 문목(問目)을 올렸으니, 부디 고요한 가운데 하나하나 바로잡아 가르쳐 주어 제 마음 가득한 의문을 풀어 주시기를 천만 바랍니다."라고 한 것을 가리킨다. 《靜觀齋集 卷9 上宋尤齋》 고정은 주희의 호이다.

저의 마음을 몹시도 고무하였습니다. 오늘날 의리의 설을 가지고 서로 강구하는 자는 전무한 실정인데 유능과 화숙(和叔) 같은 분들이 다행히도 저를 비루하게 여기지 아니하여 수시로 짧은 편지를 보내 주니, 깊은 영광이고 다행입니다. 저의 부족한 견해를 전하는 것을 계기 삼아 분명한 가르침을 청하고자 하는 마음이 어찌 끝이 있겠습니까. 퇴계(退溪)의 격물설(格物說) 같은 것도 이미 소중히 보관하고 있던 것을 수습하여 가지고 왔으니, 두서너 번의 장사(葬事)를 완료한 뒤에 응당 별지를 통하여 거듭 여쭈겠습니다. 이러한 일은 분부하지 않아도 오히려 받들 것인데, 하물며 이렇게까지 정성스럽게 말씀하는 데이겠습니까.

지난날 논한 역법(曆法)의 경우는 단지 《시경》과 《서경》의 주석에 나오는 일행(日行)의 역순(逆順)에 대한 차이만을 궁구하면 될 뿐, 나머지 자잘한 것들은 논해도 되고 논하지 않아도 됩니다. 그러나 또한 응당 그 설에 대해 천천히 여쭈겠습니다.

저는 열흘 사이에 갑자기 집안 식구 네 사람의 상을 당하여 슬픔과 괴로움으로 날을 보내고 있습니다. 화양동(華陽洞)으로 가는 것은 응당 초여름쯤에 있을 것입니다. 편지에서 서추(西樞 중추부(中樞府))에 임명된 것에 사은하고자 한다고 하였으니, 시대를 위하여 깊이 위로되고 기쁜 마음이 듭니다. 부디 갑자기 돌아가지 말고 머무르면서 성상을 보좌해 주기를 바랍니다. 만날 길이 없으니 봄추위에 건강을 잘 돌보기를 바랍니다.

○ 재이 영감의 장단점에 대해서는 이미 익히 알고 있습니다. 당초 실로 그와 함께 성심을 다 기울여 왕실을 향해 만분지일이나마 은혜에 보답하고 싶었는데, 시의(時議)가 들끓어 종용함이 날로 심해졌으니 그가 어찌 동요하지 않을 수 있었겠습니까. 오늘날 일은 다만 그가

어리석어 사리에 어두운 탓에 일어난 일일 뿐이니, 저를 배척해 쫓아내려는 속셈이 있었다고 말한다면 저는 그것을 믿지 않습니다. 듣자 하니 정상(貞相)이 재이 영감의 상소 초본을 가져오게 하여 보고는 "딱 좋다. 마고(麻姑)의 손톱으로 등을 긁는 것 같다."라고 하였다는데,[141] 그가 어찌 이를 헤아리고 짐작할 수 있었겠습니까. 장자(長者)도 이와 같으니 그 나머지가 어떠한지는 알 만합니다.

141 정상(貞相)이……하였다는데 : 정상은 당시 황화방(皇華坊) 정릉동(貞陵洞) 거주하던 재상 이경석(李景奭)을 가리킨다. 마고는 전설 속의 선녀 이름이다. 후한 환제(桓帝) 때 선인(仙人) 왕방평(王方平)의 부름을 받고 마고가 채경(蔡經)의 집에 내려왔는데, 새 발톱처럼 긴 마고의 손톱을 본 채경이 속으로 '등이 가려울 때 이 손톱으로 긁으면 딱 좋겠다.'라고 생각했더니, 왕방평이 채경의 속마음을 알아차리고 "마고는 신인인데, 네가 어찌 그 손톱으로 등을 긁을 수 있다고 생각하느냐."라고 했다고 한다. 《神仙傳 卷7 麻姑》 송시열은 일찍이 이경석이 삼전도비문(三田渡碑文)을 지은 일을 탐탁지 않게 여겼는데, 1668년에 〈영부사 이공 궤장연 서(領府事李公几杖宴序)〉를 지을 때 송나라 흠종(欽宗)을 따라 금나라에 포로로 끌려가 항복문을 지어 바친 손적(孫覿)을 비판한 말인 "수(壽)하고 강녕(康寧)하였다."라는 표현으로 이경석을 풍자하였다. 이 일로 송시열에게 유감을 품은 이경석이 서필원의 상소를 보고 가려운 데를 긁어주는 것처럼 시원함을 느꼈다는 말이다. 《宋子大全隨箚 卷7》《宋子大全 卷137 領府事李公几杖宴序, 附錄 卷6 年譜》

이유능에게 보냄 기유년(1669, 현종10) 8월 10일

與李幼能 己酉八月十日

전하는 말을 듣자 하니 병이 든 지 며칠이 되었다고 하는데, 혹 성시(城市)에 오래 머무르다가 정양(靜養)의 절도를 조금 어겨서 그런 것인지요? 병든 학이 산을 그리워하는 것은 회옹(晦翁)께서 탄식하신 바이니, 멀리서 상상해 보건대 그 정경이 이 몸이 처해 있는 상황과 다르지 않을 것입니다.

저는 산중에 우두커니 있으면서 죽음과 이웃하고 있는데, 때때로 책을 보면서 의문이 들면 언제나 고명한 그대에게 질문을 드리고 싶은 마음이 들곤 하지만 이미 그럴 수 없게 되었으니 단지 서글피 한숨만 내쉴 뿐입니다. 그러나 매양 작년에 보냈던 격물설(格物說)을 음미할 때마다 '이미 말해 놓은 것을 가지고 미루어 보면 아직 말하지 않은 것은 거의 혹여 그것을 통해 설명되어 뜻이 밝혀져서 이해할 수 있을 것이다.'라고 생각합니다. 만날 길이 없으니, 천만 몸을 보중하여 붕우를 다행스럽게 만들어 주기를 바랍니다.

송자대전

제65권

書서

박화숙[1] 세채 에게 보냄 경자년(1660, 현종1) 7월 19일

與朴和叔 世采○庚子七月十九日

일전에 찾아와 준 것을 항상 제 마음속에 간직하며 '한 차례 벼슬길에 다시금 나선 것은 분명 망녕된 행동이긴 하였으나 또한 여기에 온 것이 헛된 것도 아니었다.'라고 생각했습니다. 쑥대 우거진 고향 집으로 돌아온 뒤로는 집사의 의리를 사모하는 마음이 배나 절절하였으나 저 자신을 돌아보건대 처지가 위태로웠기에 감히 저의 성명이 담긴 서신을 그대가 있는 책상에 불쑥 전달하지 못하였습니다. 그런데 지금 이렇게 멀리까지 편지를 보내 주어 지면에 위로의 뜻이 넘쳐흐르니, 감격하고 기뻐서 어떻게 사례를 해야 할지 모르겠습니다. 다만 말씀이 지나치게 겸손하니, 이것이 땀이 흐를 정도로 지극히 황공한 심정을 주체할 수 없는 부분입니다.

지난 일에 대해서는 놔두고 다시는 언급하지 마십시오. 단 스스로 반성할 점이 없지 않으니, 평소 사람을 알아보는 안목이 없어 많은 사람에게 누를 끼쳤다는 사실입니다. 이 점은 외부 사람들과 말하기에 부끄러운 일입니다.

1 박화숙(朴和叔) : 박세채(朴世采, 1631~1695)로, 화숙은 그의 자이다. 본관은 반남(潘南), 호는 현석(玄石)·남계(南溪), 시호는 문순(文純)이다. 김상헌(金尙憲)과 김집(金集)의 문인이며 송시열의 손자 송순석(宋淳錫)의 장인이다. 숙종 초기까지는 송시열과 정치적 입장을 같이하였고 1684년(숙종10) 송시열이 그의 제자인 윤증(尹拯)과 갈등을 벌일 때 어느 편도 들지 않고 중재하였으나, 서인(西人)이 노론과 소론으로 분열되자 끝내 소론의 영수가 되었다. 《厚齋集 卷44 文純公南溪先生行狀》

저는 궁벽한 산에 칩거하면서 한결같이 병과 잡무에 시달리고 있는 지라 서책 위에 쓰인 말만 뚫어지게 쳐다보는 공부조차 일찍이 중단해 버렸으니 그 수준에서 한 걸음 더 나아간 공부에 대해서는 고려해 보기 어려운 실정입니다.

저번에 내심 이부(嫠婦)의 걱정[2]을 이기지 못해 감히 사면을 청하는 상소를 통해서 성상을 향한 저의 충심을 대략 진달한 바 있는데, 혹 거기에 성상의 마음과 부합하는 부분이 있다면 아홉 번 죽어도 달게 여길 것입니다. 다만 의리의 귀착점에 있어서 그 타당성 여부가 어떠할지요? 부디 고명한 집사께서 잘 헤아려 가르쳐 주기를 바랍니다. 이 이후로 만약 고해 줄 만한 말이 생긴다면 실속 없이 겉치레로 하는 문장이나 지엽적인 절차 따위는 모두 내버리고 오직 진솔하고 솔직한 의리로써 대해 주기를 간절히 바랍니다. 그렇게 해 준다면 저 역시 감히 알고 지낸 날이 얼마 되지 않는다는 이유로 스스로 혐의쩍게 생각하지 않고 저의 속마음을 모두 털어놓겠습니다.

남은 더위가 여전히 괴로운 이때 더욱 몸을 보중하여 멀리 있는 저의 진심을 위로해 주기를 바랍니다.

2 이부(嫠婦)의 걱정 : 자기 신분과 지위에 맞지 않게 나랏일을 근심하고 걱정하는 것을 말한다. 《춘추좌씨전(春秋左氏傳)》 소공(昭公) 24년에 "과부가 베 짜는 씨줄이 모자라는 것은 걱정하지 않고 주나라가 쇠락할까 걱정하는 것은 화가 장차 자기에게 미칠 것을 두려워해서이다."라고 한 데서 유래하였다.

박화숙에게 답함 신축년(1661, 현종2) 1월 18일

答朴和叔 辛丑正月十八日

슬프고 괴롭고 근심스러운 마음으로 객지에서의 고달픈 생활을 이어가느라 한 통의 편지로 안부를 물을 겨를이 없었는데, 어제 집사의 편지를 받으니 감사하는 마음이 실로 깊습니다.

제 아이가 외람되게도 천은(天恩)을 입은 덕에 오늘 이날이 있을 수 있게 되었으니, 아비와 자식이 분골쇄신한다 한들 어찌 그 은혜의 만분지일이라도 보답할 수 있겠습니까.

떠나고 머무는 의리는 깊이 논할 문제가 아닙니다. 왔다고 해서 벼슬에 나아감이 되는 게 아닌데, 떠난다고 해서 어찌 벼슬에서 물러남이 되겠습니까. 더구나 자고로 신하이면서 이렇게 '부도(不道)'라는 죄목[3]을 짊어진 채로 능히 세상에 설 수 있는 자는 없었습니다. 이미 죄를 청하는 소장을 올려놓았으니, 성상께서 너그럽고 인자한 마음으로 혹 용서해 주신다면 곧장 향리로 돌아가 죽어야 마땅할 뿐 그밖에 다른

3 부도(不道)라는 죄목 : 1659년 12월 송시열이 현종의 만류에도 도성을 떠났을 무렵 사람들이 송시열을 두고 "《춘추(春秋)》의 무장(無將), 한법(漢法)의 부도"라는 말로 비난한 것을 가리킨다. 《宋子大全 卷22 承旨吳挺緯再來傳諭後書啓, 附錄 卷3 年譜》 무장과 부도는 모두 신하의 반역을 가리키는 말로, 《춘추공양전(春秋公羊傳)》 장공(莊公) 32년에 "임금과 어버이에 대해서는 반역하려는 마음이 없어야 하니, 반역하려는 마음만 품어도 주벌하는 것이다."라고 하고, 《사기(史記)》 〈고조본기(高祖本紀)〉에서 한 고조(漢高祖) 유방(劉邦)이 군대를 출동시켜 항우(項羽)를 칠 때 "천하가 함께 의제를 세우고는 북면하여 그를 섬겼는데 지금 항우가 의제를 강남으로 내쫓아 죽였으니, 대역무도하다."라고 한 데서 온 말이다.

생각은 없습니다.

《근사록석의(近思錄釋疑)》에 대해서 시종 유념해 주니, 이를 통해 마음을 쓰는 것이 엉성하지 않다는 사실을 충분히 알 수 있는바 존경하고 존경합니다. 조생(趙生)은 지금 아직 만나 보지 못하였으나 며칠 뒤에는 이미 한수(漢水) 북쪽의 사람이 되지 못한 상태일 것이니, 이 일에 대해서는 아마도 참여하여 듣지 못할 듯합니다. 그러니 화숙이 그 일을 끝까지 궁구하여 아무런 유감이 없게 해 준다면 심히 천만다행이겠습니다. 이미 구지(久之 김수항(金壽恒)) 영공(令公)께 맡긴 것은 깨끗이 베껴 적은 뒤에 다시 보내 드리겠습니다.

만날 길이 없으니, 더운 날씨에 몸조심하기를 바랍니다.

박화숙에게 답함 신축년(1661, 현종2) 4월 16일

答朴和叔 辛丑四月十六日

그리운 마음이 날이 갈수록 심해지던 중에 길게 이어 붙인 편지 한 통이 인편을 거쳐 병든 이 몸 곁에 이르니, 기쁘고 후련한 마음을 말로 표현할 수 없습니다. 다만 보내온 편지에서 하신 말씀을 자세히 읽어 보니 절반은 편작(扁鵲)과 화타(華佗) 같은 명의(名醫)의 입장에서 하는 말들이었습니다. 이는 저와 같이 졸렬한 사람과 함께 보기에 알맞은 내용이니, 삼가 동병상련의 심정을 견딜 수 없습니다. 저는 원래부터 반쯤은 죽은 사람과 같은 처지였습니다. 그런데 근자에 또 제 아이가 역병으로 자기 생모의 상을 당한 뒤 계속해서 그 가운데 들어앉아 있는 바람에 물과 불의 화를 면치 못하고 말았으니,[4] 이 어찌 아비 된 심정으로 견딜 수 있는 일이겠습니까. 이러한 이유로 애태우며 날을 보내느라 예전에 앓던 병까지 날로 더해짐이 느껴지는데, 그렇다고 버리고 갈 수도 없는 노릇이니 괴롭고 괴로운 일입니다.

《율곡연보(栗谷年譜)》는 예전에 외람되게도 사문(師門)의 부탁을 받아 여러 서적을 고증하여 대략 두서를 갖추어 놓았습니다만 식견이

4 물과……말았으니 : 부모의 잘못으로 어린 자식이 재해를 입었다는 말로, 《춘추곡량전(春秋穀梁傳)》 소공(昭公) 19년에 "자식이 태어난 뒤에 물과 불의 화를 면치 못하는 것은 모친의 죄이고, 머리를 땋은 소년이 되었을 때 스승에게 나아가지 않는 것은 부친의 죄이다."라고 한 데서 유래하였다. 송시열의 윤자(胤子)인 송기태(宋基泰)가 역병에 걸린 생모 파평 윤씨(坡平尹氏)를 간호하고 상을 치르다 역병에 감염된 것을 가리킨다. 《宋子大全 卷35 答鄭晏叔(辛丑四月五日)》

비루하고 글이 졸렬한 탓에 그중 의리의 관건이 되는 부분은 이미 간파할 수 없었을 뿐만 아니라 제대로 모사해 내지도 못하였습니다. 이에 뜻을 같이하는 이들에게 바로잡아 달라고 부탁하려 한 지 오래였는데, 지금 그대가 애써서 그 책을 찾아 주니 제 소원에 딱 들어맞는 일입니다. 그러나 아직 초고 상태인지라 절반은 덧칠과 교정이 가해진 채로 있으니, 직접 그 작업을 했던 사람의 마음과 눈이 아니라면 실로 눈에 보기가 힘들 것입니다. 그러니 응당 우환이 끝날 때를 기다려 별도로 한 본을 베껴 드리겠습니다.

가지고 있는 글[5]은 그 출처가 어디이며 제목은 무엇입니까? 부옹(涪翁)이 염예(灩澦)에서 겪은 이야기 한 대목은 여러 번 나오는데 그 내용이 각기 다르니,[6] 비록 서로 어긋나는 부분이 있더라도 대체적인 내용에 차이가 없다면 증거가 되는 사실은 많다고 문제 되지 않습니다. 혹여 먼저 그 글을 보내 준다면 더욱 좋겠습니다.

《근사록석의(近思錄釋疑)》는 저 또한 일전에 외람되게도 그 책의 교정에 참여하면서 우리 그대가 공력을 들인 부분을 본 적이 있는데

5 가지고 있는 글 : 박세채가 가지고 있던 율곡 이이(李珥) 관련 글을 가리킨다. 이에 앞서 박세채가 송시열이 지은 《율곡연보》를 보기를 희망하면서 "저 역시 일찍이 한두 글을 본 적이 있는데, 만약 연보 중에 미처 그것을 채록하지 못하였다면 수집하는 데 보태기를 바랍니다."라고 하였다. 《南溪集 卷25 答宋尤齋》

6 부옹(涪翁)이……다르니 : 부옹은 북송의 학자 정이(程頤)를 가리킨다. 정이가 부릉(涪陵)으로 귀양 가면서 염예라는 협곡을 지날 때 파도가 거세게 일어서 배 안에 있던 다른 사람들이 모두 놀라서 어찌할 줄을 몰랐으나 유독 정이는 태연하여 조금도 동요하지 않았다. 강 언덕 위에서 나무를 하던 사람이 정이에게 "목숨을 버릴 작정으로 그러한가, 사리를 통달하여 그러한가?"라며 큰 소리로 물었는데, 배가 이미 떠나는 바람에 정이가 미처 대답하지 못하였다고 한다. 《二程外書 卷12 傳聞雜記》

그 이전엔 마치 한 사람도 손을 대지 않은 것 같을 정도였습니다. 이 어찌 빗자루로 먼지를 쓸어버린 것 같을 뿐이겠습니까. 감탄과 부러움의 감정을 참지 못하겠습니다. 이 얼마나 대단한 정신과 체력입니까. 이런데도 도리어 아프다고 말하기 좋아한단 말입니까.

그대가 맞닥뜨린 변례(變禮)[7]에 대해 우매한 저의 생각은 시종일관 그와 같습니다.[8] 덕이 큰 사람이 아니라면 진실로 감히 의리에 맞추어 새로운 예법을 창조해 낼 수 없으니, 조금이라도 근거할 만한 부분이 있거든 그에 근거하여 행한다면 거의 허물을 적게 할 수 있을 것입니다. 얼마 전 길보(吉甫)가 또다시 종손(從孫)이 양자가 되는 경우를 가지고 논란하기에[9] 이미 저의 견해를 가지고 답을 하였으니, 조만간

7 그대가 맞닥뜨린 변례(變禮) : 박세채는 처음에 숙부의 양자로 들어가 숙모 손에서 자랐다가 후일 생부에게 후사가 없자 파양하고 다시 본생부모에게 돌아왔다. 그런 가운데 숙모가 죽자 박세채는 죽은 숙모에 대한 복제를 어떻게 할 것인가 의문이 들었다. 변례란 곧 자신을 양자로 키워 준 숙모에 대한 복제를 가리킨다. 《宋子大全隨箚 卷7》

8 우매한……같습니다 : 이에 앞서 박세채가 송시열에게 보낸 편지에서 "저희 집안의 변례제에 대해서는 일전에 노서(魯西)가 알려온 말을 통해 대략 대감의 뜻이 어떠한지 알게 되었습니다."라고 하였기에 이렇게 말한 것이다. 여기서 노서는 윤선거(尹宣擧)이고, '대감의 뜻'이란 송시열이 1661년 1월 22일에 윤선거에게 보낸 편지에서 "화숙의 경우는 숙모가 살아 있을 때 이미 모자(母子)라는 명분을 정하였는데 그가 죽은 뒤 도리어 숙질(叔姪)의 의리를 따른다면 온당치 못할 듯합니다."라고 한 말을 가리키는 듯하다. 《南溪集 卷25 答宋尤齋》《宋子大全 卷38 答尹吉甫(辛丑正月二十二日)》

9 얼마……논란하기에 : 윤선거가 송시열에게 보낸 편지에서 "일찍 부모를 잃어 조부모에게 양육이 된 경우는 또한 가복(加服)에 대한 의론이 없으니, 수숙(嫂叔)에 대하여 가복하지 않는 것도 이와 같습니다.……무릇 남의 후사가 된 자는 본생부모에 대해서도 오히려 낮추어 숙질의 의리를 따르는데, 하물며 일찍이 모자(母子)라는 명칭이 있다가 본생가(本生家)로 다시 돌아가는 경우 그 양육한 자에게 그대로 숙질의 복을 입는 것이

듣게 될 것입니다.

나머지 할 말은 일일이 다 하지 못합니다. 날씨가 더워져 가는 이때 더욱 몸을 보중하여 멀리 있는 저의 정성을 위로해 주기 바랍니다.

어찌 온당치 못하겠습니까."라고 한 것을 가리킨다.《魯西遺稿 卷10 問宋明甫》

박화숙에게 답함 계묘년(1663, 현종4) 4월 12일
答朴和叔 癸卯四月十二日

백 리나 서로 떨어져 있으니 직접 만나지 못하는 것은 말할 것도 없고 서신의 왕래가 드문 것 또한 당연하지만, 그대를 그리워하는 마음은 단순히 깊다는 표현으로는 부족할 정도입니다. 며칠 전 인편을 통하여 공손히 그대의 편지를 받았는데 길게 해 준 말씀은 실로 범상한 위토와 보살핌에 비할 바가 아니어서 며칠 동안을 입으로 외고 완미하였으니, 실로 수많은 보물을 제게 내려 준 것 같았습니다. 그 이후로 부모님을 모시는 여가에 학문하며 지내는 생활은 더욱 건승합니까?

저의 상황을 말씀드리자면 집안의 화가 끊이지 아니하여 동생의 양자로 나간 형님의 막내아들이 1월에 요절하여 지난달에 매장하였는데, 슬퍼한들 소용없어 다만 가슴만 몹시 찢어질 뿐입니다.

양이(養而)의 선장(先丈) 묘표[10]에 대한 교정을 해 주었으니, 저를 하찮게 여기지 않는다는 사실을 잘 알겠습니다. 이는 작은 일임에도 오히려 부족한 부분을 바로잡으려고 해 주니, 이를 통해 어진 사람의 마음가짐을 볼 수 있습니다. 한스러운 것은 직접 그대를 찾아뵙고서 날마다 정문일침(頂門一針)의 가르침을 받지 못한다는 사실입니다.

그대 선장에 대한 글을 외람되게도 부탁해 주었으니, 더욱더 황공합

10 양이(養而)의 선장(先丈) 묘표 : 양이는 이지렴(李之濂, 1628~1691)의 자이다. 이지렴의 부친인 이초옥(李楚玉)의 묘표로, 《송자대전》 권198의 〈전력부위 이군 묘표(展力副尉李君墓表)〉이다.

니다. 이는 명문가의 큰 족보이기에 특히나 쉬이 짓기 어려우니, 저명한 문장과 대단한 필력을 지닌 분이 세상에 따로 있을 것입니다. 그러니 하필 변변치 못한 못난 제게 이 일을 맡길 것이 있겠습니까. 그러나 집사께서 만일 요즘 세상에 의리를 사모하는 사람이 많기는 하지만 저보다 심한 사람은 없다고 생각한다면 또한 그렇다고 말할 수 있을 뿐이니, 이러한 이유로 부탁을 받아들인다면 또한 혹 거의 해 볼 수 있을 듯합니다. 다만 이 일은 체모가 중대하니, 재차 더 생각해 보는 것이 어떻겠습니까?

양현(兩賢)의 연보[11]는 읽고 교감해 나갈수록 소략하고 허술하다는 생각이 더욱 드니, 이것이 몹시도 쉽지 않은 일이라는 사실을 알 수 있습니다. 편지에서 말씀한 기실(記實) 한 부는 혹 율옹(栗翁)의 후손이 보관할 것입니까? 오늘날 수찬하는 것은 전적으로 이 책에 근본하고 있습니다.

"이 청주(李淸州) 봉사(封事)" 운운한 것에 대해서는 일찍이 들어보지 못하여 알지 못합니다. 부디 나중에 보낼 인편을 통하여 기록해 보여 주는 것이 어떻겠습니까?

끝으로 날씨가 더워져 가는 가운데 더욱 몸을 보중하기를 멀리서 축원합니다. 이만 줄입니다.

11 양현(兩賢)의 연보 : 율곡(栗谷) 이이(李珥)와 우계(牛溪) 성혼(成渾)의 연보를 가리킨다. 《宋子大全隨箚 卷7》

박화숙에게 답함 갑진년(1664, 현종5) 3월 3일
答朴和叔 甲辰三月三日

지난해 멀리서 보내온 집사의 편지를 받은 한편, 또 유능하고 학식을 많이 갖춘 그대가 무능하고 학식이 적은 제게 질문한 것을 통해 겸손으로 빛나는 크나큰 덕까지 아울러 볼 수 있었으니, 두세 번 반복하여 읽는 동안 흡사 천년 전 고인의 모습을 보는 듯한 기분이 들었습니다. 다만 혐의스러운 제 처지로 인하여 감히 곧장 우러러 답을 올리지 못하였고 그런 상태로 계속 세월이 흘러 오늘날에까지 이르게 되었는데, 이 어찌 제 본심이겠습니까.

그대가 질문해 준 별지는 먼 지방의 사인(士人)이 마침 찾아와 그 글에 담긴 뜻을 즐기고 완미하면서 "이 세상 문자가 아니다."라고 하더니 제가 이미 답장을 했다고 생각한 나머지 제게 묻지도 않고 소매에 넣고 가 버렸으니, 존건(尊楗)의 일[12]과 유사한 점이 있습니다. 그러나 회옹(晦翁)께서 잃어버리신 것은 죽은 귀신의 옛 필적이었으므로 자후(子厚)에게 청하여 새 글씨로 대신하셨으나,[13] 지금은 우리 화숙이 있

12 존건(尊楗)의 일 : 주희(朱熹)의 집안 어른인 유여우(劉如愚)가 주희가 소장하고 있던 존건각비(尊楗閣碑)의 묵각(墨刻)을 말없이 가져간 일을 가리킨다. 이 일을 겪고 지은 시 〈얼마 전 여러 형들께서 왕림해 주셨기에……〔昨承諸兄臨辱……〕〉를 통해 그 전후 사정을 알 수 있다. '덕경 어른'은 덕경을 다스린 적이 있는 유여우를 가리킨다. 《晦菴集 卷2》《朱子大全箚疑輯補 卷2》

13 회옹(晦翁)께서……대신하셨으나 : 《회암집》 권2의 〈얼마 전 마흔한 번째 어른께 시를 가지고 잃어버린 비각(碑刻)을 요청했더니……〔昨以詩徵亡碑於四十一丈……〕〉

으니 어찌 골짜기에 숨겨 두었던 배 신세가 되기까지야 하겠습니까.[14] 감히 바라건대 한 통을 다시 써서 보내 준다면 감히 어두운 제 시력을 다 짜내어 살펴본 뒤 소중히 보관하여 보물로 삼겠습니다.

답장을 이전에는 감히 하지 못하다가 지금에 와서 감히 하는 이유를 양이(養而 이지렴(李之濂))에게 보낸 편지에 대략 서술하였으니, 그가 혹 그대에게 그 내용을 알려 줄 수 있을 것입니다.

봄기운이 이미 펼쳐진 이때 다만 기체를 더욱 보중하기를 바랍니다. 이만 줄입니다.

를 두고 한 말이다. 자후는 주희가 어린 시절 함께 동문수학한 황수(黃銖)의 자이다. 《朱子大全箚疑輯補 卷2》

14 어찌……하겠습니까 : 잃어버린 별지를 영영 다시 보지 못하기야 하겠냐는 말이다. 《장자(莊子)》〈대종사(大宗師)〉에 "골짜기에 배를 숨겨 두고 연못 속에 산을 숨겨 두고는 안전하다고 여기지만 한밤중에 힘센 자가 짊어지고 달아나면 어리석은 사람은 알지 못한다."라고 하였는데, 주희가 유여우에게 자신이 소장하고 있던 존건각비의 묵각을 도난당하자 이 고사를 인용하여 "어찌하여 귀한 손님의 마음을 거슬려 밤중에 골짜기에 숨겨 둔 나의 배를 옮기도록 하였나? 새벽에 보니 다만 텅 빈 벽만 있을 뿐 전각은 찾을 수 없었네."라고 하였다. 《晦菴集 卷2 昨承諸兄臨辱……尊犍刻可以歸於我矣》

박화숙에게 답함 을사년(1665, 현종6) 7월 24일
答朴和叔 乙巳七月二十四日

오늘날 저를 가엽게 생각해 주는 사람은 제 생각에 오직 화숙 한 사람뿐이니, 그대를 향한 저의 사모하는 마음 역시 쉽게 말할 수 있는 정도가 아닙니다. 다만 저의 죄가 깊고 무겁기에 당장에 남들과 이야기를 주고받기 마땅치 않고 또 남에게 누를 끼칠까 두렵기도 하였으므로 할 말을 입속에 머금은 채 꺼내지 않은 지 이미 한 해가 넘었습니다. 그리하여 지난번 제게 질문해 온 두 장의 편지에 대하여 그대에게 가르침을 받고자 하는 데 급급한 나머지 곧장 부족한 저의 소견을 담아 한 부를 기록하여 만들어 놓기는 하였으나 또한 감히 대번에 보내지 못하였던 것입니다. 며칠 전 벗인 윤증(尹拯) 자인(子仁)이 그대의 뜻을 전해 왔을 적에 문득 이 일에 대해서는 비록 십분 근거 없이 떠든다고 해도 강해(江海)의 파란[15]을 초래하는 지경까지는 이르지 않을 것이라는 생각이 들어 결국 이렇게 여쭈게 되었습니다. 부디 저를 아끼고 돌보는 사적인 감정 때문에 느슨한 태도를 취하지 말고 일일이 평하여 돌려주는 한편, 답장을 지체한 저의 죄를 특별히 살피고 용서해 주기를 천만 바라고 바랍니다.

15 강해(江海)의 파란 : '강(江)'은 여강(驪江)에 사는 윤휴(尹鑴)를, '해(海)'는 해남 윤씨(海南尹氏)인 윤선도(尹善道)를 가리키는 말로, 윤휴와 윤선도의 비판을 뜻한다. 1660년 효종에 대한 자의대비(慈懿大妃)의 복상 문제를 두고 기해예송이 벌어졌을 때 두 사람이 송시열의 예론을 극력 비판하였으므로 한 말이다. 《宋子大全隨箚 卷3》

끝으로 남은 더위에 한층 건강에 유의하길 바랍니다.

○ 능표(能表)[16]는 어떻게 지내고 있습니까? 모인(某人)이 처한 예법상 난처한 상황에 대해 이전에 감히 답을 하지 못하였으니, 이는 제경(濟卿)이 알기만 해도 메마른 몸에 온통 소름이 돋기 때문입니다.[17] 이 편지를 부디 그에게 보여 주기를 바랍니다.

별지

〔문〕 요즘 사람들이 행하는 제례는 비록 예법의 집안이라 불린다 해도 제각기 다른 방식으로 지냅니다. 이에 한집에 사종(四宗)이 있어서 증조나 조부를 계승한 종자(宗子)가 한결같이 《가례(家禮)》에 실린 것을 본떠 행하고자 하는데 유독 고조를 계승한 종자는 선대에서 하던 방식과 세속의 예법을 견지하여 그렇게 행하기를 원치 않고 혹 증조를 계승한 종자 이하도 똑같이 그렇게 한다면 부친을 계승한 소종(小宗)은 단지 그 집안에서 고례(古禮)를 행해야 합니까? 아니면 종자를 따라 시속의 방식대로 해야 합니까?

또 시제(時祭)의 경우 《가례》에서 양씨(楊氏)가 인용한 주자(朱子)의 설로 보건대 "적손(適孫)이 하루에 그 증조 이하를 제사 지내거든 남은 자손들이 제사에 참여하고 그다음 날에 차위(次位)의 자손으로 하여금 스스로 자기네 조부 이하를 제사 지내게 한다."라고

16 능표(能表) : 이단상(李端相)을 가리킨다. 이단상의 자가 유능(幼能)이고 박세채의 표종(表從)이기에 이렇게 칭한 것이다. 《宋子大全隨箚 卷7》

17 제경(濟卿)이……때문입니다 : 제경은 이단상의 종제(從弟)인 이홍상(李弘相)의 자로, 이홍상이 일전에 윤휴와 가깝게 지냈으므로 한 말이다. 《宋子大全隨箚 卷7》

하였으니, 필시 고조를 계승한 종자가 먼저 시제를 지낸 뒤에 증조 이하가 차례로 제사를 지내야 할 듯합니다. 다만 소종이 먼 곳에 따로 거주하는 경우, 또 대종(大宗)이 변고가 생겨 제사를 지내지 못하거나 하순에 지내는 경우에 반드시 이렇게 행하려고 한다면 소종의 집안에서 장차 제사를 지내지 못하는 경우가 있게 될 것입니다.

또 예컨대 하루 동안 그 증조를 제사 지냈다면 이는 이미 《가례》의 "혹은 정일(丁日) 혹은 해일(亥日)로 한다."라는 말[18]을 쓴 것입니다. 그런데 그다음 날에 다시 차위의 조고(祖考)를 제사 지낸다면 그날은 필시 정일과 해일이 아닐 텐데, 중한 것이 종법에 있다는 이유로 다시 택일하여 제사를 지내지 못하는 것입니까? 또 소종이 비록 따로 산다고 하더라도 지역이 가까워 서로 통할 수 있다면 반드시 대종이 제사를 지낸 뒤에 자기네 조부와 부친을 제사 지내야 합니까?

〔답〕 이른바 "각자 다른 방식으로 지낸다."라는 것은 《가례》와 《국조오례의(國朝五禮儀)》 및 《격몽요결(擊蒙要訣)》 등의 책에 실린 내용이 같지 않기 때문입니다. 《가례》의 내용을 일률적으로 따르되 그래도 혹 의심나는 조문이 있은 뒤에 다른 책으로 보충해야 마땅하니, 그렇게 하면 일통(一統)을 중히 여기는 의리[19]에 합치하여 그러한 폐단이 없을

18 가례의……말 : 《가례》 권7 〈제례(祭禮) 사시제(四時祭)〉에 "시제는 중월(仲月)의 초순으로 날짜를 점친다."라고 하고, 그 주석에 "맹춘(孟春)의 하순 초에 다음 달 삼순(三旬) 중 각각 한 날을 택하되 정일이나 해일로 한다."라고 한 것을 가리킨다.

19 일통(一統)을……의리 : 《춘추공양전(春秋公羊傳)》 은공(隱公) 원년에 "왜 '왕정월(王正月)'이라고 하였는가? 일통을 중히 여기기 때문이다."라고 하였다. 천하의 제후국 모두가 주나라 천자에게 복속되어 그 문물과 제도를 통일되게 따르는 것을 말한다. 여기서는 예법을 하나로 통일하는 것이 중요하다는 의미이다.

것입니다. 그러나 한집안의 어른이 선대에서 하던 방식을 견지하되 그것이 예법과 심히 어긋나지 않는다면 마음대로 곧장 행하기도 어려우니 마지못해 따르는 것이 마땅할 듯합니다. 만약 그것이 심히 행할 수 없는 것이라면 또한 마땅히 자신의 정성과 공경을 다하면서 완곡한 말로 깨닫도록 만들어야 할 뿐이니, 이 외에 별달리 잘 대처할 좋은 방도는 없습니다. 어떻게 생각합니까?

《가례》에서 "그다음 날 제사를 지낸다."라고 한 것은 본래 함께 거주하는 자를 위하여 가설한 말이니 양씨(楊氏)의 말이 담긴 해당 본문[20]을 상고해 보면 그 사실을 알 수 있습니다.

고조의 제사를 이미 정일과 해일에 지냈다면 증조를 계승하는 집에서는 따로 택일하지 못하고 다만 그다음 날에 제사를 지내는데, 이는 존장자에게 통솔되는 의리[21]인 듯합니다.-마치 건물을 지을 때 일가(日

20 양씨(楊氏)의……본문 : 《가례》 권1 〈통례(通禮) 사당(祠堂)〉 제2절의 "네 개의 감실을 만들어 선조의 신주를 모신다.〔爲四龕以奉先世神主〕"라는 조항의 주석에 양복(楊復)이 주희(朱熹)의 말을 인용하여 "이번에 또 말하기를 '같은 증조에서 나와 함께 거주하고 있다면 한집에 종형제와 재종형제가 있을 것이니, 이 경우에 제사를 지낼 때 제사를 주관하는 사람을 위주로 한다면 그 밖의 사람들 가운데 혹 아들로서 자신의 부모에게 제사를 지내지 못하는 일이 발생한다. 이와 같이 한곳에 뒤섞여 제사를 지낸다면 제대로 되지 못할 것이니, 제사를 제대로 잘 지내려고 한다면 제사를 주관하는 적손(嫡孫)이 하루에 증조, 조부, 부친의 제사를 지내거든 남은 자손들이 제사에 참여하고 그다음 날에 차위의 자손들이 각자 자기네 조부와 부친에게 제사를 지내게 하고 또 그다음 날에 차위의 자손들이 각자 자기네 부친에게 제사를 지내게 해야 할 것이다.' 하였다."라고 한 것을 가리킨다.

21 존장자에게 통솔되는 의리 : 《예기》 〈내칙(內則)〉에 "자식과 며느리는 사사로운 재화가 없고 사사로이 기르는 가축이 없으며 사사로이 사용하는 기물이 없으니, 감히 사사로이 빌려 올 수도 없고 사사로이 빌려줄 수도 없다."라고 하고, 정현(鄭玄)의

家)[22]가 "이미 길일(吉日)에 터를 닦아 공사를 시작하였다면 그 뒤에는 흉일(凶日)을 만날지라도 공사를 중단하지 않는다."라고 하는 것과 같으니, 이런 종류의 일에는 아마도 이러한 이치가 있는 듯합니다.-

존위(尊位)에 연고가 있어서 제사를 지내지 못한다면 낮은 자는 따라서 제사를 지낼 수 없으니, 이는 또한 형편상 부득이한 경우입니다. 비록 다른 곳에 거주하더라도 지역이 서로 가깝다면 또한 함께 사는 것과 다름이 없습니다. 일찍이 선사(先師) 사계(沙溪) 김 선생(金先生 김장생(金長生))께서 어떤 사람에게 답한 편지를 보니 "선조의 묘가 건너편 언덕에 있으면 소종은 그 묘소에 먼저 제사할 수 없다."라고 하였으니, 이 의리는 유추해 볼 수 있을 듯합니다.

〔문〕《가례》에서 말한 채소 세 가지〔蔬菜三品〕[23]는 《의례문해(疑禮問解)》에서 논한 침채(沈菜), 숙채(熟菜), 초채(醋菜) 등에 해당할 수 있으나 포(脯)와 해(醢)의 경우는 두 가지밖에 없으니 장차 무엇으로 대신하여 세 가지를 만들 수 있겠습니까? 이른바 어(魚)와 육(肉)에 대해 《격몽요결》에서는 날것을 쓴다고 하였고 《의례문해》에서는 어탕(魚湯)과 육탕(肉湯)이라고 하였습니다. 날것을 쓴다는

주석에 "집안의 일은 존장자에게 통솔을 받는 것이다."라고 하였다.

22 일가(日家) : 연월일시의 간지에 따라 운명을 점치는 복술가나 지관을 말한다.

23 가례(家禮)에서……가지 : 《가례》 권7 〈제례(祭禮) 사시제(四時祭)〉에 "희생(犧牲)을 살피고 제기(祭器)를 씻고 제찬(祭饌)을 갖춘다."라고 하고, 그 주에 "신위마다 과일 여섯 가지, 채소·포·해 각각 세 가지, 육어(肉魚)·만두(饅頭)·떡 각각 한 쟁반〔盤〕, 국과 밥 각각 한 주발, 간(肝) 각각 한 꿰미, 적육(炙肉) 각각 두 꿰미를 차리되 정결하도록 힘쓴다."라고 한 것을 가리킨다.

의리가 꼭 맞는 것인지는 모르겠으나 구봉(龜峯)이 〈예답문(禮答問)〉에서 그 점을 상세히 밝혔고,[24] 또 점필재(佔畢齋)의 《이존록(彝尊錄)》을 보니 그의 선고(先考) 사예공(司藝公)이 제례를 행할 때 날것의 어육을 썼다고 하였는데,[25] 율곡(栗谷)이 날것을 쓴 것은 혹 동인(東人)의 구습인 듯합니다. 《의례문해》에서 "《서의(書儀)》에 근거한다."라고 하였는데, 그 내용은 어느 조목에 나오는 것입니까? 거기서 "탕(湯) 다섯 가지"라고 한 것도 《가례》에는 원래 나오지 않으니 단지 시속의 예법으로 참작한 것인 듯한데 《의례문해》에서 반드시 어와 육을 어탕과 육탕이라고 한 것은 모르겠습니다만 또한 분명한 근거가 있는 것입니까? 《가례》에서 과일과 포에 대해서는 '품(品)'이라 하고 어와 육에 대해서는 '반(盤)'이라 하였는데, 《가례》의 부주(附註)와 《서의》의 설로 헤아려 보건대 '반'이란 것이 혹시 한 가지 기물이 아니라서 그런 것입니까? 이른바 '초접(醋楪)'의 경우 《격몽요결》에서는 초채로 대신하였는데, 《상례비요(喪禮備要)》에서는 그것을 그대로 사용하고 아울러 청장(淸醬)을 첨가한다고 하였습니다. 저의 생각에 옛사람은 음식을 차릴 때 초(醋)를 중요하게 여겼으니, 《가례》에서 초를 사용한다고 한 것은 곧 《상례비요》에서 장(醬)을 쓴다고 한 뜻과 같은 것입니다. 지금 만약 그 둘을

24 구봉(龜峯)이……밝혔고 : 구봉은 송익필(宋翼弼)의 호이다. 〈예답문〉은 《구봉집》 권6 〈예문답(禮問答) 답호원문(答浩原問)〉에 그 내용이 보인다.

25 점필재(佔畢齋)의……하였는데 : 김종직(金宗直)의 《점필재집(佔畢齋集)》 〈이준록 하(彝尊錄下) 선공제의제오(先公祭儀第五)〉에서는 "셋째 줄의 어육은 날것으로 쓰지 않고 모두 잘게 썰어 잘 삶아서 올리도록 하였다."라고 하였는바, 사예공 김숙자(金叔滋)가 제례에서 날것의 어육을 썼다는 것은 박세채의 착오인 듯하다.

다 사용한다면 중복에 이르게 되는 듯하니, 예전대로 오직 초만 사용하는 것이 어떻겠습니까?

〔답〕《가례》에서 "포와 해 세 가지〔脯醢三品〕"라고 한 것은 아마도 포 둘과 해 하나, 혹은 해 둘과 포 하나로 포와 해를 합해서 세 가지라고 한 듯합니다. 포에는 치(治)와 단(腶)의 구별이 있고,[26] 해에는 어와 육의 구별이 있으니, 단지 두 가지라고 말해서는 안 될 듯합니다.

어와 육을 날것으로 쓴다는 것은 율곡이 분명 참고한 글이 있을 것이나 그 출처를 아직 보지 못하였습니다. 《의례문해》에서 말한 "《서의》에 근거한다."에 대해서는 이곳에 《서의》가 없어 참고해 볼 수 없으나 《가례》의 부주에서 유씨(劉氏)가 인용한 "사마 온공(司馬溫公 사마광(司馬光))의 제의(祭儀)에서 날고기인 회〔膾生肉〕"라는 한 조목으로 보건대 이는 아마도 《서의》의 제의가 그 출처이며 율곡의 뜻도 여기에 근본하므로 《의례문해》에서 운운한 것이 아닐지요? 대저 《가례》에서는 어와 육에 대해 날것인지 익힌 것인지 애초에 분명하게 말하지 않았으므로 실로 억측하기 어렵습니다. 그러나 《가례》에서 시조에 대한 제사를 설명하는 대목 중에 희생의 머리, 심장, 염통, 간, 폐를 모두 날것으로 쓰고 그 외 12개 부위는 모두 삶는다고 하였습니다. 이는 고례(古禮)를 사용하는 것이므로 날고기가 있지만 오히려 12개 부위는 모두 삶은 것입니다. 하물며 시제(時祭) 이하에는 모두 후세의 예법을

26 포에는……있고 : 《예기주소(禮記註疏)》 권2 〈곡례 상(曲禮上)〉에 "'포'의 말뜻은 '시(始)'이니, 시작하면 곧 이루어진다. '수(脩)' 또한 포이다. '수'의 말뜻은 '치(治)'이니, 다스린 뒤에야 이루어진다. 《주례(周禮)》 〈석인(腊人)〉에 대한 정현(鄭玄)의 주에 '얇게 저민 것을 포라 하고, 찧어서 생강과 계피를 더한 것을 단수(鍛脩)라고 한다.'라고 하였다."라고 하였다.

사용하였고 보면, 그 한 가지 방법만을 따름이 인정에 가깝다는 것은 의심할 것 없는 사실입니다. 주자께서 일찍이 "일상에서 사용하는 그릇으로 제기(祭器)를 대신하고 일상 먹는 반찬으로 조육(俎肉)을 대신한다."라고 하셨으니, 여기에서도 역시 알 수 있습니다. 또 《가례》에서 말한 어와 육은 반드시 그것을 삶아야 한다는 명확한 조문은 없으나 《예기》에 '삼헌섬(三獻爓)'이란 설이 있는데[27] 이를 해설한 자가 "섬(爓)은 고기를 탕(湯)에 담그는 것이다."라고 하였으니, 그렇다면 요즘 세상의 이른바 탕이란 것은 혹 그 의미가 이에 근거한 듯합니다. 온공(溫公)의 제의(祭儀)에 "육갱초육(肉羹炒肉)"이란 글이 있으니,[28] 이는 탕이 분명합니다. 만약 탕을 쓰고 싶지 않다면 《예기》에 나오는 효(殽)와 자(胾)를 진설한다는 말[29]대로 하더라도 무슨 문제가 되겠습니까.

《가례》에서 어디에서는 품(品)이라 하고 어디에서는 반(盤)이라 하

27 예기에……있는데 : 《예기》 〈예기(禮器)〉에 "군자가 말하였다. '예가 인정에 가까운 것은 지극한 것이 아니니, 교제(郊祭)에는 피를 올리고 대향에는 날고기를 올리고 삼헌에는 데친 고기를 올리고 일헌에는 익은 고기를 올린다.'"라고 한 것을 가리킨다. 삼헌(三獻)은 사직과 문이나 부엌에 제사하는 오사(五祀)로, 이때 술을 세 번 올리기 때문에 붙여진 이름이다.

28 온공(溫公)의……있으니 : 《가례》 권7 〈제례 사시제〉에 "희생을 살피고 제기를 씻고 제찬을 갖춘다."라고 하고, 그 주석에 "사마공(司馬公)의 제의에는 제철 채소와 과실을 각각 다섯 가지씩 쓰고, 회-생육-, 자-건육-, 갱-초육-……모두 15가지가 넘지 않았다."라고 한 것을 가리킨다. '초육'은 '갱'에 대한 주석이며 앞의 '육'은 '자(炙)'에 대한 주석인 '건육'에 포함되는 글자이므로 송시열이 잘못 인용한 듯하다.

29 예기에……말 : '효'는 뼈가 붙어 있는 익은 고기를 저며 놓은 것이고 '자(胾)'는 순고기를 저며 놓은 것이다. 《예기》 〈곡례(曲禮)〉에 "일반적으로 식사를 올리는 예절은 왼쪽에 효를 올리고 오른쪽에 자를 올리며, 밥은 사람의 왼쪽에 올리고 국은 사람의 오른쪽에 올린다."라고 하였다.

여 차이가 나는 것은 아마도 깊은 뜻은 없는 듯합니다. 사당장(祠堂章)에 "신과일대반(新果一大盤)"이라는 문장이 나오니 여기에서는 과일에도 반이란 말을 썼고, 온공의 제의에 "상식수품(常食數品)"이라는 문장이 나오니 어육에도 품이란 말을 쓸 수 있는 것입니다. 또 이른바 반이란 지금 시속에서 그릇을 배열해 놓을 때 쓰는 소반 같은 게 아니라 대체로 자기로 된 납작한 사발 따위-시속에서 접시와 대접이라 합니다.-를 모두 반이라 하니, 그렇다면 일반(一盤)은 단지 일품(一品)과 같을 뿐입니다.

《가례》에 나오는 '초접'의 경우 《격몽요결》에서 초채로 대신하였다는 것은 아마도 그렇지 않은 듯합니다. 《예기》 〈내칙(內則)〉에 나오는 "술과 장과 변과 두를 바친다.〔納酒漿籩豆〕"의 주석에 "장(漿)은 초수(醋水)이다."라고 했고 보면 이는 제례에 별도로 초를 쓰는 것이니, 율곡의 이른바 '초채'는 아마 채소 종류에 들어가야 마땅할 듯합니다. 고례에는 제례에 혜장(醯醬)을 쓰지 않았는데-〈사혼례(士昏禮)〉를 참고하면 알 수 있습니다.- 혜(醯)는 바로 초로, 이는 평소에 흔히 먹는 맛을 중시하지 않기 때문입니다. 그렇다면 〈내칙〉과 《가례》에서 초를 쓴다고 한 것은 아마도 또한 시속을 따른 것인 듯하니, 《격몽요결》과 《상례비요》에서 모두 장을 쓴다고 한 것도 무방할 듯합니다. 만약 번거롭고 중복되는 것이 꺼려진다면 〈사혼례〉를 따라 초에 장을 섞어서 한 그릇만 써도 무방하지 않을까요? 그러나 감히 딱 잘라 말할 수는 없습니다.

망일(望日)의 의식에 대해서는 《가례》에서 "술을 진설하지 않고 신주도 내놓지 않는다. 나머지는 위의 의식과 같다."라고 하였는데, 이미 "위의 의식과 같다"고 말했다면 과일을 그대로 진설한다는 것은 의심할 것이 없습니다. 또 이미 차(茶)를 진설한다는 문장이 있고 보면 단지 분향과 참배만 할 뿐이라고 하신 것은 옳지 않을 듯합니다.

〔문〕 상복에서 부인이 쓰는 개두(蓋頭) 제도는, 《상례비요》에 "베 3폭으로 이어 붙여 만들되 그 길이는 몸과 나란히 한다."라고 하였고 그 밖의 제도는 더 이상 없으니, 삼가 생각건대 지금의 복자(袱子) 중 조금 긴 것과 같은 모양일 듯합니다. 이 제도로 사용해도 무방할지요? 송나라 때 부인은 길례(吉禮)든 흉례(凶禮)든 모두 개두를 썼던 것 같은데, 이는 《거가잡의(居家雜儀)》의 상례(喪禮) 조조(朝祖)와 같은 유에서 상고할 수 있습니다. 다만 이 복식은 반드시 양손으로 잡고서 얼굴을 가려야 하는데, 밖으로 나갈 때는 물론 괜찮으나 당에 있으면서 제사에 참여할 때도 써야 합니까?

〔답〕 개두를 제사할 때 쓴다는 것은 이제까지 들어 본 일이 없고 《가례》에서도 그 제도는 말하지 않았습니다. 저는 평소 우리나라 부인들이 착용하는 것과 큰 차이가 없다고 생각하였으니, 길례와 흉례에 모두 사용하는 것은 의심할 바가 없습니다.-《가례의절(家禮儀節)》에 이미 "전신을 가린다."라고 하였고 또 "베 1폭으로 만든다."라고 하였는데, 중국의 베는 그 폭이 아무리 넓다 해도 아마도 1폭으로는 전신을 가릴 수는 없을 듯하니 그것이 어떠한지 더욱 모르겠습니다.-

〔문〕 거상(居喪) 중의 시제(時祭)는 《의례문해》에서 정자(程子)와 주자의 여러 설을 제시한 뒤 참작하여 처리하라고 하였습니다. 간혹 자세히 살펴보니 주자께서 두문경(竇文卿 두종주(竇從周)), 호백량(胡伯量 호영(胡泳)), 증광조(曾光祖 증흥종(曾興宗)) 3인에게 답한 편지에서는 모두 지내면 안 된다고 하였는데 유독 범백숭(范伯崇)에

게 답한 편지에는 두예(杜預)의 주석을 따라 가묘(家廟)에 상시 제사 지내야 한다는 설을 말하셨으니,[30] 실로 무엇을 따라야 할지 모르겠습니다. 평소 의론이 이렇다 하더라도 혹 시간의 선후에 따른 차이가 없을 수 없으니, 단지 주자께서 만년에 스스로 행하셨던 것을 기준으로 삼아야 합니까?

또 상중에 선조에게 제사 지낼 때 입는 복장에 대해 말해 보건대, 퇴계(退溪)가 우경선(禹景善 우성전(禹性傳))의 두 번째 질문에 답하면서 직령(直領)으로 묵최(墨衰)를 대신하고 관대(冠帶)를 그에 걸맞게 하는 입장을 취하였는데, 우공(禹公)이 상의하상(上衣下裳)의 설을 주장하자 이전 뜻을 고집하지 못하였습니다. 한편 율곡은 《격몽요결》에서 시속 제도의 상복으로 묵최를 대신하고자 하는 견해를 실었다가 구봉이 옳지 못하다고 논하자, 답장에서 삼가 고치겠다는 말만 하고 어떻게 고칠지는 밝히지 않았습니다. 《의례문해》에서는 "마땅히 베로 만든 직령에 효건(孝巾) 차림으로 제사를 지내고 대(帶)는 따로 포대(布帶)를 갖춘다."라고 하였으니, 이는 아마도 《격몽요결》에서 정한 방식을 준용한 듯합니다. 제 생각으로는 송나라 때의 묵최와 지금 시속 제도의 상복이 비록 모두 고례는 아니지만

30 유독……말하셨으니 : 주희가 범염덕(范念德)에게 답한 편지에 "지금 사람들의 거상은 옛사람과 달라 졸곡(卒哭) 뒤에는 마침내 상복을 검게 물들이고 무릇 출입하고 거처하는 사이에 언어와 음식과 평소 하던 것을 모두 폐하지 않습니다. 그러면서 오직 제사 이 한 가지만을 폐하니, 편치 못한 점이 있는 듯합니다.……졸곡 뒤에는 대략 《춘추좌씨전(春秋左氏傳)》에 나오는 두예 주석의 설에 따라, 사시의 제삿날을 만나면 상복 차림으로 특별히 궤연에 제사 지내고 묵최 차림으로 가묘에 상시 제사를 지내는 것이 좋겠습니다."라고 한 것을 가리킨다. 《晦菴集 卷39 答范伯崇》

묵최의 경우는 주자께서 행하셨으므로 가장 근거 있는 것이 됩니다. 지금 《의례문해》에서 교시한 뜻에 따라 그 색을 담흑색(淡黑色)으로 하고 포승(布升) 역시 조금 거친 것을 사용하는 것이 실로 차길(借吉)[31]의 뜻이 있고 주자께서 근거한 바에도 합치하니, 또한 어떻게 생각합니까?

〔답〕 거상 중의 시제에 대해서는 주자께서 이미 두 가지로 말씀하였지만 지내면 안 된다고 하신 경우가 많으니, 《격몽요결》과 《상례비요》에서 택한 것은 혹 이런 이유에서 나온 것이 아닐지요?

복색에 대한 구봉의 설은 《격몽요결》에서 끝내 따르지 않았으니, 율곡 어른의 뜻이 어떠했는지 짐작할 수 있습니다. 묵최의 제도에 대해 여러 노선생께서는 옛 제도를 회복하는 것을 난감하게 여겼으니, 끝내 시속 제도인 직령으로 대신하더라도 혹 무방하지 않을까 합니다.

〔문〕 《격몽요결》의 천헌의(薦獻儀)에 "밥을 지을 수 있는 오곡이면 응당 찬 몇 가지를 갖추어 함께 진설하되, 예는 삭참(朔參)의 의식과 같다."라고 하였습니다. 그런데 《가례》를 살펴보면 정제(正祭)와 기제(忌祭), 묘제(墓祭) 이외에는 비록 삭참일지라도 음식을 진설하는 일이 없는데, 지금 반드시 이렇게 한다면 궤식(饋食)의 도리에 혐의쩍게 되지 않겠습니까? 만약 찬을 갖춘다면 응당 생전에 드시던 찬품과 같아야 합니까? 또 《가례》에서 "새로 난 물품이 있으면 올린다."라는 말을 〈상례(喪禮)〉의 상식(上食) 대목 뒤에서만 언급하고 〈통례(通禮)〉에서는 언급하지 않은 것은 무슨 의도입니까? 이 역시

31 차길(借吉) : 상중인데도 길례 때 임시로 길복(吉服)을 입는 것을 말한다.

답해 주기를 부탁합니다.

〔답〕《가례》에는 큰 제사 외에 비록 밥을 진설한다는 글은 없으나 지금 이 천신(薦新)은 전적으로 오곡 때문에 진설하는 것이니 생것을 써서는 안 되고 형편상 모름지기 밥을 지어야 합니다. 《가례》〈상례〉의 천신 대목 주석에 "상식의 의식과 같다."라고 하였으니, 분명히 밥을 짓는 것입니다. 〈통례〉에 비록 '천신'이란 글은 없으나 이미 "시속의 명절에는 제철 음식을 올린다.〔俗節獻以時食〕"라고 하였고 보면 아마도 천신은 그 가운데 포함되어 있는 것이 아닐까 합니다.

〔문〕외친(外親)의 경우 중국에서는 대하는 도리가 매우 소원하나 우리나라는 그렇지 않습니다. 비록 감히 상복을 입지는 못하지만 팔촌까지 형제라 부르면서 그리 큰 간격 없이 친애하는 것부터 이미 너무 멀리까지 미루어 넓혀 간 셈입니다. 팔촌 형제의 자식인 경우엔 자기 아버지의 형제에게 응당 친속이라 이름하면 안 되고 그저 어른으로 엄격히 섬겨야만 마땅하지만, 자기 아버지는 자칭 형제라 하는데 그 자식을 문득 아무 관련 없는 남처럼 대하는 것도 안 될 듯합니다. 만약 척장(戚丈)으로 칭한다면 저쪽에서 척말(戚末)로 자처하는 것이 도리에 어긋남이 없겠습니까?

〔답〕고인은 상복의 곱고 거친 것으로 친소 관계를 나누었는데 우리나라 풍속은 복(服)이 없는 외친에 대해 너무 멀리까지 끌어들이니, 이는 옛 의리가 아닐 듯합니다. 그러나 주자께서는 정윤부(程允夫)와 실상 외친의 재종간(再從間)이므로 무복친(無服親)에 해당하였음에도 그를 '우리 아우〔吾弟〕'라고 칭하였고 정윤부의 아버지는 '숙부(叔父)'라고 불렀으니,[32] 이를 어찌 본보기로 삼을 수 없겠습니까. 그러나 군자와

소인의 유택(遺澤)은 모두 5세(世)가 되면 끊어지는 법이라고 하였는데,[33] 이는 동성(同姓)의 경우로 말한 것입니다. 동성도 5세에서 그치는 법이니, 이성(異姓)에게는 더욱 마땅히 차등을 나누는 의리가 있어야 할 것입니다.

《가례》〈관례(冠禮)〉에서 "백모보(伯某父)라 한다. 중(仲), 숙(叔), 계(季)는 오직 해당하는 바에 따른다."라고 하였는데, 이는 《논어》에서 팔사(八士)에 대해 칭한 것[34]과 똑같습니다. 예경(禮經)에서 단지 백(伯)과 숙(叔)만 말한 것은 순서를 건너뛰어 뒤섞어 거론함으로써 그 나머지를 보인 것이니, 이는 사시(四時)를 두고 춘추(春秋)라고만 말하고 사덕(四德)을 두고 인의(仁義)라고만 말하는 경우와 같습니다. 아버지의 형제가 많을 경우 가장 나이가 많은 자는 백(伯)이라 칭하고 둘째는 중(仲)이라 칭하며 셋째 이하로는 모두 숙(叔)이라 칭하고 가

32 주자께서는……불렀으니 : 정윤부는 주희의 제자인 정순(程洵)으로, 윤부는 그의 자이다. 주희의 아버지 주송(朱松)의 처남인 정정(程鼎)의 아들로서 주희와는 재종간이 된다. 주희는 정순에게 답한 편지에서 "우리 아우〔吾弟〕와 강론할 때마다 우리 아우가 명민하여 문자를 보는 데 힘을 허비하지 않고 도리를 쉽고 분명하게 파악한다고 느낀다."라고 한 바 있고, 정정이 죽은 뒤 그를 위해 지은 묘표(墓表)에서 "나의 조모(祖母)는 정군(程君)의 고모이다. 이 때문에 나는 정군을 숙부라 부른다."라고 하였다. 《晦菴集 卷41 答程允夫, 卷90 韓溪翁程君墓表》

33 군자와……하였는데 : 《맹자》〈이루 하(離婁下)〉에 "군자의 유택도 5세가 되면 끊어지고 소인의 은택도 5세가 되면 끊어진다."라고 하였다.

34 논어에서……것 : 《논어》〈미자(微子)〉에 "주나라에 여덟 명의 선비가 있었으니, 백달(伯達), 백괄(伯适), 중돌(仲突), 중홀(仲忽), 숙야(叔夜), 숙하(叔夏), 계수(季隨), 계왜(季騧)이다."라고 한 것을 가리킨다.

장 말단에 있는 자는 계(季)라 칭하는 것은 마땅한 일인 듯합니다만, 또한 그와 관련하여 경전에서 근거로 삼을 수 있는 대목을 아직 보지 못하였습니다. 당종(堂從)[35] 이하에게도 응당 이런 식으로 호칭해야 합니까? 고인의 항렬에는 '유구십(劉九十)'인 자도 있었는데 단지 아버지가 같은 경우로만 말한다면 이렇게 많을 수는 없습니다. 만약 당종 이하까지 통틀어 말하는 것이라면 삼종(三從)에 그치는 것입니까? 아니면 동성을 통틀어 모두 순서를 매기는 것입니까? 제가 소싯적부터 선배들에게 이에 대해 질문했으나 분명한 의론을 듣지 못하였으니, 부디 가르쳐 주기를 바랍니다.

친척의 복상 기간이 끝난 뒤에 곡을 하는가 하지 않는가에 대한 문제는 일률적으로 단정할 수 없을 듯합니다. 그러나 《예기》에 "붕우의 묘소가 한 해를 넘겨 풀이 묵으면 곡하지 않는다."라고 하였으니, 이는 묵은 풀이 나기 전에는 비록 붕우라도 마땅히 곡해야 한다는 것입니다. 하물며 '소상(小祥)' 조목에 "이미 복을 벗은 자가 와서 제사에 참여하면 모두 곡하여 슬픔을 다하고 그친다."라고 하였고 상제(祥祭)와 담제(禫祭)에서도 마찬가지이니, 이에 근거하면 삭망(朔望)의 제사에 참여할 때는 비록 복이 없어도 곡을 하는 것이 마땅합니다.

살아 있는 이에게 조문하고 죽은 이에게 곡하는 것은 예경의 글이 매우 명확한데,[36] 그 사이에 혹 정(情)에 맞게 변통하는 의리가 있습니까?

35 당종(堂從) : 6촌 또는 4촌 이내의 가까운 친척을 가리킨다.

36 살아……명확한데 : 《예기》 〈곡례 상(曲禮上)〉에 "살아 있는 이를 아는 자는 조문

단 주수지(朱受之)[37]가 동래(東萊 여조겸(呂祖謙))에게 나아갈 적에 주자께서 그에게 "모(某)는 문하(門下)에 대하여 선조부(先祖父) 이래로 교분이 매우 두텁습니다."라고 고하도록 하면서 단지 자리 아래에서 전배(展拜)하게만 하는 한편, 낭중공(郎中公)의 궤연에도 분향하고 재배하도록 명하였을 뿐 곡하게는 하지 않았으니, 그 정과 예문(禮文)의 사이에 필시 잘 헤아려 중도에 맞게 대처하는 도리가 있을 것입니다.

"대공(大功)에는 업(業)을 그만둔다. 외우는 것은 해도 된다."라는 것은 그 글이 《가례》에 실려 있는데[38] 주자께서 그 아래에 "지금 거상할 때 다만 악장(樂章)을 읽지 않는 것이 좋다."라고 하였으니, 그렇다면 소위 외우는 것이란 아마도 또한 시를 외우는 따위일 것입니다. 만일

하고 죽은 이를 아는 자는 슬퍼하니, 살아 있는 이만 알고 죽은 이를 모르면 조문만 하고 슬퍼하지 않으며, 죽은 이만 알고 살아 있는 이를 모르면 슬퍼하기만 하고 조문하지 않는 것이다."라고 한 것을 가리킨다. 여기에서 '살아 있는 이'란 상주(喪主)이다.

37 주수지(朱受之) : 주희의 큰아들인 주숙(朱塾)으로, 수지는 그의 자이다. 주희의 명으로 젊은 나이에 절강성 무주(婺州)로 가서 여조겸의 문하에서 수학하였으나 불행하게도 일찍 세상을 떠났다.

38 대공(大功)에는……있는데 : 《예기》 〈단궁 상(檀弓上)〉에 "대공에는 업을 그만둔다. 혹자가 이르기를 '대공에는 외우는 것은 해도 된다.' 하였다."라고 하였는데, 《가례》 권4 〈상례 거상잡의(居喪雜儀)〉에 이 대목을 인용하였다. 한편 주희는 《예기》의 해당 대목에 대해 "고인은 거상 중에 업을 그만두었는데, 업은 순거(簨簴) 위의 판자이다. 업을 그만둠은 음악을 연주하지 않는 것일 뿐이다. 고인은 예악(禮樂)을 몸에서 떨어지게 하지 않았으나, 오직 거상 중일 경우에만 음악을 그만두었다. 그러므로 상을 끝내고 일상으로 돌아오면 악장을 읽었던 것이다."라고 하였다. 순거는 악기를 다는 틀로, 순(簨)은 편종이나 편경을 다는 틀이고, 거(簴)는 종이나 경쇠 또는 북 따위를 다는 틀의 기둥이다. 《朱子語類 卷89 禮6 冠昏喪 喪》

그렇다면 이른바 업이나 외우는 것이나 악장이나 모두 같은 맥락의 일이니, 범연히 평상시의 일을 가리켜 말한 것은 아닙니다. 어떻게 생각합니까?

외조모의 제사를 받드는 것은 주자께서 이미 예가 아니라고 하셨는데[39] 하물며 그 조부의 외증조는 어떻겠습니까. 장방(長房)[40]으로 체천(遞遷)하는 것은 더욱 근거가 없습니다.

주자께서 말씀한 자상(子上)의 일[41]은 평소 임택지(林擇之)에게 답한 편지에 나오는 내용[42]을 위주로 삼아 왔습니다.

39 외조모의……하셨는데 : 《주자어류(朱子語類)》 권90 〈예(禮)7 제(祭)〉에 "상곡군군(上谷郡君)께서 이천(伊川) 정이(程頤)에게 말하기를 '금일은 나를 위해 부모에게 제사를 지내고, 내년에는 다시 지내지 말라.' 하였는데, 이 또한 그의 외가에게 제사를 지내는 것이다. 그러나 예경에는 없는 것이다."라고 한 것을 가리킨다. 상곡군군은 정이의 어머니인 후씨(侯氏)의 봉호이다.

40 장방(長房) : 4대 이내의 자손 중에 항렬이 가장 높은 연장자를 지칭한다.

41 자상(子上)의 일 : 자상은 자사(子思)의 아들로, 이름은 백(白)이다. 《예기》 〈단궁 상〉에 "자상의 어머니가 죽었는데 자상이 상복을 입지 않자, 문인이 자사에게 물었다. '옛날 선생님의 선군자(先君子)께서는 쫓겨난 어머니의 상복을 입었습니까?' 자사가 말하였다. '그러하다.' 문인이 말하였다. '선생님께서 자상으로 하여금 상복을 입지 않게 한 것은 어째서입니까?' 자사가 말하였다. '옛날 우리 선군자께서는 도를 잃으신 바가 없어 도리로 보아 높여야 하면 따라서 높이시고 도리로 보아 낮춰야 하면 따라서 낮추셨으니, 내 어찌 능히 이렇게 할 수 있겠는가. 나의 아내가 되는 자는 백의 어미가 될 수 있지만, 나의 아내가 되지 않는 자는 백의 어미가 될 수 없다.' 그러므로 공씨(孔氏) 집안에서 쫓겨난 어머니의 상복을 입지 않는 것은 자사로부터 시작되었다."라고 한 것을 가리킨다.

편지 끝에서 말씀한 율옹(栗翁)의 일은 미처 몰랐던 것을 들은 것이니, 몹시도 다행이고 다행입니다. 다만 뒤늦게 들어 연보에 수록하지 못한 것이 한스러울 뿐입니다. 그중 조사(詔使)와 관련한 한 대목은 이미 인본(印本)에 실려 있습니다.

42 임택지(林擇之)에게……내용 : 《회암집》 권43 〈답임택지(答林擇之)〉에 "〈상복전(喪服傳)〉을 살펴보건대 쫓겨난 어머니에 대한 복상 기간에 대하여 다만 아버지의 후사가 된 자만 복(服)이 없다고 하였으니, 자사의 이 일은 이해할 수 없다. 또 낮추고 높인다는 설 역시 관련이 없는 것인 듯하다. 아마도 기록한 자의 오류일 것이다."라고 한 것을 가리킨다. 임택지는 주희의 제자인 임용중(林用中)으로, 택지는 그의 자이다.

박화숙에게 보냄 을사년(1665, 현종6) 12월 14일

與朴和叔 乙巳十二月十四日

오래도록 소식을 듣지 못하여 가을 무렵에 김만증(金萬增)에게 부탁해 편지 한 통을 보내고 그 김에 어떤 일에 대해 여쭌 바 있는데, 받아 보았는지요? 삼가 짐작건대 한가롭게 거처하며 도를 음미하는 가운데 나날이 고아한 흥취가 있을 터이니, 관선(觀善)[43]의 말석에 한번 가까이 다가가서 정문일침(頂門一針)의 가르침을 받지 못하는 것이 한스럽습니다. 현재 무슨 책을 읽고 있습니까? 안목이 미치는 곳마다 대나무를 쪼개듯 시원하게 이해되는지요? 저의 경우엔 더욱 괴롭고 고통스러워 즐거운 생각이 조금도 없습니다. 그래서 아직 곱씹어 음미하기도 전에 마음이 딴 데로 분산되어 버리곤 하니, 이는 그 요점을 전혀 파악하지도 못하면서 온 힘을 다해 억지로 탐구하려는 데서 비롯된 결과입니다. 어떻게 하면 이러한 병통을 고칠 수 있을지요? 약석(藥石)과 같은 의론을 듣고 싶습니다.

선장(先丈)의 묘표는 아직 탈고하지 못하였는데, 이는 감히 경솔히 글자를 운용하여 참람한 죄를 거듭 범할 수 없기 때문입니다. 천만 용서하고 양찰해 주는 것이 어떻습니까? 나머지 할 말은 병으로 남의 손을 빌려 적는 처지라 낱낱이 다 쓰지 못합니다.

43 관선(觀善) : 벗들끼리 서로 관찰하면서 좋은 점을 본받는 것을 가리킨다. 《예기》 〈학기(學記)〉에 "서로 살펴보면서 좋게 되는 것을 연마라고 한다.〔相觀而善之謂摩〕"라고 하였다.

박화숙에게 보냄 병오년(1666, 현종7)

與朴和叔 丙午

군신 간의 의리는 비록 인간이 정한 친속(親屬)에 해당한다고 할지라도 기실 하늘에 뿌리를 둔 것이니 충애(忠愛)의 마음 역시 스스로 억누를 수 없습니다. 그렇기 때문에 그 분수가 이미 정해졌다면 경솔히 떠나고 쉬이 끊어 낼 수 없는 것입니다. 더구나 저와 같은 경우는 선왕으로부터 망극한 은혜를 받아 성자(聖子)께 보답하고자 하는 사람이니, 그 마음이 어찌 끝이 있겠습니까.

다만 부득이한 사정으로 관직에서 물러나 고향으로 돌아왔지만, 그럼에도 칠실(漆室) 과부의 근심[44]은 진퇴에 따라서 차이가 있은 적이 한 번도 없습니다. 이러한 이유로 비록 감히 사안마다 진언하지는 못했어도 국가의 존망에 크게 관계되는 부분이 있으면 차마 아무 말 않음으로써 제 한 몸을 보전하려는 계책을 순조롭게 이루려고 할 수만은 없었으니, 경자년(1660) 이후에 올렸던 말들이 바로 그에 해당합니다. 국가의 존망에 관계된 것이라면 주 부자(朱夫子)께서도 유생이 논열(論列)하는 것을 허락하신 바 있습니다.[45] 제가 비록 변변치 못하지만 이성(二

44 칠실(漆室) 과부의 근심 : 자기 분수를 잊고 나라를 걱정하는 마음이다. 춘추 시대 주나라의 나이 어린 과부가 자기 베틀의 실이 떨어질까 걱정하지 않고 종주(宗周)가 위태로울까만 걱정하였으며, 노나라의 칠실이라는 고을에 과년한 처녀가 시집갈 걱정은 하지 않고 임금은 늙고 태자가 어린 것을 걱정하였다고 한 데서 유래하였다. 《列女傳 卷3 漆室女》

45 국가의……있습니다 : 주희의 문인인 석돈(石憝)이 학관(學官)이나 사관(史官)

聖 효종과 현종)에게 보답하고자 생각하는 뜻은 유생들과 비교하여 또한 차이가 있지 않겠습니까. 그러나 오늘부터는 지난날과 크게 다른 점이 있으니, 사정이 이와 같은데도 다시 발언한다면 이는 풍을 잃어 실성한 사람이라 할 것입니다. 군신의 의리가 비록 더없이 무겁다고는 하지만 또한 어찌 수치심을 완전히 망각할 수 있겠습니까. 이와 같이 발언을 하지 않은 뒤라야 의리에 편안할 것이고 마음 역시 부족한 점이 없을 것이며 또한 성고(聖考)께도 드릴 말씀이 있을 것입니다. 지난날 발언을 하던 당시에 그것이 일신을 위한 계책에 해가 됨을 몰랐던 것은 아니었지만 그 점을 돌볼 겨를이 없었으니, 오늘날 발언하지 않음 역시 일신을 위한 계책에 따른 행동이 아니라 단지 의리상 불가하기 때문일 뿐입니다.

제가 비록 불민하지만 소견이 이와 같으니 스스로 도리에 크게 어긋나지는 않는다고 생각합니다. 그런데 삼가 젊은이들을 통해 들어 보니, 그대는 저의 이러한 행동을 두고 좋지 못하다고 여기고 있다고 합니다. 이는 아마도 저의 의도를 차분히 살피지 못했기 때문에 그렇게 생각한 것이거나 아니면 별도로 올바르고 마땅한 도리가 있는데 제가 우매하여 함부로 행동하는 것인 듯합니다. 이에 대해 한번 여쭈고자 생각하였으나 적당한 인편이 없어 지금까지 실행에 옮기지 못하였는데, 지금 손자 아이를 통해서 대략 이렇게 말씀드립니다.

이 자기의 지위를 벗어나 국가의 안위를 걱정하는 발언을 할 수 있느냐고 질문하자 주희가 "만약 큰일이 국가의 안위와 백성의 화복(禍福)에 관계되는 것이라면 어찌 입을 닫고 침묵할 수가 있겠는가."라고 답한 것을 가리킨다. 《晦菴集 卷42 答石子重》

박화숙에게 답함 병오년(1666, 현종7) 1월 27일

答朴和叔 丙午正月二十七日

일찍이 부족한 저의 소견으로 주제넘게 그대의 귀를 더럽혔기에 한창 꾸지람이 내려지기만을 기다리고 있던 참이었는데 오늘 찾아온 고씨(高氏) 친구 편으로 저의 생사를 물어 주는 한편 하나하나 제 말에 반복하여 답하고 이어 또 질문 몇 조목까지 해 주었으니, 이러한 대우를 받을 자격이 없음이 스스로 부끄러웠고 그대의 크나큰 겸손한 덕을 더욱 느꼈습니다. 다만 구사하는 말들이 지나치게 겸손하니 이는 감히 제 마음이 편할 수 없는 부분입니다.

제가 어찌 족히 말할 가치나 있는 사람이겠습니까. 늙도록 아무것도 세상에 알려진 것이 없는데 이제는 장차 죽게 될 처지입니다. 다만 스스로 못나고 저열하여 남들이 기억해 주기에 부족한 사람이라고 여겨왔는데, 지금 막 들리는 얘기로는 시론(時論)이 흉흉하여 저에게 종통(宗統)을 어지럽히고 인심을 요란케 하였다는 죄목을 씌우려고 한다고 합니다. 참으로 이른바 "늘그막의 영광은 간당의 당적에 이름을 올린 것이네.〔老去光華姦黨籍〕"[46]라는 경우이니, 이따금 이것으로 골짜

46 늘그막의……것이네 : 주희의 시 〈성은을 입어 치사하려는 뜻을 이루자……〔蒙恩許遂休致……〕〉의 한 구절이다. 이 시에서 주희는 "늘그막의 영광은 간당의 당적에 이름을 올린 것이고, 지난날의 부끄러움은 시신의 갓을 쓴 것이네.〔老去光華奸黨籍, 向來羞辱侍臣冠.〕"라고 하면서, 간신 한탁주(韓侂胄) 등으로부터 자신의 학문이 위학으로 지목받은 것을 오히려 영광으로 여기는 발언을 하였는데, 이는 북송 시대에 간신 채경(蔡京) 등이 사마광(司馬光), 문언박(文彦博), 정이(程頤) 등 수백 명을 간당으로

기의 새들과 시냇가의 버드나무에 자랑할 뿐입니다.

이 상서(李尙書)께서 뜻밖에 별세하였으니,[47] 어찌하여 갑자기 이렇게 된 것인지요? 애통하고 애통합니다. 떠난 자는 이미 멍하니 아무런 감각도 느끼지 못하겠지만 유능(幼能 이단상(李端相))은 헤어지는 심정을 어찌 감당하겠습니까. 파리하고 초췌해 있을 그 모습이 특히 염려스럽습니다.

보내온 별지에 대해서는 황망한 관계로 아직 다시 여쭈는 답장을 쓰지 못하였으니 응당 후일을 기다려야겠습니다. 편지에서 지난해 온천에서 오랜 시간 동안 머물렀다고 하였는데, 어찌하여 말씀해 주지 않았습니까? 중간에 약속하여 산사(山寺)에서 열흘 정도 모임을 갖지 못한 것이 한입니다. 이제 다가올 일에서 만회할 수 있으니, 금년에는 부디 이전의 잘못을 답습하지 않는다면 매우 좋겠습니다. 일전에 양이(養而 이지렴(李之濂)) 편으로 짧은 편지를 보낸 바 있는데 지금 받았다는 말이 없으니, 혹 중간에 유실된 것은 아닐지요?

지난겨울에 과연 속리산 북쪽으로 들어갔는데 산수의 경치까지도 좋았습니다. 눈 속을 소요하면서 매번 우리 화숙을 냇가 언덕의 한 탁자에 앉혀 두고 결단코 중도에 돌아오지 않을 것을 맹세하리라 생각하였습니다. 우리가 이 세상에 살아 있는 것이 앞으로 얼마나 되겠습니까. 그런데도 언제나 서로 멀리 떨어져 그리워하고 있으니, 단지 슬픈

지목하여 원우간당비(元祐姦黨碑)와 원우당적비(元祐黨籍碑)를 세웠던 고사를 인용한 것이다. 《晦菴集 卷9》《宋史 徽宗本紀, 姦臣列傳 蔡京》

47 이 상서(李尙書)께서……별세하였으니 : 이단상의 큰형이자 예조 판서를 지낸 이일상(李一相)의 죽음을 가리키는 듯하다. 1666년 1월 1일에 세상을 떠났다. 《宋子大全隨箚 卷7》《芝村集 卷23 伯父靑湖府君墓誌》

마음만 간절할 뿐입니다. 집에 막 관례를 치른 어린 손자[48]가 있는데 사람이 하는 이야기를 능히 이해합니다. 날씨가 조금 따뜻해지면 이 아이를 그대 문하로 보내고 싶은데, 혹 받아 주어 남을 가르치기를 게을리하지 않는 뜻을 조금이나마 드러내 줄 수 있는지요?

48 어린 손자 : 송시열의 둘째 손자 송주석(宋疇錫)을 가리킨다.《宋子大全隨箚 卷7》

박화숙에게 답함 병오년(1666, 현종7) 11월 7일

答朴和叔 丙午十一月七日

저의 죄명(罪名)이 심히 큰지라 근년 이래 서울로 보내는 편지가 드문 것은 당연한 일이었는데 올봄 이후로는 더욱 감히 남에게 한 점의 글조차 보낼 수 없었습니다. 이러한 제 마음을 아는 자는 알고 있으니, 유능(幼能)이 그중 한 사람입니다. 지금 그대가 보낸 편지에서 지난 편지에 대한 답장이 늦었던 것을 따져 묻고 이어 준엄한 문장으로 말씀하니, 물론 농담으로 한 말인 줄 알지만 두려운 마음 역시 깊습니다. 그러나 그대가 저를 깊이 알아주는 것이 유능과 다름없다고 생각했었는데 이제 그렇지 않고 보면 또한 어찌 아쉬운 마음이 없겠습니까. 참 우습고 우습습니다.

저는 여름과 가을 이후로 서원(西原)의 화양동(華陽洞)에서 홀로 지내고 있습니다. 남은 세월이 많지 않은데 몰두해 있는 서책 가운데 십 분의 일도 끝내지 못하였기에 조용하고 편안한 이곳을 선택하여 아침저녁으로 살펴보고 완미하면서 때때로 흔연히 마음으로 깨닫는 부분이 있기도 하니, 이 계획을 더 일찍 하지 못한 것이 더욱 아쉽습니다. 다만 이 골짜기는 주인을 만난 것이 그다지 좋지 못하여 맑은 시냇물과 푸른 절벽이 모두 가혹한 법조문의 적용과 엄중한 추궁 속으로 들어가 버렸으니, 매양 대할 때마다 저도 모르게 얼굴이 벌게지고 등에 땀이 흐릅니다.

일전에 윤자인(尹子仁 윤증(尹拯))이 찾아와 며칠간 함께 지내면서 화숙과 양이(養而)의 편지를 다 꺼내 보여 주었습니다. 이에 처음에는 굽은 나무를 보고 놀라는 것 같은 심정[49]이었다가 이윽고 점차 남은 향기가 사람에게 스미는 듯한 기분에 차차 읽어 내려가 보니 참으로 대덕(戴德)과 대성(戴聖), 정현(鄭玄)과 가공언(賈公彦)[50] 사이에서 공손히 읍하면서 그 같고 다른 점과 엉성하고 치밀한 점을 변별하고 질정하는 것 같은 기분이었습니다. 이윽고 뜨거운 국에 입을 데었는데도 여전히 냉채를 불면서 먹지 않는 제 자신이 우습고, 화숙과 양이가 일부러 도료장군(度遼將軍) 황보규(皇甫規)가 된 것[51]도 우스웠습니다. 삼가 짐작건대 이 말로 모두들 크게 한번 웃겠지요.

분서공(汾西公)에 대한 글[52]을 외람되이 부탁받았는데 저의 학행과

49 굽은……심정 : 당나라 부혁(傅奕)이 한왕(漢王) 이양(李諒)에게 "뜨거운 국에 입을 덴 자는 냉채도 불면서 먹고, 화살에 다친 새는 굽은 나무를 보고도 놀랍니다."라고 한 것에서 유래한 말로, 과거에 큰 곤란과 화를 겪은 사람은 매사에 지나치게 조심한다는 뜻이다. 《新唐書 傅奕列傳》 여기서는 송시열이 과거 예론(禮論)으로 크게 화를 겪었기 때문에 예를 논한 편지를 보고 지레 겁을 먹었다고 말한 것이다.

50 대덕(戴德)과……가공언(賈公彦) : 대덕은 전한(前漢) 때 사람으로 예에 정통하여 진한(秦漢) 이전의 각종 예의에 관한 문헌 중 85편을 선정하여 《대대례(大戴禮)》를 편찬했고, 대덕의 조카 대성은 다시 그 책에서 49편을 추려 《소대례(小戴禮)》를 만들었다. 이후 후한(後漢)의 정현이 이것을 바탕으로 주를 달아 《예기》로 약칭하여 편찬하였고 당나라의 가공언이 정현의 주에 또 소(疏)를 달았다.

51 화숙과……것 : 황보규는 후한의 장수로 강(羌)을 정벌한 공을 인정받아 도료장군에 올랐는데, 당고(黨錮)의 화가 크게 일어나 진번(陳蕃), 이응(李膺) 등 당대의 명현들이 다수 체포되자 자신이 함께 처벌되지 않은 것을 수치로 여기고 스스로 상소하여 자신도 당인(黨人)임을 밝히고 함께 처벌받기를 청하였다. 《後漢書 皇甫規列傳》 여기서는 박세채와 이지렴(李之濂)이 송시열의 예론을 공개적으로 지지한 것을 가리킨다.

52 분서공(汾西公)에 대한 글 : 박세채의 큰아버지인 박미(朴瀰, 1592~1645)의 신도비명으로, 《송자대전》 권163의 〈금양군 박공 신도비명(錦陽君朴公神道碑銘)〉이다. 분서는 박미의 호이다.

지체를 돌아보건대 이는 절대로 감히 받아들일 수 없는 일이지만, 재차 서로의 정분을 가지고 요청하니 또 감히 끝내 사양할 수 없기에 감히 이렇게 분수 넘게 응낙합니다. 선장(先丈)의 묘표(墓表)[53]는 오래도록 짓지 못하고 있는데, 감히 늦장을 부려 그런 것이 아닙니다. 오늘날 세상에 주익공(周益公)이 했던 역할[54]을 감당하기란 정말 쉽지 않고 또 "자연스럽고도 완전하다.〔安且成〕"와 같은 문장을 언덕 위에서 얻을 수 없기 때문입니다.[55] 그러나 끝내 성대한 그대의 뜻을 저버릴 수 없으니, 이번 겨울은 넘기지 않고자 합니다.

보내 준 율시 2편은 누차 반복해 읊는 가운데 저도 모르게 마음이 상쾌해지고 기운이 맑아졌습니다. 시교(詩敎)가 사람을 감동하게 한다는 것이 참말이로군요. 후한 선물에 끝내 보답하고 싶으니, 올해 조세로 바쳐야 할 쌀 외에 빚이 하나 더 늘어난 셈입니다. 단 회재옹(晦齋翁)은 "산을 대하고도 시를 짓지 않노라."라는 말로 스스로를 자랑스럽게 여겼으니,[56] 이것이 혹 오늘날 따라야 할 좋은 법도가 되지 않겠습

53 선장(先丈)의 묘표(墓表) : 박세채의 아버지인 박동량(朴東亮)의 묘표로, 《송자대전》 권191의 〈금계군 박공 묘표(錦溪君朴公墓表)〉이다.

54 주익공(周益公)이 했던 역할 : 주익공은 남송(南宋)의 문신 주필대(周必大)로, 익국공(益國公)에 봉해졌기에 이렇게 칭한다. 그는 주희의 요청으로 주희의 부친인 주송(朱松)의 신도비명을 지었다. 《新安文獻志 卷63 宋史館吏部贈通議大夫朱公神道碑》

55 자연스럽고도……때문입니다 : 북송의 학자 소옹(邵雍)이 죽자 소옹의 집안에서 정호(程顥)에게 소옹의 묘지명을 써 달라고 부탁하였으나 정호의 부친인 정향(程珦)과 아우인 정이(程頤)는 그것을 원하지 않았다. 그 후 정호가 달빛이 비치는 뜰을 거닐던 중 소옹의 학문을 묘사하는 말인 "자연스럽고도 완전하다.〔安且成〕"라는 표현이 떠올라 그것을 말했더니 결국 정향이 묘지명의 찬술을 허락하였다. 《二程外書 卷11》

56 회재옹(晦齋翁)은……여겼으니 : 회재는 이언적(李彦迪, 1491～1553)의 호이다.

니까. 날씨가 이미 차니, 재차 바라건대 더욱 몸을 보중하여 사모하는 저의 정성을 위로해 주길 바랍니다. 이만 줄입니다.

그의 시 〈무위(無爲)〉에서 "근년부터 경영하는 힘을 점차 줄였으니, 길이 청산을 대하고도 시를 짓지 않노라.〔年來漸省經營力, 長對靑山不賦詩.〕"라고 하였다. 《晦齋集 卷2 林居十五詠》

박화숙에게 답함 무신년(1668, 현종9) 2월 15일

答朴和叔 戊申二月十五日

영남의 상소[57] 이후로 더욱 인간으로 자처할 수 없고 또 지난해 형제와 딸아이가 연이어 세상을 떠난 데다 큰 병까지 따라서 생겨났으니, 가을 이후에 병세가 조금 가라앉았으나 여전히 생사의 갈림길을 완전히 벗어나지는 못하였습니다. 이상의 세 가지 문제가 모두 있었기에 편지를 몇 차례나 받았음에도 답장을 보내지 못하였는데, 물론 그대의 넓은 아량으로 용서해 주리라는 것은 알고 있었지만 죄스럽고 송구한 마음이 항상 깊었습니다. 이번에 다시 손수 편지를 써서 저의 생사를 묻고 특별히 심부름꾼까지 보내어 전해 주었으니, 극진한 마음이 아니라면 어찌 이렇게까지 할 수 있겠습니까. 감사하는 마음 끝에 되레 부끄럽고 송구한 마음만 더합니다.

이어 보내 준 편지를 통해 거듭 큰 슬픔을 당했음을 알고서 지극히 놀랍고 슬픈 마음을 금할 수 없습니다. 붕우 사이에 이러한 사고 소식조차 듣지 못하였으니, 그러고도 인간의 도리를 아는 자라 이를 수 있겠습니까. 이런 제 자신이 애처롭고 애처롭습니다.

선장(先丈)의 묘명(墓銘)은 이미 오래전에 초고를 완성해 놓았습니

57 영남의 상소 : 1667년 2월에 영남의 유학 황연(黃壖)이 올린 상소를 가리킨다. 이 상소에서 그는 송시열과 송준길(宋浚吉) 등이 공론을 무시하고 조정의 사업과 인재의 등용을 마음대로 처리하는 한편 자신들과 논의가 맞지 않고 당파가 같지 않으면 인재의 어짊과 어리석음을 따지지 않고 일체 조정에서 내쫓았다고 비난하였다. 《顯宗實錄 8年 2月 26日》

다. 이에 손자 주석(疇錫)으로 하여금 직접 전달하게 하여 몸소 교정할 사항을 듣게 하는 한편 이어서 그 일을 계기로 그대에게 가르침을 청하게 하도록 할 심산이었습니다. 그런데 손자 아이에게 연이어 일이 생긴 한편 현재 이곳에 와서 함께 지내고 있는 사온동(司醞洞)의 구생(具生)이 그대 문하에 출입한다고 하기에 그가 돌아갈 때 맡겨 전하려다 지금이 인편을 만났으므로 감히 재배(再拜)한 뒤 올려보냅니다. 다만 원래부터 저는 견문이 적고 비루한 데다 병으로 생각마저 쇠락하여 분명 제대로 된 격식을 갖추지 못했을 것입니다. 부디 안면에 따른 정에 얽매이지 말고 버릴 만하면 버리기를 바랍니다. 그래도 혹 취할 만하다면 수정해야 할 부분에 찌를 붙여 보여 주든 전체를 수정하도록 하든 오직 명대로 따르겠습니다.

지난 편지에 대한 답장을 마땅히 해야 하지만 여기 온 심부름꾼이 몹시도 재촉하기에 응당 후일의 인편을 기다려야겠습니다. 그러나 그중 천주(泉州)와 장주(漳州) 사람들의 일[58]에 대해 한마디도 하지 않는다고 질책하신 대목은 말이 지엄하고 의리가 올바르니, 감히 죄를 받들지 않을 수 있겠습니까. 단 사적인 의리로 말해 보자면 지난봄 우연히 함부로 발언한 뒤 7명의 간신(諫臣)이 차례로 찬축(竄逐)을 당하였는

58 천주(泉州)와……일 : 1667년 6월 천주와 장주 출신 주민 95명이 배를 타고 일본으로 장사하러 가던 도중 표류하여 제주도에 닿자 같은 해 10월 조정에서 그들을 포박하여 청나라로 압송한 일을 가리킨다. 이들은 청나라의 침입을 피해 지금의 타이완 섬에 있던 동녕국(東寧國)에 들어가 살던 명나라 유민이었다. 이들의 처리를 두고 승지 민유중(閔維重)은 그들의 간청대로 일본에 보낼 것을 제안하였으나 청나라에 누설될 것을 염려한 조정 다수의 의견에 따라 결국 모두 북경으로 압송되었다. 《宋子大全 附錄 卷5 年譜》《顯宗改修實錄 8年 6月 22日・23日, 10月 3日》

데 저는 요행히 처벌을 면하였습니다.[59] 그러나 어찌 감히 요행을 다행이라고 여겨 스스로를 죄 없는 사람에 견주어 다시 감히 진언할 수 있겠습니까. 이는 풍부(馮婦)[60]라도 하려 하지 않을 일입니다. 이러한 저의 생각에 대해 어떻게 생각합니까?

다만 오늘날 여전히 우리 자신에게 속한 일은 오직 고서를 읽는 것일 뿐입니다. 붕우와 함께 강론하고 싶은 마음이 지극한 가운데 마침 퇴계

59 지난봄……면하였습니다 : 1666년 7월에 청나라 사신이 와서, 병자호란 때 청나라에 포로로 잡혀갔다가 탈출한 안추원(安秋元)이란 자를 몰래 받아 준 일을 문제삼아 대신들에게 사형 처분을 내리려 하였다. 현종은 모든 책임을 자신에게 돌려 감형을 요구하였고 이를 위해 그해 9월에 우의정 허적(許積)이 진주사(陳奏使)로 청나라에 파견되었는데, 청나라에서는 감죄의 대가로 벌금을 바치도록 하였다. 이후 12월 25일 허적 일행이 돌아오는 길에 조정에 이 소식을 먼저 보고하자 환영과 분노의 양극단으로 여론이 나뉘었다. 이듬해 1월 송시열은 사직 상소에서 이 문제를 언급하여 "한심하여 통곡하기를 금치 못합니다."라며 분개하였고, 이 소장이 제출된 다음 날 집의 이숙(李翽), 장령 박증휘(朴增輝) 등 대간(臺諫) 7인이 합계(合啓)하여 마지막까지 임금 혼자 잘못을 책임지게 만든 영의정 정태화(鄭太和)와 좌의정 홍명하(洪命夏)를 체직할 것과 벌금 처분을 다행으로 여기며 임금이 벌 받은 것이 원통한 줄 모르는 허적 등을 파직할 것을 요구하였다. 이에 현종은 내막도 자세히 모르고 함부로 대신을 탄핵했다고 하여 대간 7인에게 모두 원찬(遠竄) 처분을 내렸다. 《宋子大全 卷12 辭職兼陳所懷疏》《顯宗實錄 5年 8月 12日, 7年 1月 15日, 2月 6日, 5月 28日, 7月 10日・12日・17日・25日, 8年 1月 1日・12日・28日・29日・30日》

60 풍부(馮婦) : 전국 시대 진(晉)나라 사람으로, 예전의 나쁜 버릇을 끝내 고치지 못하고 되풀이하는 사람을 대표한다. 《맹자》〈진심 하(盡心下)〉에 "진나라 사람 중에 풍부라는 자가 범을 잘 때려잡다가 나중에는 얌전한 선비가 되었다. 그 후 풍부가 들에 나갔는데 여러 사람들이 범을 쫓고 있었다. 범이 산모퉁이를 의지하고 있자 사람들이 감히 달려들지 못하다가 풍부를 바라보고는 달려가 맞이하였다. 이에 풍부가 팔뚝을 걷어붙이고 수레에서 내리자 사람들은 모두 좋아하였는데 선비들은 비웃었다."라고 하였다.

(退溪)의 격물설(格物說)을 보다가 망녕되이 의심스러운 부분이 생겨 그것을 유능(幼能)에게 언급하여 가르침을 청하였는데, 이 친구와 일전에 그에 대해 이야기를 나눈 적이 있습니까? 만약 분명히 설명해 준다면 얼마나 감사한 일이며 또 얼마나 다행인 일이겠습니까. 하고 싶은 말이 무척 많으나 요 며칠 동안 찬 바람을 쐬느라 통증이 더하여 병을 무릅쓰고 겨우 답장을 쓰기에 하고 싶은 말을 일일이 다 하지 못합니다.

○ 별지에서 하신 말씀에 대해 말하자면, 제가 어찌 감히 청음(淸陰 김상헌(金尙憲))께 비길 수 있겠습니까. 그러나 반드시 그와 같이 하고자 한다면 응당 교정을 기다려야 할 것이므로 보내 준 책은 일단 머물려 두겠습니다.

별지

〔문〕 지난해 계모(季母)의 상을 당하였을 때 성복(成服)을 한 지 9일 만에 계부(季父)께서 돌아가셨습니다. 그러한 상황에서 상을 누가 주관하고 신주(神主)에 이름을 어떻게 쓰는지 하는 것은 실로 변례(變禮)에 관계되는 문제였지만 미처 여러 의론을 참작하여 확정하지 못하였습니다. 그러다 장례를 치르는 시점에 가서 망녕되이 '계부가 계시지 않으니 형편상 고자(孤子)가 어머니의 상까지 아울러 주관하고 신주에는 현비(顯妣)라고 쓰는 것이 마땅하겠다.'라는 생각이 들어 피치 못하게 그것에 근거하여 행하였습니다. 그런데 근래에 와서야 《의례문해(疑禮問解)》를 다시 자세히 살펴보니 "부친의 상이 다 끝나갈 무렵에 모친의 상을 당했을지라도 부친의 상을 당한 지 3년 이내이므로 그대로 기년복을 입는다."라는 설이 몹시

의아하였습니다. 단 이 문제는 《의례(儀禮)》의 〈상복(喪服)〉 및 《통전(通典)》의 여러 설에서 말한 내용이 본래 정론일 뿐만 아니라, 계부가 살아 계실 때 이미 계모를 위하여 장기복(杖期服)을 입었다면 이는 유울지(庾蔚之)가 "부친이 살아 있을 때 어머니가 죽은 지 이미 오래라면 어찌 부친이 죽었다 하여 복제(服制)를 변경할 수 있겠는가."라고 한 주장과 딱 들어맞는 상황입니다. 따라서 노선생(老先生 김장생(金長生))께서 논하신 "부친의 상이 다 끝나갈 무렵에 모친의 상을 당했다."라는 것과는 애당초 큰 차이가 있으니, 그렇다면 그 고자가 입어야 하는 상복 또한 처음에 입었던, 부친이 살아 계실 때 모친을 위하여 입는 장기복을 정도로 삼아야 마땅합니다. 그 복이 이미 정해진 상태에서 이미 지나간 주상(主喪)과 제주(題主) 및 앞으로 있을 연제(練祭)와 상제(祥祭) 등의 제사는 응당 모두 미루어 남편이 아내를 위하는 제도를 사용하되 단지 고자에게는 섭주(攝主)를 맡게 해야 합니까? 또 상고해 보건대 《의례문해》의 "부친의 상중에 조부모가 죽었을 경우에는 대신 복을 입는다.〔父喪中祖父母死代服〕" 조에 인용된 "부친이 중책을 전한 바른 주인이 되고 나는 일마다 섭행(攝行)하여 빠짐이 없는 것이다."라고 한 유울지의 설을 참조할 만하니, 그렇다면 '망실(亡室)'이라고 신주에 쓰는 것은 실로 편치 못한 점이 있어 무엇을 따라야 할지 모르겠습니다. 삼가 어떻게 행해야 할지 분명하게 알려 주어 법도를 삼게 해 주기를 바랍니다.

〔답〕 질문해 준 예법상의 의문점을 어찌 감히 알겠습니까만, 일찍이 제가 들은 것을 가지고 말해 보겠습니다. 부친이 살아 계신 상황에서 모친을 위해 입는 상복을 이미 기년복으로 정해 놓았으니, 어찌 차마

부친이 사망했다고 하여 대번에 삼년복(三年服)을 입을 수 있겠습니까. 그대로 기년복을 입고서 11개월 만에 연제를 지내고 13개월 만에 상제를 지내는 것을 마땅히 《통전》의 여러 설과 같이 해야 할 것입니다. 그런데 만약 모친을 장사 지내기 전에 부친이 사망한 경우라면 '망실'이라고 신주에 쓰는 것은 마땅한 의리가 아닐 듯합니다. 어떻게 생각합니까? 비록 '비(妣)'라고 쓴다고 하더라도 연제와 상제는 그대로 부친이 살아 계실 때처럼 하는 것이 서로 무방하지 않을까 생각합니다. 만약 그렇다면 신주를 쓸 때 및 연제와 상제를 지낼 때 사유를 갖추어 고해야 일이 비로소 곡진해질 것입니다. 어떻게 생각하는지요? 부디 답해 주기를 바랍니다.

○ 새싹이 자라난 당귀(當歸)를 질그릇에 넣고 흙을 덮은 뒤 잘 싸서 보내 드렸는데 화숙이 이미 강호로 돌아가 버렸으니 퇴계가 말한 뜻과 같지 않게 되었습니다.[61] 다만 부드럽고 여린 모습이 사랑스럽기에 몇 뿌리를 나누어 보내 드렸으니, 부디 양이(養而)와 나눠 가지기를 바랍니다.

61 새싹이……되었습니다 : 당귀는 보혈(補血)에 효능이 있는 약용식물로, 풀이하면 '마땅히 돌아가야 한다.'라는 뜻이 된다. 이황(李滉)이 남명(南冥) 조식(曺植)에게 답한 편지에 "편지에서 발운산(撥雲散)을 찾아 달라고 하셨으니 감히 애써 보지 않겠습니까. 그러나 저 자신은 당귀를 찾는데도 얻지 못하는데, 어찌 공을 위하여 발운산을 모색해 보겠습니까."라고 하면서 관직을 버리고 고향으로 돌아가고 싶지만 그럴 수 없는 답답한 처지를 표현한 바 있기에 이렇게 말한 것이다. 발운산은 눈병에 쓰는 약이다. 《退溪集 卷10 答曹楗仲》

박화숙에게 답함 무신년(1668, 현종9) 9월 29일

答朴和叔 戊申九月二十九日

보내온 편지의 말씀이 친절하고도 은근하니 깊은 감사를 느낍니다. 또 법도가 무척 엄격함도 살폈으니 산속에 머물며 세상과 어그러진 삶을 사는 자가 경계할 바를 알겠습니다.

저는 돌아가고 싶은 마음이 이미 간절하니, 아마도 미친 듯 내달림으로써 죄를 더 가중시키는 것을 면치 못할 듯합니다.

물어보신 예법상의 의문점은 제가 평소 이해하지 못하여 집사께 질문하려고 생각했던 것입니다. 이는 고경(古經)에 똑같이 나오는데 피차가 크게 차이가 나니, 무엇을 따를지 난감한 점이 있습니다. 그러나 적부(嫡婦)인지 서부(庶婦)인지, 또 다른 집에서 사는지 같은 집에서 사는지를 막론하고, 한결같이 "아버지가 살아 계시면 아버지가 상을 주관한다."[62]라는 설을 위주로 삼은 뒤에야 구애되고 어긋나는 병폐가 없을 수 있습니다. 시아버지가 참최복(斬衰服)을 입고 있는 중이라면 비록 며느리의 상을 주관한다고 하더라도 일의 경중을 살펴보아서 임시로 섭행할 만한 사람이 있거든 굳이 그 자신이 주관할 필요가 없습니다. 어떻게 생각합니까? 부디 인편을 통하여 가르침을 내려 주기를 바랍니다. 이만 줄입니다.

62 아버지가 살아……주관한다 : 《예기》 〈분상(奔喪)〉에 "일반적으로 상은 아버지가 살아 계시면 아버지가 상을 주관한다."라고 하였다.

박화숙에게 답함 무신년(1668, 현종9) 11월 7일

答朴和叔 戊申十一月七日

서보(西輔)에서 돌아왔을 때 어떤 사람을 통해 그대가 서쪽 파산(坡山)으로 나가 은둔을 본받으려는 거동을 하였다는 소식을 들었으니, 이는 창강(滄江) 조장(趙丈)이 남긴 법도[63]입니다. 저 역시 돌아가고 싶은 마음이 날로 간절하였으나 하루아침에 한강을 건너면 서로 만날 기약이 다시는 없을 것이기 때문에 객지에서의 회포가 몹시도 슬펐습니다. 그런데 뜻하지 않게 그대의 아드님께서 두 차례의 편지를 직접 전해 주니, 그것을 입으로 외고 음미한 끝에 저도 모르게 고질병이 문득 사라지는 기분이 들었습니다.

보내 준 편지를 보고 저를 비루하게 여기지 않는 것에 참으로 감사하였습니다. 편지에서 언급한 그러한 의리는 실로 물이 차고 더운 것에 견줄 수 있는 것이니 물을 마신 자는 이미 스스로 알 것입니다.[64] 대저

63 창강(滄江)……법도 : 조장은 조속(趙涑, 1595~1668)으로, 창강은 그의 호이다. 인조반정에 가담하여 공을 세웠으면서도 녹훈을 사양하였고 이후 누차에 걸친 조정의 부름에도 끝내 사양하며 평생 고금의 명화와 명필을 수집하고 완상하는 것을 유일한 낙으로 삼았다. 송시열은 그의 묘표 맨 앞에 그의 지우(知友)인 우재(迂齋) 이후원(李厚源)의 말을 인용하여 "세간의 일에 대하여는 하나도 뜻에 맞는 것이 없었고 사람에 대해서도 마찬가지였다."라고 하는 한편 "공은 모든 훌륭한 점을 한 몸에 갖추고 있었으나 모두 감추어 스스로 이름나기를 원하지 않았다."라고 평가하면서 그를 뛰어난 은사(隱士)로 묘사하였다. 이 당시는 조속이 세상을 떠난 지 3달 남짓한 때였다. 《宋子大全 卷191 滄江趙公墓表》

64 물이……것입니다 : 출사(出仕)를 고민하는 박세채에게 세상에 나가 벼슬할지 은

우리 벗께서 스스로 벼슬길을 포기한 것은 비록 선대왕의 엄한 하교로 인한 것이지만[65] 이는 중대한 제한 요소가 있는 것이 아닙니다. 지금에 이르러서는 다만 질병으로 해명을 삼는 것이 어떻겠습니까? 그 칭호의 경우는 이천(伊川) 선생의 사례[66]를 마땅히 준용해야 할 듯하나 또한 동시에 그 종국의 결과까지 고려하여 실행하는 것이 마땅할 듯합니다. 저를 깊이 받아들여 준 은혜에 감사한 나머지 감히 제 어리석은 생각을

둔할지는 본인의 결정에 달려 있다고 말한 것이다. 당나라 때 선사인 몽산 혜명(蒙山惠明)이 불교적 깨달음에 대해 "이는 마치 사람이 물을 마셔 보면 그것이 차가운지 더운지를 스스로 알게 되는 것과 같다."라며 직접 체험이 중요하다고 강조하였는데, 이후 유학에서는 출처(出處)의 문제를 자신이 스스로 판단하여 결정해야 한다는 뜻으로 자주 인용되었다. 송시열은 "사람의 출처는 모두 그 자신에게 달렸다. 옛사람들이 '물을 마셔 보면 그것이 차가운지 더운지를 스스로 알게 되는 것과 같다.'라고 하였으니, 출처란 스스로 알고 스스로 행동하는 것이다."라고 하였다. 《景德傳燈錄 袁州蒙山道明禪師》《宋子大全 附錄 卷18 語錄 崔慎錄下》

65 우리……것이지만 : 1650년(효종1) 1월에 영남 유생 유직(柳稷) 등이 이이(李珥)와 성혼(成渾)의 문묘 종사를 반대하다가 유적(儒籍)에서 삭제되고 부황(付黃)의 처벌을 받았는데 효종이 성균관에 분부하여 유직을 풀어 주도록 하였다. 이에 동료 유생이었던 박세채가 "어진 이를 무함한 벌에 대해서 더하기도 하고 풀어 주기도 하는 것은 본디 사자(士子)들의 책임이지 결코 대신(大臣)과 조정이 지휘할 수 있는 것이 아닙니다."라는 말로 반대 상소를 올리자 효종은 그 발언을 불쾌히 여기면서 상소를 도로 내주고 비답을 내리지 않은 한편 이후 유생들이 권당하고 성균관을 나가자 임금을 협박하려는 처사라고 격앙된 반응을 보였다. 박세채는 이러한 효종의 태도에 실망하여 결국 과거 공부를 포기하고 학문에 전념하게 되었다. 《孝宗實錄 1年 7月 3日, 21日》《厚齋集 卷44 文純公南溪先生行狀》

66 이천(伊川) 선생의 사례 : 이천은 북송(北宋)의 학자 정이(程頤)의 호이다. 정이가 18세 때인 황우(皇祐) 2년(1050)에 송 인종(宋仁宗)에게 올린 〈상인종황제서(上仁宗皇帝書)〉의 첫머리에 스스로를 '초망천신(草莽賤臣)'이라고 한 것을 가리키는 듯하다. 《宋子大全隨箚 卷7》《二程全書 卷6》

말씀드렸으니 두렵고 또 두렵습니다.

선대인의 묘명(墓銘)에 관해서는 병이 조금 나아지면 그때 가서 마땅히 분부대로 하겠습니다. 가장(家狀)을 일단 보여 주는 것이 어떻겠습니까?

박화숙에게 답함 무신년(1668, 현종9) 12월 3일

答朴和叔 戊申十二月三日

그대가 하는 것을 그대로 따라 이렇게 한강 너머로 나오긴 하였으나 남북으로 더욱 멀어져 소식을 들을 방법이 없어졌으니, 문득 삶과 죽음이 갈리는 이별이 되고 말았는지라 내심 슬프고 한스러웠습니다. 금번에 그대의 큰 아드님이 내방하고 이어 그대의 손편지를 뜻밖에 전해 받으니, 한층 더 다행스러운 일입니다.

예법상의 의문점 10여 조목에 대해 대략 저의 부족한 소견으로 별지에서 다시 질의하였으니 부디 옳고 그름을 판정하여 주는 것이 어떻겠습니까? 물격설(物格說)에 대해서는 아마도 율옹(栗翁)이 주자(朱子)께서 입론한 뜻을 분명히 파악한 듯한데 어떻게 생각합니까? 만나 뵐 길이 없으니, 날씨가 추운 이때 더욱 몸을 보중하기를 바랍니다.

별지

〔문〕 〈관례(冠禮)〉에서는 "부모에게 기년 이상의 상이 없어야〔父母無期以上喪〕"라고 하였고, 〈혼례(昏禮)〉에서는 "자신과 혼사를 주관하는 사람에게 기년 이상의 상이 없어야〔身及主昏者, 無期以上喪.〕"라고 하였는데, 이는 호문(互文)의 뜻이 됩니까? 아니면 다른 까닭이 있는 것입니까?

〔답〕 이는 호문인 듯합니다. 혼례가 관례보다 중요하니, 어찌 부모에게 무거운 상이 있는데 행할 수 있는 경우가 있겠습니까.

〔문〕 "빈객이 장차 관례를 할 자에게 읍하고 자리 오른쪽에 선다.〔賓揖將冠者, 立于席右.〕"라고 할 때 '오른쪽'은 곧 자리의 북쪽이니, 그렇다면 관례를 하는 자가 장차 남쪽을 향한 채로 방 바깥에 서서 자리를 향하는 것입니까?

〔답〕 보내온 그대의 말이 아마도 옳은 듯합니다. 다만 관례를 하는 자가 방 바깥에 선다는 것은 따로 한 절(節)이고 빈객이 장차 관례를 할 자에게 읍하고 자리 오른쪽에 선다는 것도 따로 한 절인데, 지금 보내온 말에서는 둘을 합하여 하나로 삼았으니 아마도 잘못 살핀 듯합니다.

〔문〕 "답배해야 하는 자〔應答拜者〕"에 대하여

〔답〕 동당(同堂) 이하의 형제간에 어찌 서로 대적할 자가 없겠습니까. 아마도 형수에 그칠 뿐은 아닐 듯합니다.

〔문〕 "사자는 성복을 하고〔使者盛服〕"라고 하였는데, 이때는 장차 무슨 옷을 사용해야 합니까?

〔답〕 당시에 숭상하는 것을 사용해야 할 것이나 고례(古禮)에서 "모두 위아래 똑같이 검은색 옷을 입는다."라고 한 뜻[67]으로 보자면 응당 검은 색을 숭상해야 할 듯합니다.

〔문〕 "사자가 복명하면〔使者復命〕" 조목에 나오는 "축문은 쓰지 않는다.〔不用祝〕"라는 말 아래에 "의절은 모두 앞과 같다.〔儀節竝同

67 고례(古禮)에서……뜻 : 《의례(儀禮)》 〈사혼례(士昏禮)〉에 "신부와 종자(從者)는 모두 위아래 똑같이 검은색 옷을 입는다."라고 한 것을 가리킨다.

前〕……"라고 하였는데, 술과 과일을 차리는 한 가지 절차를 또한 장차 앞에서 고했을 때 한 것처럼 똑같이 한다는 것입니까?

〔답〕 길이 멀어 그날 복명할 수 없다면 하루에 두 번 술과 과일을 차리는 것은 염려할 바가 아니거니와 설혹 두 번 차린다 해도 무방할 듯합니다.

〔문〕 주자의 사위 조씨(趙氏)가 친영(親迎)할 때 머리쓰개를 든 것[68]에 대하여

〔답〕 이는 서로 절하고 난 뒤에 비로소 장차 음식을 먹는 절차가 있기 때문입니다.

〔문〕 자리에 나아가 음식을 먹으면서 재차 술을 따를 때 모두 안주가 없는데, 지금 응당 이러한 의리를 "술에는 몇 가지의 안주가 따른다." 라는 방식으로 미루어 행하는 것이 어떠합니까?

〔답〕 재차 술을 따른 뒤에 또한 "술에는 몇 가지의 안주가 따른다."라는 방식을 행하는 것은 곧 속례(俗禮)이니, 그렇게 하지 않는 것이 마땅합니다.

〔문〕 시부모의 자리는 동서로 서로 마주 보는데, 누군가는 "시아버

68 주자의……것 : 조씨는 주희의 손녀사위 조사하(趙師夏)이다. 그의 친영례(親迎禮)를 기록한 주희의 〈조서 친영례 대략(趙壻親迎禮大略)〉에 "신랑은 동쪽 자리에 서고, 신부는 서쪽 자리에 선다. 신부가 절하면 신랑은 답배한다. 신랑이 신부를 위해 머리쓰개를 든다. 끝나면 신부에게 읍하고 앉는다."라고 하였다. 《晦菴集 卷69》

지가 없다면 일단 남쪽을 향한다."라고 하니, 이 설이 과연 근거가 있는 것입니까?

〔답〕 시아버지가 비록 부재하더라도 시어머니가 남향하는 자리를 점하면 안 될 듯합니다.

〔문〕 지폐(贄幣)는 《향교예집(鄕校禮輯)》 등의 설[69]로 보건대 아마도 지(贄)는 허자(虛字)이고 폐(幣)만 사용하는 것인데, 이는 고례의 대추, 밤, 단수(腶脩)의 대용인 듯합니다. 그런데 《의례(儀禮)》와 《국조오례의(國朝五禮儀)》 및 지금 풍속에서는 폐백 한 단을 사용하지 않아 도리어 《가례》의 글과 상반되니, 이렇게 되면 온당치 못한 데 이르지 않겠습니까. 지금은 혹 지와 폐를 둘 다 사용한다고 하는데, 어떻게 생각합니까?

〔답〕 지도 있고 폐도 있습니다. 지만 말한 것은 폐도 또한 거론되는 것입니다.

〔문〕 서자(庶子)의 신부가 자리를 바꾸는 것에 대해 혹자는 "서자의 신부는 관례(冠禮)에 의거한다."라고 하였습니다. 서자가 방 바깥의 서편으로 자리를 바꾸는 것을 과연 행할 수 있겠습니까?

〔답〕 자리를 바꾼다고만 말하고 그 방향을 말하지 않았으니, 대략 서자

69 향교예집(鄕校禮輯) 등의 설 : 《향교예집》은 명나라 유학자 도희영(屠羲英)의 저술로, "《가례》에서 폐(幣)로 고쳐 쓴 것은 근래에 '비단 폐백〔幣帛〕'을 공경함으로 여기기 때문에 귀하게 여기는 바를 들어 예로 삼은 것이다."라고 한 것을 가리킨다. 《疑禮問解 卷1 昏禮 贄幣》

의 관례대로 한다면 혹 근거가 없는 데에 이르지 않을는지요? 감히 딱 잘라 무어라고 말할 수 없습니다.

〔문〕 "시부모보다 높은 사람에게는 시부모를 뵙는 예처럼 한다."라는 것은 아마도 양쪽 계단 아래에서 사배(四拜)하는 것을 가리키는 말일 뿐인 듯합니다. 혹자는 "폐백을 올리는 것이나 앞뒤로 사배하는 것까지도 모두 같다."라고 하는데, 그렇다면 시부모보다 높은 자가 많아도 모두 이 예를 행하는 것입니까?

〔답〕 이미 "시부모를 뵙는 예처럼 한다."라고 하였으니, 그 예는 줄일 수 없을 듯합니다. 이른바 시부모보다 높은 사람이란 시부모의 아버지와 할아버지, 백부, 숙부 이상을 가리킵니다.

〔문〕 "총부(冢婦)가 시부모에게 음식을 바칠 때 술을 따라 시아버지의 탁자 위에 놓고 내려와서 시아버지가 다 마시기를 기다렸다가 절한다."라고 하였는데, 이는 그 뒤의 "시어머니에게 술을 바친 뒤 시어머니가 마시고 나면 며느리는 내려와서 절한다."라는 문장과 차이가 있습니다. 혹 그 가운데 어떤 예법상의 뜻이 있는 것입니까? 시아버지가 생존해 있지 않은 경우라면 시어머니가 홀로 음식 대접을 받습니까?

〔답〕 어떤 이는 "여기에서의 '절한다〔拜〕'라는 글자는 '오른다〔升〕'라는 글자의 오류이다."라고 하였습니다. 제 생각엔 아마도 시부모에게 음식을 바칠 때는 처음 뵐 때와는 차이가 있기 때문에 모두 시부모에게 술을 바친 뒤에 한꺼번에 절합니다. 그 아래 찬을 올릴 때 또 술을 올릴 때에 비하여 의식을 줄이기 때문에 다시 절을 하지 않는 것입니

다. 이와 같을지요? 근거 없이 마음대로 예법을 만들어 낸 듯하니, 황공하고 황공합니다. 시어머니가 비록 홀로 있다고 해도 음식을 대접하는 예는 그만둘 수 없을 듯합니다.

〔문〕 부인의 의복에 대해 《가례》에서는 그저 “화려하게 단장한다.”라고만 하였으니, 몹시도 분명하지 못합니다. 다만 《통례(通禮)》를 살펴보면 관복(冠服)의 제도는 가계(假髻 가발로 만든 쪽)와 대의장군(大衣長裙)이 가장 화려하니, 이로써 유추해 보건대 오늘날 통용되는 의복이 비록 옛 제도에 완벽히 일치하지는 못하지만 그 대체가 그렇게 어긋나지는 않는 것입니까?

〔답〕 부인의 화려한 단장에 대해서는 아직 그 제도가 어떠한지 고구(考究)하지 못하였습니다. 《가례》에서 말한 가계와 대수장군(大袖長裙)이 정말 지금 시속에서 사용하는 것과 같을지요? “드디어 그 딸을 초례하고 명한다.〔遂醮其女而命之〕” 조목의 주석에 “관을 바르게 하고 치마를 추스른다.〔整冠斂帔〕”라는 글이 있으니, 그렇다면 응당 관은 사용하되 가계는 사용할 필요가 없는 것입니다. 다만 관의 제도 역시 오늘날 사람들이 사용하는 것과 같을지요?-저희 집안과 이산 윤씨(尼山尹氏) 집안에서는 모두 족두리〔冠子〕를 할 뿐입니다.-

〔문〕 뇌상(牢床)[70]의 경우 《가례》에서는 채소와 과일만 쓴다고 하였는데 어육, 포, 식혜 같은 종류를 더하여 시의를 따르는 것이 마땅할 듯합니다. 그러나 이 역시 절도(節度)가 전혀 없으니, 만약 《국조오

70 뇌상(牢床) : 혼례에서 친영할 적에 차리는 음식상을 가리킨다.

례의(國朝五禮儀)》에 나오는 칠과오과(七果五果)의 설[71]대로 한다면 실로 근거가 생기겠지만 오늘날 역시 그것이 무엇을 말하는지 알 수 없으니, 부득이 시속의 제도를 따라야 할지요?

〔답〕 칠과오과의 설은 근거 삼을 만한 것이 있는 듯합니다. 그러나 비록 거기서 말한 수효를 채우지 못한다고 해도 나라가 사치하면 검소함을 보이는 의리[72]에 혐의될 것은 없습니다.

〔문〕 물격설에 대하여

〔답〕 편지에서 하신 말씀이 옳은 듯합니다. 이른바 물(物)이 비록 활물(活物)은 아니지만, 또한 그 극처에 이르는 것이 무슨 문제가 되겠습니까. 이는 마치 사람이 길을 걸어가다가 길이 다한 곳에서 "길이 이미 다했다."라고 말하는 경우와 같으니, 길이 어찌 활물이라서 그렇게 말하는 것이겠습니까. 주자께서 말씀한 "사물의 이(理)가 각자 그 극처에 이르렀다."[73]라는 것은 응당 이와 같아야 할 듯합니다. 퇴계(退溪)의 설은 끝내 분명하게 이해하지 못하였는데, 이는 아마도 사사로운 뜻으로 제 마음을 막고 있는 것이 아직 트이지 못해서 그런 듯합니다. 이

71 국조오례의(國朝五禮儀)에……설 : 《국조오례의》 권4 〈가례(嘉禮) 종친문무관일품 이하 혼례(宗親文武官一品以下昏禮)〉의 "종자가 음식을 진설한다."의 주석에 "찬품은 7과를 넘지 않는다. 서인은 편의대로 하거나 5과이다."라고 한 것을 가리킨다.

72 나라가……의리 : 《예기(禮記)》 〈단궁 하(檀弓下)〉에 "나라에 도가 없으면 군자는 예를 빠짐없이 행하는 것을 부끄럽게 여기니, 나라가 사치하면 검약함을 보이고, 나라가 검소하면 예를 갖추어 행함을 보인다."라는 증자(曾子)의 말이 나온다.

73 사물의……이르렀다 : 《대학혹문(大學或問)》에서 "물격은 사물의 이(理)가 각자 그 극처에 나아가서 남김이 없는 것을 말한다."라고 한 것을 가리킨다.

때문에 일찍이 이 문제를 여쭌 바 있는데 지금 이렇게 말씀해 주니, 지난번의 제 견해가 그렇게 어긋나지는 않았음을 다행으로 생각합니다. 몹시 위안되고 위안됩니다.

박화숙에게 보냄 경술년(1670, 현종11) 5월 27일
與朴和叔 庚戌五月二十七日

저는 미록(麋鹿) 같은 성향[74]을 지녀서 풀과 나무 말고는 아무것도 아는 바가 없습니다. 이에 우연이라도 누군가 이 얼굴을 보게 된다면 침을 뱉고 떠나지 않을 사람이 드물 것이기에 산속에서 문을 닫아걸고 오직 방 안에만 외로이 들어앉아 있을 뿐이었습니다. 그런데 뜻밖에 일전에 집사께서 직접 수레를 명하여 2, 3백 리나 되는 이곳에 영광스럽게 왕림하여 며칠 동안 머물면서 거친 밥과 나물국에도 전혀 난색을 표하지 않았으니, 이 몸이 어떻게 집사께 그러한 대우를 받을 수 있는지 의아한 한편 또 남산(南山)에서 책상을 마주하는 흥취[75]를 오늘날에 직접 느낄 수 있음이 기뻤습니다. 다만 작별한 날에 집에 사람과 말이 없어서 남헌(南軒 장식(張栻))이 저주(楮州)에서 그랬던 것처럼 멀리 전송할 수 없었던 것이 한스럽습니다. 이후 제 아이가 돌아와 그대의 손편지를 전해 주었는데, 그 편지에서 그대가 집에 돌아간 후 기거가

74 미록(麋鹿) 같은 성향 : 세상의 구속에서 벗어나 산림에서 한가로이 노닐고자 하는 자유분방한 성격을 말한다. 미록은 큰 사슴과 사슴이다. 소식(蘇軾)의 시에 "나는 본래부터 미록과 같은 본성을 지녔으니, 진정 수레 끄는 말의 자질은 아니라네.〔我本麋鹿性, 諒非伏轅姿.〕"라고 하였다. 《蘇東坡詩集 卷8 次韻孔文仲推官見贈》

75 남산(南山)에서……흥취 : 주희가 벗인 장식과 남악 형산(南嶽衡山)을 유람하면서 함께 책상을 마주하고 학문을 토론했던 때의 흥취를 가리킨다. 이때 장식이 저주에서 주희를 전송하며 지은 시에 "남산에서 책상을 마주하고 대화한 것은 산골의 그윽함을 위한 것이 아니었네.〔南山對床語, 匪爲林壑幽.〕"라고 하였다. 《朱子年譜 卷1》《南軒集 卷1 詩送元晦尊兄》

건승하다는 사실을 확인하였으니 몹시도 감사하고 또 위안이 됩니다.

저는 그저 예전과 똑같은 모습으로 살고 있는데 몸이 쇠하고 정신이 멍한 것이 날로 심해지고 있습니다. 이에 향상(向上)의 일[76]은 당연히 감히 말할 수 없거니와 다만 서책에 몰두하는 일도 하지 못하고 있으니 이것이 부끄럽습니다.

그대 선장(先丈)의 묘표는 모두 첨지(籤紙)의 의견대로 수정하여 보내었습니다. 회옹(晦翁)께서는 위공(魏公)의 행장을 지을 때 한결같이 경부(敬夫)의 글을 사용하셨으니,[77] 오늘날 서로를 신뢰하는 이 의리가 과거로부터 전수받은 것이 없다고 말할 수 없습니다. 무엇보다 곧장 저의 견해에 의거하여 조금도 거리끼거나 숨기지 않고 쓰는 것을 모두 허락받았으니, 이를 통해 너그럽고 공명정대하여 천하의 의리를 공적으로 생각하는 그대의 마음은 실로 소인의 생각으로 헤아릴 수 있

76 향상(向上)의 일 : 의리지학(義理之學)을 가리키는 것으로, 성리학에서 추구하는 형이상학 공부를 말한다. 송나라 학자 정호(程顥)가 "성현의 천 마디 만 마디 말씀은 다만 사람들로 하여금 이미 잃어버린 마음을 가져다가 단속하여 그것으로 하여금 돌이켜 몸에 들어오게 하고자 한 것이니, 이렇게 하면 자연히 위를 찾아가서〔自能尋向上去〕 아래로 배우면서 위로 통달할 수 있을 것이다."라고 한 데에서 그 의미를 알 수 있다. 여기서 '위', 즉 '향상'은 성리학적 도리를 가리켜 말한 것이다. 《近思錄 卷4 存養》《宋子大全 卷121 答或人》

77 회옹(晦翁)께서는……사용하셨으니 : 위공은 남송(南宋)의 고종(高宗)과 효종(孝宗) 때 명신(名臣) 장준(張浚)으로, 사후에 위국공(魏國公)에 봉해졌다. 남송의 학자 장식의 아버지이기도 하다. 그의 행장을 지은 주희는 후일 "내가 일전에 장위공(張魏公)의 행장을 지었을 때 오직 경부(敬夫)가 써온 사실에만 의거하여 써 나갔는데, 후일에 고종의 실록을 보니 그중에 서로 일치하지 않는 부분이 많이 있었기에 이러한 글에 대해서는 경솔히 붓을 대지 않았다."라고 하였다. 《朱子語類 卷131 本朝5 中興至今日人物上》 경부는 장식의 자이다.

는 수준이 아니라는 사실을 우러러 알 수 있습니다. 이를 마음에 새기고 우러러 사모하면서 속 좁고 꽉 막힌 성품을 조금이나마 제거할 수 있었으니, 그대가 제게 내려 준 은혜는 실로 얕거나 적지 않습니다.

삼대의 표액(表額) 역시 엉성하게나마 부탁에 응해 보았습니다. 다만 신중하고 엄밀해야 하는 일이기에 감히 마음 내키는 대로 하지 못하고는 창졸간에 법도를 따라 하다 보니 문득 옛 걸음걸이마저 잃어버리고 말았습니다. 이 때문에 더욱 제대로 된 모양을 갖추지 못하였으니, 가질지 버릴지 선택하는 것은 오직 집사의 판단에 달려 있습니다.

끝으로 무더위 속에서 더욱 몸을 보중하기를 바랍니다.

박화숙에게 답함 경술년(1670, 현종11) 10월 18일

答朴和叔 庚戌十月十八日

매번 그대의 기거를 생각할 때마다 끝없는 슬픔과 걱정되는 마음[78]이 날로 한층 간절하였습니다. 다만 산중의 거처가 궁벽하고 또 노복도 없는 형편이라 한 차례 심부름꾼을 보내어 위문하는 일도 하지 못하였으니, 한스러운 마음을 누를 수 없었습니다. 그런 중 홀연 천안(天安) 편으로 그대의 편지를 받고서 장례 기일이 연기되었다는 사실을 알게 되었습니다. 다른 문제는 말할 겨를이 없고, 음식과 거처를 만약 처음대로 하여 바꾸지 않는다면 자당(慈堂)의 간절한 염려와 벗들의 걱정이 어찌 끝이 있겠습니까. 장례 기일은 언제로 정해졌습니까? 추위가 심해지기 전으로 정한다면 몹시 다행이고 다행일 것입니다.

보내 준 의문 사항은 실로 까막눈 같은 견식을 가진 제가 감히 받들 수 있는 것이 아니지만 이를 계기로 그대에게 가르침을 받고자 하는 마음이 간절하였기에 대략 별지에 답하여 보내 드렸습니다. 부디 인편을 만나는 날에 다시 그대의 의견을 담아 보내 주는 것이 어떻겠습니까?

나머지 할 말은 오직 슬픔을 절제하고 변고에 순응하여 제 바람에 부응해 주기를 바란다는 것입니다. 이만 줄입니다.

78 끝없는……마음 : 1670년 7월에 박세채가 양모(養母)인 한양 조씨(漢陽趙氏)의 상을 당하였으므로 한 말이다. 한양 조씨는 박세채의 숙부인 박유(朴濰)의 부인으로, 박유가 자식을 두지 못하고 요절하자 박세채의 조부인 박동량(朴東亮)이 조씨로 하여금 박세채를 양육하게 하였다. 《南溪年譜》《厚齋集 卷44 文純公南溪先生行狀》

○ 제가 접때 당한 일[79]은 자고로 없던 일이니, 그때 온몸이 새파랗게 질렸던 것이 아직도 바뀌지 않고 그대로 있습니다. 죽을 때까지 굳게 칩거하며 살아야겠다는 생각을 이때부터 더욱 하게 되었는데 이 밖에 또 지키고 따라야 할 도리가 있을지요? 부디 가르쳐 주기를 바랍니다. 상중에 특별히 저의 일을 언급해 주니 감사하는 마음 말로 다 할 수 없습니다.

별지

〔문〕 앞서 복제를 정할 당시 비록 자최 삼년복(齊衰三年服)을 입는 것이 좋겠다고 말씀해 주었으나, 저는 기실 선인(先人)의 후사를 계승하고 또 계모(繼母)께서 집에 계시니 《경국대전(經國大典)》의 분주(分註)에 "기년복(朞年服)으로 낮추어 입는다."라고 한 내용을 따르는 편이 마땅할 듯합니다. 다만 상장(喪杖)을 짚을지 말지가 의문인데, 마침 황세정(黃世楨)이 여러 어른의 뜻을 하나하나 일러 주어 상장을 짚지 않는 것으로 결정을 보았습니다. 또 중단의(中單衣)와 출입할 때 입는 포직령(布直領)과 평량자(平凉子) 등을 두었는데, 세속에서 남의 후사가 된 자가 본생부모(本生父母)를 위해 착용하는 것과 같습니다.

〔답〕 양부모(養父母)에 대한 복제는 옛날에는 있지 않았으니 오직 종주(從周)의 의리[80]에 의거하여 한결같이 국법을 따라야 마땅한데, 이미

79 제가……일 : 1670년 9월 공산(公山) 사람 이세직(李世直)이 종각(鐘閣)에 난입하여 형조에 체포되었는데, 조사 과정에서 송시열이 충청 감사 이홍연(李弘淵) 등과 모여 역모를 꾸몄다고 거짓으로 고한 일을 가리킨다. 《顯宗實錄 11年 9月 15日》

삼년복을 입지 못하니 마땅히 부장기(不杖朞)의 조문(條文)을 따르는 것은 의심의 여지가 없을 듯합니다. 중의(中衣)는 물론 옛날 제도이지만 직령과 평량자는 세속의 전례에서 나온 것인데, 이처럼 문제 될 것이 없는 것들은 따라도 무방하지 않을까 합니다. 어떻게 생각하는지요?

〔문〕 장기복(杖朞服)을 주장하는 자는 그 설에 "대략 예의 뜻을 보건대 부모의 삼년복을 위하여 강복하는 대상은 오직 소생부모(所生父母)일 뿐이니 다만 백숙부모(伯叔父母)의 격례를 따르고 또 시집간 여자는 자기 부모를 위하여 부장기복을 입는다. 그 외에는 모두 장기조(杖期條)에 속한다. 가모(嫁母)와 출모(出母)의 경우도 오히려 하늘이 정한 친속에 해당하고 심지어는 부친이 죽고서 계모가 재가(再嫁)할 적에 따라간 자까지도 해당된다. 지금 양부모는 계통과 관련하여 혐의쩍고 구애되는 소생부모의 경우와는 본디 차이가 있는데, 도리어 계모가 재가할 적에 따라간 자와 같은 부류와 나란히 논의되지 못하고 다만 백숙부모의 제도를 따른다면 명분과 실제가 서로 어긋나 버리니 온당치 못할 듯하다."라고 하였습니다. 이 말을 어떻게 생각하십니까? 다만 계모가 재가할 적에 따라간 자의 경우 예경(禮經) 및 《오복연혁도(五服沿革圖)》에서는 모두 장기복을 입고 심상(心喪)은 하지 않는다고 하였고, 양부모의 경우는 국전(國典)에서 강복(降服)을 하되 오히려 심상을 펼친다고 하였으니, 그 경중의

80 종주(從周)의 의리 : 당시의 국법이나 풍속을 따르는 것을 말한다. 공자가 말하기를 "주나라의 문물제도는 하나라와 은나라를 본받았으니, 성대히 빛나는지라 나는 주나라를 따를 것이다.〔周監於二代, 郁郁乎文哉! 吾從周.〕"라고 하였다. 《論語 八佾》

뜻이 분명치 않습니다. 《경국대전》의 두 조문에서 단지 "자기의 부모가 살아 있거나 부친이 죽었는데 장자라면 기년복으로 낮추어 입는다."라고 했다면 글이 몹시 간단하고 분명해졌을 텐데 이제 "자기의 부모가 살아 있으면 기년복으로 낮추어 입되 벼슬을 그만두고서 심상을 3년 동안 행한다."라고 하였고 또 "만약 부친이 죽었는데 장자라면 기년복을 입었다가 벗는다."라고 하였으니, 서로 다른 의미가 있는 듯합니다. 아울러 가르쳐 주기를 바랍니다.

〔답〕 장기복을 주장하는 자의 설이 비록 그와 같더라도 애당초 근거할 만한 분명한 조문이 없으니 어찌 의기(義起)[81]할 수 있겠습니까. 주자께서 이미 "의기하는 일은 큰 덕을 지닌 사람에게 달린 일이다."라는 가르침을 내리신 바가 있습니다. 《경국대전》의 본주(本註)에 "자기의 부모가 살아 있으면 기년복으로 낮추어 입되 벼슬을 그만두고서 심상을 3년 동안 행한다."라고 하였고 또 "만약 자기의 부친이 죽었고 자신이 장자이면 기년복을 입었다가 벗는다."라고 하였는데, "기년복을 입었다가 벗는다."라고 한 이 대목을 보면 앞 조문의 글 구조와 절로 차이가 납니다. 이는 관직을 그만두지 않고 심상도 하지 않고 곧바로 상복을 벗는다는 뜻일지요? 《상례비요(喪禮備要)》에서는 제게 보내주신 글처럼 둘을 합하여 한 조문으로 만들어 놓았는데, 그 아래 부장기조(不杖期條)에 "자기 부모가 살아 있으면 양부모를 위해서 관직을

81 의기(義起) : 《예기》 〈예운(禮運)〉에 "예라는 것은 의의 실질이다. 의에 맞추어서 맞으면, 예가 비록 선왕 때에 없던 것일지라도 의로써 새로 만들 수 있다.〔協諸義而協, 則禮雖先王未之有, 可以義起.〕"라고 한 데서 온 말로, 예문(禮文)에 없더라도 이치를 참작하여 새로운 예를 만드는 것이다.

그만두고 심상을 한다. 부모가 비록 죽었다고 해도 장자는 기년복을 입었다 벗는다."라고 하였으니, 그 글의 구조 역시 위 조목과 차이가 납니다. 이 역시 관직을 그만두지 않고 심상을 하고 곧바로 상복을 벗는다는 뜻일지요? 일의 체모가 중대하여 감히 무어라 말할 수 없습니다.

〔문〕 제 아내가 입는 상복은 본생(本生)의 시부모를 위해 대공복(大功服)을 입는 경우와 똑같이 해야 마땅한데, 다시 자세히 살펴보니 예문(禮文)과 율문(律文) 모두에 관련한 내용이 없습니다. 사계(沙溪 김장생(金長生))와 신재(愼齋 김집(金集))께서 단지 "응당 남편의 상복을 따라야 한다."라고만 하고 등급의 수에 관해서는 말씀하지 않았는데, 이른바 종복(從服)이란 남편이 아버지를 위하여 참최복을 입을 때 아내는 기년복을 입는 것입니다. 《가례》 이후로 아내는 남편과 한 몸으로 간주하였으니, 지금의 예를 따라 기년복으로 하는 것이 옳을 듯합니다. 어떻게 생각하십니까? 윤애(尹哀 윤증(尹拯))를 통하여 선생께서 본복인 대공복으로 돌아가는 것이 옳다고 말씀하였다는 것을 들었는데, 살아 계실 때 이미 시부모로 섬겼는데 돌아가신 뒤에 도리어 남편의 상복을 따르지 않는다면 그것은 인정상 편치 못한 일입니다. 저의 아내는 응당 대공복을 입더라도 오히려 소생부모에 견줄 수가 있습니다. 그러나 황우(黃友)의 처와 같은 경우에는 응당 소공복을 입어야 하는데, 이는 더욱 소홀한 것입니다. 이른바 양부모란 본래 이성(異姓)을 위하여 입문(立文)한 것이니 그 아내는 본디 대공친(大功親)과 소공친(小功親)이 없습니다. 이로 인하여 마침내 상복을 입지 않아 결국 남편은 무거운 상복을 입는데 아내는 따로 태연자약하게 있는 지경에 이르는 것은 아마도

온당치 않은 듯합니다. 저의 생각으로는 사계와 신재 두 선생의 설이 옳을 듯한데, 어떻게 생각합니까?

〔답〕 양자의 아내가 입는 상복에 대해서는 분명한 예문이 없습니다. 선사(先師)께서 "남편의 상복을 따라야 한다."라고 하신 것은 혹 부득이한 상황 가운데 유독 이것은 근거가 있으므로 그렇게 말씀한 것이 아닐지요? 그러나 고례에 남편이 참최복을 입고 아내가 기년복을 입는 것을 일러 종복이라 했으니, 반드시 참최복과 삼년복과 똑같이 하는 것을 종복이라 하는 것은 보지 못하였습니다. 송나라 위인포(魏仁浦)의 헌의(獻議)[82]에서 남편이 자최복(齊衰服)이나 참최복을 입는데 아내는 비단옷을 입는 것을 온당치 못하게 여겨 똑같이 자최나 참최의 삼년복을 입도록 하였으나, 이것은 시부모에 대한 상복만을 가리켜 말한 것이고 그 나머지 상복은 이전대로 각각 남편보다 한 등급을 강복하였습니다. 저의 생각으로는 남편이 이미 자최나 참최의 삼년복을 입지 못한다면 응당 남편을 따라 한 등급 강복한다는 옛 관례를 따르는 것이 그래도 근거 있는 일이 되지 않을까 합니다. 이 때문에 일전에 윤애와 이렇게 이야기를 주고받았는데, 또한 과연 적당한지 아닌지는

82 송나라 위인포(魏仁浦)의 헌의(獻議) : 송나라 태조(太祖) 연간인 965년에 우복야(右僕射) 위인포 등 21명이 "삼가 살펴보건대 《예기》 〈내칙(內則)〉에서 '며느리가 시부모를 섬기는 것은 친부모를 섬기는 것과 같이 한다.'라고 하였으니, 시부모는 친부모와 똑같은 것입니다. 고례에 기년복을 입는다는 설이 있으나 후당(後唐)에 이르러 삼년상으로 정하였으니 도리상 당연한 것입니다.……어찌 남편은 상중에 있는데 아내가 비단옷을 입을 수 있겠습니까."라는 내용으로 주의(奏議)를 올려, 며느리가 시부모를 위해 입는 상복은 자최이거나 참최이거나 상관없이 일체 남편을 따르도록 하였다. 《宋史 禮志28》

모르겠습니다. 남편이 이성의 수양부모를 위하여 상복을 입는데 그 아내가 끝내 상복을 입지 않는 것은 온당치 못하지만, 한솥밥을 지어 먹은 것으로 시마복(緦麻服)을 입는다면 또한 어찌 전혀 아무 일이 없는 것이 되겠습니까. 그러나 예라는 것은 응당 후한 쪽을 따라야 하니, 선사의 설을 따라 행할 수 있을 것입니다.

〔문〕 서소(書疏)에 쓰는 칭호는 만약 복제와 상응하게 맞춘다면 응당 서장(書狀)의 서식대로 해야겠지만, 저의 복을 이미 부자라는 명분에 따른 자최복으로 정하였으니, 남의 후사로 간 자의 경우와는 같지 않을 듯합니다. 일단 《의례문해(疑禮問解)》에서 말한 본생부모에 대한 칭호[83] 및 '계상(稽顙)' 등의 글을 따르는 것이 어떠합니까?
〔답〕 서소에 '상인(喪人)'이라고 칭한다면 또한 너무 무거운 것 같습니다. 주자의 설에 의하면 비록 본생부모라 하더라도 백숙(伯叔)이라 칭합니다. 다만 백숙에게는 심상이 없으나 본생부모에게는 있으니, 이것이 곧 백숙과 다른 점입니다. 그러니 칭호를 또한 조금 다르게 해야 할 듯합니다.

〔문〕 신주에 쓸 때 정행(正行)에 이미 '양비(養妣)'라고 썼다면 방제(旁題)에 굳이 '양(養)' 자를 함께 쓸 필요 없이 '자(子)'라고만 칭해도 됩니까? 양고(養考)의 장례와 관련하여 지금 새로운 장지로 이장

83 의례문해(疑禮問解)에서……칭호 : 《의례문해》 권41 〈상례(喪禮) 서소〉에 "다른 사람의 후사가 된 자는 본생부모의 상을 위해서 상인(喪人)이라고 칭할 뿐, 고자(孤子)나 애자(哀子)라고 칭해서는 안 된다."라고 한 것을 가리킨다.

하는 일 때문에 그 무덤을 열고자 하는데, 그때 응당 무슨 옷으로 상에 임해야 합니까? 신상(新喪)에 이미 삼년의 제도를 사용하였으니, 아마도 모두 조복(弔服)에 가마(加麻)를 한다는 조문을 따라야 할 듯한데, 빈소를 마련한 뒤에 두 궤연(几筵)에 번갈아 제사를 올릴 때는 응당 항상 무슨 복을 입고 있어야 합니까? 혼백(魂帛)을 영좌(靈座)에 놓을 때는 가로로 놓습니까, 세로로 놓습니까?

〔답〕 제주(題主)의 속칭(屬稱)을 이미 '양비'라 하였고 보면 방제에 '자'라고만 쓰고 '양'을 칭하지 않는 것은 상응하지 못한 처사일 듯합니다. 또 만약 지자(支子)로서 소생부모에게 제사를 지낸다면 장차 어떻게 양비의 경우와 구별하겠습니까. 복중(服中)에 양고의 무덤을 개장하면서 입는 상복에 대해서는 옛날의 사례 가운데 상고할 곳이 없습니다. 다만 조복의 제도를 따르는 것이 마땅하되, 응당 두 빈소에 일이 있는 경우 각기 그에 맞는 복을 입는다는 조문을 따라야 할 것입니다. 오직 참최복의 경우에는 장례를 치르기 전에 다른 복으로 바꾸어 입을 수 없습니다. 편지에서 혼백을 가로로 놓을지 세로로 놓을지 물었는데, 이는 자세히 알 수 없어 감히 딱 잘라 무어라고 말할 수 없습니다.

〔문〕 일전에 들은 일로, 박잠야(朴潛冶 박지계(朴知誡))와 권만회(權晩悔 권득기(權得己))는 《가례》의 내용 중 장례를 설명한 부분 뒤에 영상(靈床)을 거둔다는 조문이 없다는 이유로 삼년상을 마칠 때까지 영상을 모셨다고 합니다. 또 어떤 논자는 "3년의 상기(喪期) 동안 아침저녁으로 상식(上食)하는 일은 또한 신을 섬기는 도리가 아니니, 상기를 마칠 때까지 영상을 모시는 것이 옳다."라고 하는데, 어떻게 생각하십니까? 영좌(靈座)를 설명한 대목의 본주(本註)에 이

미 "봉양할 도구를 진설한다."라고 하였고 대상(大祥) 때 비로소 치우는 것으로 되어 있는데, 그 두 집안은 아마 이 대목을 근거로 삼은 듯합니다. 그런데 조전(朝奠) 대목 아래의 주석에 또 "세수할 도구를 영상 옆에 진설한다."라고 하였으니, 이로써 본다면 영좌를 설명한 대목의 본주에서 말한 것은 다만 영상을 진설하기 전의 일이 아니겠습니까. 그렇다면 장례에 대한 설명 뒤에는 영상을 언급한 부분이 끝내 보이지 않으니, 이는 영상을 설치하지 않는다는 증거가 될 만합니다. 상식의 경우 재차 나오는 부분이 없는데 요즘 사람들은 그대로 그것을 행하니, 또한 어긋나는 일인 듯합니다. 아울러 분명히 가르침을 주기를 바랍니다.

〔답〕 영상의 제도에 관해 말하자면, 세속에서는 저녁 시간에 이불을 깔고 베개를 정돈하기를 한결같이 평소처럼 한 뒤에 혼백을 이불과 베개 사이에 모셔 둡니다. 이는 자질구레한 일인 것처럼 보이나 "봉양할 도구를 조석으로 진설하기를 평소처럼 한다."라는 조문과 "세수하고 빗질하는 도구를 진설한다."라는 조문으로 살펴본다면 그와 같아도 무방하지 않을까 합니다.

3년 동안 영상을 치우지 않았다는 말씀은 감히 깊이 믿지 못하겠습니다. 영상이란 본래 혼백의 출입을 위해서 진설하는 것이니, 혼백이 이미 묻혔다면 비록 치운다는 말이 없다 하더라도 그때 함께 치워야 할 듯합니다. 대저 《가례》에는 이와 같은 부분이 간혹 있습니다. 예를 들어 요질(腰絰)을 풀어 늘어뜨린다는 대목에는 끝내 그것을 묶는다는 조문이 없는데, 그렇다고 어찌 이를 이유로 삼년상을 마칠 때까지 묶지 않을 이치가 있겠습니까. 삽선(翣扇)[84] 역시 광중(壙中)에 넣는다는 조문이 없는데, 그 또한 끝내 어떻게 처리해야 할지 모르겠습니다.

듣건대 박씨(朴氏) 문중의 여러 사람은 3년 동안 요질을 풀어 놓은 채로 묶지 않고 또 삽(翣)을 광중에 넣지 않았다고 하니 《가례》를 존신하는 태도가 극진하다고 이를 만하나, 이것이 궐문(闕文)이 아님을 어찌 알겠습니까. 만일 박씨 문중의 의론대로라면 대상을 지내는 날에도 마땅히 술을 마시고 고기를 먹고 복침(復寢)[85]을 해야 하는 것입니까? 만약 부자(夫子)께서 《가례》를 재차 수정하였다면 이러한 부분을 어떻게 처리했을는지요? 이것이 천고의 한이고 박장(朴丈)이 살아 계실 때 질문하지 못한 것도 한스럽습니다.

영좌와 영상에 세수하고 빗질하는 도구를 두 번 진설한다는 것은 그럴 리가 없을 듯합니다. 영좌를 설명하는 대목에서 운운한 주석의 설은 아마도 영상을 진설하기 전의 일을 말한 것인 듯합니다. 보내온 편지에서 "상식 역시 재차 나오는 부분이 없는데 요즘 사람들은 그대로 그것을 행한다."라고 한 것에 대해 말하자면, 세상 사람들은 대부분 그렇게 보고서 그로 말미암아 응당 소상(小祥)을 지낸 뒤에 상식을 거두어야 한다고 운운하는데, 이는 아주 잘못된 것입니다. 《가례》에 따르면, 초상(初喪)에는 아침저녁의 곡〔朝夕哭〕, 정해진 때 없이 하는 곡〔無時哭〕, 아침저녁의 전〔朝夕奠〕, 아침저녁의 상식〔朝夕上食〕이 있는데, 장례를 치른 뒤에는 아침저녁의 전을 그치고 졸곡(卒哭)에는 정해진 때 없이 하는 곡을 그치고 소상에는 아침저녁의 곡을 그친다고

84 삽선(翣扇) : 발인할 때 상여를 가리고 하관할 때는 명정(銘旌)과 함께 영구(靈柩) 위에 덮은 뒤 광중에 묻는 도구로, 원래 명칭은 '삽(翣)'인데 그 모양이 부채와 같다 하여 선(扇) 자를 붙여 쓴다.

85 복침(復寢) : 평상시의 침실로 돌아간다는 뜻으로, 부인과 잠자리를 같이하는 것을 말한다.

하면서도 상식까지 아울러 그친다고는 말하지 않았으니, 그대로 상식을 행하는 것은 의심할 것이 없습니다. 《가례》의 이 4가지 조항은 조리가 바르고 분명합니다. 따라서 이 사항을 영상을 치우는가 치우지 않는가에 관하여 명확한 조문이 없는 경우에 비겨서는 안 될 듯합니다. 어떻게 생각합니까?

〔문〕 다른 곳에 거주하는 지자(支子)는 조조(朝祖)[86]의 예를 행할 방도가 없으니, 그런 경우 그 사유를 갖추어 조묘(祖廟)에 고하고 아울러 신상(新喪)에도 고하는 편이 그 절차를 완전히 빠뜨리는 것보다는 낫습니까?

〔답〕 다른 곳에 거주하는 자는 조조의 예를 행하기가 어려울 듯한데, 그 사유를 갖추어 사당과 널에 모두 고하는 것은 그 뜻이 매우 곡진하고 치밀하긴 하나 대략 의기(義起)의 혐의가 있으니, 감히 딱 잘라 무어라고 말하지 못하겠습니다.

〔문〕 조전(祖奠)과 견전(遣奠)[87]은 본디 조석의 예에 해당하는데 요즘 사람들은 으레 빈소를 열 때 먼저 상식을 행하니, 이는 노상에서 음식을 차리는 것이 어렵기 때문입니다. 만약 부득불 그럴 수밖에

86 조조(朝祖) : 발인 전날 영구(靈柩)를 모시고 사당으로 가서 마지막으로 조상을 뵙게 하는 의식을 말한다. 이는 생전에 먼 곳에 출타하려면 반드시 집안어른에게 고했던 것을 본뜬 것이다. 《家禮 卷5 喪禮》

87 조전(祖奠)과 견전(遣奠) : 조전은 발인 전날 저녁에 가묘에 영결을 고하기 위해 지내는 제사를 이르고, 견전은 발인하는 날 아침 영구가 장지로 떠날 때 문 앞에서 지내는 제사로 노전(路奠), 노제(路祭)라고도 한다.

없다면 상식을 견전 이후에 행하거나 혹은 견전과 겸하여 차리는 것이 어떠합니까? 《의례문해》에 "조전은 석전(夕奠)을 겸해서 행한다."라는 주석이 있는데, 이는 아마도 본문에 "의당 석전을 올린다."라고 한 뜻이 아닌 듯합니다. 신재(愼齋)께서는 "조전 후에 저녁 상식을 행하는 것과 견전 전에 아침 상식을 행하는 것은 모두 그만두어야 한다."라고 하였는데, 이 역시 그렇지 않을 듯합니다.

〔답〕《가례》에 "일포(日晡) 때에 조전을 차린다."라고 하였는데, 여기서 일포란 평시의 저녁 먹을 때를 말하므로 요즘 사람들은 대부분 그 예를 저녁 상식과 겸하여 행하고 있습니다. 그러나 이미 "찬품(饌品)은 조전(朝奠)과 같다."라고 하였고 보면 이는 상식에 비할 바가 아니며, 그다음 날 아침의 경우 또 "조전을 거둔다."라고 하였으니 어찌 상식을 가지고 하룻밤을 지낼 수 있겠습니까. 한편 견전을 지내는 때는 또 굳이 상식을 지낼 때와 서로 마주치게 할 것이 없습니다. 그러므로 아래 '발인(發引)'를 설명하는 대목의 주석에 "밥을 먹을 때 상식을 행한다."라는 글이 별도로 있는 것이니, 아마도 각기 차리는 것이 마땅할 듯합니다.

〔문〕혼백(魂帛)은 집으로 돌아와서 응당 가려진 곳에 묻거나 임시로 다른 집에 맡겨 두어야 하는데, 끝내 오래 머물 곳이 아니니 아마도 편치 못할 듯합니다. 삼우제(三虞祭)를 마친 뒤에 묘소 옆에 묻는 것이 어떠합니까? 혹은 위당(魏堂)의 설[88]을 따라 장사 지낼 때 함께

88 위당(魏堂)의 설 : 명나라의 학자 위당이 지은 《가례회성(家禮會成)》에 "지금은 흙을 채워 광중을 고르게 하고 혼백을 펴서 묻는데, 이때 신은 이미 신주로 옮겨갔으니

묻어야 할는지요?

〔답〕《가례》에 따르면 발인할 때 신주(神主) 상자는 혼백의 뒤에 위치하고 반혼(返魂)할 때 혼백 상자는 신주의 뒤에 위치하니, 그 은미한 뜻을 알 수 있습니다. 따라서 위당의 설처럼 장지에 묻을 수는 없을 듯합니다. 거처한 곳이 비록 임시 거처이지만 신주가 이미 그곳에 돌아왔다면 그대로 그곳에 혼백을 묻는 것도 마땅할 듯합니다. 어떻게 생각합니까?

〔문〕 전처와 후처에 대하여 원비(元妃)는 합장하고 계실(繼室)은 묘역을 따로 조성한다는 것은 물론 주자의 말씀이지만,[89] 혹 땅의 형세나 일의 형편상 반드시 '품(品)' 자 모양의 제도를 적용하여 만드는 것이 마땅한 경우가 있습니다. 이는 비록 예경에 나오는 것은 아니지만, 통용할 수 있습니까? 만약 남편이 뒤에 위치하고 아내가 앞에 위치하거나, 혹은 남편과 원비는 같은 무덤에 있으면서 뒤에 위치하고 계실은 앞에 위치한다면, 제사를 지낼 때와 돌을 세우는 것을 아래의 무덤 앞에서 합해서 해야 한단 말입니까?

〔답〕 남편과 원비를 위에 합장하고 계비를 아래에 부장(祔葬)한다면 표석(表石)은 마땅히 남편을 위주로 하여 '전비 모씨 부좌(前妃某氏祔左)', '계비 모씨 부하(繼妃某氏祔下)'라고 써야 합니다. 한편 석인(石人)

혼백은 널과 함께 묻는 것이 좋다."라고 한 것을 가리킨다.

89 원비(元妃)는……말씀이지만 : 《회암집(晦菴集)》 권62 〈답이회숙(答李晦叔)〉에 "오늘날 사람들은 부부를 꼭 합장하지는 않으니, 계실은 별도로 묘역을 만드는 것이 의당 역시 옳을 것이다."라고 하였다.

과 석상(石床)은 아래 묘의 밑에 설치하는 것이 마땅할 듯하고, 만약 위아래의 묘가 너무 멀다면 각기 설치하는 것이 마땅할 듯합니다. 일찍이 인가(人家)에서 하는 것을 보니 대부분 이와 같이 하였습니다. 한 묘소를 '품(品)' 자 모양으로 만드는 것 역시 사대부 집안에서 행하는 제도이니, 세 신주를 하나의 독(櫝)에 넣는다는 뜻으로 유추한다면 안 될 것이 없을 듯하나, 장자(張子)의 가르침[90]이라면 이를 마땅하게 여기지 않을 듯합니다. 어떻게 생각합니까?

90 장자(張子)의 가르침 : 북송의 학자 장재(張載)가 "부장(祔葬)과 부제(祔祭)는 이치를 끝까지 따져 논하면 다만 한 사람만 부장하고 부제하는 것이 합당하다. 부부의 도리는 당초에 혼인할 때 재혼하겠다고 언약한 적이 없으니, 남편에게는 한 명의 아내만이, 아내에게는 한 명의 남편만이 합당할 뿐이다. 지금 남편이 죽어도 아내가 재가(再嫁)하지 않는 것은 천지의 대의(大義)와 같으니, 처가 죽었다 하여 남편이 어찌 재취(再娶)할 수 있겠는가. 그러나 중요한 일로 생각해 보면 어버이의 봉양과 가업의 계승과 제사를 받드는 일에 계속할 사람이 없어서는 안 되기 때문에 재취하는 도리가 있는 것이다. 그러나 한 구덩이에 장사를 지내고 한 궤연에서 부제를 지낸다고 해도, 사람의 감정으로 볼 때 한방 안에 어찌 두 아내를 용납할 수 있겠는가. 그러니 의리로 단정하여 반드시 초취(初娶)만을 부장하고 부제하며, 계실은 별도로 한곳을 만들어서 모시는 것이 옳을 것이다."라고 한 것을 가리킨다. 《張載全書 卷8 喪紀》

박화숙에게 답함 경술년(1670, 현종11) 12월 5일

答朴和叔 庚戌十二月五日

어떤 한 사람[91]이 출계(出繼)하였는데 아직 그에 관해 임금의 재가를 받기도 전에 그 소후부(所後父)가 죽자 상복을 입고 신주에 이름을 썼습니다. 얼마 뒤 그 소후모(所後母)가 또 죽자 어떤 사람이 "아직 재가가 떨어지지 않았다면 곧 남의 후사로 들어간 것이 아니다. 지난날에 상복을 입은 것이 이미 잘못이니, 지금 그 잘못을 계속 이을 수는 없으므로 그 아들은 다만 기년복(朞年服)을 입어야 한다."라고 하였습니다. 삼가 듣건대 그 사람이 다른 사람을 통해 그대에게 이 사실을 알렸는데 그대는 옳지 않다고 하였기에 그 사람이 극히 낭패스러워 어떻게 처리해야 할지 모르는 상황이라고 합니다. 이것이 사실인지요?

대저 아버지와 자식은 천명으로 맺어진 관계이므로 사람의 힘으로 끊거나 이을 수는 없습니다. 다만 임금은 하늘을 대신하여 사물을 다스리는 존재이기에 망한 것을 보존해 주고 끊어진 것을 이어 주는 인자함을 소유하므로 반드시 임금에게 명을 받은 연후에야 부자지간이 될

91 어떤 한 사람 : 이삼귀(李三龜, 1643~?)를 가리킨다. 이삼귀는 생부인 이민정(李敏政)의 명에 따라 이민정의 아우인 이민상(李敏相)의 후사가 되었는데, 미처 그 일을 관에 보고하여 임금의 재가를 받기도 전에 이민상이 죽자 그를 위해 삼년상을 지냈다. 그러다 1670년 가을 이민상의 아내가 또 죽어 삼년상을 치르려 하자, 후사로 나간 것에 대한 임금의 재가가 없었으므로 과거 이민상을 위해 삼년상을 치른 것은 잘못이니 지금 이민상의 아내를 위해 또 삼년상을 치를 수 없다고 하는 반대 논의가 일어났다.《宋子大全 卷136 代懷德縣監李敏政呈禮曹文》

수 있는 것입니다. 이것은 비록 고례(古禮)에는 보이지 않지만《주자대전(朱子大全)》에는 관청에 고하는 글이 실려 있으니, 아마도 고례에 빠진 글이 있는 듯합니다. 혼례를 치르고 자식을 낳아도 그때 반드시 임금에게 고하는 법이니, 어찌 이와 같은 큰일이 있는데 도리어 고하지 않겠습니까. 설혹 옛날에 실제로 임금에게 고하는 관례가 없었다고 한들 주자(朱子)께서 이미 이렇게 하셨고 국법도 심히 명백하고도 엄격하니, 어찌 감히 이를 어겨 따르지 않겠습니까. 이는《예기》에서 말한 "남의 후사가 되기를 구하는 사람은 감히 확상(矍相)에서 활쏘기를 할 적에 들어오지 못한다."라는 경우[92]에 가깝지 않겠습니까.

지금 이 사람은 그의 소후부에 대해 입어서는 안 되는 상복을 입었으니 오히려 불가한 일인데, 더구나 이때 설혹 그 소생부(所生父)가 죽는다면 응당 기년복을 입어야 하겠습니까, 아니면 참최복(斬衰服)을 입어야 하겠습니까? 이미 저쪽에서 참최복을 입었는데 또 이쪽에서 참최복을 입는다면 이는 근본이 2개가 되는 셈입니다. 만약 저쪽에서 참최복을 입고 이쪽에서 기년복을 입는다면 이는 임금의 명을 무시하고 사사로이 자기 아버지를 끊는 것이니, 이것이 가한 일이겠습니까. 이 문제는 그 사이에 한 치의 실수도 용납할 수 없으니, 이는 군신의 의리에서 당일에 천명이 끊어지면 피차 아무 상관이 없는 관계가 되지만, 일각(一刻)이라도 그 천명이 아직 끊어지지 않았다면 여전히 군신 관

92 예기에서……경우 :《예기》〈사의(射義)〉에 나오는 일화로, 공자가 확상의 채마밭에서 향사례(鄕射禮)를 행할 적에 구경하는 사람들이 담처럼 빙 둘러섰는데 이때 자로(子路)에게 "군대를 패하게 한 장수와 나라를 망하게 한 대부와 남의 후사가 되기를 구하는 사람은 들어오지 말고, 그 나머지는 모두 들어오라."라고 하게 하자, 더나가는 자가 절반이고 들어오는 자가 절반이었다고 한다.

계를 유지한다는 것과 똑 마찬가지입니다. 지금 부자의 인륜은 군신의 경우보다 더욱 중하니, 어찌 감히 천명을 무시하고 천륜으로 맺어진 친속을 사사로이 끊을 이치가 있겠습니까. 옛날 신독재(愼獨齋) 선생께서 어떤 집안의 난처한 일을 위해서 대략 분명치 않은 의론을 펼치시다 결국 다른 논의를 주장하는 자에 의해 바로잡힌 바가 있으니,[93] 이는 천리와 인륜의 중대한 문제인지라 극력 논의를 펼쳐 하나로 의견을 통일하지 않을 수 없기에 감히 이렇게 아뢰는 바입니다. 부디 분명하게 가르쳐 주기를 바랍니다.

〔문〕 지난번에 여쭌 여러 설에 대해 모두 동의해 주셨는데, 정중한 뜻이 담긴 편지를 삼가 두세 번 반복해 읽으면서 어찌 어두컴컴한 길에서 도움의 손길을 얻은 기분일 뿐이었겠습니까. 삼가 마땅히 말씀해 준 내용을 받들어 주선해 보겠습니다. 편지의 내용 중 '서소(書疏)' 운운한 것에 대해 말해 보겠습니다. 제가 본복(本服)인 자최삼년복(齊衰三年服)을 부장기복(不杖期服)으로 강복(降服)한 것은, 부친이 살아 계신 상태에서 돌아가신 모친을 위하여 상장(喪杖)도

93 옛날……있으니 : 민여기(閔汝耆)의 아들 아무개가 조부의 명으로 숙부인 민여질(閔汝耋)의 양자로 들어갔는데 민여질이 죽자 그를 위해 삼년상을 치렀다. 그러나 그때까지도 아직 출계에 대하여 관에 고하지 않은 상태였는데, 얼마 뒤 아무개의 생부인 민여기가 죽자 이유태(李惟泰)는 관에 보고하지 않았으므로 아무개와 민여질은 부자 관계로 볼 수 없다고 하면서 아무개에게 민여기를 위하여 참최복을 입고 삼년상을 치르도록 하였다. 이 소식이 알려지자 참최복을 두 번 입는 도리가 어디 있느냐고 하는 비판 여론이 크게 대두되었고 김집(金集) 역시 그 주장에 동조하였는데, 이에 송시열이 김집에게 편지를 보내어 이유태의 주장을 옹호하자 김집은 오해에서 비롯된 것이라고 해명하면서 끝내 이유태의 의견을 따랐다. 《宋子大全 卷117 答洪友周》

짚지 않고 담제(禫祭)도 지내지 않는 것과 비교하면 가벼운 듯하고, 본생(本生)에 대하여 비(妣)라 칭하고 자(子)라 칭하는 것과 비교하면 무거운 듯하니, 이는 실로 이른바 예문(禮文)에 없는 예(禮)[94]에 해당하는지라 참작하여 처리하기에 난감한 부분이 있습니다. 그러나 《가례》에 나오는 서소의 격식에서는 "부모가 돌아가셨을 때 남의 위문에 답하는 편지〔父母亡答人慰疏〕"라고 한 데서 "적손(嫡孫)으로 승중(承重)한 자도 동일하다."라고 하였고, 계장(啓狀)의 격식에서는 "조부모가 돌아가셨을 때 답하는 계장〔祖父母亡答人啓狀〕"이라고 한 데서 "백숙부모(伯叔父母)도 동일하다."라고 하였으니, 여기서 이른바 "부모가 돌아가셨다."라는 것이 자최복(齊衰服)과 참최복을 입는 자를 딱 가리켜 말한 것임은 물론 잘 알고 있지만, 가모(嫁母)와 출모(出母) 이하도 반드시 응당 그 가운에 예속되어 있는 것입니다. 이로써 유추해 보건대 이렇게 하더라도 혐의쩍고 구애될 일은 없을 듯하니, 만약 복제(服制)에 구애되어 백숙(伯叔)이라 칭하는 쪽을 따르고자 한다면 위로는 양비(養妣)라 칭하고 아래로는 복인(服人)이라 칭하며 앞에서는 복인이라 칭하고 뒤에서는 심상(心喪)이라 칭하게 되어 소장(疏狀)에 담겨 있는 경중의 큰 구분을 더욱 상실하게 됩니다. 이에 부친이 살아 계신 상황에서 돌아가신 모친을 위하여 행하는 격식에 따라 단지 애자(哀子)라는 호칭을 버리고 상인

94 예문(禮文)에 없는 예(禮) : 《예기》 〈단궁 상(檀弓上)〉에 "장군 문자(文子)의 상에 이미 상복을 벗고 난 뒤에 월나라 사람이 조문을 오자, 주인이 심의(深衣)에 연관(練冠)을 쓰고 사당에서 기다리되 곡하지 않고 콧물과 눈물을 흘렸다. 자유(子游)가 이것을 보고 '장군 문씨의 아들이 예에 가깝구나. 예문에 없는 예에 그 거동이 절도에 맞다.' 라고 말하였다."라고 한 데에서 온 말이다.

(喪人)이라 칭하는 한편 글 내용 역시 조금 간략하게 하였는데, 이번 회답을 읽어 보니 도리어 본생부모를 곧장 백숙이라 칭하는 것까지 아울러 논하였으니 이는 아마도 지난 편지에 담긴 글의 뜻을 분명히 분별하지 못해서 그런 것인 듯합니다. 이 때문에 거듭 여쭈오니, 만약 과연 서소의 격식을 따른다면 첫머리에 쓰는 말에 '계상(稽顙)'이라고 하는 것은 과중한 것이 아니겠습니까? 혹 등급을 낮추어 '고수(叩首)'라고 하는 쪽을 따른다면 조금 낫겠습니까?

〔답〕 두 차례 보내온 별지에 대하여 다시 저의 의견을 담아 답장을 보내고는 조만간 다시 회답이 오기를 마음 깊이 바랐습니다. 제가 보냈던 부족한 설에 대하여 다시금 정정해 주면서 그 내용이 충분히 합당해지기를 구하였으니, 그대에 대한 공경의 마음이 크게 일어났습니다.

저의 뜻은 '이러한 격식은 이미 예전(禮典)에 보이지 않으니, 복제를 표준으로 삼는 편이 그래도 근거가 없지 않아 태재(汰哉)의 기롱[95]을 거의 면할 수 있을 것이다. 만약 무겁지도 가볍지도 않은 그 중간에서 다만 '상인'이라고 칭한다면 온당할 듯하지만, 후생이 예를 행할 때는 반드시 근거로 삼는 것이 있어야 마땅하니 전에 없는 의식을 새로 제정하는 것은 덕이 큰 사람이 아니라면 감히 할 수 없는 일이다. 그러니 지금 누가 감히 이러한 격식을 만들어 행하여 법도로 삼을 수 있겠는가.'라는 것이었습니다. 이러한 이유로 전일의 대답은 다만 본생 백숙

95 태재(汰哉)의 기롱 : 예(禮)에 근거하지 않고 자기 마음대로 예를 정하는 것을 비난하는 말이다. 춘추 시대 사사분(司士賁)이라는 사람이 자유(子游)에게 시신을 상(牀) 위에 두고 습(襲)해도 되는지 묻자, 자유가 이를 허락하였다. 현자(縣子)가 그 말을 듣고 "지나치구나, 자유여. 예를 제 마음대로 남에게 허락하는구나.〔汰哉叔氏, 專以禮許人.〕"라고 하였다. 《禮記 檀弓上》

부모(伯叔父母)에 대한 격식을 가지고 주장을 삼은 것이었습니다. 이는 인정으로 보아 비록 편치 못한 것처럼 보이나, 일찍이 듣건대 성인께서는 "선왕이 예를 만드셨으니, 길 가는 사람도 모두 차마 하지 못하는 마음이 있다."라고 하신 바 있으니,[96] 만일 사람들의 마음을 모두 편안하게 하고자 할 것 같으면, 장차 그 후한 것을 감당하지 못할 것입니다. 또 본생부모에게 이미 이 격식을 사용했고 보면 이 경우 역시 사용할 수 없다는 혐의는 존재하지 않습니다. 따라서 부친이 살아 계신 상황에서 모친이 돌아가셨을 경우의 격식을 모방하는 것과 비교해 본다면 이렇게 하는 편이 조금 더 이치에 가깝습니다. 또 보내온 편지에서 가모(嫁母)와 출모(出母)를 자최복과 참최복을 입는 대상에 예속시켜 유추를 통해 일률적으로 만들고자 하였으니, 이 또한 옳지 않은 듯합니다. 가모와 출모가 자최복과 참최복을 입는 대상 가운데 함께 나열된 경우는 보이지 않을뿐더러 가모와 출모를 위해 응당 무슨 격식을 따라야 할지도 알지 못하겠으니, 이를 원용하여 규정을 삼을 수는 없을 듯합니다. 어떻게 생각합니까? 대체로 저의 생각은 윤애와 대략 같으니, 만일 다시 가르쳐 줄 것이 있거든 개의치 말고 인편을 통해 회답해 주기를 바랍니다.

〔문〕 후사를 세운다는 것은 사람의 큰 도리이니, 그 내용은 예법에

96 성인께서는……있으니 : 자로(子路)가 누님의 상을 당한 뒤 복제 기간이 지났는데도 슬픔으로 인해 상복을 차마 벗지 못하자 공자(孔子)가 "선왕이 예를 만드셨으니, 길가는 사람도 모두 차마 못하는 마음이 있다."라는 말로 타이른 것을 가리킨다. 이는 길가는 일반 사람도 어버이에게 차마 하지 못하는 마음이 있기에 선왕이 법으로 정해 상복을 벗도록 했다는 뜻이다. 《禮記 檀弓上》

실려 있어 더 의심할 것이 없는 문제입니다. 그러나 관에 보고한다는 한 가지 절차는 고금 예전(禮典)의 자세한 글에서부터 정자(程子)와 주자의 여러 저서에 이르기까지 하나같이 모두 실려 있지 않고 오직 국전(國典)에만 실려 있습니다. 예경(禮經)에서부터 대조(大朝)의 제도까지 자세히 살펴보건대, 후사를 세우는 법은 본래 임금에서 나오고 후사를 이루는 명은 기실 아버지에게서 받습니다. 그 의리는 아마도 당초의 대체를 법령에 드러내고 천하에 반포하여 자손 된 제왕이 대대손손 지켜 나가면 모든 신민(臣民)이 비로소 이에 근거하여 지자(支子)로 대종(大宗)의 뒤를 이을 수 있고 또 이것은 집안에서 선조를 높이고 종통을 중히 여기는 상례(常禮)가 있게 되는 것이니, 비록 관에 보고하지 않는다고 하더라도 소위 사사로이 서로 행한 것은 아닙니다. 만일 혹 불행히도 후사가 없는 경우에 주자께서 기록한 바[97]-정공재(程公才)의 묘표(墓表)-와 같이 재산을 관에 귀속시켜야 하는 경우나 《대명회전(大明會典)》에서 허락한 바와 같이 소후부모(所後父母)에게 사랑을 받지 못하는 경우라야 비로소 관에다 보고하게 되는데,[98] 짐작건대 이는 다만 일시적으로 변고를 만났을 때 억울한 사정을 풀고 다스리기 위해서 만든 절차일 뿐이지 두루 통행될 수 있는 제도가 아님은 또 명백합니다. 대개 예법의 뜻이

97 주자께서 기록한 바 : 주희가 쓴 정여능(程汝能)이란 사람의 묘표에서, 같은 고을에 아들 없이 죽은 어떤 사람의 재산을 누군가가 몰수하여 관에 귀속시키려 하자 정여능이 관에 고하여 그 후사를 세워 주었다고 기록한 것을 말한다. 《晦菴集 卷90 程君公才墓表》

98 대명회전(大明會典)에서……되는데 : 《대명회전》 권163 〈입적자위법(立嫡子違法)〉에 "간약 후사로 들어간 아들이 소후부모에게 사랑을 받지 못하면 관에 고하여 따로 후사를 세우는 것을 허락한다."라고 한 것을 가리킨다.

설령 참으로 그와 같다 하더라도 지금 세상에 산다면 애당초 지금의 법을 지켜야 마땅하니 관에 고하는 것을 기필코 중요하게 여기는 것은 실로 바꿀 수 없는 이치입니다. 다만 아무개 집안에서 따랐던 예제(禮制)가 소후부모를 위해 입는 참최 삼년복(斬衰三年服)이었으니, 그 입장에서 비록 국전에 나오는 규정까지 온전히 다 지켜서 끝내 빠뜨리는 부분이 없게 하는 것이 더 나은 일이라고는 해도 후상(後喪)에 대하여 복상(服喪)하지 않는 것 역시 작은 일이 아닙니다. 인정과 천리로 볼 때 더욱 너무나 슬프고 절박하기 그지없다면 혹 본떠서 변통할 도리가 있을 것입니다.

예제와 법률은 서로 얽혀 있는 관계이므로 본디 그 둘 가운데 취사선택하는 경우가 많습니다. 또 대부(大夫) 이하는 삼대(三代)까지 제사를 지내고 적자(嫡子)가 죽은 경우 중자(衆子)가 승중(承重)하는 것은 모두 송나라 당시의 제도 가운데 중대한 내용인데, 《가례》 사당조(祠堂條)에서는 도리어 제사가 고조(高祖)에까지 미친다고 하면서 이를 두고 "제사의 본뜻을 가장 잘 터득하였다."라고 하였고,[99] 또 초종조(初終條)에서는 도리어 장손(長孫)을 세운다고 하면

99 가례……하였고 : 《가례》 권5 〈제례(祭禮) 사시제(四時祭)〉의 주석에 따르면, 북송(北宋)의 학자 정이(程頤)가 당시 사람들이 고조에게 제사 지내지 않는 것을 잘못이라고 하면서 "천자로부터 서인에 이르기까지 오복(五服)은 차이가 없어 모두 고조에 이르니, 복이 이미 이와 같다면 제사도 이와 같아야 한다."라고 하였는데, 이에 대해 주희가 "정자의 말씀을 살펴보면 '고조는 복이 있으니 제사를 지내지 않을 수 없다. 비록 7묘(廟)와 5묘라도 고조에 그치고, 3묘와 1묘로부터 제침(祭寢)에 이르기까지도 반드시 고조에게 미친다. 다만 드물게 지내느냐 자주 지내느냐 하는 것이 같지 않은 점이 있을 뿐이다.'라고 한 것이니, 아마도 이것이 제사의 본의를 가장 잘 터득한 것인 듯하다. 지금 《예기》 〈제법(祭法)〉을 가지고 살펴보면 제사는 반드시 고조까지 지내야

서 이를 두고 예(禮)를 아껴 양(羊)을 보존하는 뜻이라고 하였으니,[100] 이로써 추론해 보건대 예제가 중요한 상황에서는 법률 역시 때에 따라 모조리 따를 수는 없는 점이 있는 것입니다. 하물며 아무개 집안에서 당초 예제를 따른 뒤에 추후 고할 방도가 없지 않았으니. 그것으로 맞추어 생각해 본다면 말할 수 있는 부분이 있는 듯하였는데 다만 단정하기 어려웠을 따름입니다. 그러니 애당초 후사를 세우는 상법(常法)이 반드시 이와 같아야 한다고 생각한 것이 아니었는데, 또 어찌 감히 구구한 소견을 가지고 바로 혹자를 비난하면서 옳지 않다고 하였겠습니까. 뜻하지 않게 근자에 선생의 편지를 받았는데 의리가 명백하고 말뜻이 엄준하여 단지 심상히 국전에 중점을 두는 말씀만 하지는 않으셨으니, 저로 하여금 읽는 동안 두려운 심정

한다는 조문은 보이지 않지만, 월제(月祭)와 향상(享嘗)의 구별이 있으니, 그렇다면 옛날의 제사는 멀고 가까움에 따라 드물게 지내거나 자주 지냈음을 또한 볼 수 있다."라고 하였다. 박세체는 이 말이 사당조에 나온다고 하였는데, 착오인 듯하다.

100 초종조(初終條)에서는……하였으니 : 《가례》 권4 〈상례(喪禮) 초종〉의 주석에 혹자가 "주나라 제도에는 대종(大宗)의 예가 있어서 적손을 세워 후사로 삼았기 때문에 아버지가 장자를 위해 삼년상을 하였지만, 지금은 대종의 예가 폐지되고 적손을 세우는 법이 없어진 관계로 아들들이 각각 후사가 될 수 있어 장자와 소자(少子)가 차이가 없으니, 서자(庶子)가 자기 장자를 위해 삼년복을 입지 않는 예를 행할 필요가 없다."라고 하자 주희가 "종법(宗法)을 다시 세울 수는 없지만, 복제는 옛 법도를 따라야 한다. 이 역시 예를 아껴서 양을 보존하는 뜻이니, 멋대로 바꿔서는 안 된다.……어찌 종법이 폐기되었다고 하여 중자가 모두 아버지의 후사가 될 수 있다고 할 수 있겠는가."라고 한 것을 가리킨다. 예를 아껴서 양을 보존한다는 것은 예를 지키기 위해서는 형식일 뿐이라도 옛 제도를 보존해야 한다는 의미이다. 자공(子貢)이 희생으로 양을 쓰는 것을 없애고 싶어 하자, 공자가 "사(賜)야, 너는 그 양을 아끼느냐? 나는 그 예를 아낀다."라고 한 데서 나온 표현이다. 《論語 八佾》

으로 내면을 돌아보게 만들었습니다. 반복해서 그 실마리를 찾아가며 탐구하다가 거의 며칠이 지난 뒤에야 비로소 당시 저의 얕은 생각에 자못 미진한 점이 있었다는 사실을 알게 되었습니다.

삼가 보건대 예제의 뜻은 임금의 명으로써 부친의 명을 허락하는 것이어서 위에서부터 아래로 이르므로 법이 세워지면 저절로 행해지고, 국전의 조문은 부친의 명을 가지고 임금의 명을 청하는 것이어서 아래로부터 위로 이르므로 일이 생기면 반드시 고해야 합니다. 두 가지는 일의 크기와 득실을 막론하고 각기 처한 상황이 다르니, 우리 신민의 경우에는 국가의 새 법전을 제쳐 두고 예제의 대체를 범연히 따르기가 어렵지 않을까 합니다. 한편 《가례》의 두 조목에서 정자(程子)의 의기(義起)의 설-"고조(高祖)에게는 복(服)이 있으니 제사를 지내지 않는 것은 몹시 잘못된 것이다. 종자법(宗子法)을 세워야 한다."-을 따른 것은 본디 당시 제도와 법률이 정해진 뒤에 있던 일이니, 여기에서 바로 대현(大賢)이 예를 가지고 제도를 헤아리면서 옛것을 전술하기만 할 뿐 새로운 것을 창작하지 않았던 뜻을 볼 수 있습니다. 그런데 지금엔 도리어 그러한 것이 없는 처지에 대번에 이전대로 하여 변통하고자 하였고 보면, 이른바 하나만 알고 둘은 모른다는 것에 해당하니 "규정을 감히 어길 수 없다."라고 한 법령[101]을 도리어

101 규정을……법령 : 당나라 학자 노이빙(盧履氷)이 현종(玄宗)에게 "예에 따르면 아버지가 생존해 있을 때 어머니를 위해 1주년 만에 영좌(靈座)를 철거한 뒤 심상(心喪)을 3년 행하였는데 무후(武后)가 비로소 아버지가 돌아가셨을 때와 마찬가지로 삼년복을 입게 하였으니, 옳지 않습니다. 옛날의 법대로 하소서."라고 건의한 일이 있었는데, 훗날 주희는 이에 대해 "노이빙의 의론은 옳지만, 오늘날의 규정이 이와 같으니 감히 어길 수 없다."라고 한 바 있다. 《唐書 盧履氷列傳》《晦菴集 卷63 答郭子從》 박세

위배한 것입니다.-주자께서 부친이 살아 계실 때 돌아가신 모친을 위해 입는 복에 대하여 논한 말입니다.- 총괄해 보자면 선생의 논의는 큰 것을 먼저 세우셨기에 자연스레 분명하고도 순하지만, 저의 생각은 자세한 것처럼 보이나 결국은 막혀 버립니다. 이제 비록 헤아리는 가운데 조금 근거가 생겨 처음 설에 대해 더욱 알게 되었으나 그 죄를 이루 다 속죄할 수 없으니, 혀를 깨물어 입을 다물고 싶으나 소용없는 일입니다. 다만 예전이 일정하지 않은 까닭으로 "고경(古經)에 빠진 것이 있다."라는 말씀까지 하셨는데, 또한 이로 말미암아 혹시 후학의 의심을 불러일으키지 않겠습니까? 삼가 곡진한 가르침을 받은 것을 계기로 감히 그동안의 제 생각의 대략을 아뢰어 정정해 주기를 기다리는 바이니, 엎드려 바라건대 굽어 헤아려서 끝내 가르침을 내려 주는 것이 어떻겠습니까?

〔답〕 혹인의 변례(變禮) 문제에 대하여 이렇게 정정하여 말씀해 주니, 몹시도 다행스러운 심정을 주체하지 못하겠습니다. 또 망녕된 저의 견해를 의리에 그다지 어긋나지 않는 것으로 여겨 주니, 전례(典禮)에 있어서 죄를 면하게 된 것이 스스로 다행스럽기도 합니다. 그러나 여전히 서로 의견이 합치하지 않는 것이 있으므로 감히 재차 질정하여 가르침을 구하고자 합니다.

《주자대전》에 실려 있는 정씨(程氏)의 표문(表文)에서 "후사가 없는 사람을 위해 관에 보고하여 후사를 세워 주었다."라고 하였는데, 관에 보고하는 것은 본디 당시의 규정이었으므로 정씨가 그렇게 한

체가 이 말을 인용하여 당시의 법령과 제도를 감히 어길 수 없다는 주희의 원칙을 위배하였다고 말한 것이다.

것이지 그 사람의 재산이 관에 귀속되려는 상황 때문에 법 이외의 일을 행한 것은 아닐 듯합니다. 저의 생각이 이와 같은데, 맞을지요? 한편 지난날 제 편지에서 "임금에게 고하는 격식은 아마도 고경에서 빠진 듯하다."라고 한 경우는 그대의 동의를 받지 못하였으니, 이는 근거 없는 설을 주장하여 불위(不韙)의 죄[102]를 범함을 면치 못한 것인바 황송함을 견디지 못하겠습니다. 다만 저의 뜻은 '고례에는 혼인하는 날짜도 반드시 임금에게 고하였을 뿐 아니라 일반 백성들이 자식을 낳고 이름을 지어 준 아이 이상은 모두 문서로 고하였는데, 하물며 후사를 세우는 이 일은 인륜상 하나의 중대한 일이니 어찌 감히 사사롭게 행하고는 임금에게 고하지 않겠는가. 가벼운 것은 제정하고 중한 것은 빠뜨린 것은 아마도 일을 저울질하여 법을 세우는 성인의 도가 아닐 듯하다.'라는 것이었습니다. 또 생각건대 옛날엔 남녀가 태어나면 모두 문서로 고하였으니, 지금 이 후사로 나간 자의 경우 유독 후사로 나갔다는 이유로 빠뜨리고 고하지 않는다면, 아마도 그러한 이치는 없을 듯합니다. 어쩌면 후사를 세워 고하는 것도 자식을 낳고서 고하는 예와 같기 때문에 별도로 조문을 만들지 않은 것일지요? 이는 비록 보증인을 요구하고 재가를 받은 뒤에 문서를 작성하는 본조(本朝)의

102 불위(不韙)의 죄 : '불위'는 옳지 않다는 뜻으로, 여기서는 옛 사실에 근거하지 않고 함부로 말한 죄를 가리킨다. 《춘추좌씨전(春秋左氏傳)》 은공(隱公) 11년 조에, 식(息)나라가 정(鄭)나라와 말다툼을 하다가 전투를 벌여 대패한 사건과 관련하여 "식나라는 자신의 덕을 헤아리지도 않았고, 역량을 헤아리지도 않았고, 친한 이를 친하게 여기지도 않았고, 사실에 근거하여 자기의 말을 따져 보지도 않았고, 누구에게 허물이 있는지 살피지도 않았다. 이 다섯 가지 옳지 못한 죄를 범하고서〔犯五不韙〕 남을 공격하였으니 패전한 것이 또한 당연하지 않겠는가."라고 한 데서 온 말이다.

규정과 반드시 같지는 않지만 감히 사사롭게 행할 수 없다는 대강령(大綱領)은 차이가 없을 듯합니다. 제 생각이 시종 이와 같으니, 부디 다시 저를 깨우쳐서 의혹을 풀어 주기를 간절히 바라고 또 바랍니다.

박화숙에게 답함 신해년(1671, 현종12) 4월 1일
答朴和叔 辛亥四月一日

삼가 특별히 심부름꾼을 보내어 전해 준 편지를 받고서 역병이 성곽 남쪽으로 옮겨갔다는 사실을 알게 되었습니다. 이는 오늘날 인가(人家)의 공통된 근심이라서 족히 놀라거나 염려될 것은 없으나 그대는 호랑이에게 한 번 다친 경험이 있는 사람[103]이기에 친구의 입장에서는 실로 대신 두려워하는 마음이 없을 수 없습니다. 오직 바라건대 한층 더 몸을 삼가서 지치고 상한 그 몸에 다시는 요사스런 기운이 다가서지 못하게 하십시오. 그렇게 하여 사문(斯文)을 다행스럽게 해 준다면 아주 큰 다행이겠습니다.

저의 상황을 말씀드리자면, 중춘(仲春) 초엽부터 비복(婢僕) 가운데 한 사람도 이 병을 면한 자가 없는데 지금에 이르러서는 어린 자식에까지 미치고 말았습니다. 이에 차마 버리고 떠날 수 없어 직접 치료하고 있는데 이는 감히 저 자신을 유곤(庾袞)[104]과 축공(祝公)[105] 등과

103 호랑이에게……사람 : 북송의 정이(程頤)가 "옛날 호랑이에게 다친 사람이 있었는데, 다른 사람이 호랑이 이야기를 하면 아무리 삼척동자라도 다 호랑이가 무서운 줄을 알지만 호랑이에게 일찍이 다친 경험이 있는 그 사람처럼 벌벌 떨며 절실하게 무서워하지는 않았으니, 이것은 곧 자신이 실지로 체험을 했기 때문이다."라고 한 데서 유래한 말로, 박세채가 일찍이 역병으로 근심한 적이 있음을 말한 듯하다. 《二程全書 卷15》

104 유곤(庾袞) : 진 무제(晉武帝) 때의 사람으로 집안에 역질(疫疾)이 들어 두 형이 죽고 또 한 형이 위독하였는데, 부모와 여러 아우는 모두 병을 피해 다른 곳으로 갔으나 떠나지 않고 홀로 남아서 형의 병구완을 하는 한편 죽은 두 형의 시신을 어루만지며

같은 분들에 견주려는 것이 아니라 사정상 부득이해서일 뿐입니다. 이제 앞으로 길한 일이 도래할지 흉한 일이 도래할지에 대해서는 오직 그 처분을 맡은 자의 처분을 기다릴 뿐입니다.

지난번 망녕되이 논했던 저의 주장을 하찮게 여겨 무시하지 않고 다시금 회답을 주었으니, 겸손으로 빛나는 그대의 성대한 마음을 우러르는 한편 그대에게 살뜰한 가르침을 받게 된 것을 다시 한번 다행으로 생각합니다. 저의 뜻은 '《의례문해(疑禮問解)》 가운데 나오는 상인(喪人)이란 칭호는 어느 책에 보이는가? 고금의 서적을 대략 살펴보아도 보이는 곳이 없으니, 선사(先師)께서 무탈하실 때 이에 대해 직접 여쭈지 못한 것이 늘 한스럽다. 만일 경전상의 근거 없이 오직 세인들이 쓰기에 편리한 습관적인 용어를 가지고 마침내 불변의 확정된 규정으로 삼는다면 혹 일말의 온당치 못한 점이 없지 않을 것이다. 그리고 일반적으로 예가(禮家)에서 정한 서식(書式)에는 고자(孤子)나 애자(哀子), 혹은 복인(服人) 외에 더 이상 다른 칭호가 없다. 그러니 다만 마땅히 두 가지 사이에서 한쪽을 버린다면 다른 한쪽을 사용할 수밖에 없을 듯하다.'라는 것이었습니다. 이에 감히 지난 편지에서 그렇게 아뢰었던 것인데, 또한 스승과 제자가 각각 남쪽과 북쪽으로 방향을 달리한다는 혐의[106]가 없지 않았으므로 감히 말을 끝까지 다하지 못하였습

통곡하였다. 그러나 유곤이 끝내 전염되지 않고 무사하니, 사람들이 모두 기이하게 여겼다고 한다. 《晉書 孝友列傳 庾袞》

105 축공(祝公) : 주희의 외조부인 축경선(祝景先)을 가리킨다. 큰 역병이 든 해에 가족 모두가 병에 감염된 친구의 집에 매일 아침마다 가서 그 가족들에게 죽과 약을 두루 먹이고 돌아오는 선행을 하였다고 한다. 《晦菴集 卷98 外大父祝公遺事》

106 스승과……혐의 : 자신의 설이 스승 김장생(金長生)의 설과 배치된다는 혐의를

니다. 그러나 그대는 예전(禮典)을 우선하여 따라 행한다고 하였는데 이는 실로 성대한 덕과 공손한 예를 갖춘 그대 모습의 일단이니, 경박하고 천박한 제가 감히 엿볼 수 있는 수준이 아니라 존경을 금치 못하겠습니다.

한편 후사를 세우는 의리에 대해서는 매양 '이는 일반 백성의 혼인보다 중하기 그지없는 일인데 혼인할 때도 임금에게 고하는 법이니, 가벼운 것은 고하고 중한 것은 빠뜨릴 리는 아마 없을 듯하다.'라고 생각해 왔기에 삼가 망녕되게도 헌민(獻民) 제도[107]에 이것도 함께 포함된다고 여겼습니다. 그렇기에 지난번 편지에서 망녕되이 운운한 것인데 지금 편지를 보니 심히 배척받지는 않았으니, 제 견해가 그리 이치에 어긋나지 않았음을 더욱 다행으로 생각합니다. 《주자대전(朱子大全)》에 나오는 한 대목을 말해 보자면, 저는 이에 대해 삼가 '송(宋)나라 때 만약

가리킨다. 주희가 정호(程顥), 정이(程頤) 형제의 문인이었던 여희철(呂希哲)에 대해 "옛날에 명도(明道) 선생의 행장을 읽어 보니 그의 학행과 사업에 대한 기록이 수천 자에 이르렀으나 결국 그분의 말씀을 말한 것은 부처를 힘껏 배척해서 반드시 불교를 물리친 후에야 도에 들어갈 수 있다고 하는 것에 지나지 않았다. 그런데 그 후 여형공(呂榮公)의 가전(家傳)을 얻어 보니, 일찍이 이정(二程)에게 학문을 배웠다고 하면서 이정을 추존하고 칭송한 말이 매우 많았고 그 사실을 살펴보니 또한 실로 남들보다 크게 뛰어난 점이 있었다. 그러나 마지막 장에 이르러 그의 발언을 그대로 적어 놓은 것을 보면 '부처의 도가 성인과 합치한다.'라고 하였으니, 이는 그의 스승과 제자 사이가 서로 등지고 모순되어서 한쪽은 남쪽으로 가고 한쪽은 북쪽으로 간 셈이다."라고 한 데서 온 표현이다. 《晦菴集 卷30 答汪尙書》

107 헌민(獻民) 제도 : 백성의 인구수를 문서에 기입하여 임금에게 올리는 주나라의 호적(戶籍) 제도를 가리킨다. 《주례(周禮)》 〈추관(秋官) 소사구(小司寇)〉에 '맹동에 사민성에 제사 지내고 백성의 인구수를 왕에게 올리면, 왕은 절하면서 받는다.〔孟冬, 祀司民, 獻民數於王, 王拜受之.〕'라고 하였다.

후사를 세우고 관에 고하는 제도가 없었다면 정공(程公)은 그저 응당 종족(宗族)과 의논하고 고을 사람들에게 물어 후사를 세우기만 해도 충분하였을 것이니, 어찌 굳이 법에 없는 법을 스스로 창안하여 종주(從周)의 의리[108]에 어긋나는 짓을 했겠으며 주자께서도 어찌 굳이 그것을 글로 드러내셨겠는가.'라고 생각합니다. 제 의견이 시종 이와 같으니, 부디 다시 가르쳐 주는 것이 어떻겠습니까?

제게 부탁한 글은 언제나 뇌리에서 잊혀지지 않지만 으레 그렇듯 신병과 잡다한 용무에 매몰되어 있는 처지이고 현재는 걱정과 절박함이 이와 같으니 부탁에 부응할 겨를이 없습니다. 청량(淸凉)한 지역으로 들어가게 되면 즉시 초고를 완성하여 인편에 부치겠으니, 부디 번거롭게 아드님을 보내지 말기를 바랍니다.

나머지 할 말은 근심스럽고 심란한 마음으로 남의 손을 빌려 쓰느라 일일이 다 쓰지 못합니다.

108 종주(從周)의 의리 : 484쪽 주80 참조.

박화숙에게 답함 임자년(1672, 현종13) 3월 21일

答朴和叔 壬子三月二十一日

일찍이 역마 편을 통해 멀리서 보내 준 편지를 받고 삼가 그대의 일상이 어떠한지를 살폈으니, 감격스럽고도 다행한 심정이 지금까지 그치지 않습니다. 봄날의 음울한 기운이 조화를 잃은 이때 기거는 또 어떠합니까? 그대의 몸이 평소 그리 건강하지 못하므로 늘 깊은 걱정과 지나친 염려를 견딜 수 없습니다.

저는 지난가을 큰 병을 겪은 뒤로 더욱 심하게 쇠약해져서 완전히 회복될 가망이 없습니다. 늙은이가 이러한 상황을 만나는 것은 으레 좋은 징조가 아니니, 그저 조용히 죽음을 기다릴 뿐입니다.

두 선생의 원고는 진작부터 되돌려 드리려고 하였으나 적합한 인편이 없어 지금까지 우물쭈물하고 있었으니, 죄송하고 자책하는 마음 어찌 끝이 있겠습니까. 서문(敍文)은 초고를 완성한 지 이미 오래되었으나 정신이 쇠락하여 그 훌륭한 점을 만분의 일조차 선양하지 못하였으니, 부디 수정과 윤색을 가하여 보는 자에게 비웃음을 사지 않도록 하는 것이 어떻겠습니까? 만약 수정하는 과정에서 끝내 수용하기가 난감하다면 아예 폐기해 버리고 다른 이에게 부탁하는 편이 실로 옳은 방법이니 부디 안면과 인정에 구애되지 않기를 바랍니다. 이것이 또한 성심으로써 서로를 대하는 의리입니다. 이번에 서울의 조우(趙友) 편에 원고까지 아울러 보내 드립니다.

듣건대 또 파주(坡州)에 거처를 정하였다가 송경(松京)으로 옮겨 객살이를 한다고 하니, 소식을 주고받을 길이 한층 더 어려워졌기에 한탄하고 한탄합니다. 끝으로 부디 스스로 몸을 아껴 벗들과 사문(斯文)의 기대에 위로가 되어 주기를 간절히 바라고 또 바랍니다. 별지에 대해서도 조만간 의견을 표하여 주면 매우 다행이겠습니다.

별지

작년에 서울의 민씨(閔氏) 집안이 변례(變禮)를 만났을 때[109] 그대의 가르침에 따라 행하고 난 뒤 제게 그 일을 물어 왔기에 외람되이 주자(朱子)께서 쓰신 〈상복에 대해 토론하기를 청하는 차자〔乞討論喪服箚子〕〉의 서두 몇 줄[110]을 거론하면서 "박우(朴友)의 의론은 근거 없이 함부로 지어낸 것이 아니다."라고 답하였습니다. 그런데 그 후에 생겨

109 작년에……때 : 1673년 9월에 전 교관(敎官) 민업(閔業)이 죽었을 때 그 아들 민세익(閔世益)이 광증(狂症)을 앓아 집상(執喪)을 거부한 일을 가리킨다. 이에 그 집안에서 송시열과 박세채에게 조언을 구했는데, 송시열과 박세채는 《회암집(晦菴集)》 권14에 수록된 〈상복에 대해 토론하기를 청하는 차자〉의 뜻에 따라 민업의 손자인 민신(閔愼)에게 대신 참최복(斬衰服)을 입고 집상(執喪)하게 하였다. 《顯宗實錄 14年 9月 9日》《燃藜室記述 卷31 顯宗朝故事本末 閔愼代父服斬》

110 주자(朱子)께서……줄 : 1194년 송 효종(宋孝宗)이 세상을 떠났을 때 그 아들 광종(光宗)이 정신병으로 인해 상을 치를 수 없자 광종의 아들인 영종(寧宗)이 선양을 받아서 대신 상주가 되었는데, 이때 주희가 영종에게 삼년복을 입도록 건의하면서 올린 〈상복에 대해 토론하기를 청하는 차자〉의 첫머리에 "신은 듣건대 삼년상에 자소(齊疏)의 상복을 입고 미음과 죽을 먹는 것은 천자에서부터 서인(庶人)에 이르기까지 귀천의 차별이 없다고 하였습니다. 그리고 예경(禮經)과 칙령(勅令)에서 '아들이 아버지를 위하여, 그리고 적손으로서 승중(承重)한 자가 할아버지를 위하여 모두 참최 삼년복(斬衰三年服)을 입는다.'라고 하였습니다. 대체로 적자가 당연히 아버지의 후사가 되어 막중한 대종(大宗)을 계승해야 하지만 지위를 이어받아 집상(執喪)할 수 없는 경우에는 적손이 종통을 계승하여 아버지 대신 집상하는 것은 의리로 보아 당연한 것입니다."라고 한 것을 가리킨다. 《晦菴集 卷14》

난 비판 의론이 오로지 저만 공격한다는 말을 들었으니, 이는 참으로 진 소왕(秦昭王)이 위(魏)나라를 위협하던 하찮은 계략[111]이나 이미 주자의 설이 있으니 자부하여 아무 것도 두려울 게 없었습니다. 그러다 요즈음 듣건대 회현방(會賢坊)의 김 교리(金校理)[112]가 "주자의 설을 알지도 못하면서 망녕되이 의론을 전개하여 사람으로 하여금 그 아버지를 무시하도록 만들었다."라고 하였다고 하니, 여기에서는 진정 놀라움을 금치 못하였습니다. 다만 저의 생각으로는 차자(箚子) 속의 말씀은 시종일관 한결같은 뜻이라서 이해하기 어려울 정도로 은미하고 심오한 부분은 없으나 오직 그 하단에 기록된 발문만큼은 내용의 변화와 곡절이 매우 많다고 봅니다. 그리하여 '여기에 혹 막혀서 이해되지 않는 부분이 있는데도 일찍이 잘 유념하여 헤아려 보지 않았던 것은 아닌가?'라는 염려가 들어서 서둘러 그 글을 가져다 놓고 침착한 마음으로 천천히 읽어 보았는데 그래도 여전히 이해하기 어려운 곳은 발견되지 않았습니다. 이후 또다시 여러 날을 손에서 놓지 않고 계속하여 읽어 보았으나 끝내 무엇이 문제인지 깨달을 수 없었으니, 이는 혹 선입견에 치우친 결과는 아닐지요?

111 진……계략 : 한 사람만 집중적으로 공격하여 나머지 사람들이 두려움으로 감히 그를 변호하지 못하도록 하는 계략을 가리킨다. 전국 시대 진 소왕이 조(趙)나라를 공격하여 수도 한단(邯鄲)을 포위하자 위(魏)나라의 안희왕(安釐王)이 구원하려고 하였는데, 이에 진 소왕이 위나라에 사신을 보내어 "내가 조나라를 공격하여 조만간에 장차 항복시킬 것이니, 제후 중에 감히 조나라를 구원하는 자가 있으면 반드시 군대를 옮겨 먼저 공격하겠다."라고 위협하였다. 《史記 魯仲連列傳》

112 회현방(會賢坊)의 김 교리(金校理) : 회현방에 살았던 김석주(金錫胄)를 가리키는 것으로 보인다. 《宋子大全隨箚 卷7》

이 글에는 털끝만큼도 그 앞 차자의 내용을 후회하는 뜻이 없는 듯하니, 그중 "여기에서 비로소 부친이 생존해 있는 상황에서 조부로부터 나라를 계승한 경우에 입는 복을 볼 수 있다."라는 말은 앞 차자의 "적자(適子)가 집상(執喪)할 수 없으면 적손(適孫)이 대신한다."라는 말을 증명한 것이고, "마음이 항상 편치 못하였다."라는 말은 명백한 증거가 없었기 때문이며, "학문을 강론하지 않으면 그 폐해가 이와 같다."라는 말은 일찍이 정씨(鄭氏 정현(鄭玄))의 설을 보지 못하고 다만 예율(禮律)과 인정(人情)의 대체적인 뜻으로만 대답하였기 때문이며, "이 문제를 끝내 결단할 수 없었을 것이다."라는 말은 감히 자기의 설을 자신하지 않고 그 공로를 고인(古人)에게 돌리는 마음이라 할 수 있습니다. 이 모두는 큰 덕과 공손한 예로써 옛것을 믿고 좋아하는 뜻이고 또 성인(聖人)이 기(杞)나라와 송나라에서 증거를 찾고자 한 뜻[113]인데, 어찌 거기에 앞에서 한 말을 스스로 후회하는 단서가 있겠습니까.

대체로 정씨는 비록 천자와 제후의 예에 대해서만 기록하였으나 주자께서 올린 차자는 귀천을 겸하여 말씀한 것이니, 만약 그 차자를 참조하여 본다면 정씨의 설도 서인(庶人)에까지 통용될 수 있을 것입니다. 설사 차자의 내용이 정씨의 설과 다르다고 하더라도 후학들이 어디를 따르고 어디를 따르지 않을지 그 방향은 반드시 정해져 있을

113 성인(聖人)이……뜻 : 자신의 설을 입증하기 위해 과거의 전적(典籍)에서 증거를 찾고자 노력하는 뜻을 가리킨다. 공자가 "하나라의 예를 내가 말할 수 있지만 그 후손의 나라인 기나라가 충분히 증명해 주지 못하고, 은(殷)나라의 예를 내가 말할 수 있지만 은나라의 후예인 송나라가 충분히 증명해 주지 못하니, 이는 전적과 현인(賢人)이 부족하기 때문이다. 전적과 현인이 충분하다면 내가 그것을 증명할 수 있을 것이다."라고 한 데서 온 말이다. 《論語 八佾》

것인바, 하물며 그 두 가지는 서로 증명되어 어긋남이 없으니 더 말할 나위가 있겠습니까. 저의 견해가 이와 같으니, 이 또한 이전 견해만을 고수하여 끝내 깨끗이 씻어 버리지 못한 소치가 아니겠습니까. 부디 분명하게 가르침을 주기를 바랍니다.

윤자인(尹子仁)이 제주(題主)와 체천(遞遷)에 대해 의문을 가지는데, 이 설은 어떠합니까? 이 문제 역시 잘 헤아려 알려 주기를 바랍니다.

박화숙에게 답함 임자년(1672, 현종13) 6월 9일
答朴和叔 壬子六月九日

큰 아드님이 멀리서부터 찾아와 삼가 집사께서 보낸 여러 편지를 전해 받고서 며칠간 거듭 궁리해 보니, 혼미한 저를 깨우치고 계발시키는 부분이 많았습니다. 또 신명의 도움으로 벌써 2주기가 되었는데 일상생활을 끝내 잘 버티고 있으니, 벗과 사문(斯文)의 다행을 어찌 이루 말로 다 표현할 수 있겠습니까.

편지에서 해 준 여러 가르침을 삼가 다 읽어 보았습니다. 그 가운데 후사를 세우는 한 가지 문제는 극히 난처한 점이 있으나, 뜻에 어긋난다는 혐의는 작은 일이고 종자(宗子)를 세우는 의리는 큰일이니, 비록 근일에 작고하신 부인의 뜻으로 말해 보더라도 따로 별도의 종자를 세워 하늘처럼 섬겼던 지아비로 하여금 장구한 세월 동안 단독으로 올리는 제향을 받도록 하는 것이 어찌 마음 편한 일이 아니겠습니까. 저 후사가 된 사람이 비록 노둔하다고 해도 집사께서 한결같이 송공(宋公)의 일에 대해 주자(朱子)께서 말씀한 내용[114]과 똑같은 방식으로

114 주자(朱子)께서 말씀한 내용 : 주희가 이부 상서(吏部尙書) 왕응진(汪應辰)에게 답한 편지에 "송공은 외조부에게 후사가 없자 해마다 때맞춰 제사를 지냈으니 그의 마음은 두텁다고 할 만합니다. 그러나 친족이 아닌 자의 제사는 이치상 이미 온당하지 않고, 형세로 보아 그 자손에까지 제사가 미치지 않을 것이니 염려해 준 것이 원대하지 않습니다. 이것이 어찌 그 족친(族親)을 찾아 후사를 세워 주고 그로 하여금 때맞춰 제사를 지내게 하여 편안하고 장구하게 만드는 것만 하겠습니까."라고 한 것을 가리킨다. 송공은 누구인지 미상이다. 《宋子大全隨箚 卷7》《晦菴集 卷30 答汪尙書》

일을 처리하였으니, 덕업이 성취되고 물력이 완비되는 것 역시 기대할 수 있습니다. 저의 생각이 이와 같으니, 어떻게 생각합니까? 이 나머지 일에 대해서는 모두 큰 아드님에게 전하여 구두로 아뢰도록 하였으니, 그중 의혹이 드는 부분은 일단 여기에 남겨 두고 며칠이 지난 뒤에 질문하여 가르침을 구하겠습니다.

노선생(老先生)의 유고는 현재 교정 중이니, 작업을 마친 뒤에 감히 도가 있는 이에게 정정해 주기를 부탁하지 않을 수 있겠습니까. 외람되이 살뜰히 언급해 주니, 부끄럽고 감사한 마음 견딜 수 없습니다.

별지[115]

"환선(紈扇) 위에 그려진 대나무와 숲"[116]이란 말은 비록 경전에 나오는 문자는 아니나 또한 그것을 통해 그 사람과 처지가 어떠한지를 표현할 수 있고, 그 아래에는 또 "마땅한 것인가?〔當乎否〕"라는 말로 그에 대해 의문을 제기한 후 마침내 "물이 있다.〔有物〕", "완성된 법도가 있다.〔有

115 별지 : 송시열이 박세채의 부친인 박의(朴漪)의 묘갈명 초고를 완성한 뒤 박세채와 의견을 교류하는 내용으로 이루어져 있다. 이 묘갈명은 《송자대전》 권178의 〈교리 박공 묘갈명(校理朴公墓碣銘)〉이다.

116 환선(紈扇)……숲 : 부귀한 가문의 사람이 청빈한 태도를 지녔음을 비유하는 말로, 송시열이 〈교리 박공 묘갈명〉에서 박의의 사람됨을 단적으로 표현한 말이다. 이는 소식(蘇軾)이 지은 〈제소서귀거래사후(題所書歸去來詞後)〉를 인용한 것인데, 거기에서 "모국진(毛國鎭)이 내게 와 글씨를 부탁하는 한편 초야에서 펼쳐 보며 완상할 것이라고 하기에 도잠(陶潛)의 〈귀거래사(歸去來辭)〉를 써 주었다. 그러나 모국진이 어찌 초야의 사람이겠는가. 비유하자면 오늘날 환선에 겨울날의 숲과 눈 덮인 대나무를 많이 그리는 것과 같으니, 당세에 얻기 어려운 것을 묘당(廟堂) 위에 있도록 한다면 더욱 볼만할 것이다."라고 하였다. 《宋子大全隨箚 卷7》 《東坡全集 補遺》

成法〕”라는 말로 결론을 맺고는, 최종적으로 《주역》의 말을 인용하여 명(銘)을 만들었습니다. 그 당시엔 글을 안배하고 처리하는 데 몹시도 많은 공을 들였는데, 보내온 편지에서 하는 말을 듣고 난 뒤 여러 번 깊이 생각해도 마음에 석연치 못한 점이 있었으므로 오래도록 그대에게 답장을 보내지 못하였던 것입니다. 대체로 이 글은 당초에 묘표의 음기(陰記)를 짓는다고 잘못 생각해서 체제가 그렇게 된 것인데, 이제 묘갈문(墓碣文)의 체제로 다시 짓는 한편 지난번에 지었던 명(銘)을 그대로 뒤에 덧붙였습니다. 그러나 또한 표문(表文) 가운데 고칠 만한 것을 고쳐 함께 돌려 드리니, 한번 헤아려 처리해 주기를 바랍니다.

박화숙에게 답함 임자년(1672, 현종13) 10월 3일

答朴和叔 壬子十月三日

지난번에 보내 준 편지를 받고 모든 내용을 잘 읽어 보았습니다만, 그 당시에는 지금은 고인이 되신 형님의 질병과 상사(喪事)로 인하여 인편을 구해서 답장을 쓸 방법이 없었습니다.

민씨(閔氏) 집안의 집상(執喪)하는 문제[117]에 대해서는 비록 주자(朱子)의 설[118]이 이처럼 분명함에도 논의가 되레 분분합니다. 더구나 신주(神主)를 고쳐 쓰는 일과 체천(遞遷)하는 일과 관련하여는 명백한 증거가 없으므로 다만 '노이전(老而傳)'[119]을 방증할 문건으로 삼았습니다. 한편 주자께서 호백량(胡伯量)의 질문에 답한 설[120]이 분명한

117 민씨(閔氏)……문제 : 514쪽 주109 참조.

118 주자(朱子)의 설 : 514쪽 주110 참조.

119 노이전(老而傳) : 《예기(禮記)》 〈곡례 상(曲禮上)〉에 "70세를 '노'라고 하니 이때는 집안일을 아들에게 전해 준다.〔七十日老而傳.〕"라고 한 것을 가리킨다. 70세가 되어 쇠하고 병들어서 제사를 비롯한 모든 집안일을 자식에게 전한다는 뜻이다.

120 주자께서……설 : 호백량은 주희의 문인인 호영(胡泳)으로, 백량은 그의 자이다. 호영이 주희에게 "돌아가신 제 형은 선친의 장자(長子)로서 장가든 뒤에 죽어 그 후사를 세워 주려 합니다. 단 후사를 세우면 의당 제사를 주관하도록 해야 하는데, 그렇다면 저희 고조(高祖)도 조천(祧遷)해야 합니까?"라고 묻자 주희가 "이미 제사를 주관할 사람을 다시 세웠다면 사판(祠版)도 의당 고쳐 써야 하는 것은 틀림없다. 고조를 조천하는 일은 비록 인정으로 보아 편치 못하게 느껴지지만 다른 방도가 없다. 우리 집은 장래에 손자가 제사를 받들 것이니, 형편상 또 이처럼 해야 할 것이다."라고 한 것을 가리킨다.

증거가 될 듯하나 호백량이 물은 것은 오직 숙질(叔姪)에 대해서였으니, 숙질에 대해 물었는데 조손(祖孫)을 가지고 대답하신 것은 물론 그러한 이치가 있겠으나 주자의 손자에게도 여러 숙부(叔父)가 있었고 보면 주자의 역시 숙질을 의도하고 말씀한 것이 아니겠습니까. 이 때문에 일찍이 그대의 큰 아드님이 떠날 적에 이 문제를 여쭙도록 부탁하였던 것인데, 지금 보내온 편지에서 그대는 이토록 정성스럽고 자세하게 말씀해 주었으나 저는 끝내 필시 이는 조손이고 숙질은 아니라는 점을 보지 못하겠으니, 혹시 소견이 어두워 그런 것인지요? 재차 저를 깨우쳐 주시어 의혹을 해소해 주는 것이 어떻겠습니까?

박화숙에게 답함 임자년(1672, 현종13) 12월 24일

答朴和叔 壬子十二月二十四日

창동(倉洞)의 이생(李生)이 그대가 지난달 11일에 보낸 편지를 대신 전해 주었으니, 기쁘고 감사하는 마음을 이루 말로 형언할 수 없습니다. 다만 복통을 앓고 있다고 하니 염려가 됩니다.

저는 집안 상사(喪事)[121]를 겪은 뒤 남은 목숨으로 병든 몸으로 최후를 기다리고 있었는데 홀연 또 동춘(同春 송준길(宋浚吉)) 형을 곡하게 되니, 지극히 애통한 심정이 되어 살아갈 의지가 더욱 사라졌습니다.

아버지 대신 상복을 입는 일과 체천(遞遷)을 하지 않는 일은 이미 의견의 일치를 보았으니, 그의 집안은 거의 낭패를 보지 않을 것입니다. 그러나 다시금 널리 상고하고 자세히 생각하여 아무런 여한이 남지 않도록 하는 것이 어떻겠습니까?

이 선생(李先生)의 문집에 대해 말하자면, 자인(子仁 윤증(尹拯))이 그대가 보내온 뜻을 가지고 제게 말해 주었는데 그에게도 별도로 주장하는 바가 있었습니다. 이에 제 생각이 마침 그의 뜻과 부합하였으므로 서둘러 그로 하여금 다시 그대에게 여쭙도록 하였습니다. 지금 이미 전달되었는지요?

비문(碑文)[122]의 초고에 대해서는, 말씀해 준 40여 조목이 모두 아주

121 집안 상사(喪事) : 송시열의 둘째 형 송시묵(宋時默)의 상사를 가리킨다. 《宋子大全 附錄 卷6 年譜》

122 비문(碑文) : 후일 파주(坡州) 자운서원(紫雲書院)에 놓인 묘정비(廟庭碑)의 비

정당하나, 간혹 저의 생각과 부합하지 않는 부분이 있기에 재차 보내어 여쭙니다. 그러니 인편을 통하여 다시 가르쳐 주는 것이 어떻겠습니까? 단 대략적인 부분이 이미 같으니, 소소하게 다른 부분은 크게 상관할 바가 아닙니다.

그쪽 서원에 대한 말씀은 당시 고향 회덕(懷德)에서 그에 관해 언급한 편지를 받았는데, 원래의 편지가 그곳에 보관되어 있어서 그 곡절이 분명히 기억나지 않습니다. 인편을 통해 다시 말씀해 주는 것이 어떠합니까?

별지는 실로 진심에서 우러나온 것이니, 부디 상량해서 답해 주기를 천만 바랍니다. 병으로 남의 손을 빌려 적기에 하고 싶은 말을 일일이 다 적지 못합니다.

별지

제1조 : 일찍이 대학사(大學士)에게 물었더니 "성씨를 드러내지 않고 오직 관향(貫鄕)만 일컫는 것은 한공(韓公 한유(韓愈))의 비지(碑誌) 가운데 그 사례가 있으니, 〈유통군창예지(劉統軍昌裔誌)〉와 〈정랑중군지(鄭郎中群誌)〉[123] 같은 글이 다 그렇다. 나머지도 그렇게 한

문으로, 《송자대전》 권171의 〈자운서원 묘정비명(紫雲書院廟庭碑銘)〉이다. 자운서원은 율곡 이이(李珥)의 위패를 안치한 사액서원이다.

123 유통군창예지(劉統軍昌裔誌)와 정랑중군지(鄭郎中群誌) : 모두 한유의 비지로서 각각 원제는 〈당고검교 상서좌복야 겸 어사대부 용무통군 증노주대도독 팽성 유공묘비(唐故檢校尙書左僕射兼御史大夫龍武統軍贈潞州大都督彭城劉公墓碑)〉와 〈당고조산대부 상서고부랑중 정군 묘지명(唐故朝散大夫尙書庫部郎中鄭君墓誌銘)〉이다. 《五百家注昌黎文集 卷27, 卷32》

경우가 많다."라고 하였으니, 이는 그 제목에 이미 그 성을 일컬었으므로 다시 거론할 필요가 없기 때문입니다. 지금 이 제목도 '율곡(栗谷) 이 선생(李先生)'이라 해야 마땅하므로 이렇게 하였습니다.

제2조 : "인(仁)"은 일전에 이미 "화(和)"로 수정하였습니다. 이분[124]은 비록 벼슬의 직위가 높지 않았으나 동시대에 어진 행실로 이름을 날렸으니, 행장(行狀)[125]에서 '명현(名賢)'으로 일컬은 것이 타당하지 않겠습니까.

제3조 : "대기(大期)"는 본래 사마천(司馬遷)의 《사기(史記)》에서 나온 말[126]로, 12개월을 말합니다. 선생께서 12개월 만에 태어나셨다는 말을 얼핏 들었기에 이 말을 쓴 것인데, 이왕 그것을 증명할 데가 없고 보면 고치는 것이 마땅할 듯합니다. "기시(期時)"로 고치면 어떻겠습니까? 기시 역시 사마천의 《사기》에서 나온 말입니다. 혹 "지기(至期)"라고 써도 무방합니다. 모두 오직 그대가 어떻게 취사하느냐에 달려 있을 뿐입니다.

제4조 : "기세(期歲)"를 그대로 남겨 두어도 무방할 듯합니다. 혹 너무 단정적인 말이라서 문제라고 생각한다면 "세(歲)" 아래에 '허(許)'

124 이분 : 이이의 외조부인 신명화(申命和, 1476~1522)를 가리킨다. 본관은 평산(平山), 자는 계흠(季欽)으로 신사임당의 아버지이다. 《宋子大全 卷171 紫雲書院廟庭碑銘》《栗谷全書 卷18 外祖考進士申公行狀》

125 행장(行狀) : 김장생(金長生)이 지은 이이의 행장을 가리킨다. 《沙溪遺稿 卷7 崇政大夫議政府右贊成兼弘文館大提學……栗谷李先生家狀》

126 대기(大期)는……말 : 대기는 여자가 임신한 지 12개월이 되는 때를 말하는데, 《사기》〈여불위열전(呂不韋列傳)〉에 "희(姬)가 임신한 것을 숨기다가 대기시(大期時)에 이르러 아들 정(政)을 낳았다."라고 하였다.

자를 덧붙이면 어떻겠습니까?

제5조 : 외가의 사당은 그 중요성이 기도하는 행위에 있기에 굳이 아무개 집안의 사당이라고 구분하지 않았습니다. 어떻게 생각합니까? 보내온 편지에서 "행도(行禱)"라고 한 것은 혹 《의례(儀禮)》에 나오는 "행도우오사(行禱于五祀)"라는 말[127]을 사용한 것인지요? 오사(五祀)는 한곳이 아니므로 모름지기 "행(行)" 자를 붙여야 합니다. 지금 이 경우에는 그저 사당에만 기도를 하는데 '행도'라고 하였으니, 어떻게 생각합니까? 아니면 그대는 "행(行)"을 "시행(施行)"이란 말로 보고 싶은 것입니까? 다시 가르침을 주십시오.

제6조 : 선생께서 입산(入山)하신 의도는 벗에게 남겨 준 편지에서 드러나니, 그 자책을 담은 상소에 "망녕된 것으로 슬픔을 메운다"는 뜻이 나오긴 하지만[128] 주된 의도가 거기에 있지는 않습니다. 을해년

127 의례(儀禮)에……말 : '행도우오사'는 《의례》 〈사상례(士喪禮)〉에 보이는 말로, 보통 "오사에 기도를 행한다."라고 풀이하지만, 송시열은 '행(行)'을 '다니다'의 의미로 보고 "오사를 다니며 기도한다."라고 이해한 듯하다. 오사는 집안의 다섯 신을 이르는 말로, 《예기》 〈월령(月令)〉의 정현(鄭玄) 주석에 따르면 대문〔門〕, 실호(室戶), 중류(中霤), 부뚜막〔竈〕, 길〔行〕의 신이다.

128 자책을……하지만 : "자책을 담은 상소"는 이이가 1568년(선조1) 홍문관 교리에 제수되었을 때 올린 사직 상소를 말한다. "망녕된 것으로 슬픔을 메운다."라는 말은 본래 한유(韓愈)의 〈조무시어소화불문(弔武侍御所畫佛文)〉에 나오는 말로, 불교를 통해 사랑하는 이를 잃은 슬픔을 달랜다는 뜻이다. 이이는 그 상소문에서 과거 자신의 입산 경위를 설명하면서 "좋지 못한 때에 태어나 일찍 자모(慈母)를 여의고는 망녕된 것으로 슬픔을 메우다가 마침내 불가의 서책을 탐독하고 그 학설에 침잠하여 미혹된 길로 빠져들었는데, 이 때문에 본심이 어두워져서 깊은 산으로 달려 들어가 선문에 종사한 것이 거의 1년이었습니다."라고 자책하였다. 《栗谷全書 卷3 副校理疏》《五百家注昌黎文集 卷23》

(1635, 인조13)에 문묘 종사를 청한 두 번째 상소[129]와 장계곡(張谿谷)의 의론[130]이 몹시도 정밀하니, 응당 이것은 바꿀 수가 없습니다. 그러나 자책을 담은 상소에서 이미 그렇게 말하였으므로 그 말씀을 조금 덧붙이고는 그것을 통해 모친상이 그 당시에 있었다는 사실을 드러냈는데, 이는 글의 흐름이 자연 그렇게 되지 않을 수 없기 때문입니다.

제7조 : "퇴계를 방문하였다.〔訪退溪〕"라는 말을 말씀대로 첨가하였습니다.

제8조 : 9개의 시장(試場)에서 장원을 하였다는 것이 선생에게 어찌 중요한 일이 되기에 충분하다고 굳이 그것을 일컫겠습니까. 전인과 후인들이 이를 커다란 일로 생각하는 것이 언제나 가소롭습니다.

제9조 : 선생의 소장에서 이른바 "우열을 가린다.〔辨優劣〕", "용모와 자태와 복식〔容姿服飾〕"이라는 등의 말[131]은 어색(漁色)[132]이 아니고 무

129 을해년에……상소 : 1635년 5월 13일 관학(館學) 유생 송시형(宋時瑩) 등 270여 명이 성혼(成渾)과 이이의 문묘 종사를 건의한 두 번째 상소문을 가리킨다. 《仁祖實錄 13年 5月 13日》

130 장계곡(張谿谷)의 의론 : 계곡(谿谷) 장유(張維)가 저서 《계곡만필(谿谷漫筆)》에서 이이가 입산했을 때 머리를 깎았다는 말은 사실이 아니라고 논증한 것을 가리킨다. 《谿谷漫筆 附錄 卷2 世傳栗谷剃髮者妄也》

131 선생의……말 : 이이의 〈옥당진시폐소(玉堂陳時弊疏)〉에서 "예전에는 제왕(帝王)과 혼인한 사람은 선성(先聖)의 후손이거나 인자(仁者)와 현자(賢者)의 후예가 아닌 이가 없었고, 그를 구하는 방법도 《시경》 〈관저(關雎)〉에서 '요조숙녀를 자나 깨나 찾았네. 구하여도 얻을 수 없으니 자나 깨나 그리워하네.'라고 한 것과 같을 뿐이었으니, 대궐 뜰에 모아 놓고 그 우열을 가리기를 지금같이 한다는 말은 듣지 못하였습니다. 이왕 지난 일은 어쩔 수 없으나 이제부터는 용모와 자태와 복식으로 등급을 정하거나

엇이겠습니까. 아니면 이에 대해 별도의 소견을 가지고 있습니까? 재차 가르쳐 주십시오.

제10조 : "퇴계제현(退溪諸賢)"이란 말을 말씀대로 첨가하였습니다.

제11조 : 신진(新進)을 침학하는 것[133]으로 말하자면, 이 일은 실로 우리나라의 추하고 저열한 풍속이기 때문에 선생께서 오랑캐의 풍속이라고까지 비판하신 것이니, 어찌 심히 미미한 것이라고 할 수 있겠습니까. 그것을 반드시 드러내고자 하는 것은 지금 비록 혁파하지 못했다고 해도 장차 이를 통해 후인들 가운데 예의를 아는 자를 기다리려는 것일 뿐입니다.

제12조 : 말씀대로 "인도하고 이끌어서 학교를 일으켰다.〔導率興學〕"라고 고쳤습니다.

제13조 : 말씀대로 고쳤습니다. 그러나 "임금의 덕〔君德〕"이라는 말은 광범위한 논술이므로 우계(牛溪)가 그 가운데 긴요한 내용을 취하여 "마음을 바로잡는다.〔格心〕"라고 말한 것이니, 의미가 이루어지지 않는 것은 아닙니다.

앞날의 길흉을 미루어 점치는 것을 우선으로 삼지 마소서."라고 하였다. 《栗谷全書 卷3》

132 어색(漁色) : 어부가 그물에 걸린 물고기를 다 취하듯이 마음에 드는 여자를 다 취하는 것을 말한다. 《예기》〈방기(坊記)〉에 "제후는 아래로 어색을 하지 않는다."라고 하였는데, 공영달(孔穎達)의 소(疏)에 "어색은 어부가 물고기를 잡을 적에 그물 안에 든 것을 모두 취함을 이른다. 비유하자면 미색을 취함에 마음에 드는 자를 모두 취하는 것이 마치 어부가 물고기를 구하듯이 하기 때문에 어색이라고 말한 것이다."라고 하였다.

133 신진(新進)을 침학하는 것 : 선임자가 새로 급제한 사람에게 얼굴에 먹물을 칠하는 등의 곤욕을 치르게 하는 신참례(新參禮)를 가리킨다. 1569년(선조2) 9월 1일 이이는 이 폐습을 혁파할 것을 선조에게 청하였다. 《宣祖實錄 2年 9月 1日》

제14조 : 그대의 말씀은 실로 신중하고도 엄격한 의리를 담고 있으나 주자(朱子)의 글에도 이러한 경우가 많이 있으니 그대로 두어도 무방할 듯합니다. 일전의 기억을 더듬어 보자면 주자께서는 "황제가 바야흐로 크게 쓰려고 하였는데, 경부(敬夫)[134]가 죽고 말았다."라고 하신 바 있고, 송나라 유이(劉彝)도 신종(神宗)에게 "신이 소싯적에 안정(安定) 선생[135]을 스승으로 섬겼습니다."라고 대답한 바 있으니, 임금에게 대답할 때의 칭호도 이와 같은데 더구나 후인들이 일을 기록하는 글의 경우는 어떻겠습니까.

제15조 : "승지로 등급이 올라 제수되었다.〔陞拜承旨〕"라는 말을 말씀대로 첨가하였고 위 문장의 "삼대(三代)"는 '고석(古昔)'으로 고쳤습니다.

제16조 : "기강이 세워졌다.〔紀綱立矣〕"라는 말은 첨가하든 안 하든 무방합니다.

제17조 : "편집하여 정했다.〔編定〕"라는 말은 본래 "편집하여 올렸다.〔編進〕"라고 되어 있으니, 혹 우연히 잘못 살핀 것인지요?

제18조 : "상이 꾸짖었다.〔上責〕"라는 말은 말씀대로 삭제하였습니다. 당초 저는 선생의 지공무사한 마음과 진심에서 우러난 성심이 상의 꾸짖음에도 그치지 않았다는 사실을 드러내고 싶었습니다.

제19조 : "사당을 세웠다.〔立祠〕"라는 말과 "동거하였다.〔同居〕"라는 말을 말씀대로 첨가하였습니다.

134 경부(敬夫) : 남송(南宋)의 학자 장식(張栻)의 자이다. 《宋史 道學列傳 張栻》

135 안정(安定) 선생 : 북송(北宋)의 학자 호원(胡瑗)으로, 안정은 그가 살던 지역 이름이자 호이다. 《宋史 儒林列傳 胡瑗》

제20조 : 《격몽요결(擊蒙要訣)》로 가르쳤다는 말은 글의 의미가 그 자체로 충분하니, 빠진 글이 있는 뜻은 보이지 않습니다.

제21조 : 말씀대로 "문정(文正)"과 "문순(文純)"으로 고쳤습니다.

제22조 : 아마도 곡림(哭臨)하고 위문하는 두 가지 일을 겸하여 온 것인 듯하기에 굳이 세밀하게 분별할 것은 없을 듯합니다.

제23조 : "위도지문(衛道之文)"이란 말은 말씀대로 삭제하였습니다.

제24조 : "선생을 만나고 싶었다.〔思見先生〕"라는 말은 기실 행장에 나오는 것이니, 굳이 고칠 것은 없을 듯합니다.

제25조 : 말씀대로 "덕을 진전시키고 정사를 닦는다.〔進德修政〕"라고 수정하였습니다.

제26조 : 말씀대로 고쳤는데, "박공(朴公)" 이하의 문장은 그대로 두었습니다. 당초 제 생각에 이 한 대목[136]은 실로 선생께서 선배들로부터 의심을 받았던 일로서 사계(沙溪) 선생 같은 분 역시 옳지 못하다고 여기셨으므로 이를 통해서 선생의 본래 생각과 실제 행적이 무엇이었는지 밝혀내고 싶었습니다.

제27조 : "염퇴(廉退)"와 "군현(郡縣)"은 말씀대로 호문(互文)이 되게 하였습니다.[137]

136 이 한 대목 : 1581년 정인홍(鄭仁弘)을 비롯한 동인(東人) 측에서 서인(西人) 심의겸(沈義謙)이 부친의 상중에도 기복출사(起復出仕)를 기도하였다는 등의 죄목을 내세워 그를 탄핵하려고 하자, 당시 대사헌으로 있던 이이가 '외척의 신분으로 오래도록 사류(士類)들의 마음을 잃었다'는 내용으로 심의겸의 파직을 청하는 계사(啓辭)를 작성한 것을 가리킨다. 《宋子大全隨箚 卷6》《宋子大全 卷156 靑陽君沈公神道碑銘》

137 염퇴(廉退)와……하였습니다 : 호문은 두 개 이상의 문장이 서로 내용상 보완될 수 있으면 한쪽에 한 가지씩만 써서 상호의 뜻을 보완하는 것을 말한다. "재능 있는

제28조 : 말씀대로 "인심도심(人心道心)"과 "학교모범(學校模範)"으로 고쳤습니다.

제29조 : "여섯 조목을 아뢰었다.〔啓陳六條〕"라는 말을 말씀대로 첨가하였습니다.

제30조 : 말씀대로 "주워 모으다.〔捃摭〕"로 수정하였습니다.

제31조 : 이때 상이 사태를 진정하고자 여러 번 깨우치고 타일렀으니, 원문은 아마도 실세 상황인 듯합니다.

제32조 : 말씀대로 삭제하였습니다. 당초 저는 그것을 통해 선생의 공정하고 충실하며 간절하고 독실한 실상을 드러내고 싶었습니다.

제33조 : 말씀대로 "일찍이 말하건대〔嘗曰〕"로 고쳤습니다.

제34조 : "관직에 있는 자들이 서로 조문하였다.〔官居相弔〕"라는 말은 그 출처가 그리 바르지는 못하지만 당시의 사실이 그와 같았으니, 인용한들 무슨 문제가 되겠습니까.

제35조 : "선학(禪學)"은 말씀대로 그리 고쳤습니다.

제36조 : "제장정일(齊莊靜一)"은 말씀대로 그리 고치되 "제명(齊明)"은 "허명(虛明)"으로 고쳤습니다.

제37조 : "중(重)" 자는 바꿀 수 없을 듯합니다. 만약 뒤에 있는 "자임지중(自任之重)"이라는 문구와 중첩되는 것이 혐의쩍다면 "임지중(任之重)"을 "임지대(任之大)"로 바꾸는 것이 마땅하겠습니다.

관리를 가려 뽑아 군현에 시험하였고, 염퇴를 장려하여 명절을 갈고 닦게 하였다.〔揀吏才以試郡縣, 奬恬退以礪名節.〕"라고 하였는데, 두 구 가운데 '군현'과 '염퇴'가 호문이 되게 하여 "재능 있는 관리를 뽑아 군현을 다스리도록 하되 그들에게 염퇴를 장려하여 명절을 갈고 닦도록 하였다."라는 의미가 되도록 하였다는 것이다.《宋子大全 卷171 紫雲書院廟庭碑銘》

제38조 : 정암(整庵)[138]은 비록 육상산(陸象山 육구연(陸九淵)) 및 왕양명(王陽明 왕수인(王守仁))과 궤를 같이하는 자는 아니지만, 그가 인심(人心)과 도심(道心)에 대해 논한 것은 주자의 말씀과 크게 상반되니 스스로 파를 나눈 것이 심합니다. 이 때문에 선생께서 일찍이 "차라리 퇴계의 본뜨는 태도를 본받을지언정 정암의 자득(自得)은 하지 않는다."라고 하셨던 것입니다. 저는 그 폐해가 육상산과 왕양명보다 심하다고 생각하는데 그 이유는 그것이 이치에 더욱 가깝기 때문입니다. 그러나 만약 왕양명과 같은 반열에 둘 수 없다고 생각한다면 "정암" 2글자는 삭제해 버려야 마땅합니다.

이 사이에 한 조목이 있는데, 이는 선생께서 제가(諸家)의 주석을 변론하신 뜻을 논한 것입니다. 그런데 그 마지막 부분의 "유요결적적성성지설역지초승(有要訣寂寂惺惺之說逆之稍勝)"이라는 13글자는 무슨 뜻인지 몰라 감히 하나의 설로 삼지 못하겠습니다만, 그 주된 뜻을 대체로 보건대 선생께서는 한 번도 책을 지어서 제가의 주석을 논한 적이 없으므로 원문을 수정하고자 합니다. 다만 선생께서 제가의 주석의 잘잘못을 논변한 사례가 여러 책에 흩어져 나온 부분이 몹시도 많고 또 사계 선생께 입으로 전수한 것이고 이루 다 기록할 수 없을 정도이며 그중 가장 긴요한 것은 퇴계와 《중용》의 소주(小註)를 논한 것이니, 이는 후학에게 헤아릴 수 없이 많은 공을 끼쳤습니다. 그러니 이를 어찌 민멸

138 정암(整庵) : 명나라 학자 나흠순(羅欽順)의 호이다. 처음에 불교의 선학(禪學)을 연구하였으나 후에 주자학(朱子學)으로 돌아섰다. 주자학의 입장에서 왕수인의 주장을 비판하였으나, 스스로는 기(氣)를 떠난 이(理)는 있을 수 없다고 하여 이기일체론(理氣一體論)을 제창하여 주희의 학설과 차이를 보였다.

하여 일컫지 않을 수 있겠습니까.

제39조 : "횡거(橫渠)"와 "명도(明道)"는 서로 바꾸는 것이 마땅할 듯합니다. 그러나 이천(伊川)의 경우로 말하자면 선생의 기상은 그분과 전혀 비슷하지 않을 뿐 아니라 문장을 가지고 말하더라도 이천의 문장은 주자께서 일찍이 "잠깐 보면 좋지 않으니, 오래 보아야 좋아진다."라고 하신 바가 있으니, 오래 음미하지 않은 사람은 그 맛을 알지 못합니다. 그런데 선생의 문장은 평이하고 명백하며 질박하고 막힘이 없으니 그 둘은 서로 견줄 수 없을 듯합니다.

제40조 : 대체로 글을 짓는 체제는 물론 가벼운 일에서부터 중요한 일로 들어가야 마땅하나 동시에 또 그 중요한 일을 남김없이 다 논하고 난 뒤에 대략 자질구레한 내용으로 가볍게 결말을 지음으로써 그 미진한 부분을 다해야 하는 것입니다. 지금 이 위의 글에서 이미 여러 선생의 설을 추중해 놓고서 보통 사람들의 견해를 덧붙여 놓는다면 순서가 잘못되는 지경에는 이르지 않을 듯합니다.

제41조 : 말씀대로 "미칠 수 있는 바가 아니다.〔所可及〕"라고 고쳤습니다.

제42조 : "기(其)"를 "인(人)"으로 바꾼다면 문득 둔한 느낌이 드니, 예전 그대로 두는 것이 더 나을 듯합니다.

제43조 : 선생께서 가장 존숭하신 분은 회옹(晦翁)입니다. 그러므로 이 문장의 주된 뜻은 모두 거기에 있습니다. 그런데 지금 막 "가장 존신한 분은 회옹 부자였다.〔最所尊信, 晦翁夫子.〕"라는 구절을 말하려는데, 거기에 수사(洙泗)[139]까지 아울러 말하면 사람들의 귀를

139 수사(洙泗) : 노나라 곡부(曲阜)에 있는 수수(洙水)와 사수(泗水)를 아울러 일

크게 놀라게 할 것입니다.

제44조 : "비록 40세가 못 되었으나〔雖未四十〕"라는 말을 "도가 밝아지고 덕이 확립되어〔道明德立〕"라는 말에 붙여 설명한다면 실로 병통이 있으나[140] 그 주된 뜻은 응당 아래 구절과 이어서 보아야 합니다.

제45조 : "대(大)" 자는 너무 크고 넓으니, 예전대로 두는 것이 더 나을 듯합니다.

예전의 비문[141]은 본디 많은 논란을 불러왔으나 이미 세운 비를 무너뜨리자는 말까지는 제가 감히 참여해 듣지 못하였습니다. 당초 백사(白沙)에게 청한 것은 실로 선사(先師)께서 주장하신 것이고 선배 제공이 함께 토론하고 수정하였는데, 지금 어찌 감히 갑자기 물리쳐 버릴 수 있겠습니까. 한편 만약 보내온 편지의 말대로 새 글을 옛글에 이어서 쓴다면 심히 편하고 좋을 듯하지만, 그 사유를 서술할 때 반드시 흠잡는 말을 할 수밖에 없으니 이러면 마음이 몹시 불편하지 않겠습니까. 제 생각에는 비록 두 비석을 함께 세운다고 하더라도 고죽(孤竹)과 노재(魯齋)의 사례[142]처럼 번다하게 하지 않는다면 무방하지 않을까

킨는 말인데, 공자의 고향이 이곳과 가깝고 또 그 강물 사이의 지역에서 제자들을 가르쳤기 때문에 보통 공자의 학문이나 학파를 뜻하는 말로 쓰인다.

140 비록……있으나 : 《맹자》〈공손추 상(公孫丑上)〉 부동심장(不動心章)의 집주(集註)에 "사십 세는 한창 강하여 처음 벼슬할 나이이니, 군자의 도가 밝아지고 덕이 확립되는 때이다."라고 하였으므로 이렇게 말한 것이다. 《孟子集註 公孫丑上》

141 예전의 비문 : 백사 이항복(李恒福)이 지은 이이의 신도비명(神道碑銘)을 가리킨다. 《宋子大全隨箚 卷7》

142 고죽(孤竹)과 노재(魯齋)의 사례 : 고죽은 미상이다. 노재는 원나라 학자 허형

합니다. 또 기억하건대 한 문공(韓文公)의 〈구주 서언왕묘비(衢州徐偃王廟碑)〉에는 "이전의 비문〔前碑〕"이라는 말이 나오고 〈황릉묘비(黃陵廟碑)〉에도 역시 전후의 비석을 가지고 증명하는 내용이 나오니, 고례에도 본디 두 개의 비석을 두는 사례가 있었던 것입니다.

그러나 제가 조금 생각해 둔 것이 있습니다. 주 부자(朱夫子)의 의관(衣冠)을 묻은 곳에는 비문이 있다는 사실을 찾을 수 없으나-혹 있는데 실기(實記)와 연보(年譜)에 보이지 않는 것입니까?- 무원(婺源) 주당(朱塘)에 있는 회암정(晦庵亭) 및 그 사당(祠堂)에는 송나라 사람 허월경(許月卿)이 지은 비문[143]이 있습니다. 지금 이 새 비석을 율곡의 화석정(花石亭)에 세우거나 아니면 자운서원(紫雲書院)에 세우는 것이 어떻겠습니까? 그렇게 한다면 일에 근거가 있으면서 또 새것과 옛것이 서로 구애된다는 혐의도 없을 것입니다. 다만 여러 사람이 모두 묘 아래에 세우는 것으로 이미 의견을 정한 가운데 하루아침에 이러한 새로운 주장을 듣는다면 필시 대번에 마음을 돌리지 않을 것이 염려되는데, 이에 대해 어떻게 생각합니까? 부디 상의할 만한 사람들과 상의하고서 회답해 주는 것이 어떻겠습니까?

(許衡)의 호이다. 그 문인이 스승을 기리기 위해 허형의 묘 앞에 두세 개 이상의 비석을 세웠다고 한다. 《宋子大全隨箚 卷7》

143 송나라……비문 : 《신안문헌지(新安文獻志)》 권45 〈무원 주당 회암정 사당비(婺源朱塘晦庵亭祠堂碑)〉이다.

박화숙에게 보냄
與朴和叔

자운서원(紫雲書院)으로 천봉(遷奉)하는 일은 애초에 수(受) 대감[144]이 주장하였던 것이나 지금 그가 이미 도성을 떠났고 또 율곡(栗谷)에 잡은 터도 찬반양론으로 갈라졌으니, 이 일은 끝내 이루지 못할 것인지라 이제부터는 아무 일이 없게 될 듯합니다. 다만 신도비문(神道碑文)은 가을 초에 여러 의견에 쫓겨 무지함을 무릅쓰고 초고를 엮어 서울 유생으로 하여금 집사께 여쭈어 정정을 받도록 하였습니다. 부디 바라건대 살펴보고서 쓸 수 없다면 다시 돌려주고 혹 쓸 만하다면 최대한 수정하여 보여 주는 것이 어떻겠습니까?

율곡의 문집에 대한 양이(養而)의 설은 애당초 선현을 존경하는 뜻의 발로이기에 또한 몹시 잘못된 것이라고 할 수는 없으나 "이전에 편치 못하게 여겼던 것을 지금 다시 바로잡을 수 없다."라는 태도는 이미 주자(朱子)께서 비판하신 바 있으니,[145] 한쪽 설만을 고수할 수는 없지

144 수(受) 대감 : 민정중(閔鼎重, 1628~1692)으로, 자가 대수(大受)이다.

145 이전에……있으니 : 남송(南宋)의 주희(朱熹)가 문인 장식(張栻)과 《이정문집(二程文集)》의 간행을 상의할 때 장식이 문집 대본의 오자는 호안국(胡安國)의 교정을 거친 것이므로 다시 수정할 수 없다고 하자, 주희가 정이(程頤)의 말을 인용하여 "이는 이천(伊川)이 말한 '옛날에 겨를이 없어 하지 못했던 것을 오늘날 다시 만들 수 없으며, 이전에 편치 못하게 여겼던 것을 지금 다시 바로잡을 수 없다.'라는 것이 오늘날 다시 일어난 것입니다."라고 비판한 것을 가리킨다. 정이의 〈논개악어연주장(論開樂御宴奏

않을까 합니다. 자인(子仁)에게는 아직 무슨 말을 듣지 못하였습니다.

벗들과 함께 학문을 연마하며 서로 보탬이 되는 일은 젊은 시절에도 급급히 여겼던 것이니, 하물며 늙어서 정력이 이미 쇠해 버린 시절에는 그 마음이 어떻겠습니까. 못난 저는 소싯적부터 동춘(同春)으로부터 학문적으로 유익한 도움을 받은 적이 많았습니다. 그런데 이 형은 중년 이후로 한결같이 이 세상을 자기 마음에 두고 학문의 강론은 여사로 여겼습니다. 그래서 함께 모일 기회를 더 이상 가지지 못하여 저는 혼자 공부함으로 견식이 고루해졌는데 이제는 그 모습까지 아울러 잃고 말았으니, 믿고 의지할 데 없어 외로운 가운데 본보기로 삼을 사람이 없게 되었습니다. 이에 감히 천 리 밖 먼 곳에 있는 화숙에게 기대하는 마음이 어찌 한량이 있겠습니까. 마침 공산(公山) 사람을 통하여 그대에게 내포(內浦)[146]로 이주할 뜻이 있다는 말을 들었는데, 이것이 사실인지요? 만약 사실이라면 서둘러 마땅히 그곳으로 찾아가 띠 집을 짓고서 그대와 책상을 마주하며 생애를 마칠 장소로 삼아야 할 것이니, 이는 그냥 한번 해 보는 한가한 생각이 아닙니다. 그런데 만약 공산 사람의 말이 거짓이라면 이 마음은 더 이상 정착할 데가 없게 되는바, 어찌 그 실망스러운 마음을 견딜 수 있겠습니까. 다만 그런 경우라도

狀)〉에 "조종(祖宗)의 고사(故事)를 만약 모두 고칠 수 없다고 한다면, 이는 옛날에 겨를이 없어 하지 못했던 것을 오늘날 다시 만들 수 없고 이전에 편치 못하게 여겼던 것을 지금 다시 바로잡을 수 없는 것으로, 조정의 일을 다시는 변통할 수 없게 될 것이니 어찌 옳다고 할 수 있겠는가."라고 하였다. 《晦菴集 卷30 與張欽夫》《二程文集 卷7》

146 내포(內浦) : 충청도 가야산(伽倻山) 주위의 서산(瑞山), 태안(泰安), 당진(唐津), 예산(禮山), 보령(保寧), 아산(牙山) 일대를 가리킨다. 《擇里志 忠淸道》

다행인 것은 제 근력의 상태를 헤아려 보건대 말고삐를 잡는 일을 견딜 만하니 응당 그대가 현재 우거하고 있는 곳으로 나아가야 하겠으나, 도시를 뚫고 지나가야 하는 것이 난감한 일입니다. 만약 한강 이남이면서 그쪽과 이쪽의 중간이 되는 지점에 조용한 장소 하나를 구한 뒤 서로 만나 수개월 동안 함께 지내며 그것을 연례행사로 삼는다면 전혀 만나지 못했을 때보다는 오히려 나은 점이 있을 것입니다. 그럴 생각이 있는지요? 물론 이것이 서로 입장이 차이가 있어 이루기 어려운 계획이라는 점을 알고 있지만, 만약 허락해 준다면 제가 책을 들고 나서는 일은 전혀 어려울 게 없습니다. 그러나 끝내 온당하고 편리하면서 또 오래 머물 수 있는 장소인 내포에서 만나는 것보다는 못한 일이니, 천만 묵묵히 기도하는 바입니다.

송자대전

제66권

書서

박화숙[1]에게 보냄 계축년(1673, 현종14) 1월 17일

與朴和叔 癸丑正月十七日

일찍이 서울로 가는 인편을 통해 삼가 답장을 써서 보내고 이어 이징명(李徵明)의 손을 빌려 전해 드리도록 하였는데, 받아 보았는지요? 요즈음 책을 읽는 여가에 지내는 생활은 무탈한가요? 수레 양쪽 바퀴의 공부[2]는 한층 모두 진전이 있을 줄로 생각되지만, 그대의 문하에 나아가 직접 가르침을 듣지 못하는 것이 한입니다.

저는 동춘(同春 송준길(宋浚吉))의 상차(喪次)에서 돌아온 뒤로 곧장 큰 병이 생겨 며칠간 반쯤은 죽은 신세로 있었는데, 지금은 조금 차도가 보이는 듯하나 침식을 모두 폐하고 있으니, 끝내 어떻게 될는지

1 박화숙(朴和叔) : 박세채(朴世采, 1631~1695)로, 화숙은 그의 자이다. 본관은 반남(潘南), 호는 현석(玄石)・남계(南溪), 시호는 문순(文純)이다. 김상헌(金尙憲)과 김집(金集)의 문인이며 송시열의 손자 송순석(宋淳錫)의 장인이다. 숙종 초기까지는 송시열과 정치적 입장을 같이하였고 1684년(숙종10) 송시열이 그의 제자인 윤증(尹拯)과 갈등을 벌일 때 어느 편도 들지 않고 중재하였으나, 서인이 노론과 소론으로 분열되자 끝내 소론의 영수가 되었다. 《厚齋集 卷44 文純公南溪先生行狀》

2 수레……공부 : 경(敬)으로 덕성을 함양(涵養)하는 행(行) 공부와 치지(致知)로 학문을 진전시키는 지(知) 공부를 모두 온전히 다하는 공부를 가리킨다. 북송(北宋)의 정이(程頤)가 "함양에는 모름지기 경을 써야 하고, 학문을 진전시키는 것은 치지에 달려 있다."라고 하였는데, 주희가 문인 손자수(孫自修)에게 답한 편지에 "정 부자(程夫子)가 말하기를 '함양은 반드시 경으로 하고, 학문을 진전시키는 것은 치지에 달려 있다.'라고 하였으니, 이 두 마디 말은 마치 수레의 양쪽 바퀴와 같고 새의 두 날개와 같아서, 그중 하나를 버리고서는 가거나 날 수가 없다."라고 하였다. 《二程遺書 卷18》《晦菴集 卷63 答孫敬甫》

모르겠습니다.

지난 편지에 내포(內浦)와 관련하여 여쭌 바 있는데[3] 그대의 마음에 혹 부합하는지요? 지금 구우(具友)를 통해 그대가 중원(中原)[4]의 상류 쪽이 좋겠다고 하였다는 말을 들었는데, 이는 제 뜻에 더욱 부합합니다. 부디 조속히 결심을 내리는 것이 어떠합니까? 묵묵히 기도하는 지극한 심정을 주체할 수 없습니다. 그런데 이내 다시 생각해 보니 이 일에는 한없이 좋은 소식이 있을 것이기에 저와 같이 박명한 사람은 간섭할 수 없을 듯합니다. 이에 도로 의욕이 사그라졌으니, 그저 집사께서 불쌍히 여겨 헤아리고 처리하는 바에 달려 있을 뿐입니다.

두문리(斗文里)에 놓일 비문 초고[5]에 대해 여쭌 내용은 어떠합니까? 서원(書院)과 관련한 말씀은 지금 구우가 하는 말을 들어 보니 옛 증거가 있는바, 그렇게 하는 편이 좋을 듯합니다. 다만 염려되는 것은 그쪽에 만약 사자(士子)가 없다면 끝내 잡초 속에 묻혀 내버려지는 결과를 피할 수 없을 것이니, 어떻게 하면 좋겠습니까?

3 지난……있는데 : 1672년 송시열이 박세채가 내포로 이주한다는 소식을 듣고는 편지를 보내어 그곳에서 띠 집을 짓고 죽을 때까지 함께 지내고 싶다고 청한 일을 가리킨다. 내포는 충청도 서부 지역으로, 서산(瑞山), 태안(泰安), 당진(唐津), 예산(禮山), 보령(保寧), 아산(牙山) 일대를 가리킨다. 《宋子大全 卷65 與朴和叔》《擇里志 忠淸道》

4 중원(中原) : 충청북도 충주(忠州)의 옛 이름이다. 《新增東國輿地勝覽 卷14 忠淸道 忠州牧 郡名》

5 두문리(斗文里)에……초고 : 송시열이 율곡(栗谷) 이이(李珥)의 행적을 서술한 〈자운서원 묘정비명(紫雲書院廟庭碑銘)〉의 초고를 가리킨다. 두문리는 파주(坡州) 자운산(紫雲山) 근처의 마을 이름으로 이이의 무덤이 있는 곳인데, 1672년 송시열은 후일 그곳에 새로 놓일 비석에 실릴 비문을 짓고 박세채에게 교정을 부탁하였다. 《宋子大全 隨箚 卷7》《宋子大全 卷65 答朴和叔(壬子十二月二十四日)》

박화숙에게 답함 계축년(1673, 현종14) 4월 24일

答朴和叔 癸丑四月二十四日

그립던 와중에 홀연 윤우(尹友)를 통하여 이달 12일에 보내 준 편지와 여러 별지를 받았으니, 저를 하찮게 여기지 않는 마음에 몹시도 감사하였습니다. 다만 집사로부터 외람되이 부탁받은 여러 건에 대해 자기 주제도 헤아리지 않고 일체 응낙하였기에 늘 태재(汰哉)의 비난[6]에 대한 두려움이 있었는데, 이렇게 아울러 칭찬까지 해 주니 부끄러운 마음이 특히나 더합니다.

민씨(閔氏) 집안의 변례(變禮)[7]와 관련한 책자는 아직 그쪽 집안에서 전해 받지 못하였습니다. 다만 방생지설(方生之說)[8]이 시간이 지날

6 태재(汰哉)의 비난 : 누군가 예법(禮法)에 관해 질문해 올 때 기존 예설(禮說)을 제시하지 않고 자신이 함부로 판단하는 것에 대한 비난을 가리킨다. 춘추 시대 사사분(司士賁)이라는 사람이 자유(子游)에게 시신을 상(牀) 위에 두고 습(襲)해도 되는지 묻자, 자유가 이를 허락하였다. 현자(縣子)가 그 말을 듣고 "지나치구나, 자유여. 예를 제 마음대로 남에게 허락하는구나.〔汰哉叔氏, 專以禮許人.〕"라고 하였다. 《禮記 檀弓上》 박세채에게 예법에 관하여 조언해 준 것에 대한 겸사이다.

7 민씨(閔氏) 집안의 변례(變禮) : 1673년 9월 전 교관(敎官) 민업(閔業)이 죽었을 때 그 아들 민세익(閔世益)이 광증을 앓아 집상(執喪)을 거부한 일을 가리킨다. 이 일로 민업의 집안에서 박세채에게 어떻게 하면 좋을지 자문하였는데, 박세채는 주희의 〈상복에 대해 토론하기를 청하는 차자〔乞討論喪服箚子〕〉에 나오는 설에 따라 민업의 손자인 민신(閔愼)에게 대신 참최복(斬衰服)을 입고 집상(執喪)을 하도록 조언하였다. 《宋子大全 附錄 卷6 年譜》

8 방생지설(方生之說) : 피차의 대립으로 인하여 상호 간에 시비와 다툼을 나란히 발생시키는 주장을 가리킨다. 《장자(莊子)》 〈제물론(齊物論)〉에 "저것은 이것에서 나오

수록 새롭게 나타나기에 우리의 힘으로는 공안(公案)을 확정할 수가 없습니다. 이에 다만 자취를 거두어 감춤으로써 훗날에 안목을 갖춘 자가 나타나기를 기다리는 것이 좋을 듯합니다.

동춘(同春 송준길(宋浚吉))과 초려(草廬 이유태(李惟泰)) 운운한 것에 대해 말하자면 아마도 전달한 자가 자세히 살피지 못한 듯합니다. 동춘은 원래부터 주자(朱子)의 설[9]을 사서인(士庶人)까지 아울러 언급한 것으로 여기지 않았는데, 이는 다시 변통하여 상의할 수 없는 문제입니다. 그런데 이공(李公)의 경우는 "주자의 설은 이미 사서인까지 아울러 언급한 것이니 복상(服喪)하는 것은 그래도 괜찮지만, 제주(題主)와 체천(遞遷)은 절대 불가하다."라고 하였고 그 말을 들은 자들이 바람에 쓸리듯 그것을 따르기에, 제가 "본래부터 시비가 분분한 가운데에 한 줄기 다른 주장이 다시 또 불쑥 나와 버렸으니, 민씨는 아마도 단행하는 데에 한층 더 어려움을 느낄 것이다."라고 하였던 것일 뿐 그의

고 이것 또한 저것으로 말미암으니, 이는 저것과 이것이 상호 간에 발생하는 설〔彼是方生之說〕이다."라고 하였다.

9 주자(朱子)의 설 : 주희의 〈상복에 대해 토론하기를 청하는 차자〉에 나오는 설을 가리킨다. 1194년 송 효종(宋孝宗)이 세상을 떠났을 때 그 아들 광종(光宗)이 정신병으로 인해 상을 치를 수 없자 광종의 아들인 영종(寧宗)이 선양을 받아서 대신 상주가 되었는데, 이때 주희가 이 차자를 올려 "삼년상에 자소(齊疏)의 상복을 입고 미음과 죽을 먹는 것은 천자에서부터 서인(庶人)에 이르기까지 귀천의 차별이 없다고 하였습니다. 그리고 예경(禮經)과 칙령(勅令)에서 '아들이 아버지를 위하여, 그리고 적손으로서 승중(承重)한 자가 할아버지를 위하여 모두 참최 삼년복(斬衰三年服)을 입는다.'라고 하였습니다. 대체로 적자가 당연히 아버지의 후사가 되어 막중한 대종(大宗)을 계승해야 하지만 지위를 이어받아 집상(執喪)할 수 없는 경우에는 적손이 종통을 계승하여 아버지 대신 집상하는 것은 의리로 보아 당연합니다."라는 논리를 펼치면서 영종이 아버지 광종을 대신하여 집상하도록 건의하였다. 《晦菴集 卷14》

말을 옳다고 생각한 것은 아닙니다. 다만 듣건대 여러 사람이 민씨의 상이 끝난 뒤에 성균관에서 그를 부황(付黃)[10]에 처하고자 하는 논의를 한다고 합니다. 저와 그대는 장차 이하(李賀)에게 진사시(進士試)에 응시하기를 권유한 창려(昌黎)[11]처럼 함께 죄를 얻게 될 것이니, 다시 나서서 그들과 다투는 일은 없어야 할 듯합니다. 어떻게 생각합니까?

《율곡선생문고습유(栗谷先生文稿拾遺)》 및 《연보보편(年譜補編)》에 대하여 집사께서 들인 공은 근실하다고 이를 만합니다. 두 책은 모두 이미 소중히 보관해 두었으니, 응당 자인(子仁 윤증(尹拯))과 모일 때를 기다려 교열에 들어가겠습니다.

남명(南冥)의 비문 초본[12]을 쓴 것은 10년 전의 일이고 또 집에서 그 초본을 잃어버렸으니, 집사께서 지금 뽑아 보여 준 것을 받아 보매 참으로 어젯밤의 꿈만 같습니다. 집사께서 소유하고 있는 본을 부디 나중의 인편을 통하여 보내 주는 한편 수정할 만한 부분까지 논하여

10 부황(付黃) : 성균관의 거재 유생(居齋儒生)이 학령(學令)을 위반하였을 때 부과하는 유벌(儒罰)의 하나로, 이름을 누런 종이에 써서 큰 북에 붙이고 거리를 돌면서 그 비행을 알리는 것이다. 《新編太學志 5章 儒罰》

11 이하(李賀)에게……창려(昌黎) : 창려는 당나라 문인 한유(韓愈)의 호이다. 한유가 이하에게 진사시에 응시하기를 권유하여 마침내 이하가 합격하자, 이하를 시기하던 자들이 진사(進士)의 '진(進)' 자와 이하의 아버지 진숙(晉肅)이 '진(晉)'이 음이 같으므로 피휘(避諱)의 뜻에 따라 이하는 애초 진사시에 응시하면 안 되고 그것을 권유한 한유도 잘못했다고 하면서 둘을 모두 비방하였다. 《五百家注昌黎文集 卷12 諱辯》 손자인 민신에게 아버지 대신 참최복을 입도록 권유하다가 비방을 받은 자신들의 처지가 한유의 처지와 같다는 말이다.

12 남명(南冥)의 비문 초본 : 송시열이 지은 남명 조식(曺植)의 신도비문 초고로, 이 비문은 《송자대전》 권154의 〈남명 조 선생 신도비명(南冥曹先生神道碑銘)〉이다.

보내 주어 비단 이 한 가지 도움에만 그치지 않는다면 그 감사하고 다행인 심정을 어찌 주체할 수 있겠습니까.

거대 숙부 집안의 후사를 정하는 일에 대하여 만일 서울 안의 식견 있는 사람들로부터 의견을 구한다면 더욱 훌륭하고 아름다운 일이 될 것입니다. 어가(御駕) 앞에서 사정을 아뢰고 청하는 일은 과연 쉽지 않은 듯합니다. 수년 전 한 사대부 집에 오직 조카들만 있고 자녀는 없자 그 집 노비가 격쟁(擊錚)을 하였는데, 관례에 따라 조사를 받고 사정을 아뢰어 윤허받은 바가 있습니다. 한번 그 집에 물어보는 것이 어떻겠습니까? 그 집은 윤길보(尹吉甫 윤선거(尹宣擧))의 고모로서 박씨(朴氏) 성을 가진 자의 아내가 된 사람입니다.

내포(內浦)로 갈 계획[13]은 아무런 까닭 없이 조금 늦춰진 것이 아닙니다. 당초 -원문 빠짐- 계획한 것은 보령(保寧)에 자리한 선원(仙源 김상용(金尙容))의 증손(曾孫)이 새로 지은 집이었는데, 제 아이가 서울 집을 팔아 사고자 하였으나 값이 서로 맞지 않은 데다 서울 집도 팔리지 않아서 중도에 그만두었습니다. 또 당초 제가 서쪽으로 향해야겠다고 결심한 것은 집사께서 남쪽으로 내려오고자 계획한다는 것을 들었기 때문인데, 지금 편지에서 동쪽으로 향할 것이라고 말씀하니[14] 이는 저의 원래 계획이었습니다. 일찍이 그 계획을 황해 감사[15]에 말해 주었더니 황해 감사가 흥원(興原)에서 주인이 되겠다고 약속하였는데, 중간

13 내포(內浦)로 갈 계획 : 542쪽 주3 참조.

14 지금……말씀하니 : 이때 박세채는 충주(忠州)나 여주(驪州)의 상류 지역으로 이주하려 했던 듯하다. 《宋子大全 卷48 答李季周(癸丑四月二十二日)》

15 황해 감사 : 민시중(閔蓍重)인 듯하다. 《宋子大全隨箚 卷7》

에 보령으로 이주할 논의 때문에 미루어졌습니다. 그런데 지금 그대가 과연 이렇게 결정하였으니, 저의 처음 계획에 몹시도 부합합니다. 내포로 갈 계획이 성사되지 않은 것에 혹 신명의 묵묵한 도움이 있었던 것은 아닐지요? 그대 아드님이 그곳에 가서 살펴보고 돌아온 뒤에 부디 어떠한지 제게 알려 주는 것이 어떻겠습니까?

분서(汾西) 어른의 비문(碑文)[16] 및 유능(幼能 이단상(李端相))의 묘명(墓銘)은 부디 이후의 인편을 통해서 끝내 가르침을 주기를 바랍니다.

잠깐 고향 회덕(懷德)으로 돌아왔는데 번다한 일이 많기에 여기까지만 씁니다.

○ 복형(復亨)[17]의 편지에 파주(坡州)의 서원과 관련한 말이 있었으나 자세히는 알지 못하였으니, 이는 실로 집사의 책임입니다. 모름지기 잘 지도해 주는 것이 어떻겠습니까? 제생(諸生)은 집사의 의견에 반드시 이견을 보이지 않을 것입니다.

별지

사문(師門 김장생(金長生))은 항상 두원개(杜元凱)의 설[18]을 행할 만하

16 분서(汾西) 어른의 비문(碑文) : 송시열이 지은 분서 박미(朴瀰, 1592~1645)의 신도비명으로, 《송자대전》 권163의 〈금양군 박공 신도비명(錦陽君朴公神道碑銘)〉이다. 박미는 박세채의 큰아버지이다.

17 복형(復亨) : 조근(趙根, 1631~1680)의 자이다. 본관은 함안(咸安), 호는 손암(損庵)이다. 송시열의 문인이다. 《東林集 卷10 松塢處士趙公行狀》

18 두원개(杜元凱)의 설 : 두원개는 진(晉)나라 사람 두예(杜預)로, 원개는 자이다. 그가 편찬한 《통전(通典)》 권97 〈부모의 상이 아울러 있는데 연일에 미쳤을 경우 여막과 악실에 머무는 것에 대한 논의〔竝有父母之喪及練日居廬堊室議〕〉에 "부친을 장사

다고 여겼으므로 과거에 한 진위(韓振威)[19]에게 과연 삼년복(三年服)으로 대답한 바 있습니다. 또 《의례(儀禮)》의 소(疏)에서 하나의 '즉(則)' 자를 가지고 '부친의 상이 끝난 뒤에 모친이 죽었을 경우 모친을 위해 펼치는 의리'로 여기는 설을 주장하였는데,[20] 그것이 꼭 맞는지는 확인할 수 없습니다. 그래서 사문은 매양 그 부분을 의심하였습니다.[21]

지낸 뒤에 모친이 죽으면 모친의 복을 입으며, 모친의 우제(虞祭)를 마치면 다시 부친의 복으로 갈아입으며, 부친의 연제(練祭)를 지내고 나면 다시 모친의 복으로 갈아입는다. 부친의 상을 벗을 때에는 다시 부친의 복을 입고서 탈상(脫喪)을 하며, 탈상을 마치면 모친의 복으로 갈아입는다."라고 한 것을 가리킨다.

19 한 진위(韓振威) : 송시열의 문인이자 김장생의 외손인 한성보(韓聖輔, 1620~1697)로, 당시 진위 현령(振威縣令)이었다. 본관은 청주(淸州), 자는 여석(汝碩), 호는 이은정(理隱亭)이다. 《宋子大全隨箚 卷13 目錄》《承政院日記 顯宗 13年 7月 18日》

20 의례(儀禮)의……주장하였는데 : 《의례》〈상복(喪服)〉 자최삼년조(齊衰三年條)에 "부친이 돌아가시면 모친을 위하여 입는다.〔父卒則爲母〕"라고 하고, 가공언(賈公彦)의 소(疏)에 "곧바로 '부졸위모(父卒爲母)'라고만 해도 충분한데 '즉(則)' 자를 쓴 것은 부친이 돌아가신 지 3년 안에 모친이 돌아가신 경우에는 부친이 살아 있을 때와 같이 그대로 기년복을 입는다는 것을 보이고자 해서이다. 요컨대 부친을 위한 상복을 벗은 뒤에 모친이 죽은 경우라야 3년의 상기(喪期)를 다 펼 수 있으므로 '즉' 자를 써서 그 뜻을 차이 나게 한 것이다."라고 한 것을 가리킨다.

21 사문은……의심하였습니다 : 김장생의 《상례비요(喪禮備要)》〈성복(成服)〉 이왈자최삼년조(二曰齊衰三年條)에 "부친이 돌아가시고 아직 빈(殯)을 하지 못했는데 모친이 돌아가셨을 경우는 부친이 살아 계실 때의 예(禮)를 차마 바꾸지 못하는 법이니, 이 경우는 그래도 《통전》에서 말한 '부친상을 당해 아직 빈을 하지 못했을 때는 조부를 위해 기년복(朞年服)을 입는다.'라는 설을 적용하여 모친에 대해 기년복을 입을 수 있다. 그러나 만약 부친의 상이 끝나갈 무렵에 또 모친상을 당했다면, 이때에도 부친의 상을 당한 지 3년 이내라는 이유로 모친을 위해 그대로 기년복을 입는 것은 온당하지 못한 듯하다. 선뜻 가볍게 의론할 수 없으니 우선 여러 설을 남겨 둔다."라고 한 것을 가리킨다.

연상(練祥)을 시기에 맞게 지내지 못한 경우에 담제(禫祭)를 지내지 않는 것은 "시기가 지나면 제사를 지내지 않는다."라는 〈증자문(曾子問)〉의 글[22]에서 근본하는 것입니다. 이에 지금 갑자기 부분을 깨뜨리기는 어렵습니다. 어떻게 생각합니까?

《가례》의 묘전(墓田)에 대한 주석에는 정위(正位)와 부위(祔位)가 모두 같다고 하였는데 체천(遞遷)의 주석에는 다만 정위만을 거론하였으니, 비록 자세하고 간략한 차이가 있으나 이미 정위라고 말했으면 부위로 모신 분까지 아울러 거론한 것입니다. 《가례》의 반부(班祔)에 대한 주석에는 형제의 손자가 죽을 때까지 제사를 지낸다고 하였는데, 이미 형제의 손자에까지 이르렀다면 그 정위는 바로 고조(高祖)입니다. 만약 형제의 증손까지 이른다면 응당 한꺼번에 조매(祧埋)[23]해야 마땅하니, 이 두 조목은 응당 함께 거론함으로써 분명해지는 듯합니다.

"조천(祧遷)할 신주를 장방(長房)[24]이 받들어 옮기지 못하는 상황에는

22 시기가……글 : 《예기》 〈증자문〉에 "선왕이 제정한 예법에서는 시기가 지나면 거행하지 않는 것이 예이다. 상복을 벗지 못하여 벗지 못하는 것이 아니라 선왕이 만든 예법을 어길까 걱정되기 때문이다. 따라서 군자는 시기가 지나면 제사를 지내지 않으니, 이것이 예이다."라고 한 것을 가리킨다.

23 조매(祧埋) : 대수가 다한 신주를 옮겨 묻는 것을 가리킨다.

24 장방(長房) : 최장방(最長房)과 같은 말로 4대 이내의 자손 중에 항렬과 나이가 가장 높은 사람이다. 예를 들어 종자가 죽고 종손이 봉사손이 되면 종자의 고조는 종손에게는 5대조가 되어 친진(親盡)이 되므로 더 이상 제사 지내지 않지만 종자의 항렬에 아직 생존해 있는 사람이 있으면 그 항렬의 서열순에 따라 제사가 넘어간다. 이때 그 항렬의 첫 번째 서열에 있는 사람이 최장방이 된다.

종자(宗子)가 우선 별실에 봉안한다."라고 한 것은 사문(師門)에서 행한 것입니다. 이미 별실에 봉안하였고 보면 이는 임시로 모신 것이니, 비록 신주의 방제(旁題)를 고쳐 쓰지 않는다고 해도 어찌 두 분의 고조를 하나의 사당에 모신다는 혐의가 있겠습니까. 그러나 보내온 편지의 말처럼 신주의 방제를 고쳐 쓰는 것이 더욱 합당할 듯합니다. 오늘날에는 이러한 일이 몹시 많습니다. 대족(大族)의 경우로 말해 본다면 재상 홍명하(洪命夏)의 집과 헌납(獻納) 윤형성(尹衡聖)의 집 역시 이런 상황을 맞이하여 제게 질문을 해 왔는데, 저는 언제나 저의 집에서 처리한 방식으로 대답해 주었습니다. 이러한 일은 언제나 장방이 가난하고 쇠잔하기 때문에 초래되므로 저의 집에서는 조천의 대상이 되는 분의 자손들이 힘을 모아 장방의 집에다 작은 사당을 세워 신주를 받들어 옮기고, 제사를 지낼 때도 힘을 모아 돕습니다. 이것이 가장 합당할 것인데, 어떻게 생각합니까?

매달 초하루와 보름에 지내는 참례(參禮)의 찬품(饌品)에 대해 말해 보자면, 하나의 감실(龕室) 안에 이미 둘로 나뉘거나 셋이나 넷으로 나뉘는 정위가 있고-전비(前妣)와 후비(後妣)를 아우릅니다.- 거기에 또 하나나 둘 혹은 셋이나 넷에 이르는 부위까지 있는데, 그 모두에 그저 반(盤)-반은 곧 오늘날의 접시입니다.- 하나의 과일만 같이 진설한다면 너무 무람없거나 너무 인색한 듯합니다. 이러한 이유로 저는 매양 '감실마다〔每龕〕'[25]라고 할 때의 '감(龕)'은 '위(位)' 자의 오자인 것 같다고

25 감실마다 : 《가례》 권1 〈통례(通禮) 사당(祠堂)〉의 정지삭망칙참조(正至朔望則參條)에 "정조, 동지, 초하루, 보름에는 하루 전에 청소와 재계를 하고 잔다. 이튿날

의심하였습니다. 정말 그런 것인지요?

'차와 술〔茶酒〕'의 설에 대해 말하자면, 저 역시 언제나 의문이 들어 질문하고 싶은 것이 있었습니다. 《가례》에서는 보름날에 이미 술을 사용하지 않는다고 하였으니, 강신(降神)할 때는 또한 차를 가지고 모사(茅沙)에 붓는 것입니까? 아니면 붓는 것은 술로 하고 올리는 것은 차로 하는 것입니까? 고인(古人)이 강신할 때 울창주(鬱鬯酒)를 사용한 것은 그 향기를 취하려고 한 것인데, 만약 사용한 차에도 향기가 있다면 이는 또한 술과 다름이 없는 것입니까? 늘 감히 알지 못하는 부분입니다.

이를 계기로 또 질문드립니다. 고례(古禮)를 보면 사(士)는 상중(喪中)에 다만 삭전(朔奠)만 지내는 것이고 망전(望奠)을 지낸다는 말은 없으며, 《가례》에도 그런 말은 없습니다. 그런데 요즘 세상에는 비록 벼슬을 하지 않은 자라 할지라도 망전을 지내지 않는 경우가 없는데, 이렇게 하는 것에 근거로 삼을 만한 다른 책이 있는지요? 이상의 몇 가지 조목에 대해서 그대의 분명한 가르침을 듣고 싶은 마음 간절합니다.

한편 보내온 편지에서 "보름날에는 다만 과일만 진설하고 술은 사용하지 않고자 한다."라고 한 부분에 대해 말해 보겠습니다. 이는 물론 초하루와 차별을 두려는 뜻이지만 또한 강신도 하지 않는 것입니까? 만약 강신을 버려둘 수 없다고 한다면 반드시 술을 사용해야 마땅합니다.-우리나라 풍속에는 차가 없습니다.- 이미 술을 사용하여 강신을 했다면 비록 《가례》의 글이 아니더라도 그대로 사용하여 올리는 것이 어찌

날이 밝으면 일찍 일어나 문을 열고 발을 걷어 올린다. 감실마다 햇과일과 대반 하나를 탁자 위에 진설한다."라고 한 것을 가리킨다.

심히 편치 못한 일이 되겠습니까.

또 집사께서는 보내온 편지에서 우리나라 풍속에서 청명절(淸明節)을 지내지 않아도 다른 세속 명절로 대신하지 않는 사실을 끌어와 술로 차를 대신하지 않는다는 증거로 삼았는데, 이는 딱 맞지 않은 인증인 듯하고 또 만약 그와 같다면 집사께서 아래의 글에서 장(醬)으로 초(醋)를 대신하고자 한 것은 어째서입니까? 이 문제에 대해서 너무 집착해서는 안 될 듯합니다. 어떻게 생각합니까? 또 청명절과 한식(寒食)은 으레 같은 날인 경우가 많기 때문에 청명절의 제사는 따로 지내지 않으나 만약 한식과 다른 날이 된다면 어찌 지내지 않을 수 있겠습니까. 저의 집에서는 지내고 있습니다.

"천신(薦新)의 의식에 대해서 《가례》에서는 언급하지 않았는데, 혹 햇과일〔新果〕이란 것은 바로 이것을 가리킨 것인지요?"라고 하였으니, 이상은 그대가 보내온 편지에 있는 글입니다. 여기서 말한 '이것'은 무엇을 가리켜 말한 것입니까? 아마도 빠진 글이 있는 듯합니다. 천신의 의식에 대하여 《가례》에서는 〈상례(喪禮)〉 부분에서 말하고 있는데, 그 주석에서 "상식(上食)의 의식과 같다."라고 하였습니다. 그렇다면 평상시 천신하는 것도 응당 초하루와 보름날의 의식처럼 해야 할 듯합니다.

《의례문해(疑禮問解)》에서는 '포해 3품〔脯醢三品〕'이란 말을 '포(脯) 2개와 해(醢) 1개'로 해당시켰는데, 그것이 꼭 《가례》의 뜻인지는 모르겠습니다. 《가례》에서는 이미 "소채(蔬菜) 및 포해 각 3품"이라고 범연하게 말하였는데, 여기서 이른바 소채는 미나리나 오이나 순무 따위이고, 이른바 포해의 경우는 대체로 말린 생선과 고기를 모두 포라고 부르고 생선과 고기를 소금에 절인 것을 모두 해라고 부릅니다. 지금 응당 말린 것이든 소금에 절인 것이든 막론하고 다만 3품만 사용하는 것이 좋을 듯합니다. 어찌 꼭 포 2개와 해 1개라는 것에 구애될 것이 있겠습니까. 또 한강(寒岡 정구(鄭逑))이 포와 해를 모두 한 그릇에 담는다고 본 것은 물론《가례》권수(卷首)에 실린 도식(圖式)에 근본한 주장이기는 하지만 권수에 실린 도식은 본디 주자에게서 나온 것이 아니며 혹 주자의 본문과 서로 어긋나는 것도 있으니, 그것을 근거로 삼기에는 부족하지 않을까 합니다. 또 포와 해의 경우 하나는 건조하고 하나는 습하여 서로 함께 있기 꺼리는 것들인데 그것을 한 그릇에 담는다면 또한 그것이 어떻겠습니까.

청장(淸醬)에 대하여 제가 이애(李哀)의 질문에 대답한 말은 과연 그대의 편지 내용과 같습니다. 그러나 저는 집사께서 제가(諸家)가 아무런 언급을 하지 않았는데 이 청장을 새로 창안했다고 말한 것이 아닙니다. 제가 말한 것은 집사의 찬품은 모두《가례》에 근본한 것이지만 이 청장 하나만큼은《가례》에 없는 것이어서 새로 만든 것이라고 한 것일 뿐입니다. 만약 집사의 편지 내용대로 청장을 '초 접시〔醋楪〕'라는 글[26]에 해당시켜 북쪽 끝에 진설한다면 비록 합당할 듯하나 초 또한 찬품의 하나이되 우리나라 풍속에서는 따로 진설하지는 않으며, 또

26 초 접시라는 글 :《가례》권5〈제례(祭禮)〉에 "술잔과 쟁반과 초 접시는 북쪽 끝에 진설하되 술잔은 서쪽에, 초 접시는 동쪽에 놓고 숟가락과 젓가락은 가운데 놓는다."라고 한 것을 가리킨다.

《의례(儀禮)》를 가지고 말한다면 장은 음식의 주가 되므로 가운데에 진설합니다. 그런데 지금 초를 대신한다는 이유로 치우친 곳에 진설하는 것이 또한 어떨지 모르겠습니다. 무릇 이렇게 질문을 드리니, 부디 하나하나 다시 가르침을 주기를 바랍니다.

부친상 중에 모친을 위하여 기년복(朞年服)을 입는 것에 대한 의문은 끝내 풀리지 못하였습니다. 혹 우매하고 편협한 제 성품이 끝내 변화하지 못하여 그런 것일지요? 지금 전달해 보여 준 자인(子仁)의 설은 실로 제가 일찍이 그에게 대답해 준 설입니다. 어찌 이를 노장(魯丈 윤선거(尹宣擧))의 말이라 여기겠습니까. 지금 말씀하신바 올해 부친이 돌아가시고 그 이듬해 모친이 돌아가신 경우는 모친의 기년복이 아직 부친상을 마치기 전에 있으니 그래도 압존하여 굽히는 의리가 있습니다. 그런데 만약 내일 부친상을 마쳐야 하는데 오늘 모친이 돌아가셨다면 또한 기년복을 입고 상기(喪期)를 마친 뒤에 바로 복(服)이 없는 사람이 되어야 한단 말입니까. 이는 깊이 생각하지 않을 수 없는 문제입니다. 또 예경(禮經)에서 "부친이 돌아가시면 모친을 위하여 삼년복을 입는다.〔父卒則爲母三年〕"라고 한 것은 확실히 그것으로 부친이 생존해 계시면 감히 삼년복을 입지 못한다는 뜻을 나타내고자 한 것일 뿐인데, 이 '즉(則)'이란 한 글자를 가지고 '부친상이 끝나지 않았을 때 모친이 죽었을 경우'라는 설을 만들어 낸 것은 보통의 정리(情理)로는 미칠 수 있는 바가 아닙니다. 그러므로 비록 면재(勉齋 황간(黃幹))가 이 내용을《의례경전통해속(儀禮經傳通解續)》에 실어 놓기는 하였으나, 끝내 감히 그것을 꼭 옳다고 여겨 믿지는 못하겠습니다.

제사할 때 만약 주부(主婦)가 없다면 그 아들의 아내나 손자의 아내가 주부의 일을 대행하여 사위와 함께 예를 행할 수 있을지요? 무릇 제사할 때 주인은 제고(諸考)의 신주를 받들어 내오며 제비(諸妣)의 신주는 주부가 받들어 내오니, 이는 남자가 여자의 신주를 받들어 내올 수 없고 여자가 남자의 신주를 받들어 내올 수 없어서 남녀의 임무가 각자 다르기 때문입니다. 일반적으로 제례에서 이러한 경우가 한둘이 아닙니다. 만약 주부가 없다면 주인은 응당 주부의 일까지 아울러 행해야 합니까? 아니면 가히 아들의 아내나 손자의 아내가 섭행해도 무방할지요? 헤아려 말씀해 주기를 바랍니다.

박화숙에게 답함 계축년(1673, 현종14) 6월 2일

答朴和叔 癸丑六月二日

병이 근간에 심해져 이 세상에 살고 싶은 생각이 전혀 없던 와중 홀연 어제저녁에 민애(閔哀 민신(閔愼))로부터 지난달 2일 파산(坡山 파주(坡州))에서 보내 준 그대의 편지 및 여러 별지를 전해 받았습니다. 이에 베개에 엎드려 펼쳐서 읽어 보니, 자못 묵은 병이 몸에서 떠나가는 듯한 기분이 들었습니다. 오늘날 세상의 분분한 시비는 애당초 귀에 들리는 것 자체가 감당할 수 없기도 하고 또 저와 아무런 상관없는 일입니다. 오직 이러한 일에 대해 상의하는 것만이 실로 늘그막에 마음이 트이고 눈이 환해지는 한 단서인데, 집사께서 누차 저를 비루하게 여기지 않고 이처럼 편지를 왕래해 주니 참으로 더할 나위 없이 감사하고 다행스러운 심정을 주체하지 못하겠습니다.

다만 민씨(閔氏) 집안의 변례(變禮)[27]에 대해서는 애당초 이미 주부자(朱夫子)의 분명한 가르침이 있으니 그대로 단행해도 된다고 생각했는데, 뜻하지 않게 여러 말들이 분분하여 심지어는 민씨가 상기(喪期)를 마치고 나면 장차 성균관에서 그에게 벌을 내려 인간 세상에 용납되지 못하도록 하고자 한다고까지 하니, 이는 참으로 이하(李賀)에게 진사시에 응시하기를 권유한 사람도 죄를 받게 된 경우[28]와 똑같습니다. 그러나 애당초 저는 한 문공(韓文公 한유(韓愈))의 식견과 필력

27 민씨(閔氏) 집안의 변례(變禮) : 543쪽 주7 참조.

28 이하(李賀)에게……경우 : 545쪽 주11 참조.

이 없기에 감히 그들과 다투어 논변할 수 없으니, 그저 입을 꾹 닫은 채 자책할 뿐입니다. 지금 집사께서 엮은 책자(冊子)를 보면 모든 내용이 빠짐없이 갖춰지고 또 분명하여서 의문을 제기할 여지가 없을 만한 것처럼 보이지만, 그렇다고 또 그것이 사람들의 입을 막고 그 마음을 만족시키리라 어찌 보장할 수 있겠습니까. 삼가 책자에 쓰인 글에다 한두 가지 제 부족한 견해를 부기하는 바이니, 부디 다른 글을 참고하여 징험한 뒤에 다시 가르쳐 주기 바랍니다.

성고(聖考 효종(孝宗))의 원릉(園陵)은 들리는 말로 이장(移葬) 계획이 이미 정해졌다고 하니, 이 미천한 신의 슬프고 애통한 마음이 어찌 끝이 있겠습니까. 실로 지난 기해년(1659, 효종10) 5월의 심정[29]과 같은 기분이니, 감히 오래 지났다는 마음을 가질 수가 없습니다.[30]

집사의 이주 계획에 대하여 제가 한강 상류 쪽이 좋다고 생각하는 이유는 첫째 몸을 숨기기에 편리하고 둘째 지세가 뛰어난 것이 좋기 때문입니다. 또 농사지을 만한 땅의 경우는 일찍이 이계주(李季周 이단하(李端夏))의 편지를 보건대 영동(嶺東)은 보름 정도 경작할 만한 규모의 토지값이 다만 소 한 마리 값에 지나지 않는다 하니, 그것이 사실이라면 비록 농사지은 적이 없는 맨땅이라 하더라도 굶어 죽을 리는 없을 것입니다. 그러나 만약 원룡(元龍)의 백 자 높이의 누각[31]이 두렵

29 기해년 5월의 심정 : 1659년 5월에 효종이 승하할 당시 송시열 자신이 느꼈던 비통한 심정을 말한다.

30 감히……없습니다 : 죽은 효종에 대한 슬픔과 그리움으로 인하여 효종이 승하한 날이 오래 지났다고 감히 느낄 수 없다는 말이다. 《춘추곡량전(春秋穀梁傳)》 장공(莊公) 3년 조에 "개장(改葬)할 때의 예는 시마복(緦麻服)을 입는데, 가장 낮은 등급의 복을 입는 것은 시간이 오래되었기 때문이다."라고 하였다.

다면 응당 세상에 나가 쓰임이 되는 것이 마땅하니, 어찌 이처럼 한적한 곳을 구할 필요가 있겠습니까. 대체로 우리의 앞길이 어떻게 펼쳐질지는 알 만합니다. 그러니 멀지 않은 곳에 서로 모여 살면서 비록 아침저녁으로 만날 수는 없더라도 한 달에 한 번 혹은 두 달에 한 번씩 만나서 아직 듣지 못했던 것을 서로 강론하고 아직 가지지 못했던 것을 서로 얻게 되는 시간을 보낼 수 있기를 몹시도 염원하는 바입니다. 그렇게 된다면 거의 일생을 헛되이 보내지 않을 수 있을 터이니, 바로 이러한 이유로 일찍이 제가 그러한 말씀을 드렸던 것입니다.

큰 비석의 비문(碑文)을 쓰는 일은 여름에 들어선 이후로 병을 앓지 않은 날이 없었기에 병세가 조금 나아지는 때가 오기를 기다리고 있었는데, 뜻밖에 저쪽의 일이 닥쳐와 이렇게 되고 말았습니다. 삼가 최대한 가까운 시일에 스스로 힘을 내어 서울 인편을 통해 복형(復亨 조근(趙根))에게 맡겨 전달해 올리도록 하겠으니, 굳이 심부름꾼을 보낼 필요가 없겠습니다.

31 원룡(元龍)의……누각 : 땅을 구하러 다니는 이에 대한 푸대접을 가리킨다. 원룡은 삼국 시대 위(魏)나라 사람 진등(陳登)의 자로, 호기가 높기로 이름난 인물이다. 허사(許汜)가 유비(劉備)와 천하의 인물을 논하던 중 자기가 한번은 진등을 찾아갔더니 진등이 말 상대도 해 주지 않으면서 주인인 자신은 크고 높은 침상에서 자고 손님인 자기는 낮은 침상에 눕게 하더라고 말하자, 유비가 진등의 행위를 옹호하면서 "그대는 국사의 명망을 지닌 사람이다. 이에 지금 천하가 크게 혼란한 가운데 임금이 처소를 잃어서 그대에게 나라를 걱정하고 제 집안일을 잊어서 세상을 구제할 뜻이 있기를 바라고 있던 상황인데 정작 그대는 전답이나 집을 구하러 다닐 뿐 채택할 만한 말이 없었으니, 원룡이 이를 꺼린 것이다. 어찌 응당 그대와 말을 섞겠는가. 만일 나 같았으면 나는 백 자 높이의 누각 위로 올라가 눕고 그대는 땅바닥에 눕게 했을 것이니, 어찌 위아래의 침상으로 차이를 두기만 할 뿐이겠는가."라고 하였다. 《三國志 魏書 陳登傳》

분서공(汾西公 박미(朴瀰))에 관한 문자는 제가 회덕(懷德)에 있을 때 보내 드렸기 때문에 여기에 그 초본이 없으니, 만일 집사의 종질(從姪)을 시켜 한 통을 기록하여 보내 주면 의당 보내온 편지의 뜻에 따라 수정해서 돌려 드리겠습니다.

자운서원(紫雲書院)의 일과 남명(南冥)의 비문 초본은 끝내 일을 종결지어 주기를 간절히 바랍니다. 나머지 할 말은 병석에 누워서 남의 손을 빌려 적느라 이만 줄입니다.

별지

책머리에 나오는 섭주(攝主)[32]에 대한 다섯 조항은 모두 오늘날의 일과는 맞지 않습니다. 이는 모두 잠깐 임시로 행한 일이니, 어찌 오늘날 삼년상을 마치도록 궤전(饋奠)을 주관하는 경우와 똑같이 간주할 수 있겠습니까. 논자들이 만약 이를 인용하여 오늘날의 증거로 삼는다면 아마 소루함을 면치 못할 듯합니다.

《통전(通典)》의 세 조항은 비록 위의 다섯 조항과 조금 다른 점이 있기는 하나 대체로 모두 섭주의 뜻인데, 어찌 또한 모두 통하지 않는다고 말할 수 있겠습니까.

탄곡(炭谷)의 아들[33]은 저의 사위입니다. 작년에 저를 찾아와 그 아버

32 섭주(攝主) : 적손을 대신하여 제사를 주관하는 것을 가리킨다.

33 탄곡(炭谷)의 아들 : 탄곡 권시(權諰)의 아들 권유(權惟, 1625~1684)를 가리킨다. 자는 차인(次仁), 호는 여옹(旅翁)이다.

지의 의견을 전하였는데, 그중에 주자(朱子)의 설을 논한 것은 저의 견해와 모두 동일하였으나, 맨 끝에 가서는 주자의 설에도 온당치 못한 부분이 있다고 하였습니다. 그렇다면 이는 곧 부질없는 일이 되어 버린 것이니, 참으로 이른바 "다시는 그와 더불어 말하는 것이 통하지 않는다."[34]라는 격입니다. 멀리서 듣건대 윤휴(尹鑴)의 설도 마찬가지라고 하니 이는 그자가 원래 가지고 있던 본색입니다. 양이(養而 이지렴(李之濂))는 남의 말뜻을 다 이해하지 못하고 또 여러 설을 두루 참고해 보지도 않고는 하나의 설을 얻으면 문득 그것을 스스로 주장할 뿐 타인의 설은 일체 배척합니다. 주자의 가르침으로 헤아려 본다면 이는 "태어나면서부터 아는 자가 아니면 곧 하우(下愚)일 것이다."[35]라는 말씀에 정확히 해당되는바, 염려되는 일입니다. 이른바 미수(眉叟)와 덕유(德裕)는 필시 집사와 더불어 그 논의를 벌인 사람일 터인데, 궁벽한 시골에 살아 고루한 식견을 지닌 저로서는 그것이 누구의 자(字)인지도 모르겠으니, 부끄럽고 한탄스러운 마음을 금할 길 없습니다. 다음

34 다시는……않는다 : 《주자어류(朱子語類)》 권13 〈학(學)7 역행(力行)〉에 나오는 말로, 예의에 맞는 훌륭한 일을 하는 사람을 비난하는 자에 대한 평가이다. 그 전후의 내용은 다음과 같다. "맹자(孟子)는 '자신을 해치는 자와는 더불어 말할 수 없고, 자신을 버리는 자와는 더불어 일을 할 수 없다. 말마다 예의를 그르다 하는 것을 두고 「자신을 해친다.」라고 이른다.'라고 하였다. 말마다 예의를 그르다고 하는 것은 오로지 예의가 좋지 않다고 말하는 것이다. 세상에는 이러한 사람들이 있어서 남이 좋은 일을 하는 것을 싫어한다.……이러한 경우에는 다시는 그와 더불어 말하는 것이 통하지 않는다."

35 태어나면서부터……것이다 : 하우는 변화시킬 수 없는 지극히 어리석은 사람을 가리킨다. 주희(朱熹)가 제자이자 사위인 황간(黃榦)에게 보낸 편지에 "한 가지 설만 얻어 종신토록 바꾸지 않는다면, 상지(上智)가 아니면 하우일 것입니다."라고 한 말을 조금 바꾸어 인용한 것이다. 《晦菴集 續集 卷1 答黃直卿》

기회에 알려 주는 것이 어떻겠습니까?

자인(子仁)이 말하기를 "그 아들이 마땅히 대신 집상(執喪)하되, 제주(題主)한 이후에는 그 아버지를 상주로 삼아야 한다." 하는데, 이는 절반쯤 올라갔다가 도로 아래로 떨어지는 설입니다. 그 설과 같이 한다면 일의 단계마다 서로 구애되는 일이 발생하니, 시행하기 어려울 것 같습니다.

주자께서 인용한 정자(程子)의 "고조(高祖)는 복(服)이 있다.……"라는 말씀[36]은 《가례(家禮)》의 본문이 아니라 후대인이 붙인 주석이니, 지금 "주자께서 이를 인용함으로써 《가례》의 뜻을 밝게 드러냈다."라고 한 것은 옳지 않습니다. 이는 비록 사소하여 족히 변론할 가치가 없는 문제지만, 또한 세밀히 살피지 않을 수도 없습니다. 3대에 걸쳐 폐질(廢疾)에 걸린다는 것으로 말하자면, 이는 참으로 고금에 드문 일이지만 끝내 그런 이치가 없다고 말할 수도 없습니다. 또한 3대라고 말하였기 때문에 집사께서는 고조에게까지 제사가 미친다는 가르침을 가지고

36 주자께서……말씀 : 《가례》 권5 〈제례(祭禮) 사시제(四時祭)〉의 주석에서 북송(北宋)의 학자 정이(程頤)가 당시 사람들이 고조에게 제사 지내지 않는 것을 잘못이라고 하면서 "천자로부터 서인에 이르기까지 오복(五服)은 차이가 없어 모두 고조에 이르니, 복이 이와 같다면 제사도 이와 같아야 한다."라고 하였는데, 이에 대해 주희가 "정자의 말씀을 살펴보면 '고조는 복이 있으니 제사를 지내지 않을 수 없다. 비록 7묘(廟)와 5묘라도 고조에 그치고, 3묘와 1묘로부터 제침(祭寢)에 이르기까지도 반드시 고조에게 미친다. 다만 드물게 지내느냐 자주 지내느냐 하는 것이 같지 않은 점이 있을 뿐이다.'라고 한 것이니, 아마도 이것이 제사의 본의를 가장 잘 터득한 것인 듯하다."라고 하였다.

응변(應變)의 증거로 삼았는데, 가령 4대가 연이어 폐질에 걸렸다면 장차 고조 이상의 위패를 모두 다 조천(祧遷)하여 응당 사당이 없는 종족이 되어야 한단 말입니까. 이곳에 4대가 심질(心疾)에 걸려 실성한 자들이 있는데, 그중 2대는 이내 바로 정상을 회복하고 또 다른 2대는 끝내 폐질에 걸린 사람이 되었습니다. 그런데 만약 그중 2대가 정상을 회복하지 못했다면 이는 4대가 폐질에 걸린 집안이라 하지 않겠습니까. 인간 만사에는 별의별 일이 얼마든지 있는 법이므로 이 같은 경우가 절대 없다고 말할 수 없습니다. 만약 이 같은 경우가 있다고 한다면 거기에 대처할 도리를 강구하지 않을 수 없습니다. 그 가운데 "폐질에 걸렸던 자가 다시 일어나 사람 구실을 하게 된다면 더욱 난처할 것이다."라고 말한 것은 한번 웃을 거리도 되지 못하는데, 어찌 변론할 가치가 있겠습니까.

대체로 책에서 인용한 모든 설은 의견이 서로 일치되었다가 분리되었다가 하므로 올바른 표준으로 삼기 어렵습니다. 오직 주 부자만이 여러 학자의 설을 집대성하고 옛날부터 현재까지 빼거나 보태왔던 제도를 통틀어 정리하시고는, 대신 집상을 해야 함을 주장한 그 설[37]에서 이미 스스로 "인정(人情)과 예율(禮律)을 가지고 말하였다."라고 말씀하셨으니, 이는 이른바 "백세(百世)를 기다려도 의혹을 품지 않는다."[38]라

37 대신……설 : 주희의 〈상복에 대해 토론하기를 청하는 차자〔乞討論喪服箚子〕〉에 나오는 설을 가리킨다. 544쪽 주9 참조.

38 백세(百世)를……않는다 : 백세의 시간이 지난 뒤에도 의혹을 제기하지 않을 만큼의 확고한 진실이란 말이다. 《중용장구》 제29장의 "군자의 도는 자신이 지닌 덕을 근본으로 하여 일반 백성에게 징험하는 것이며, 삼왕(三王)에게 상고해도 오류가 없는 것이며,

는 것입니다. 또 거기에서 "마음이 항상 편치 못하다가 정현(鄭玄)의 주석을 보고 나서야 의혹이 없어졌다."[39]라고 말씀하셨으니, 이는 덕이 크고 예가 공손한 의리입니다. 《중용》에 "아랫자리에 있는 이는 비록 능하지만 지위가 높지 못하니, 지위가 높지 못하기 때문에 믿지 않으며 믿지 않기 때문에 백성이 따르지 않는다."라고 하였으니, 공자와 같은 분조차 예에 능하였으나 높은 지위에 있지 않았으므로 오히려 그분을 믿지 않고 따르지 않는 폐단이 있었던 것입니다. 그렇다면 주자의 "정현의 글을 보고 나서야 의혹이 없어졌다."라는 말씀이 어찌 진정 이전 차자(箚子)의 말을 잘못된 것이라고 여긴 것이겠습니까. 그러므로 사람들 가운데 공정한 마음을 가지고 강론하는 자는 이에 대해 점차 의견의 차이가 없어질 것입니다. 그런데 제주(題主)와 체천(遞遷)의 문제

천지에 세워 놓아도 어긋나지 않는 것이며, 귀신에게 물어보아도 의심이 없는 것이며, 백세 뒤의 성인(聖人)을 기다려도 의혹을 품지 않는 것이다."라는 말에서 발췌하였다.

39 마음이……없어졌다 : "정현의 주석"은 위(魏)나라 때 정현의 손자 정소동(鄭小同)이 정현과 그 문인들의 문답을 기록한 《정지(鄭志)》를 가리킨다. 주희는 송 영종(宋寧宗)에게 〈상복에 대해 토론하기를 청하는 차자〉를 올린 뒤에 〈서주고후(書奏藁後)〉를 다시 써서 차자의 주장을 보충하였다. 그 글에서 "《예기》 〈상복소기(喪服小記)〉의 위조후조(爲祖後條) 아래 소(疏)에 인용된 《정지》에 '제후의 부친에게 폐질이 있으면 국정(國政)도 맡지 못하고 상사(喪事)도 맡지 못합니까?'라는 질문이 있는데, 정현이 '천자와 제후의 복제는 모두 참최복(斬衰服)이다.'라고 답하였으니, 부친이 생존해 있는데 조부로부터 나라를 물려받는 경우 입는 상복을 여기에서 알 수 있다. 지난번 이 차자를 올릴 때 검증할 만한 문자가 없고 물을 만한 벗도 없었기에 대략 잠시 예율로 말씀드렸는데, 동시에 또 부친이 생존해 계실 때 승중하는 것이 마땅하지 않다는 의혹이 들었다. 그러나 당시 명백한 징험(徵驗)이 없었으므로 예율과 인정의 대체적인 뜻으로만 말씀드려 마음이 항상 편치 못하였는데, 집으로 돌아와서 상고하다가 비로소 이 설을 보고서야 의혹이 없어졌다."라고 하였다. 《晦菴集 卷14 乞討論喪服箚子》

에 대하여는 주자의 글 가운데 비록 호백량(胡伯量)에게 대답한 설[40]이 있으나, 동시에 가묘(家廟)에 전중(傳重)을 고한 글[41]이 있고 또 일찍이 "또한 행하기 어려우니 자신이 직접 행해야 할 뿐이다."[42]라고 한 말씀이 있는데, 이 두 가지 설에 누가 감히 시비를 따지고 취사선택을 할 수 있겠습니까. 이것이 바로 제가 주저하고 머뭇거리지 않을 수 없는 이유입니다. 당초 제가 민씨에게 해당 관청에 보고하도록 한 것은 그것을 통해서 주상께 알려서 백호관(白虎觀)과 석거각(石渠閣)[43]에서

40 호백량(胡伯量)에게 대답한 설 : 호백량은 주희의 문인인 호영(胡泳)으로, 백량은 그의 자이다. 호영이 주희에게 "돌아가신 제 형은 선친의 장자(長子)로서 장가든 뒤에 죽어 그 후사를 세워 주려 합니다. 단 후사를 세우면 의당 제사를 주관하도록 해야 하는데, 그렇다면 저희 고조도 조천(祧遷)해야 합니까?"라고 묻자 주희가 "이미 제사를 주관할 사람을 다시 세웠다면 사판(祠版)도 의당 고쳐 써야 하는 것은 틀림없다. 고조를 조천하는 일은 비록 인정으로 보아 편치 못하게 느껴지지만 다른 방도가 없다. 우리 집은 장래에 손자가 제사를 받들 것이니, 형편상 또 이처럼 해야 할 것이다."라고 한 것을 가리킨다. 《晦菴集 卷63 答胡伯量》

41 가묘(家廟)에……글 : 주희가 70세가 되어 치사(致仕)하고 난 뒤 자기보다 먼저 죽은 큰아들 주숙(朱塾) 대신 손자인 주감(朱鑑)에게 집안일을 전한다는 것을 가묘에 고한 〈치사고가묘문(致仕告家廟文)〉을 가리킨다. '전중'은 중(重)을 전한다는 뜻으로, 상제(喪祭)와 종묘의 중책을 자손에게 전하는 것을 말한다. 《晦菴集 卷86》

42 또한……뿐이다 : 《주자어류》 권87 〈소대례(小戴禮) 곡례(曲禮)〉에 실려 있는 다음과 같은 내용을 말한다. "혹자가 묻기를 '70세가 되면 가사를 전수한다고 하였으니, 그렇다면 적자(嫡子)나 적손(嫡孫)이 제사를 주관하게 됩니다. 이럴 경우에는 사당의 신주를 모두 바꾸어 적자나 적손의 이름으로 봉사(奉祀)해야 합니다. 그러나 부모가 아직 생존해 있으니 마음에 편안하겠습니까?'라고 하자, 주자가 답하기를 '이런 일은 행하기 어려우니, 단지 자신이 직접 행해야 할 뿐이다.'라고 하였다."

43 백호관(白虎觀)과 석거각(石渠閣) : 한나라 때의 궁중 건물로 각각 후한(後漢)의 장제(章帝)와 전한(前漢)의 선제(宣帝)가 당대의 학자들을 모아 놓고 오경(五經) 해석

상의하는 한편 그것을 한 시대의 확정된 제도로 만든다면 분분한 시비를 가라앉게 하지는 못하더라도 종주(從周)의 의리[44]에는 문제 될 것이 없으리라 여겼기 때문입니다. 그런데 그때 해당 관청의 제공(諸公)이 끝내 이를 검토하고 처리하려 들지 않았으니, 이는 개탄스러운 일입니다. 오늘날 민씨를 위한 계책은 일단 신주를 사당에 모셔 두었다가 예를 좋아하는 이가 해당 관청의 장관이 되었을 때 위에 말한 대로 아뢰어 시행하도록 하는 것만 한 게 없으니, 그렇게 하면 혹여 거의 허물이 적을 수 있을 것입니다. 이 밖에 또 적당하고 좋은 방안이 있거든 가르쳐 주기를 간절히 바랍니다.

또 하나의 설을 제시해 보겠습니다. 고금의 예송(禮訟)은 송나라의 복의(濮議)[45]만 한 것이 없는데, 주자께서 왕도(王陶), 장지기(蔣之奇), 이천(伊川 정이(程頤))의 의론을 모두 타당하게 여기지 않았으나

의 차이점을 토론하게 했던 곳인데, 임금이 학식이 뛰어난 신하들과 함께 경전의 여러 해석을 토론하고 확정 짓는 장소를 비유한 것이다. 《後漢書 章帝紀》《漢書 劉向傳》

44 종주(從周)의 의리 : 당대의 제도를 따르는 것을 말한다. 공자가 말하기를 "주나라의 문물 제도는 하나라와 은나라를 본받았으니, 성대히 빛나는지라 나는 주나라를 따를 것이다."라고 하였다. 《論語 八佾》

45 송나라의 복의(濮議) : 송나라 영종(英宗)의 생부인 복왕(濮王)의 추존(追尊) 문제를 둘러싸고 일어난 예법 논쟁을 말한다. 송나라 인종(仁宗)에게 후사가 없어 종형(從兄)인 복왕의 아들이 대통을 이어 영종이 되었는데, 영종이 즉위한 이듬해 생부인 복왕을 추존하는 전례(典禮)를 논의하게 하자 지간원(知諫院) 사마광(司馬光)과 한림학사(翰林學士) 왕규(王珪) 등 대간(臺諫)은 백부(伯父)라는 의미의 '황백(皇伯)'으로 칭해야 한다고 주장하고, 참지정사(參知政事) 구양수(歐陽脩)와 한기(韓琦) 등은 아버지라는 의미의 '황고(皇考)'로 칭해야 한다고 주장하여 서로 대립하였다. 결국 영종은 '황고'를 주장한 구양수 등의 주장을 받아들이고 반대 논의를 펼친 자들은 파직하거나 좌천시켰다. 《宋史 濮安懿王列傳》

마지막에 "그 뒤에 결론이 맺어지지 않아 다만 복국(濮國)으로 하여금 그 제사를 주관하게 하였으니, 여기에서 천리(天理)에 따른 자연스러움은 인위적인 안배에 말미암지 않는다는 사실을 볼 수 있다."라고 하셨으니,[46] 오늘의 이 일에도 자연 이러한 방안이 있지 않을까 합니다.

집사의 문중에서 후사를 세운 곡절은 과연 보내온 편지의 말씀과 같은데, 그중에 찰방(察訪) 어른이 상언(上言)한다고 운운한 것은 가장 온편하고 순조로운 일입니다. 이미 문장(門長)이라고 하였고 보면 어찌 그 족속(族屬)이나 항렬(行列)을 따질 필요가 있겠습니까.[47] 이는 심히 과도한 염려입니다. 또 "후사를 세울 때는 반드시 그 후사가 될 사람의 승낙을 받아야 한다."라고 한 것은 심히 무리한 설입니다. 후사가 될 자가 진실로 사람의 마음을 가졌다면 어느 누가 기꺼이 제 부모를 버리고 남의 후사가 되기를 승낙하려 하겠습니까. 그러므로 그 반드시 그 부모의 승낙과 군주의 명령이 떨어진 다음에야 부득이 그것을 따르는 것입니다. 확상(矍相)에서 활쏘기를 할 때 성인께서 들어오지 못하게 한 사람은 아마 위에 말한 바와 같은 자였던 듯합니다.[48] 원주(原州)

46 주자께서……하셨으니 : 《주자어류》 권127 〈본조(本朝)1 영종조(英宗朝)〉에 "복의에 관한 논쟁의 결말은 왕도가 한공(韓公)을 공격하고 장지기가 구공(歐公)을 논박하고 이천이 팽중승(彭中丞)을 대신하여 주의(奏議)를 올린 것에 있는데 그 또한 타당하지 못한 듯하다. 그 뒤에 결론이 맺어지지 않아 다만 복국으로 하여금 그 제사를 주관하게 하였으니, 여기에서 천리에 따른 자연스러움은 인위적인 안배를 말미암지 않는다는 사실을 볼 수 있다."라고 한 것을 가리킨다.

47 이미……있겠습니까 : 《의례문해(疑禮問解)》 〈통례(通禮) 종법(宗法)〉에 "후사를 세울 경우 반드시 임금의 명령을 듣는 것이 바로 법이다. 부모가 모두 죽었을 경우더러는 문장이 상언한다고 한다."라고 하였다.

박씨(朴氏) 문중에서 노복(奴僕)을 시켜 대신 호소하게 한 것이 비록 사대부 집안의 규례는 아니나 조정에서 오히려 그 호소를 들어 주었으니, 더구나 족형제(族兄弟)의 신분으로서 어찌 감히 호소하지 못하겠습니까. 도정공(都正公)[49]이 상소한다고 한 것은 일의 체모로 헤아려 보건대 과연 거만하다는 혐의가 있을 듯합니다. 대체로 사사로운 일에 관계되는 것은 대신(大臣)이 아닌 경우에는 다 상언하여 허락을 청해야 합니다. 대저 대가(大家)의 아들로 의정(議定)된 데 대하여 집사의 지극한 아픔이 풀리게 된 것을 깊이 축하드립니다.

대종(大宗)이 아닌데도 후사로 잇는다는 것은 《가례회성(家禮會成)》[50]에 기재되어 있는데, 거기서 인용한 황조(皇祖)의 제도는 상고하여 알 수 있습니다. 그러나 《가례회성》의 말은 매우 분명치 못하니, 이는 저의 문리가 부족한 소치일 것입니다. 부디 자세히 고증해서 말씀해 주기를 지극히 바랍니다.

48 확상(矍相)에서……듯합니다 : 공자가 확상이란 지역의 채마밭에서 향사례(鄕射禮)를 행할 적에 구경하는 사람들이 담처럼 빙 둘러섰는데, 이때 자로(子路)에게 "군대를 패하게 한 장수와 나라를 망하게 한 대부와 남의 후사가 되기를 요구한 사람은 들어오지 말고, 그 나머지는 모두 들어오라."라고 하게 하였다. 꼭 먼저 자신의 승낙을 거친 뒤에 후사가 되는 사람은 공자가 입장을 거부한 바 있는 남의 후사가 되기를 요구한 사람에 해당한다고 말한 것이다. 《禮記 射義》

49 도정공(都正公) : 박응인(朴應寅, 1532～1606)으로, 돈녕부 도정(敦寧府都正)을 지냈다. 박세채의 증조부인 박응복(朴應福)의 종제(從弟)이다. 《南溪集 卷76 敦寧府都正朴公墓誌銘》

50 가례회성(家禮會成) : 명나라 학자인 위당(魏堂)이 지은 책으로, 《가례》에 관한 내용이다. 《宋子大全隨箚 卷7》

공자께서는 확상에서 활쏘기를 할 때 남의 후사가 되기를 요구한 사람을 사절하였으니, 만약 집사의 종질(從姪)이 사양하지 않고 기꺼이 승낙한다면 어찌 성인이 배척하는 바가 되지 않겠습니까. 죽기로써 굳이 사양하다가 부득이 따른 뒤라야 그 소후부모(所後父母)에게 뜻을 전일히 쏟을 수 있을 것이니, 부디 이것으로 그 뜻을 막지 않는 것이 어떻겠습니까?

문장이 상언하면 이를 해당 관청에 내릴 것이고 해당 관청에서 다시 회계(回啓)하면 주상으로부터 윤허가 내릴 터인데, 어찌 그 생부모의 서명을 기다릴 필요가 있겠습니까.

명문 거족 중 양쪽 모두 부모가 없는 상태에서 후사를 세운 사례는 창졸간에 기억해 낼 수 없습니다. 대체로 이 일을 집사의 입장으로 말하자면 후사가 될 사람이 굳이 사양한다고 해서 중지할 수 없고, 귀 문중의 입장으로 말하자면 같은 가문 사람의 제사가 끊어지는 것은 애처로운 일이니, 실로 의당 한마음으로 협의하여 이 일이 성취될 수 있기를 기약해야 합니다. 어찌 유독 모든 사람들로 하여금 이 지경까지 마음이 지치고 가슴이 답답하게 할 수 있겠습니까. 귀 가문은 다른 가문에 비할 바가 아니니 저는 집사의 뜻이 끝내 반드시 펴질 날이 있으리라 믿습니다.

박화숙에게 보냄 계축년(1673, 현종14) 7월 9일

與朴和叔 癸丑七月九日

오래도록 서로의 안부를 주고받지 못하였으니, 그리운 마음을 말로 다 할 수 있겠습니까. 현재 늦더위가 한창인 객지에서 기거는 어떠하며, 지금 무슨 책을 보고 있습니까?

저는 오래도록 깊은 산에 칩거하고 있었기에 단 하나의 어떤 일도 없었는데, 능침(陵寢)의 일[51]이 생긴 뒤로부터는 다시 예(羿)의 사정거리 안에 노닐게 되었으니,[52] 참으로 사슴은 산속에 있지만, 목숨은 푸줏간에 있는 격[53]입니다. 다만 상황이 닥쳐오는 대로 내맡겨 둘 뿐입니다.

51 능침(陵寢)의 일 : 1673년 3월 종실(宗室)인 영림부령(靈林副令) 이익수(李翼秀)가 상소하여 영릉(寧陵) 즉 효종의 능을 조성할 당시에 흙을 단단히 다지지 않아 석물에 틈이 생기는 등 그 제도가 매우 엉성하다고 지적하면서 천릉(遷陵)의 필요성을 제기하자, 애초의 영릉 조성에 주된 역할을 하였던 송시열에게 책임 추궁이 집중된 것을 가리킨다. 《顯宗實錄 14年 3月 24日》《宋子大全 附錄 卷6 年譜》

52 예(羿)의……되었으니 : 소인배의 표적이 된 것을 뜻한다. 《장자(莊子)》〈덕충부(德充符)〉에 "명사수인 예의 사정거리 안에서 노니는 자 가운데 그 한복판에 서 있는 자는 적중되기에 꼭 알맞다고 할 것인데, 그럼에도 불구하고 그 화살을 맞지 않는 자가 있다고 한다면 그것은 우연이라고 할 수밖에 없다."라고 하였다.

53 사슴은……격 : 자신은 초야에 물러나 있으나 정작 목숨은 조정에 달려 있다는 뜻이다. 제나라 최저(崔杼)가 장공(莊公)을 시해한 뒤 자기 뜻에 동조하지 않는 자는 모두 죽이겠다고 하자 안자(晏子)가 죽어도 뜻을 굽힐 수 없다고 하였다. 최저가 결국 그 뜻을 꺾지 못하고 돌아가게 하였는데, 안자가 돌아가는 길에 마부가 급히 수레를 몰자, 안자는 "사슴은 산속에 있지만, 그 목숨은 푸줏간에 있네. 목숨이 매인 바가 있으니 어찌 빨리 달리겠는가."라고 말하며 절도를 지키면서 떠나갔다. 《韓詩外傳 卷2》

일찍이 저의 집 아이가 알려온 말을 통하여 집사께서 비루한 저를 하찮게 여기지 않고 지난번에 했던 말을 다시 꺼내면서 저희 집과 혼사 맺기를 허락하였다는 말을 들었습니다.[54] 이에 진심으로 기쁘고 다행스러운 심정에다 또 누추한 집안을 꺼리지 않는 집사의 그 높은 의리를 우러르게 됩니다. 다만 삼족(三族)에게 근심스러운 일이 없는 것[55]은 미리 기약할 수 없는 일이고 늙은 처의 병이 또 당장 버티기 힘든 상황이므로 일찍이 조복형(趙復亨 조근(趙根))을 통하여 대신 저의 뜻을 전달하게 하였으니, 이는 실로 회옹(晦翁)께서 반씨(潘氏)에게 혼사를 의논하였을 때의 모습[56]입니다. 그 글을 받아 보았는지요? 만약 8월이나 9월로 한다면 심히 편하겠기에 고례(古禮)에 따라 이쪽에서 날을 받아 알려 드렸으니,[57] 거기에서 조금 앞당기거나 뒤로 미루는 것은 집사의 재량에 달려 있을 뿐입니다. 옛날의 육례(六禮)[58]에 대하여 주자

54 저희……들었습니다 : 송시열의 넷째 손자 송순석(宋淳錫)이 박세채의 사위이다. 《宋子大全隨箚 卷7》

55 삼족(三族)에게……것 : 부친의 형제, 자신의 형제, 자식의 형제에 상사(喪事)가 없음을 뜻한다. 《의례(儀禮)》 〈사혼례(士昏禮)〉에 "기일을 청하며 이르기를 '우리 그대가 명을 내리시니 모(某)는 이미 거듭 명을 받았습니다. 생각건대 삼족에게 근심스러운 일이 없기에 모를 사자로 보내어 길일을 청합니다.' 한다."라고 하였다. 이는 신랑 집에서 혼인 날짜를 받아 신부의 집에 그 가부를 묻는 청기(請期)의 절차를 설명한 것이다.

56 회옹(晦翁)께서……모습 : 회옹은 별호가 회암(晦庵)인 주희를 이른다. 반씨는 주희의 문인 반경헌(潘景憲)으로 자는 숙도(叔度)이다. 주희와 반경헌이 사돈을 맺을 때 벗인 여조겸(呂祖謙)이 중매를 섰는데, 이때 주희가 보낸 편지에 "늙은 아내의 병이 날로 더해 가니 이 일이 심히 우려됩니다. 아울러 한 말씀 하셔서 빨리 혼사가 이루어지도록 해 주신다면 아주 다행스럽겠습니다."라고 하였다. 《晦菴集 第34 答呂伯恭》

57 고례(古禮)에……드렸으니 : 고례에 납길(納吉)은 신랑이 될 사람의 집에서 하는 절차이므로 한 말이다. 《宋子大全隨箚 卷7》

께서는 단지 납채(納采), 납폐(納幣), 친영(親迎)의 삼례(三禮)만 《가례(家禮)》에 드러내셨으나, 오늘날에는 납채의 예도 허례허식인 듯하므로 다만 납폐 이후부터는 《가례》의 내용을 따라 행하는 것이 마땅할 듯합니다. 이에 대해 부디 헤아려 가르쳐 주는 것이 어떻겠습니까?

부탁했던 비문 쓰는 일에 대해 말하자면, 여름 이후로 하루도 병들지 않은 날이 없어서 오직 이른 새벽에 기운이 조금 깨어날 때만 10글자 정도를 쓸 수 있었기에 오래도록 일이 지체되고 말았습니다. 애타는 심정으로 기다리고 있을 집사의 상황을 생각하면 거듭 부끄럽고 또 송구합니다. 이제 이렇게 보내어 드리니, 만약 이를 버리고자 하지 않는다면 모름지기 주 부자(朱夫子)께서 첨 수사(詹帥司)에게 보낸 편지의 말씀[59]대로 따라 하는 것이 어떻겠습니까? 드리고 싶은 것이 몹시 많지만, 지문(誌文)을 쓰라는 명[60]을 받아 예관(禮官)이 곁에 있기에 남의 손을 빌려 적는 상황이므로 이만 줄입니다.

58 육례(六禮) : 혼례의 여섯 가지 예식 절차로, 납채, 문명(問名), 납길(納吉), 납폐, 청기(請期), 친영을 말한다. 《儀禮 士昏禮》

59 주 부자(朱夫子)께서……말씀 : 첨 수사는 광서(廣西)의 수사였던 주희의 문인 첨의지(詹儀之)를 가리킨다. 주희가 첨의지의 부탁으로 비문의 글씨를 써 준 뒤 편지를 보내어 "보충해서 끼워 넣은 곳은 원래의 글줄 안에 들어가지 않은 것이니, 반드시 글자체를 잘 아는 좋은 기술자를 구해 이것들을 적절히 이동시켜 조정해야 똑바로 될 것입니다. 또 그중 먹물이 배어들어 원래의 붓 길이 보이지 않는 부분은 모두 그로 하여금 서로 대조해 보면서 다듬거나 줄이도록 해야만 비로소 좋아질 것입니다."라고 한 것을 가리킨다. 《晦菴集 卷27 答詹帥書》

60 지문(誌文)을 쓰라는 명 : 1673년 영릉(寧陵)을 홍제동(弘濟洞) 영릉(英陵) 곁으로 옮기려 할 적에 송시열에게 천릉지문(遷陵誌文)을 쓰라는 명이 내렸다. 《宋子大全 附錄 卷6 年譜》

박화숙에게 답함 계축년(1673, 현종14) 8월 17일

答朴和叔 癸丑八月十七日

지난달 인편이 돌아와 답서를 전해 받고는 여러 가지로 해 주신 말씀을 다 읽어 보았으니, 이는 실로 궁벽한 고을에 사는 과문한 이에게는 행운이기에 즉시 여쭘으로써 가르침을 받을 기회로 삼아야 마땅하였습니다. 그러나 잠깐 고향 회덕(懷德)에 나와 보니 인사의 번잡함이 이미 산중에 비할 바가 아니었고, 이어서 지문(誌文)의 글씨를 쓰라는 명이 내려오자 '이는 선릉(先陵)[61]에 관계된 일이다.'라는 생각이 든 데다 "불러서 부역을 시키면 나아가 부역을 한다."라는 의리[62]도 있으므로 지난 그믐께 무더위를 뚫고 길에 오르게 되었습니다. 그러다 도중에 갑자기 새로운 명을 받아[63] 중도에 걸음을 멈추고 면직을 청하지 않을 수 없었는데 다행히 그것은 윤허를 받았으나 어제 동호(東湖)에 도착

61 선릉(先陵) : 효종(孝宗)의 능인 영릉(寧陵)을 이른다.

62 불러서……의리 : 나라에 행해야 할 부역이 있을 때는 마땅히 부름에 답해야 하는 의리로, 《맹자》 〈만장 하(萬章下)〉에 "만장이 '서인(庶人)이 군주가 자신을 불러 부역을 시키면 나아가 부역을 하고, 군주가 그를 만나 보고자 하여 부르면 나아가 보지 않는 것은 어째서입니까?'라고 하고 묻자, 맹자께서 대답하기를 '나아가 부역하는 것은 의(義)요, 나아가 만나 보는 것은 의가 아니기 때문이다.' 하였다."라고 한 말을 인용한 것이다. 이때 효종의 영릉을 세종의 영릉(英陵)이 있는 여주(驪州)의 홍제동(弘濟洞)으로 새로 옮기는 국가적인 역사(役事)가 있었기 때문에 이렇게 말한 것이다.

63 도중에……받아 : 송시열이 1673년 7월 26일 영릉(寧陵)의 천릉지문(遷陵誌文)을 쓰라는 명을 받고 죽산(竹山)에 도착하였을 때 사관으로부터 좌의정에 임명한다는 왕명을 전해 받은 것을 말한다. 《宋子大全 附錄 卷6 年譜》

하자 큰 병이 나서 일을 받들 수 없었으므로 또다시 소장을 올려 지문의 글씨를 쓰는 일을 면하게 해 달라고 청하였으니, 장차 윤허를 받을 것으로 생각합니다. 전후의 사정이 이와 같으니, 처음에 가졌던 뜻이 미뤄져서 마치 깊은 우물 속으로 떨어지는 듯한 아찔한 두려움 속에 항상 저의 처지를 한탄할 뿐입니다.

지금 가을이 저물고 있는 이때 존체(尊體)의 안부가 계절에 따라 편안한지요? 그리운 마음 간절합니다. 삼가 듣건대 근자에 주상의 소명(召命)을 받았다고 하니, 이미 오래 전부터 정해 놓은 계획이 있으리라 짐작하지만 고요하고 적막했던 생활에 소란스러움이 없을 수 없을 것이니 이것이 걱정입니다.

편지에서 말씀하신 혼례 기일과 관련하여 말하자면, 물론 마땅히 공손한 태도로 집사의 명이 내려지기를 기다려야겠으나 삼가 다시 여쭐 내용이 있습니다. 우리가 취향이 맞아 서로를 찾는 이유는 딴 게 아니라 다만 청빈하고 담박한 지조가 세속의 풍습에 구애되지 않기 때문입니다. 집사께서 갖추고자 하는 것은 무슨 일인지요? 예식(禮式)으로 말하자면 이른바 동뢰(同牢)[64]를 마련한다는 것 역시 사위의 집에서 하는 일이니, 집사께서 번거롭게 염려할 일이 더욱 아닙니다. 어제 듣건대 계주(季周 이단하(李端夏))의 집에서는 사위 집안의 방계(傍系) 친족이 병이 났다는 이유로 서둘러 친영(親迎) 기일을 앞당겨 이미 어제 친영을 하였다고 하니, 계주의 청빈함은 집사와 다름이 없습니다. 부디 바라건대 허례허식을 모두 없애고 개릉(開陵)의 절차가 이루어지

64 동뢰(同牢) : 혼례 때 신랑과 신부가 교배(交拜)를 마치고 나서 처음으로 한자리에 앉아 음식을 함께 먹는 의식을 말한다.

기 전으로 앞당겨 행하여, "수개월 안에 혼례를 치렀다."라는 《가례(家禮)》의 가르침[65]과 "혼수품이 갖춰지기를 기다리지 않는다."라는 《소학(小學)》의 가르침[66]을 준수하는 것이 어떻겠습니까? 그러나 이 역시 기실 이번 기회를 계기로 여쭙고 상의함으로써 의리가 어떠한 것인지 알고자 하는 것일 뿐이니, 또한 감히 꽉 막힌 저의 견해를 곧장 실현할 수는 없는 일입니다. 집사의 여러 가르침을 자세히 여쭐 겨를이 없지만, 후사를 세우는 한 가지 항목만큼은 귀 가문에 가장 긴요하고도 시급한 일이므로 우선 어리석은 제 생각을 말씀드리오니, 부디 저의 광망하고 참람함을 모두 용서해 주는 것이 어떻겠습니까?

○ 수집하신 문자[67]를 짧은 시간에 일별해 보니 집사께서는 석담(石

65 수개월……가르침 : 《가례》 권3 〈혼례(昏禮) 의혼(議昏)〉의 주석에 사마광(司馬光)이 "나의 선조이신 태위공(太尉公)께서는 일찍이 '우리 집안의 남녀 자손은 반드시 장성한 뒤에 혼인을 의논하였고, 혼인을 의논하는 서신을 주고받으면 수개월 안에 반드시 혼인을 치렀다. 그러므로 종신토록 이러한 후회가 없었다.'라고 하셨으니, 이는 바로 자손들이 마땅히 법으로 삼아야 할 바이다."라고 한 것을 가리킨다.

66 혼수품이……가르침 : 《소학》 〈선행(善行)〉에 당나라 하동 절도사(河東節度使) 유공작(柳公綽) 집안의 엄숙하고 검소한 가법(家法)을 소개하면서 "고모와 자매와 조카딸 중에 고아나 과부가 된 자가 있거든 비록 관계가 소원하더라도 반드시 그를 위하여 사윗감을 가려 시집보내었는데, 모두 나무를 조각한 화장 경대(鏡臺)와 매듭 무늬의 비단을 사용하여 혼수품으로 삼았다. 유공작은 항상 말하기를 '반드시 혼수품이 풍부하게 갖추어지기를 기다리기보다는 시집감에 때를 잃지 않음이 더 낫지 않겠는가.' 하였다."라고 한 것을 가리킨다.

67 수집하신 문자 : 박세채가 수집한 율곡(栗谷) 이이(李珥) 관련 글을 가리킨다. 이에 앞선 1661년 박세채가 송시열이 지은 《율곡연보(栗谷年譜)》를 보기를 희망하면서 "저 역시 일찍이 글 한두 편을 본 적이 있는데, 만약 연보에 미처 채록하지 못하였다면 수집하는 데 보태기를 바랍니다."라고 하자 송시열이 그 글을 보내 주기를 청한 바

潭) 문하[68]에 공이 있을 뿐만 아니라 주자(朱子)의 문하에도 공이 없다고 할 수 없겠습니다. 흠모하고 경앙하는 심정을 이기지 못합니다. 다만 그중 《주자어류(朱子語類)》에 있는 것은 굳이 수록할 필요는 없을 듯한데, 어떻게 생각합니까? 후일의 인편을 통해 재차 가르침을 주기 바랍니다.

있다. 《宋子大全 卷65 答朴和叔(辛丑四月十六日)》《南溪集 卷25 答宋尤齋》

68 석담(石潭) 문하 : 이이의 문하를 가리킨다. 석담은 황해도 해주(海州)의 지명으로, 이이가 관직에서 물러나 은거하며 학문을 연구하던 곳이다. 《栗谷全書 卷34 附錄 年譜》

박화숙에게 답함 계축년(1673, 현종14) 8월 28일
答朴和叔 癸丑八月二十八日

이번 20일 전에 도성에 들어와 그대 아드님이 전한 편지를 받아 보고 이내 제가 보낸 편지에 대한 답서도 받았으니, 차례로 후련하고 위안되는 마음을 필설로 다 표현할 수 없습니다.

저는 다행스럽게도 성상께서 미천한 정성을 굽어살펴 직명을 거두기를 허락해 주셨으므로 감히 와서 공경히 직임을 수행하였는데 거기에 또 글씨를 쓰는 일까지 편의대로 하라고 명하시니, 안심하고 병을 조리할 수 있게 된 데다 이어 또한 그로써 바깥의 번잡한 일들을 사절하고 덜 수 있게 되었습니다. 하여 고요한 경지가 산속에 있는 것과 다름이 없으니, 실로 재주 없는 이 사람의 행운입니다.

지난번 제게 물었던 후사를 세우는 의론은 장차 어떻게 결말을 지어가고 있습니까? 주상께서 거둥하실 날짜가 이제 한 달밖에 남지 않았습니다. 어가(御駕) 앞에서 사정을 아뢰고 청하는 일은 털끝만큼의 오차도 허용될 수 없는데, 집사께서는 멀리 백 리 밖의 지역에 있는 데다 또 혐의쩍은 종적으로 인하여 직접 맞닥뜨려 결판을 내지 못하는 실정이니 너무도 답답합니다.

혼사에 대해서는 집사께서 끝내 저의 말을 하찮게 여기지 않아 주었습니다. 비록 친영(親迎)의 기일이 조금 늦어진다고 하더라도 또한 너무 먼 것까지는 아니니, 삼가 다시 가르침을 내려 주기를 기다리겠습니다. 복토(復土)한 뒤에 혼인하도록 허락하는 것은 초상(初喪) 때에도 오히려 그렇게 하니 지금 굳이 구애될 것은 없겠습니다. 다만 납폐

(納幣)를 혼례 기일에 앞서 행하는 것은 비단 고례일 뿐만 아니라 국가에서도 그에 관해 새로 반포한 내용이 있으니,[69] 찬궁(欑宮)을 옮기기 전에 하루를 택해서 행하고자 하는데 또한 분암(墳菴)[70]으로 옮겨 갈 때까지 기다려야 하겠습니까? 생각해 보고 알려 주기를 바랍니다.

의복의 모습에 대해 말하자면, 비록 이는 세속에서 숭상하는 것이지만 《가례(家禮)》의 포방(鋪房) 의식에 또한 여러 말이 있습니다.[71] 생각건대 집사께서 이로 인하여 말씀하셨을 것이므로 삼가 이에 따라 행하겠습니다.

지난번에 해 주신 말씀에 대하여 여쭐 말이 몹시 많으나 글씨를 쓰는 일이 아직 끝나지 않았고 그 일이 끝난 뒤에는 또 응당 바삐 교외로 나가야 하므로 이 때문에 마음만 다급한 채로 이전과 다름없는 상황이 이리 오래 이어지니, 땀이 흐를 정도로 몹시 황공합니다.

주자(朱子)의 글 가운데 일실하였던 것을 화인(華人)의 서첩 속에서

69 국가에서도……있으니 : 1658년(효종9) 11월 13일 대사헌 채유후(蔡裕後), 장령 심광수(沈光洙) 등이 계사(啓辭)를 올려 당시 혼례 풍속 가운데 납폐를 친영하는 당일에 하는 것을 비판하고 《가례》의 내용에 따라 반드시 친영하기 두세 달 전에 납폐를 행하도록 청하자, 효종이 그대로 시행하도록 한 것을 가리킨다. 《承政院日記 孝宗 9年 11月 13日》《宋子大全 卷123 答叔弟(戊戌十一月)》

70 분암(墳菴) : 묘역을 수호하기 위해 지은 암자나 묘역 아래에 지은 재실(齋室)을 말한다.

71 가례(家禮)의……있습니다. : 《가례》 권3 〈혼례(昏禮) 친영〉의 "하루 전날 여자 집에서는 사람을 시켜 신랑의 방에 기물을 펼쳐놓음〔前期一日女氏使人張陳其壻之室〕" 조목의 주석에 "세속에서 포방이라 하는 것이다. 그러나 펼쳐서 늘어놓는 것은 단지 털 담요, 요, 장막, 문장, 휘장, 천막과 꼭 쓸 물건일 뿐이다. 의복은 자물쇠를 채워 상자에 넣어 두고 꼭 늘어놓을 필요는 없다."라고 하였다.

발견하여 기록해 보내 드리니, 이것이 과연 여러 본에 실려 있지 않은 것일지요? 아울러 말씀해 주기를 바랍니다.

다음 달 초에 양주(楊州) 밖 서산(西山)으로 나가 성묘할 것인데, 집사께서 만약 그때 동쪽으로 이주해 있다면 찾아가 인사드릴 수 있을 것이나, 세상일이란 쉬이 어긋나기 마련인지라 감히 기필할 수 없습니다.

나머지 할 말은 남의 손을 빌려 적느라 끝까지 말씀드리지 못합니다.

박화숙에게 답함 계축년(1673, 현종14) 9월 14일

答朴和叔 癸丑九月十四日

지난번 편지는 삼가 다 살펴보았고 또 큰 아드님을 통하여 일을 상의해 주니, 직접 얼굴을 뵙고 대화를 나누는 것과 아무런 차이가 없었습니다. 무엇보다 집사께서 이사하는 일이 저의 일에 심히 편하게 되었으니, 무슨 다행스러움이 이만하겠습니까.

편지에서 언급한 후사를 세우는 일에 대해 말하자면, 매양 그에 관한 이야기를 들을 적마다 번번이 서글픈 기분으로 며칠의 시간을 보내곤 합니다. 그러나 자인(子仁)이 결단코 "반드시 부모가 있은 뒤에야 남의 후사가 될 수 있다."라고 말하는 것이야 물론 고집과 집착의 발언이거니와, 집사께서 기필코 왕 상서(汪尙書)에게 답한 편지에 나오는 말씀[72]과 정공재(程公才)가 했던 행동[73]을 아비를 무시하는 일로 치부하

72 왕……말씀 : 주희(朱熹)가 이부 상서(吏部尙書) 왕응진(汪應辰)에게 답한 편지에 "송공(宋公)은 외조부에게 후사가 없자 해마다 때맞춰 제사를 지냈으니 그의 마음은 두텁다고 할 만합니다. 그러나 친족이 아닌 자의 제사는 이치상 이미 온당하지 않고, 형세로 보아 그 자손에까지 제사가 미치지 않을 것이니 염려해 준 것이 원대하지 않습니다. 이것이 어찌 그 족친(族親)을 찾아 후사를 세워 주고 그로 하여금 때맞춰 제사를 지내게 하여 편안하고 장구하게 만드는 것만 하겠습니까."라고 한 것을 가리킨다. 《晦菴集 卷30 答汪尙書》

73 정공재(程公才)가 했던 행동 : 정공재는 남송(南宋) 사람 정여능(程汝能)으로, 공재는 그의 자이다. 정여능이 살던 고을에 아들 없이 죽은 자가 있었는데 누군가 그의 재산을 몰수하여 관에 귀속시키려 하자 정여능이 관에 고하여 대신 그의 후사를 세워 준 것을 가리킨다. 《晦菴集 卷90 程君公才墓表》

는 것은 또한 그게 꼭 맞는 판단이라 생각되지 않는 듯합니다. 여하간 제가 일찍이 장흥(長興)의 두 애시(哀侍)[74]를 조문하였더니 집사께서 일을 성사시켜 주기를 몹시도 바랐고, 어제 도산(陶山)의 상사(上舍)를 단났더니 제게 광진(廣津) 어른이 문중에 통문(通文)을 돌렸다고 말하는 한편 그 역시 스스로 "성사되기를 꼭 바라고 있다."라고 말하였으니, 집사께서 반드시 이 일을 성사시키는 것은 아마도 이미 십중팔구는 된 일인 듯합니다.

저는 재차 역경을 만나 이미 스스로의 죄를 시인하는 소장을 올렸으니,[75] 아마 집사께서는 그 사실을 듣고 또한 그저 묵묵히 있을 수만은 없을 것입니다. 우리가 정히 이러한 때에 이러한 분분한 시비에 휘말리는 것이 어찌 마땅한 일이겠습니까. 어제 민 대감[76]의 편지를 보았는데, 그 역시 상소하여 자신의 죄를 시인하고자 하며 말하기를 "아마도 화숙

74 애시(哀侍) : 상중(喪中)에 있는 사람을 칭하는 말이다.

75 저는……올렸으니 : 1673년 9월 9일 영돈녕부사 김우명(金佑明)이 현종을 청대한 자리에서 송시열이 새로 만든 영릉(寧陵)에 표석(表石)을 세우는 일을 청한 것은 전례가 없는 일이라고 비판하고 또 교관(敎官) 민업(閔業)이 죽었을 때 송시열이 광증에 걸린 아들 민세익(閔世益)을 대신하여 민업의 손자 민신(閔愼)에게 승중복(承重服)을 입도록 권한 것은 살아 있는 아버지를 죽은 것으로 간주한 처사라고 비난하였다. 이에 마침내 현종은 조사를 지시하였고, 송시열은 같은 달 13일과 15일 연이어 상소하여 자신의 입장을 피력하고 대죄(待罪)하였다. 《顯宗實錄 14年 9月 9日》《宋子大全 卷15 因國舅論斥待罪疏, 附錄 卷6 年譜》

76 민 대감 : 민정중(閔鼎重, 1628～1692)으로, 본관은 여흥(驪興), 자는 대수(大受), 호는 노봉(老峯)이다. 송시열의 문인이다. 이때 그는 송시열에게 편지를 보내어 김우명의 비판에 대해 자신이 직접 나서서 변호하겠다는 의지를 보였다. 《宋子大全 卷58 答閔大受(癸丑九月)》

에게 비웃음을 당할 것 같다." 하였으니, 한바탕 웃을 만합니다.

19일에 납폐(納幣)를 행할 때 이름이 주석(疇錫)인 둘째 손자를 보내려고 합니다. 그때 그 아이로 하여금 직접 대면하여 여러 일을 아뢰게 할 수 있으니, 일단은 일일이 다 말씀드리지 않습니다.

박화숙에게 보냄 계축년(1673, 현종14) 9월 17일

與朴和叔 癸丑九月十七日

지난 편지는 받아 보았는지요? 아마 율포(栗浦)에서 방향을 바꿔 동쪽으로 왔으리라 짐작하는데, 또한 확실한 인편을 구하지 못하였으니 답답하기만 합니다.

저는 그저 공경히 일을 받들기 위한 목적으로 이곳에 왔는데,[77] 일이 끝난 뒤 교외에서 배회하다 이러한 낭패를 만나고 말았으니 의리상 즉시 떠나가야 마땅하지만 그럼에도 불구하고 차마 바로 결별을 고하지 못하고 있습니다. 이장하기 위해 능(陵)을 열기 전까지 얼마나 더 높은 파란을 맞이할지 모를 일입니다.

지난날 시호(謚號)와 관련하여 해 주신 말씀에 대해 오래도록 답을 드리지 못하였습니다. 비록 혼망함이 심하기 때문이기는 하지만 송구한 마음이 큽니다. 선배들의 도덕의 고하(高下)에 대해서는 애당초 감히 알 수 없는 점이 있고 또 감히 경솔히 논의할 수도 없습니다. 다만 자손들이 자신의 선조에 대하여 어찌 감히 훌륭한 행실이 있는데도 알지 못하거나 또 알면서도 표창하지 않음으로써 밝지 못한 죄와 인(仁)하지 못한 죄를 스스로 자초할 수 있겠습니까.[78] 시장(謚狀)은

77 저는……왔는데 : 효종의 천릉지문(遷陵誌文)을 짓기 위해 한양으로 온 것을 말한다.《宋子大全 附錄 卷6 年譜》

78 자손들이……있겠습니까 : 《예기》〈제통(祭統)〉에 "종묘와 사직을 지키는 자손이 그 선조에게 아름다운 행적이 없는데도 칭찬하면 이는 사람들을 속이는 것이요, 훌륭한 행실이 있는데도 알지 못하면 밝지 못한 것이요, 이것을 알면서도 전하지 않으면 인하지

다만 마땅히 찬술하여 보내 드려서 집사의 선택을 기다릴 뿐입니다.

납폐례(納幣禮)에 대해 말하자면, 지금 둘째 손자 주석(疇錫)을 보내어 그쪽으로 나아가 지휘를 받도록 하였으니, 부디 그 아이를 살펴 주고 또 그것을 계기로 한마디 가르침을 내려 주어 그가 종신토록 실천할 수 있게 해 주는 것이 어떻겠습니까? 친영(親迎)의 의절(儀節)에 대해서는 삼가 《가례(家禮)》의 내용에 따라 초록해 만들어 보내드렸으니, 부디 윤색을 가한 뒤 보여 주기를 바랍니다.

못한 것이니, 이 세 가지는 군자가 부끄러워하는 것이다."라고 하였다.

박화숙에게 답함 계축년(1673, 현종14) 9월 21일
答朴和叔 癸丑九月二十一日

제 손자 아이가 돌아왔을 때 집사의 답서를 전해 받았는데 지금 또 안부 편지를 받고서 그를 통해 집사께서 문득 도성 서쪽으로 왔다는 사실을 알게 되었으니, 서로의 거리가 가까워진 것이 기쁩니다. 다만 우리가 맞닥뜨린 상황은 참으로 이른바 "없는 일이 없구나.〔無不有〕"[79] 라는 격이니, 민씨(閔氏)의 경우는 특히 더 가엽습니다. 저의 생각으로는 집사께서 소장을 올려 스스로 논열하는 일을 부득이 하지 않을 수 없을 듯하지만, 바깥의 의론이 어떠한지 모르겠습니다. 사람마다 말이 다 다른데 그것을 따르지 않으면 비난이 생겨나니, 이것이 사람들이 어떤 일을 받들어 행할 때 정신을 혼미하게 만드는 점입니다.

보내온 문자는 갖추어야 할 내용을 더할 나위 없이 다 갖추었으니, 오늘날의 공안(公案)이라 할 만합니다. 다만 약간 번다한 부분이 있으니 조금 덜어 낸다면 더욱 좋겠습니다. 어느 날에 이를 봉하여 올리고자 합니까? 제 생각엔 파산(坡山)의 우거로 돌아간 뒤 큰 아드님으로 하여금 와서 올리게 한다면 일에 애로가 없을 것이니 비록 승정원에서 받아들이지 않는다고 해도 진퇴양난의 걱정은 없을 것입니다. 만약

79 없는 일이 없구나 : 세상에는 생각지도 못한 별의별 일이 다 있다는 말로, 당나라 두보(杜甫)의 시 〈가탄(可歎)〉에 "하늘 위의 뜬구름 흰옷 같더니, 잠깐 사이에 변하여 푸른 개처럼 되었네. 옛날이 가고 지금이 오는 게 모두 한때이니, 인생 만사 없는 일이 없구나.〔天上浮雲似白衣, 斯須改變如蒼狗. 古往今來共一時, 人生萬事無不有.〕"라고 하였다. 《杜少陵詩集 卷21 可歎》

집사께서 직접 올렸는데 승정원에서 받아들이지 않는다면 서로 버티는 가운데 곤욕을 당하는 일이 적지 않을 것이고 또 다행히 입계(入啓)된다고 해도 비답이 오래도록 내려지지 않는다면 떠날 것인가 계속 머물 것인가 하는 낭패 속에서 일을 수습할 수 없게 될 것입니다. 이러한 곡절에 대해 미리 생각해 보았는지요?

혼사에 대하여 종전에 제가 빨리 일을 마무리 짓기를 재촉한 것은 바로 늙은 아내에게 병이 많은 데다 삼족(三族)에게 근심스러운 일이 없는 것[80]을 보장할 수 없었기 때문이었습니다. 물론 마땅히 일의 절차는 진행함만 있고 후퇴함은 없을 것이나, 집사께서 만약 도성 아래에서 오래 머물고자 한다면 종자(宗子)를 저쪽에 보내어 혼사를 주관하게 하는 편이 좋을 듯하고, 그렇게 하지 않는다면 그대로 마침내 도성 밖으로 가솔들을 옮겨 오는 것 또한 편할 것이니, 이는 오직 집사께서 어떻게 헤아려 처리하느냐에 달려 있을 뿐입니다.

후사를 세우는 일은 다만 앞으로 나서서 책임을 떠안아야 할 뿐이니, 박 참봉(朴參奉)의 허락을 얻어 그를 장두(狀頭)로 삼는다면 생각이 거의 절반은 넘어선 것입니다.

흠위(廞衛)[81]할 때는 비록 대죄(待罪)하는 중이라 해도 노차(路次)[82]에서 하는 망곡(望哭)이 무슨 안 될 것이 있겠습니까.

80 삼족(三族)에게……것 : 570쪽 주55 참조.

81 흠위(廞衛) : 임금의 장례 행렬을 뜻한다. 여기서는 양주(楊州)에서 여주(驪州)의 홍제동(弘濟洞)으로 이장하는 효종의 운구 행렬을 가리킨다.

82 노차(路次) : 임금이 거둥할 때 도중에 잠깐 쉬기 위해 길가에 마련한 임시 막차(幕次)를 가리킨다.

○ 청풍(淸風)이 아뢴 내용 중 "부친이 돌아가시고 장사를 지내기 전에는……"라고 한 부분[83]에 대해서는 옛날에 그런 글이 있는지는 확인하지 못하였으나, 그 대체적인 뜻은 《의례(儀禮)》에서부터 《통전(通典)》에 이르기까지 다수 나오는 "차마 그 부친이 돌아가셨다고 여기지 못한다."라는 말에 부합합니다. 그러니 청풍의 말이 비록 출입이 있으나 대체적인 뜻은 옳으므로 저의 소장에서 그렇게 말한 것입니다.[84]

83 청풍(淸風)이……부분 : 청풍은 청풍부원군(淸風府院君) 김우명(金佑明)을 가리킨다. 1673년 9월 9일 영돈녕부사 김우명이 현종을 면대한 자리에서 민업(閔業)의 손자 민신(閔愼)에게 아버지를 대신 참최복을 입도록 조언한 송시열을 비판하며 "예(禮)에 '조부의 상이 끝나기 전에 부친이 돌아가셨을 경우 자식은 부친의 장사가 끝나기 전에는 감히 곧바로 그 참최복(斬衰服)을 대신 입지 못한다.'라는 글이 있는데, 그 부친이 아직 살아 있는데도 손자가 참최복을 대신 입었으니 어찌 이 같은 이치가 있겠습니까."라고 한 것을 가리킨다.

84 저의……것입니다 : 1673년 9월 13일 송시열이 김우명의 비판을 받고 올린 소장에서, 김우명이 근거로 제시한 "조부의 상이 끝나기 전에 부친이 돌아가셨을 경우 자식은 부친의 장사가 끝나기 전에는 감히 곧바로 부친을 대신하여 참최복을 입을 수 없다."라는 구절에 대해 "물론 그러한 옛 설이 있으나, 이 말은 응당 따로 하나의 설이라 하겠습니다."라고 한 것을 가리킨다. 《宋子大全 卷15 因國舅論斥待罪疏》

박화숙에게 보냄 계축년(1673, 현종14) 9월 23일

與朴和叔 癸丑九月二十三日

그저께 보낸 편지는 받아 보았을 것으로 생각합니다. 모든 일이 어떻게 진행되고 있는지 듣지를 못하니, 답답한 마음을 견딜 수 없습니다. 무엇보다 혼사 문제는 반드시 조속한 지침을 내려 준 뒤라야 받들어 주선할 수 있으니, 부디 그에 대해 말씀해 주기를 바랍니다. 여자가 쓸 관(冠)을 빌려서 보내 드렸는데, 비록 그것이 《가례(家禮)》에서 말한 것과 같은 것인지는 알 수 없으나 듣건대 중화(中華)에서 남긴 문헌에서 나온 것이라고 하니 오늘날의 괴이한 법식에 비하자면 그 차이가 몹시도 현격합니다. 사용하고 나서 곧장 돌려주는 것이 어떻겠습니까?

부본(副本)은 다듬고 정리하였습니까? 저는 한결같이 황공하고 위축된 상태로 있으니, 참으로 이른바 "두렵고 위축된 마음이 끝날 때가 없다."[85]라는 격입니다. 어떡하면 좋겠습니까?

85 두렵고……없다 : 《사기(史記)》 〈자객열전(刺客列傳) 형가(荊軻)〉에 나오는 말로, "고점리(高漸離)는 오래도록 숨어 살면 두렵고 위축된 마음이 끝날 때가 없으리라 생각하고, 이에 물러나 상자 속에 간직해 두었던 축(筑)과 좋은 옷을 꺼내어 용모를 바꾸고 나아갔다."라고 하였다.

박화숙에게 보냄 계축년(1673, 현종14) 9월 25일

與朴和叔 癸丑九月二十五日

오늘날의 이 일[86]은 진정 주 부자(朱夫子)께서 말씀한 "이 늙은이의 운명이 기박하여 타인에게 누를 끼친다."[87]라는 격이니, 이는 일조일석에 생긴 변고가 아닙니다.[88] 어떡하면 좋을지요? 그러나 주 부자의 "오직 옛사람이 만난 환란에 몹시도 견딜 수 없는 부분이 있었다는 사실을 생각하면서 그것을 가지고 자기의 처지와 비교한다면 또한 조금 편해질 수 있을 것이다."라는 가르침을 자신에게 받아들여 활용한다면 득력할 수 있을 것이니, 그렇게 하지 않는다면 배우지 않은 사람과

86 오늘날의 이 일 : 1673년 9월 9일 영돈녕부사 김우명(金佑明)이 현종을 면대한 자리에서 민업(閔業) 집안의 변례(變禮)에 조언한 송시열에 대해 맹렬히 공박하자 현종이 그 말을 받아들여 조사를 지시한 것을 가리킨다. 이로 인하여 송시열과 박세채는 각각 도성 밖과 형조 근처에서 상소하고 대죄하였다. 《顯宗實錄 14年 9月 9日, 15年 1月 2日》《承政院日記 顯宗 14年 9月 24日》 580쪽 주75 참조.

87 주 부자(朱夫子)께서……끼친다 : 남송(南宋)의 주희(朱熹)가 제자이자 사위인 황간(黃榦)에게 답한 편지에서 "만약 모두가 한결같이 이와 같은 일을 겪는데 다른 사람은 도리어 이런 일이 없다면 다만 우리 무리가 허다한 공격을 받는 것이니 또한 가소롭습니다. 이는 혹 일종의 좋지 못한 운수가 크게 행해져서 그런 것입니까, 아니면 이 늙은이의 운명이 기박하여 벗들에게 누를 끼친 것입니까?"라고 한 말로, 자신 때문에 동료들에게 피해를 끼쳤다는 뜻으로 말한 것이다. 《晦菴集 續集 卷1 答黃直卿》

88 이는……아닙니다 : 《주역》 〈곤괘(坤卦) 문언(文言)〉에 "신하가 임금을 시해하고 자식이 아비를 시해함은 일조일석에 생긴 변고가 아니요, 그 유래한 것이 점점 진행된 것이니, 이는 분변해야 할 것을 일찍부터 분변하지 않았기 때문이다."라고 한 말을 원용한 것이다.

무엇이 다르겠습니까.[89]

형조(刑曹)에서 대명(待命)하는 문제에 대하여 일의 전례를 잘 아는 사람과 상의해 보았습니까? 후사를 세우는 일은 비록 지금이 적절한 시기는 아니지만, 그렇다고 이 기회를 놓칠 수도 없는 노릇입니다. 만약 문장(門長)이 기꺼이 그 일을 하려고 한다면 한번 그렇게 해 보는 것이 어떻겠습니까? 이 대헌(李大憲)의 뜻은 몹시 알 수 없습니다. 비록 도와주지는 못할망정 차마 저지까지 한단 말입니까. 이는 지나치게 일을 많이 만드는 것을 드러내는 행동일 뿐입니다. 그러나 이 대헌의 입장에서 본다면 또한 장차 제가 일을 많이 만든다고 여길 것이니, 이제부터는 감히 다시 더 말을 꺼내지 못하겠습니다. 또 생각건대 상언(上言)할 때 만약 집사의 성명이 거론된다면 더욱 일에 방해가 될 듯하니, 거론하지 않는 것이 적절할 듯합니다. 어떻게 생각합니까?

○ 이 천신(賤臣)이 비록 상소에 대한 비답을 받았으나 "남들이 감히 입을 열지 못하고 감히 잘못을 바로잡지 못한다."[90]라는 한 대목에 대해

89 오직……다르겠습니까 : 인용한 말은 본래 주희의 스승인 이통(李侗)의 말이다. 《회암집(晦菴集)》 권45 〈답요자회(答廖子晦)〉에 "사람이 만약 조금의 이해(利害)가 드러나면 문득 입을 열어 남에게 고하는 것을 면치 못하니, 도리어 배우지 않은 사람과 무엇이 다르겠는가. 일찍이 이 선생(李先生)의 설을 보았는데, 거기에서 '만약 떨쳐 버리려고 해도 떨쳐 버릴 수 없는 큰 근심이 있거든 오직 옛사람이 만났던 환란에 몹시도 견딜 수 없는 부분이 있었다는 사실을 생각하면서 그것을 가지고 자기의 처지와 비교한다면 또한 조금 편해질 수 있을 것이다.'라고 하였다. 처음에는 그 말을 매우 비루하게 여겨 '어떻게 그런 지경에 이르겠는가.'라고 여겼는데, 뒤에 일에 임하여 보니 도리어 득력하는 부분이 있어 소홀히 할 수 없다는 것을 깨달았습니다."라고 하였다.

90 남들이……못한다 : 1673년 9월 9일 김우명이 현종을 면대한 자리에서 송시열을 비난하면서 "그가 한 말에 대해서는 아무도 감히 의론하지 못하니, 이는 '경대부(卿大

서는 끝내 성상의 의심을 풀어 드리지 못했으니, 형편상 다시 또 글을 올려야겠습니다. 바로 이러한 시기에 이렇게 성상의 마음을 격동시키고 번민하게 만드는 일을 하는 것은 집사께 한층 더 누를 끼치는 결과가 될 듯합니다. 그러나 저는 끝내 이렇게 하지 않을 수 없습니다.

夫)가 하는 말에 사서인(士庶人)이 감히 그 잘못을 바로잡지 못한다.'라고 한 경우와 같습니다."라고 한 것을 가리킨다. 《顯宗實錄 14年 9月 9日》

박화숙에게 보냄 계축년(1673, 현종14) 10월 13일

與朴和叔 癸丑十月十三日

집사께서는 곤경에 처해 있는데 저는 서둘러 돌아왔으니,[91] 의리는 손상되고 마음은 겸연쩍은 가운데 자못 음식물이 목구멍에 걸린 듯한 심정입니다. 일을 마무리 짓고 미련 없이 서쪽에 있는 집으로 돌아갔습니까? 능침(陵寢)의 행차가 정지되었으니 집사의 사정을 또 아뢸 수 없게 되었습니다. 사세가 일변하여 일이 실패로 돌아갈 가능성이 커졌으니, 계획을 세우기가 더욱 어려워졌습니다. 이에 집사를 위하여 심히 염려하는 바입니다.

제 손자 아이에게 자기 형과 함께 지내며 서책 몇 권을 마치도록 하고 싶으니, 내달 그믐부터 섣달 초하루쯤 집사께 나아가 인사를 드리고 가르침을 받게 할 작정입니다만, 꼭 성사되리라 기필할 수 없습니다.

끝으로 어떤 환경을 만나더라도 편안하게 여겨서 지내는 데 더욱 신명의 도움이 있기를 기원합니다. 이만 줄입니다.

91 집사께서는……돌아왔으니 : 1673년 9월 9일 영돈녕부사 김우명(金佑明)이 현종을 면대한 자리에서 민업(閔業)의 손자 민신(閔愼)이 아버지를 대신하여 참최복(斬衰服)을 입은 것을 패륜으로 규정하며 조사할 것을 청하자, 애초에 그 일을 조언한 송시열과 박세채는 각각 도성 밖과 형조 근처에서 상소하고 대죄하였다. 현종이 송시열의 상소에는 비답을 내려 주었으나 박세채에게는 몇 주가 지나도록 아무런 처분을 내리지 않아 박세채는 이러지도 저러지도 못한 채 진퇴에 낭패를 겪었는데, 그 와중에 송시열은 10월 7일 영릉(寧陵)의 천장 절차가 끝나자 곧 화양동(華陽洞)으로 돌아갔다. 《宋子大全 附錄 卷6 年譜》《宋子大全隨箚 卷7》《承政院日記 顯宗 14年 9月 24日》

박화숙에게 답함 계축년(1673, 현종14) 11월 24일

答朴和叔 癸丑十一月二十四日

밤낮으로 염려하고 있던 차에 나우(羅友)가 홀연 찾아와 그대의 편지를 전해 주니, 마음이 풀리고 위안되는 마음이 한량이 없습니다. 더구나 저를 깨우치고 가르치는 그 뜻이 단순히 자상하고 간절하다고만 표현하기에는 부족할 정도이니, 집사의 말씀을 늦게 들은 이유로 이런 낭패에 이르게 된 것이 심히 한스럽습니다. 다만 생각건대 오늘날의 이 일은 실상 격동된 행동이 아니라[92] 단지 다음과 같은 사정에서 연유한 것입니다. 이전의 능침(陵寢)은 바깥 면에 미세하게 물이 흐른 흔적이 있는 것 말고는 안쪽 면에는 따로 지적할 만한 부분이 전혀 없었는데

92 오늘날의……아니라 : 1673년 10월 7일 송시열이 영릉(寧陵)의 천장을 마치고 화양동(華陽洞)으로 돌아가면서 올린 상소에 대해 박세채가 격동된 행동이라고 평가하면서 부정적인 입장을 취하였으므로 한 말이다. 효종의 능인 영릉은 당초 송시열의 주장에 따라 양주(楊州) 건원릉(健元陵)의 서쪽 부지로 조성되었는데, 능을 조성한 지 15년이 지난 1673년 5월 종실인 영림부령(靈林副令) 이익수(李翼秀)가 영릉의 석물에 틈이 생겨서 빗물이 스며들 염려가 있다고 상소하여 결국 대대적인 봉심(奉審)을 거친 뒤 10월 여주(驪州) 홍제동(弘濟洞)으로 천장하였다. 이후 송시열은 위의 소장에서 당초 원래 있던 영릉을 조사하였을 때 담당자들이 아무 이상이 없다는 사실을 살폈는데도 말하지 않아 결국 천장이 이루어졌음을 지적하는 한편 새로 조성하는 영릉에 표석을 세우자고 청한 자신의 주장이 김우명(金佑明)으로부터 비판을 받은 데 대한 분명한 처분을 내려 달라고 청하였으며, 끝으로 허적(許積)을 비판한 김만중(金萬重)의 배후에 자기가 있다고 여긴다면 이는 자기뿐 아니라 김만중도 제대로 모르는 것이라고 다소 격한 발언을 하였다. 《顯宗實錄 卽位年 6月 30日, 14年 5月 26日·6月 2日》《宋子大全 卷15 自新陵辭歸時疏, 附錄 卷6 年譜》

별다른 이유 없이 재궁(梓宮)을 모셔 내어 우리 성고(聖考 효종(孝宗))를 이미 편안한 자리에서 편안히 계시지 못하도록 만들었으니, 이 천신(賤臣)은 마음이 무너지고 원통함이 뼈에 사무쳤으나 저의 걱정스럽고 불안한 처지로 인해 끝내 잠자코 있을 수밖에 없었습니다. 이에 그 불충함과 용기 없음이 심하였으므로 그 죄상을 스스로 나열하였던 것인데, 성상께서 이를 커다란 죄로 여기실 줄 생각지 못하였습니다. 그러나 그렇다고 해서 그중 한두 가지 사항에 대해 또다시 변론한다면 그것은 신하로서 자신을 성찰하며 아무런 변명을 하지 않아야 하는 의리가 아닐 듯합니다. 주 부자(朱夫子)께서는 심지어 "친구의 재물을 사적으로 취하여 그 비구니를 첩으로 들였다."라는 말에 대해 거짓말이 아니라고까지 하셨으니,[93] 하물며 지금은 그저 엄한 비답만이 내려졌을 뿐인데 어떻겠습니까. 지금 보내온 편지에서 상하의 의심을 환히 해소하라는 말씀에 대해서는 끝내 감히 그 분부를 받들지 못하겠습니다.

이곳에 마침 자인(子仁)이 멀리서부터 찾아왔는데, 저는 이달 초부터 거듭 시령(時令)을 앓아 점점 고질이 되어 가더니 이제는 갑자기 위급한 지경에 이르렀습니다. 어찌 문자를 토론하는 일에 생각이 미칠

93 주 부자(朱夫子)께서는……하셨으니 : 남송(南宋) 영종(寧宗) 때 권신 한탁주(韓侂冑)가 위학(僞學)이라는 명목으로 주희를 공격할 때, 평소 주희에게 앙심을 품고 있던 호굉(胡紘)이 감찰어사(監察御史) 심계조(沈繼祖)를 통해 상소를 올려 10가지 죄목으로 주희를 탄핵하였다. 이에 주희는 사직 상소를 올려 "그는 '마외(魔外)의 요망한 말을 익히고 시전(市廛)의 더러운 행실을 행하여 심지어는 친구의 재물을 사적으로 취하여 그 비구니를 첩으로 들이고 학궁(學宮)의 땅을 도모하여 절간으로 바꾸었다.'라는 등등의 말을 하였는데, 이는 참으로 모두 조사로 밝혀낸 사실이며 거짓말이 아니니 정히 귀양을 보내더라도 어찌 유감을 품겠습니까."라고 하면서 아무런 변명 없이 순순히 죄를 인정하였다. 《晦菴集 卷85 落祕閣修撰依前官謝表》

겨를이 있겠습니까. 다만 병세가 조금 덜한 때를 틈타 삼가 《율곡연보(栗谷年譜)》를 한 차례 교정해 보았는데, 지금 보내 드리니 부디 다시 참작하고 헤아려 지극히 합당한 결론이 되도록 해 주는 것이 어떻겠습니까? 대체로 저의 생각으로는 상세하게 하고 싶은데 보내온 편지에 담긴 집사의 뜻은 간략하게 하고자 하니, 상세하고 간략한 그 사이에서 적절히 마름질하여 중도를 취한다면 거의 허물이 적어질 수 있을 것입니다. 지금 태학사(太學士)에게 편지를 보내어 공책과 사수(寫手)를 가지고 집사한테서 일을 맡아 하도록 당부하였으니, 부디 그에게 힘써 지휘를 내려 한 통을 베껴 보내 주도록 한다면 응당 다시 자인과 상세히 살펴보고 재차 여쭙도록 하겠습니다.

남명(南冥)의 비문[94]은 말씀대로 수정하였는데, 한두 글자가 온전하지 않다는 것은 보내온 편지에서 말씀한 뜻이니 부디 다시 재단하여 결정해 주고 또 그것을 계기로 조 천안(曺天安)[95]에게 알리는 것이 어떻겠습니까? 그 외 여러 건의 일은 등당 후일을 기다려야 하겠습니다.

문회서원(文會書院)의 기문[96]은 삼가 자인과의 상의와 검토를 거쳐 보내 드렸는데, 연석(燕石)으로 수주(隋珠)를 어지럽히지는 않았을까

94 남명(南冥)의 비문 : 송시열이 지은 남명 조식(曺植, 1501~1572)의 신도비문(神道碑文)으로, 《송자대전》 권154의 〈남명 조 선생 신도비명(南冥曺先生神道碑銘)〉이다.

95 조 천안(曺天安) : 천안 군수(天安郡守) 조경빈(曺敬彬)을 가리키는 듯하다. 자는 화숙(華叔)이다. 《宋子大全 卷142 天安郡明節亭記》《承政院日記 顯宗 14年 12月 26日》

96 문회서원(文會書院)의 기문 : 박세채가 지은 〈배천군 문회서원기(白川郡文會書院記)〉를 가리킨다. 문회서원은 황해도 배천군 있던 사액서원이다. 송시열이 그 기문의 후서를 쓰기도 하였다. 《南溪集 卷67 白川郡文會書院記》《宋子大全 卷147 書文會書院記文後》

두렵습니다.[97]

한강 상류로 이주하겠다는 계획[98]은 장차 어떻게 되어 가고 있습니까? 이번 행차에는 수(受 민정중(閔鼎重)) 대감이 가리키는 곳을 따라서 수백 리에 걸친 승경지를 두루 구경하였는데 맑고 빼어나며 깨끗하고 수려함은 거의 우리나라 최고의 수준이고 또 이곳은 영서(嶺西)로 이동해 들어가 전란을 피하기에도 편리하니, 화숙이 만약 처음 계획을 바꾸지 않았다면 저는 결단코 집을 옮겨서 따르고 싶습니다. 비록 서로 4, 5십 리로 떨어져 있다 하더라도 산과 강으로 멀리 막혀 있는 것보다는 나을 것입니다.

처음엔 넷째 손자 아이로 하여금 이달 그믐날에 찾아뵙고 가르침을 받게 하려고 하였는데, 저의 병세가 이와 같을 뿐 아니라 그 아이 역시 돌림병을 앓아 회복될 기약이 아직 먼 실정입니다. 이에 응당 세시(歲時)에 이르렀을 때 그 어미의 묘소에서 제사 지내도록 하는 한편 그것

97 연석(燕石)으로……두렵습니다 : 허명만 있고 실속은 없는 하찮은 문장 실력으로 상대의 뛰어난 글을 교정하여 도리어 망쳐 놓았을까 두렵다는 말이다. 연석은 연산(燕山)에서 생산되는 돌이라는 말로, 겉모양은 옥과 비슷하나 사실은 아무 가치가 없는 돌멩이다. 송나라의 한 어리석은 사람이 이 연석을 얻고 큰 보물이라 여겨 애지중지하자 주나라 사람이 그것을 보고는 "이것은 연석이니, 기와 조각이나 다를 것이 없다."라고 비웃었다는 고사가 있다. 《太平御覽 卷51 地部16》 수주는 수후(隋侯)가 얻은 매우 진귀한 구슬이라는 말이다. 《회남자(淮南子)》 〈남명훈(覽冥訓)〉에 "비유하자면 수후의 구슬과 화씨(和氏)의 구슬을 얻는 자는 부유해지고 잃는 자는 가난해지는 것과 같다."라고 하였는데, 그 주석에 "수후는 한(漢)나라 동쪽에 있는 나라의 희성(姬姓)을 가진 제후이다. 수후가 배가 갈라진 큰 뱀을 보고 약을 발라 치료해 주었는데, 후일에 그 뱀이 강 속에서 큰 구슬을 물고 나와 보답하였다."라고 하였다.

98 한강……계획 : 박세채가 충주(忠州)나 여주(驪州)의 한강 상류 지역으로 이주하려고 한 것을 가리킨다. 《宋子大全 卷48 答李季周(癸丑四月二十二日)》

을 계기로 집사를 찾아뵙도록 하겠습니다.

하고 싶은 말은 너무도 많지만 남의 손을 빌려 적는 관계로 이만 줄입니다.

별지

"미야(未也)"의 아래를 곧장 "그것을 어째서 문회라고 칭하는가?〔其何以稱文會〕"라는 말로 잇는다면 "문회"와 "유사(有祀)"가 서로 연관이 있는 것 같게 되고, 만약 "미야"를 가지고 "유사"란 말을 끊어 버린다고 말한다면 너무 일의 본말이 없게 됩니다. 이 부분은 응당 수정해야 할 듯합니다.

○ 문헌(文獻)[99]이란 "겨를이 없다.〔未遑〕"라는 것으로 말할 수 있는 것이 아니니, 어세가 온당치 못한 듯합니다. 그 아래 또 "기유(耆儒)"란 말이 나오는데, 기유가 문헌이 아니면 또 무엇이겠습니까.

○ 편액의 이름을 붙인 것이 그다지 딱 맞지 않으니, "어필로 문회서원이란 4글자를 쓰고 아울러 내렸다.……〔以御筆書文會書院四字竝賜云云〕"라는 말로 고치는 것이 나을 듯합니다.

○ 나라의 현인을 위해 제사를 지내고 계속해서 그곳을 학업에 매진할 장소로 삼는 것은 문치(文治)에 있어서 더욱 빛나는 일이니, 성상께서 어째서 유독 저것을 싫어하고 이것은 좋아하겠습니까.

○ 풍요롭다는 이유로 학업을 중단하지 않는 것은 사자(士子)의 수치일 듯합니다. "덕을 관찰하였다.〔觀德〕"의 '덕(德)'을 '빛〔光〕'으로 고

99 문헌(文獻) : 문(文)은 기록 자료를 말하고, 헌(獻)은 그것을 해석해 전해 줄 현인을 말한다. 《論語集註 八佾》

친다면 근거가 있는 말이 될 듯합니다.

○ "이것을 들었다.〔聞此〕"의 '이것〔此〕'은 흠이 있는 듯합니다.

○ "지금의 편액〔今額〕"이라고 한 것은 고금의 편액에 차이가 있는 것처럼 느껴지니, "지금의 편액"이란 말을 '그 필적〔其筆〕'이란 말로 고치는 것이 어떻겠습니까?

○ "의심스러운 대로 전한다.〔傳疑〕"라고 한 것은 《춘추(春秋)》의 본뜻[100]과는 다르니, 어떻게 생각합니까? "공언(空言)"이란 두 글자도 마찬가지입니다.

○ "공론(公論)"이란 말은 어울리지 않습니다. '논(論)'을 '송(誦)'으로 고치는 것이 어떻겠습니까?

○ "급견(及見)"은 '견어(見於)'로 고치고 "추저(追著)"는 '저어(著於)'로 고치는 것이 어떻겠습니까?

○ "의심스러운 뜻을 해결하는 세 가지〔決疑三事〕"[101]란 혹 《대학혹문(大學或問)》의 말[102]을 인용한 것인지요? 이른바 "문회서원의 유생들이 감히 우러러 호소하지 못하였다.〔文會章甫之不敢仰籲〕"라는 것은

100 춘추(春秋)의 본뜻 : 《춘추곡량전(春秋穀梁傳)》 환공(桓公) 5년에 "춘추의 의리는 미더운 것은 미더운 대로 전하고 의심스러운 것은 의심스러운 대로 전하는 것이다."라고 하였다. 역사를 기록하면서 분명한 사실은 분명한 대로, 의심스러운 일은 의심스러운 대로 전하는 것을 말한다.

101 의심스러운……가지 : 대본에는 '決疑三軍'으로 되어 있는데, 《남계집》 권67 〈배천군 문회서원기〉에 근거하여 '軍'을 '事'로 바로잡아 번역하였다.

102 대학혹문(大學或問)의 말 : 《대학혹문》에 "대체로 의심스러운 뜻을 해결하는 방법은 의리(義理)와 문세(文勢)와 근거(根據) 등 세 가지에 불과하다."라고 한 것을 가리킨다.

무슨 뜻입니까? 글의 뜻이 타당하지 못한 듯합니다.

○ "오늘날의 근심〔今日之患〕"이라고 할 때의 이른바 '근심〔患〕'이란[103] 무슨 일을 가리킨 것입니까? 그 내력이 불분명합니다.

○ "행득(幸得)"의 '행(幸)'을 '구(鉤)'로 고치면 의미가 조금 더 명백해질 것입니다.

○ "자명(自明)"이란 말도 딱 맞지 않으니, "반드시 끝내 민멸되었을 것이다.〔其必終於堙沒〕"로 고치는 것이 어떻겠습니까?

○ "입교(立敎)" 위에 반드시 '기(其)' 자 하나를 놓아야 할 것입니다.

○ "얼마 지나지 않아〔未幾〕"는 '이윽고〔旣而〕'로 고치는 것이 어떻겠습니까?

○ "가르침에 뜻을 지극히 하였다.〔致意於敎〕"라는 것은 글의 흐름상 짧은 듯합니다.

○ "엄(嚴)" 자는 위의 글과 서로 어울리지 않는 듯합니다.

103 이른바 근심이란 : 대본에는 '所所謂患者'로 되어 있는데, 두주(頭註)와 문맥에 근거하여 앞의 '所'는 연문으로 보아 번역하지 않았다.

박화숙에게 보냄 계축년(1673, 현종14) 12월 26일

與朴和叔 癸丑十二月二十六日

듣자 하니 민씨(閔氏)의 변례(變禮)에 관하여 윤휴(尹鑴)가 장황하고 요란한 주장을 하여[104] 사람의 정신을 잃도록 만든다는데, 그것에 대해 말씀해 줄 수 있겠습니까? 그자가 지금 온 천하를 뒤바꿔 놓으려는 생각을 하고 있는데[105] 집사께서 그것을 숨기고자 한다는 것은 심가 이해가 되지 않습니다.

윤우(尹友)의 문자[106]는 병세가 완화되면 초고를 써서 여쭐 수 있을

104 민씨(閔氏)의……하여 : 송나라 효종(孝宗)이 죽었을 때 광종(光宗)이 정신병으로 상을 치르지 못하자 승상 조여우(趙汝愚)가 황실의 외척인 한탁주(韓侂胄)와 모의하여 광종을 퇴위시키고 영종(寧宗)을 옹립한 일이 있었는데, 윤휴는 〈선계설(禪繼說)〉을 지어 그 행위가 윤리와 기강을 손상하였다고 비판하였다. 송시열은 이 글이 민업(閔業)의 손자 민신(閔愼)에게 광증에 걸린 아버지 민세익(閔世益) 대신 참최복을 입고 상주 노릇을 하게 한 자신을 비판하는 의도로 지어졌다고 간주하였다. 그런데 《백호집(白湖集)》에 따르면 〈선계설〉은 민업의 일이 있기 전인 1668년에 지어졌고, 윤휴의 연보에서도 송시열이 제대로 모르고 괜히 의심한 것이라고 하였다. 《尤菴先生書節要集解 卷5》《白湖集 卷25 禪繼說, 附錄 年譜》

105 그자가……있는데 : 윤휴를 이단(異端)으로 보는 것이다. 《맹자》〈등문공 상(滕文公上)〉에 "내 들으니, 이자(夷子)는 묵자(墨子)를 따르는 자라 하는데, 묵자는 치상(治喪)에 있어서 박장(薄葬)을 도로 삼는다. 이자(夷子)는 이 도를 가지고 온 천하를 뒤바꿔 놓으려는 생각을 하고 있으니, 어찌 그 도가 옳지 않다고 여겨서 귀하게 여기지 않겠는가."라고 하였다.

106 윤우(尹友)의 문자 : 송시열이 지은 윤선거의 묘갈명(墓碣銘)을 가리킨다. 1669년 윤선거가 죽은 뒤 그의 아들 윤증(尹拯)이 스승이자 부친의 벗이었던 송시열에게 묘갈

것입니다. 단 집사께서 찬술한 윤우의 행장에는 다시 검토하고 헤아릴 부분이 꽤 있습니다. 그중에 큰 것을 들어 말해 보겠습니다. 그가 생전에 관함(官銜)을 칭하지 않은 것[107]은 절로 그의 뛰어난 점이었습니다. 그런데 그 후 그에게 증직(贈職)의 명이 내렸다는 말을 듣고 저는 그의 집안사람들에게 "만약 임금의 명을 어길 수 없다고 말한다면 생전이나 사후가 무엇이 다르겠는가. 생전에 이미 칭하지 않았던 것을 사후에 억지로 더하는 것은 이리 보나 저리 보나 아무런 근거가 없는 것이다."라고 하였으나 그의 집안사람들이 제 말을 듣지 않고 마침내 명정(銘旌)과 신주(神主)에 증직 명칭을 써넣었습니다. 그런데 지금 집사께서도 그의 행장을 쓸 때 마찬가지로 그렇게 하였다고 하니, 그에 대해 나름으로 주장하는 바가 있습니까? 그에 대해 듣기를 바랍니다.

을사년(1665, 현종6) 무렵에 길보(吉甫 윤선거(尹宣擧))와 산사(山

명을 지어 달라고 부탁하면서 박세채가 이미 지어 놓은 윤선거의 행장과 윤선거가 생전에 송시열에게 보내려고 하였던 〈기유의서(己酉擬書)〉를 전달하였다. 〈기유의서〉에는 송시열이 극렬하게 배척하였던 윤휴와 허적(許積)을 옹호하는 내용을 비롯하여 송시열의 과격한 태도를 비판하는 내용이 다수 포함되어 있어 송시열의 분노를 샀다. 송시열은 결국 윤증의 청을 받아 주었지만, 윤선거의 학문을 찬양하는 주요 부분을 대부분 박세채가 지은 행장의 내용을 인용하는 것으로 대신하여 윤선거에 대한 불만을 간접적으로 드러내었다. 이에 윤증은 미진하다고 여겨 여러 차례 편지를 보내 내용을 수정해 줄 것을 요청하였으나, 송시열은 골자는 그대로 둔 채 자구만 몇 군데 손질하였을 뿐 끝내 윤증의 부탁을 들어주지 않았다. 이를 계기로 두 사람은 사제의 의리가 완전히 끊어졌으며, 사림 또한 송시열을 옹호하는 노론(老論)과 윤증을 옹호하는 소론(少論)으로 나뉘어 논란을 벌이게 되었다. 《尤菴先生書節要集解 卷3》《宋子大全 附錄 卷5 年譜》

107 그가……것 : 윤선거가 병자호란 당시에 강화도에서 순절하지 못하고 성이 함락되기 전에 미복(微服) 차림으로 탈출한 일을 두고 평생을 자책하면서 벼슬길에 나아가지 않고 스스로 부죄신(負罪臣)이라 칭한 것을 가리킨다. 《尤菴先生書節要集解 卷5》

寺)에서 모였는데, 초려(草廬 이유태(李惟泰))도 그 자리에 왔습니다.[108] 그때 제가 길보에게 묻기를,

"요사이 여윤(驪尹)[109]에 대한 형의 생각이 어떠한가?"

하니, 그가 바로 대답하기를,

"그는 곧 흑(黑)이며 음(陰)이며 소인(小人)이다."

하였습니다. 이에 제가 묻기를,

"그렇다면 형은 그와의 교분을 어떻게 할 것인가?"

하였더니, 그는 곧장 소리를 높이며,

"어찌 흑이며 음이며 소인이라고 여기면서 절교하지 않을 리가 있겠는가."

하므로, 저는 말하기를,

"형은 지금부터 깨끗해졌네."

하였습니다. 그런데 그 후에 초려가 제게 이르기를,

"길보는 겉으로는 비록 엄정하게 보이지만 속으로는 실제 허약하고 겁이 많으니, 그날 한 말은 믿을 수 없네."

하기에, 제가 나무라기를,

"어찌 길보가 그렇겠는가. 형이 잘못 알았을 것일세."

하였습니다. 그러다 그가 죽고 난 뒤에 믿을 만한 선비 하나가 그의 문하로부터 와서 저에게 "여윤에 대한 윤장(尹丈)의 교분은 시종 변함

108 을사년……왔습니다 : 1665년 9월에 송시열, 윤선거, 이유태가 이이(李珥)와 성혼(成渾)의 연보를 검토하기 위해 공주(公州) 동학사(東鶴寺)에 모였던 것을 말한다. 《宋子大全 附錄 卷5 年譜》

109 여윤(驪尹) : 젊은 시절 여주(驪州)에서 주로 살았던 윤휴를 지칭한 것이다.

이 없었으니, 절교하였다는 말은 모름지기 믿지 마십시오."라고 하였습니다. 저는 비록 그 말을 감히 깊게 믿지는 못하였으나 또한 의문이 없지도 못해서 초려의 말을 생각해 봄 직하다고 여겼습니다. 그리하여 마침내 그의 첫 기일(忌日)에 몇 마디 말을 대략 엮어서 여윤의 취사(取捨) 문제에 대한 설을 어렴풋이 드러냈던 것입니다.[110] 그런데 지금 그 집에서 찬술한 연보를 보니 곧장 허목(許穆)과 윤휴(尹鑴)를 쓸 만하다고 하였고, 집사께서 찬술한 행장 역시 그 뜻을 받아들였습니다. 또 듣건대 그의 영구가 도성의 서쪽을 지날 적에 여윤이 자기 아들을 보내 제문을 가지고 가서 제물을 올리게 하였다고 하니, 그가 이미 절교를 당하고도 사후에 딱 결정을 못 짓고 망설이는 행동을 한 것이 일단 매우 의심스러울뿐더러 절교를 한 집에서도 오히려 안면과 인정에 구애된 가운데에서 거절하지를 못하였으니, 이 또한 이해할 수 없는 점입니다. 그 후에 초려가 와서 말하기를 "여윤이 절교당했다는 말을 듣고는 크게 성을 내면서 말하기를 '내가 먼저 이미 탐탁치 않게 생각했지만 마지못해 억지로 상종하였다.' 하였다.……"라고 하였으니, 이는

110 그의……것입니다 : 1670년 4월 윤선거의 일주기를 맞이하여 송시열이 두 번째 제문을 지었는데, 거기에서 "제가 편협하고 꽉 막혀 때때로 불평하는 마음을 가지기도 했으나 기구한 형세에도 끝내 앞뒤가 다르게 행동한 적은 없었습니다. 그러나 오직 강(江)의 설에 대해서는 조금 합치하지 않음이 있었으니 형이 만약 해(海)에 대해서도 아울러 용서한다면 저의 의혹은 한마디 말로도 곧장 풀릴 것입니다."라고 한 것을 말한다. 강(江)은 여강(驪江), 즉 여주에서 젊은 시절을 보낸 윤휴를 말하고, 해(海)는 해남(海南)에 살던 윤선도(尹善道)를 말한다. 이 말은 윤선거가 생전에 윤선도는 공격하고 윤휴는 용서하였는데, 윤휴와 윤선도는 서로 차이가 없으므로 윤휴를 용서하려면 반드시 윤선도까지 용서해야 한다는 강한 비판의 뜻을 담고 있다. 《宋子大全 卷153 祭尹吉甫文, 附錄 卷5 年譜》《定齋集 卷6 爲羅顯道良佐上辨魯西先生疏》

혹 그 집에서 이 점을 꺼려서 그 같은 미봉책을 쓰려 했던 것일지요? 이와 같다면 너무 엉성한 처사입니다.

대개 붕우는 오륜 가운데 하나이니, 경솔히 헤어질 수도 없고 쉽게 만날 수도 없는 것입니다. 저 여윤의 마음가짐과 행동이 과연 흑이며 음이며 소인이었고 보면 분명한 말로 절교한 것 또한 잘한 일이 아니었겠습니까. 그런데 절교한 뒤에 그 사람이 개과천선하였다는 실제 증거를 보지도 못했으면서 구차스럽게 따르고 아부하여 도리어 마치 그와 애당초 서로 절교한 적이 없는 사람처럼 행동하였고, 또 절교하겠다는 말을 들었던 사람들한테 당시에 경솔히 말하였던 잘못을 해명한 적도 없었으니, 이는 제 생각에 모두 알 수 없는 점들입니다. 저는 그가 무탈하였을 때 이미 이러한 사실을 알아서 따져 묻지 못하였고, 그가 죽은 뒤에는 또 그의 아들에게 감히 깊은 내용을 말하지도 못하였습니다. 이에 매양 '길보가 이렇게 한 것은 반드시 어떤 이유가 있었을 터인데 어리석은 나의 소견으로는 추측할 수 없다.'라고 생각하곤 하였습니다. 오직 집사만큼은 필시 이 일에 관해 환히 알고 있는 부분이 있을 터이니, 그에 관한 설을 들려주기를 바랍니다. 그 외에 소소한 부분에 대해서는 후일에 계속 여쭙겠습니다.

길보의 편지에 허목과 윤휴를 병칭한 것[111]은 또한 정밀하지 못한

111 길보의……것 : 1669년 윤선거가 죽기 직전에 송시열에게 보내려 했던 이른바 〈기유의서〉에서 남인에 대한 송시열의 가혹한 태도를 비판하면서 "비록 윤선도라 할지라도 그가 탐욕스런 행동과 시기하는 마음을 고친다면 재주에 맞게 등용해야 하며 우리와 다른 삼년복을 주장하였다고 해서 영영 배척해서는 안 됩니다. 또 그 나머지 조경(趙絅)과 홍우원(洪宇遠) 등 여러 사람은 비록 논의에 근거가 없고 마음 씀이 편파적이라 해도 처벌이 과도했고 금고를 당한 지도 오래되었으니 진실로 깨끗이 사면하여 서용해

것이 아닐까 합니다. 윤휴는 처음부터 끝까지 예를 논하는 데 가담하지 않았고, 허목은 당초에 다만 예송(禮訟)뿐이었습니다. 그러므로 당시 시남(市南 유계(兪棨))이 조정에 있을 때 그를 평소와 다름없이 허여해 주었는데, 해남(海南)의 상소[112]가 나온 뒤에는 허목이 마음이 편치 못하여 세 민씨(閔氏)[113]의 여막(廬幕)에 찾아가서 자책하였습니다. 이에 세 민씨가 이르기를 "그대의 뜻이 이와 같다면 어찌 소장을 올려 스스로 해명하지 않는가?" 하자 허목은 알겠다고 말하며 자리에서 일어났으나 끝내 그 말대로 하지 않았습니다. 조정의 여론은 이랬다저랬다 하는 그의 변덕을 미워하여 그를 내쫓아 외방 고을 수령에 보임하였으나 또한 그를 깊이 그르다고 여기는 정도까지는 아니었습니다. 그러다 동궁(東宮)이 탄생한 뒤에 마침내 국본(國本)이 정해지지 못했다는 소장[114]을 올려 상의 마음을 동요시키려는 계책으로 삼았는데, 당시 대정상(大

야 할 것입니다. 하물며 윤휴와 허목 두 사람은 본래 사류(士類)에 속하는 사람이니 비록 과오가 있다 해도 어찌 끝내 참소를 일삼으며 악독한 짓을 행하는 도적으로 단정 짓고 용납하지 않을 수 있겠습니까."라고 한 것을 가리킨다. 《魯西遺稿 別集 擬答宋英甫》

112 해남(海南)의 상소 : 윤선도가 올린 소장을 말한다. 1659년(효종10) 효종이 승하한 뒤에 자의대비(慈懿大妃)의 복상 문제를 두고 기해예송이 벌어졌는데, 이듬해 1660년 4월 18일 자최 삼년복(齊衰三年服)을 주장하는 윤선도가 상소를 올려 기년복(朞年服)을 주장하는 송시열의 의견에 반박하였다. 결국 이로 인해 윤선도는 파직되어 유배형에 처해졌다. 《顯宗實錄 1年 4月 18日》

113 세 민씨(閔氏) : 민시중(閔蓍重), 민정중(閔鼎重), 민유중(閔維重) 삼형제를 말한다.

114 국본(國本)이……소장 : 1663년 훗날 숙종이 되는 왕자 이돈(李焞)이 태어나자 허목이 소장을 올려 "국본이 아직 정해지지 않은 것은 나라가 위태롭게 되는 길입니다."라고 하면서 이돈을 속히 세자로 책봉해야 한다고 청하였다. 《顯宗實錄 4年 8月 5日》

鄭相)[115]이 이를 큰 화란이 일어날 근원으로 여겨 극력 논파하여 말하기를 "원자(元子)가 탄생한 때가 바로 국본이 정해진 날입니다." 하니, 이로 인해 상의 마음이 풀려 사악한 의론이 마침내 저지되었습니다. 이는 허목과 윤휴가 처음에는 달랐다가 나중에는 같아진 곡절이니, 이 점을 알지 않아서는 안 됩니다.

115 대정상(大鄭相) : 정태화(鄭太和)를 가리키는 말로, 그의 친동생 정치화(鄭致和)와 사촌동생 정지화(鄭知和)가 모두 재상의 반열에 올랐는데 정태화가 가장 나이가 많았으므로 '대(大)'란 말로 구별한 것이다.《宋子大全隨箚 卷7》

박화숙에게 답함 갑인년(1674, 현종15) 1월 24일

答朴和叔 甲寅正月二十四日

저의 병이 오래도록 낫지 않은 가운데 그리운 마음이 더욱 간절하던 차에 의동(義洞)으로부터 이달 2일에 작성된 편지와 몇 건의 별지를 전해 받았습니다. 이에 종일토록 펼쳐 보고 완상하면서 정밀하고 깊은 이치와 충직하고 순후한 은덕을 한층 더 느꼈으니, 이 어리석고 거친 마음을 경계하고 가르치는 부분이 많았습니다. 다만 듣건대 형조에서 감처(勘處)를 기다리는 것이 끝날 기미가 없는데 성상의 뜻은 더욱 준엄하다고 하니,[116] 깊이 염려되는 마음을 말로 다 표현할 길이 없습니다.

116 형조에서……하니 : 1673년 9월 9일 영돈녕부사 김우명(金佑明)이 현종을 면대한 자리에서 민업(閔業)의 손자 민신(閔愼)이 실성한 아버지 민세익(閔世益)을 대신하여 참최복(斬衰服)을 입은 것을 패륜으로 규정하며 조사할 것을 청하자, 얼마 뒤 그 일을 조언한 박세채가 형조 근처의 임시 거처에 머물며 상소하고 대죄(待罪)하였다. 이 일에 대해 확실한 처벌을 원하였던 현종은 그렇지 못한 조사 결과가 마음에 들지 않아 재조사를 거듭 지시하였고, 결국 처분은 계속 지연되어 박세채는 몇 달 동안 형조 근처의 임시 여막에서 이러지도 못하고 저러지도 못하는 진퇴양난의 상황에 빠지게 되었다. 이듬해 1월 형조에서 다시 그 일을 조사하여 보고하자 현종은 여전히 기존 입장을 고수하면서 "아비와 자식은 사람의 큰 인륜이니, 한번 어긋나면 사람이 어찌 사람이 될 수 있겠는가. 민세익이 만일 완전히 실성하지 않았는데 그의 아들이 대신해서 할아버지 복을 입었다면, 아무리 조문객의 지시에 못 이겨 그렇게 하였다 하더라도 민신이 어떻게 그 죄를 면할 수 있겠는가. 이 조사 문건은 민세익을 추문하지 않아 관례에 크게 어긋날 뿐 아니라 모호하기가 짝이 없어 매우 터무니없다. 다시 자세히 조사하여 아뢰라."라고 하며 엄중한 뜻을 보였다. 《宋子大全 附錄 卷6 年譜》《承政院日記 顯宗 15年 1月 2日》《顯宗實錄 15年 1月 2日》

집사께서 올리려고 한 상소에 나오는 뜻은 제가 이미 올렸던 상소의 대의와 대체로 같으니, 저의 상소가 그리 이치에 어긋나지 않았음을 다행으로 생각합니다. 단 보내온 편지의 뜻이 더욱 치밀하니, 거기에는 미치지 못합니다.

석담(石潭)의 연보에 대해 편지에서 하신 말씀은 참으로 옳고 또 옳습니다. 《주자연보(朱子年譜)》에는 《주자대전(朱子大全)》에 실린 것을 뽑아서 수록한 부분이 몹시도 많습니다. 만약 이곳에 수록할 만한 것이 있다면 어찌 저곳에는 두고 이곳에는 뺄 수 있겠습니까. 요컨대 출처의 도리와 의리의 요체에 관련한 내용이 있다면 마땅히 그 대략을 요약해 기록하여 후대 사람들에게 보여야 하되 그중 번잡하고 잡다한 것은 삭제하지 않아서는 안 됩니다. 단 집사께서 첨삭하여 보내 줄 때까지 기다리겠습니다.

선사(先師)의 문자는 삼가 믿을 만한 인편이 있을 때 부쳐 보내 드리겠습니다. 근자에 옥산(玉山)[117]의 현손(玄孫)이 보낸 편지를 받았는데, 거기에서 "집에 선조께서 남기신 시 몇 편이 있는데, 선생(이이(李珥))의 문집 끝에 덧붙여 드러내기를 바랍니다."라고 하였으니, 그 뜻이 좋은 듯하고 또 그러한 전례가 없지 않으므로 기록해 보여 준다면 응당 집사와 상의해 보겠다는 말로 답장을 하였습니다. 집사의 뜻은 어떻습니까? 알려 주기를 바랍니다.

117 옥산(玉山) : 율곡(栗谷) 이이(李珥)의 동생인 이우(李瑀, 1542~1609)의 호이다. 초명이 위(瑋) 또는 후(珝), 자는 계헌(季獻), 또 다른 호는 죽와(竹窩)·기와(寄窩)이다. 송시열이 그의 묘표와 시문집 《옥산시고(玉山詩稿)》의 서문을 썼다. 《宋子大全 卷138 玉山詩稿序, 卷193 軍資監正李公墓表》

《가례회성(家禮會成)》의 계절조(繼絶條)를 기록해 보내 드립니다.

제 질병은 지난겨울에 비해 조금은 나아졌으나 음식이 막혀 잘 내려가지 않으니 의지할 만한 근본적인 힘이 없습니다. 이에 만약 몸 안에서 탈이 나고 동시에 몸 밖에서 나쁜 기운이 침입해 들어와 갑자기 병이 발작한다면 필시 버틸 수 없을 것입니다.

제 못난 손자 아이가 혹 집사로부터 부름을 받아 외람되이 가르침을 받는다면 그 어떤 감사함이 이만하겠습니까. 다만 그 아이와는 자기 모친이 죽은 뒤로 한 번도 서로 떨어진 적이 없는데 지금은 벌써 한 달 동안이나 보지 못하였으니, 송아지를 핥아 주는 늙은 이 몸의 심회[118]를 주체할 수 없습니다. 이에 형편상 가급적 빨리 그 아이를 불러 돌아오도록 해야 할 것 같습니다.

별지

미촌(美村)의 행장 표제에 대한 말씀[119]은 삼가 잘 살펴보았습니다.

118 송아지를……심회 : 자식을 끔찍이 사랑하는 늙은 어버이의 마음을 뜻하는 말이다. 양표(楊彪)의 아들 양수(楊修)가 조조(曹操)에게 죽음을 당하였는데, 그 뒤에 조조가 양표에게 왜 그토록 야위었느냐고 묻자 양표가 "늙은 소가 송아지를 핥아 주는 애정을 아직도 지니고 있어 그렇다."라고 대답하였다. 《後漢書 楊震列傳 楊彪》

119 미촌(美村)의……말씀 : 미촌은 윤선거(尹宣擧)의 호이다. 박세채가 송시열에게 보낸 편지에서 자신이 윤선거의 행장을 지을 때 그 표제에 윤선거의 증직(贈職) 명칭을 넣은 것을 해명하면서 "제가 불민하여 일찍이 '다른 집안 행장의 제목과 비석의 전면에 으레 반드시 그 사람의 관작과 시호를 갖추어 쓰는 법이므로 비록 의리에 매우 온당치 못한 점이 있다 하더라도 이미 논의가 정해져 명정과 신주에 그렇게 썼다면 바로 행장을 찬술할 때에 이르러 독자적으로 삭제해서는 안 된다.'라고 생각하였기 때문이니, 이는 다만 상례(常例)를 따른 것일 뿐입니다."라고 한 것을 가리킨다. 《南溪集

무릇 서술을 하는 자는 그저 본가에서 정한 바에 따를 뿐입니다. 그러나 저는 이것에 대해 만약 진실로 집사의 마음에 편히 여기지 못하는 부분이 있다면 자인(子仁)이 이미 붕우의 반열에 있는 이상 응당 그와 더불어 상의하여야 할 듯하다고 생각했기에 지난번 편지에서 감히 그렇게 말한 것일 뿐입니다.

모인(某人 윤휴(尹鑴))으로 말하자면 제가 소싯적에 그와 가장 친하게 지냈는데, 그가 주 부자(朱夫子)에 대하여 악착같이 흠만 캐내려 하고 동방(東方)의 선정(先正)에 대해서 능멸을 가하는 것을 목도한 뒤에는 점차 그의 마음속의 생각을 의심하게 되었고, 이에 이따금 혹 경계를 하면 그는 단순히 냉담하게 들을 뿐만이 아니었습니다. 그러나 정이 이미 깊었기 때문에 붕우 사이로 지냈는데, 상례(喪禮)를 치를 때에 이른 뒤로는 그의 의론이 거의 급변을 알리는 것에 가까워 심지어는 "임금을 낮추고 종통을 둘로 나누었다.〔卑主貳宗〕"라는 말까지 하였으니,[120] 이는 근일에 지은 화의 근원을 막는다는 글까지 갈 것도 없이 이미 깜짝 놀라 두려워할 부분입니다. 그 뜻이 이와 같았으니, 제가 비록 진실로 옛 우의를 온전히 유지하려고 했더라도 그쪽에서 응당

卷25 答宋尤齋別紙》

120 상례(喪禮)를……하였으니 : 상례는 효종의 상례를 가리킨다. 1659년(현종 즉위년) 효종이 승하한 뒤 인조(仁祖)의 계비인 자의대비(慈懿大妃)의 상복을 어떻게 입을 것인가 하는 문제가 제기되었을 때 송시열을 비롯한 서인 측에서 기년복(朞年服)을 주장하였는데, 이에 삼년복을 주장한 윤휴가 허목(許穆)에게 편지를 보내어 "이미 중한 임무를 받아 천지 종묘의 주인이 되었는데도 '강복(降服)을 해야 한다.'라고 말한다면 이것은 '종통을 둘로 나누고 임금을 낮추는 것〔貳其宗而卑其主〕'이 아니겠는가."라고 하면서 그 주장을 비판하였다. 《白湖集 卷14 答許眉叟》《顯宗實錄 4年 7月 29日》

절교하면서 도리어 엄준하지 못한 건 아닐까 염려하였을 것입니다. 이런 까닭으로 절교하려 하지 않아도 저절로 절교하게 된 것입니다. 또 그는 오만하게 대현(大賢)의 지위를 자처하였고,-양이(養而)와 주고받은 편지를 보면 알 수 있습니다.- 그 문도들이 그를 추켜올리는 것이 또 안자(顔子)나 맹자(孟子) 이하에 있지 않았으니, 저와 같이 비루하고 못난 이는 비록 물 뿌리고 쓸며 청소하는 제자의 반열에 끼고자 하더라도 어찌 그렇게 될 수 있겠습니까.

그런데 미촌의 경우는 모인에게 시종일관 살뜰하고 지성스러웠으니, 그는 모인을 신뢰했을 뿐만 아니라 동료들이 모인을 의심하지 않기를 바라기도 하였습니다. 만년에 산사에서 모인 일로 말하자면 처음에는 절교하겠다는 말을 하였으나 그 후에 들은 바로는 다시 그렇지 않은 점이 있었기에, 그가 세상에 살아 있을 때 질정하여 의심스러운 점을 제거하지 못한 것이 한스럽습니다. 이러한 이유로 지난번 편지에서 그렇게 여쭌 것이니, 미촌에게 어떤 하나의 이유가 있었을 터인데 치우치고 막힌 견해를 지닌 저로서는 추측하지 못하는 부분이 있다고 말했던 것입니다. 그런데 지금 집사께서 미촌의 행장을 수정하겠다고 하니, 이는 애초에 생각지도 못한 것입니다.

자인에 대해 말하자면, 저는 감히 집사의 편지에서 말한 바와 같이 그를 의심한 것이 아닙니다. 효자의 마음에 혹여 황천에까지 비난이 미칠까 두려워 너무 심한 일은 벌이지 않은 것이라고 여겼던 것일 뿐입니다.

또 삼가 여쭐 말이 있습니다. 회덕(懷德)에 있는 서원[121]은 정 문익공

121 회덕(懷德)에 있는 서원 : 충청도 회덕에 있는 숭현서원(崇賢書院)을 가리킨다. 1585년(선조18)에 창건되어 정광필, 김정, 송인수를 향사하고 뒤이어 김장생, 이시직,

(鄭文翼公 정광필(鄭光弼)), 김충암(金冲庵 김정(金淨)), 송규암(宋圭庵 송인수(宋麟壽)), 김사계(金沙溪 김장생(金長生)) 네 선생을 봉안하고, 거기에 이죽창(李竹窓)-시직(時稷)-, 송야은(宋野隱)-시영(時榮)-을 배향(配享)하였는데, 뒤의 두 공은 강도(江都)에서 의리에 따라 순절한 분들입니다. 그런데 지금 회향(懷鄕)의 젊은 무리가 동춘(同春)을 배향하고자 하면서 그 위차(位次)에 대해 묻자, 저는 "동춘과 사계(沙溪)는 평범한 사승 관계가 아니니, 반드시 주자(朱子)께서 정하신 염계(濂溪)와 두 정자(程子)의 전례[122]에 의거하여 마땅히 배위(配位)에 모셔야 하고, 또 동춘은 이죽창에게 '문인(門人)'이라고 칭하였으니 어찌 자신은 정위(正位)에 처하고 죽창은 배위의 열에 위치하도록 하면서 마음에 편안한 수 있겠는가."라고 답해 주었습니다. 이에 여러 의론은 더러 저의 이 말을 옳지 못하다고 여겼는데, 이는 파산서원(坡山書院)[123]에는 부자가 나란히 앉아 있고 죽림서원(竹林書院)[124]

송시영, 송준길을 향사하였다. 《同春堂集 續集 卷12 附錄 院享錄》

122 주자(朱子)께서……전례 : 주희(朱熹)가 휘주(徽州) 무원현(婺源縣)에 주돈이(周敦頤)와 정호(程顥)·정이(程頤) 형제를 모시는 사당을 지을 때 서로 사제 간임을 고려하여 주돈이는 정위로 하여 남쪽을 향하게 하고 정호·정이 형제는 배위로 하여 각각 동쪽과 서쪽을 향하게 한 것을 가리킨다. 《晦菴集 卷79 徽州婺源縣學三先生祠》

123 파산서원(坡山書院) : 1628년(인조6) 경기 파주(坡州)에 건립된 서원으로, 청송(聽松) 성수침(成守琛)과 우계(牛溪) 성혼(成渾) 부자를 향사하였다. 《牛溪集 牛溪先生年譜》

124 죽림서원(竹林書院) : 오늘날의 충남 논산시 강경읍 황산리에 있는 서원으로, 1626년에 건립하여 1665년(현종6)에 사액(賜額)을 받았다. 처음에는 이이, 성혼, 김장생을 제향하였다가 1663년 12월에 정암 조광조와 퇴계 이황을 추가로 제향하였다. 《宋子大全隨箚 卷13 目錄》

에는 율곡(栗谷)과 사계가 나란히 제향되고 있는 것을 가리켜 말한 것입니다. 파산서원과 죽림서원의 일은 어떻게 생각합니까? 예전 신독재(愼獨齋)를 돈암서원(遯巖書院)에 봉안할 당시 길보(吉甫)가 파산서원의 전례를 따르고자 하자, 제가 그것이 불가하다는 뜻을 힘써 주장하여 마침내 배향이 되었던 적이 있습니다. 대체로 이 일은 이러한 시기에 애당초 급급해 하면서 분란을 초래할 필요가 없는 일입니다. 이에 일전에 그러한 뜻으로 누차 이산(尼山)의 유생들에게 언급하였으나 그들은 제 말을 믿지 않았을 뿐만 아니라 도리어 의심하고 비방을 하였습니다. 이 때문에 회덕의 일에 대해서 또 입을 열고 싶지 않은 것입니다.

이상의 몇 가지 설에 대해 지극히 정당한 결론을 듣기를 원하오니, 편협하고 막힌 소견을 지닌 저는 매양 감히 자신할 수 없어 이렇게 번거로이 고하는 바입니다.

박화숙에게 답함 갑인년(1674, 현종15) 2월 10일

答朴和叔 甲寅二月十日

지난달 25일과 29일에 보낸 편지를 오늘 한꺼번에 받았으니, 저를 도외시하지 않는 그 마음에 깊은 감사를 드립니다. 저 또한 편지를 보내고 《가례회성(家禮會成)》의 한 단락을 베껴 쓴 것도 아울러 보냈으니, 지금쯤 이미 받아 보았을 것으로 생각합니다.

선사(先師 김장생(金長生))께서 찬술한 자운(紫雲 이이(李珥))의 행장은 장수가 너무 많아 베껴 쓸 사람이 없으니, 응당 후일을 기다려야 하겠습니다.

편지에서 상사를 거듭 당하였다고 하였으니, 이는 실로 선민(鮮民)이 크게 한스럽게 여겼던 일[125]입니다. 이에 실로 집사께서 스스로 극복하지 못하리라 짐작합니다.

미촌(美村 윤선거(尹宣擧))의 행장 기록에 대해 말하자면, 저는 이와 같은 삭제와 수정을 원했던 것은 아니고 그저 마음속에 의문이 있어 나아가 질정하지 않을 수 없었기에 지난 편지에서 감히 그렇게 여쭈었던 것입니다. 그런데 어제 자인(子仁)의 편지를 보니 땀이 흐를 정도로 황공한 마음을 주체할 수 없었습니다. 붕우의 도는 본디 서로 절차탁마

125 선민(鮮民)이……일 : 선민은 부모를 여의고 외롭게 사는 백성을 이르는 말로, 《시경》 〈소아(小雅) 육아(蓼莪)〉에 "작은 병의 텅 빔은, 큰 병의 수치라네. 선민의 삶이, 죽음만 못한 지 오래되었네. 아버지가 없으면 누구를 믿으며, 어머니가 없으면 누구를 믿을까. 나가면 근심을 품고, 들어오면 이를 곳이 없어라.〔甁之罄矣, 維罍之恥. 鮮民之生, 不如死之久矣. 無父何怙, 無母何恃. 出則銜恤, 入則靡至.〕"라고 하였다.

하기를 게을리하지 않아야 마땅합니다. 주 부자(朱夫子)의 경우는 심지어 동래(東萊)가 죽은 뒤에도 오히려 그에 대해 근심하고 탄식하였는바, 이는 벗들에게 보내신 편지에서 볼 수 있는 사실입니다.[126] 그러니 지금 자인의 경우 어찌 더불어 상의할 수 없겠습니까. 그러나 주자(朱子)께서는 감히 동래에게 형공(滎公)의 일을 끝까지 다 말하지 못하셨으니,[127] 하물며 자인의 경우는 부자지간에 해당하므로 그것이 어

126 주 부자(朱夫子)의……사실입니다 : 동래는 남송의 학자 여조겸(呂祖謙)의 호이다. 그는 절강(浙江) 근처에 살면서 사학(史學)을 주장한 절동학파(浙東學派)의 시조이다. 주희(朱熹)의 절친한 벗이었으나 경학(經學)을 중시하는 주희로부터 누차 비판을 받았는데, 주희는 여조겸의 사후 그의 학문적 영향을 받은 학설이 속출하는 경향을 비판하여 문인 첨의지(詹儀之)에게 보낸 편지에 "절중(浙中)에서 근래 온갖 해괴한 논의가 나와 사람들의 이목을 놀라게 합니다."라고 하였고, 문인 유청지(劉淸之)에게 보낸 편지에는 "백공(伯恭)이 죽은 뒤에 온갖 해괴한 논의가 속출하고 있는데, 여자약(呂子約)이 별도로 설명한 하나의 어그러지고 괴이한 말의 경우는 전연 공자와 맹자의 법도가 아니고 도리어 관중(管仲)과 상앙(商鞅)의 견식이었으니 저를 놀라고 탄식하게 만듭니다. 그러나 이 또한 애초에 물에다 진흙을 타듯 시비를 뒤섞어 버린 백공의 태도가 불러온 결과입니다."라고 하였다. 백공과 자약(子約)은 각각 여조겸과 그 아우인 여조검(呂祖儉)의 자이다. 《宋元學案 卷51 東萊學案》《晦菴集 卷27 答詹帥書, 卷35 與劉子澄》《尤菴先生書節要集解 卷8》

127 주자(朱子)께서는……못하셨으니 : 형공은 여조겸의 고조부인 여희철(呂希哲)로, 그의 봉호(封號)가 형양공(滎陽公)이다. 주희가 여조겸에 보낸 편지에 "지난번 정헌공(正獻公)의 일을 기록한 〈가전(家傳)〉을 보니 소씨(蘇氏)를 언급하면서는 곧바로 '부박(浮薄)한 무리'로 지목하였는데, 사인장(舍人丈)이 지은 《동몽훈(童蒙訓)》에는 '시문(詩文)은 반드시 소식(蘇軾)과 황정견(黃庭堅)을 본보기로 삼아야 한다.'라고 극론하였습니다. 이에 속으로 탄식하기를 '정헌공과 형양공 같은 분은 다른 사람을 제대로 미워할 수 있는 분이라 이를 만하나 유독 사인장이 은밀한 뜻에 대해 깨우치지 못한 것은 유독 한스럽다.' 하였습니다. 그렇다면 노형(老兄)의 금일 논의는 다른 것은 차치하더라도, 가학(家學)에 있어서도 가까운 것에 가려서 먼 것에 위배되는 것이라 하겠습

떻겠습니까. 이러한 이유로 의심스러운 점을 다만 집사께 질문하고자 하였으니, 이는 가슴속의 깜깜한 부분을 제거하고자 한 것[128]이지 다른 이유는 없습니다. 이에 지금 집사께서 행장을 산삭하고 수정한 것이 만약 자인의 뜻과 같다면 이는 또한 저의 충정을 제대로 살피지 못한 것입니다. 부디 헤아려 보는 것이 어떻겠습니까?

《주문습유(朱文拾遺)》는 이제 구색을 갖추었으니, 아주 좋습니다. 다만 이 외진 나라에서 얻을 수 있는 것이 많지 않음이 한스러울 뿐입니다.

제 손자 아이가 이렇게까지 후의를 입었으니, 감사하는 마음 어찌 끝이 있겠습니까. 다만 그 아이가 지금 집사께서 있는 자리로 나아가지 못하는 것이 한입니다. 지금 그 아이로 하여금 한식날에 수원(水原)으로 가서 그 어미의 제사를 지내고 돌아오도록 하였으니, 그 전에 부디 불러서 독려하고 가르쳐 주기를 바랍니다.

죄를 청하는 소장은 부득이 올려야 할 듯합니다. 해당 원(院)에서 봉입(捧入)할지의 여부는 따지지 말고 나 자신의 도리에 있어서 그냥 지나쳐 버릴 수 없는 문제입니다.

마침 번잡한 일이 있기에 바쁜 관계로 이만 줄입니다.

니다."라고 하였다. 정헌공은 여희철의 부친인 여공저(呂公著)의 시호이고, 사인장은 중서사인(中書舍人)을 지낸 여본중(呂本中)으로 여조겸의 종조부(從祖父)이자 여희철의 손자이다. 〈가전〉은 여희철의 저작이다. 송시열의 말은 주희의 편지 내용이 여희철의 가학이 잘못되었음을 노골적으로 비판하지 않고 그 손자인 여본중의 잘못만 지적하는 것으로 단서만 제시함으로써 자신의 본의를 은근히 전하였다는 말이다. 《晦菴集 卷33 答呂伯恭》《宋子大全 附錄 卷7 年譜》

128 가슴속의……것 : 주희가 여조겸이 경서의 의미를 제대로 이해하지 못한다고 하면서 "어찌하여 많은 책을 읽은 사람의 가슴속이 이와같이 깜깜하단 말입니까."라고 비판한 것을 원용한 말이다. 《晦菴集 續集 卷1 答黃直卿》

별지

"종자가 부친이 없는데 일찍 죽었을 경우〔宗子孤爲殤〕" 조목의 소(疏)에서는 혹은 '종자'라 칭하고 혹은 '서손(庶孫)'이라 칭하였는데, 이는 모두 주자의 차자(箚子) 및 〈상복(喪服)〉의 내용과 차이가 있습니다. 부디 본원적인 것에서부터 말씀하여 따로 한 종류의 글을 지어 보여 주시기를 간절히 바라고 또 바랍니다. 최령(崔令)에 대해서는 매양 '그 사람됨이 엉성하지 않다.'라고 여겨 왔는데, 그의 견해가 이렇게까지 고명할 줄은 생각지 못하였습니다. 그의 설까지 아울러 한 통 베껴서 보내 주기를 부탁드립니다.

〈제찬도(祭饌圖)〉에서 청장(淸醬)을 《가례(家禮)》에 제시된 초 접시〔醋楪〕[129]의 위치에 대신 진설하는 것은, 완전히 새롭게 창안하지 않으면 거의 허물이 적을 수 있을 것이기에 일전에 자인에게 그렇게 언급하였던 것입니다. 단 그림 바깥에 그렇게 한 이유를 글로 써서 재차 밝힌다면 좋겠습니다. 그러나 이는 《의례(儀禮)》에서 장(醬)이 가운데에 있는 것과는 차이가 있으니, 이에 대해 또한 어떻게 생각합니까?

시제(時祭)에서 강신(降神)할 때 다만 분향(焚香)만 하는 것에 대해 선사(先師)께서는 매양 "참례(參禮)와 시제는 그 경중이 현격히 다르니, 시제의 의식이 상응하지 않아 도리어 참례보다 가벼운 것이 된다. 여기에는 궐문이 있는 것이 분명하다."라고 하셨습니다. 그런데 제 생각으로는 일반적으로 궐문이라고 하면 다만 몇 글자를 빠뜨리는 데에 불과하니, 예컨대 하관(下官)할 때의 삽(翣)이 바로 그런 경우에 해당

129 초 접시 : 대본에는 '醋楪'이라고 되어 있는데, 《가례》 권5 〈제례(祭禮)〉에 근거하여 '楪'을 '楪'으로 바로잡아 번역하였다.

합니다.[130] 그런데 강신하고 술을 붓는다는 한 단락의 경우는 무려 수십 자에 이르니 우연히 빠뜨린 것은 아닐 듯한바, 여기에는 실로 감히 알 수 없는 부분이 있습니다. 혹시 최초에 기록을 전할 때 실수로 넘어간 것일지요? 회재(晦齋)의 《봉선잡의(奉先雜儀)》에서도 술을 붓는다는 한 항목을 보충해 넣었으니, 《상례비요(喪禮備要)》만 그런 것은 아닙니다. 후인들이 이를 행하더라도 그리 큰 문제가 되지는 않을지요?

어육(魚肉)과 탕(湯)을 《격몽요결》에서는 2가지 물건으로 보았으니, 이는 《가례》와는 별도의 한 가지 설입니다. 대체로 《가례》에서는 어육이라고만 하였으니, 탕이든 저민 고기〔胾〕든 모두 무방하지 않을까 합니다. 다만 《격몽요결》에서는 생어(生魚)와 날고기를 쓰도록 하였고 《가례》에서는 보통 제수는 모두 익힌다고 하였는데, 유독 여기에서만 생어와 날고기를 쓴다면 《가례》의 의례를 순전히 따르는 것은 아닐 듯합니다. 어떻게 생각합니까?

시제는 점을 쳐서 정한 날이나 분지(分至)[131]에 지낸다는 것은 이미 다 선유(先儒)가 주장했던 의론이니, 모두 안 될 것은 없습니다.

재계(齋戒)를 3일 동안 한다는 것은 아마도 주자께서 그렇게 참작한 것이 우연이 아닐 듯합니다. 정자(程子)께서는 일찍이 "그분이 좋아하던 것을 생각한다……"[132]라는 말에 대해 논하면서 "이는 이미 첫째가는

130 하관(下官)할……해당합니다 : 삽은 발인 때에 상여의 앞과 뒤에서 들고 가는 치장(治葬) 제구의 하나인데, 《가례》 권5 〈상례(喪禮) 치장〉에 이를 설명한 조목이 있으나 막상 그 뒤의 "이에 하관한다.〔乃窆〕"라는 조목에는 삽을 넣는다는 말이 없다. 이에 대해 김장생(金長生)은 궐문이거나 일부러 생략한 것이라고 하였다. 《家禮輯覽 喪禮 治葬》

131 분지(分至) : 춘분과 추분, 하지와 동지를 아울러 이르는 말이다.

132 그분이……생각한다 : 《예기》 〈제의(祭儀)〉에 "안에서는 치재(致齊)하고, 밖에

사람이다."[133]라고 하였습니다. 그러하니 3일 동안 생각을 집중하고 순정하게 하는 것이 역시 어찌 어려운 일이 아니겠습니까.

제게 여러 문자를 부탁한 일은 둘째 손자 주석(疇錫)이 항상 주관하고 있는데, 어제 그 아이가 상운도(祥雲道)의 역참으로 갔으니,[134] 응당 그가 돌아올 때 검토해야겠습니다. 단 《주문습유(朱文拾遺)》는 율곡의 연보를 보내 드릴 때 함께 넣지 않았습니까? 분서(汾西) 어른에 관한 계획은 너무도 사람을 서운하게 만듭니다.

신부를 몹시도 데리고 돌아오고 싶으니, 부디 그에 대해 헤아려 말씀해 주기를 바랍니다.

서 산재(散齊)한다. 재계하는 날에는 그분의 거처를 생각하고, 그분의 웃음과 말소리를 생각하고, 그분이 뜻하던 것을 생각하고, 그분이 좋아하던 것을 생각하고, 그분이 즐기던 것을 생각한다. 재계한 지 3일이 되어야 비로소 그 재계하는 대상을 보게 된다."라고 한 것을 가리킨다.

133 이는……사람이다 : 《이정유서(二程遺書)》 권18 〈유원승수편(劉元承手編)〉에 "무릇 제사에는 반드시 치재를 하는데, '재계하는 기간에는 그분의 거처를 생각하고, 그분의 웃음과 말소리를 생각한다.'라는 것은 효자가 평소에 어버이를 생각하는 것이지 재계가 아니다. 재계는 생각함을 용납하지 않으니, 생각이 있으면 곧 재계가 아니다. '재계한 지 3일이 되면 반드시 그 재계하는 대상을 보게 된다.'라는 것은 성인(聖人)의 말씀이 아니다. 재계라는 것은 담담하게 순일(純一)하여야 바야흐로 귀신과 접할 수 있으니, 그렇게 하고 능히 귀신을 잘 섬기면 이미 이는 가장 첫째가는 사람이다."라고 하였다.

134 상운도(祥雲道)의 역참으로 갔으니 : 송시열의 양자이자 송주석(宋疇錫)의 부친인 송기태(宋基泰)가 이때 상운도 찰방(祥雲道察訪)이었다. 《宋子大全隨箚 卷7》

박화숙에게 답함 갑인년(1674, 현종15) 5월 24일

答朴和叔 甲寅五月二十四日

며칠 전 인편을 통해 편지 한 통을 부치고 나서 전달되기를 고대하였는데, 이번에 보내온 심부름꾼을 통하여 근황이 평안하다는 사실을 알게 되니 기쁘고 위로되는 심정 그지없습니다.

저는 딸아이의 병이 며칠 전부터 조금 차도가 있기에 오늘 상태가 어떤지를 다시 살펴보고서 내일쯤 길에 나설 작정입니다. 그리하여 지평(砥平)과 여주(驪州) 사이에서 흠위(廞衛)[135]를 통곡 속에서 닻이 하고자 하는데, 끝내 길을 나서게 된다면 저의 넷째 손자로 하여금 그대로 집사께 나아가 문후를 여쭈도록 하겠습니다.

지난 3월 24일에 보내 준 편지[136]에 대하여 오래도록 답을 드리지 못하였는데, 이는 그 후 병이 계속되어 오랫동안 애타는 심정 속에 빠져 있다가 지난달 20일 이후로는 상태가 더욱 심각해져 다른 일에 겨를을 낼 수 없었기 때문입니다.

보내온 편지에서 여윤(驪尹 윤휴(尹鑴))을 대하는 태도가 노서(魯西 윤선거(尹宣擧))가 여윤을 대하는 태도와 비교하여 어떠한지는 비록 제가 감히 알 수 없으나, 예로부터 현인과 군자는 의리상 조금이라도

135 흠위(廞衛) : 국상의 장례 행렬에 쓰던 여러 가지 도구로, 여기서는 효종의 비인 인선왕후(仁宣王后)의 장례 행렬을 말한다.

136 3월……편지 : 《남계집》에는 해당 편지가 3월 23일에 보낸 것으로 되어 있다. 《南溪集 卷25 答宋尤齋》

부족한 부분이 있으면 태도를 완전히 바꿔서 그 속에서 나오는 말을 분명하고 명백하게 하였습니다. 만약 노서가 흑(黑)인지 백(白)인지 음(陰)인지 양(陽)인지에 대해서 판별한 후 그 마음속에 곧 후회의 단서가 일었다면 곧장 "당시 했던 말은 나의 망발이었다."라고 했어야 마땅하니, 그렇게 했다면 그 마음이 어찌 푸른 하늘의 밝은 태양처럼 분명하지 않았겠습니까. 이를 통해 잘못을 고치는 데에 거리낌이 없는 군자의 큰 덕을 더욱 확인할 수 있는 것입니다. 그런데 그는 그렇게 하지 못하고 곧장 편지를 보내어 "나는 그의 인품을 말한 것이 아니라 그 의론을 지적한 것이다."라고 하였으니, 과연 그 의론만을 지적하였을 뿐이라면 어찌 절교한다는 말을 하겠습니까. 또한 의론과 인품을 갈라서 둘로 본다면 맹자(孟子)께서 어찌 지언(知言)에 대해 논하면서 기필코 "마음에서 나와 정사에 해를 끼친다."라는 말을 공안(公案)으로 확고하게 삼아서 심지어 "성인(聖人)이 다시 나오셔도 나의 말을 바꾸지 않을 것이다."라는 말까지 하였겠습니까.[137] 이는 제가 늘 스스로 풀지 못했던 마음속의 의문이었기 때문에 집사께서 찬술한 행장을 계기 삼아 그 일과 관련된 것을 대략 거론하여 질문한 것이니, 이는 다만

137 맹자(孟子)께서……하였겠습니까 : 《맹자》 〈공손추 상(公孫丑上)〉에 "맹자가 말씀하였다. '나는 말을 안다.〔我知言〕'……공손추가 '무엇을 일러 말을 안다고 하는 것입니까?'라고 묻자, 맹자가 말씀하기를 '편벽된 말에서 가리어진 바를 알며, 방탕한 말에서 빠져 있는 바를 알며, 간사한 말에서 괴리된 바를 알며, 도피하는 말에서 논리가 궁함을 알 수 있으니, 마음에서 생겨나 정사에 해를 끼치며 정사에 발로되어 그 일에 해를 끼치니, 성인이 다시 나오셔도 반드시 내 말을 따르실 것이다.' 하였다."라고 하였다. 같은 책 〈등문공 하(滕文公下)〉에는 비슷한 표현으로 "마음에서 생겨나 그 일에 해를 끼치며, 그 일에서 나와 정사에 해를 끼치니, 성인이 다시 나오셔도 내 말을 바꾸지 않으실 것이다."라고 하였다.

이 마음의 의혹을 풀고자 한 것이었을 뿐입니다. 그런데 뜻밖에도 그 말이 너무도 널리 퍼져서 어제는 옥천(沃川)의 군수가 찾아와 이 일을 묻고 나서 윤선거의 행장 문제 때문에 불평하는 이가 많다고 말해 주었습니다. 그렇다면 이를 불평스럽게 여기는 이가 비단 자인(子仁) 형제뿐이 아닐 터이니, 지극히 송구한 마음을 금할 길이 없습니다.

그러나 저는 이로 인하여 크게 얻은 것이 있습니다. 그것은 보내온 편지 중에 "근래에 그의 설이 더욱 방자해진 것을 예상하지 못하고 '감히 다시는 상종하지 못하겠다.'라고 했던 말에 후회가 없을 수 없다."[138]라고 한 말씀이니, 이는 그 이전에는 여윤과 경솔히 절교하였음을 후회했다가 뒤에 그가 더욱 방자해짐을 보고 나서는 전날의 후회를 다시 후회한 것인바, 군자의 마음이라면 어찌 이처럼 청명하고 깨끗하지 않을 수 있겠습니까.[139] 집사의 훌륭한 마음을 흠앙하매 마치 큰

138 근래에……없다 : 1674년 3월 23일 박세채가 송시열에게 보낸 편지에서 윤휴와 끝내 절교하지 못하는 이유를 설명하면서 "이는 그의 근래 설이 더욱 방자해진 것을 예상하지 못하고 '감히 다시는 상종하지 못하겠다.'라고 했던 말에 후회가 없을 수 없는 마음이 그렇게 만든 것입니다. 제 마음을 천천히 따져 보건대 정에 얽혀서 주저하느라 차마 그 옛 정의까지 아울러 끊어내지 못하는 것입니다."라고 한 것을 가리킨다. 이에 앞서 박세채는 1674년 1월 16일에 송시열에게 보낸 편지에서 "기해년(1659)과 경자년(1660) 이전에 저는 모인(某人)에 대해 오히려 옛적의 정의로 대해서 잘못을 고쳐 화합하리라는 바람이 없지 않았습니다. 그러다 예를 논한 그의 글을 본 뒤에는 상종하려는 생각을 감히 다시는 하지 않았습니다."라고 하며 윤휴와 절교했다고 말한 바 있다. 《南溪集 卷25 答宋尤齋別紙, 答宋尤齋》

139 이는……있겠습니까 : 박세채가 윤휴와의 절교를 후회하고 머뭇거리는 태도를 보였음에도 그에 대한 송시열의 평가는 칭송으로 이루어져 있어 의외라 할 수 있는데, 이에 대해 송시열의 문인 이희조(李喜朝)의 다음과 같은 기록이 참고된다. "현석(玄石)의 답서에서 또 윤휴를 대우하는 자기의 태도를 논하면서, '지금은 친구 간의 의리가

가르침을 얻은 것과 같아서 저의 비루하고 고집스러운 마음이 저도 모르게 일시에 해소되었으니, 어진 이의 말이 어질지 못한 자에게 이처럼 유익하다는 것을 여기에서 확신하였습니다. 다만 한스러운 것은 이를 다시 윤형(尹兄 윤선거)에게 질정하지 못한다는 사실이니, 다만 눈물만 흘릴 뿐입니다. 그러나 이를 절대 다른 사람에게 말하지 말기를 바랍니다. 또다시 끝없는 구설을 일으킬까 염려됩니다. 더 남은 이야기는 끝까지 다하지 못하고 이만 줄입니다.

없다.'라고 하였다. 그런데 얼마 안 되어 윤휴가 현석에게 편지를 보내오자 현석이 그 편지를 받고 또 차마 영영 절교하지 못하겠다는 마음이 생겼다. 그래서 다시 우옹(尤翁)에게 편지를 보내어 소견이 자주 바뀌는 것을 자기의 허물로 돌리자, 우옹은 그 답서에서 '군자의 마음이 실로 이처럼 명백하지 않을 수 있겠는가.'라고 하였다. 그래서 내가 우옹에게 여쭙기를 '제가 왔을 때 박숙(朴叔)을 만났더니 또 선생께 죄를 지었다고 하면서 깊이 불안해하였는데, 지금 선생의 답서에서 도리어 칭찬한 것은 어째서입니까?'라고 하니, 선생께서 대답하기를 '절교를 하고 안 하고는 논할 것이 없이 자기의 소견에 따라 솔직하게 말하였으니 이것이 어찌 명백하지 않겠는가.' 하였다."《芝村集 卷29 雜記下》

박화숙에게 답함 갑인년(1674, 현종15) 6월 1일

答朴和叔 甲寅六月一日

흠위(廞衛)가 강물을 거슬러 올라가자 귀신과 사람이 다 슬픔에 잠기니 호숫가에서 통곡으로 맞이하고는 용문산(龍門山)으로 들어가 칩거하였습니다. 그런 때 홀연 집사의 편지를 받으니, 곤궁하고 근심스러운 마음에 큰 위안이 되었습니다.

어제 제 손자 아이가 가는 편에 작은 편지를 보내어 문후를 여쭈었으니, 그 아이가 아마 이쪽의 일에 대해 입으로 자세히 말해 주었을 것입니다. 여쭙고 싶은 말이 너무도 많고 마땅히 답해야 할 것도 많지만, 언제나 바쁘고 어수선한 것을 근심하여 실행에 옮기지 못하였습니다. 유독 국장(國葬) 이전에 지내는 제사 문제에 대해서만큼은 일전에 대략 아뢰었습니다만 그것도 자세하지 못하였으니, 몹시도 한스럽고 또 한스럽습니다. 대체로 주 부자(朱夫子)께서는 이 문제에 대해 상의를 통해서 확정 지은 적이 없으셨습니다. 또 본조(本朝)의 선현들은 서로 간에 의견이 다르고 또 자기의 의견 자체도 전후로 일관되지 않으니, 후학들로서는 무엇을 따라야 할지 모르겠습니다. 그러나 초하루와 보름의 참례(參禮)를 폐하지 않는다는 뜻만큼은 모두가 다 일치합니다. 그러니 제 생각에는 초하루와 보름의 참례를 다 폐한다면 그만이지만, 만일 폐하지 않는다고 한다면 기제(忌祭)와 묘제(墓祭) 때 슬픔을 지극히 다하는 것은 초하루와 보름의 참례와 같은 작은 의식과 비교할 때 동일한 차원으로 말할 수 없으므로, 찬품(饌品)을 조금 갖추어서 대략 초하루와 보름의 참례처럼 행하는 것도 안 될 게 없을 듯합니다.

어떻게 생각합니까?

한강 상류로 이주하겠다는 계획을 집사께서 끝내 그만두지 않는다면 저 역시 응당 그것을 보고서 거취를 정하겠으니, 인편을 통하여 다시 말씀해 주는 것이 어떻겠습니까?

박화숙에게 답함 갑인년(1674, 현종15) 7월 29일

答朴和叔 甲寅七月二十九日

안부 편지는 몹시 감사합니다. 오늘날의 일이 끝내 이 지경에 이르렀습니다만,[140] 이 또한 이미 늦게 찾아온 것입니다. 향리에 있을 때 전해 들은 말의 내용이 장황하여 내심 조만간 명이 떨어지면 피치 못하게 죽음을 무릅쓰고 이곳에 올 수밖에 없다고 생각했으니, 이곳은 바로 저의 수장(壽藏)[141]이기 때문입니다. 따라서 이곳에서 고요히 기다리고 있다가 하루아침에 명이 이르면 곧바로 이곳에서 죽어 그대로 묻히는 편이 일을 하는 데 심히 편리하고 좋을 것입니다. 그런데 이곳에 도착한 뒤로 모두 "결국 도성 밖으로 나아가지 않을 수 없다."라고들 하니, 이 말이 나름의 소견이 없지 않기에 병이 조금 나은 뒤에 앞으로 나아가고자 합니다. 그렇게 했을 때 혹 서로 만나기에 편하겠습니까?

140 오늘날의……이르렀습니다만 : 1674년 7월에 대구의 유학(幼學) 도신징(都愼徵)이 상소하여, 앞서 효종의 비 인선왕후(仁宣王后)에 대해 자의대비(慈懿大妃)가 입어야 하는 복제를 서인의 주장에 따라 9개월의 대공복으로 정한 것은 오류라고 지적하고 남인들이 주장하는 기년복의 정당성을 논하자, 현종이 그 주장을 받아들여 당시 복제를 주장한 서인 관료들을 잡아다 국문하고 영의정 김수흥(金壽興)을 춘천에 중도부처(中途付處)하는 등 서인에 대한 대대적인 축출을 감행한 일을 가리킨다. 이러한 와중에 송시열은 수원의 만의(萬義)로 가 대죄하였다. 《顯宗實錄 15年 7月 6日, 13日, 16日》《宋子大全 附錄 卷7 年譜》

141 수장(壽藏) : 살아 있을 때 미리 만들어 놓은 무덤으로, 수원 만의 무봉산(舞鳳山)에 송시열의 수장이 있었다. 실제 1689년(숙종15) 7월에 송시열이 이곳에 임시로 묻혔다. 《宋子大全 附錄 卷11 年譜》

아니면 혹 불편하지는 않을지요?

사실(私室)에서 거적을 깔고 처벌을 기다린다는 말씀은, 더 일찍 듣지 못한 것이 한입니다. 어떤 사람은 "일의 근원[142]에서부터 파악해야 한다는 의론이 조만간 나올 것이다."라고 하니, 만약 그렇다면 서울로 나아가는 것이 또 어떻습니까? 부디 잘 헤아려 가르쳐 주기를 바랍니다. 양주(楊州)의 서산(西山)에 선영이 있으니 그곳으로 가 공손히 웅크리고 있는 것이 또 응당 어떠합니까? 여러 모든 일에 대해 헤아려 말씀해 주기를 바랍니다. 이만 줄입니다.

○ 상소를 올리는 것은 불가한 줄을 확실히 알고 있습니다. 백매옹(百梅翁)[143]은 누구입니까? 혹 정로(鄭老)입니까? 후일의 인편을 통해 알려 주기를 바랍니다. 당초에 그것을 본받지 않고자 한 건 아니지만, 회옹(晦翁)께서 정안사(淨安寺)로 가셨을 때 은밀히 살펴보는 자들이 있었으니[144] 하물며 그쪽은 특히 더 심한 데야 어떻겠습니까.

142 일의 근원 : 송시열을 가리키는 말이다.

143 백매옹(百梅翁) : 한강(寒岡) 정구(鄭逑)를 가리키는 말로, 그가 성주(星州)에 회연초당(檜淵草堂)을 조성하면서 정원에 백 그루의 매화나무를 심어 가꾸었으므로 이렇게 칭한 것이다. 《寒岡先生年譜 卷1》《宋子大全隨箚 卷7》

144 회옹(晦翁)께서……있었으니 : 남송(南宋) 경원(慶元) 연간에 채원정(蔡元定)이 한탁주(韓侂冑)에 의해 위학당(僞學黨)으로 몰려 도주(道州)로 유배갈 때 주희(朱熹)가 문인들과 함께 정안사로 가서 그를 전별하였는데, 전별을 마치고 돌아오는 길에 채원정에게 편지를 보내어 "돌아올 때 문득 저를 엿보아 살피는 사람이 있음을 알았으니, 다음 차례에는 아마 제가 화를 면할 수 없을 듯합니다."라고 말하였다. 《晦菴集續集 卷3 答蔡季通》《宋史 儒林列傳 蔡元定》

박화숙에게 답함 갑인년(1674, 현종15) 8월 3일
答朴和叔 甲寅八月三日

제게 보낸 답서는 가르침의 뜻이 간절하고도 상세하였으니, 감사하는 마음 어찌 끝이 있겠습니까.

저의 질병은 며칠 전부터 몹시 괴로울 정도로 악화가 되어 오직 미음만을 의지하고 있으니, 도성 밖까지 나아가는 것이 비록 십분 온당한 도리이기는 하나 우선은 감히 그럴 엄두를 낼 수 없습니다. 또 서울에 있는 재신(宰臣)들이 이미 먼 교외로 나갔다고 하니, 멀리 떨어져 있는 신하가 서울에 가까이 가는 것은 더욱 명분이 없는 행동일 듯합니다. 이에 병이 비록 완쾌된다고 해도 계속 여기에 있으면서 차분히 처분이 내려지기를 기다리고자 합니다. 어떻게 생각합니까? 원회(元會)[145] 영공(令公)의 뜻도 이와 같습니다. 대저 길(吉)은 하나밖에 없다는 경계[146]를 몹시도 지켜 행할 만하니, 애초에 움직였던 것이 이미 후회스러운 일이기에 후회로 더욱 들어가는 일은 할 수가 없습니다.

근거 없는 말이라는 전교에 대한 말씀[147]은 참으로 두렵습니다. 집사

145 원회(元會) : 김징(金澄, 1623~1676)의 자이다. 본관은 청풍(淸風), 호는 감지당(坎止堂)으로 송준길(宋浚吉)의 문인이다. 《南溪集 卷77 全羅道觀察使金公墓誌銘》

146 길(吉)은……경계 : 움직임을 삼가라는 경계이다. 《주역(周易)》 〈계사전 하(繫辭傳下)〉에 "길함과 흉함 및 후회와 부끄러움은 움직임〔動〕에서 생기는 것이다."라고 하였는데 북송(北宋)의 주돈이(周敦頤)가 이 구절을 설명하면서 "아, 여기에서 길은 하나밖에 없으니 움직임을 삼가지 않을 수 있겠는가."라고 하였다. 《周元公集 卷1 通書 乾損益動》

로서도 그것을 면하지 못하는데 저 같은 사람이야 또 무슨 말을 하겠습니까.

사람을 응대하는 일이 적지 않다는 것[148]은 참으로 보내온 편지의 말씀 그대로입니다. 다만 생각건대 저 같은 역량으로 어찌 감히 오는 손님을 사절할 수 있겠으며 또 그것이 당연한 도리인 줄도 모르겠으니 다만 서로 대화를 주고받을 때 말실수만 하지 않는다면 거의 괜찮을 것 같은데, 그것은 너무도 쉽지 않은 일이니 두려울 만합니다.

해외의 소식[149]은 한편으론 기쁘고 한편으론 슬픕니다. 한 떨기 붉은

147 근거……말씀 : 박세채가 송시열에게 보낸 편지에서 "대공설(大功說)을 힘써 주장하였다는 비방이 이곳에서 나와서 마치 금번 예관(禮官)의 복제 개정이 전적으로 저의 설에서 비롯된 것처럼 보고 있는데, 그것이 온 세상에 전파되어 다들 그렇게 말하고 있습니다. 대개 지난번 주상께서 이미 '돌연 근거 없는 말로 선동하였다.'라는 전교를 내리신 바 있는데 들리는 말로는 한쪽의 의론이 기필코 그 전교를 가지고 그 일을 기정사실인 것처럼 규정하려 한다고 하니, 이런 상황이 그치지 않는다면 앞으로 받을 죄과가 합하(閤下)의 경우와 비교해 볼 때 누가 더 크게 될는지 모르겠습니다."라고 한 것을 가리킨다.《南溪集 卷21 答宋尤齋》 이에 앞서 1674년 7월 15일에 현종은 인선왕후(仁宣王后)의 초상에 자의대비(慈懿大妃)가 입어야 할 상복을 남인(南人) 측이 주장한 기년복으로 결정한 뒤, 대공복을 주장한 서인의 대대적인 처벌을 명하면서 "초상 때 해당 조(曹)가 복제를 기년복으로 정했던 것은 참으로 합당한 일이었는데 돌연 근거 없는 말로 선동하였다."라고 한 바 있다.《顯宗實錄 15年 7月 15日, 16日》

148 사람을……것 : 박세채가 송시열에게 보낸 편지에서 "그동안 남들의 비난이 비등했던 이유는 사람을 응대하는 일이 적지 않았던 데서 연유했던 부분이 많습니다."라고 한 것을 가리킨다.《南溪集 卷21 答宋尤齋》

149 해외의 소식 : 박세채가 송시열에게 보낸 편지에서 "어제 동래부(東萊府)의 계본(啓本)이 들어왔는데, 거기에 오(吳)와 정(鄭)이 의종(懿宗)의 둘째 아들을 옹립하고 연호를 주계(周啓)로 고쳤다는 말이 있었습니다.……그들은 일본에는 격문을 보냈으나 오히려 우리나라에는 보내지 않았으니, 강한(江漢)의 물을 다 부어 내도 그 치욕을

구름[150]을 멀리 바라볼 길이 없으니, 성고(聖考)의 뜻과 사업을 뒤미처 생각하매 저도 모르게 피눈물이 옷깃을 적십니다. 오삼계(吳三桂)의 격문이 유독 우리만 뒤로 미룬 것은 분명 더없는 수치입니다만, 다행히도 우리에게 왔으나 그것에 응할 수 없는 것보다는 차라리 오지 않는 것이 더 나은 일일 것입니다. 이렇게까지 말하고 보니 더욱 속이 찢어지는 기분입니다.

씻기에는 부족합니다."라고 한 것을 가리킨다. 《南溪集 卷21 答宋尤齋》 오와 정은 당시 명나라 부흥을 명분으로 청나라에 난을 일으킨 오삼계와 정경(鄭經)을 말한다. 이때 동래 부사(東萊府使) 권대재(權大載)가 일본인들에게 탐문한 내용을 바탕으로 장계로 올려 "평서왕(平西王) 오삼계가 지난해 겨울에 군사를 일으킬 때 평남왕(平南王), 정남왕(靖南王), 동녕(東寧)의 금사(錦舍)에게 격문을 전하여 서로 연합하였는데, 평남왕과 정남왕이 모두 군사를 일으켰고 금사 역시 10만의 병력과 배 9백 척을 가지고 6월에 해군과 육군이 합세하여 남경(南京)을 공격하기로 기약하였습니다. 숭정(崇禎)의 셋째 아들은 갑신년(1644, 인조22)에는 세 살배기 아기로 후궁 주씨(周氏)와 전씨(田氏) 두 사람과 왕대감(王大監)이 모셔다가 오삼계에게 주어 비밀히 감추고 보호했던 자인데, 금년 1월 1일에 즉위하여 연호를 주계(周啓)라 하였습니다."라고 하였으니, 박세채가 말한 동래부의 계본이란 바로 이것인 듯하다. 금사는 정경의 별칭이다. 《燃藜室記述 卷31 顯宗朝故事本末 冬至使狀啓吳三桂朱太子之難》

150 한……구름 : 신선이나 옥황상제가 있는 곳에 항상 있다는 구름으로, 여기서는 죽은 효종의 영혼이 있는 곳을 가리킨다. 소식(蘇軾)의 시에 "시종신이 따오기처럼 줄지어 선 통명전에, 한 떨기 붉은 구름이 옥황상제를 모셨어라.〔侍臣鵠立通明殿, 一朶紅雲捧玉皇.〕"라고 하였다. 《東坡詩集註 卷22 上元侍飮樓上三首呈同列》

박화숙에게 답함 갑인년(1674, 현종15) 8월 10일
答朴和叔 甲寅八月十日

그저께 한 진위(韓振威 한성보(韓聖輔))를 통해 이달 5일에 보내 준 편지를 전해 받았는데 자기의 일과 다름없이 간절하고 반복하여 말씀해 주니, 사람을 사랑하는 그 덕에 실로 감사하는 마음입니다.

제가 처음에 들었던 근래의 일[151]은 기실 영외(嶺外)에서 전해진 것인데, 그 장황한 말에 "조만간 명이 이를 것이다."라고 하므로 스스로에 대해 '이런 상황을 맞이하는 집은 필시 온갖 요구와 구색으로 인해 파탄이 날 것이니, 차라리 직접 나아가서 명을 기다리는 것이 더 나은 일이다.'라는 판단이 들어 길을 떠나 이곳에 도착하였을 따름입니다. 하여 실은 성상께 아뢰어 처분이 내려지기를 기대하고자 했던 것은 아니었는데 작금의 상황은 처음에 들은 것과는 조금 다르기에 이내 그때 경솔히 움직였던 것이 후회되지만, 그렇다고 또 까닭 없이 물러나 가 버릴 수도 없는 노릇이므로 일단 여기에 머무르면서 일이 종결되기만을 기다리고 있을 뿐입니다. 지금 여러분들께서 제게 어떻게 하라고 지도해 주는 말이 저마다 각각 달라서 어디를 따라야 할지 모르겠습니다만, 두서너 분은 제가 대처하는 바를 두고 틀리지 않았다고 하므로 끝내 그 말씀을 받들어 행동하고자 합니다.

집사께서 해 주신 말씀의 경우는 제가 받들어 따르고 싶지 않은 것이 아닙니다. 또 근기(近畿) 지역과 한강 바깥은 다투는 일이 많지 않다고

151 근래의 일 : 621쪽 주138 참조.

하는데 한번 좁은 길로 들어가면 상황상 울타리에 걸린 숫양의 꼴[152]이 되어 버릴 것이며, 또 그렇게 되었을 때 우려되는 점은 요란스러운 도성에서 한 해가 가도록 시간을 보낸다는 것은 늙고 졸렬한 사람으로서 전혀 감당할 수 있는 일이 아니라는 사실입니다. 이러한 이유로 제가 끝내 머뭇거림을 면치 못하는 것이며, 더군다나 길(吉)은 하나밖에 없다는 경계[153]가 경험을 통해 모두 사실로 입증되었으니, 처음에 했던 일이 이미 후회스러운데 어찌 그 일을 두 번 반복할 수 있겠습니까. 이 또한 제가 이러지도 저러지도 못하고 있는 이유입니다.

제 병에 조금 약효가 있으나 음식이 막혀 내려가지 않는 것은 이전대로이니, 늘 저의 처지를 위태롭게 생각하고 있습니다. 이만 줄입니다.

152 울타리에……꼴 : 《주역》 〈대장괘(大壯卦) 상육(上六)〉의 "숫양의 뿔이 울타리에 걸려, 물러가지도 못하고 나아가지도 못한다."라고 하였는데, 곤경에 처해서 앞으로 가지도 못하고 뒤로 물러나지도 못하는 상황을 뜻한다.

153 길(吉)은……경계 : 627쪽 주146 참조.

박화숙에게 답함 갑인년(1674, 숙종 즉위년) 8월 20일
答朴和叔 甲寅八月二十日

송나라 사람이 말한 "오장이 문드러졌다."라는 것[154]도 지금의 상황[155]으로 말한다면 참으로 충분치 않은 표현일 것입니다. 애통한 심정은 어쩔 도리가 없거니와 우려스러운 마음이 그야말로 급하니, 이를 어쩌면 좋단 말입니까.

편지로 저를 정성스럽게 가르쳐 주고 일깨워 주니, 사람을 사랑하는 덕을 깊이 입었습니다. 다만 저의 마음과 행동에 대하여 그대가 아직 자세히 살피지 못한 부분이 있는 듯하기에 감히 재차 긴 말로 귀찮게 하는 바입니다.

당초 제가 산중에 있을 때는 전해 듣는 말이 장황하여-영외(嶺外)에서 전해진 말이었으므로 그러했던 것입니다.- 내심 '조정에서 분명 나를 용서해 주지 않을 것이니, 우매한 나의 마음으로는 성고(聖考)의 관대함과 인자함이 시종 변치 않을지 능히 헤아릴 수 없다.'라고 생각하였습니다. 그래서 미리 정해 두었던 장지(葬地)로 와서 몸을 의탁함으로써 죽으면 그 자리에 곧장 묻힐 계획을 하고 또 처벌을 기다릴 장소로

154 송나라……것 : 북송(北宋) 말 남송(南宋) 초의 명신 이강(李綱)이 휘종(徽宗)의 죽음을 듣고 "도군태상황제(道君太上皇帝)께서 붕어하셨다는 소식을 듣고 애통한 심정으로 울부짖는 가운데 오장이 문드러졌다."라고 한 것을 가리킨다《梁谿集 卷125 與張相公 第二十書 二月二十五日》

155 지금의 상황 : 1674년(현종15) 8월 18일에 현종이 승하한 것을 이른다.《肅宗實錄 卽位年 8月 18日》

삼았던 것이니, 실로 의리의 가운데에서 헤아리고 한 행동이 아니었습니다. 그런데 이달 18일 저녁에 구제백(具濟伯)[156]이 제게 와서 대내(大內)가 황급하다는 말을 전했고, 이에 저는 놀랍고 당혹스러운 마음에 시비와 득실을 따질 겨를도 없이 부지불각으로 길을 나서게 되었습니다. 그러다 한강 건너에 도착하기 전 애통한 소식이 돌연 이르렀는데, 중도에 돌아가는 것은 인정과 형세로 보아 실로 난감한 일이었는지라 비록 그대로 도성 바깥으로 이르렀긴 하였지만 갑자기 대궐에 가까이 가는 것이 실상 마음에 편치 못한 일이었으므로 대신(大臣)에게 여쭈어 여론이 그다지 심한 죄로 여기지는 않는다는 말을 들은 뒤에야 감히 군사들의 호위 너머에서 슬픔을 다하고 즉시 도성 밖으로 나갔으니, 이는 감히 저의 처지를 여타의 사람들과 똑같이 여길 수 없었기 때문이었습니다.

곡반(哭班)에 들어가 참여하는 것에 대한 오늘날 의론은 비단 집사 및 제공(諸公)의 뜻만 그러할 뿐 아니라 편협하고 막힌 저의 마음에도 삼가 차마 그렇게 하지 못할 점이 있습니다. 대행 대왕(大行大王)[157]께서 살아 계셨을 때 이미 대죄(待罪)하였으나 처분을 받지 못하였으니, 지금 침전(寢殿)이 아직 온기가 가시지도 않은 상황에서 갑자기 무능한 몸으로 대행 대왕을 대하는 것이 어찌 마음과 인정상 차마 할 수 있는 일이겠습니까. 대저 신자가 군부에 대하여 차마 하지 못하는 마음

156 구제백(具濟伯) : 구시경(具時經, 1637～1699)으로, 본관은 능성(綾城), 자는 제백(濟伯), 호는 독락재(獨樂齋)이다. 송시열의 문인이다.《丈巖集 卷16 漢城府判官具公墓碣銘》

157 대행 대왕(大行大王) : 왕이 승하한 뒤에 중국으로부터 시호를 받기 전까지 부르던 임시 칭호이다. 여기서는 현종을 가리킨다.

이 없다면 장차 무슨 일인들 하지 못하겠습니까. 오늘날 사람들은 마음으로 편하게 여기는 이치는 추구하지 않고 다만 분의(分義)를 따지는 주장만을 숭상하곤 합니다. 그러나 저의 생각으로는 차마 하지 못하는 것을 차마 하지 못하는 것, 그것이 바로 분의에 있어서 중대한 것입니다. 그런데 도리어 뭇 전제(奠祭)에서의 곡반에 급급한다면 저의 질병이 한창 괴로운지라 비록 스스로 힘을 내고자 한들 또한 될 수가 없을 것인바 어찌하겠습니까. 성복(成服)하기 전에는 비록 장차 물러나 떠나더라도 근력이 받쳐 주지 못할 것이니, 자연 마땅히 편지의 말씀대로 하겠습니다.

이상 제가 한 말 가운데 타당하지 않은 것이 있다면 부디 재차 가르침을 주기 바랍니다.

박화숙에게 답함 갑인년(1674, 숙종 즉위년) 8월
答朴和叔 甲寅八月

의리가 어떠한지는 논할 것이 없고, 지난밤 방구들이 차가워 춥고 떨리는 증상이 특히나 빨리 나타난 데다 그 증세도 갑절이나 더합니다. 그러니 어찌 일어나 길을 나설 수 있는 형편이 되겠습니까. 다만 전후로 보내 준 편지의 그 살뜰한 가르침과 깨우침에 대해서는 감사하는 마음 그지없습니다.

성명(聖明)한 임금께서 보위를 계승하는 이때 날씨가 청명하니 기원하고 축원하는 마음이 어찌 화봉(華封)의 축원[158] 같을 정도일 뿐이겠습니까. 이전처럼 대죄한 뒤에 사성(嗣聖)께서 이어서 저의 정상을 살펴 주신다면 이천(利川)의 서감(西監) 의리[159]를 거의 조금이나마 펼 수 있게 되어 집사의 가르침을 비로소 저버리지 않을 수 있을 것입니다.

158 화봉(華封)의 축원 : 요(堯) 임금 때 화(華) 땅의 봉강(封疆)을 지키는 사람이 수(壽), 부(富), 다남자(多男子) 3가지로 요 임금을 축원한 것을 가리킨다. 《莊子 天地》

159 이천(伊川)의 서감(西監) 의리 : 이천은 북송의 학자 정이(程頤)의 호이며, 서감은 서경 국자감 교수(西京國子監教授)의 약칭이다. 정이가 송나라 휘종(徽宗)이 즉위한 1100년에 귀양지인 부주(涪州)로부터 풀려나와 곧바로 서경 국자감 교수에 취임하자 정이의 문인 화정(和靖) 윤돈(尹焞)이 나아가지 않을 자리에 나아갔다고 스승을 의심하였는데, 이에 정이는 "주상이 즉위하여 맨 먼저 큰 은혜를 입었으니, 이렇게 하지 않으면 무엇으로 덕의(德義)를 우러러 받들겠는가."라고 하였다. 《二程全書 卷50 伊川年譜》 이때는 숙종이 막 즉위한 시기였으므로 송시열이 정이가 서경 국자감 교수 임명되었던 고사를 명분으로 삼아 상경하여 숙종을 입대하고는 곧바로 내려가려고 한 것이다.

박화숙에게 보냄 갑인년(1674, 숙종 즉위년) 8월

與朴和叔 甲寅八月

예법에 근거하면 분곡(奔哭)을 한 날부터 6일이 지난 뒤에 성복(成服)을 해야 마땅합니다. 그런데 듣자 하니 조정의 의론은 모두 조정과 함께 성복을 해야 할 것이라고 한다고 합니다. 조정의 예는 조정의 의론을 따라야 마땅합니다만 만일 마음에 편치 못한 점이 있다면 응당 별도의 장소에서 날수가 차기를 기다린 뒤에 혼자 성복을 하는 것이 옳겠습니까? 생각해 보고 가르침을 주는 것이 어떻겠습니까?

박화숙에게 답함 갑인년(1674, 숙종 즉위년) 9월 21일

答朴和叔 甲寅九月二十一日

저번에 손수 써 준 편지를 받아 보니 여러 장의 종이를 이어 붙이면서까지 길게 해 준 그 말씀이 너무나도 정성스럽고 간절하였습니다. 이는 사람을 사랑하고 세상을 구제하는 크나큰 마음일 뿐만이 아니라 족히 학문과 도술(道術)의 올바른 맥을 볼 수 있었으니, 삼가 존경과 감탄의 마음을 금할 길 없습니다.

단 보내온 글 가운데 하경(夏卿)의 말에 대해서 말하자면, 하경이 저의 뜻을 전한 것이 자세하지 못하였다고 생각합니다. 그날 하경과 문답을 주고받을 때 저는 하경에게 "오늘날 해야 할 첫 번째 일은 마땅히 대의(大義)를 밝히는 것을 위주로 삼아야 한다. 그러나 이는 군신과 상하가 반드시 나라는 망하고 제 몸은 죽는다는 마음을 가져야만 이룰 수 있는 일이다. 만약 나라는 망하지 않고 제 몸은 죽지 않는다는 생각이 마음에 있다면 그러한 설을 주장한 자는 요행을 바라며 제 목숨 보전하기를 추구하는 무리에게서 공연히 망국(亡國)의 책임만 떠맡게 되고 말 것이다."라고 말했을 뿐입니다. 그러나 이는 제가 그 일을 담당하겠다고 해서 한 말이 아니라 그 사리가 그렇다는 것을 일반적으로 논한 것에 불과합니다. 그런데 지금 집사께서 하신 말씀은 이른바 "난쟁이에게 천균(千鈞)의 무거운 짐을 억지로 지게 하고는 그가 넘어지고 낭패에 빠질 것은 걱정하지 않는다."[160]라는 격에 해당합니다. 이번

160 난쟁이에게……않는다 : 주희(朱熹)가 진량(陳亮)에게 편지를 보내어 제수된 직

에 사성(嗣聖)께서 이 미천한 신에게 문장을 짓는 하찮은 재주가 조금 있다고 여기신 나머지 하늘을 본뜨고 태양을 그리는 일[161]을 맡기고자 하여 유배에 처할 죄를 잠시 용서하시고는 저를 불러들이라는 명을 정성스레 내리셨습니다. 이에 미천한 이 신은 그것이 왕역(往役)의 의리[162]로 헤아려 보아도 그다지 어긋나지 않고 옛날 현인의 서감(西監)의 의리[163]도 그 일을 계기로 흉내 내어 볼 수 있겠기에 죽음을 참아 내며 삼가 달려왔던 것입니다. 그런데 당초에 '공제(公除)가 끝나고 친정(親政)을 하신 뒤에는 감옥에 갇혀 있는 공들[164]에 대한 처분을

책에서 벗어나게 협조해 달라고 청하면서 "동료들보다 훨씬 뛰어난 재주와 기개와 식견과 책략을 가진 노형(老兄)조차도 저 아래 일반 사람들과 같은 태도로 이 헛된 명성을 믿고서 난쟁이에게 천균의 무거운 짐을 억지로 지게 하고는 그가 넘어지고 낭패에 빠질 것은 걱정하지 않음으로써 사람을 알아보는 밝은 지혜를 그르칠 줄은 생각하지 못했습니다."라고 한 것을 이른다. 《晦菴集 卷28 答陳同父書》

161 하늘을……일 : 임금의 공덕을 묘사하는 일을 가리키는 말로, 여기서는 현종의 묘지문을 짓는 일을 가리킨다. 1674년 10월에 숙종이 송시열에게 사관을 보내어 명을 내렸다. 《宋子大全 附錄 卷6 年譜》 한유(韓愈)의 〈진찬평회서비문표(進撰平淮西碑文表)〉에 "천지의 얼굴과 일월의 빛은 그려 낼 수 없다는 것을 잘 알면서도 두꺼운 낯으로 뻔뻔스레 글을 지어서 분부에 답하는 바입니다."라고 한 데서 유래하였다.

162 왕역(往役)의 의리 : 나라에 행해야 할 부역이 있을 때는 마땅히 부름에 답해야 하는 의리로, 맹자(孟子)의 제자 만장(萬章)이 "서인(庶人)이 군주가 자신을 불러 부역을 시키면 나아가 부역을 하고, 군주가 그를 만나 보고자 하여 부르면 나아가 보지 않는 것은 어째서입니까?"라고 묻자, 맹자가 "나아가 부역하는 것은 의이고, 나아가 만나 보는 것은 의가 아니기 때문이다.〔往役義也, 往見不義也.〕"라고 하였다. 《孟子 萬章下》

163 옛날……의리 : 635쪽 주159 참조.

164 감옥에……공들 : 1674년 7월에 대구의 유학(幼學) 도신징(都愼徵)이 상소하여, 효종의 비 인선왕후(仁宣王后)에 대해 자의대비(慈懿大妃)가 입어야 하는 복제를 서인

곧장 내리실 것이니, 그 처분을 통하여 성상의 뜻을 만분지일이나마 짐작할 수 있을 것이다.'라고 생각했는데, 지금까지 3, 4일이 지났는데도 아무런 소식이 들리지 않으니 미천한 이 신의 망설임과 의구심과 두려움은 오히려 지난날과 마찬가지이고 병이 또 그에 따라 생겨나 화근이 되었습니다. 이러한 이유로 강변의 모래톱에서 배회하며 재차 망설이기를 면치 못하는 것입니다.

또 스스로에 대해 생각해 보건대, 저는 타고난 천성이 꼬장꼬장하고 융통성이 없으며 또 성을 잘 내고 사납기까지 한 탓으로 제 한 몸과 그림자 이외에는 온 세상에 저를 도와줄 사람이란 하나도 없는 실정입니다. 근래에 있었던 일로 말한다면, 작년 가을에 맡은 일[165]을 다치고는 즉시 교외로 나가서 국장(國葬)이 끝나는 것을 보고 돌아가려 하였는데, 국구(國舅)가 그런 저를 두고 그대로 계속 있으면서 혹 더물러 있지는 않을까 염려한 나머지 난폭한 태도로 대궐 문을 밀치고 들어가 "아무도 그 잘못을 바로잡지 못한다."라고 논척하였습니다.[166] 작년에도 그러하였는데, 지금 그의 세력과 지위가 또 어떠합니까. 또 흑수(黑

의 주장에 따라 9개월의 대공복(大功服)으로 정한 것은 오류라고 지적하고 남인들이 주장하는 기년복(朞年服)의 정당성을 논하자 현종이 그 주장을 받아들여 당시 복제를 주장한 서인 관료들을 잡아다 국문하라고 명하였는데, 이에 예조 판서 조형(趙珩), 참판 김익경(金益炅), 참의 홍주국(洪柱國), 정랑 임이도(任以道) 등이 모두 하옥되었다. 《宋子大全隨箚 卷7》《顯宗實錄 15年 7月 6日, 13日, 15日》

165 맡은 일 : 효종의 천릉지문(遷陵誌文)을 짓는 일을 가리킨다. 《宋子大全 附錄 卷6 年譜》

166 국구(國舅)가……논척하였습니다 : 국구는 현종의 장인인 김우명(金佑明)을 가리킨다. 589쪽 주90 참조.

水)[167]가 서울에 웅거한 가운데 그 도당의 수가 실로 많아서 은밀히 획책하고 버젓이 배척하여 눈 한번 깜빡하는 사이에 온 중외(中外)를 뒤흔들어 댑니다. 지난날의 일들이 이처럼 두려운데 또 윤장(尹狀) 문제로 중외가 흉흉하여 비방하는 말이 위로 사문(師門)에까지 미치니,[168] 일신의 외롭고 위태함이 이처럼 극심한 상황에서 집사께서 제게 세도(世道)의 중책을 지우는 것이 어찌 사리에 어긋나는 일이 아니겠습니까.

또한 이달 초순께 진사(進士) 김간(金幹), 김재(金栽) 두 사람이 찾아와 말하기를 "흑수가 일찍이 영공(令公) 원회(元會 김징(金澄)) 영공(令公)에게 갔을 때 주자(朱子)를 극력 비방하고는 이어서 '나의 공은 우(禹) 임금보다 못하지 않다.'라고 말하는 한편 또 주자와 공맹(孔孟)의 학설을 두 갈래로 구분 지어 보았으며, 또 '일단 주자는 제쳐놓고 오직 의리만을 논할 뿐이다.'라고 하는가 하면 '주자가 다시 나온

167 흑수(黑水) : 윤휴(尹鑴)를 가리킨다. 윤휴가 살았던 경기 여주(驪州)의 '여(驪)' 자가 '검은 말 여' 자로 검다는 뜻이 있고 거기에 여강(驪江)이 있으므로 윤휴를 배척하는 측에서 그의 별칭으로 사용하였다.

168 윤장(尹狀)……미치니 : 윤장은 박세채가 지은 윤선거(尹宣擧)의 행장을 가리킨다. 송시열은 그 행장을 못마땅하게 여겨 박세채에게 보낸 편지에서 행장의 표제에 그의 증직 명칭을 써넣은 것은 부당하며 윤선거가 윤휴와 완전히 절교하지 않은 것은 잘못된 일이라고 지적하였는데, 박세채로부터 그 말을 전해 들은 윤선거의 아들 윤증(尹拯)은 몹시 불쾌해하였다. 한편 송시열은 자신의 스승 김장생(金長生)이 생전에 이이(李珥)와 성혼(成渾)을 비교하며 "이처럼 동등할 수 있겠는가."라고 한 말을 인용한 바 있는데, 이때에 와서 윤선거의 집안과 인척 관계였던 성혼 집안의 사람들이 송시열의 이 발언이 성혼을 이이보다 못한 존재로 깔본 것이라고 비난하고 김장생에 대해서도 존칭을 생략하고 이름을 직접 부르면서까지 비난을 가하였다. 《宋子大全 卷20 辨訾毁牛溪之謗仍白先誣疏, 卷53 與金起之(戊辰十一月二十一日), 卷66 與朴和叔(癸丑十二月二十六日)》

다면 나의 설이 끊기게 될 것이니 반드시 공맹이 다시 나온 뒤에야 나의 설이 마침내 우세해질 것이다.'라고도 했다." 하였으니, 아, 정말 심합니다, 그의 패려함이! 이는 실로 제 부친을 꾸짖고 제 조부를 욕하는 일개 악독한 발언에 불과하니 본시 내버려 두고 문제 삼지 않아야 할 일이지만 바람에 휩쓸리듯 온 세상이 그에 동조하여 앞다투어 추종하고 있으니, 오늘날의 화는 오랑캐가 중화를 어지럽히고 맹수가 사람을 핍박하는 것보다 더욱 참혹합니다. 삿된 학설이 사람을 속여 인의(仁義)가 폐색되어 가는 것을 사전에 물리치지 않는다면 아무리 출중한 용맹과 지혜를 가진 사람이라 한들 천하의 일에 대해 또한 어찌할 수 없을 것입니다. 그런데 집사께서는 화가 하늘까지 닿을 나라 안의 형세는 걱정하지 않고 도리어 천하의 일을 말씀하니, 선후와 경중의 순서를 상실한 것이 아닐까 싶습니다.

또 집사의 논의를 보면 오늘날의 일은 매우 쉬워서 어려울 것이 없다고 하였습니다. 그런데 저는 전국 시대에 등(滕)나라와 설(薛)나라가 제(齊)나라와 초(楚)나라에 대항하던 일이나 삼국 시대에 양주(梁州)와 익주(益州)를 가지고 오(吳)나라와 위(魏)나라에 대적하던 일보다 오늘날의 일이 더 어렵다고 생각합니다. 더욱이 지금 와신상담의 의리를 망각하고 안일함의 추구라는 독을 품어 온 지가 몇 년이나 되었습니까. 제비와 참새의 어미와 새끼가 서로 즐거워하느라 부뚜막에 달린 굴뚝에서 불꽃이 치솟는 줄도 모르는 모양[169]이 온 세상이 다 그러하니,

169 제비와……모양 : 당장의 즐거움과 편안함에만 빠져 재앙이 눈앞에 닥쳐온 줄도 모른다는 비유이다. 《공총자(孔叢子)》 〈논세(論勢)〉에 "제비와 참새가 지붕 위에 집을 짓고 살 때 어미와 새끼가 서로 먹이를 주고받으면서 다정하게 서로 즐거워하며 스스로

어찌 기꺼이 하루아침에 이 필부의 설을 듣고서 웅어(熊魚)를 취사선택하는 일[170]에 대해 제대로 판단할 수 있겠습니까. 비록 집사의 인품과 지위를 가지고 그 일을 담당한다고 하여도 혹 실천할 때가 말할 때와 같지 않고 남의 마음이 나의 마음과 같지 않아서 마침내 낭패로 귀결되지 않을까 염려될 정도입니다. 오늘날의 일에 대해서는 오직 왕촉(王蠋)의 의리[171]만이 가장 따를 만하므로, 《주자대전(朱子大全)》과 《주자어류(朱子語類)》 등의 책을 짊어지고 깊이 산속으로 들어가서 위로는 하늘이 부여한 본성을 저버리지 않고 아래로는 부친과 스승의 가르침을 저버리지 않고자 할 뿐입니다. 다만 성상께서 영특하고 총명하시어 중외의 기대를 받고 계시기에 주자께서 수공전(垂拱殿)에 입대하였을 때 올린 설[172]을 앞에서 한 차례 진달하고 싶은 생각이 간절하나

를 안전하다고 여기는데, 부뚜막에 달린 굴뚝에서 불꽃이 치솟아서 건물 전체가 불타려고 하는데도 제비와 참새는 안색을 바꾸지 않고 화가 장차 자기 몸에 미칠 줄을 알지 못한다."라고 하였다.

170 웅어(熊魚)를 취사선택하는 일 : 옳은 일을 선택함을 가리킨다. 《맹자》〈고자상(告子上)〉에 "생선도 내가 먹고 싶어 하는 것이며 곰 발바닥도 내가 먹고 싶어 하는 것이지만, 이 두 가지를 겸하여 얻을 수 없다면 곰 발바닥을 취하겠다. 삶도 내가 원하는 것이며 의리도 내가 원하는 것이지만, 이 두 가지를 겸하여 얻을 수 없다면 삶을 버리고 의리를 취하겠다."라고 하였다.

171 왕촉(王蠋)의 의리 : 도가 실현되지 못하여 초야에 은거하는 의리를 가리킨다. 왕촉은 전국 시대 제나라의 현인으로 당초 왕에게 간언했으나 받아들여지지 않자 초야에 물러나 농사지으며 살았는데, 이후 연나라가 제나라를 격파하고 왕촉을 회유하자 "충신은 두 임금을 섬기지 않고 정녀(貞女)는 두 남편을 섬기지 않는다."라고 하며 거절하고 목을 매어 죽었다. 《史記 田單列傳》

172 주자께서……설 : 남송의 효종(孝宗)이 즉위한 원년인 1163년 11월에 주희가 수공전에 입대하여 직접 효종에게 올린 총 세 통의 주차(奏箚)를 가리킨다. 첫 번째 주차에

의리상 나아갈 수 없으니 또한 가슴속에 쌓아 둘 따름입니다. 다만 듣건대 성상께서 전대의 뜻과 사업을 본받아 이을 것은 생각하지 않고 오직 법(法)을 지키는 것만을 힘쓰신다고 하므로, 혹여 한 차례 진달한다 하더라도 혹 성상의 말씀을 듣지 못하게 될까 염려스러우니,[173] 집사께서 부디 깊이 생각해서 다시 가르쳐 주는 것이 어떻겠습니까? 그러나 남들에게는 절대 말하지 마십시오. 서책을 불사르고 선비들을 구덩이에 묻어 죽이는 화가 있을까 두렵습니다.[174] 이만 줄입니다

서는 치국(治國)과 평천하(平天下)의 근본이 정심(正心), 성의(誠意), 격물(格物), 치지(致知)에 있다는 《대학(大學)》의 가르침을 강조하면서 이단의 학설을 배척하고 유학의 근본 학문에 힘쓸 것을 논하였고, 두 번째 주차에서는 주화론(主和論)을 물리쳐 이적에 대한 복수와 설욕의 뜻을 분명히 드러낼 것을 주장하였으며, 세 번째 주차에서는 조정의 기강을 바로잡아 언로를 넓혀 간쟁을 받아들이고 아첨하는 무리를 물리칠 것을 청하였다. 《晦菴集 卷13 癸未垂拱奏箚一, 癸未垂拱奏箚二, 垂拱奏箚三》

173 성상의……염려스러우니 : 숙종이 아무런 관심을 두지 않을까 걱정한 것이다. 1163년 11월 주희가 수공전에 입대하여 효종에게 세 통의 주차를 아뢴 직후 위섬지(魏掞之)에게 보낸 편지에서 "첫 번째 주차에서 논한 격물과 치지의 도를 맨 처음 읽었을 때에는 성상께서 온화한 안색을 보이시어 마치 메아리가 호응하듯 대화가 이어졌는데, 두 번째 주차에서 복수의 의리를 논한 내용과 세 번째 주차에서 언로(言路)가 막혀 아첨하는 무리들이 날뛴다고 논한 내용을 그다음에 읽자 성상의 말씀은 더 이상 들을 수 없었습니다."라고 한 말을 원용한 것이다. 《晦菴集 卷24 與魏元履書》

174 서책을……두렵습니다 : 진 시황(秦始皇)의 분서갱유(焚書坑儒)와 같은 사화가 일어날까 염려한 것이다. 《史記 秦始皇本紀》

박화숙에게 답함 갑인년(1674, 숙종 즉위년) 10월 24일
答朴和叔 甲寅十月二十四日

손자 아이가 집으로 돌아와 집사의 답장을 전해 주니 위안되는 마음 그지없습니다. 다만 강가에서 여쭌 말씀[175]에 대해 한결같이 답을 주지 않았으니, 이것이 석씨(釋氏)와 소씨(蘇氏) 두 사람에 관한 주제로는 대화를 주고받지 않으려고 한 동래(東萊)의 태도와 같은 행동일지 어찌 알겠습니까.[176] 오늘날 한두 무리가 소장을 올림에 따라서[177] 온 조정

175 강가에서 여쭌 말씀 : 이에 앞선 1674년 9월 21일에 박세채에게 보낸 편지를 가리킨다. 《宋子大全隨箚 卷7》

176 이것이……알겠습니까 : 소씨는 북송의 소식(蘇軾)이며, 동래는 주희의 벗인 여조겸(呂祖謙)의 호이다. 주희는 여조겸이 불교와 소식에 대해서 늘 옹호하고자 하였으므로 명백하게 그 시비를 분별하려고 하지 않는다고 생각하였다. 이에 주희는 여조겸에게 보낸 편지에서 소식에 대해서는 "그 인재를 무너뜨리고 풍속을 파괴하는 것이 적지 않은데 백공은 오히려 그것을 옹호하려고 하니, 그대는 이것을 생각하지 못했나 봅니다."라고 하는 한편 불교에 대해서는 "유학과 불교의 분별은 참으로 편지의 말씀대로입니다. 정히 끝까지 논의를 펼쳐 명백하게 분별해야 할 부분에서 만일 조금의 주저함이라도 있다면 그것은 곧 은밀히 편들고 도우려는 뜻이 있는 것인지라 사람들의 의심을 초래하지 않을 수 없고 알지 못하는 자들은 마침내 그것을 말미암아 학문의 방향을 잃어버릴 것이니 이는 작은 병폐가 아닙니다."라고 하며 그 애매한 태도를 비판하였다. 여기서는 박세채가 위의 여조겸의 사례처럼 윤선거(尹宣擧)와 윤휴(尹鑴)를 은근히 옹호하기 때문에 그들에 대해 분명하게 변론하기를 원하는 자신의 질문에 답하지 않은 것일지도 모른다고 꼬집은 것이다. 《晦菴集 卷33 答呂伯恭》《宋子大全隨箚 卷7》

177 오늘날……따라서 : 1674년 7월에 대구의 유학(幼學) 도신징(都愼徵)이 상소하여 효종의 비 인선왕후(仁宣王后)에 대해 자의대비(慈懿大妃)가 입어야 하는 복제를 서인의 주장에 따라 9개월의 대공복(大功服)으로 정한 것은 오류라고 한 것과, 1674년

의 사람들이 급히 흩어져 달아나고 말았는데 이는 그리 큰일이 아니니, 크게 우려할 만한 점은 오직 그 일[178]에 있습니다. 지난날 길보(吉甫)가 살아 있을 당시 그 일에 대해 걱정할 것이 없다고 극력 말하였는데, 저는 이에 대해 매양 "이는 겉으로는 배척하면서도 속으로는 돕는[179] 말이다."라고 한 바 있습니다. 그런데 오늘날의 형세가 결국 이 지경에 이르고 말았으니, 만약 이러한 결과를 초래한 책임을 논한다면 아마도 저에게 사양할 수 없는 점이 있을 듯합니다. 어떻게 생각합니까?

민씨(閔氏) 집안의 변례(變禮)에 대하여 영상(領相)이 헌의(獻議)한 것[180]을 대략 보니 실로 야행인(夜行人)[181]의 설에 근원한 것인데

9월 25일 진주 유생 곽세건(郭世楗)이 상소하여 복제를 어지럽힌 송시열에게 현종의 지문(誌文)을 짓게 해서는 안 된다고 한 것, 같은 달 28일 조사기(趙嗣基)의 아들 조감(趙瑊)이 상소하여 국상 때 벌어진 여러 잘못된 일과 그 일에 간여한 중신들을 비판한 것을 가리킨다.《顯宗實錄 15年 7月 6日, 13日, 16日》《肅宗實錄 卽位年 9月 25日, 29日》《尤菴先生書節要集解 卷5》

178 그 일 : 윤휴의 일을 두고 한 말이다.《尤菴先生書節要集解 卷5》

179 겉으로는……돕는 : 주희가 소식을 옹호한 여조겸을 비판하며 한 말이다.《회암집(晦菴集)》 권31 〈답장경부(答張敬夫)〉에 여조겸에 대하여 "그는 또 오랫동안 과거시험을 위한 문장에 뜻을 두었고, 소씨 부자의 파란에 넘나들면서 참신하고 공교로움을 추구하는 가운데 한층 더 참신하고 공교로움을 추구하느라 마음을 무너뜨렸습니다. 그리하여 끝내는 한결같이 소씨의 학문을 잘못이라고 하지 않고 이리저리 옹호하며, 겉으로는 배척하면서도 속으로는 도우니, 이는 사람들로 하여금 더욱 불만스럽게 합니다."라고 하였다.

180 민씨(閔氏)……것 : 영상은 당시 영의정이었던 허적(許積)을 가리킨다. 1673년(현종14)에 교관(敎官) 민업(閔業)이 죽었을 때 송시열과 박세채가 광증을 앓던 아들 민세익(閔世益)을 대신하여 민업의 손자 민신(閔愼)에게 승중복(承重服)을 입도록 권하였는데, 1673년 9월 9일 영돈녕부사(領敦寧府事) 김우명(金佑明)이 그 일을 패륜으로 규정하며 맹렬히 공박하여 현종이 조사를 지시한 바 있다. 그러나 당장 결론이 나지

단지 주자를 비판하지 않은 것이 조금 다를 뿐입니다. 주상께서 판부(判付)하신 말씀[182]은 제가 이미 삼가 예상했던 것입니다. 집사의 처신은 이 이후로 어떻게 할 작정입니까?

듣건대 한강 상류에 이주하겠다는 계획이 틀어졌다고 하니, 한탄스럽습니다. 그러나 도성 가까운 곳에서 배회하는 것은 그다지 마땅하지 않은 일일 듯합니다.

율곡(栗谷)의 유고에 대해서는 가장본(家藏本)에 대략 찌를 붙여 여쭈었습니다. 이후로는 재차 글을 주고받을 필요는 없겠으니, 곧바로 헤아려 정하여 그것을 정본(淨本)으로 삼으십시오.

원 감사(元監司)가 보여 준 어록(語錄)은 찾지 못했으니, 혹 고향 회덕(懷德)에 있을지요? 그러나 그쪽에 있는 본을 가지고 다듬어 정리하는 것이 어떻겠습니까?

않다가 1674년 10월에 이르러 다시 대신들에게 의논하게 하자 영의정 허적이 헌의하여 "우리나라 3백 년 동안 실성한 사람이 많지 않았던 것은 아니건만, 아직 자식이 아버지를 대신하여 할아버지의 복을 입은 자가 있다는 말은 듣지 못하였습니다."라는 등의 말로 역시 그 일을 패륜으로 규정하였다. 《顯宗實錄 14年 9月 9日, 15年 1月 2日》

181 야행인(夜行人) : 윤휴를 가리킨다. 윤휴의 이름인 휴(鑴) 자의 음이 휴(鵂) 자와 같기 때문에 윤휴를 부엉이에 빗대어 밤에 다니는 사람이라는 뜻으로 야행인이라고 한 것이다. 혹자는 "그가 어두운 밤에 왕래하기 때문에 야행이라고 한다."라고 하였다. 《宋子大全隨箚 卷7》

182 주상께서 판부(判付)하신 말씀 : 이때 숙종이 판부한 말은 영의정 허적의 지도에 따라 다음과 같이 정해졌다. "부친이 살아 있는데 조부의 상에 대신 복을 입은 것은 더 없이 큰 변례이거늘 조정에 아뢰어 정하기를 기다리지 않고 제 마음대로 대신 상복을 입은 정상은 참으로 매우 윤기(倫紀)가 없으니 다시 이 같은 폐단이 없게 하라."《肅宗實錄 卽位年 10月 15日》

집사께서 인용한 정문(程門) 어록(語錄) 운운한 것[183]은 정말 그렇습니다만 《주자어류(朱子語類)》에도 취사선택한 것이 없을 수 없었다는 사실을 편차인(編次人)의 설에서 확인할 수 있습니다. 하물며 지금 기록한 것은 그것이 모두 선생의 본래 뜻이라고 보장하기 어려우며, 비록 본래 뜻을 얻는다고 해도 그 기록 가운데 문세가 모호하고 난삽하여 후인을 그르치게 만들 부분은 또한 삭제하고 윤색하지 않을 수 없습니다. 직접 만나 의견을 나누지 못하니 몹시도 답답함을 느낍니다. 이만 줄입니다.

183 정문(程門)……것 : 주희가 《이정문집(二程文集)》을 편집하고 있을 당시 유공(劉珙)에게 보낸 편지에서 "옛날에 이 선생(李先生)의 판본이 구산(龜山)의 집에서 나왔을 때 유 찰원(游察院)의 글이 오히려 섞여 나왔으니, 근래에 유 찰원의 문집을 구하고서야 그것이 잘못된 것인 줄 알았다. 이 사실을 선생에게 말씀드렸더니 선생이 탄식하시면서 '이 글들의 유래는 확실하다고 할 수 있는데도 오히려 이런 오류가 있으니, 하물며 다른 것들이야 다 믿을 수 있겠는가.'라고 말씀하였다."라고 하였는데, 박세채가 이 일을 인용하여 이이(李珥)의 문집 편찬에 관한 어떤 말을 한 듯하다. 구산은 양시(楊時)의 호이며 유 찰원은 찰원 벼슬을 지낸 유작(游酢)으로, 모두 정호(程顥)와 정이(程頤)의 고제(高弟)이다. 《宋子大全隨箚 卷7》《晦菴集 卷37 與劉共父》

박화숙에게 보냄 갑인년(1674, 숙종 즉위년) 12월
與朴和叔 甲寅十二月

저의 죄명이 점차 용서할 수 없는 지경까지 이르고 있기에 석고대죄하는 자리에서 감히 잠시도 떠날 수 없습니다. 또 교외에 마련한 곡반(哭班)[184]과 가까운 곳에 의리상 또 감히 접근할 수 없으므로 감히 움직일 수 없음을 이미 마음으로 정해 놓은 상태입니다.

전후로 해 준 살뜰한 말씀은 참으로 감사하고 감사합니다. 어떤 사람이 하는 말에 윤자인(尹子仁 윤증(尹拯))은 오늘날의 이 일이 제가 사람을 너무 갑자기 끊어 낸 탓에 일어난 것이라고 말했다는데,[185] 참으로 가소롭습니다. 아무리 비굴하게 어깨를 움츠리며 가엽게 봐주기를 바란다 해도 어찌 불쌍히 봐줄 리가 있겠습니까. 이는 《주역》에서 악인(惡人)을 만난다는 점괘[186]만을 보고 여윈 돼지가 뛰려고 하는 상(象)[187]

184 곡반(哭班) : 현종의 장례 행렬을 위한 곡반을 가리킨다.

185 오늘날의……말했다는데 : 송시열이 윤휴(尹鑴)와 너무 갑자기 절교한 탓에 화를 불렀다는 말이다. 이즈음인 1674년 11월 29일 진사 박봉상(朴鳳祥)이 상소하여 민업(閔業) 집안의 상례에 송시열이 잘못 조언한 일과 송시열의 문인 이단하(李端夏)가 지은 현종의 행장에 사실을 은폐한 잘못이 있다고 하며 비판하였는데, 숙종은 가상히 여긴다는 비답을 내리고 행장을 고치게 하겠다고 하였다. 이에 유감을 품고 있던 사람들이 송시열을 더욱 가열하게 공격하였는데 숙종은 그들을 다 포상하고 송시열을 변호하는 자들은 모두 견책하였다. 이에 송시열은 감히 집에 있지 못하여 이튿날 진천(鎭川) 사정촌(沙汀村)으로 가서 대죄(待罪)하였다. 《宋子大全 附錄 卷7 年譜》《肅宗實錄 卽位年 11月 29日, 30日》

186 악인(惡人)을 만난다는 점괘 : 화를 피하려는 목적으로 자신과 반목하는 악인과

은 보지 못하는 것이니, 한탄스럽습니다.

일부러 만난다는 뜻이다. 《주역》 〈규괘(睽卦) 초구(初九)〉에 "악인을 만나 보면 허물이 없으리라."라고 하였는데, 그 〈상전(象傳)〉에 "악인을 만나봄은 허물을 피하기 위해서이다."라고 하였다.

187 여윈……상(象) : 소인이 군자를 해치려는 뜻을 품고 날뛰는 모습을 가리킨다. 《주역》 〈구괘(姤卦) 초육(初六)〉에 "약한 돼지가 날뛰고 싶은 마음이 진실하다."라고 하였는데, 정이(程頤)의 《역전(易傳)》에 "약한 돼지는 비록 강하고 사납지 못하나, 그 마음속은 척촉(蹢躅)에 있으니, 척촉은 날뛰는 것이다. 음(陰)이 미약하고 아래에 있으니 약하다고 말할 만하나 그 마음속은 항상 양(陽)을 사라지게 함에 있는 것이다. 군자와 소인은 도가 다르니, 소인은 비록 미약할 때라도 일찍이 군자를 해칠 마음이 없지 않으니, 미약할 때 막으면 하지 못할 것이다."라고 하였다.

박화숙에게 답함 갑인년(1674, 숙종 즉위년) 12월 23일
答朴和叔 甲寅十二月二十三日

답장은 감사하고 또 감사합니다. 손자며느리의 노정이 별 탈 없이 편안하였으니,[188] 기쁘고 다행인 마음 그지없습니다. 사흘 밤 촛불 아래의 그리운 생각[189]은 평상시에도 그러할 것인데, 더구나 이런 혼란한 때의 심사는 또 어떻겠습니까. 그러나 이는 천리(天理)에 따른 일반적인 감정이니 또 응당 어쩔 수 있겠습니까. 다만 천리를 지키고 도학(道學)을 밝히는 이 부분에 있어 약간 머뭇거리는 뜻이 있으니, 이는 평소 집사에게 기대하던 바가 아닙니다. 또 회옹(晦翁 주희(朱熹))께서 늘 동래(東萊 여조겸(呂祖謙))에게 불만이 있으셨던 까닭은 동래가 매양 불로(佛老)에 대하여 머뭇거리고 망설이는 주장이 없지 않아 분명하게 그 시비를 따지고자 하지 않았기 때문입니다.[190] 이우(尼友)[191] 또한 그와 같은 이유로 오늘날의 지경을 초래하여 결국 자인(子仁)을 극히 낭패스럽게 만든 것입니다. 바라건대 집사께서는 큰 아드님의 형제를

188 손자며느리의……편안하였으니 : 손자며느리는 송시열의 넷째 손자 송순석(宋淳錫)의 아내로, 박세채의 딸이다. 이때 이르러 혼인을 마치고 시댁으로 돌아왔으므로 한 말이다. 《尤菴先生書節要集解 卷5》

189 사흘……생각 : 친정 부모가 시집보낸 딸을 그리워하는 마음을 말한다. 《예기》 〈증자문(曾子問)〉에서 "딸을 시집보낸 집에서 3일 밤을 촛불을 끄지 않는 것은 서로 이별한 것을 생각하기 때문이다."라고 하였다.

190 회옹(晦翁)께서……때문입니다 : 644쪽 주176 참조.

191 이우(尼友) : 이산(尼山)에 사는 윤선거(尹宣擧)를 가리킨다.

또 자인처럼 되도록 만들지 마십시오. 말이 이에 이르고 보니 저도 모르게 한바탕 웃음이 납니다. 팔에 난 병이 몹시 고통스러워 글자를 제대로 써내지 못하기에 여기까지만 말합니다.

박화숙에게 보냄 갑인년(1674, 숙종 즉위년) 12월 27일
與朴和叔 甲寅十二月二十七日

막 편지를 부쳤으니 더 이상 다른 일로 번거롭게 하지 않겠습니다. 제 아이에게 부쳐 보낸 편지에서 유배지를 주선해 보겠다고 말씀하였는데, 그 은혜로운 뜻이 근실하다 하겠습니다. 다만 일반적으로 편배(編配)의 형벌이란 군상(君上)과 일을 주관하는 자가 오롯이 그것을 통해서 곤란과 고통을 줌으로써 그 죄를 징벌하려는 것입니다. 만약 편하고 좋은 지역을 스스로 선택한다면 이는 임금의 명을 받지 않는 것이고, 임금의 명을 받지 않는 것은 곧 천리(天理)를 따르지 않는 것이니, 이는 주자(朱子)께서 요자회(廖子晦)에게 답한 편지[192]에서 확인할 수 있습니다. 부디 이러한 뜻을 살펴서 서둘러 지난번 의론을 파하신다면 동서남북 어디든 제가 머물 곳일 뿐입니다. 이만 줄입니다.

192 주자(朱子)께서……편지 : 요자회는 주희의 문인 요덕명(廖德明)으로, 자회는 그의 자이다. 요덕명이 자신의 상관으로부터 죄를 입어 다른 고을로 좌천되려 하자 주희가 그에게 편지를 보내어 "일이 이미 이렇게 되어 버려 펼쳐진 뒤라 오므릴 수 없고 진행된 뒤라 물릴 수 없다. 이에 다만 뜻을 굳게 가져 그와 겨루면서 그가 어떻게 하는가를 보면 될 뿐이며, 입을 열고 그에게 사면해 달라 부탁하려 하지 않고 임기가 만료되었을 때 그가 다른 데로 좌천시키는 공문을 만들거든 임지를 떠날 것을 스스로 작정한다면 그의 허다한 위풍도 모두 부릴 곳이 없게 될 것이니 어찌 통쾌하지 않겠는가."라는 등의 말로 환란과 역경을 순순히 받아들이도록 권면하였다. 《晦菴集 卷45 答廖子晦》

별지

일찍이 산중에 있을 때 고을 사람 이효민(李孝閔)이 찾아와 집사의 편지를 전해 주는 한편 또 그가 가지고 있던 집사의 입후설(立後說)에 대한 논변을 보여 주었습니다. 이를 통해 삼가 이미 집사의 생각을 엿보고 헤아려 보았으나 그 가운데 삼가 마음에 의문이 드는 부분이 있었습니다.

무릇 남의 후사로 들어가는 자는 반드시 지자(支子)여야 하는 법이니, 정 부자(程夫子)께서 어찌 그것이 예경(禮經)에 분명히 나온다는 사실을 몰랐겠습니까. 그럼에도 정 부자께서는 독자(獨子)가 부친을 끊고 대종(大宗)의 후사가 된다는 설[193]을 주장하셨으니, 이는 대종에 중점을 두신 것입니다. 정 부자께서는 예문(禮文)과 율법(律法)을 참작하고 인정과 의리를 헤아려 이러한 큰 법도의 분명한 조문을 확립함으로써 후세 사람들에게 가르침을 주셨으니, 후학은 진실로 가만히 그것을 준수하고 놓치지 말아야 할 것입니다. 그런데 집사의 의론은 지자의 설을 고수하는 것으로 정자(程子)의 가르침을 타파하려고 하면서 마치 정자를 예경을 모르면서 경솔히 그 설을 주장한 사람으로 여기는 듯한 모습을 보여 주었으니, 이는 옛것을 믿고 경전을 고수하는 의리로 보면 괜찮을지 몰라도 선유(先儒)가 고금의 예를 참작하여 적절히 가감하는 도리로는 도리어 "높지 못하기 때문에 백성이 따르지

193 독자(獨子)가……설 : 북송(北宋)의 정이(程頤)가 "예법으로 보면 장자(長子)는 비록 남의 후사가 될 수 없으나 만일 형제가 없고 또 조부를 잇는 종통이 끊어질 형편이라면 또한 마땅히 조부를 이어 후사가 되어야 한다. 예법에서는 비록 언급하지 않았더라도 의리로 참작하여 새로 만들 수 있는 것이다."라고 주장한 것을 가리킨다. 《二程遺書 卷17》

않는다."라는 탄식[194]이 있을 것입니다. 이에 대해 어떻게 생각합니까?

다만 보건대 오늘날 일부의 사람은 옛 책에서 고상하고 오묘한 설을 탐색하고자 애쓰는 나머지 "이 밖에 다른 도리는 없다."라고 고집하여 장차 자하(子夏)와 자공(子貢)을 뛰어넘으려 하고 고금의 자취를 가리려고 하는데, 이는 정히 주자께서 말씀한 "안자(顔子)와 증자(曾子)를 뛰어넘으려 하고 주자(周子)와 정자(程子)는 고려하지 않는다."라는 것[195]에 해당합니다. 그러나 이는 실로 천지를 경동시키고 비바람을 질타하듯 세상을 놀라게 하기를 추구하는 가법이기에 세인들은 문득 흔연히 그것을 사모하여 정자와 주자(朱子)를 진부하고 비루하여 스승으로 본받기에 부족하다고 여겨 버리니 이는 심히 두렵고 우려스러운 일입니다. 이에 대해서는 함께 성심을 다 기울여 폐단을 바로잡아야 마땅하며, 도리어 그들의 행위를 본받으면서 그 세력을 조장해서는 안 됩니다. 어떻게 생각합니까?

194 높지……탄식 : 아무리 예를 잘 아는 성인(聖人)일지라도 지위가 높지 못하면 사람들이 그 말을 믿지 않는다는 탄식이다. 《중용장구(中庸章句)》 제29장에 "상언자(上焉者)는 비록 좋으나 증거가 없으니 증거가 없기에 믿지 않고 믿지 않기에 백성이 따르지 않는 법이다. 하언자(下焉者)는 비록 잘하나 지위가 높지 못하니, 지위가 높지 못하기에 믿지 않고 믿지 않기에 백성들이 따르지 않는 법이다."라는 말에서 유래한 표현인데, 이 '하언자'에 대해 주희는 "성인이 아래 지위에 있음을 이르니, 예컨대 공자(孔子)가 비록 예를 잘 아시나 높은 지위에 있지 못함과 같은 것이다."라고 해석하였다.

195 주자께서……것 : 주희가 육구연(陸九淵)의 학설을 비판하면서 "노형(老兄)은 먼저 하나의 설을 세워서 유약(有若)과 자공 이상을 뛰어넘고자 애쓰는 한편 근세의 주자(周子), 정자 같은 분들은 더 이상 고려하지 않는다. 그러므로 그들의 말에 대하여 옳고 그름을 따지지 않고 한결같이 억지로 흠을 들추어내려고 하면서 기필코 옳지 않은 곳을 찾아내려 한다."라고 한 말을 조금 바꾸어 인용한 것이다. 《晦菴集 卷36 答陸子靜》

박화숙에게 보냄
與朴和叔

우계(牛溪) 선생의 출처 문제[196]에 대해서는 의리를 정밀히 연구하여 신묘한 경지에 든 이가 아니라면 경솔히 논할 수 없습니다. 다만 이른바 "소명(召命)이 없이 자발적으로 간 적은 일찍이 없었으니, 이는 선생이 평생 지켰던 것이었다."라는 말씀은 도리어 이해하기 어려운 점이 있습니다. 그렇다면 선생이 "장차 길가에서 곡하며 맞이하려고 하였다."라고 한 것도 장차 소명을 기다리려고 했다는 뜻입니까? 선생이 분조(分朝)에서 서쪽으로 대조(大朝)에 달려갔던 것이 또한 소명을 기다리지 않은 것이고 보면, 이 또한 일정한 의리가 없는 듯합니다. "난병(亂兵)이 길을 막고 있었다.", "강나루가 막히고 끊어졌다."라는 등의 말에 대해서도 사리로 따져 보면 다 이해하지 못할 점이 있습니다. 그러므로 저는 늘 이에 대해 '후인들은 모두 선생의 본의를 알지 못하고 공연히 힘만 소비하고 있으니, 우선 마간(馬肝)의 설[197]로 여

196 우계(牛溪)……문제 : 우계는 성혼(成渾)의 호이다. 성혼은 임진왜란으로 선조(宣祖)가 임진강을 건너 의주(義州)로 파천할 때 대가(大駕)가 자기 집 근처를 지나는데도 길에 나와 임금을 맞이하지 않았고 또 의주의 행재소(行在所)에도 뒤늦게 나아가 당대의 많은 사람으로부터 임금을 뒤로 하고 국난에 나아가지 않았다는 비판을 받았으니 바로 이러한 성혼의 태도에 대한 시비를 가리킨다. 《宣祖實錄 35年 3月 17日》《淸陰集 卷26 牛溪先生神道碑銘》

197 마간(馬肝)의 설 : 우선 제쳐 두고 논하지 않더라도 의리를 모르는 것이 되지 않는 논의를 말한다. 한 경제(漢景帝) 때 황생(黃生)이 "탕왕(湯王)과 무왕(武王)은 하늘에서 천명을 받은 것이 아니고 바로 자신의 군주를 죽인 것이다."라고 하자, 시경박

기고 굳이 시끄럽게 할 필요가 없다.'라고 생각하는데, 어떻게 생각합니까?

사였던 원고(轅固)가 이에 대해 반론을 제기하면서 쟁론이 벌어졌다. 이에 한 경제가 "고기를 먹을 때 말의 간을 먹지 않는 것이 맛을 모르는 것이 되지 않으며, 학문을 논하는 자가 탕왕과 무왕이 천명을 받았다고 말하지 않은 것이 어리석음이 되지 않는다."라고 하여 쟁론이 끝났다는 일화에서 유래하였다. 《漢書 儒林傳 轅固》

박화숙에게 보냄

與朴和叔

파옹(坡翁 성혼(成渾))의 일[198]에 대해 저는 늘 '그분이 그렇게 처신한 것에는 필시 어떤 소견이 있었을 텐데, 후인들에 의해 그것이 강하게 가려지고 말았다.'라고 여기곤 하였습니다. 그런데 을해년(1635, 인조 13)에 관학(館學) 유생이 올린 상소[199]에 "모(某)가 대가(大駕)를 뒤따르려 하였으나 강나루가 막히고 끊어졌으며 난병(亂兵)이 길을 막고 있었습니다."라고 하였으니, 파옹 문하의 뭇 의론이 그러합니다. 그러나 파산(坡山 파주(坡州))의 정북향에는 따로 건널 수 있는 나룻길이 있으니, 어찌 강을 건너기 어려워서 그러하였겠습니까. 그 가운데 일설에는 또 "길가에서 곡하며 맞이하려고 한 것은 그것으로써 상의 명을 따르려고 했던 것인데, 한평생 소명이 없이 자발적으로 나아간 적이 없었고 보면 대가를 호종하지 않음은 그분 마음에 정해 놓은 것이다."라고 하는데, 저는 이 설에도 서로 모순이 있다고 생각합니다. 대가를 호종하지 않은 것이 정해 놓은 계획이었다고 말한다면 길가에 나와서 곡하며 맞이하는 행동이 어찌 마땅한 일이겠으며, 길가에 나오는 것도 어찌 소명을 기다리려고 하는 행동이겠습니까. 이 모든 것은 후학으로서 알 수 없는 일입니다. 그런데 그 후에 결국 하는 수 없이 행재소로

198 파옹(坡翁)의 일 : 655쪽 주196 참조.

199 을해년에……상소 : 1635년 5월 관학 유생 송시형(宋時瑩) 등이 올린 상소를 말한다. 《仁祖實錄 13年 5月 13日》

나아감으로써 끝없는 낭패를 겪었으므로 저는 삼가 문원(文元) 선생께서 전례에 따라 대가를 호종하라고 권면하신 것[200]이 타당한 처사인 듯하다고 생각합니다.

파옹의 소견에는 본디 의리로 참작한 점이 있었겠지만, 성인(聖人)께서는 동자(童子) 왕기(汪踦)에게 상례(殤禮)를 쓰지 않는 것이 타당하다고 하셨으니,[201] 파옹이 비록 재상(宰相)으로 자처하지 않았으나 어찌 왕기에게야 비할 수 없겠습니까. 그러므로 저는 늘 파옹의 처신에

200 문원(文元)……것 : 문원 선생은 김장생(金長生, 1548~1631)으로, 문원은 그의 시호이다. 임진왜란이 일어나기 한 해 전인 1591년(선조24) 4월 김장생은 외직 부임을 앞두고 하직 인사를 하기 위해 파주에 있는 성혼을 찾았는데, 그때 성혼에게 "혹시라도 불행한 사태가 발생하여 변란이 생긴다면 선생께서는 지위가 재신(宰臣)의 반열에 이르셨으니, 마땅히 국난에 나아가야 할 듯합니다."라고 하였다. 그러자 성혼이 답하기를 "국난에 나아가는 것은 상도(常道)이나 나는 본디 산야에 있는 사람이니 벼슬을 담당하여 관직에 있는 자가 아니다. 옛사람 가운데 강만리(江萬里)와 같은 사람은 일찍이 국난에 나아가지 않았으니, 나 역시 그렇게 하기로 마음먹었다." 하였다. 《沙溪全書 卷43 年譜》 강만리는 남송(南宋) 때의 충신으로 도종(度宗) 때 좌상(左相)을 지냈는데, 원나라 군사들이 쳐들어왔을 때 황제에게 달려가 문안하지 않고 초야에 은거해 있다가 포로로 잡혔으나 도망쳐 돌아왔다. 그 뒤로 지산(芝山)에 연못을 파고 자신이 일생을 마칠 물이란 뜻으로 '지수(止水)'라고 편액을 내걸었는데, 얼마 뒤 다시 원나라 군사들이 쳐들어오자 "내가 비록 관직에 있지 않지만 마땅히 나라와 더불어 존망을 함께하여야 한다."라고 하고는 그 연못에 빠져 죽어 절개를 지켰다. 《宋史 江萬里列傳》

201 성인(聖人)께서는……하셨으니 : 왕기는 노나라 사람으로, 성년이 되기 전에 낭(郎) 지역에서 제나라와 싸우다가 죽은 인물이다. 상례는 성년이 되기 전에 죽은 자를 치르는 상중(喪中)의 예법이다. 노나라 사람들이 죽은 왕기에 대해서 공자에게 "그에게 상례를 적용하지 않은 것이 어떠합니까?"라고 묻자 공자가 "비록 나이는 어리지만 무기를 들고 사직(社稷)을 보위하다 죽었으니 성년의 예법으로 장례를 치러야 한다."라고 하였다. 《禮記 檀弓下》《春秋左氏傳 哀公10年》

대해서는 끝내 감히 알 수 없으나 문원 선생의 말씀이 끝내 혹 근거가 있는 것 같다고 생각하였습니다. 저의 뜻은 이와 같은 데 불과한데 집사께서는 "나와 남을 각각 다르게 본다."라고 하니, 제 마음속 생각과는 몹시도 다릅니다. 의리는 무궁하고 세월은 한계가 있는데 지면으로만 주고받고 하다 보니 소회를 다 토로하지 못하고 공연히 쓸데없는 얘기만 많아 옛사람의 경계를 어기곤 하므로 매우 개탄스럽습니다.

박화숙에게 보냄 을묘년(1675, 숙종1) 1월 13일

與朴和叔 乙卯正月十三日

봄추위가 갑자기 심해졌는데 객지에서의 모든 일은 어떠합니까? 그리운 마음 간절합니다.

저는 어느 때쯤 목이 잘리거나 혹은 고개를 넘게 되겠습니까?[202] 주자(朱子)께서는 "옛사람의 지극히 견디기 어려웠던 환란을 가지고 자신과 견주면 득력할 수 있을 것이다."라고 하셨는데,[203] 오늘날에는 굳이 그렇게 하지 않아도 털끝 하나 동요하지 않으니 이것이 어찌 배움에 정력(定力)이 있은 덕분이겠습니까. 아마도 소요부(邵堯夫)의 불공(不恭)한 모습[204]을 익히 봐 왔기에 이런 듯하니, 또한 한바탕 웃을 만합니다.

집사의 앞으로 계획은 장차 어떻게 할 작정입니까? 저는 죽게 될

202 저는……되겠습니까 : 이때 송시열이 갑인예송(甲寅禮訟)에서 패한 여파로 함경도 덕원(德源)으로 유배 처분을 받았기 때문에 이렇게 말한 것이다. '고개'는 덕원으로 가는 길에 있는 철령(鐵嶺)을 가리킨다. 《宋子大全 附錄 卷7 年譜》

203 주자(朱子)께서는……하셨는데 : 589쪽 주89 참조.

204 소요부(邵堯夫)의 불공(不恭)한 모습 : 소요부는 북송(北宋)의 학자 소옹(邵雍)으로, 요부는 그의 자이다. 소옹은 《황극경세서(皇極經世書)》를 완성하고 나서 당대에는 이를 제대로 이해할 사람이 없으니 후세에 자기와 같은 수준의 사람이 나와야만 이해할 것이라는 뜻에서 책을 봉하고는, 그 위에 "요부가 요부에게 바친다."라고 썼다. 이후 정이(程頤)는 그런 소옹에 대해 "'문자를 요부에게 바친다.'라고 말한 것과 같은 것은 모두 너무나도 불공한 것들이다."라고 평하였다. 《二程遺書 卷2上 元豐己未呂與叔東見二先生語》

것이니, 오직 집사께서는 넓고 한가로운 땅을 얻어 닭이나 키우고 기장이나 심으며 지내면서 흑수(黑水 윤휴(尹鑴))의 공이 이루어지고 다스림이 안정될 때까지 기다렸다가 부끄러운 마음으로 노년을 마치시기를 바랍니다.[205] 이만 줄입니다.

205 오직……바랍니다 : 이는 남송(南宋)의 주희가 절동 제거(浙東提擧)로 있을 때 재상 왕회(王淮)에게 편지를 보내어 흉년의 대책을 제시한 뒤 마지막에 "만약 이렇게 하지 않는다면 우매하고 쇠약한 저는 밀가루도 없이 수제비를 만드는 것 같은 이 일을 해낼 수 없으니 그 망녕스러움이 장차 폐하 앞에서 용인받을 수 없을 것입니다. 그때 공께서는 일찌감치 제 관직을 파하고 인끈을 거두어 가서, 사리 분별 못하는 말로 성상의 귀를 번독하게 할 수 없도록 하는 것이 나을 것입니다. 그러면 저는 응당 입을 다물고 초야로 돌아가 은거하여 닭이나 기르고 기장이나 심으며 지내면서 공의 공과 사업을 이루실 때까지 기다렸다가 부끄러운 마음으로 죽을 것입니다."라고 한 것을 원용한 말이다.

박화숙에게 보냄 을묘년(1675, 숙종1) 1월 19일

與朴和叔 乙卯正月十九日

눈물을 흘린 사람은 비록 회옹(晦翁)께 칭찬을 받았으나 부자(夫子)께서 탄식과 위로의 말을 전혀 전하지 않으셨던 행동만은 못하니, 보내온 편지의 말씀은 기이하다 하겠습니다.[206]

회초리를 지고 가서 사과한다는 말씀과 구천(九泉)에 관한 말씀, 이 두 부분에 대해서는 서로 마주하고 한바탕 웃지 못하는 것이 한스럽습니다. 머지않아 손자 순석(淳錫)이 응당 제가 있는 곳으로 찾아 들어올 것입니다. 그때 그 아이로 하여금 집사께 방문하여 인사드리게 할 것이니, 그로 말미암아 재차 덕음(德音)이 담긴 서신을 보내 주는 것이

206 눈물을……하겠습니다 : 남송(南宋)의 학자인 채원정(蔡元定)이 경원(慶元) 연간에 권신 한탁주(韓侂胄) 등에 의해 위학당(僞學黨)으로 몰려 도주(道州)로 귀양을 가게 되자 주희(朱熹)가 문인들과 함께 정안사(淨安寺)에서 그를 전별하였는데, 이때 채원정은 아무런 감정의 동요 없이 평시와 조금도 다름없는 의연한 기색을 보였으나 주희의 또 다른 문인이었던 구응(丘膺)은 홀로 그를 위해 몹시도 슬퍼하며 눈물을 흘렸다. 이후 주희가 문인 저용(儲用)에게 보낸 편지에서 "계통(季通)이 떠날 때 아무런 미련 없이 불편한 기미조차 없었는데, 구자복(丘子服)은 유독 그를 위하여 눈물을 흘리기를 그치지 못하였다. 변고를 당했을 때의 처신과 곤궁한 벗을 애달파하는 마음, 이 두 가지 모두 이치에 맞는 것이다."라고 하며 두 사람의 태도를 모두 칭찬하였다. 계통과 자복(子服)은 각각 채원정과 구응의 자이다. 한편 이때 주희는 채원정에게 탄식과 위로의 말을 일절 전하지 않고 《주역참동계(周易參同契)》에 관한 의문점을 질의하면서 연일 학문적 문답만 이어 갔다. 《宋史 儒林列傳 蔡元定》《晦菴集 別集 卷6 答儲行之》《朱子語類 卷107 朱子4 丙辰後》 이때 박세채가 보낸 편지에 송시열이 덕원(德源)으로 유배한 것에 대한 탄식과 위로의 말이 적혀 있었으므로 이렇게 말한 듯하다.

어떠합니까? 이만 줄입니다.

별지

삼가 간청드릴 말씀 있습니다. 저의 집 형님이 세상을 떠난 뒤 이미 오랜 세월이 지났으나 번잡한 일들이 연이어 생기는 바람에 여태껏 묘지명(墓誌銘)을 만들지 못하였습니다. 이에 집사께 이 번거로운 부탁을 드리고자 한 지가 오래인데, 일단 형님의 아들이 들어 온 뒤에 그를 집사께 보내어 직접 일을 여쭈게 할 작정이었습니다. 그런데 지금 일의 기미가 점차 화급해져 가는 데다 문상(汶上)[207]과 관련한 탄핵 상소를 보건대 그 가운데 집사의 성명을 거듭 거론하였는지라 집사께서 편안히 앉아만 있는 것을 또한 보장할 수 없으므로 서둘러 가장(家狀)을 인편에 전하여 보내었으니, 부디 애긍히 여겨 주기를 바랍니다. 이는 묘비에 새기는 글과는 차이가 있으니, 집사께서 필시 시론(時論)을 이유 삼아 혐의쩍어하지 않을 것입니다. 만약 죽기 전에 이 일이 완수되는 것을 본다면 거의 지하에서 눈을 감을 수 있을 것이니, 아울러 살펴 주기를 바랍니다.

공책 2개와 붓 2자루와 먹 1개는 초고를 쓸 때 필요한 재료로 보태기 바랍니다.

○ 보내는 베 1필에 대해 말하자면, 붕우 간에는 본디 재물을 융통하

207 문상(汶上) : 문수(汶水) 물가라는 뜻으로, 박세채와 송시열의 조언에 따라 광증이 있던 부친을 대신해 조부의 상에 상복을 입었던 민신(閔愼)을 가리킨다. 공자의 제자인 민자건(閔子騫)이 벼슬을 사양하면서 "다시 나에게 벼슬을 시키려 한다면 나는 저 문수 가로 가서 살겠다.〔如有復我者, 則吾必在汶上矣.〕"라고 한 바 있으니, 같은 민씨(閔氏)라 하여 이렇게 칭한 것이다. 《論語 雍也》《宋子大全隨箚 卷7》

는 의리가 있으며[208] 더구나 예를 갖추고 찾아오는 자에게는 사양할 도리가 더욱 없으므로 감히 이렇게 번독하게 하는 것이니 부디 받아 주기를 바랍니다. 시열(時烈)은 삼가 올립니다.

208 붕우……있으며 : 《논어》 〈향당(鄕黨)〉에 "공자께서는 붕우가 준 선물은 비록 수레나 말이라도 제사 지낸 고기 이외에는 절하지 않으셨다."라고 하였는데, 주희가 이에 대해 "붕우 간에는 재물을 융통하는 의리가 있기 때문에, 수레나 말같이 중한 것이라도 절을 하지 않은 것이다. 제사 지낸 고기에 절한 것은 그의 조고(祖考)를 자기의 어버이처럼 공경한 것이다."라고 주석하였다. 《論語集註 鄕黨》

지은이 **송시열(宋時烈)**

1607(선조40)~1689(숙종15). 자는 영보(英甫), 호는 우암(尤菴)·우재(尤齋)·파옹(巴翁)·화양동주(華陽洞主) 등이며, 시호는 문정(文正), 본관은 은진(恩津)이다. 부친은 송갑조(宋甲祚)이고, 모친은 선산 곽씨(善山郭氏)이다. 사계(沙溪) 김장생(金長生)과 신독재(愼獨齋) 김집(金集)을 사사하여 기호학파의 종장(宗匠)이자 노론의 영수로 활동하면서 조선 후기 학문과 정치에 큰 발자취를 남겼다. 효종의 즉위 이후 청나라에 대한 복수설치(復讎雪恥)를 역설한 《기축봉사(己丑封事)》를 올려 북벌론을 제시하였고, 학문적으로는 주자성리학을 정통으로 삼아 남인 학자인 윤휴(尹鑴)와 대립하였다. 이후 남인, 소론과 갈등이 깊어지다가 효종의 천릉(遷陵), 왕실 복제를 들러싼 예송(禮訟)으로 논핵을 받아 삭탈관직되고 덕원(德源), 장기(長鬐), 거제도(巨濟島)에서 유배 생활을 하였다. 1689년 원자 책봉 문제로 제주(濟州)에 유배되었다가 서울로 압송되던 중 정읍(井邑)에서 사사(賜死)되었다. 1756년(영조32) 문묘(文廟)에 배향되고 영의정에 추증되었다. 저서로《송자대전》,《주자대전차의(朱子大全箚疑)》,《정서분류(程書分類)》,《주자어류소분(朱子語類小分)》,《논맹혹문정의통고(論孟或問精義通考)》 등이 있다.

옮긴이

이기찬(李基璨)

1963년 경북 예천에서 태어났다. 성균관대학교 국문학과를 졸업하고, 성균관대학교 한문고전번역 석·박사 통합과정을 수료했다. 민족문화추진회 국역연수원 연수부와 상임연구부 과정을 마쳤다. 한국고전번역원에 재직 중이다. 번역서로는《매천집》,《명재유고》,《승정원일기》,《일성록》,《교감학개론》 등이 있다.

정문채(鄭文采)

1984년 부산에서 태어났다. 부산대학교 국어국문학과를 졸업하고 서울대학교 국어국문학과 석사과정을 수료하였으며 한국고전번역원 부설 고전번역교육원 연수과정을 졸업하였다. 현재 한국고전번역원 고전번역실 번역위원이다.

송자대전 14

송시열 지음 | 이기찬 정문채 옮김

2024년 12월 31일 초판 1쇄 발행

발행인 김언종 | 발행처 한국고전번역원
등록 2008. 3. 12. 제25100-2018-000049호
주소 (03310) 서울시 은평구 진관1로 85
전화 02-350-4800 | 팩스 02-350-4994 | 홈페이지 www.itkc.or.kr

번역 이기찬(제62권) 정문채(제63권~제66권)
연구총괄 정동화 | 연구책임 장희성 | 연구기획 강지원 | 자문 정선용

책임편집 이선주 | 편집진행 조은지 서윤이
교정 서세영 정동연 | 조판 정효진 | 제작 조은지
디자인 씨디자인 | 인쇄 대유기획인쇄

값 20,000원
ISBN 978-89-284-1140-5 94810
978-89-284-0619-7 (세트)